华东政法大学
课程和教材建设委员会

主　任	何勤华
副主任	杜志淳　王立民　顾功耘　叶　青　唐　波
委　员	闵　辉　刘丹华　罗培新　岳川夫　金其荣
	贺小勇　刘宪权　吴　弘　刘宁元　杨正鸣
	宣文俊　王嘉禔　范玉吉　张明军　高富平
	陆立华　李建勇　林燕萍　叶　萌　徐永康
秘书长	唐　波（兼）

税法学教程

（第二版）

编 著 陈少英

参 编 （按撰写音节先后为序）

陈少英 龚 伟 曹晓如 陈丛丛
傅 晓 蒋寒林 陶丹丹 张 莹

图书在版编目(CIP)数据

税法学教程/陈少英编著. —2 版. —北京：北京大学出版社,2011.2
(高等学校法学系列教材)
ISBN 978-7-301-18412-7

Ⅰ.①税…　Ⅱ.①陈…　Ⅲ.①税法-法的理论-中国-高等学校-教材
Ⅳ.①D922.220.1

中国版本图书馆 CIP 数据核字(2011)第 005375 号

书　　　名：税法学教程
著作责任者：陈少英　编著
责 任 编 辑：黄　蔚　姚文海　王业龙
标 准 书 号：ISBN 978-7-301-18412-7/D·2785
出 版 发 行：北京大学出版社
地　　　址：北京市海淀区成府路 205 号　100871
网　　　址：http://www.pup.cn
电　　　话：邮购部 62752015　发行部 62750672　编辑部 62752027
电 子 信 箱：law@pup.pku.edu.cn
印　刷　者：河北滦县鑫华书刊印刷厂
经　销　者：新华书店
　　　　　　730 毫米×980 毫米　16 开本　31.75 印张　604 千字
　　　　　　2005 年 3 月第 1 版
　　　　　　2011 年 2 月第 2 版　2011 年 2 月第 1 次印刷
定　　　价：58.00 元

未经许可，不得以任何方式复制或抄袭本书之部分或全部内容。
版权所有，翻版必究
举报电话：010-62752024　电子邮箱：fd@pup.pku.edu.cn

第二版前言

《税法学教程》于2005年10月首版首印,由于当时时间仓促及其他原因,该书在体系安排和局部内容方面存在一些不尽如人意之处。此次再版,在延续原版总体思路的前提下,从形式、内容乃至体系上均作了较大的调整和修改。

第一,体系更加合理。此次再版,将全书分为税法基础理论、税收债务法、税收程序法三篇。上篇以税收法律关系为主线,重新构建了税法学基础理论体系,以起到统领全书的作用;中篇根据体系性需要,每个分篇增加了"绪论"部分,并考虑到税收之债和税收实体法的密切关系,将税收债务法的基本原理归入该篇;下篇将税收征管法、税收处罚法和税收救济法等程序法都整合到了一起。

第二,内容有所创新。此次修订,除了增加章节外,对原有章节也进行了大幅度的调整与修改,更新了原版因税收立法的局限所不便融入的内容。在"税法基础理论"中,增加了其他学者在税法研究领域的前沿成果以及作者具体论证过程的一些偶得;在税收债务法中,根据2007年《企业所得税法》,重写了这部分内容,同时由于近年来修改了增值税等流转税法以及其他税种法中的许多条款,相应地对内容进行了大量的改写;在税收程序法中,根据最新的税收征管立法的相关内容,对"税收征管法"作了补充修正,对于"税收处罚法"和"税收救济法"等,也均融入了最新的研究成果。

第三,行文更加规范。第二版对注释体例和写作格式作了更加严格的规范和统一。

此次修订由陈少英负责全书的总纂和定稿,参编人员具体分工如下:

上篇税法基础理论、中篇税收债务法之一由陈少英撰写;

中篇税收债务法之二、税收债务法之四由龚伟撰写,税收债务法之三由曹晓如撰写;

下篇税收程序法之一税收征管法:绪论、第一、五章由陈丛丛撰写,第二、三、四章由傅晓撰写;税收程序法之二税收处罚法由蒋寒林撰写;税收程序法之三税务救济法:绪论、第一章由陶丹丹撰写,第二、三章张莹撰写。

总之,《税法学教程》第二版汇总了所有参编人员对税法学理论研究的最新成果,其结构和内容安排较原版更具合理性和新颖性。但税法学研究发展迅速,问题层出不穷。受水平与视野所限,难以洞悉无漏,错误与不妥之处在所难免。本书仍然是探索过程中的一种尝试,仍然是一个阶段性成果,在此恳望学界和实务界同仁批评指正!

陈少英

2010年8月于华政园

目 录

上篇 税法基础理论

第一章 税收的基本原理 ······(1)
 第一节 现代国家与税收 ······(1)
 第二节 税收内涵的界定 ······(3)
 第三节 税收的根据 ······(6)
 第四节 税收的分类 ······(9)
 本章小结 ······(12)
 思考题 ······(12)

第二章 税法概述 ······(13)
 第一节 税法的概念与特征 ······(13)
 第二节 税法的性质与作用 ······(15)
 第三节 税法的地位与体系 ······(18)
 第四节 税法的渊源与效力 ······(25)
 本章小结 ······(29)
 思考题 ······(29)

第三章 税法的历史沿革 ······(30)
 第一节 国外税法的历史沿革 ······(30)
 第二节 新中国成立前税法的历史沿革 ······(36)
 第三节 新中国税法的历史沿革 ······(40)
 本章小结 ······(47)
 思考题 ······(47)

第四章 税法的基本原则 ······(48)
 第一节 税收法定主义原则 ······(48)
 第二节 税收平等主义原则 ······(52)
 第三节 税收诚信主义原则 ······(56)
 本章小结 ······(61)
 思考题 ······(61)

第五章 税收法律关系 ······(62)
 第一节 税收法律关系概述 ······(62)

  第二节　税收法律关系的性质 …………………………………… (63)
  第三节　税收法律关系的要素 …………………………………… (67)
  第四节　税收法律关系的平等性 ………………………………… (71)
  本章小结 …………………………………………………………… (80)
  思考题 ……………………………………………………………… (80)
第六章　税法的运行 ……………………………………………………… (81)
  第一节　税收立法 ………………………………………………… (81)
  第二节　税法解释 ………………………………………………… (85)
  第三节　税法漏洞补充 …………………………………………… (88)
  第四节　税收执法 ………………………………………………… (90)
  第五节　税收司法 ………………………………………………… (95)
  本章小结 …………………………………………………………… (98)
  思考题 ……………………………………………………………… (98)

中篇　税收债务法

税收债务法之一　税收债法原理

绪论 …………………………………………………………………………… (99)
第七章　税收债法概述 …………………………………………………… (101)
  第一节　税收之债的概念与特征 ………………………………… (101)
  第二节　税收之债的分类 ………………………………………… (102)
  本章小结 …………………………………………………………… (104)
  思考题 ……………………………………………………………… (105)
第八章　税收之债构成要件 ……………………………………………… (106)
  第一节　税收之债构成要件概述 ………………………………… (106)
  第二节　税收之债的实体要件 …………………………………… (108)
  第三节　税收之债的程序要件 …………………………………… (119)
  本章小结 …………………………………………………………… (122)
  思考题 ……………………………………………………………… (122)
第九章　税收之债的运行 ………………………………………………… (123)
  第一节　税收之债的产生 ………………………………………… (123)
  第二节　税收之债的变更 ………………………………………… (127)
  第三节　税收之债的消灭 ………………………………………… (130)
  本章小结 …………………………………………………………… (133)

思考题 …………………………………………………………… (133)
第十章　税收之债的保障 ………………………………………… (134)
　　第一节　税收之债的保全 …………………………………… (134)
　　第二节　税收之债的担保 …………………………………… (140)
　　第三节　税收之债的优先效力 ……………………………… (146)
　　本章小结 ……………………………………………………… (152)
　　思考题 ………………………………………………………… (152)

税收债务法之二　流转税债法制度

绪论 ………………………………………………………………… (153)
第十一章　增值税法律制度 ……………………………………… (155)
　　第一节　增值税法律制度概述 ……………………………… (155)
　　第二节　我国增值税法律制度 ……………………………… (158)
　　第三节　我国增值税的征收与管理 ………………………… (171)
　　第四节　我国增值税法律制度评析 ………………………… (174)
　　本章小结 ……………………………………………………… (178)
　　思考题 ………………………………………………………… (178)
第十二章　消费税法律制度 ……………………………………… (179)
　　第一节　消费税法律制度概述 ……………………………… (179)
　　第二节　我国消费税法律制度 ……………………………… (182)
　　第三节　我国消费税的征收与管理 ………………………… (190)
　　第四节　我国消费税法律制度评析 ………………………… (191)
　　本章小结 ……………………………………………………… (194)
　　思考题 ………………………………………………………… (194)
第十三章　营业税法律制度 ……………………………………… (195)
　　第一节　营业税法律制度概述 ……………………………… (195)
　　第二节　我国营业税法律制度 ……………………………… (196)
　　第三节　我国营业税的征收与管理 ………………………… (202)
　　第四节　我国营业税法律制度评析 ………………………… (203)
　　本章小结 ……………………………………………………… (206)
　　思考题 ………………………………………………………… (206)
第十四章　关税法律制度 ………………………………………… (207)
　　第一节　关税法律制度概述 ………………………………… (207)
　　第二节　我国关税法律制度 ………………………………… (210)
　　第三节　我国关税的征收与管理 …………………………… (215)

第四节　我国船舶吨税法律制度 …………………………………………（217）
　　本章小结 …………………………………………………………………（219）
　　思考题 ……………………………………………………………………（219）
第十五章　证券交易税法律制度 ……………………………………………（220）
　　第一节　我国现行证券税制结构分析 …………………………………（220）
　　第二节　我国证券交易税法律制度构建之探讨 ………………………（222）
　　本章小结 …………………………………………………………………（224）
　　思考题 ……………………………………………………………………（224）

税收债务法之三　所得税债法制度

绪论 ……………………………………………………………………………（225）
第十六章　企业所得税法 ……………………………………………………（231）
　　第一节　企业所得税法概述 ……………………………………………（231）
　　第二节　企业所得税的纳税人和征税对象 ……………………………（234）
　　第三节　企业所得税的应纳税所得额 …………………………………（237）
　　第四节　企业所得税的税率与应纳税额的计算 ………………………（246）
　　第五节　企业所得税的税收优惠与税收抵免 …………………………（247）
　　第六节　企业所得税的征收与管理 ……………………………………（252）
　　第七节　我国企业所得税法评析 ………………………………………（257）
　　本章小结 …………………………………………………………………（262）
　　思考题 ……………………………………………………………………（262）
第十七章　个人所得税法 ……………………………………………………（263）
　　第一节　个人所得税法概述 ……………………………………………（263）
　　第二节　个人所得税的纳税人与征税对象 ……………………………（265）
　　第三节　个人所得税的计税依据、税率与应纳税额的计算 …………（268）
　　第四节　个人所得税的税收优惠与税收抵免 …………………………（273）
　　第五节　个人所得税的征收与管理 ……………………………………（275）
　　第六节　个人所得税的改革与创新 ……………………………………（277）
　　本章小结 …………………………………………………………………（281）
　　思考题 ……………………………………………………………………（281）
第十八章　社会保障税法 ……………………………………………………（282）
　　第一节　社会保障税法概述 ……………………………………………（282）
　　第二节　社会保障税法的基本内容 ……………………………………（283）
　　第三节　世界各主要国家的社会保障税法简介 ………………………（285）
　　第四节　我国的社会保障税的立法展望 ………………………………（288）

本章小结 ………………………………………………………………（291）
　　思考题 …………………………………………………………………（292）

税收债务法之四　财产税和行为税债法制度

绪论 ……………………………………………………………………（293）
第十九章　财产税债法制度 …………………………………………（296）
　　第一节　财产税债法制度概述 ………………………………………（296）
　　第二节　我国资源税法律制度 ………………………………………（298）
　　第三节　我国房产税法律制度 ………………………………………（302）
　　第四节　我国契税法律制度 …………………………………………（305）
　　第五节　我国耕地占用税法律制度 …………………………………（308）
　　第六节　我国城镇土地使用税法律制度 ……………………………（311）
　　第七节　我国土地增值税法律制度 …………………………………（314）
　　第八节　我国车辆购置税法律制度 …………………………………（318）
　　第九节　我国车船税法律制度 ………………………………………（321）
　　第十节　我国遗产税法律制度之探讨 ………………………………（323）
　　第十一节　我国财产税债法制度评析 ………………………………（326）
　　本章小结 ………………………………………………………………（328）
　　思考题 …………………………………………………………………（328）
第二十章　行为税债法制度 …………………………………………（329）
　　第一节　行为税债法制度概述 ………………………………………（329）
　　第二节　我国印花税法律制度 ………………………………………（331）
　　第三节　我国城市维护建设税法律制度 ……………………………（338）
　　第四节　我国固定资产投资方向调节税法律制度 …………………（341）
　　本章小结 ………………………………………………………………（343）
　　思考题 …………………………………………………………………（343）

下篇　税收程序法

税收程序法之一　税收征管法

绪论 ……………………………………………………………………（344）
第二十一章　税务管理法律制度 ……………………………………（351）
　　第一节　税务登记法律制度 …………………………………………（351）
　　第二节　账簿凭证管理法律制度 ……………………………………（359）

第三节	发票管理法律制度	(361)
第四节	纳税申报法律制度	(365)
本章小结		(369)
思考题		(369)

第二十二章　税款征收基本制度　(370)

第一节	税款征收制度概述	(370)
第二节	应纳税额的确定制度	(372)
第三节	纳税期限制度	(375)
第四节	税款的补缴、追缴与退还制度	(378)
第五节	税收减免制度	(381)
第六节	税款征收基本制度评析	(382)
本章小结		(383)
思考题		(384)

第二十三章　税款征收保障制度　(385)

第一节	税收保全制度	(385)
第二节	税收强制执行制度	(387)
第三节	其他税款征收保障制度	(389)
第四节	税款征收保障制度评析	(390)
本章小结		(392)
思考题		(392)

第二十四章　税务检查与稽查制度　(393)

第一节	税务检查制度	(393)
第二节	税务稽查制度	(397)
本章小结		(399)
思考题		(400)

第二十五章　税务代理制度　(401)

第一节	税务代理制度概述	(401)
第二节	税务代理主体	(402)
第三节	税务代理法律关系	(405)
第四节	税务代理制度评析	(406)
本章小结		(408)
思考题		(408)

税收程序法之二　税收处罚法

绪论　(409)

第二十六章 税收行政处罚 ……………………………………… (413)

第一节 税收行政处罚概述 …………………………………… (413)
第二节 税收行政处罚的设定 ………………………………… (416)
第三节 税收行政处罚的管辖、适用和执行 ………………… (417)
第四节 我国税收行政处罚制度评析 ………………………… (422)
本章小结 ………………………………………………………… (424)
思考题 …………………………………………………………… (424)

第二十七章 税收刑事处罚 ……………………………………… (426)

第一节 税收刑事处罚概述 …………………………………… (426)
第二节 税收犯罪与税收刑事处罚 …………………………… (427)
第三节 逃避缴纳税款罪 ……………………………………… (430)
第四节 逃避追缴欠税罪 ……………………………………… (432)
第五节 骗取出口退税罪 ……………………………………… (433)
第六节 抗税罪 ………………………………………………… (435)
第七节 虚开增值税专用发票、用于骗取出口退税、
抵扣税款发票罪 ……………………………………… (437)
第八节 伪造、出售伪造的增值税专用发票罪 ……………… (439)
第九节 其他税收犯罪刑事处罚的规定 ……………………… (440)
第十节 我国税收刑事处罚立法评析 ………………………… (443)
本章小结 ………………………………………………………… (447)
思考题 …………………………………………………………… (447)

税收程序法之三 税务救济法

绪论 ………………………………………………………………… (448)

第二十八章 税务行政复议 ……………………………………… (457)

第一节 税务行政复议概述 …………………………………… (457)
第二节 税务行政复议的范围与管辖 ………………………… (460)
第三节 税务行政复议的程序 ………………………………… (462)
第四节 税务行政复议制度评析 ……………………………… (467)
本章小结 ………………………………………………………… (471)
思考题 …………………………………………………………… (472)

第二十九章 税务行政诉讼 ……………………………………… (473)

第一节 税务行政诉讼概述 …………………………………… (473)
第二节 税务行政诉讼的受案范围与管辖 …………………… (474)
第三节 税务行政诉讼的程序 ………………………………… (477)

第四节 税务行政诉讼制度评析 …………………………… (480)
本章小结 ………………………………………………………… (482)
思考题 …………………………………………………………… (482)

第三十章 税务行政赔偿 ………………………………………… (483)
第一节 税务行政赔偿概述 ……………………………………… (483)
第二节 税务行政赔偿的程序 …………………………………… (487)
第三节 税务行政赔偿制度评析 ………………………………… (489)
本章小结 ………………………………………………………… (490)
思考题 …………………………………………………………… (491)

主要参考书目 …………………………………………………… (492)

上篇 税法基础理论

税法总论是税法共通的基本理论,它以税收的基本原理和法学的基本理论为基础,因而也称税法基础理论或税法基本原理。税法总论具有一定的法哲学意义,是学习和研究税法的基础,在税法学中居于十分重要的地位。

第一章 税收的基本原理

税收与税法密不可分。要深入学习和研究税法,首先必须以税收的基本知识作铺垫。

第一节 现代国家与税收

现代国家已成为名副其实的"税收国家",税收和税法直接关系到国计与民生,关系到国家与国民的各类活动和日常生活。

一、税收随国家的产生而产生

恩格斯曾指出:"捐税是以前的氏族社会完全没有的。"[①]原始社会初期,生产力极端低下,社会产品除了维持社会成员生存外很少有剩余,社会产品没有剩余,就没有私有财产,没有阶级和国家,因而也就没有税收。到了原始社会末期,随着生产力的发展和剩余产品的增加,出现了社会分工,出现了分配上的差别和私有财产,从而出现了经济上相互对立的阶级以及代表统治阶级利益的国家。国家一旦出现,"为了维持这种公共权力,就需要公民缴纳费用——**捐税**。"[②]

---

① 《马克思恩格斯选集》第4卷,人民出版社1995年版,第171页。
② 同上书,第171页。

二、税收是国家存在的经济体现

国家为了维持其存在和实现其职能,必须消耗一定的物质财富,因而必然需要通过一定的途径、采取一定的方式取得财政收入。税收就是国家取得财政收入的主要途径和主要方式。马克思指出:"国家存在的经济体现就是捐税。"① "捐税体现着表现在经济上的国家存在。官吏和僧侣、士兵和女舞蹈家、教师和警察、希腊式的博物馆和哥特式的尖塔、王室费用和官阶表这一切童话般的存在物于胚胎时期就已安睡在一个共同的种子——捐税之中了。"②

三、现代国家税收存在的必要性

随着经济和社会的发展,国家的职能越来越多元化。从一定意义上说,国家的职能已经远远超出过去的政治职能、军事职能,而越来越强调其经济职能和社会职能。在市场经济条件下,现代国家的职能就是为社会提供公共产品和公共服务。③ 公共产品具有与私人产品完全不同的特征,即效用的不可分割性、消费的不排他性和受益的不可阻止性。④ 这就决定了公共产品或者是私人主体无法提供,或者是以营利为目的的私人主体不愿提供,因此,只能由国家或代表国家的政府来提供。国家提供私人主体需要的公共产品,就必须拥有大量的资金,但国家原则上不从事财富生产和交换活动,只能从私人主体那里获取资金,形成国家的财政收入。在财政收入中,最主要的是税收收入。

除税收外,国家还可以通过增发货币、举借公债、收费、罚款等多种形式取得财政收入。与这些形式相比,税收更为可取。税收是社会财富从私人经济领域向公共经济领域的转移,它仅是一种购买力的转移,不会像增发货币那样凭空扩大社会购买力,引起无度通货膨胀;税收在征收时不存在直接的交换关系,不会像发行国债那样存在还本付息的财政压力;税收是强制征收,国家可以制定法律向其管辖范围内的纳税人课征税款,同收费、罚款等获取财政收入的手段相比,不仅更具有可操作性,而且更能够使国家稳定地获取大量的财政收入。因而在各种可供选择的财政收入形式中,税收作为最佳形式备受推崇。目前,税收已经成为世界各国政府提供公共产品的最主要的资金来源。在绝大多数国家,税收收入一般均已占财政收入的80%以上。其中,在许多发达国家,税收收入占财

---

① 《马克思恩格斯选集》第 1 卷,人民出版社 1972 年版,第 181 页。
② 同上。
③ 公共产品是用来满足人们的公共需求的物品,既包括如国防、外交、宇宙空间探索、公安、司法、环境保护、货币稳定等纯公共产品,也包括教育、医疗等准公共产品。
④ 私人产品的产权是明确的,具有独占性、排他性和可转让性等特点,从而使私人产品的消费也具有了排他性和可分割性。

政收入总额的 90% 以上;①而在我国,这个比例已经达到 95% 左右。

第二节 税收内涵的界定

科学地阐明税收的概念,是研究税收问题的前提,也是研究税法的基础。

一、税收的概念

税收又称租税、赋税、捐税、税金等,简称税,因其历史悠久,演变复杂,形式纷繁,故而形成了人们认识上的诸多分歧。

关于税收的概念,中外学术界历来有不同表述。

美国学者塞利格曼认为,税收是政府为满足公共利益的需要而向人民强制征收的费用,它与被征收者能否因其而得到特殊利益无关。

英国学者道尔顿认为,"所谓租税,系公共机关的一种强制征收。租税的本质之异于政府其他收入者,即在纳税人与政府之间并无直接的同等交换物之存在。"②

德国学者海因里希·劳认为,"税收并不是市民对政府的回报,而是政府根据一般市民的标准,向市民的课征"③。

日本学者金子宏认为,税收是国家以实现为提供公共服务而筹集资金这一目的,依据法律规定,向私人所课的金钱给付。④ 日本另一学者小川乡太郎认为,税收是国家为支付一般经费需要,依据其财政权力而向一般人民强制征收的财物或货币。⑤

由于学者所处的时代和国家以及研究领域不尽相同,对于税收概念的认识也不尽一致,因此,对他们的研究加以总结,概括出一般性的认识是非常必要的。一些工具书实际上已经作了这样的总结和概括,例如《美国经济学辞典》认为,税收是居民个人、公共机构和团体被强制向政府转让的货币(偶尔也采取实物或劳务的形式)。日本的《现代经济学辞典》则认为,税收是国家或地方公共团体为筹集用以满足社会公共需要的资金,而按照法律的规定,以货币形式对私人进行的一种强制性课征。⑥

---

① 如在日本占 91%、在英国占 96%、在美国占 98%。参见郝如玉、王国华编著:《中国新税制》,经济科学出版社 1994 年版,第 2 页。
② 转引自高培勇:《西方税收——理论与政策》,中国财政经济出版社 1993 年版,第 10 页。
③ 转引自国家税务总局税收科学研究所编著:《西方税收理论》,中国财政经济出版社 1997 年版,第 60 页。
④ 同上。
⑤ 转引自高培勇:《西方税收——理论与政策》,中国财政经济出版社 1993 年版,第 10 页。
⑥ 同上书,第 11 页。

我国台湾地区的《税务顾问百科全书》把税收定义为：税收是国家为供应一般公共事务之需，而向人民强制征收之一部分国民所得。① 在我国大陆，有的学者把税收归属为一种财政收入，有的学者称税收是一种分配活动或分配形式，还有的学者称税收为一种分配关系，众说纷纭，莫衷一是。

本书认为，所谓税收，就是国家为了实现其公共职能的需要，凭借政治权力，运用法律手段，强制地、无偿地、固定地集中一部分社会产品所形成的特定分配关系。对于税收这一概念包括的深层含义，我们将通过专题分别揭示。

二、税收的本质

国家征税，纳税人纳税，这一过程中必然产生对社会产品的分配关系。分配，实际上就是解决社会产品归谁占有、归谁支配，以及占有多少、支配多少的问题。分配的结果就会发生社会产品所有权或支配权的单方面转移。这就决定了社会产品分配的实现，要依据一定的权力。马克思说："在我们面前有两种权力：一种是财产权力，也就是所有者的权力，另一种是政治权力，即国家权力。"② 国家对社会产品进行分配，所凭借的不外乎这两种权力。凭借财产权力，即生产资料占有权而进行的分配，是社会再生产中的一般分配。比如：在奴隶社会，奴隶主凭借占有生产资料和奴隶本身而占有奴隶的全部劳动成果；在封建社会，地主凭借占有土地，向农民收取地租，占有农民的剩余劳动；在资本主义社会，资本家凭借占有的生产资料而占有工人创造的剩余价值；在我国，国家凭借生产资料所有权向国有企业收取利润。所有这些分配形式，都是以生产资料占有为前提的。税收不同于这种一般的分配形式，它是一种特殊的分配形式，是凭借国家政治权力实现的分配。国家通过制定法律征税，纳税人必须依法纳税，不依法纳税就会受到法律制裁。国家机器如警察、法庭、监狱等，将保证税收法律的实施。总之，税收是在国家机器的保证下，通过法律体现国家意志，为实现其提供公共产品职能的需要，强制地取得财政收入，以这种特殊的方式参与社会产品的分配。

三、税收的特征

与税收的多种概念相联系，国内外学者对税收的特征也有多种不同的概括，但基本形成了共识。我国传统的观点一般将税收的特征概括为"三性"，即强制性、无偿性和固定性。

1. 税收的强制性是指，国家征税，是以法律的形式加以规定，并依法强制课

---

① 参见《税务顾问百科全书》（上册），台湾商协出版社1979年版。
② 《马克思恩格斯选集》第1卷，人民出版社1972年版，第170页。

征。凡是法律规定有纳税义务的主体,不论其主观上是否愿意,都必须无条件地依法履行纳税义务;如有违抗,将会受到法律的制裁。也就是说,在主体意志方面,税收并不取决于纳税主体的主观意愿或征纳双方的意思表示,而只取决于税法构成要件的满足。

2. 税收的无偿性是指,国家征税在具体的时空条件下,既不向纳税人支付任何报酬,也不向纳税人提供相应的服务或者某种特许权利;并且,税款一经征收,即转归国家所有和支配,而不再直接归还给纳税人。税收的无偿性体现了财政分配的本质,它是税收"三性"的核心。

3. 税收的固定性是指,国家在征税之前,对于对什么征税,以及征收的比例或者数额,都已用法律的形式规定下来,由税收征纳双方共同遵守。任何负有纳税义务的公民、法人或者其他组织,都必须按照法律规定的比例或者数额如数缴纳税款,既不需要多缴,也不得少缴;负责征税的国机关,也只能按照法律规定的标准征收税款,既不准多征,也不得少征。这一特征体现了现代税收与税法的一一对应关系,与税收法定原则的普遍采用、防止征税权的滥用和保护纳税人的合法权利等密切相关。

基于税收的特征,在论述纳税人的地位时,众多的财政学著述乃至一些税法学著述,几乎众口一词,将纳税人简单地划为义务主体一方,强调其义务,却避而不谈其权利。追究这一倾向的根源,乃起于对税收特征认识之过分夸大与有失全面。譬如,对税收无偿性没有全面、辩证地看待。就具体纳税人而言,国家征税既不需要事先支付对价,也不需要事后直接偿还或给以相应的资金回报;就具体的时空而言,国家与纳税人之间不存在民法之等价有偿的交换关系。同时,纳税人缴纳税款的多少与其可能消费的公共物品数量亦无直接关系。因此,税收并不具有对特别给付的反给付性质,税款的征收是无偿的。但从全社会看,从整个征税、用税的过程看,税收又具间接有偿性或非直接偿还性。这也就是马克思所说的"从一个处于私人地位的生产者身上扣除的一切,又会直接或间接地用来为处于社会成员地位的这个生产者谋福利"[1],即"取之于民,用之于民"。可见,无偿性和有偿性是矛盾的统一。再者,税收的强制性也并非肆无忌惮,处于强权地位的征税机关也时刻受到法律制约。

税收的特征是税收区别于其他财政收入形式的重要标志,综合反映了税收的本质特点,有助于人们对税收概念的解析和深化,更好地理解税收的概念。

四、税收的职能

税收的职能是指税收这种分配关系本身所固有的功能和职责,是税收的一

---

[1] 《马克思恩格斯全集》第19卷,人民出版社1963年版,第20页。

种长期固定的属性,是客观存在不以人的意志为转移的。一般讲,税收有三种职能。

1. 组织财政收入的职能——财政职能

税收作为国家取得财政收入的重要工具,可以把分散在各个纳税人手中的一部分国民收入集中到国家财政,用以满足国家行使职能的需要。组织财政收入是税收的基本职能。从税收的产生看,首先就是为了集中收入来满足国家的需要,也正是由于国家财政的需要,才产生了税收。

2. 调节经济的职能——经济职能

税收调节经济的职能是由税收组织财政收入职能派生的。国家征税取得财政收入,必然同时改变了社会财富的原有分配状况,包括社会财富在不同经济领域之间的分配、在不同生产部门之间的分配、在不同纳税人之间的分配,以及在不同地区之间的分配等。这样,就必然要对经济情况产生某种影响。国家就是通过税收的一征一免、多征少征,调节纳税人的经济利益,实现它的一定政策,达到一定的政治经济目的。调节经济是税收本身固有的重要属性,正因为税收的这种属性,才使其成为国家宏观调控的重要经济杠杆。

3. 反映与监督的职能——监督职能

税收反映与监督的职能也是由税收的财政职能所派生的。国家在征税的过程中,通过税收的征收管理,反映有关的经济动态,为国民经济管理提供信息。在国民经济活动中,可提供信息的方面很多,税收所提供的信息是十分重要的一方面,具有广泛性、及时性和可靠性的特点。通过税收日常的征收管理,可以对企业的经营活动进行监督,看其是否遵守税收法律制度和财政纪律。这种监督保证了税收作用的实现,是实现税收财政职能和经济职能的必要条件。

第三节 税收的根据

课税依据的问题,也就是国家为什么要征税、纳税人为什么要向国家纳税的问题,它不仅是税收理论研究需要解决的基本问题,也是税法理论研究需要解决的基本问题。自 17 世纪以来,西方许多经济学家致力于这一问题的研究,从不同角度进行讨论,形成了很多不同的课税依据的理论,主要有公需说、交换说、保险说、义务说、经济调节说,概括起来有三大类型。这些理论"与如何看待国家的本质,具有十分密切的联系"[1],它一旦为官方采用,便被用来为其税收的合理性进行有力的辩护,同时也对立法思想和相关税收法律概念的形成产生了很大影响。

---

[1] 〔日〕金子宏:《日本税法原理》,刘多田等译,中国财政经济出版社 1989 年版,第 15 页。

一、需要分担说

此类学说认为,国家为了实现其职能,需要消耗一定的物质财富,而纳税人是国家的一分子,因而有分担公共需要的义务。此类学说主要有以下说法:

(一)公需说

公需说也称公共福利说,由17世纪德国官方学派的奥布利支·克洛克和法国的波丹首先提出。

公需说从国家职能出发,认为国家职能在于满足公共需要、增进公共福利,为此需要费用支出,而税收是实现这种职能的物质条件。就是说,国家及公共团体是为了充实公共需要,才要求人民纳税的。克洛克曾说过,政府行使课税权时,第一需要经民众承诺,不经承诺,税法无效;第二需要证明是为公共需要,若不是出于公共需要,就不应当征收,即使征收,也不能称之为正当的税收。

公需说提出以满足公共需要、增进公共福利为课税的依据,这在当时欧洲封建主义经济逐渐转向资本主义经济的时代,具有进步意义,但对国民为什么必须纳税说明得不够充分,把税收简单地看成是人民应当承担的义务。

(二)义务说

义务说,起源于19世纪英国所倡导的税收牺牲说,又经德国社会政策学派瓦格纳进一步完善。

义务说认为交换说的前提不符合历史和现实,而且它作为税收分配标准并不实际。从这一观念出发,义务说把国家看成是超越个人意志的,否则,将不会有人类的共同生活。认为这是历史和伦理的必然。国家为实现其任务当然具有课税权,国民则当然负有纳税义务。

义务说强调国家的权力,为了实现其职能,必须强制课征税收,否则个人生活就无法想象,因此对于纳税人来说,纳税是强制的义务。这一观点,主要是德国法学和国民经济学家的主张。当时德国的资本主义化远比英国落后,为求得快速发展,必须依赖国家的保护和干预。因此,主张税收既不是利益的交换,也不是交付保险费,而纯粹是一种义务的社会政策学派占据了主导地位。由于纳税人并未获得任何具体的对价,义务说又称牺牲说。[①]

二、劳务报偿说

这种学说认为,国家为人民提供利益,人民以向国家纳税作为交换代价。这种学说的名称很多,主要有:

[①] 参见国家税务总局税收科学研究所编著:《西方税收理论》,中国财政经济出版社1997年版,第67页。

(一) 交换说

交换说,也称买卖交易说、均等说、利益说或代价说,始于18世纪资本主义经济初期,由于国家契约主义发展而逐渐形成。首先由重农学派提倡,自亚当·斯密以后成为英国传统学派的主张,主要代表人物是英国的栖聂和法国的巴斯德。

所谓交换说,即把税收看做实行征税的国家给予市民利益的对价。这一观点以自由主义国家观和个人主义思想为基础,认为国家和个人是各自独立平等的实体,国家的目的在于保护市民的人身和财产,而税收则是其对价。因此,依交换说,所谓税负乃是个人按照从国家受益的程度而应承担的分配,并与比例税率相联系。这一观点产生于近代合理主义的把全部金钱关系还原为交换关系的思想,正如霍姆斯法官"税收是文明的对价"这一著名论断所表述的那样,它至今在盎格鲁—撒克逊系的国家中仍然根深蒂固。[1]

交换说主张受益者纳税,废除免税特权,要求普遍课税。这与当时要求尊重人权的政治思想和要求自由竞争、自由放任的经济观点遥相呼应,对资本主义经济的发展和资产阶级地位的巩固,起到了一定的积极作用。但这种学说否定了国家的阶级性和税收的强制性,把商品交换关系引入税收关系中,又无法解释二者的不同。税收不是简单的交换关系,人民受益于国家保护的有无和大小也无法预先测定,更不适合当时的实际情况。

(二) 保险说

保险说与交换说同属一个体系。这种学说认为,国家保护了人民财产安全和社会公共秩序,人民受到了保护就应当向国家支付报酬,国家如同保险公司,人民纳税就如向保险公司交保险费一样。这种学说否认了税收的强制性和无偿性,把国家满足社会整体需要只看做向个人承担保险业务,以个别形态来说明资本主义初期资产阶级的意识形态。这种学说之所以在学说史上占有一定的地位是因为其特殊的保险观念。[2]

(三) 新利益说

新利益说也称税收价格理论。它认为国家可以分解为构成国家的个人,国家满足公共需要就是满足每个人共同的私人欲望,因此个人纳税就像为满足私人欲望而购物所支付的价款。此学说的代表人物是维克赛尔·林达尔。

三、经济调节说

经济调节说,也称市场失灵说,是西方资本主义发展到国家垄断阶段以后产

---

[1] 参见〔日〕金子宏:《日本税法原理》,刘多田等译,中国财政经济出版社1989年版,第15页。
[2] 参见国家税务总局税收科学研究所编著:《西方税收理论》,中国财政经济出版社1997年版,第66页。

生的、以凯恩斯主义为代表的理论观点。第二次世界大战后,凯恩斯主义成了西方经济理论的核心。在凯恩斯主义的影响下,现代西方经济学者认为,西方国家之所以还需要税收,主要基于两方面的需求,一是"公共物品"的需要,二是"市场失灵"的需要。

所谓"公共物品"的需要,即国家财政资金的需要。现代西方经济学家认为,社会需要有两种:个人需要和公共需要。满足个人需要的物品为私人物品;而满足公共需要的物品为公共物品,如国防、司法、治安、公共设施等,这些整体消费的特殊物品或服务,必须由公共部门——政府负责提供。公共部门所需要的资金必须通过税收来筹集,以满足"公共物品"的需要。

所谓"市场失灵",即市场经济机制失灵。现代西方经济学家认为,市场经济的自动调节作用不完善,单纯依靠市场无法实现资源的有效配置,社会财富的公平分配和经济的稳定与增长等多种经济社会目标,必须通过"公共部门"——政府介入经济活动,运用政策予以矫正而实现。税收是国家社会政策的重要手段,是完善市场机制、调节国民经济运行的重要工具之一。因此,税收除实施财政等职能作用外,还对国家有效调整资源配置、实现资源有效利用、调节国民收入与财富的分配、增进社会的福利、刺激有效需求、调节社会总供求及产业结构、促进经济的稳定与增长等宏观经济政策目标发挥作用。

以上各种关于课税依据的理论观点都是一定历史经济条件下的产物,反映了西方学者对税收本质、职能的认识过程,提示了课税在当时的历史背景下必须特别加以强调的理由,这对于使税收观念深入人心,促进社会经济的发展起到积极的作用。这些观点至今仍可能为人们所引用来论证税收存在的合理性,说明其确实是有生命力的。但这些理论的内容不够全面,不能解释国家为什么征税的方方面面,这既反映了人类认识的非至上性,又与特定历史条件下的特殊理论需要有关。

第四节 税收的分类

税收的分类亦即税收体系的构成方式,一国现行的税收体系是由该国现行的税种构成的。税收体系就是由各个税种构成的内在和谐、统一的整体。国内外学者依据不同的标准对税种作了多种分类,现根据我国的税制[①]对各种分类作一简介:

---

① 经济意义上理解的税制同对税收体系的认识是一致的,因为从经济角度看,"税收制度是由各个税种构成的税收调节体系,它说明一国税制主要有哪些税种构成,哪些税种是主要税种和辅助税种及其调节方向和构成情况,因而也被称为税制结构"(董庆铮主编:《外国税制》,中国财政经济出版社1993年版,第2页)。

一、按照征税对象分类

依据征税对象的不同,国际上将税收分为商品税、所得税和财产税。在我国一般分为四大类,即流转税、所得税、财产税和行为税。这是税收最重要、最基本的分类方法。

(一)流转税

流转税是指以纳税人的商品流转额和非商品流转额为征收对象的一类税收。具体是根据商品交换和提供劳务收费的流转额进行征收,它的经济前提是商品交换和劳务收费。征税在商品销售和劳务收费之后进行,征税的依据主要是商品的价格和劳务收费标准,税额即作为商品价格和劳务收费标准的组成部分。我国目前的流转税有增值税、消费税、营业税、关税,将开征证券交易税。

(二)所得税

所得税是指根据纳税人的所得额(收益额)征收的一类税收。我国现行的所得税有企业所得税、个人所得税,将要开征社会保障税。

(三)财产税

财产税是指以纳税人所拥有或支配的财产为征税对象的一类税收。我国现行的财产税有资源税、耕地占用税、土地使用税、土地增值税、房产税、契税、车船税、车辆购置税,将要开征遗产赠与税。

(四)行为税

行为税是指以纳税人的某些特定行为为征收对象的一类税收。我国现行的行为税有印花税、城市维护建设税、固定资产投资方向调节税。

上述分类之所以重要,是因为征税对象是税制的核心要素,是区分不同税种的主要标准,据此便于揭示和把握各税种的特征,同时,也便于发挥各税种的不同作用。

二、按照计税依据分类

按照计税依据分类可分为从价税、从量税。从价税是指以征税对象的价格为依据,按一定比例计征的税种,如增值税、营业税、关税。从价税受征税对象价格变动的影响,有利于体现国家的经济政策,多数税种为从价税。从量税是指以征税对象的数量(重量、面积、件数)为依据,规定固定税额计征的税种,如资源税、车船税、土地使用税。从量税不受征税对象价格变动的影响,计算简便,税负水平较为固定。

三、按照税收管理权和税收收入归属分类

依据税收管理权和税收收入归属的不同,税收可分为中央税、地方税、中央

和地方共享税。凡由国家最高权力机关或经其授权的机关进行税收立法,且税收管理权和收入支配权归属于中央政府的税收为中央税,也称国税;凡由地方权力机关通过立法决定征收,且税收管理权和收入支配权归属于地方政府的税收为地方税,简称地税;由中央政府和地方政府按分成比例共同享有税收收入的税种称为中央与地方共享税,简称共享税。

四、按照税负是否转嫁分类

依据税负能否转嫁,税收可以分为直接税和间接税。直接税是税负不能转嫁于他人,需由纳税人直接承担税负的税种,如各类所得税和一般财产税。直接税中纳税人和负税人是一致的。间接税是可以将税负转嫁给他人,纳税人只间接承担税负的税种,如增值税、消费税等流转税。间接税中纳税人和负税人不一致,纳税人只是法律意义上的纳税人,负税人是经济意义上的纳税人。

五、按照税收与价格的关系分类

依据税收与价格的关系,税收可分为价内税和价外税。价内税是征税对象的价格中包含税款的税,如消费税;价内税的税款是作为征税对象的商品或劳务的价格的有机组成部分,该税款需待商品交换价值实现后方可收回。并且,随着商品的流转会出现"税上加税"的重复征税问题。价外税是税款独立于征税对象的价格之外的税,如增值税;价外税比价内税更容易转嫁,且一般不存在重复征税问题。

六、按照课税依据是否具有依附性分类

依据课税依据是否具有依附性,税收可分为独立税和附加税。独立税是不需依附于其他税种而仅依自己的课税依据独立课征的税,也称主税,多数税种均为独立税。附加税是需附加于其他税种之上课征的税。狭义上的附加税仅指以其他税种的课税额作为自己的课税依据的税;广义上的附加税还包括直接以其他税种的课税依据作为自己的课税依据的税。我国的附加税主要有城乡维护建设税、教育费附加等。

七、按照税收的侧重点或着眼点分类

依据税收的侧重点或着眼点的不同,税收可以分为对人税和对物税。这是西方国家对税收的最早分类。凡主要着眼于人身因素而课征的税为对人税,如人头税、人丁税、户捐等。凡着眼于物的因素而课征的税为对物税,如对商品、财产的征税。在现代国家,由于人已成为税收主体而非客体,因而人头税等多被废除。一般认为以作为主体的"人"为基础并考虑个人具体情况而征收的税为对

人税,如所得税;以作为客体的"物"为基础且不考虑个人具体情况而征收的税为对物税,如流转税。

八、按照税收的征收期限和连续性分类

依据税收的征收期限和连续性,税收可分为经常税和临时税。经常税是为保证国家经常性的费用支出而依法长期、连续课征的税;临时税是为实现某种特殊目的或国家处于非常时期而在一个或几个财政年度内临时特别征收的税。各国现行的税种绝大多数为经常税,但经常税一般是由临时税演变而来的。

九、按照课税目的分类

依据课税目的的不同,可以把税收分为财政税与调控税。财政税是侧重于以取得财政收入为目的而课征的税;调控税是侧重于以实现经济和社会政策、加强宏观调控为目的而课征的税。这种分类体现了税收的主要职能。

除上述分类以外,还有其他一些分类,如将税收分为国内税收与国际税收,工商税收、农业税收与关税税收等,限于篇幅,在此不再逐一介绍。

本 章 小 结

税收是国家存在的经济体现,它是随着国家的出现而产生的。从本质上讲,税收是凭借国家政治权力实现的一种特殊的分配关系。税收具有强制性、无偿性和固定性的特征。税收首先具有组织财政收入的职能,并由此派生出调节经济的职能和反映监督的职能。即使在今天,西方税收学界关于需要分担说、劳务报偿说和经济调节说等课税依据的理论,亦对税收观念的深入人心、促进社会经济的发展起到了积极作用。依据不同的标准,税种可以有多种分类。税收的分类亦即税收体系的构成方式,一国现行的税收体系是由该国现行的税种构成的。

> **思考题**
>
> 1. 税收是怎样产生的,它的本质是什么?
> 2. 如何理解税收的"三性"?
> 3. 简述课税依据的各种理论。
> 4. 按照税收最基本、最重要的分类方法,税收可分为哪几类?

第二章 税法概述

学习税法必须从一些基本内容开始,本章将对相关的理论予以阐述,包括税法的概念、特征、性质、作用、地位、体系及其税法的渊源和效力等内容。

第一节 税法的概念与特征

一、税法的概念

关于税法概念的讨论较之税收概念要少得多,但国内外学术界也有不同的表述。

在国外,较有代表性的是日本税法学家金子宏提出的:"税法,是关于税收的所有法律规范的总称"。该定义语言简练,界限清楚,但税法的基本性质没有表述出来。

国内关于税法概念的定义主要有:税法是指由国家最高权力机关或其授权的行政机关制定的有关调整国家在筹集财政资金方面所形成的税收关系的法律规范的总称。[①] 税法是国家制定的各种有关税收活动的法律规范的总称,包括税收法律、法令、条例、税则和制度等。[②] 税法是规定国家与纳税人之间在征收和缴纳税款方面的权利、义务关系的法律规范的总称,是国家向纳税人征税的法律依据。这些定义的表述力求全面反映税法概念的内涵与外延,但多少有所缺憾。例如,按照第一种观点,地方立法机关制定的有关税收的法规是否属于税法的范畴?第二种观点未能明确税法的调整对象——"税收关系";第三种观点虽明确了税法的本质内容,但却将税收权限划分关系及其他税收关系排除在税法调整对象范围之外。

以上的简要分析,有助于我们对税法概念得出全面的、更为准确的表述。其实,税法学界目前已基本形成共识,即赞同"税法就是国家权力机关及其授权的行政机关制定的调整税收关系的法律规范的总称"[③]。

为了充分理解税法的概念,我们应正确把握这一概念所包含的基本内容,即

[①] 参见蔡秀云主编:《新税法教程》,中国法制出版社1995年版,第1页。
[②] 参见许建国等编著:《中国税法原理》,武汉大学出版社1995年版,第1—3页。
[③] 罗玉珍主编:《税法教程》,法律出版社1993年版,第4页;徐孟州主编:《税法》,中国人民大学出版社1999年版,第9—11页。

税法的调整对象。

税法的调整对象是税收关系,即有关税收活动的各种社会关系的总和。为了便于认识税收关系,按照是否属于税收征纳关系为标准,可以将税收关系简单地分为税收征纳关系和其他税收关系。其中,税收征纳关系居于主导地位,是税法最主要的调整对象。税收征纳关系是指代表国家的征税机关与负有纳税义务的单位和个人之间因征税、纳税而发生的社会关系。狭义的税收关系就是指税收征纳关系。税收征纳关系还可进一步分为税收征纳实体关系和税收征纳程序关系。其他税收关系是指除税收征纳关系以外的税收关系,主要是指纳税人与国家之间的关系,相关国家机关之间在税法的制定及解释权、税种开征与停征决定权、税率调整与税目增减决定权、减免税决定权和税收监督权等方面的权限划分关系(在这一关系中,一般不直接涉及纳税主体一方),主权国家之间发生的国际税收权益分配关系等税收关系。其他税收关系在税法调整对象体系中居于次要、从属的地位,但仍然是广义的税收关系不可分割的有机组成部分。

税收关系的具体划分直接影响着税法体系的结构,也影响着对税法概念的认识。

二、税法的特征

税法特有的调整对象,使其具有区别于其他部门法的本质特点,深入研究税法的特征有助于加深对税法概念的理解。

(一) 税法的规制性

税法的规制性特征体现在:有税必有法,税收与税法密不可分。国家一般按单个税种立法,作为征税时具体的、可操作的法律依据;税法能够把积极的鼓励、保护与消极的限制、禁止相结合,审时度势,灵活规制,以实现预期的经济、社会和法律目标。

(二) 税法的综合性

税法是调整税收关系的法律规范的总称,而不只是其中某一部分或某一方面的法律规范。广义的税收法律规范不仅仅存在于单行的专门税收法规中,还存在于其他与税收有关的法规之中,如刑法、公司法和会计法中就有有关税收的条款。所以,税法是由实体法、程序法、争讼法等构成的综合法律体系,其内容涉及课税的基本原则、征纳双方的权利义务、税务管理规则、法律责任、解决税务争议的法律规范等,包括立法、行政执法、司法各个方面。其结构大致有宪法加税法典,宪法加税收基本法加税收单行法律、法规,宪法加税收单行法律、法规等不同的类型。税法具有综合性,可保证国家正确行使课税权力,有效实施税务管理,确保依法足额取得财政收入,保障纳税人合法权利,建立合作信赖的税收征纳关系,也表明税法在国家法律体系中的重要地位。

(三) 税法的技术性

由于税法的规定既要确保税收收入,又要与私法的秩序相协调;既要尽量减少对经济的不良影响,又要体现出适度的调控,因而税法具有较强的技术性。这种技术性,一是体现在税收实体法中,如税法构成要素的设计;二是体现在税收程序法中,如税务登记制度、发票制度和管辖制度等方面。[①]

(四) 税法的经济性

经济性是税法的重要特征之一。[②] 税法的经济性特征体现在:

(1) 税法作用于市场经济,直接调整经济领域的特定经济关系,即税收关系。税法的适度调整有助于弥补市场缺陷,节约交易成本,提高经济效率。

(2) 税法能反映经济规律,从而能够引导市场主体从事经济合理的市场行为,解决效率与公平的矛盾。

(3) 税法是对经济政策的法律化,通过保障税收杠杆的有效利用,引导经济主体趋利避害。

第二节 税法的性质与作用

一、税法的性质

大陆法系国家将法律划分为公法和私法的传统做法,最早源于罗马法。到了19世纪,在西欧大陆广泛开展的法典编纂和法律改革中,公私法之分被普遍应用,并成为法律教育和法学研究的基础。进入20世纪后,公法私法化、私法公法化趋势日益明显,但公法和私法之分仍然是大陆法系法律的基本分类。对公法、私法的划分标准,学术界并没有取得一致认识。概括起来,大致有以下标准:

1. 主体说

以参与法律关系的主体为划分标准,认为在法律所调整的法律关系中,主体双方或一方为国家或国家所属的公共团体者为公法,主体双方都是私人的为私法。

2. 权力说

主张公私法划分的标准在于法律关系上的差别,认为凡规定国家与公民之间的权力服从关系的是公法,凡规定公民之间的权利对等关系的是私法。

3. 利益说

利益说又称目的说,该说以法律保护的利益不同而进行公私法划分,认为凡以保护国家公益为目的的法律为公法,凡保护私人利益为目的的法律为私法。

[①] 参见刘剑文、魏建国:《新〈征管法〉在我国税法学上的意义》,载《税务研究》2001年第9期。
[②] 参见〔日〕金子宏:《日本税法原理》,刘多田等译,中国财政经济出版社1989年版,第25页。

实际上,通过单一的标准划分公私法是比较困难的,应该综合多重标准进行划分。我国台湾学者陈清秀认为,税法的法律关系有一方是由国家或地方公共团体以公权力主体的特殊资格地位,享受税法上的权力,负担税法上的义务。税法主要以维护公共利益,而非个人利益为目的,因此,税法在性质上属于公法。①这一观点得到许多学者的赞同。

尽管税法属于公法,但与宪法、行政法、刑法等典型公法相比,仍有其特殊性。税法传统上属于行政法,但自从《德国租税通则》颁布以后,随着税收是一种公法之债的观念的产生,人们对税法的认识发生了转变。在近现代公法私法化、私法公法化的大背景下,税法也呈现出强烈的私法化趋势,具体表现为:课税依据的私法化;税法概念范畴的私法化;税收法律关系的私法化;税法制度的私法化。② 故本书认为,税法是私法色彩非常浓厚的公法。

二、税法的作用

税法的作用是由税收的职能和法的一般功能决定的。概括起来,税法的作用表现为以下两个方面:

(一)税法的规范作用

税法的规范作用是指税法调整、规范人们行为的作用,实质上是法律的基本作用在税法中的体现和引申,具体可分为:

1. 税法是保护各方主体合法权益、维护正常税收秩序的法律准则

税法的这一作用是由其调整对象——税收关系的特殊性所决定的。税收关系主要是税收征纳关系,要使税收征纳关系具有稳定性、长期性和规范性,最佳途径就是使其合法化。通过制定税法,对税收关系各方主体及其权利、义务作出规定,并且给各方主体特别是纳税人维护自己的合法权益,提供实际可循的法律依据。

2. 税法是制裁违法行为、体现税收强制性的依据

税法的强制作用不仅在于惩罚违法犯罪行为,提高税法的权威性,也在于预防违法犯罪行为,保护人们在税收活动中的正当权利,增强人们在进行合法征纳活动时的安全感。

3. 税法的实施可以对税收法律关系主体起到教育作用

税法的实施对税收法律关系主体的行为发生一定的影响,对违法行为的制裁不仅对违法者,而且对其他人也将起到教育作用;对合法行为的鼓励、保护也可以对一般人的行为起到示范和促进作用。税法的这种教育作用对征纳双方法

---

① 参见陈清秀:《税法总论》,三民书局1997年版,第8页。
② 参见刘剑文主编:《WTO与中国法律改革》,西苑出版社2001年版,第281—293页。

律意识的养成必不可少。①

（二）税法的社会作用

税法的社会作用实质上是使税收的经济职能在法律形式保障下得以发挥。

1. 税法是国家取得财政收入的重要保证

税法为国家取得财政收入提供的保证作用，一方面体现在税法对纳税人的种种义务作了法律规定，纳税人如果没有履行纳税义务或者履行没有到位，就要受到相应的法律制裁。另一方面，税收制度一旦成为法律，其固定性就有了法律保证，即使国家也不能对基本的税法要素随意改动，这对于国家及时、稳定地取得财政收入是一个重要的保证。

2. 税法是国家调控宏观经济的重要手段

税收采用法的形式，可以将税收的经济优势与法律优势结合起来，使税收杠杆在宏观经济调控中更为灵敏、有力。其一，税法可以为调控宏观经济提供最具权威性的规则和效力最高的保证体系，使调节力度与预期一致，防止税收杠杆的软化。其二，税收借助法律的评价、预测作用，可以增强税收杠杆的导向性，使其对宏观经济的调控更为灵敏。

3. 税法是监督管理的有力武器

税法对经济活动监督的广度、深度以及全面性和经常性是现有其他法律不可比拟的，从而使税法监督有特别的意义。一方面可以及时发现各类纳税人一般性违反税法的行为，并依照税法予以纠正，保证税收组织财政收入和调节经济职能的正常发挥；另一方面，税法是打击税收领域犯罪活动的有力武器，对逃税、骗税、抗税等行为可依据税法或援引其他法律予以最有力的打击，以维护正常的社会经济秩序。

4. 税法是维护国家税收主权的法律依据

税收主权是国家经济主权必不可少的重要组成部分，一般主要体现在国家间税收管辖权冲突和国际税收权益分配关系等方面，税法是维护国家税收主权的基本手段之一。因此，涉外税法作为国家税法体系不可或缺的一部分，通过对涉外税收问题的具体规定，使国家的税收管辖权得到彻底、充分地贯彻；同时，在有关国际税收协定中坚持国际通用的法律原则和法律规范，对等处理税收利益关系，达到维护国家税收权益的目的。

---

① 我国目前税法的教育作用比较滞后，而且事实上一直只强调对纳税主体的教育和导向作用，而忽视了对征税主体严格依法定税收要素和法定程序征税意识的培养和教育作用。

第三节 税法的地位与体系

一、税法的地位

（一）税法在法律体系中的地位

税法的地位，通常是指税法在法律体系中是否具有不可替代的独立存在的理论和价值。而税法在法律体系中是否具有自己独立的地位，取决于它能否成为一个独立的法律部门。税法并非按传统的调整对象标准划分出的单独部门法，而是一个综合领域。由于税收活动几乎涉及社会的各个方面，因此，作为调整税收关系的税法和大多数法律部门都具有密切的关系。税法独特的调整对象决定了它在整个法律体系中的独特地位。在现代各国法律体系中，税法的重要地位已尽人皆知。以下通过分析税法与其他部门法的关系以明确税法在整个法律体系中的地位。

1. 税法与宪法的关系

宪法是一个国家的根本大法。宪法中关于公民纳税义务的规定、国家享有征税权的规定、国家机关之间税收权限的划分等规定，是制定税法的重要基础。因此，税法的内容不得与宪法相抵触，税法的执行也不得违宪。世界上无论是联邦制国家还是单一制国家，都将有关税收的规定列为宪法文件的重要内容。此外，税法的基本原则——税收法定主义，只有在宪法中予以体现，才能真正确立其地位，并进而推进税收法治。同时，现代税法价值、税法意识也和宪法价值、宪法意识密切相关。现代税法还必须体现宪法中的保障公平和正义、提高经济效率、增进社会福利的基本精神。

2. 税法与行政法的关系

税法与行政法的关系相当密切，主要表现为税法具有行政法的一般特征。税法的执行主体主要是行政机关，税收征管、税收行政复议、税收行政诉讼和税收行政赔偿的基本原理和基本制度和一般行政法并无二致。尽管如此，税法与行政法仍有较大区别，尤其在调整对象、宗旨、职能、法域等方面，税法与行政法还是大不相同的。

3. 税法与经济法的关系

税法与经济法的联系甚为密切。对此，目前在我国学界有两种观点。比较流行的观点认为，税法作为经济法体系中的一个重要组成部分，其在宗旨、本质、调整方式等许多方面与经济法的整体都是一致的。但同时，税法作为经济法的一个具体亚部门法，在调整对象、特征、体系等许多方面又有其特殊性。因此，经济法与税法是共性与个性、整体与部分、普遍性与特殊性的关系。① 另一种观点认为,税法并不必然构成经济法的组成部分,但由于近年来把税收作为经济政策手段的趋势日益增强,使得税法和经济法有重叠之处。通过考察税法和经济法的发展史,以及它们的特征、价值和基本制度,税法和经济法还是有区别的。② 本书赞成后一种观点。

4. 税法与民商法的关系

税法与民商法的区别是明显的,前者属于公法,后者属于私法。但两者同样存在着密切的联系,主要表现在税法大量借用了民法的概念、规则、原则和制度。第一,税法借用了民法的概念。例如,税法中对于纳税人的确定,必须以民法中关于民事法律关系主体的条件为依据,税法对自然人和法人的解释与确定必须与民法相一致;税法中经常使用的居民、企业、财产、固定资产、无形资产、商标权、专利权、代理、抵押、担保、赔偿、不可抗力等概念都是来自于民法。第二,税法借用了民法的规则。例如,民法规定法人以其所有的财产或者以国家授予其经营的财产承担民事责任,自然人以个人或家庭财产承担民事责任,对于纳税责任也同样适用;再如,税法中的遗产税等,应与民法中关于财产所有权的规定相一致,对产权使用和转让收益征税时纳税人的确定,也必须与民法中有关知识产权的规定相一致;此外,税法中纳税人与纳税担保人、纳税人与税务代理人之间的法律关系具有民事法律关系的性质,民法中规定的"代理"是税法履行的一个具体方面;等等。第三,税法借用了民法的原则。如民法中的诚实信用原则在税法中的适用。第四,税法借用了民法的具体制度。在税收债务关系说被普遍认同的情况下,税法的具体制度,尤其是税收实体法律制度借鉴了民法债法的具体制度。

5. 税法与社会法的关系

税法与社会法是平行并列的两个亚部门法,因而二者有着明显的区别。但由于税法直接关系到社会产品分配的公平问题,具有一定的社会性,因而与社会法的关系又十分密切。税法通过所得税、社会保障税、遗产赠与税等来实现社会公平正义的目标。在这种意义上,税法和社会法一样,都是实现社会政策目标的重要工具。

6. 税法与刑法的关系

税法与刑法属于不同的法域,其区别是显而易见的。但两者都是侵权性规范,都属于可以影响国民财产权利的公法,因而两者在法理方面又有许多共通之处。此外,由于严重违反税法的行为构成犯罪,涉税犯罪是刑法调整的犯罪种类

---

① 参见张守文:《税法原理》,北京大学出版社 2001 年版,第 27 页。
② 参见刘剑文主编:《税法学》,人民出版社 2003 年版,第 25 页。

之一,对涉税犯罪的制裁是保障国家债权实现的主要方式,因而形式意义上的税法中规定的犯罪作为附属刑法构成整个刑法的组成部分。由此看来,税法和刑法也具有密切的关系。

7. 税法与国际法的关系

税法原本是国内法,是没有超越国家权力的约束力的。然而,随着国际交往的加深,各国的经济活动日益国际化,税法与国际法的联系越来越密切,并且在某些方面出现交叉。第一,在跨国经济活动中,为避免因税收管辖权的重叠而出现国际双重征税,国与国之间形成了一系列双边或多边税收协定、国际税收公约。这些协定或公约是国际法的重要组成部分。换一个角度看,被一个国家承认的国际税法也应是这个国家税法的组成部分。第二,为了使"涉外税法"较好地起到吸引外资的作用,立法时往往较多地吸取了国际法特别是国际税法中合理的理论和原则以及有关法律规范。第三,按照国际法高于国内法的原则,被一个国家所承认的国际法不能不对其国内税法的立法产生较大的影响和制约作用;反之,国际法也不是凭空产生的,各个国家的国内法(包括税法)是国际法规范形成的基础。没有国内税法,国际税法就无法实施。所以,税法与国际法的关系是互相补充、互相配合的。

(二) 税法在社会科学体系中的地位

税收现象与各种社会现象交错相置,很多学科都与税收问题有着直接或间接的联系。各门学科都能从自己的角度对税收展开研究,不仅政治学、社会学以及心理学有研究税收的视角,就连自然科学也对税收研究有帮助。各种学科与税收问题的结合便逐步形成了专门研究税收问题的三大领域:第一种是从财政学角度研究税收,对此称为税收学;第二种是从会计学角度研究税收,对此称为税务会计学;第三种是从法学角度研究税收,对此称为税法学。[①] 可见,税法与相关非法学学科也有着密切的关系,它在整个社会科学体系中具有不可替代的理论价值。

1. 税法学与财政学的关系

财政学认为,在税收国家中,公共财政最终表现为征收并使用税收的功能,所以财政学的收入论的核心必然是税收论。财政学中的税收论,关于课税的根据、原则,税收的分类,税收的转嫁,以及各种税收的论述,均是研究税法所不可或缺的基础知识,财政学在税法的立、改、废过程中发挥着重要的作用。

2. 税法学与会计学的关系

会计学是以系统研究关于个别企业的资本及其利润核算原理和技术为任务的学科。其中,关于计算构成课税对象的企业利润,即计算课税所得的原理和技

---

① 参见〔日〕北野弘久:《税法学原论》,陈刚、杨建广等译,中国检察出版社2001年版,第1页。

术,被称为税务会计。① 税务会计与税法有如下界限:第一,在庞大的税法体系中,税务会计仅以所得税法上的规定为依据;第二,实体税法规定的应纳税所得计算标准往往不同于会计学理论和概念的性质。然而,税务会计与税法又有一定的联系。税务会计在概念的使用上具有多义性:有观点认为,税务会计是研究企业避税理论的学问,但判断企业行为究竟是避税行为,还是逃税行为,都必须依赖于法学的判断,这一问题显然是税法学领域研究的问题;还有观点认为,税务会计是研究税收实务的理论,但税收实务毕竟是对实体税法的运作,表现在学理上则是对税法学的实践。由此,北野弘久教授认为:作为一名税理士,不仅应是一位会计专家,更应该是一位精通会计学、经营学等知识的法律专家、律师。②

二、税法的体系

按照对税收法律规范进行分类的不同标准,一个国家的税法体系可以有多种构成方式。对其进行研究,可以从不同角度,对税法中的某些共同特征加以归纳和总结,发现规律性的东西。

(一) 税法体系的构成方式

概括起来,税法的分类,亦即税法体系的构成方式主要有以下几种:

1. 按照税收立法权的不同,可以将税法分为中央税法与地方税法。③ 中央税法是指由中央立法机关或政府行使立法权的税法的总称。地方税法是指地方有权机关制定的地方性税收法规和规章(包括自治条例和单行条例中有关税收的条款)。中央税法与地方税法的划分,与国家政体及各级政府的财政职能有很大关系。一般来说,联邦制国家实行分权制,地方的税收立法权较大,地方税法体系较完善;而中央集权制国家地方税收立法权较小④。

2. 按照法律效力的不同,可以将税法分为税收的宪法性规范,税收法律,税收行政法规、规章,地方性税收法规、规章和国际税收协定等。此外,其他法律法规中有关税收的条款也是税法体系的有机组成部分,可以归入相应效力层次的税法规范中去。

3. 按照税法调整对象内容的不同,可以将税法分为税收实体法、税收程序法和税收权限法。凡规定税收征管过程中征、纳双方主体的实体权利义务内容

---

① 参见杨小强:《税法总论》,湖南人民出版社 2002 年版,第 6 页。
② 参见〔日〕北野弘久:《税法学原论》,陈刚、杨建广等译,中国检察出版社 2001 年版,第 7 页。
③ 应当指出的是,中央税法与地方税法是按照税收立法权划分的,不同于税收学中按照税收管理权或税收收入归属所作的划分。例如,一些全国性的地方税由地方管理,收入归地方,但立法权属于中央,是中央税法的组成部分。我国的地方税大多属于这种情况。
④ 以我国为例,目前尚无严格意义上的地方税法。这对于调动中央、地方两个积极性,完善税法体系,实行彻底的分税制是不利的。因此,建立适合我国国情的地方税法体系,应成为完善我国税法的重要目标之一。

的是税收实体法,如各单行税种法;凡以税收征管过程中税收征收管理程序关系为调整对象的是税收程序法,如《税收征管法》;凡以税收立法权限分工和责权关系为调整对象的是税收权限法,如《关于税收体制管理的规定》。

4. 根据税法是否具有涉外因素,可以将税法划分为对内税法和涉外税法。凡是涉及主权国家对不具有本国国籍的纳税人和具有本国国籍,但其纳税行为不发生在本国领域内的纳税人进行征税的税法,就是涉外税法,如《关税法》等;涉外税法还包括主权国家签署和批准的国际税收协定。此外都为非涉外税法。

5. 按照在税法体系中的法律地位不同,可以将税法分为税收通则法和税收单行法。税收通则法是指对税法中的共同性问题加以规范,对具体税法具有约束力,在税法体系中具有仅次于宪法的法律地位和法律效力的税法。其内容主要包括通用条款、税务机构、税权划分、基本税收权利与义务、征收程序、执行规则、行政协助、行政处罚、税务争讼等方面的原则性规定。较为典型的税收通则法即税收基本法。税收单行法是指就某一类纳税人、某一类征税对象或某一类税收问题单独设立的税收法律、法规或规章。税收单行法受税收通则法的约束和指导。税收通则法与税收单行法的分类与税法体系的结构有关。有些国家的税收法典包含了税收通则法与税收单行法的全部内容,如美国;有的国家则只有税收单行法而没有税收通则法,如我国现阶段。但从发挥税法体系的整体功能来看,这种税法结构是不够理想的。因此,我国已将设立税收基本法列入立法议程。

(二)我国现行税法体系

税法的体系是各类税法规范有机联系所构成的协调统一的整体,其具体的结构及构成该体系的诸多税法规范的分类,取决于税法的调整对象。① 依据前述对税法调整对象的认识,税法调整的税收关系可以分为税收征纳关系和其他税收关系。税收征纳关系可进一步分为税收征纳实体关系和税收征纳程序关系,其他税收关系中主要是税收权限关系。由此而知,税法体系在结构上包括税收权限法、税收实体法和税收程序法。在税法体系的各个组成部分中,税收权限法是规定有关税收权力分配的法律规范的总称,它在税法体系中居于基础和主导地位,没有税收权限法就不可能有税收征纳法;税收征纳实体法作为规定征纳双方实体权利义务的法律规范的集合,在税法体系中居于主体地位;税收征纳程序法作为规定税收征管程序及相关主体程序权利义务的法律规范的集合,对于保障税法主体的实体权利的实现具有重要意义,在税法体系中居于保障地位。由于我国目前的税收权限法只有国务院制定的《关于税收体制管理的规定》,因此,税法体系中主要是税收实体法和税收程序法。

---

① 参见张守文:《财税法学》,中国人民大学出版社 2007 年版,第 184 页。

1. 税收实体法

我国税收实体法主要包括流转税法、所得税法、财产税法、行为税法。

（1）流转税法

流转税法是指调整以流转额为征税对象的税收关系的法律规范的总称。在流转税法中，包括《增值税暂行条例》、《消费税暂行条例》、《营业税暂行条例》及其实施细则以及《海关进出口税则》、《出口关税条例》、《海关法》的有关规定等。

（2）所得税法

所得税法是指调整所得税之税收关系的法律规范的总称。在所得税法中，包括《企业所得税法》、《个人所得税法》及其实施细则。

（3）财产税法

财产税法是指调整财产税关系的法律规范的总称。在财产税法中，包括《资源税暂行条例》、《耕地占用税暂行条例》、《土地使用税暂行条例》、《土地增值税暂行条例》、《房产税暂行条例》、《契税暂行条例》、《车船税暂行条例》、《车辆购置税暂行条例》及其实施细则。

（4）行为税法

行为税法是指调整行为税关系的法律规范的总称。在行为税法中，包括《印花税暂行条例》、《固定资产投资方向调节税暂行条例》、《城市维护建设税暂行条例》及其实施细则等。

（二）税收程序法

我国税收程序法主要包括税收征管法、税收处罚法和税收救济法。

1. 税收征管法

税收征管法是规定税务机关税收征管和纳税程序方面的法律规范的总称。我国现行的税收征管法是1992年颁布，1995年2月、2001年4月先后两次修订的《税收征收管理法》（以下简称《税收征管法》）及《税收征收管理法实施细则》（以下简称《税收征管法实施细则》）。

2. 税收处罚法

税收处罚法，是与税收处罚的原则、设定、实施等有关的法律规范的总和。目前我国税收处罚法包括：《税收征管法》及《税收征管法实施细则》的有关规定；国家税务总局《税务登记管理办法》的有关规定；《发票管理办法》及《发票管理办法实施细则》的有关规定；《关于惩治偷税、抗税犯罪的补充规定》；《关于惩治虚开、伪造和非法出售增值税专用发票犯罪的决定》；《行政处罚法》；《海关法》的有关规定；《刑法》的有关规定等。

3. 税收救济法

税务救济法是有关国家机关解决税务争议所应遵循的原则、途径、方法和程序等法律规范的总称。目前我国税收救济法包括:《税收征管法》有关规定;《行政复议法》及《税务行政复议规则(试行)》;《行政诉讼法》;《国家赔偿法》。

(三) 我国税法体系的完善

当前,我国社会主义税法体系已初步建立,但由于各种原因,这种税法体系还不够完善与成熟,还不适应社会主义市场经济体制的发展和需要。因此需要从我国国情出发,从以下几个方面予以完善:

1. 尽快制定税收基本法,建立一个以宪法有关税收规定为指导,以税收基本法为基础的宝塔型多层次税法体系。目前我国税法体系中,由于缺少基本法的协调,各税收实体法之间以及税收法律同其他法律之间存在着"打架"的现象,影响到税法的贯彻执行。税收基本法立法已是我国税法体系发展的大趋势。考察现有税收基本法的国家,大致可分为两种类型:一是德国"发达"式税收基本法,[①]二是俄罗斯"发展"式的税收基本法。从追求完善的税法体系的角度出发,德国税收基本法无疑是一种较为理想的立法模式。但我国是发展中国家,市场经济发展和法制建设不像德国那么完善,我国的立法习惯和经验是各部门单行立法,也没有像德国那样制定法典的经验。因此,我国税收基本法的立法不宜太细致、太复杂,要有一个不断完善的过程。

2. 完善税收立法体制,提高税收立法层次。我国现行税收立法体制已经初步成为一种多级(中央立法和地方立法相结合)、多元(权力机关立法和授权机关立法相结合)化的立法体制。但目前中央税收立法权限过于集中,而且权力机关立法相对不足。因此,在税收立法上一定要实行合理分权,坚持税收基本法、中央税法及共享税法、税收程序法由中央立法,开征地方新税种和加强地方税收征管的立法权则应适度下放给地方。同时,在中央立法权限内不断提高税收立法层次,逐步实现主体税种的单行税法由权力机关即全国人民代表大会立法,与之相适应的实施细则由国务院立法,以确保税法的稳定性和权威性。

3. 建立以流转税法和所得税法为主体的复合型的实体税法体系。复合税制是与单一税制相对的税收模式,是对课税对象采取多种税、多次征的税收体制。在主体税种的选择上,既要立足于实际经济状况,又要有一定的超前性。流转税因其征税面广、税源稳定,是我国第一大税。随着国民经济的发展和居民收入水平的提高,所得税的地位将逐步加强,税收立法应将所得税列为主体税法之一。

4. 进一步完善税收程序法。程序法在税法体系中的地位相当重要,这也是税法的一个重要特征。我国有专门的《税收征管法》,2001 年全国人大常委会

---

① 日本、韩国的法律基本上是德国法律的移植,在体例结构和基本内容选择设计上,三国税收基本法相似。

对其进行了修订。我们应借鉴国外的成功做法,同时总结税收征管实践中的有效经验,进一步完善税收征管法。对于税收救济程序法,也应考虑税收领域的特殊性,对其予以完善。

第四节 税法的渊源与效力

一、税法的渊源

法的渊源是指法的各种具体表现形式,具体地讲是指国家机关制定或认可的具有不同法律效力或法律地位的各种法律类别,如宪法、法律法规、条例、章程、习惯、判例等。我国现行税法的渊源有:

（一）宪法

宪法规定了国家的根本制度和根本任务,是国家的根本大法,具有最高的法律效力,是税法最重要的法律依据。我国宪法概括性强、容量小,宪法中直接涉及税收的仅是第 56 条规定的:"中华人民共和国公民有依照法律纳税的义务。"这在规定了公民对国家具有纳税义务的同时,也表明了非依照法律规定,不得使公民增加纳税负担或减少纳税义务。由此,如果征税机关擅自决定对某些纳税人加收或减免税款,则其决定属于违宪。因此,宪法是税法的重要渊源。从长远看,应通过修改宪法,增设直接与税收有关的条款,从而加强宪法对税法的指导,提高税法的法律地位。

（二）法律和有关规范性文件

这里的法律是指狭义上的法律。根据我国宪法的规定,法律包括全国人民代表大会制定的基本法律,以及全国人大常委会制定的基本法律以外的其他法律。法律在规范性文件体系中的地位,仅次于宪法。全国人大及其常委会作出的规范性的决议、决定,同全国人大及其常委会制定的法律具有同等法律效力。上述规范性文件如果涉及税收的规定,就构成税法的渊源,如《个人所得税法》等。根据税收法定主义的要求,税法渊源的主体应该是法律。

（三）行政法规和有关规范性文件

国务院是我国最高国家权力机关的执行机关,是最高国家行政机关。国务院制定的各种法规即为行政法规,其数量远远多于法律,其地位仅次于宪法和法律,是税法的重要渊源。国务院发布的涉及税收的规范性的决定和命令,同行政法规具有同等的法律效力,也属于税法的渊源,如《国务院关于加强依法治税严格税收管理权限的通知》、《国务院关于地方税务机构管理体制问题的通知》等。

按照税收法定主义的要求,对人民设定纳税义务的事项,原则上均应依法律规定。但税法所规范对象的实际活动,极为错综复杂且频繁变化,而法律多数为原则性规定,且受立法技术的限制,不可能做到完全周延,因此完全以法律形式对税收活动进行规定,是比较困难的。所以,一方面,由国务院制定颁布的专门性税收行政法规,在我国经济体制改革过程中,其过渡性作用不可或缺,在税法发展过程中具有重要的地位和作用;另一方面,这些行政法规的效力低于税收法律,缺乏应有的权威性、规范性和稳定性,采取这种形式也仅仅是过渡性的,今后应尽早上升为正式法律的形式。

（四）部、委规章和有关规范性文件

这里所指的部委主要是财政部和国家税务总局。它们单独或联合发布了大量的有关税收的规章和规范性的命令、指示,如财政部发布的《一般消费税和一般增值税退付申报和审批办法》、《税务代理试行办法》等,国家税务总局发布的《税务稽查案件复查暂行办法》、《税务登记管理办法》、《税务行政处罚听证程序实施办法（试行）》、《发票管理办法》等,两部门联合或与其他部门联合发布的《外国公司船舶运输收入征税办法》、《邮寄纳税申报办法》等,也构成税法的渊源。

（五）地方性法规、地方政府规章和有关规范性文件

省、自治区、直辖市以及省级人民政府所在地的市和经国务院批准的较大市的人民代表大会及其常委会可以制定地方性法规,人民政府可以制定规章。除地方性法规、规章外,地方各级国家权力机关及其常设机关、执行机关制定的决定、命令和决议,凡属规范性者,也属于法的渊源之列。根据法律规定,中央税、中央地方共享税以及地方税的立法权都集中在中央。但地方可以依据本地实际情况,制定一些只适用于本地区的税收征管规范,如青海省政府发布的《青海省契税征收管理办法》、江苏省政府发布的《江苏省普通发票管理办法》等。

（六）条约

我国同外国缔结或我国加入并生效的条约虽然不属于我国国内法的范畴,但根据"条约必须遵守"的国际惯例,条约对各缔约国的国家机关和公民都具有法律上的约束力,也属于我国的法的渊源。在国际税收条约中,主要是关于避免所得双重征税和防止偷、漏税的协定,为防止重复征税而签订的双边或多边的税收协定占重要地位。我国从1981年初就开始同有关国家谈判签订国际税收协定,这些税收协定构成我国税法的渊源。

（七）法律解释

法律解释,是指有权机关就法律规范在具体适用的过程中,为进一步明确界限或进一步补充,以及如何具体运用所作出的解释,即有权解释。有权解释包括立法解释、司法解释、行政解释和地方解释。全国人大常委会、国务院及财政部和国家税务总局、地方有权立法机关和行政机关就税法作出的解释具有规范性,构成税法的正式渊源,在税法渊源体系中,起补充作用。法律解释在我国税收立

法中常见的表现形式有:施行细则和实施细则、办法、通知、批复等,数量庞大。这些解释性规定主要是就税收业务问题的具体立法或者对实践中发现的问题作出解释,如《税收征管法实施细则》、《财政部、国家税务总局关于对福利企业、学校办企业征税问题的通知》、《关于增值税会计处理的规定》等。

税法除以上正式渊源以外,还有非正式渊源。在我国,税法的非正式渊源主要是指判例、习惯、税收通告和一般法律原则或者法理。与正式渊源不同,税法的非正式渊源不能作为税收执法和司法的直接依据,但也具有一定的参考价值。

二、税法的效力

税法的效力是指税法的适用范围,包括时间、空间和对人的效力。正确理解和掌握税法的效力范围,是正确运用税法必不可少的条件。

(一) 税法的时间效力

税法的时间效力是指税法生效和失效的时间,以及是否有溯及既往的效力。

1. 我国税法从何时开始实施有以下两种情况:(1) 税法实施时间与公布时间一致。如《个人所得税法》第 14 条规定:本法自公布之日起施行。这种规定方式应该逐步予以改革。(2) 税法先期公布,然后付诸实施。我国大部分税法的实施时间都属于这种情况。如《资源税暂行条例》于 1993 年 12 月 25 日公布,自 1994 年 1 月 1 日起实施;《土地增值税暂行条例》于 1993 年 12 月 13 日公布,自 1994 年 1 月 1 日起实施;《印花税暂行条例》于 1988 年 8 月 6 日公布,自 1988 年 10 月 1 日起实施;等等。实施时间晚于公布时间,可以为征税机关和纳税主体了解掌握税法提供便利,有助于税法的有效实施。

2. 我国税法从何时开始废止有几种情况:(1) 规定废止,即新税法明文规定在新法生效之日即旧税法自行废止之时。这是目前我国税法采用最多的一种废止方式。如《企业所得税法》第 60 条规定:本法自 2008 年 1 月 1 日起施行。1991 年 4 月 9 日第七届全国人民代表大会第 4 次会议通过的《外商投资企业和外国企业所得税法》和 1993 年 12 月 13 日国务院发布的《企业所得税暂行条例》同时废止。(2) 代替废止,即根据新法优于旧法效力原则,新税法或修改过的税法起始实施,旧税法就自行废止,而不再在新法条文中明文规定旧法的无效。如《税收征管法》是 1992 年 9 月 4 日七届全国人大常委会第 27 次会议通过的,1993 年 1 月 1 日开始实施;1995 年 2 月 28 日第八届全国人大常委会第 12 次会议通过了对原法律的个别条文作出修改的修正案;2001 年 4 月 28 日九届全国人大常委会第 21 次会议通过了《税收征管法修正案》,并重新公布。这样,在修正的《税收征管法》正式公布后,旧的《税收征管法》就自然废止,而未在新《税收征管法》中明确规定旧《税收征管法》的无效。(3) 抵触废止,即新税法确认与其相抵触的部分税法规范被废止。如《土地增值税暂行条例》第 15 条规定,本条例自1994年1月1日起施行,各地区的土地增值税征收办法与本条例抵触的同时终止执行。

目前,在我国税法的时间效力上还有一种暂停执行的制度。如1999年底,经国务院批准,财政部、国家税务总局和原国家发展计划委员会联合发布通知,从2000年1月1日起,在全国范围内暂停征收固定资产投资方向调节税。在这种情况下,《固定资产投资方向调节税暂行条例》并没有被废止,而是暂停执行。

(二) 税法的空间效力

税法的空间效力是指税法的法律强制力所能达到的地域范围,一般分为中央税法的空间效力和地方税法的空间效力。

1. 中央税法的空间效力

中央税法的空间效力就是指中央税法在国家主权所及的领域,包括我国的领土、领海和领空内具有的普遍的法律效力。上述范围还应包括根据国际法、国际惯例应视为我国领域的一切领域,如在公海上航行的我国船舶和在非我国领空飞行的我国飞行器等。

2. 地方税法的空间效力

地方税法的空间效力就是指地方税法仅在本地方行政管辖区域内有效。如《青海省契税征收管理办法》在青海省管辖区域内有法律效力,《浙江省实施〈中华人民共和国契税暂行条例〉的办法》在浙江省管辖区域内有法律效力。

由于我国实行"一国两制"的特殊制度,香港和澳门地区是我国的特别行政区,中央税法在这些地区并不适用。根据《香港特别行政区基本法》和《澳门特别行政区基本法》,香港和澳门特别行政区实行独立的税收制度,自行立法规定税种、税率、税收宽免和其他税收事项;可以作为单独关税地区,和其他国家和地区签订税收协定,其税法在各自的管辖范围内具有法律效力。

此外,根据国际法,虽在我国领域范围内但享有税收豁免权的区域,我国的中央税法和地方税法都不予适用,如外国使馆区、领馆区等。

(三) 税法的对人效力

税法的对人效力是指受税法规范和约束的纳税人的范围,包括纳税个人和纳税单位。税法对人的效力涉及一国的税收管辖权问题。一般而言,一个主权国家主要参照下列原则来确定本国的税收管辖权。

1. 属地原则

属地原则是指一个国家以地域的概念作为其行使征税权力所遵循的指导原则。依照属地原则,国家对其所属领土内的一切人和物或发生的事件,有权按照法律实行管辖。在税法领域,属地原则亦称来源地原则,按此原则确定的税收管辖权,称作税收地域管辖权或收入来源地税收管辖权。它以征税对象是否发生在本国领土内为是否征税的标准,而不论纳税人是本国人还是外国人。

2. 属人原则

属人原则是指一国政府以人的概念作为其行使征税权力所遵循的指导原则。依照属人原则,国家可以对本国公民或居民按照本国的法律实行管辖。公民是指具有本国国籍的人;居民则是指居住在本国境内享有一定权利并承担一定义务的人。居民的范围可以包括本国公民、外国公民以及具有双重国籍和无国籍的一切人。在税法领域,按此原则确立的税收管辖权,称作居民税收管辖权或公民税收管辖权;它依据纳税人与本国政治法律的联系以及居住的联系,来确定其纳税义务,而不考虑其所得是否来源于本国领土之内。

3. 折中原则

折中原则是属地原则和属人原则相结合的一种原则。现在大多数国家和地区一般都采折中原则,我国采取的也是折中原则。如《个人所得税法》第1条规定,在中国境内有住所,或者无住所而在境内居住满一年的个人,从中国境内和境外取得的所得,依照本法规定缴纳个人所得税;在中国境内无住所又不居住或者无住所而在境内居住不满一年的个人,从中国境内取得的所得,依照本法规定缴纳个人所得税。

此外,外国国家元首、外交代表、领事、特别使团成员及其他相关人员,在国际法上均享受税收方面的豁免权。因此,在采取属地或折中原则的情况下,一国对上述人员不享有税收管辖权。

本 章 小 结

税法的基本问题包括税法的概念、特征、性质、作用、地位、体系及其税法的渊源和效力等内容。由于其特有的调整对象,税法具有自己鲜明的本质特点,现代税法呈现出了强烈的私法化趋势。税法不仅规范征纳双方的行为,更对社会发展起到了巨大的作用。税法在整个法律体系中具有独特的地位,是一个综合的法律部门。税法中既有涉及国家根本大法的宪法性规范,又有深深浸透着宏观调控精神的经济法规范,还包含着大量的规范行政管理关系的行政法规范。此外,税收犯罪涉及刑法规范,其定罪量刑具有很强的专业性;税款征收的保障还必须借助民法的相关制度来解决。我国社会主义税法体系已初步建立,税法渊源丰富,但还需进一步完善。税法的效力主要包括时间、空间和对人的效力。

思考题

1. 税法的本质特征是什么?如何理解税法的公法私法化趋势?
2. 税法在现代国家中的地位如何?
3. 简述税法与其他法律部门的联系与区别。

第三章 税法的历史沿革

税法是伴随着税收的产生、发展而逐步产生和完善起来的,而税收的产生与发展又离不开国家的产生和发展。不同国家和地区税法的发展,因其经济条件、政治制度、文化传统不同,走了不同的发展路径。通过对各国、各地区税法历史的回顾与比较,吸取其中成功的经验,对于我们今天乃至以后税法的进一步完善是非常有益的。

第一节 国外税法的历史沿革

一、国外税收立法权的演变和发展

早在公元前 18 世纪,古巴比伦王国制定的《汉穆拉比法典》中就涉及有关国家征税的规定。公元前 1000 年至公元前 600 年的古印度法律制度中,《乔达摩法经》就设有《收入与赋税》一章,随后制定的《摩奴法典》还进一步规定了一些简单的征税准则。

中世纪以后,各国封建制度得以确立和发展,教会势力和教会法也随之产生和发展起来。因此,欧洲各国有关征税的规定多见于通用的教会法典中。公元 6 世纪,欧洲教会法规定:缴纳什一税是每个信徒的义务。但那时什一税只有精神上的约束力。到了丕平和查理曼时代,这种规定便带有了强制力。公元 799 年,查理大帝发布敕令:"按照上帝的意志,我命令每一个人都将自己财产和劳动所得的十分之一捐赠给教会和教士。所有贵族、自由人或半自由人,都应从来自上帝的,拿出一部分还给上帝。"10 世纪中叶,西欧各国相继仿效查理大帝的做法,缴纳什一税日益成为硬性规定。这样,信徒缴纳什一税的宗教义务在 6 世纪得到教会法的确认后,10 世纪又得到世俗法律的普遍认可和支持。[①] 当时,所谓税法就是国王或君主的旨意,这种情况下的征税多是君主对国民财产的肆意干涉。例如,英国在公元 7 世纪形成封建制度以后,国王可以任意向领主、臣民征收款项,增加赋税。

封建制度末期,人民对贵族及僧侣的免税特权、过重的人头税及盐税越来越不满。随着民主主义的发展,国家主权逐渐由君主转至国民全体,征税权也因之

---

① 参见雍正江:《中世纪西欧的什一税》,载《世界宗教文化》2007 年第 4 期。

转归全体国民掌握。在此过程中,逐渐形成了"无代表则无税"的思想,进而形成了课税必须经国民的同意,如不以国民代表议会制定的法律为根据则不能行使课税权的宪法原则。1215年《英国大宪章》规定:"若非依据朕王国一般评议会的同意,在朕的王国中不课征一切楯金或援助金。"这种规定是税收法定主义的萌芽。1628年的《权利请愿书》呼吁臣民"非经国会同意,得有不被强迫缴纳任何赋税、特种地产税、捐献及其他各种非法捐税之自由",而国王"非经国会法案共表同意,不宜强迫任何人征收或缴付任何贡金、货款、强迫献金、租税或类似负担。"1689年的《权利法案》更明确宣告:非经国会同意不得征税,确立了近代意义上的税收法定主义原则。在法国,早在1483年国民议会发表宣告:"以后如不召开国民议会,获得其同意,国王不能凭其自由与特权,向国民谋取任何金钱。"1789年,法国大革命订立的《人权宣言》载明:"一切公民得由自己或其代表,决定税收有无必要而自由认定之"。美国在独立战争中,也喊出了"不出代议士,不纳税"的口号。1776年的美国《独立宣言》,在谴责英国对北美殖民地的统治,宣布成为自由独立的合众国的同时,历数了英国殖民者在北美滥设官职、吞食当地民脂民膏,强迫征税的暴行。1787年的《美利坚合众国宪法》,规定了国会在征税等方面的权力,强调"征税法案应由众议院提出"。总之,17世纪末到19世纪初,西方税法进入了一个新的发展时期,即各国纷纷确立了立宪征税制度。

税收法定主义的产生是新兴资产阶段领导人民与封建主斗争的结果,它与资产阶级民主法治思想的产生发展密切相关。这一税法原则的确立,使税收立法权从政府的课税权力中分离出来,使西方各国税法从性质上完全不同于之前的税法,它不再是单纯为了国王、君主或其他统治者的需要而任意确定、无偿征收的专制税法,它已成为以现代民主和法治为基础的税法。

二、国外税收法律制度的演变和发展

西方国家的税收法律制度,经历了一个曲折复杂的发展变化过程。总的说来,它是由以简单、原始的直接税为主体的税收法律制度—以间接税为主体的税收法律制度—以发达的直接税为主体的税收法律制度,到今天又转变为以生态税为主体的税收法律制度。

(一)以简单、原始的直接税为主体的税收法律制度

税收法律制度的发展受社会经济条件的制约。在奴隶制和封建制社会,社会生产力水平低下,"一部分人用在农业上的全部劳动"还不足以"为整个社会,从而也为非农业工人生产必要的食物"[①]。在那种条件下,自给自足的自然经济

---

① 《马克思恩格斯全集》第25卷,人民出版社1974年版,第716页。

占主导地位,即使存在少量的手工业和商品交换,也是附属于当时的农业经济。这种以土地为中心的农业经济,决定了当时国家财政的主要收入只能来自于按土地面积课征的土地税和按人口课征的人丁税以及灶税、窗户税等。这些对人或对物课征的税,是一种直接税。马克思曾经指出"直接税,作为一种最简单的征税形式,同时也是一种最原始最古老的形式,是以土地私有制为基础的那个社会制度的时代产物"[1]。因此,当时实行的直接税实质上是一种简单的、较为原始的直接税形式。

(二) 以间接税为主体的税收法律制度

随着社会生产力的发展,资本主义生产关系逐步确立,商品生产和交换规模日益扩大,社会产品从生产到消费或多或少要经过交换环节,这就为实行商品税创造了条件。以商品流转额为课税对象的商品税,一方面对国内生产、销售的产品课征国内消费税,另一方面也对国外制造和输运进口的工业品课征进口关税。这在当时的条件下,是有一定的进步意义的。从国家财政角度看,只要存在商品交易或经济活动,国家就可以取得稳定的商品税收入;从工商业者的角度看,无论消费税或关税都是一种间接税,只要课税商品能按提高了的价格销售出去,税负就可以被转嫁,因而并不会使其本身的负担增加多少;从经济政策的角度看,进口关税也可对本国工商业的发展发挥保护作用。所以它与当时资本主义经济的发展状况是相适应的。同时,在资本主义发展初期,农村的自然经济还占着重要地位,国内工业的产品和进口的工业品虽然质量较高,但成本高价格自然也十分高昂,购买者主要是富裕的贵族和大地主阶级。因此,对这些商品的课税也达到了削弱封建势力的目的。"消费税只是随着资产阶级统治的确立才得到了充分的发展。……在它手中,消费税是对那些只知消费的封建贵族们的轻浮、逸乐和挥霍的财富进行剥削的一种手段。"[2]正是在这种条件下,国内消费税和关税等间接税逐步取代了原来的简单的、较为原始的直接税,成为当时资本主义国家的主要税收来源。

(三) 以发达的直接税为主体的税收法律制度

以间接税为主体的税法结构持续时间不长,就与资本主义经济的进一步发展发生了碰撞。第一,消费税等的课征对象主要是大宗生产的产品,不能课征到自给的生产品。所以,消费税的税额越大,课征面越扩展,资本主义大工业生产对自给生产的优越性就越是不易表现出来,资本主义工商业占领国内市场的彻底性就会受到一定影响。在这种情况下,消费税等反而成为自给自足经济的保护制度。第二,资本主义生产发展的必然结果是国内市场和商品交易的规模及

---

[1] 《马克思恩格斯全集》第8卷,人民出版社1961年版,第543页。
[2] 《马克思恩格斯全集》第4卷,人民出版社1958年版,第179页。

程度不断扩大。而商品交易次数越多,在流通中滞留时间越长,运送的距离越远,对商品课税的次数和数额就越多,商品价格上涨的幅度也就越大。因此,它极不利于自由竞争的开展,不利于社会大生产充分发挥其优越性和不断扩大其生产规模。从这方面讲,这种税法反而成为资本主义商品流通和交换进一步发展的障碍。第三,当资本主义工业已经发展到相当程度,需要使自己的商品占领国外市场以解决商品销售困难的时候;当有些资本主义国家出于发展本国工业的目的,需要从国外购买工业原材料和农产品的时候,原来实行的保护关税制度就妨碍了资本主义经济的发展。马克思曾经论述道,"后来,城市实行了间接税制度;可是,久而久之,由于现代分工,由于大工业生产,由于国内贸易直接依赖于对外贸易和世界市场,间接税制度就同社会消费发生了双重的冲突。在国境上,这种制度体现为保护关税政策,它破坏或阻碍同其他国家进行自由交换。在国内,这种制度就像国库干涉生产一样,破坏各种商品价值的对比关系,损害自由竞争和交换。鉴于上述两种原因,消灭间接税制度就愈来愈有必要了"①。

与此同时,资本主义经济的高度发展,也带来了所得额稳定上升的丰裕税源。这又为资本主义国家改革间接税的弊端,实行所得税创造了前提条件。"所得税是以不同社会阶级的不同收入来源为前提,就是说,以资本主义社会为前提。"②资本主义越发展,社会上的收入差距越明显,实行所得税的客观条件也就越具备。所得税的一个突出特点是其直接对纳税人的所得额课征,是一种直接税,一般不能采取提高商品价格的途径转嫁税负,在一定程度上可以解决商品税对资本主义经济发展的妨碍问题。自此,以所得税为代表的直接税在各资本主义国家确立,并一跃而在税法体系中占居主导地位,成为资本主义国家税法发展的总趋势。

(四)以生态税为主体的税收法律制度

20世纪90年代中期以来,许多西方国家进行了税制改革。这次改革的核心就是负担转移,即通过对税法整体结构的调整,将税收重点从对收入征税逐步转移到对环境有害的行为征税。具体又有两种模式:一种模式是根据生态保护的要求重新改组税收法律制度,以丹麦、芬兰、挪威、荷兰和瑞典等北欧国家为代表。丹麦议会1993年通过税改方案,其基本精神就是在劳务、自然资源及污染之间进行税收重新分配,将税收重点逐步从工资收入向对环境有副作用的消费和生产转化。这次改革使1998年收入税较1994年降低了8—10个百分点。与此同时,新的环境税数额则达到120亿丹麦克朗(DKK)。瑞典是第一个实行此类税负转移的国家,其重新分配的税收负担总和已超过其GDP的6%,在劳务税

---

① 《马克思恩格斯全集》第8卷,人民出版社1961年版,第543页。
② 《马克思恩格斯全集》第19卷,人民出版社1963年版,第32页。

和能源税之间的税负转移则占了其中的 4%,这一改革仍在进行之中。同样的政策目标也成为芬兰、挪威和荷兰税收法律制度改革的基础。① 德国原来未采取这种改革模式,后来为了和上述国家相协调,分别于 1999 年 3 月 24 日和 1999 年 12 月 16 日颁布了《关于推行生态税改革的法案》(The Act on Introduction of Ecological Tax Reform)和《关于继续进行生态税改革的法案》(The Act on Continuing the Ecological Tax Reform),开始了较深层次的生态税改革,其目标也是将税收负担从劳务转向自然资源与环境。② 另一种模式是"零打碎敲"的方式,即通过增加新税和调整现行税收的方式为生态保护提供刺激作用,以比利时、法国、卢森堡和瑞士等国为代表。与前述国家相比,这些国家运用环境税也逐渐增多,但是就综合的税法体系而言,仍然限于一个很小的框架内,没有进行全面的税制改革。③

三、国外税法发展的新趋势

20 世纪末,随着西方各国社会经济的发展,税法呈现出新的发展趋势。

(一)立法宗旨方面

1. 最大限度地取得财政收入,对本国经济适当调控。为此要求税基广泛,所囊括的纳税人及课税对象几乎无所不包,充分体现了普遍课征的精神;各国税收立法时,一方面要尽量减少对经济的不当干预以实现税收中性,另一方面又应注意适当的宏观调控,实现社会政策。

2. 公平税负,平等竞争,促进市场经济的发展。近年来,西方各国相继加强了增值税的地位和立法,努力克服传统的销售税重复征税的弊端,以促进生产协作和公平竞争。

3. 力求规范税制,提高实施效率。这一思想始终贯穿在西方国家税收法制建设的原则之中。各国在降低所得税率,减少税收优惠,寻求市场公平有效地配置资源的同时,纷纷削减超额累进税率的级次,或将之改为比例税率,以规范税制。此外,所得税的课征逐渐趋向有效堵塞逃税的源泉扣除法,增值税的扣税计征方法借助于发货票注明税款。这些立法宗旨都在于规范税制,提高税务行政效率。

(二)税制结构方面

各国都注意到了直接税和间接税各有优点和缺点。直接税以所得额或财产

---

① See European Environmental Agency, Environmental Taxes Implementation and Environmental Effectiveness, 1996.

② See Federal Ministry of Finance and Federal Ministry for the Environmental, Promotion of Environmental Protection in German Laws on Taxes and on Other Types of Levies, Published by Federal Ministry of Finance of German, Press and Information Division, 2001, p.7.

③ 参见经济合作与发展组织编:《环境税的实施战略》,张世秋等译,中国环境科学出版社 1996 年版,第 6—7 页。

额为课税对象,税源比较固定,较易适用累进税率,对经济能起到重要的调节作用,符合公平负担原则,对保证财政收入和社会公平具有重要作用。但由于主体复杂,收入多样,需要考虑的特殊因素太多,故稽征方法难度较大,征税成本偏高。间接税的课税对象更为广泛,税收收入可随经济的发展而增加。而且由于税款可计入成本,影响商品价格的高低,故对纳税人降低消耗、节约成本能起积极的导向作用。特别是税负可以转嫁,纳税人的税痛感不强,征收阻力较小,征收成本低。但间接税具有累退性的特点,不符合公平原则,且弹性较小,一旦提高税率就容易使价格上涨,抑制需求,导致收入减少。因此,各国出于优化税制、促进税种间互补作用发挥的考虑,都积极立足本国的国情改革税制。总的发展趋势是:实行以直接税为主的国家开始考虑改进间接税制,而实行间接税为主的国家开始引进现代所得税制,各国税收法律制度日趋接近,基本向以现代直接税和现代间接税为双主体的税制结构靠拢。

(三) 税法改革方面

1. 所得税法改革

所得税法改革主要表现为削减税率和扩大税基。始于 20 世纪 80 年代初并一直持续至今的以美国为首的西方税制改革,普遍做法是降低公司所得税税率和拓宽税基,即通过取消各种投资抵免、取消适用于特定地区或特定部门的刺激计划,以及使税收上的折旧更加贴近经济折旧等措施来拓宽税基。为了拓宽税基,许多国家还强化了资本利得税。近年来,通货膨胀对发达国家的税制,特别是所得税制产生了不良影响。如在公司所得税方面,造成折旧扣除减少而使公司的实际税负大幅度提高,加重了纳税人的负担。为了避免通货膨胀的影响,一些发达国家纷纷采取所得税指数化措施,即按照每年消费物价指数的涨落,自动确定应纳税所得额的适用税率和纳税扣除额,以便剔除通货膨胀造成的名义所得增减的影响。①

2. 流转税法改革

流转税法改革主要是开征增值税或提高增值税的税率。削减所得税的部分是要通过其他税种的增收来弥补的。因此,英国于 1979 年第一次大幅度降低了所得税税率的同时,大幅度提高了增值税的税率,其标准税率从 8% 提高到 15%;20 世纪 90 年代又扩大了增值税的征税范围,并在 1993 年将增值税的税率由 1990 年的 15% 提高到 17.5%。而日本则于 1989 年成功地开征了增值税。美国虽未引入增值税,但关于是否引入增值税的争论已在其国内展开。

伴随着市场经济的发展,西方各国税法在内容和结构上日趋完备,立法趋于

---

① 参见刘军、郭庆旺主编:《世界性税制改革理论与实践研究》,中国人民大学出版社 2001 年版,第 177—178 页。

多元化。在西方各国税法发展过程中,一些经济学家的学说对其发挥着举足轻重的作用。

第二节 新中国成立前税法的历史沿革

一、中国古代的税法

我国税法起源较早,从夏朝开始就有了征收贡赋的制度。历经几千年的奴隶制社会和封建社会,逐步建立起一套与中国传统农业社会及其土地制度相适应的农业税收法律制度。

(一)夏商周时代

《孟子·滕文公》中记载:"夏后氏五十而贡,殷人七十而助,周人百亩而彻,其实皆什一也。"无论是"贡赋"或是贡、助、彻,都是中国最早的税法表现形式。其中,"贡"是根据土地之所出,按若干年收获的平均数作为征收标准的一种定额献纳制度;"助"是殷商实行的以井田制为基础的借助民力耕种公田的力役形式的田赋税法[①];"彻"是指依据丰歉年成,并参照贡和助的情况,按亩征收实物的课税制度。西周时,税法已经比较完备。《周礼·大宰》记载:"以九赋敛财贿。一曰邦中之赋,二曰四郊之赋,三曰邦甸之赋,四曰家削之赋,五曰邦县之赋,六曰邦都之赋,七曰关市之赋,八曰山泽之赋,九曰币余之赋。"这就是说,西周有九种赋税,不仅有田赋和人头税,而且有商税和货税。总之,奴隶社会已孕育了中国税法的原始形式。

(二)春秋战国时期

春秋时代,由于荒地被大量开垦,私田数量不断增加,井田制日益瓦解,各诸侯因此相继实行"履亩而税"的赋税制度。齐国首先实行"相地而衰[②]征"的办法,按土地的好坏,分等征税;接着,鲁国实行"初税亩",不论公、私土地,一律按亩征税,税率为什一。"初税亩"首次以法律形式承认了土地的私有权和地主经济的合法地位,顺应了土地私有制这一必然发展趋势,是历史上一项重要的经济变革,同时也是我国农业赋税法律制度从雏形进入成熟时期的标志。

战国时代,由于政治经济的发展和激烈的兼并战争的需要,各诸侯国更加重视赋税。在赵国,无论贵族与平民,都要遵照法制规定如数纳税,否则,将依法治罪。秦国在商鞅变法之前,实行"初租禾"制度,对私田一律征收租税,开始承认私田的合法性;在秦孝公时,任用商鞅变法,废井田,开阡陌,承认了土地私有和

---

① 商代授田时将田地分为公田和私田,自由民耕种私田的同时,也要耕种公田,并将公田上的收获作为税收上交。这实际上是力役地租性质。

② 衰,读 cui,意为等差递减。

自由买卖,从而在当时的秦国建立了土地私有制度,规定除按土地多寡征收赋税以外,还要按人口征收人头税,开始了封建制的田赋课征制度。

(三) 秦汉时期

秦汉时期,我国税法有了进一步的发展。秦统一六国后,建立统一的封建帝国,开始了中国的封建专制时代。在税法方面,也开始了较奴隶制社会更为完备的立法。秦先后颁布了《田律》、《仓律》和《格律》,主要征收田赋、户赋和口赋。田赋按亩计征,缴纳实物;口赋可以缴纳实物,也可以缴纳货币;户赋则是按人头计算。汉王朝建立以后,承袭秦制,既征收田租,也对人丁户口课税。汉朝在秦朝三律的基础上又增加了《田租税律》和《盐铁税律》等税收法规,其对人丁户口的课税有算赋、口赋、更赋和户赋四种。算赋和口赋是分别对成年人和儿童征收的人头税;更赋是对人民所课的力役;户赋是在算赋和口赋之外按户征收的税,每户每年缴纳赋税两百。汉武帝时,颁布法令,对工商业者、高利贷者和车船所有者征收财产税,同时征收海税和关税。

(四) 三国、两晋、南北朝、隋唐时期

随着专制主义中央集权制的发展,官僚机构不断扩大,各项财政开支因此不断增加,赋税立法也不断发展变化。这一时期田赋税法主要有"租调法"、"租庸调法"和"两税法"。

"租调法"始于三国时期的曹魏。租指田租,调指户调。曹操于建安九年(公元204年)正式颁布了计亩而税、计户而征的法令:"其收田租四升,户出绢二匹,绵二斤而已,他不得擅兴发。"即实行按田出租,按户出绢绵,租调之外不得以其他名目擅自征发。目的是反对豪强擅恣,以恢复经济、安定社会。

"租庸调法"是唐朝前期在均田制基础上实行的田租、役庸、户调三种赋役制度的合称。唐朝建立后,武德二年(619年)颁布租庸调法,规定:凡授田者,成丁每年向国家纳粟二石,叫租;纳绢或绫二丈,加丝绵三两,不产绢的地方缴纳布二丈五尺和麻三斤,叫做调;人丁每年服力役二十天,不服役的每天折纳绢三尺,叫做庸。这是在均田制的基础上,实行从丁而税。这种税制,由田、身、户三种不同的征税客体来承担税负,所谓有田则有租,有身则有庸,有户则有调。租庸调法很重要的一点是以庸代役,使得农业生产时间较有保证,也标志着对劳役这种落后的赋税征收方式的否定。① 唐代的税法中,开始有减免的规定,如因天灾而减少产量的,可以减征或免征租税。唐代的租庸调法先后施行一百二十多年,对唐王朝的兴盛起了一定的作用。

"两税法"是唐朝中后期开始实行的税法。唐中叶,安史之乱发生以后,政治经济形势的变化使以丁户为本的租庸调法不再适用。唐德宗元年(780年)正

---

① 参见孙翊刚主编:《中国赋税史》,中国财政经济出版社1996年版,第87页。

式废止租庸调法,颁布两税法。两税法的主要内容是:不分主户、客户,也不分行商或坐商,都要纳税;按资产和田亩数确定税额,租庸调和一切杂徭、杂税全部取消;征税时间定为夏秋两次,夏税限六月纳毕,秋税限十一月纳毕。两税法从以往的以人丁为课税对象转到以财产为课税对象,体现了赋税发展的规律;与此同时,简化了税制,扩大了纳税面,均平了税负,以货币缴纳税收,对商品货币经济的发展有一定的促进作用。

(五) 宋元明清时期

宋代的税法,基本上是参照唐代的两税法制定的,田赋分为公田之赋、民田之赋、城郭之赋、丁口之赋和杂变之赋五类。公元1069年,宋神宗用王安石为参知政事,开始推行方田均税法。方田均税法的主要内容是:对各州县已经耕种的土地作一次清查,以东、南、西、北四边各160步作为一方,进行丈量。经过丈量后,先核定各户占有田地的数量,然后依照土地的高下、肥瘠等情况,分为五等,分别规定每亩的税额。

元代的赋税非常苛重。元朝政府规定,丁多地少的纳丁税,地多丁少的纳地税。元初制定了盐税法令,开始对盐征税。元代税法,各税都有税课,不在课税之内的,为额外课,课税项目有三十多个,几乎任何物品都要征税。

明代中叶以后,捐苛税杂,民不聊生,起义烽火燃遍各地。为缓解阶级矛盾,维护封建统治,公元1581年,明神宗敕令全国,实行一条鞭法。一条鞭法的主要内容是:将各项复杂的田赋附征和各种性质的徭役,一律合并征银,徭役不由户丁分派,而按地亩承担。一县的全部徭役银,分配于一县的赋额内。一条鞭法是我国赋税史上的一次重大改革,是封建税法史上的重要里程碑。首先,它改变了我国封建社会长时期赋与役平行征收的形式,而使两者合并征银,不仅征收手续化繁为简,而且由实物税转为货币税,适应了当时商品货币经济发展的要求。其次,它将力役制改为官府雇人充役,使得役对人身的强制、农民对封建国家的依附关系较前大为松弛,促进了雇佣关系,有利于社会经济的发展。最后,它将扰民尤甚的役并入赋内,使得役银不由人丁摊派,而按亩分担,这是继唐两税法之后变人头税为财产税的又一发展,使享有免税特权的官僚大户不仅要纳役银,而且要田多多纳,有利于平均负担。封建税制由赋役制走向租税制,由实物税走向货币税的改革,客观上对明中后期商品货币经济的发展,尤其是对资本主义生产关系萌芽的出现有一定的促进作用。

清代统治者入关建立政权后,即宣布以明代的一条鞭法征收赋役。自康熙五十五年(1716年)起,清政府开始推行丁银制度,即将丁税并入田亩征收;雍正初年,又在全国各地先后推行"摊丁入地、地丁合一"的办法,将康熙固定五十年的丁银按照各地原征丁银的不同比例,平均摊入各该地的田赋银中,统一征收。由于地丁合一,统一田亩为征税对象,并且主要征银,简化了税种和稽征手续。

二、中国近现代税法

1840年鸦片战争以后,我国逐步由封建社会沦落为半殖民地、半封建社会。原本独立的封建社会的税法也随之演变为半殖民地、半封建社会的税法。

(一)清末时期

鸦片战争以后,清政权腐朽没落。对外,关税不能自主,债台高筑;对内,横征暴敛,刮尽民脂民膏。马克思在论述鸦片战争以后的中国赋税时指出:"1840年不幸的战争后所要付给英国的赔款,巨大非生产的消耗,鸦片贸易引起金银外溢,外国竞争对本地手工业制造业的破坏性的影响,国家行政的腐败状况——这一切,造成了两个结果:旧税更加繁重而难以担负,旧税之外又增加了新税。"[①] 马克思的这段话,深刻地揭示了鸦片战争后中国赋税的特征,即一方面加重田赋、盐税等旧税,另一方面陆续开征关税、厘金[②]等新税。与此同时,清政府的税收立法权几乎全部落入外国侵略者手中,税法成为外国侵略者掠夺中国人民的工具。

(二)北洋政府时期

1913年,北洋政府财政部订立了《国家地方税法草案》,规定了国家税项和地方税项。另外又借鉴西方税制,颁布了一些新的单行税法。北洋政府统治时期苛捐杂税繁多,有田赋、田赋附加和田赋预征,有兵差,有关税和盐税,有厘金、烟酒税、契税、牙税、矿税、印花税、营业税、所得税和通行税,还有戏捐和妓捐等,凡人凡物都有捐税,名目繁多,不胜枚举,人民的负担异常沉重。这一时期虽然颁布了一些税法文件,但却很难实际实施,往往成为一纸空文。因为主要税收均为帝国主义控制,税收的半殖民地性质加深;地方军阀各自为政,控制田赋、货物税,任意加派各种捐税,没有形成统一的税收法律制度。

(三)国民政府时期

国民政府时期,为了满足不断增长的军费需要,除了加重旧税外,还开征了许多新税。这个时期,盐税税率不断提高,附加税不断增多,田赋及其附加税也比北洋政府统治时期大大增加。国民政府还分别建立了统税、货物税和直接税体系,地方有各种苛捐杂税,名目繁多。与此同时,为避免通货膨胀对税收的影响,实行田赋征实、货物税征实以及后期工商税征收税元、关税征收关元的办法,把通货膨胀的损失转嫁给农民和工商业者。据不完全统计,国民政府时期,征收的税种有田赋、田赋附加、地价税、土地增值税、土地陈报、兵差、关

---

① 《马克思恩格斯论中国》,人民出版社1957年版,第24页。
② 厘金是清政府为筹措镇压太平天国运动的军饷而开征的新税。厘金课及百货,见物就征,一物数征,是清后期的一种恶税。

税、盐税、统税、货物税、所得税、利得税、遗产税、印花税、营业税、契税、屠宰税、营业牌照税、使用牌照税、房捐、筵席及娱乐税附加杂捐、摊派以及捐税等数十种之多。

总之,中国历代统治者为了维护其统治地位,无一例外地十分重视税法的制定与运用,税法本身也经历了一个从不成熟到逐步成熟的过程。

第三节 新中国税法的历史沿革

1949年中华人民共和国成立后,我国税法开始了一个新的发展历程。

一、1949—1978年的中国税法

(一) 1950年全国税法的统一

新中国成立后,统一全国税政、建立新税制,就成为政府争取实现财政收支平衡、稳定物价、为恢复和发展国民经济创造条件的工作重点。

1950年1月,中央人民政府政务院颁布了《全国税政实施要则》。在该要则的指导下,新中国的税收立法工作迅速展开。在工商税收方面,政务院于1950年1月发布了《货物税暂行条例》和《工商业税暂行条例》;1950年3月发布了《公私合营企业缴纳工商业税暂行办法》和《契税暂行条例》;1950年12月发布了《屠宰税暂行条例》、《印花税暂行条例》和《利息所得税暂行条例》;1951年1月和9月分别发布了《特种消费行为税暂行条例》和《车船使用牌照税暂行条例》;财政部于1950年3月发布了《关于实行统一盐税税额办法的决定》。在农业税收方面,1950年9月中央人民政府委员会发布了《新解放区农业税暂行条例》。在关税方面,1950年7月至12月政务院财经委员会先后批准发布了《关于解放前免税或征税进口货物转口时处理办法》、《海关处理滞报滞纳及过期未税进口货物暂行办法》和《文化教育用品报运进口免税暂行办法》;1951年5月政务院发布了《海关进出口税则》和《海关进出口税则暂行实施条例》;1952年9月29日海关总署发布了《海关船舶吨税暂行办法》。

以上各项税收法规的发布实施,统一了全国的税政,统一了税法,统一了税收管理,标志着我国社会主义税收法律制度已经建立。这个新型的税收法律制度,从实体方面看,主要有三个特点:第一,采取多税种、多次征的复合税制。全国统一规定开征的14种税①,就是从生产、销售、所得、财产以及商事、产权凭证

---

① 全国统一征收14种税,即:货物税、工商业税(包括坐商、行商、摊贩的营业课税及所得课税)、盐税、关税、薪给报酬所得税、存款利息所得税、印花税、遗产税、交易税、屠宰税、房产税、地产税、特种消费行为税和使用牌照税。

等各个环节来征税的。第二,对各种经济成分都分别照章征税,即对公营经济和各种合作经济,不论所有制性质和经营方式,都一律征税。第三,体现奖励与限制的政策,即按照不同产品和不同行业,规定高低不同的税率。国家鼓励发展的,税率从低;限制发展的,税率从高;有利于国计民生的生产经营,则给予减税或者免税,从而调节生产和消费。

(二) 1953 年修正税法

随着社会主义改造的进行,国营和合作社经济更多地采用委托加工、代购代销和内部调拨的经营方式,私营工商业则逐渐采用联合经营和产销直接见面等经营方式。这使得商品流通环节逐步减少,从而使可以征税的环节减少,税收下降。同时,税制比较繁琐,与当时国家要加强对经济的计划管理和促进国营企业的经济核算不相适应。为保证国家有计划的大规模的建设,依据"保证税收、简化税制"的精神,政务院财经委员会于 1952 年 12 月 31 日公布《关于税制若干修正及实行日期的通告》。通告内容为试行商品流通税[①]、简化货物税[②]、修订工商营业税[③],此外,取消了特种消费行为税,停止了药材交易税,将粮食、土布交易税改为货物税征收。经过这次修正,工商税收保留了 14 个税种[④],减少了纳税环节和征税手续。同时,在政策上对公私经济实行区别对待,分别适用不同的税法。

(三) 1958 年工商税法改革及农业税法的统一

1958 年税法改革的背景是:原来适用于社会主义改造时期的多种税收、多次征收的税收制度已不能适应单一的社会主义公有制的新情况。经 1958 年 9 月 11 日全国人大常委会第 101 次会议原则通过,1958 年 9 月 13 日国务院公布了《工商统一税条例(草案)》;1958 年 6 月,全国人大常委会第 96 次会议通过了《农业税条例》。这次税法改革内容主要有:第一,合并简化税种,将原来实行的商品流通税、货物税、营业税和印花税合并为工商统一税;第二,简化纳税环节,对工农业产品,从生产到流通基本上实行两次课征制;第三,把工商业税中的所得税改为一个独立的税种,称为工商所得税;第四,在基本保持原有税负的基础上,对少数产品的税率,从有利于生产出发,作了个别调整;第五,农业税经过重大变革,全国统一实行比例税制,并继续采取"稳定负担,增产不增税"的政策。这次税法改革建立了适应计划经济体制的税收法律制度,但由于受"左"的思想的影响,不适当地简化了税制。

[①] 采用"就物征收"和"税不重征"的原则,对 22 种国家能够控制生产或者收购的产品,把原来征收的货物税、工商营业税及其附加、印花税加以合并简化,实行从生产到销售只收一次商品流通税。

[②] 将原来应纳的印花税、营业税及其附加,并入货物税内征收,相应调整货物税的税率,简并税目。由原来的不含税价格,改为按国营批发牌价计税,国营公司无批发价格的,采用当地市场批发价格计税。

[③] 将原来对工商企业征收的印花税、营业税及营业税附加,并入营业税内,按合并后的税率计税。

[④] 我国当时的税种有:商品流通税、货物税、工商业税、盐税、关税、农(牧)业税、印花税、文化娱乐税、牲畜交易税、城市房地产税、车船使用牌照税、利息所得税、契税和关税。

(四) 1973 年以简化税制为内容的税法改革

"文革"时期,同整个社会主义立法一样,税收立法也受到了严重冲击。当时的工商税制被批判为"有利于资本主义,不利于社会主义",是"繁琐哲学"。因此,1973 年按照"在基本上保持原有税负的前提下,合并税种,简化征税办法"的原则,将原来的工商统一税及其附加、城市房地产税、车船使用牌照税、盐税、屠宰税合并为工商税。由于对税制的大力简化,我国的税制结构已经从复合税制转向单一税制,税收只是筹集财政资金的一种形式,其他的作用基本消失。

二、1978—1994 年的中国税法

(一) 1994 年税制改革前的中国税法

中共十一届三中全会后,我国的社会主义建设事业进入了一个新的历史发展时期。从 1978 年底开始,国家有关部门就开始酝酿工商税制的改革问题,1981 年 9 月 8 日国务院批转了财政部《关于改革工商税制的设想》,1984 年 9 月 18 日全国人大常委会作出《关于授权国务院改革工商税制和发布试行有关税收条例(草案)的决定》[①]。国务院制定了一系列的税收行政法规,作为中国税制改革的法律依据。

1. 流转税法的改革

(1) 1984 年 9 月 18 日,国务院发布了《产品税条例(草案)》、《增值税条例(草案)》、《营业税条例(草案)》。

(2) 1985 年 3 月 7 日,国务院发布了《进出口关税条例》,并修订公布了《进出口税则》。1987 年 1 月 22 日,六届全国人大常委会第 19 次会议通过的《海关法》,单列专章对关税的征收原则作了新的统一规定。据此,1987 年 9 月 12 日国务院修订发布了《进出口关税条例》和《海关进出口税则》。1992 年 3 月 18 日国务院又发布了《关于修改〈中华人民共和国进出口关税条例〉的决定》,对条例作了较大的修改和补充。此外,国务院还作出了一系列特定的减免关税的规定。

2. 所得税法体系的形成

(1) 涉外所得税法体系的建立

长期以来,对外商的产品和销售收入征税,一直沿用《工商统一税条例(草案)》,而对外商所得征税,则一直沿用 1950 年政务院颁布的《公私合营企业缴纳工商业税暂行办法》中有关所得税的规定。为了吸引外资,1980 年 9 月 10 日五届全国人大第三次会议通过《中外合资经营企业所得税法》和《个人所得税

---

① 该决定规定:第六届全国人大常委会第七次会议根据国务院的建议,决定授权国务院在实施国营企业利改税和改革工商税制的过程中,拟定有关税收条例,以草案形式发布试行,再根据试行的经验加以修订,提请全国人大常委会审议。国务院发布试行的以上税收条例草案,不适用于中外合资经营企业和外资企业。

法》；1981年12月13日，五届全国人大第四次会议通过《外国企业所得税法》；1991年4月，七届全国人大第四次会议通过《外商投资企业和外国企业所得税法》，进一步完善了我国涉外企业所得税法。

（2）对内所得税法体系的建立

1983年4月，国务院批转财政部拟定的《关于国营企业利改税试行办法》；1984年9月，国务院又批转财政部提出的《国营企业第二步利改税试行办法》，并且国务院同时发布《国营企业所得税条例（草案）》和《国有企业调节税征收办法》。

1985年4月11日，国务院发布《集体企业所得税暂行条例》，从1985年度起名副其实地对集体企业征收所得税。

1988年6月25日，国务院发布《私营企业所得税暂行条例》，从1988年度起开征私营企业所得税。

1986年1月7日，国务院发布《城乡个体工商业户所得税暂行条例》，从1986年度起对城乡个体工商业户的生产经营所得和其他所得征收所得税。

1986年9月25日，国务院发布《个人收入调节税暂行条例》，从1987年1月1日起对内开征个人收入调节税。

（3）农业税法的改革

1978年12月2日，国务院批准了财政部《关于减轻农村税收负担问题的报告》，决定从1979年起，核定起征点，对每人平均口粮在起征点以下的生产队，免征农业税；为了平衡农村各种作物的税收负担，1983年11月12日，国务院发布《关于对农林特产收入征收农业税的若干规定》；为了适应农产品结构变化和收购制度的改革，1985年5月17日，国务院批转了财政部《关于农业税改为按粮食"倒三七"比例价折征代金问题的请示》，这是我国农业税征收制度的一项重要改革。

3. 财产税法的建立

（1）1984年9月18日，国务院发布《资源税条例（草案）》和《盐税条例（草案）》。

（2）1986年9月15日，国务院发布《房产税暂行条例》和《车船使用税暂行条例》，从1986年10月1日起征收房产税和车船使用税。

（3）1987年4月1日，国务院发布《耕地占用税暂行条例》，自发布之日起在全国范围内开征耕地占用税。

（4）1988年9月27日，国务院发布《城镇土地使用税暂行条例》，从1988年11月1日起开征城镇土地使用税。

4. 行为税法的建立

（1）1982年5月7日，国务院批转了国家计委、财政部《关于征收烧油特别税的报告》，同时附发财政部《关于征收烧油特别税的试行规定》，从1982年7月1日起，对用于锅炉以及工业窑炉燃烧用原油、重油征收烧油特别税。

（2）1983年9月20日，国务院发布《建筑税征收暂行办法》，从1983年10月1日起开征建筑税；经过四年的实践，1987年6月25日，国务院又发布《建筑税暂行条例》，改进和完善了建筑税征收办法。在总结建筑税征收经验的基础上，1991年4月16日，国务院又发布《固定资产投资方向调节税暂行条例》，扩大了征税面，拓宽了调节、监督的范围。

（3）1984年6月28日，国务院发布《国营企业奖金税暂行规定》；执行一年后，国务院于1985年7月3日将之重新修订发布，同时发布《国营企业工资调节税暂行规定》，并于当年8月24日发布《集体企业奖金税暂行规定》。此外，国务院还于1985年9月20日发布了《事业单位奖金税暂行规定》。

（4）1982年12月13日，国务院发布《牲畜交易税暂行条例》，从1983年1月1日起施行。

（5）1985年2月8日，国务院发布《城市维护建设税暂行条例》，于1985年1月1日起开征城市维护建设税。

（6）1988年8月6日，国务院发布《印花税暂行条例》，从同年10月1日起恢复单独征收印花税。

（7）1988年9月22日，国务院发布《筵席税暂行条例》，在全国范围内重新开征筵席税。

5. 税收征管法初步建立

为了保证国家各项税收法规的贯彻实施，加强税收征收管理，1986年4月21日，国务院发布《税收征收管理暂行条例》；在此基础上，1992年9月4日，七届全国人大常委会第27次会议又通过了《税收征管法》，建立了统一的税收程序法。

上述处于经济转型时期的税收立法，尽管带有过渡时期的色彩，并且由于立法技术、立法经验的缺乏，对税法本身认识不足，使得立法质量并不尽如人意，但与改革开放前的我国税收立法状况相比，已可谓卓有成效、成绩斐然，基本上适应了当时经济发展形势的需要。

（二）1994年税法的重大改革

1994年前后，我国税法经历了一次全面的变革，其指导思想是：统一税法、公平税负、简化税制、合理分权，理顺分配关系，保障财政收入，建立符合社会主义市场经济要求的税制体系。这次税法改革的主要内容是：

1. 流转税法方面

流转税法改革是整个税制改革的关键。为了改变流转税税制结构不合理、内外流转税适用法律不统一的现状，1993年12月，国务院颁布《增值税暂行条例》、《消费税暂行条例》和《营业税暂行条例》,建立了一个以规范化增值税为核心的与消费税、营业税互相协调配套的流转税制。

2. 所得税法方面

1993年12月,国务院发布《企业所得税条例》,统一了内资企业所得税;1993年10月,八届人大常委会四次会议修订《个人所得税法》,建立了统一的个人所得税法律制度;1994年1月,国务院发布《关于对农业特产收入征收农业税的规定》,将原农林特产农业税、原产品税和原工商统一税中的农林牧水产品税合并,改为农业特产农业税(简称农业特产税)。

3. 其他税种法方面

1993年12月,国务院颁布《资源税暂行条例》,将盐税并入资源税;1993年12月,国务院颁布《土地增值税暂行条例》,开征土地增值税;1994年的税制改革方案规定将在适当的时候开征证券交易税以及遗产与赠与税;将屠宰税、筵席税的开征、停征权下放给地方。

4. 税收征管法方面

税收实体法改革实施后,适应社会主义市场经济体制要求的税法体系初步形成。与此同时,必须推进税收征管制度的改革。1992年9月,七届全国人大常委会第27次会议通过《税收征管法》,这是我国第一部关于税收征收管理的法律,它奠定了税收征收管理法律体系的基础。其主要内容是:第一,普遍建立纳税申报制度,对不按期申报、不据实申报的,均视为偷税行为依法严惩;第二,积极推行税务代理制度,使其逐步成为税收征管体系中一个不可或缺的环节;第三,加速税收征管计算机化的进程,建立严密、有效的税收监控网络;第四,建立严格的税务稽查制度,将税务机关的主要力量转向日常的、重点的税务稽查;第五,适应实行分税制的需要,组建中央和地方两套税务机构。对程序法的改革,将改变征管制度不严密、征管手段落后的局面,从根本上提高税收征管水平,建立正常的税收秩序。

1994年的税法改革,无论从其所涉及的范围还是从变革的深刻性来说,都是我国税收法制建设的里程碑和转折点。

三、1994年后中国税法的发展趋势

(一) 1994年后中国税法的调整

1994年税法改革后,基本形成了适应市场经济的税收法律制度框架,但鉴于我国经济体制改革的进一步深入,以及加入WTO后融入世界经济一体化的形势,我国税法在许多方面作了进一步调整。

1. 制定《反补贴条例》和《反倾销条例》。2001年11月26日,国务院第46次常务会议通过了《反倾销条例》和《反补贴条例》。在降低关税、削弱关税保护作用的条件下，两个条例的出台，为利用反倾销和反补贴措施保护我国的民族工业提供了法律依据。

2. 修改《海关法》和《海关进出口税则》。2000年7月，九届全国人大会常委会第16次会议作出了《关于修改〈中华人民共和国海关法〉的决定》，修订了《海关法》，国务院关税税则委员会和海关总署又根据新《海关法》修订了《海关进出口税则》，进一步降低关税税率。①

3. 修改《税收征管法》。2001年4月28日，九届全国人大常委会第21次会议对《税收征管法》进行了修改：(1)强调了税的征收和缴纳必须以法律为基础，体现了税收法定主义精神；(2)增强对纳税人合法权益的保护，对纳税人和税务机关的权利义务进行了重新设计；(3)规定了税收优先权、税收代位权和撤销权、纳税人合并与分立时的税款缴纳等具体制度，为协调实践中税收债务与其他债务的关系，确保税收债权的实现，提供了制度上的依据；(4)对征管制度的具体细节规定得更明确，提高了《税收征管法》的可操作性；(5)增加了税收征管中现代科技的运用，以提高执法力度和效率。

(二) 我国税法的发展趋势

面对"入世"后对法律的挑战，我国税法发展的趋势表现在以下几方面：

1. 完善税法体系

(1) 在宪法中规定税收法定主义原则，以根本法的形式确立国家征税的依据，强调对公民合法财产的保护。

(2) 制定税收基本法，规定税法的立法目的、基本原则、基本制度、税法效力、适用范围等基本问题，统领整个税法体系。

(3) 完善税种立法，构建科学的、与经济发展相适应的税制结构，提高税收实体法的立法层次。

(4) 完善税收征管程序法和税收救济程序法，规范行政执法，保障国家税收，增强对纳税人权利的保护。

2. 改革流转税法

进一步扩大增值税的征税范围，实现增值税的完全转型，消除对小规模纳税人的非中性影响，完善增值税出口退税制度，健全增值税专用发票管理制度；适当扩大消费税的征税范围，确定科学的计税依据，设置合理的税率。

3. 完善所得税法

完善企业所得税法，营造公平的税法环境；逐步将个人所得税由分类个人所得税制向分类综合所得税制转变；制定社会保障税法，开征社会保障税。

---

① 1990年初，我国平均关税税率高达43%。自1992年开始，我国五次大规模降低税率，到2000年，平均关税税率已经降到15.3%。从2002年1月1日起，我国平均关税税率由15.3%降为12.1%。

4. 加强其他税收立法

财产税法作为我国地方税体系的主体税种法也应做大的调整和完善：改革和完善资源税、房产税、土地使用税、耕地占用税等税种法，适时开征物业税、遗产与赠与税和环境保护税等。

5. 修改税收征管法

加快依法治税的步伐，增强税收征管的透明度；改进税收征管手段，推行专业化征管；健全自核自缴申报纳税，强化税务监管稽查；运用国际通行的税收监控措施，加强国际税收协作；推广税务代理，完善税务争议解决制度。

本 章 小 结

税法是人类社会发展到一定阶段才出现的。不同国家由于经济条件、政治制度、文化传统的不同，税法的发展路径也各不相同，各种经济理论对税法的发展也有重要影响。现代西方各国都普遍进行税法改革，税法呈现了新的发展趋势。我国税法有着几千年的悠久历史，对我国奴隶制和封建制国家的发展起到了积极的作用。近代税法则有着半殖民地、半封建社会税法的特征。新中国税法历经多次改革，基本形成了适应社会主义市场经济的税收法律制度。随着我国加入 WTO 和经济日趋全球一体化，税收法律制度还需进一步改革与完善。

思考题

1. 试说明经济理论学说在指导各国税收立法方面发挥的作用。
2. 论述现代西方国家税法发展的指导思想及其发展趋势。
3. 面对我国加入 WTO 及经济体制改革的深化的情势，你对我国税法的进一步完善有何建议？

第四章 税法的基本原则

一般认为,法律原则是指可以作为规则的基础或本源的综合性、稳定性原理和准则,它是构成法律规范的基本要素之一。税法作为法律体系的组成部分,应遵循法律的基本原则。然而,税法也应有自己独特的原则,这些原则与法律基本原则有较深的渊源关系,但又不能简单地等同。从法理学的角度分析,税法基本原则可概括为税收法定主义原则、税收平等主义原则和税收诚信主义原则。

第一节 税收法定主义原则

一、税收法定主义的含义

税收法定主义作为税法的基本原则是有其特定含义的。在现代西方税法理论中,税收法定主义系指"税收的课征事项,均应以法律明确地规定之,若无法律的规定,国家不得向人民课税,人民亦不能负纳税义务"[①]。

就形式而言,税收法定主义要求的法律仅限于国家立法机关或最高权力机关依照立法程序制定的法律,而不包括效力层次位于其后的税收行政法规等其他税收法律渊源。有关机构在符合宪法规定的前提下可以取得一定的税收立法权,但是,这些得到授权的机关只能具体制定已由最高权力机关制定的税法中的某些细节性的规则。此外,税法的规范应该明确、没有歧义。

从实质上讲,税收法定主义作为宪法原则,它包括两个要素:第一,税收事项均为立法事项。各法治国家无不将课税权转归于国民全体所掌握。由于课税权只是一种抽象的权力,要将其具体化而付诸实现,须由国民全体选出代表,按立法程序将其制定为法律。因此,在实际上,课税权与立法权合为一体,由国会或立法机关代表国民全体行使。所以,税收事项均为立法事项,这是课税权演变的必然结果。第二,人民仅限于法律明定范围负担纳税义务。这里有两层意思:一是人民应按法律规定向国家纳税。人民的纳税义务因法律规定而产生,因法律修正而发生变动。所以,人民负担的纳税义务均应以法律规定为限,超过这个范围,自然没有纳税义务。纳税义务的履行,是法定的,任何人不得逃避或规避。二是人民的财产权不受法律规定以外其他因素的干涉,从而保障法定的权利。

[①] 国家税务总局税收科学研究所编著:《西方税收理论》,中国财政经济出版社 1997 年版,第 307 页。

税收法定主义作为宪法原则是现代民主政治在税法领域的体现。我国《宪法》第 56 条规定:"中华人民共和国公民有依照法律纳税的义务。"此规定体现了税收法定主义的要求,但不够全面和准确,对依法征税和单位课税未加规定。《税收征管法》第 3 条规定:税收的开征、停征以及减税、免税、退税、补税,依照法律的规定执行,法律授权国务院规定的,依照国务院制定的行政法规的规定执行。任何机关、单位和个人不得违反法律、行政法规的规定,擅自作出税收开征、停征以及减税、免税、退税、补税和其他同税收法律、行政法规相抵触的决定。这一规定较为全面地反映了税收法定主义的要求,但从税收法定主义的地位而言,不应规定于程序法。

二、税收法定主义的内容

在西方一些法治国家,税收法定主义作为税法的最高法则,支配着一国整个税收法律制度。税收法定主义的内容也因此得到进一步的丰富和发展。

日本著名税法学家金子宏教授在《租税法》一书中把税收法定主义的内容概括为"课税要件法定主义"、"课税要件明确主义"、"合法性原则"和"手续的保障原则"四种。课税要件法定主义是模拟刑法中的罪刑法定主义订立的。因为课税的作用系对财产的侵犯,所以有为满足课税而纳税义务得以成立的要件及课税手续,必须以法律规定之。课税要件明确主义是在法律或法律委托的前提下,在行政规章中订立有关课税要件及课税手续时,其意义必须明确。合法性原则是因为税法是强行法,所以只要满足课税要件,税务行政就无税收减免的自由,同时也无不征收税收的自由,即必须征收由法律规定的税额。手续的保障原则是因课税乃公权力的行使,所以必须以合理的手续执行,且课税的争讼也必须依公证的手续来解决。①

依据以上阐述,再结合其他学者的观点,可以把税收法定主义的内容概括如下:

1. 税种必须由法律规定。一个国家向人民征什么税、征哪几种税,应由法律规定。每开征一种新税都要制定一种法律,法律尚未规定的税不能向人民征收。

2. 每种税的征税要件必须在法律中明确规定,行政机关尤其是征税机关无征税自由裁量权。

3. 符合征税条件的事项,征税机关应一律征收;税法无规定,征税机关则不得随意减免税。

---

① 参见国家税务总局税收科学研究所编著:《西方税收理论》,中国财政经济出版社 1997 年版,第 307 页。

4. 征税机关应依法定程序征税,纳税人有获得行政救济或司法救济的权利。

对于上述税收法定主义的内容,西方税法理论特别强调:第一,解释税法所适用的方法应大受限制,严禁税法的扩张解释、类推解释和补充解释;第二,虽然"委任立法"在西方国家已屡见不鲜,但最主要、最大量的还是议会制定的法律。

三、税收法定主义的机能

税收法定主义,"在历史的沿革中,以保护国民、防止掌握行政权的国王任意课税为目的。那么,在现代的商品社会里,它的机能在于使国民的经济生活具有法的稳定性和预测可能性。也就是说,税收在今天关系到国民经济生活的各个侧面,人们如果不考虑其税法上的或因税法而产生的纳税义务,则任何重要的经济决策均无法作出。"[①]这就是说,在现代社会许多的经济交易中,税收问题是应当考虑的最重要因素。由此可见,因何种事实或行为产生何种纳税义务,需要事先在法律中明文规定。因此,税收法定主义,不只是简单地对其历史沿革和宪法思想史上所包含意义的沿袭,在当代复杂的经济社会中,还必须赋予它对各种经济交易和事实的税收效果予以充分保障的法的稳定性和预测可能性的积极职能,这对于市场经济的有序性和法治社会的建立与巩固十分重要。

四、税收法定和实质课税的冲突与协调

税收法定主义原则在很大程度上限制了国家的征税权,保护了纳税人的财产权。但它又是一把"双刃剑",它在限制国家权力的同时,在很大程度上是以牺牲个别公平为代价的。在现实中,个别公平与普遍公平是可能发生转化的。所以,纳税人在立法层面某种程度的胜利——国家权力被限制,并未使其放弃在税收执法层面与征税机关的博弈。因为再完善的法律在执行中也难免会出现偏差,这就使得纸面上的法律与行动中的法律、议会中的法律与现实中的法律很可能不完全一致。特别在我国,税收法律法规内容简单、模糊、可操作性差,实施细则及相应规章,特别是解释性的行政命令越来越庞杂,并成为税法的主要部分。这就必然导致税务机关在税收执法时,有较大的自由裁量权。更重要的是税法乃是对纳税人收入的剥夺,纳税人基于自利思想有天生的逃避倾向,何况税法制度必然存在缺陷,相关利害关系人的要求无法在立法中得到体现,而税收法定原则又限制了征税机关的权力,纳税人一旦发现税法漏洞很难不去利用。如现实生活中,纳税人避税行为多种多样,个别规制制度难免挂一漏万。避税行为并不盛行之时,尚可相安无事,但随着避税行为越来越普遍,征税机关必然承受来自

---

① 〔日〕金子宏:《日本税法原理》,刘多田等译,中国财政经济出版社1989年版,第49页。

国家规制避税的压力。与此同时,诚信纳税人亦深感避税行为已造成税负的实际不平等,自身正处于竞争的不利地位,或加入避税者的行列或要求征税机关规制避税行为。至此,税收执法机关必然转而要求扩大权力,特别是自由裁量权。这种现实要求必然引出实质课税原则问题。

所谓实质课税原则,在德国称为经济观察法（Wirtschaftliche Betrachtungsweise）,一般是指征税机关于征税之时,遇有形式、外观与经济实质不相符合情形时,应透过该外观与形式,按其经济实质予以征收的原则、方法。实质课税原则的产生乃是税法各相关利益集团在税收立法与执法层面博弈的结果。学界对实质课税原则适用的范围有广义说和狭义说之分,但无论是广义还是狭义[①]都重合于对避税行为的否定。所以,从实质课税原则产生发展的历史看,它主要针对的是避税行为。

"将实质课税原则作为独立存在于租税法定主义之外的一条解释和适用税法的指导性原则,是今天具有代表性的学说。"[②]从国外税收立法实践看,实质课税原则已得到比较普遍的认可。日本国税厅在1954年发布的一项通告中称:"如果所得税法第3条第2款所规定的所得的归属或种类等方面,出现名不副实的情形时,尽管有名义或形式的存在,课税当局也要按照实质即所谓的实质课税原则向资产或事业产生利益的归属者课征所得税。"[③]事实上,我国在税收立法实践中,也认可了实质课税原则。该原则体现在《企业所得税法》的"特别纳税调整"专章以及《税收征管法》、《税收征管法实施细则》等条款中。

实质课税原则确立后,学界担忧是否会造成对税收法定原则的侵蚀。陈清秀认为,如果漫无节制地适用经济观察法,则税收法定主义的精神将名存实亡,任何课税均能依据实质的课税原则加以正当化。因此,如何划定经济观察法的界限,实在是实务界与学术界值得共同努力的目标。[④] 本书认为,实质课税原则并不违反税收法定原则。第一,根据税收法定主义的要求,税法构成要素必须由法律明确规定,征纳主体的权利义务只能以法律规定为依据。而实质课税并没有凭空设定纳税人的纳税义务,也没有对税法构成要素进行规定。因此,实质课税并不违反税收法定主义所意欲保障的纳税人权利,而是在严格遵循税收法定主义的前提下,对纳税人规避纳税义务的行为进行追根溯源地检查,不容当事人或任何立法以外的力量免除纳税义务,确保其按照税收法定的义务予以履行。

---

① 实质课税原则广义上适用于:(1)税收客体的经济归属;(2)无效法律行为满足课税要件的课税;(3)违法或违反善良风俗行为满足课税要件的课税;(4)避税行为的否认。而狭义的适用范围特指避税行为否认。参见陈清秀:《税法总论》,三民书局1997年版,第195—196页。
② 〔日〕北野弘久:《税法学原论》,陈刚、杨建广等译,中国检察出版社2001年版,第83—84页。
③ 同上书,第83页。
④ 参见陈清秀:《税法总论》,三民书局1997年版,第199页。

可见,实质课税是受税收法定统摄的,二者并不真正冲突。第二,税收法定原则既是法治确立的先导和核心,也是法治原则在税收领域的具体化,它必然伴随着民主、法治的进程不断进化和发展。如今,税收法定原则已进入一个新阶段,即不再只强调税法形式的法定,而更注重税法内容的公平、正义,进而从法律的实质正义方面对议会的课税立法权提出合宪性要求。因此,对妨碍税收公平正义的避税进行否定,并不违反税收法定主义,而是当代法治秩序下税收法定主义的必然要求。第三,自由裁量权本是一种明辨真与假、对与错的艺术和判断力,并不以他们的个人意愿和私人感情为转移。① 税务行政裁量权的扩张并不必然导致税收法定主义所保护的纳税人权益被侵犯。对于可能存在的滥用权力问题,需要从立法、行政和司法三个方面对税务行政自由裁量权的行使进行制约,该问题在实质课税原则未引入税法前就已存在,不属于本书讨论的范畴。

综上,税收法定是实现税收正义的一种形式手段,实现税收正义的实质手段是税收负担公平,而实质课税原则是具体实现税负公平的载体。将形式手段和实质手段置于可调和的范围即为妥当的边界。

第二节 税收平等主义原则

一、税收平等原则的学术渊源

税收平等原则最早其实只是一种财税思想。在西方税收思想史上,衡量税收是否公平的主要依据是"税收利益交换说"和"税收支付能力说",其核心都在于如何实现税收公平。

"税收利益交换说"认为,税负应按每个人受到国家多大程度的保护或从国家那里得到多大比例的利益来进行分配。然而,只有在特殊领域,人民因缴纳规费可以获得政府的特殊服务,在绝大多数情况下,税收与财政支出之间的利益联系并不能准确衡量。因此,"税收利益交换说"很难作为衡量税收公平的标准,它逐渐被"税收支付能力说"所取代。

最早,"税收支付能力说"表现为"税收牺牲说"。约翰·穆勒认为,人们向国家缴纳税收造成的损失是一种效用损失,只要这种效用损失在主观评价上对所有纳税人都是一样的,即牺牲均等,税收公平就实现了。后来,又有学者提出比例均等牺牲理论②和边际均等牺牲理论③。上述理论均建立在主观价值论基

---

① 转引自〔美〕伯纳德·施瓦茨:《行政法》,徐炳译,群众出版社1986年版,第568页。
② 比例均等牺牲理论主张,税收公平的衡量标准为纳税人因纳税而损失的总效用与税前的总效用之比相同。
③ 萨克斯等学者主张:税收公平的衡量标准为纳税人因纳税而损失的边际效用彼此相同。

础上,而同样的收入或财产对不同的人具有不同的效用,同样的税收对不同的纳税人也具有不同的牺牲感受。因此,美国经济学家塞利格曼认为,牺牲说对实现公平的税制设计并没有太大的作用,必须从客观方面对纳税能力作出说明。

塞利格曼认为,财政史上的税收负担能力标准有四个发展阶段,即以人丁为标准的阶段、以财产为标准的阶段、以消费或产品为标准的阶段、以所得为标准的阶段。在生产力水平低下的原始社会,人丁的数目可以作为衡量纳税能力的标准。因此,人丁税是公平的。随着社会的发展,财产占有上开始出现两极分化,衡量纳税能力的标准由人丁转变为财产。因为在商品经济不发达、财产形态相对集中于土地、房屋等有形不动产的情况下,通过征收财产税,使财产多的人多纳税,财产少的人少纳税,无财产的人不纳税,基本上反映了纳税的客观能力。但随着商品经济的发展,财产的种类增多,动产的价值越来越大甚至超过不动产的价值。这时,有形的不动产已无法准确反映纳税人的税负能力,从而财产标准又被消费或产品标准取代。一般情况下,生产是为了消费,消费多的人购买力大,其税收负担能力也大。因此,消费可以成为衡量税收负担能力的标准。但就消费课税而言,社会各阶层收入与消费的比例是不相同的。生活越贫困,其消费占收入的比例越大;而富裕阶层的人,无论消费多大,也不过占其总收入的一小部分。在这种制度下,对消费的课税自然要成为较贫困阶级的重大负担。产品税是根据收入的多少按比例课税,在一定程度上考虑到了纳税人税负能力的差异。一般来说,收入多的人税负能力较高,收入少的人税负能力自然较低。① 但产品税是一种对物税,同样的产出,其费用、负债、财产数量和价值都可能不同,个人为产出所付出的努力程度也不一样。因此,以产品为纳税能力的标准同样不理想。相对而言,只有所得才最适合作为现代社会衡量税收能力的标准。所得是纳税人在一定时期内取得的总收入减除相关的费用、损失和税金后的余额,无所得或所得达不到标准则不纳税,所得多则多纳税。在对上述四种标准进行对比研究后,塞利格曼认为,以所得为纳税能力标准稳定可靠。同时指出,尽管人丁、财产、消费或产品等税收标准的确存在缺陷,但有与特定社会经济环境相适应的一面,可以作为所得标准的有益补充。因此,在税收法律制度中,以所得税为中心,适度配合财产税和消费税或产品税,构成所得、财产和消费或产品之间平衡的税制,才是依据纳税承受能力分配税负的理想税制。

---

① 只是这种考虑远没有直接税那么细致入微。尤其是增值税产生后,仅对交易过程的增值课税,如果交易没有增值则无须纳税。这较以完全的总收入为课税对象的流转税是一个巨大的进步,因为增值的税负能力当然比没有任何扣除的总收入高。不过它不考虑任何人工费用的扣除,因此较之所得税还存在一定的缺陷。

二、税收平等原则的基本内涵

税负必须依照国民承担税的能力来进行公平的分配,在各种税法律关系中,必须公平地对待每一个国民。这一原则被称为税收公平主义或税收平等主义。[①] 也就是说,税收活动从本质上讲是一种分配活动,税收关系就是一种分配关系。税收公平或平等从本质上讲,属于分配公平的范畴。[②] 由于在税收法律关系中,其主体既包括了国家与纳税人,也包括了不同的国家机关和不同级次的政府;其内容既有税收权利义务在国家与纳税人之间的分配,也有税收权力在不同国家机关之间的配置和不同级次政府之间的分配,更有纳税义务在不同纳税人之间的分配。因此,税收公平原则不仅是有关纳税人之间分配税收负担的法律原则,而且也是在国家与纳税人之间以及不同的国家机构之间分配税收权利义务与税收利益的法律原则。[③]

国家与纳税人之间的公平在于:防范课税的过度,即不能剥夺纳税人最起码的生存条件,不可以侵犯人性尊严,危害纳税人的生存权;税收作为财产权的一种权利成本或社会义务,必须限制在有限的范围内,即不得对资本本身课税。

纳税人之间的平等分为纳税人在人格上的平等和纳税人在税负上的平等。前者是指对所有的纳税人一视同仁,使其都具有相同的权利或义务;后者是指依据一定的标难,同等负担能力的纳税人负担同样的税收,不同负担能力的纳税人负担不同的税收。具体讲:其一,纳税人的人格平等。我国《宪法》第33条规定,公民在法律面前一律平等。法的平等价值在税法领域的直接运用,就是在"税法面前人人平等"。这里至少包括四层含义:平等保护,每个纳税人的合法权益,税法都予以同等保护;平等遵守,每个纳税人都平等享有合法权利和履行纳税义务;平等适用,税法对每个纳税人都一律平等地适用而不因人而异区别对待;平等制裁,对纳税人的违法犯罪行为都平等地予以追究或处罚,任何人都不得享有不受制裁的特权。其二,纳税人的税负平等,包括横向公平和纵向公平两个方面。税收横向公平又称税收水平公平,是指经济情况相同、负担能力相等的纳税人,其税收负担也应相同;税收纵向公平又称税收垂直公平,是指经济情况不同、负担能力不等的纳税人,其税收负担也应不同。这里,实际上包括了形式正义和实质正义两方面的内容。横向公平只是形式上的公平,纵向公平则是实质上的公平。

---

① 参见〔日〕金子宏:《日本税法》,战宪斌、郑林根等译,法律出版社2004年版,第64页。
② 按照西方学者典型的分类方法,公平可分为分配公平、矫正公平和程序公平三种。其中分配公平主要是指在两个或两个以上的个人或群体之间分配利益或负担时的合理性或公正性的要求。
③ 参见王鸿貌:《税收公平原则新论》,载《浙江学刊》2005年第1期。

三、税收平等主义原则的要求

与其他税法原则相比,税收平等主义渗入了更多的社会要求,它被视为宪法平等原则的延伸或在税收领域中的体现,自然兼有税收平等和税收正义之义。根据税收平等原则的要求,不仅要考虑课税物量的税负能力,更应考虑课税物品质的税负能力。

1. 最低生活费不能课税,生存权财产不能课税或只能课轻税。这一精神应贯彻到税收立法和执法中。如我国《个人所得税法》对工资薪金都规定了免征额,并随着社会经济的发展,物质文化生活的丰富,不断提高免征额;2001年4月28日我国新修订的《税收征管法》也体现了生存权保障原则:其一,该法第38条规定,税务机关采取税收保全措施时,对个人及其所扶养家属维持生活必需的住房和用品,不得采取税收保全措施;其二,该法第40条规定,税务机关在采取强制执行措施时,对个人及其所扶养家属维持生活必需的住房和用品,不得采取强制执行措施。

2. 财产或投资本体不能课税,仅就受益或所得课税。在现代社会,税收是财产权的一种权利成本或社会义务,但这种成本或义务必须被限制在有限的范围内。例如对所得税而言,不得对资本本身课税是一条隐含的逻辑,如果违反了这条逻辑,则不仅会窒息市场的活力,而且可能破坏私有制社会的基本制度。因此,公民或企业对社会所尽的社会义务,只能被限制在净收益的范围内,不能以毛收入作为课税对象。与这种思路相同的是,所得税只能采取对已实现的所得课税。土地升值、固定资产评估增值、股价上扬等未实现收入,尽管可能在未来带来收益,但也可能随着形势的变化而不存在。如果对这些潜在的收益课税,则有可能伤及资本本身。所以,在时刻遵守私有财产权保护的所得税法中不容其存在。尽管税收平等原则后来基于社会政策的考虑,对所得税采用累进税率,但也仅仅属于财产增量分配比例的变动,不涉及财产本身。①

3. 税收应尽量向人税化方向发展,尊重纳税人各方面的个性和差异。正如北野弘久教授所说:第一,在所得课税方面,应采取对越是高额所得阶层税负越高,而越是低额所得阶层税负越低的分别适应其负担能力的课税制度。第二,对同额所得,例如劳动所得(工资所得、退职所得等)与资产所得(利息、分配所得、不动产所得等)要区别对待,它们之间因所得来源不同而在税负能力上存在着质的差别。对前者应采取低税负,对后者则应采取高税负。第三,分清回归性所得与非回归性所得(稿费、退职所得、暂时所得)之间在所得的质方面的税负能力上的差别。对前者应采取高税负,对后者则应采取低税负。第四,大企业相对

---

① 参见刘剑文、熊伟:《税法基础理论》,北京大学出版社2004年版,第140—141页。

于中小企业有更高的税负能力,中小企业在法理上可作为生存权或产业权的适用对象,大企业不仅应当作为独立纳税主体而存在,而且还应当适用累进税率。①

综上,税收平等原则对税收立法、执法以及司法各个方面都起着指导性作用。

四、法律上的税收平等原则与经济上的税收公平原则

法律上的税收平等原则与经济上的税收公平原则较为接近,其基本思想内涵是相通的。但两者有着明显的差别:第一,经济上的税收公平往往是作为一种经济理论提出来的,可以作为政府制定税收政策的参考,但对政府、纳税人尚不具有强制性的约束力,只有当其被国家以立法的形式所采纳,才会上升为税法基本原则,在税收法律实践中得到全面的贯彻。第二,经济上的税收公平主要从税收负担带来的经济后果上考虑,而法律上的税收平等不仅要考虑税收负担的合理分配,而且还要从税收立法、执法、司法各个方面考虑税收公平问题。纳税人既可要求实体利益上的税收公平,也可要求程序上的税收公平。第三,法律上的税收平等是由具体法律制度予以保障的。例如对税收执法、税收司法中受到的不公正待遇,纳税人可以通过税务行政复议、税务行政诉讼制度得到合理合法的解决。由于税收公平主义源于宪法上的平等性原则,所以许多国家的税法在适用税收公平主义时,都特别强调"禁止不平等对待"的法理,禁止对特定纳税人给予歧视性对待,也禁止在没有正当理由的情况下对特定纳税人给予特别优惠。因为对一部分纳税人的特别优惠,很可能就是对其他纳税人的歧视。这样,判定税收差别待遇的合理性就显得十分重要。

第三节 税收诚信主义原则

税收诚信主义原则,在很大程度上汲取了民法诚信原则的合理思想,是民法诚信原则在税法中的引用。

一、诚实信用原则在民法上的本来意义

诚信是指一个人(自然人和法人)履行义务的能力,尤其是指偿债能力的社会评价,它和风险成反比。诚实信用作为民法的基本原则,原本只是作为一种道德存在于民事习惯中,其基本含义是要求人们在民事活动中,当事人应依善意的

---

① 参见〔日〕北野弘久:《税法学原论》,陈刚、杨建广等译,中国检察出版社2001年版,第95—113页。

方式行使权利,以诚实信用的方式履行义务,讲求信用,恪守诺言,诚实不欺,在不损害他人利益和社会利益的前提下追求自己的利益。从开初的民事习惯演变为现代民法基本原则,诚实信用经过了从民法的补充规定到仅调整债权法律关系到作为民法基本原则的过程。这一过程也是人类法学不断发展的结果。从历史阶段来说,诚实信用原则的发展经历了罗马法、近代民法和现代民法三个阶段。

伴随市场经济的发展,特别是社会民主进程的加快,诚实信用原则的适用范围也逐步扩大。目前,世界上一些国家和地区,如日本、德国和我国台湾地区,不论在税法理论或税法实践中,都采纳了诚实信用原则,法官根据这一原则作出的判例已经不少。诚实信用原则作为税法的基本原则之一,其意义已发生了一定的变化。在民法中,诚实信用原则主要在于协调当事人之间以及当事人与社会之间的利益关系,实现当事人之间的利益以及当事人利益与社会公共利益之间的平衡。而在税法中,诚实信用原则主要用于公平分配税收征收机关与纳税人之间的权利义务,实现纳税人利益与国家利益之间的平衡。由于税收法律关系的性质,这种平衡是动态的,而正是在这种从不平衡到平衡的过程中,税收诚信主义原则才有了存在的基础和发挥作用的空间。

二、税收诚信主义原则的法理基础

1. 从市场经济关系的角度看,纳税表现为现代社会的一种信用关系。这是因为,社会成员的日常消费品包括私人物品和公共物品两类,私人物品通常从市场上直接购买,公共物品则由政府提供,而政府用于提供公共物品的资金就来源于社会成员的纳税。人们要消费政府所提供的公共物品,就必须付费,也就是必须纳税,这是符合市场等价交换原则的,纳税与提供公共物品之间形成一种信用关系。这种信用关系在现代社会中主要靠法治来维系,但也需要一定的道德力量,表现在实际运用中就是诚信纳税。

2. 从税收法律关系的性质看,税收法律关系是公法上的债权债务关系,这种债权债务虽然基于公法而发生,但与私法上的债权债务关系有相似之处,因为税收法律关系或明或暗地体现了社会契约理论的精神。在税收实体法律关系中,主体双方只能通过契约建立彼此之间的债的关系。即使在税收程序法律关系中,随着社会契约论的发展与公法私法化的趋势,现代行政法理念的不断更新,为行政法领域提供了合意基础,并通过行政程序的设置保证自由合意的实现。这种税收法律关系自然适用诚实信用原则。

3. 从税法的学科归类看,作为经济法的一个子部门,税法不但具有所谓"公法"的特征,同时还具有很强的"私法"色彩。这一切都决定了将传统私法领域的诚实信用原则引入税法并没有理论上的障碍。

三、税收诚信主义原则的机能

税收作为财政收入的主要来源,它的征收、缴纳及使用关系到国家和纳税人的共同利益,因此,税收诚信主义原则的机能直接影响着税收秩序和市场经济秩序。

1. 指引功能

税收诚信主义原则作为一种行为规范,为人们提供了一定的行为模式,设定了一定的标准,指示或引导人们的行为。也就是说,不论是征税人、纳税人、用税人,都应当按照这一标准去衡量和规范自身的行为,以共同构建征纳双方之间的诚信状态。同时,要求征税人、纳税人、用税人都要正确认识自身的权利和义务,按照法律的要求行使权利、履行义务。反对征税人滥用税收执法权以及用税人乱用税款,提供不符合社会所需或无效的公共产品或服务,侵害纳税人的合法权益;反对纳税人采取欺诈、隐瞒等手段逃税或减轻纳税义务,损害国家的税收利益。

2. 补充功能

税收诚信主义原则对现行税收法律、法规和政策在适用时,特别是在税收法律法规本身较为模糊或事实性质难以认定的情况下,具有解释和补充作用。将刻板的税法规定适用于具体的税收事实时,往往会发生税法的解释问题,尤其在税法规定较为模糊、事实界定不清或无法界定(存在税收立法真空)时,更是如此。由于征税人、纳税人、用税人各自角度不同(征税人和用税人往往会偏向政府),其解释的结果会大不一样。也就是说,若按征税人或用税人的解释,或许能保障国家财政的实现,但难免会忽略纳税人的权益保护;而若按纳税人的解释,虽然会有利于纳税人权益的保护,但又会使国家税收的利益受到损害。因此,进行税法解释时,除了严格税收法定主义之外,还应更多立足于税收诚信主义原则,均衡各方利益。

3. 评价功能

税收诚信主义原则作为一种行为规则,具有评判和衡量征税人、纳税人、用税人三方行为是否合乎社会普遍认同的价值观念和价值趋向的作用。比如,征税人是否依法征税,应收尽收,是否公平、公正执法;纳税人是否依法纳税,有无采取隐瞒、欺诈等手段逃税或恶意拖欠税款;用税人是否乱用税款,提供的公共产品或服务是否符合社会(纳税人)所需。另外,在税收司法中,特别是在法律存在模糊规定或遗漏(或者说法律依据不足或缺乏法律依据)时,法官更多地应从诚信角度考虑,对征税人和纳税人的行为作出客观评判,维持二者之间权利义务的平衡。

4. 教育功能

税收诚信主义原则对征纳双方未来的税款征收、缴纳行为产生一定的影响，可以说是评价功能的延伸。它主要是借助税法提供的行为模式，指导人们调整自己的行为使之与该行为模式相一致，养成守法、诚信的习惯，从而改善征纳关系。这种教育作用对征纳双方的影响是渐进的、潜移默化的，有助于征纳双方在相互信任中转化为合作关系。同时，通过建立激励与处罚机制，对诚信者予以鼓励、保护，对失信者加以惩罚，这样，对一般人的行为将分别起到示范、促进作用，有助于营造整个社会诚实信用的税收环境。

四、税收诚信主义原则的适用

税收诚信主义原则的适用，已由外国的学说、判例认可，但税法上明文规定诚实信用原则的，仅有瑞士一例。日本税法也没有使用"诚实信用"文字，但将诚实信用原则纳入个别法规范，在其税法上却颇为多见。[①] 从日本、德国和我国台湾地区的司法实践看，税收诚信主义原则的适用主要在于纳税人信赖利益的保护。

征纳双方的关系应当是相互信赖的。没有充足的依据，税务机关不能对纳税人是否依法纳税提出怀疑，纳税人有权利要求税务机关予以信任；纳税人也应信赖税务机关的决定是公正和准确的，税务机关作出的法律解释和事先裁定，可以作为纳税人缴税的根据，当这种解释或裁定存在错误时，纳税人并不承担法律责任。许多西方国家的税法认可因税务机关的解释或裁定不当，纳税人少缴的税款不必再补缴。

我国在一定程度上也承认了纳税人信赖利益的保护。《税收征管法》第52条第1款规定："因税务机关的责任，致使纳税人、扣缴义务人未缴或者少缴税款的，税务机关在三年内可以要求纳税人、扣缴义务人补缴税款，但是不得加收滞纳金。"这一规定即由于税务机关的行为，纳税人基于信赖而作出少缴或未缴税款的行为，税务机关不得加收滞纳金，纳税人的信赖应该尊重。但税务机关在三年内仍可以要求纳税人、扣缴义务人补缴税款。可见，我国税法在税收本金上未给予信赖保护，只在滞纳金方面给予了信赖保护，因而我国税法的信赖保护是有保留的。2007年3月16日，第十届全国人民代表大会第五次会议通过的《企业所得税法》第57条规定："本法公布前已经批准设立的企业，依照当时的税收

---

① 理论界曾经认为，公权力（课税厅）和国民（纳税人）之间存在的公法上的法律关系实际上是一种不对等关系（公权力具有事实上的优先性），所以可以认为，受租税法律主义或"依法行政原理"支配的租税法律关系本来就与信用理论水火不相容。但是由于受所谓的通告行政支配和连专家也颇感迷惑的税务行政复杂化的现实影响，在日本，尤其是在战后的迅速恢复时期（1945年至1955年前后），税法学家们也开始认为，根据法一般原理，应当允许在一定条件下在租税法律关系中适用信用原则的原理。

法律、行政法规规定,享受低税率优惠的,按照国务院规定,可以在本法施行后五年内,逐步过渡到本法规定的税率;享受定期减免税优惠的,按照国务院规定,可以在本法施行后继续享受到期满为止,但因未获利而尚未享受优惠的,优惠期限从本法施行年度起计算。法律设置的发展对外经济合作和技术交流的特定地区内,以及国务院已规定执行上述地区特殊政策的地区内新设立的国家需要重点扶持的高新技术企业,可以享受过渡性税收优惠,具体办法由国务院规定。国家已确定的其他鼓励类企业,可以按照国务院规定享受减免税优惠。"我国税法上给予外资企业低税率优惠、定期减免税优惠以及其他的税收优惠措施,属于典型的授益性税务行政行为。我国政府在取消上述优惠措施的同时,以法律的形式明确了在两税合并后给外资企业五年的过渡期,这是对纳税人信赖利益保护制度的创新,具有重大的理论意义。

五、税收诚信主义与税收法定主义的协调

税收诚信主义与税收法定主义是存在某种对立或矛盾的。如果坚持税收法定主义,而放弃税收诚信主义,对不管什么原因造成的对税法的违反,都坚决予以纠正,并给予相应的处罚,这势必给诚实的纳税人带来损害,使其产生一种受骗上当的感觉,不利于税收法律关系和税收法律制度的稳定。反之,如果坚持税收诚信主义原则,也可能损害税收法定主义原则。因此,如何协调二者的关系,是税法理论和税收实践中必须认真研究的重大课题。

在税法中,税收诚信主义原则与税收法定主义原则不是处于同一位阶的。税收法定主义原则是作为一项宪法原则出现在税法中的,因此在税法中具有最高法律原则的地位。而税收诚信主义原则是为了排除税收法定主义原则在适用时所产生的不合理性而被适用的,其目的在于平衡国家与纳税人的利益,实现税法的正义,是税收法定主义原则必要而有益的补充。从这个意义上讲,二者在适用上本无选择的余地。一般情况下,税法的制定和执行应当适用税收法定主义原则。只有在纳税人与税务机关之间已经确立具体的税收法律关系,适用税收法定主义原则可能发生个案的不公平,甚至危及税法的安定性时,方可考虑适用税收诚信主义原则。也就是说,适用税收诚信主义原则必须具备严格的条件。第一,税务机关的信赖表示应是正式的,即以公告、文件等书面形式作出,或者是税务人员代表税务机关作出,但不可是税务人员与纳税人之间的私下协商或谈话。第二,必须是值得保护纳税人信赖的情况。如果纳税人本身采取了隐瞒、虚报等不真实行为,则其信赖利益不受保护。第三,纳税人已经信赖税务机关的表示并据此作出某种行为。也就是说,纳税人已经构成对税务机关表示的信赖,但没有据此作出某种纳税行为,或者这种信赖与其纳税行为没有因果关系,也不能引用税收诚信主义。在符合上述要件的情况下,如果税务机关的行为违背了纳

税人的信赖利益,可以根据税收诚信主义原则认定其无效。即便如此,税收诚信主义原则的适用也还须受到一定的限制,如不得一般普遍地将法律部分废止或修正,也不得使纳税义务发生或消灭。至于在税收立法、税收执法过程中,税收诚信主义原则也会发挥一定的作用,但只限于根据其一般法理公平地分配权利义务,准确地适用法律规定。

对于税收诚信主义与税收法定主义的协调,各个国家的做法是不完全相同的。在我国,这个关系如何处理,还应从总体上予以明确。

本 章 小 结

税法除拥有一般法的基本原则外还有自己独特的基本原则,理论上将其概括成税收法定主义原则、税收平等主义原则和税收诚信主义原则。

税收法定主义原则同罪刑法定主义一样,都是民主政治的产物。前者保护人民的财产权,后者保护人民的生命权。世界上绝大多数国家都把税收法定主义原则写入宪法中。我们应从形式内容、实质内容以及机能上理解税收法定原则,理解税收法定主义与实质课税原则之间对立统一的关系。

税收平等主义原则是现代法律的基本原则——平等原则在税法领域中的体现,税法要处理好国家和纳税人之间的税收平等关系以及纳税人之间的横向公平与纵向公平、量的公平与质的公平的关系,保障纳税人的生存权和财产权。

税收诚信主义原则是民法诚信原则在税法中的引用,其目的在于平衡国家与纳税人的利益,实现税法的正义,是税收法定主义原则必要而有益的补充。

思考题

1. 税收法定主义原则的内涵是什么?
2. 应当如何理解税收法定主义与实质课税原则之间的对立统一关系?
3. 从横向公平与纵向公平、量的公平与质的公平上分析税收平等原则。
4. 如何从税收平等原则看税法的社会化趋势?
5. 税收诚信主义原则的法理基础是什么?
6. 如何协调税收法定主义原则与税收诚信主义原则之间的关系?

第五章 税收法律关系

　　法律关系作为法学学科的一个基本范畴,对法学研究的意义已不言而喻,它几乎可以被运用到任何一个部门法中,从而成为具有特定内容和意义的且为该部门法所独有的基本范畴。因此有学者认为"税法学可称为以对税收法律关系进行系统的理论研究为目的的法学学科"[①]。本章从不同的学说入手,对税收法律关系的性质与主体的构成作重点阐述。

第一节 税收法律关系概述

一、税收法律关系的概念

　　法律关系是指法律规范在调整人们行为过程中形成的一种特殊社会关系,即法律上的权利和义务关系。由于各种法律规范所调整的社会关系不同,因而形成了内容和性质各不相同的法律关系。

　　税法在调整税收关系时,形成了税收法律关系。所谓税收法律关系就是由税法所调整而形成的,在税收活动中各税收法律关系主体之间发生的具有权利义务内容的社会关系。[②]

二、税收法律关系的范围

　　税收法律关系是税收关系在税法上的反映。税收关系有广义、狭义之分。狭义的税收关系就是指税收征纳关系。广义的税收关系除了税收征纳关系以外还包括其他的税收关系,主要有纳税人与国家之间的关系,相关国家机关之间的税收权限划分关系,纳税主体、征税机关和相关国家机关之间发生的税收救济关系,主权国家之间发生的税收权益分配关系等。也就是说,广义的税收关系,即有关税收活动的各种社会关系的总和。其中,税收征纳关系居主导地位,是税收关系中最主要的部分。

　　根据税收关系的范围,可以把所有与税收有关的法律关系都作为税收法律关系的组成部分。税收法律关系包括国家与纳税人之间的税收宪法性法律关系;征税机关和纳税主体之间的税收征纳法律关系(税收征纳关系又可进一步

[①] 〔日〕金子弘:《日本税法原理》,刘多田等译,中国财政经济出版社 1989 年版,第 18 页。
[②] 参见刘剑文主编:《税法学》,人民出版社 2003 年版,第 88 页。

分为税收征纳实体关系和税收征纳程序关系);相关国家机关之间的税收权限划分法律关系;税收救济法律关系;国际税收权益分配法律关系等。

三、税收法律关系特征

与民事法律关系相比,税收法律关系相对复杂一些。民事法律关系的主体具有基本一致的法律性质和特征,而税收法律关系中各个主体的法律性质和特征不尽一致。由于国家、征税机关和纳税人是税收活动中最重要的主体,他们之间发生的法律关系理应成为最重要的税收法律关系。金子宏教授认为,税收法律关系的中心,是国家与纳税人之间的关系。① 北野弘久教授也认为,租税法律关系,简而言之,是如何看待课税厅和纳税者之间的法律关系的问题,它历来是税法学中最大的焦点课题。② 因此,可以把税收法律关系简化为税收宪法性法律关系和税收征纳法律关系,甚至可进一步把税收法律关系简化为税收征纳法律关系,也就是狭义的税收法律关系。

如此一来,税收法律关系的特征便可概括如下:(1) 税收法律关系中固有一方主体是国家或代表国家行使征税权的征税机关;(2) 税收法律关系就具体的纳税人和具体的时空而言,是一种财产所有权或支配权单向转移的关系;③(3) 税收法律关系中双方主体享有的权利的性质不同,义务关系在一般情况下也不对等;(4) 税收法律关系的产生以发生了税法规定的行为或条件为前提,这对于征纳双方都是一样的。

第二节 税收法律关系的性质

在税法学研究的历史上,税收法律关系的性质一直是颇具争议的一个重要课题。

一、国外关于税收法律关系性质的学术论争

在国外存在的种种不同的学术观点中,比较有代表性的是租税权力关系说、租税债务关系说和折中的"二元论"。

权力关系说的代表人物是德国行政法学的创始人奥托·梅耶(Otto Mayer)。

---

① 参见〔日〕金子宏:《日本税法原理》,刘多田等译,中国财政经济出版社1989年版,第23页。
② 参见〔日〕北野弘久:《税法学原论》,陈刚、杨建广等译,中国检察出版社2001年版,第158页。
③ 所谓支配权主要是就国有企业和其他国有性质的纳税人而言的。以所得税为例,国有企业的应纳税所得和征税机关就此征收的税款,都属于国家所有,税款从国有企业向征税机关转移不过是同一所有人下支配权的转移,实际上就是占有权人的变换。财产所有权则是针对除国有企业等以外的其他纳税人的。

该学说将税收法律关系理解为纳税人对国家课税权的服从关系。在这种关系中,国家以优越的权力主体的身份出现,国家课税权的行使以税收法规—课税处分—滞纳处分—税务罚则的模式进行。这种"查定处分"是纳税义务的创设行为,而不单单是纳税义务内容的确定行为。纳税人的行为满足课税要件时,纳税义务并不立即产生,直到"查定处分"进行,纳税义务才产生。据此,税收法律关系与其他行政法律关系在性质上没有差异。

债务关系说的代表人物是德国税法学家阿尔伯特·亨泽尔(Albert Hensel)。该学说将税收法律关系定性为国家对纳税人请求履行税收债务的关系,国家与纳税人的关系是法律上的债权人和债务人之间的对应关系。这种税收法律关系是一种公法上的债务关系,税收债务是一种法定债务,纳税义务不依课税处分而成立,而以满足课税要素而成立。这一学说对后世税法学的发展影响极大。

二元论的观点是日本税法学界的通说。① 金子宏教授认为:其实,权力关系说和债务关系的着眼点是完全不同的。权力关系说主要就税收的征收程序来论述问题,而债务关系说则主要就纳税人对国家的税收债务来论述问题。他指出,税收法律关系最基本的内容,是国家对纳税人请求所谓税收这一金钱给付的关系,所以把它作为基本的原理性的债务关系来把握,其理由十分充分。但税收法律关系中包括各种类型的法律关系,将其简单地划分为权力关系和债务关系是很困难的,只能理解为有些属债务关系,有些属权力关系。②

二、我国关于税收法律关系性质的权威性观点

税收法律关系的性质究竟是什么?在一般人的观念中,仍受传统的权力关系论的支配,对税收债务关系说的观点不予接受。近年来,有学者通过对国外精彩纷呈的关于税收法律关系性质学说的比较和反思,提出了"分层面关系"说,即"从两个层面对税收法律关系的性质予以界定。在抽象的层面,将税收法律关系的性质整体界定为公法上的债务关系,在具体的层面,也就是法技术的层面,将税收法律关系的性质分别界定为债务关系和权力关系。"③这一学说具有制度建设和学术研究的价值,具有十分重要的理论意义和实践意义。

---

① 参见〔日〕北野弘久:《税法学原论》,陈刚、杨建广等译,中国检察出版社2001年版,第164页。
② 参见〔日〕金子宏:《日本税法原理》,刘多田等译,中国财政经济出版社1989年版,第20—21页。
③ 刘剑文主编:《税法学》,人民出版社2003年版,第93—94页。

三、税收法律关系的性质探析

税收法律关系的性质非常复杂,对其很难作出非此即彼的结论。① 本书赞同北野教授"公法上的债务关系"说,并据此提出自己对税收法律关系性质的认识。

(一) 税收法律关系的性质基于征税与用税的整个过程

基于对国家公共职能和税收本质的认识,②在税收征收(课赋)与税收使用(支出)过程中发生的税收征收、支配主体与纳税人之间的关系都属于税收法律关系。这就是说,对税收法律关系应从这两个过程作整体、全面的理解,而不应把这两个过程割裂开来。税收法律关系发生在税收征收与税收使用整个过程中,是认识税收法律关系性质的基点和核心。只有税收征收与使用的全过程,才能体现税收法律关系的债权债务关系的性质。通说所认为的税收具有无偿性、强制性的特征,这正是只把税收法律关系局限于征纳过程而得出的结论。因为在征纳阶段,纳税人履行了债务之后,不像民法上的债权债务关系那样,通过市场交换直接获得对价。这正是税收债权债务关系与民法上的债权债务关系的区别。

(二) 税收法律关系的性质基于公债与私债的共同特征

债权债务关系本是作为私法的民事法律关系,但税收法律关系也体现了债的一般特征。

从债的一般原理看,税收法律关系,尤其是税收征纳法律关系,就是在特定主体之间产生的特定财产关系,即具有特定财产内容的权利义务关系。这种权利义务关系不是基于合同而是基于法律规定产生的,③国家是享有征收权利的债权人,纳税人是负有缴纳义务的债务人。税收债权债务关系所反映的经济关系是在财产分配领域形成的经济流转关系,具体表现为纳税人的部分财产移转给国家的过程。税收虽未进入市场交换领域,但它经过生产消费过程最终进入社会公共消费领域。

从债权债务关系的构成要素看,私法上债权债务关系的构成要素在税收法

---

① 北野教授的研究是有价值的。将税收法律关系界定为公法上的债务关系,有助于人们理解纳税人与国家之间的关系,也有助于构建与传统行政法学相区别的税法学。但有一点不可否认,尽管我们把税收法律关系界定为公法上的债务关系,但征税权的行使者仍然是国家征税机关,国家征税机关是典型的行政机关,其在税收征管过程中所进行的税务检查、采取税收保全措施、强制执行措施等行为和普通行政机关作出的具体行政行为并没有本质上的差别。作为行政机关,征税机关仍然要遵循一般行政法的基本原则。参见刘剑文主编:《税法学》,人民出版社2003年版,第93页。

② 有关国家公共职能和税收本质的问题,已在本书第一章中作了阐述,故不重述。

③ 一般认为租税是租税法律的创造物(creature of tax statute)。没有租税法律,也就不会产生租税法律关系,这就是由租税法律主义原则所下的定论。参见〔日〕北野弘久:《税法学原论》,陈刚、杨建广等译,中国检察出版社2001年版,第158页。

律关系中也是存在的。在税收征收过程中形成的税收法律关系,国家是债权人,纳税人是债务人,国家作为债权人行使税收债务的请求权与收益权,纳税人作为债务人履行税收缴纳的义务。在税收使用过程中形成的税收法律关系,债权人与债务人的位置发生了互换,[①]国家成为债务人,纳税人则成为债权人,国家负有依据宪法和法律向纳税人提供公共产品的义务,纳税人依法享有消费公共产品的权利。这里,单就互负给付义务而言,其与私法上的债权债务关系并无不同,而且这是人民主权国家的税收与专制国家的税收的根本区别所在。

(三) 税收法律关系的性质基于公法与私法的本质差别

税收法律关系虽然表现出与私法上债权债务关系相同的特点,但它毕竟不是纯粹私法上的债权债务关系。由于它具有公法的性质,所以又表现出与私法上债权债务关系不同的特点。

民法上的债权债务关系依私人之间的契约成立。为防范债务人不履行义务,债权人可以通过债的担保和保全制度,强制义务人履行而使债权得以实现。而作为公法的税收债权债务关系,是基于税收法律规定而产生的,国家要求纳税人依法纳税,当纳税人不履行纳税义务时,代表国家行使征税权的征税机关可以通过税收保全措施、强制执行措施等,强制纳税人履行义务。这里,征税机关是典型的行政机关,税收征管行为和普通行政机关作出的具体行政行为没有本质上的差别。正是征税机关在税收征管中行使行政权力的现象,奠定了权力关系说的理论基础。其实,对纳税人来说,税收程序法上的种种义务规定,其最终目的在于配合或确保税收实体法上请求权的实现;对征税机关来讲,其权力的存在是为了国家有效地实现税收债权,这同民法上债权人为实现债权而设立债的保全制度的目的是一样的,而且,征税机关的权力同样被限制在法律的框架内,即征税机关要依法征税。

私法上的债权债务都是特定人对特定人的,这是私法之债的突出标志;而在税收法律关系中,作为债主体的国家不是特定的个人,作为债主体的纳税人在享有消费公共产品的债权时也不是以特定的个人出现的,而都是以"概括性"、"集合型"的特定主体出现的。因此,在税收债权债务关系中,特定主体之间债的相互给付在时空上不直接,在价值上不对等。在这种时空割裂的情况下,权力关系说片面地、浅层次看问题,自然认为作为征税主体的国家只有权力而不负有义务,纳税人则只负有义务而不享有权利。

因为公法上的债权债务关系与私法上的债权债务关系各具特点,故把税收债权债务关系定性为公法上的债权债务关系,以与私法上的债权债务关系相区

---

① 在民法和税法上的债权债务关系中,都存在着债权人与债务人的位置互换。只不过前者是在不同的债权债务关系中位置互换,后者是在同一个债权债务关系的两个不同的过程中位置互换。

别。这样定性可以使我们从传统的税收权力关系说中解放出来,将民法债法中的相关制度引入税法中,①保证国家税收债权的实现,也可以保护纳税人的合法权益。

第三节 税收法律关系的要素

任何法律关系都是由主体、客体、内容三要素构成的,税收法律关系也不例外,其三要素之间互相联系,不可分割,形成统一的整体。

一、税收法律关系的主体

税收法律关系的主体,即税法主体,是指在税收法律关系中依法享有权利和承担义务的当事人。在税收法律关系中,最重要的主体是征税主体和纳税主体。

(一)征税主体

征税主体是指参加税收法律关系,享有国家税收征管权力和履行国家税收征管职能,依法对纳税主体进行税收征收管理的国家机关。从严格意义上讲,只有国家才具有征税权,国家当然是税收法律关系的主体。但国家是一个抽象的实体,其征税权是通过立法授权于具体的国家职能机关来行使的。征税机关具体履行税款征收的职能,只是代表国家行使征税的权力,并非它本身享有税收征收权。在具体的税收征纳法律关系中,行使征税权的征税主体包括:各级税务机关、财政机关和海关。财政部和地方各级财政机关主要负责契税的征管,海关总署和地方各级海关负责关税以及进口环节的增值税、消费税和船舶吨税的征管。除此之外的其他大部分税收均由国家税务总局和地方各级税务机关负责征管。地方各级税务机关根据分税制财政体制分设国家税务局和地方税务局两个系统。所以,税务机关是最重要的征税主体。

(二)纳税主体

我国税法上的纳税主体包括两类:纳税人和扣缴义务人。

纳税人是最重要和最普遍的纳税主体,即指法律、行政法规规定负有纳税义务的单位和个人。对于纳税主体,根据我国现行税法的不同规定,有许多不同的划分方法。按照在民法中身份的不同,纳税人可以分为自然人和法人;按照承担纳税责任的不同,在直接税中纳税人可以分为无限纳税义务人和有限纳税义

---

① 可以借鉴民法债法上的债的担保和保全制度,建立税收担保、税收代位权和撤销权制度;借鉴民法上的优先权制度,建立税收优先权制度;借鉴民法债法上的不当得利制度,建立税法上的纳税人的退税请求权制度;借鉴民法债法上债的履行及发生、变更和消灭的理论,建立作为税收债务的纳税义务的成立、继承和消灭制度,以及主纳税义务、第二次纳税义务和连带纳税义务制度。此外,在税收债务的消灭时效问题、税收债务的抵消问题等方面,都可借鉴民法债法上的相关理论和制度。

务人;在间接税中,纳税人可以分为正式纳税人和延伸纳税人。① 此外,不同的税种根据一定的标准也可以对纳税人进行划分。在增值税方面,根据纳税人销售额的高低和会计核算的健全与否,可把纳税人分为一般纳税人和小规模纳税人;在所得税方面,根据征税权行使范围的不同,可以把纳税人分为居民纳税人和非居民纳税人;等等。

扣缴义务人是指法律、行政法规规定负有代扣代缴、代收代缴税款义务的单位和个人。根据《税收征管法》,税务机关要按照规定付给扣缴义务人代扣、代收手续费。扣缴义务人又可以分为代扣代缴义务人和代收代缴义务人。代扣代缴义务人是指负有代扣代缴义务,代替税务机关向纳税人扣缴应纳税款的纳税主体;代收代缴义务人是指负有代收代缴义务,代替税务机关向纳税人收缴税款的纳税主体。

扣缴义务人只是将他人应缴税款经手后交给税务机关,自身并不负有纳税义务。但是,如果他们不承担这项责任,与纳税人拒不纳税给国家造成的损失是相同的。因此,各国税法都将扣缴作为一项法定义务固定下来,扣缴义务人不履行义务应承担的法律责任与纳税人没有本质区别。一些国家的税法将扣缴义务人作为纳税人的一种特殊情况来处理。例如,日本《国税通则法》和《国税征收法》将两者统称为纳税人,德国《税收基本法》第33条也作了类似的规定。这对我们处理扣缴义务人与纳税人的关系不无启发。

二、税收法律关系的客体

法律关系的客体是指法律关系主体权利义务指向的对象。法理学研究表明,法律关系的具体客体是无限多样的,把它们抽象化,可以概括人身、行为、物、精神产品等。各种客体进一步可以抽象为"利益"或"利益载体"等更一般的概念。由此可以说法律关系的客体就是一定的利益。对税收法律关系的客体也可以作如上理解。税收法律关系的客体主要包括税收权力(权益)、物和行为。税收宪法性法律关系和税收权限划分法律关系的客体是税收权力;国际税收权益分配法律关系的客体是税收权益;税收征纳法律关系的客体是按照一定的税率计算出来的税款;税收救济法律关系的客体是行为,即税务机关在税收征管活动中作出的相关行为。上述各种客体又可以进一步抽象为"税收利益"。②

---

① 我国税法并没有引入正式纳税人和延伸纳税人的概念。但在我国增值税和消费税中,对类似情况的课税是存在的。例如,对将自产、委托加工的货物用于集体福利或个人消费以及无偿赠送他人的,都要视同销售货物征收增值税。这时,实际消费者和受赠人即为实际的延伸纳税人。
② 参见刘剑文主编:《税法学》,人民出版社2003年版,第108页。

三、税收法律关系的内容

税收法律关系的内容就是税收法律关系主体依据税法享有的权利(力)和承担的义务,包括征税主体的权力义务和纳税主体的权利义务两大方面。既有基本税法和单行税法中规定的实体性权利(力)义务,又有征管类税法中规定的程序性权利(力)义务,还有诉讼类税法中规定的诉讼权利和义务。

(一)征税主体的权力和义务

1. 征税主体的权力

征税主体在税收活动中享有广泛的权力,这有助于保障国家税收债权的实现。征税主体依法享有的权力主要有以下几项:

(1)税务管理权。这是为了保障税收征管权的有效实现而由法律赋予征税机关的权力,主要包括税务登记管理权、账簿凭证管理权和纳税申报管理权等。

(2)税款征收权。这是与纳税主体的纳税义务相对应的权力,是税务机关最基本的权力。主要包括税款核定权和税款入库权两个方面。为了保障上述权力的有效实现,征税主体在行使上述权力的过程中,还可具体行使税负调整权、税收保全权和税收强制执行权、税款追补权等。

(3)税务检查权。税务检查权包括对纳税人的账簿、凭证、报表和有关资料的税务检查权,对纳税人的生产、经营场所和货物存放地的应纳税商品、货物或者财产的税务检查权,到车站、码头、机场、邮政企业及其分支机构对纳税人托运、邮寄应纳税商品、货物或者其他财产的有关单据、凭证和有关资料的税务检查权,对纳税人存款账户的检查权。同时,税务机关在进行税务检查时,享有采取税收保全措施和税收强制措施的权力。

(4)税务违法处罚权。对于纳税主体违反税法规定的一般违法行为,征税机关有权依法予以处罚;若情节严重,已构成犯罪,则应移交司法机关追究刑事责任。

(5)税务信息获取权。即征税主体有权要求纳税主体提供一切与纳税有关的信息,也有权从其他有关部门获得与纳税人纳税有关的信息。为了保障信息获取权的实现,征税主体可以行使调查权,也有权要求相关部门依法予以协助。

2. 征税主体的义务

税法规定税务机关的义务具有重要意义,可以约束税务机关使其不得滥用其行政权力,同时有助于保护纳税人的合法权益。

(1)依法征税的义务。征税主体必须严格依据税收实体法和税收程序法的规定征税。没有法律依据,税务机关不得擅自开征、停征或多征、少征、提前征收、延缓征收或者摊派税款。因此,征税主体必须依税收法定原则从事征税活动,包括税收保全措施、强制执行措施等必须依法实行。

(2) 提供服务的义务。征税主体应当向纳税人宣传税法,为纳税人提供必要的信息资料和咨询,使纳税人在纳税过程中得到文明、高效的服务。

(3) 回避的义务。征税主体征收税款和查处税收违法案件,与纳税人、扣缴义务人或者税收违法案件有利害关系的,应当回避。

(4) 保守秘密的义务。征税主体不得侵犯纳税主体的隐私权或商业秘密,纳税主体提供给税务机关的信息资料只能用于征税或加强税收征管的目的,而不能被滥用于其他非征税的目的。除了税收执法的需要外,征税主体不得披露纳税主体的有关信息。

(5) 依法告知的义务。征税主体应依法进行催告或告知,以使纳税人知道其纳税义务的存在和不履行义务将受到的处罚;在处罚违法纳税人时,也应告知其享有的各项权利。征税主体的这一义务对保障纳税主体的程序权利和实体权利的实现,均具有重要意义。

(二) 纳税人的权利和义务

1. 纳税人的权利

(1) 知情权。纳税人有权了解国家税收法律、行政法规的规定以及与纳税程序有关的情况。

(2) 保密权。纳税人有权要求征税机关为其商业秘密和个人隐私保密,主要包括技术信息、经营信息和不愿公开的个人事项。

(3) 税收监督权。纳税人有权检举和控告税务人员的违法行为,如索贿受贿、徇私舞弊、玩忽职守,不征或者少征税款,滥用职权多征税款或者故意刁难等;同时,也有权检举其他纳税人的税收违法行为。

(4) 纳税申报方式选择权。纳税人有权对直接申报、邮寄申报和数据电文申报等方式进行选择。

(5) 延期申报权。纳税人不能按期办理纳税申报的,经税务机关核准,可以延期申报。

(6) 延期缴纳税款权。纳税人因有特殊困难,不能按期缴纳税款的,经省、自治区、直辖市国家税务局、地方税务局批准,可以延期缴纳税款。

(7) 申请退还多缴税款权。纳税人有权要求退还多缴的税款并加算银行同期存款利息。

(8) 依法享受税收优惠权。纳税人有权依照法律、行政法规的规定享受税收优惠。

(9) 委托税务代理权。纳税人有权就税务登记、发票领购、纳税申报、税款缴纳、申请退税、建账建制、办理财务、税务咨询、制作涉税文书、审查纳税情况以及申请税务行政复议和提起税务行政诉讼等事项委托税务代理。

(10) 陈述与申辩权。纳税人对税务机关作出的决定,享有陈述权、申辩权。

(11) 拒绝检查权。税务机关派出的人员进行税务检查时,未出示税务检查通知的,被检查人有拒绝检查的权利。

(12) 赔偿救济权。纳税人若对税务机关的具体行政行为不服,有权依法申请行政复议或提起行政诉讼;纳税人的合法权益受到税务机关违法行为侵害造成损失的,有权要求其承担赔偿责任。

(13) 听证权。对税务机关给予的行政处罚,纳税人有权要求举行听证。

(14) 索取凭证权。税务机关征收税款时,纳税人有要求开具完税凭证的权利;扣缴义务人代扣、代收税款时,纳税人有要求扣缴义务人开具代扣、代收税款凭证的权利。

以上是我国《税收征管法》及其实施细则和相关税收法律、行政法规所规定的纳税人享有的权利,这说明我国在纳税人权利的程序保护方面已取得长足的进步。但与先进的法治国家相比,我们还欠缺诸如税负从轻权、诚实推定权、接受礼貌服务权等纳税人权利。在我国尤其欠缺纳税人实体方面的权利,如参与税收立法权、税款使用监督权等,这些都有待于在宪法中增加纳税人权利的条款或在税收基本法的立法中写入这些条款。

2. 纳税人的义务

纳税人依法履行纳税义务是国家税收债权得以实现的主要保障。与征税主体的权利大略相对应,纳税主体一般主要负有以下义务:

(1) 依法纳税的义务。纳税人应依据税收实体法和税收程序法的规定,及时、足额地缴纳税款。这是纳税人的一项最基本的义务。

(2) 接受管理的义务。纳税人应接受征税主体的税务管理,依法办理税务登记,依法设置账簿、保管账簿和有关资料,以及依法开具、使用、取得和保管发票,依法进行纳税申报。

(3) 接受稽查的义务。纳税人应接受征税主体依法进行的税务稽核和税务检查,如实反映情况,提供有关资料,不得拒绝、隐瞒。

(4) 提供信息的义务。纳税人应诚实地向征税主体提供与纳税有关的信息,在必要时,还应接受征税主体依法实施的调查。

第四节 税收法律关系的平等性

在传统的法律体系中,税法是行政法的组成部分,故从"命令与服从"的角度来认识税收法律关系:"征税主体享有单方面的征收权力,其义务不过是正确地行使征税权力,权力大于义务;而纳税主体则只负有单方面的缴纳税款的义务,其享有的权利也只是正确地履行纳税义务,义务大于权利。"① 由此得出的结论是代表国家行使征税权的税务机关和纳税人的法律地位是不平等的。随着市场经济的发展,学术界对现代税收的本质有了深刻认识,法治理论也有了飞跃性的发展。这里,在借鉴其他学者颇有造诣的观点的基础上,重新深化对"征纳双方法律地位平等性"这一问题的认识。

一、税收实体法律关系平等性的理论依据

(一)税收实体法律关系平等性的经济学分析

在税收理论发展进程中,西方经济学家从不同角度对课税依据即税收的本质提出了各种各样的理论,其中,利益说为论证税收实体法律关系中主体双方法律地位的平等性提供了理论依据。

利益说产生于17世纪,亦称"交换说"、"买卖说"、"代价说",主要代表人物有重商主义者霍布斯(Hobbes)、古典学派经济学家亚当·斯密以及蒲鲁东等。这种学说认为,国家征税是为了保护人民的利益,人民向国家纳税以相互交换。霍布斯曾指出,人民为公共福利作出了自己的贡献。亚当·斯密也曾指出,政府的职能范围越小越好,税收越轻越好,而且,国家应以每个人所得利益的数量确定纳税标准。综合看,交换说的基本观点是认为国家的职能和活动是为所辖居民个人的利益提供服务,居民纳税是对这种服务所需费用的补偿,即用税收换取利益。交换说把税收视同与商品或劳务的交换关系,既然是商品或劳务的交换则双方价值应当相等,故又可称为"等价交换说";既然是以纳税换取保护和安宁,纳税与缴纳保险费无异,故又被称为"保险说"。

在现代市场经济条件下的西方国家,对税收本质作出比较合理解释的是新利益说,也称"税收价格论"。其基本内容是:第一,税收是公民享受国家(政府)提供的公共产品而支付的价格费用。② 在市场经济条件下,公共产品是市场所不能提供的,只能由政府来承担。国家(政府)向社会成员提供公共产品,必须同时向社会成员收取费用来补偿这些支出,税收就是政府取得这些费用的基本手段。政府取得税收后为提供各种公共服务而使用税收,满足各社会成员个人

---

① 蔡秀云:《新税法教程》,中国法制出版社1995年版,第38页。
② 意大利的马尔科认为"公民纳税与政府提供公共产品的义务是对称的"(转引自张馨:《当代财政与财政学主流》,东北财经大学出版社2000年版,第82页)。哈耶克指出:"在发达社会中,政府应当运用它所享有的经由征税而筹集资金的权力,并由此而为人们提供市场因种种故而不能提供或不能充分提供的一系列服务"([英]冯·哈耶克:《法律、立法与自由》,邓正来、张守东、李静冰译,中国大百科全书出版社2000年版,第332页)。公共选择学派也认为,"从某种宽泛而有用的概念意义上讲,捐税也是一种由个人或团体以集体方式提供的公共劳务所支付的'价格'"([美]詹姆斯·M.布坎南:《民主财政论》,穆怀朋译,商务印书馆1993年版,第16页)。法律经济学还分析道,"税收主要是用以支付的公用事业费。一种有效的税收应该是要求公用事业使用人支付其使用的机会成本的税收"([美]理查德·A.波斯纳:《法律的经济分析》(下),蒋兆康译,中国大百科全书出版社1997年版,第625页)。

的利益。因此,纳税人实际上是在为自己而纳税。这种私人为了自身消费而支付费用的现象,正是典型的市场交换行为在公共财政活动中的反映,税收从而也就具有了公共产品"价格"的性质。第二,税收价格仍然遵循等价交换这一市场本性。理想状态下,个人愿付的税收价格应该反映自己对公共产品真实效用的评价,如同经济市场上个人支付的价格反映自己对私人产品效用评价的情形一样。[①] 第三,税收价格的实现实际上是一个公共选择的过程。作为价格支付者的纳税人对公共产品的品种、数量和质量有选择和决定的权利,相应地对于作为公共产品提供方政府的"给付"行为,即对已经取得的税收应当如何安排使用,包括支出的总规模、项目类别及数额等,也有选择和决定的权利。这就决定了税的征收和支出的过程实际上是一个公共选择的过程。

利益说始于资本主义经济初期,在现代市场经济条件下发展为新利益说。它对税收经济本质的认识与社会经济的发展、税收在国家财政收入中的地位以及国家形态和职能的变迁有着密切的关系。在前资本主义时期的国家,税收并不构成财政收入的主要组成部分。[②] 当时的财政被称为"家计财政",相应地,当时的国家也被称为"有产国家"。随着财政需要的增加,税收成为封建君主敛取财富的方式之一。这时的税收虽然在客观上具有某种公共性,但在"朕即国家"、"普天之下,莫非王土;率土之滨,莫非王臣"的时代,它在本质上是服务于君主个人的私人利益的,人们对这种税收的印象是"横征暴敛"。卢梭曾对此予以猛烈地抨击,他说:占人口绝大多数的小农群众承担着封建剥削和国王课税的全部负担。相反的以包税人身份出现的大资产阶级却在专制政权的赋税制度下获取利益,他们也都过着那种把自己的享受建筑在人民贫困之上的生活。[③] 再看我国历史上的农民起义,可以说不堪沉重的税赋是其爆发的重要因素。这种以"横征暴敛"为基调的税收关系自然是不平等的。随着经济的发展、国家形态和职能的变迁,税收的角色发生了变化。进入市场经济以后,人们开始从等价交换的角度去理解税收的性质;同时税收实践也在发生着变化,"横征暴敛"被依法治税所替代,税收成为财政的重要组成部分。此时国家丧失了原有的生产职能,其职能主要是为社会提供公共产品。这时的财政被称为"公共财政",相应地,国家被称为"无产国家"、"税收国家"。[④] 国家的目标在于保护国民的人身和财产,而国民因国家的活动得到利益,理应向国家纳税作为回报,因而税收体

---

① 参见柯敏、李双成主编:《迈入 21 世纪的中国经济》(第一辑),中国财政经济出版社 2000 年版,第 215 页。
② 奴隶制国家主要是王室收入,封建制国家主要有官产收入、特权收入和专卖收入。参见郝如玉、王国华编著:《中国新税制》,经济科学出版社 1994 年版,第 1 页。
③ 参见〔法〕卢梭:《论人类不平等的起源和基础》,李常山译,商务印书馆 1962 年版,第 2 页。
④ 参见刘剑文主编:《税法学》,人民出版社 2003 年版,第 102—103 页。

现的是国家与国民之间的一种交换关系,税负乃国民按照从国家受益的程度而应承担的分配。因此,认为国家和个人是各自独立平等的实体,以"等价交换"为基调对税收经济本质进行认识的利益说反映到税法领域,就是税收法律关系的平等性。

(二)税收实体法律关系平等性的法学分析

考察税收的经济性质,不难发现,税收关系更多的是与国家权力和国家政治相联系,利益(交换)说的理论基础就是西方历经几百年而不断发展更新的社会契约论。因而仅对税收性质进行经济学分析是远远不够的,还应该从自由、平等、正义等上位阶的公正价值层面,从国家、社会与民众权力、权利关系的构架角度进行深入分析。

西方政治法律思想史上的社会契约思想由来已久。其源头可上溯至古希腊时期。[①] 伊壁鸠鲁认为,法律与国家不是自然创造的,而是人们从利害相关的功利主义角度缔结契约的产物。因此,"自然的公正是防止人们彼此伤害的有利的保证","公正是人们相互交往中以防止互相伤害的约定"。这里,伊壁鸠鲁不仅从国家起源的角度,而且从现实生活的需要和必要性上肯定了契约的作用,肯定了建立在契约基础上的法律与权力的正当性。

近代社会契约理论虽肇始于格劳秀斯,但在霍布斯、洛克和卢梭的学说中成熟完善。霍布斯是近代第一个全面阐述社会契约论的人。他吸收了古希腊先哲伊壁鸠鲁关于社会契约的思想,将政治契约与普通契约相类比,使契约成为一种法律事件:人们转让自己的权利如同售出商品一样,应当获得相应的等价补偿——国家对人民生命财产安全的保障。他指出:"主权者向人民征收的税不过是公家给予保卫平民各安生业的带甲者的薪饷。"[②]洛克是继霍布斯之后社会契约论的积极倡导者之一。在他看来,人们彼此达成协议进入文明社会,交出了他们在自然状态下拥有的部分权利,但仍然保留了生命、自由和财产的自然权利。国家或政府的权威必须以保障人的生存、自由和财产的权利为目标,人们服从政府的前提就是政府能够保障他们的自由。基于这一理论前提,他认为:"诚然,政府没有巨大的经费就不能维持,凡享受保护的人都应该从他的产业中支出他的一份来维持政府。但是这仍须得到他的同意,即由他们自己或他们所选出的代表所表示的大多数的同意。因为如果任何人凭着自己的权势,主张有权向人民征课税赋而无需取得人民的那种同意,他就侵犯了有关财产权的基本规定,破坏了政府的目的。""未经人民自己或其代表同意,绝不应该对人民的财产课

---

① 智者派的代表普罗塔哥拉(公元前481—前411年)和安提丰等人都明确提出过以人为中心的契约论思想,包含试图用社会契约来解释国家政治法律秩序的倾向。但这只是一种萌芽。

② 〔英〕霍布斯:《利维坦》,黎思复、黎廷弼译,商务印书馆1985年版,第269页。

税。"① 在社会契约论者中,卢梭是最具影响的人。卢梭认为,根据自然法的要求,真正合乎理性要求的国家应该是社会契约的产物。按照自然法的原则,人们在完全平等的基础上自愿结合,建立国家,制定法律,以便保护每个人的天赋权利——自由、生命和财产。因此,卢梭说:"要寻找出一种结合的形式,使它能以全部共同的力量来卫护和保障每个结合者的人身和财富。并且由于这一结合而使每一个与全体联合的个人又只不过是在服从自己本人,并且仍然像以往一样地自由。这就是社会契约所要解决的根本问题。"②

正是浓厚的社会契约理念——自由、平等、正义等在税收、税法上的彰显,才使得税收法律关系或明或暗地体现了社会契约理论的精神,即国家(征税机关)与纳税人在税收上是平等关系与对等交换关系,征纳双方法律地位平等。

二、税收程序法律关系平等性的理论依据

社会契约论的发展与公法私法化趋势,现代行政法理念的不断更新,为行政法领域提供了合意的基础,并通过行政程序的设置保证自由合意的实现。③ 因而用西方现代行政法学的观点来看,税收行政机关与纳税人之间明显不平等的"命令与服从"的关系,早就被以平等为特征的"服务合作"的契约关系所取代。④

传统的行政法学认为,行政行为具有单方意志性、自由裁量性、效力先定性和强制性,并且特别强调行政法律关系中双方当事人法律地位的不平等性,认为这是行政法律关系的固有属性,行政主体处于主导地位,相对人处于服从地位。⑤ 这种论点使行政相对人(包括纳税人)在行政法律关系(包括税收征收法律关系)中完全处于被动和无权的地位,其合法权益难以得到保障,在主体双方之间形成一种相互对立的状态,行政行为的公平性及效率性可想而知。传统理论已经完全不适应新的历史时期的要求,于是,现代行政法理论——平衡论应运而生。

平衡论认为,在行政法律关系中,如果权力与权利处于非对等的位置,就会造成行政关系失衡。行政关系失衡的主要表现是:行政权过于强大,相对方权利过于弱小,权利结构不合理,不能形成相互制约的机制,必然导致行政法权利(力)结构的失衡。对这种非对等性的客观存在,应通过一系列的途径,使这种

---

① 〔英〕洛克:《政府论》(下篇),叶启芳、瞿菊农译,商务印书馆1964年版,第88、89页。
② 〔法〕卢梭:《社会契约论》,何兆武译,商务印书馆1980年版,第23页。
③ 参见余凌云:《行政契约论》,中国人民大学出版社2001年版,第1—17页。
④ 关于这个问题,下文将专门论述。
⑤ 其实在传统的大陆法系中,公民个人之间是平等的,政府与公民之间则是不平等关系;而在英美法系的传统中,个人与政府的关系在法律上是平等的,政府权力只是私法上类似权利之一种。

非对等关系转向平衡状态,以达到权力既受控制又受保证、权利既受保护又受到规范的目的。这就是政府与行政相对人之间权利和义务的平衡。① 为此,一方面要通过权利的动能,冲击权力的势能来控制政府权力,即充分体现并健全公民的权利规范,充分完善并保障实现公民权利的程序规范与具体操作机制,以抗衡政府权力的居高临下状态;另一方面,又要承认政府拥有法定权力,政府除了有责任保护公民、法人及其他组织的合法权益以外,还享有对社会及公民的管理权,但政府只有在不侵害公民合法权益的前提下,其管理权才受法律保护。同时也要强调,公民的权利和自由不是无条件的、绝对的,它要受到法律的制约。② 平衡论重新阐释了行政权力与相对方权利、实体与程序、公平与效率、公益与私益等行政法学基本范畴,并归纳出行政法的制约与激励机制理论,引入了行政法的博弈方法,从而初步构建了解释行政法失衡与平衡以及解决行政法失衡问题的理论框架。

平衡论理论创新的一个突出表现是主张行政法律关系双方主体的法律地位平等。传统法理学认为,主体权利"对等"是法律关系"平衡"的充分必要条件,但是行政权与相对方权利之间的异质性否定了对二者作"量"上比较的可能性。事实上,所谓法律关系的"平衡",其核心是法律关系主体的法律地位平等。即对于私法而言,由于主体权利是同质的,故依据主体权利是否对等的标准来衡量私法法律关系的平衡与否是恰当的。但由于行政法律关系无法从量上精确考察行政权与相对方权利是否对等,就只能以双方法律地位是否平等来衡量行政法的失衡与平衡。平等意味着法对权利、义务的公正分配。卢梭说:"至于平等,这个名词绝不是指权力与财富的程度应当绝对相等;而是说,就权力而言,则它应该不能成为任何暴力并且只有凭职位与法律才能加以行使;就财富而言,则没有一个公民可以富得足以购买另一个人,也没有一个公民穷得不得不出卖自身。"③就权利(力)格局的形式而言,结构性均衡是指行政权与相对方权利形成"对峙"的均势。由于行政权与相对方权利是异质的,故行政法的行政权与相对方权利的配置既不同于民法中平等民事主体之间的权利对等,也非意味着行政权与相对方权利在数量上相等,而特指通过在实体性行政法与程序性行政法中行政权和相对方权利优劣地位的变化以及通过其他系统的权利(力)的整合,所实现的权利(力)格局的非对称性均衡。就权利(力)格局的实质而言,均衡性结构中的行政主体与相对方的法律地位总体平等,但并不是说任何行政法律关系的任何行为阶段行政主体与相对方都完全平等。行政主体与相对方保持均势对

---

① 参见沈荣华:《现代法治政府论》,华夏出版社2000年版,第258—259页。
② 参见罗豪才、宋功德:《行政法的失衡与平衡》,载《中国法学》2001年第2期。
③ 参见〔法〕卢梭:《社会契约论》,何兆武译,商务印书馆1980年版,第69—70页。

峙,有助于行政法主体通过博弈形成令人满意的最优均衡,以互动的过程实现社会利益最大化的结果。① 著名的分析法学家凯尔森对"私权利"和"公权利"的分析有助于理解税收法律关系的平等性问题。他认为,"从全部法律创造活动的功能角度看,私权利和政治权利之间并无实质上的差别";"如果从一个动态的观点来看,权利的性质是参与法律创造的能力,那么所谓'私权利'和所谓'政治权利'之间的区分,就不像通常所推定的那样重要。"②

与管理论、控权论截然不同的是,平衡论认为,一方面,既要看到行政主体与相对方之间的对立性、行政权力与相对方权利之间的冲突性、社会公益与个体私益之间的矛盾性,从而主张制约行政权,尤其是严格限制强制性行政的范围与方式,同时也主张制约相对方权利,尤其是制裁相对方的行政违法行为与滥用权利行为;另一方面,又要看到行政主体与相对方之间的合作性、行政权力与相对方权利的统一性、社会公益与个体私益之间的互动性,从而主张激励行政主体在法定职权范围内积极行政,为社会提供更多更好的服务,激励相对方积极参与行政,争取更多的发展机遇,提高民主与效率,减少寻租与腐败。现代行政法应是调整双方整个博弈过程的法,而非旨在制约任何一方。博弈的前提是双方地位的平等性。因此,现代行政法为了保证博弈双方法律地位的平等性,就必然既要制约行政权,将其控制在适度范围之内,防止博弈的"说服"过程蜕变成"压服"过程,又要制约相对方滥用权利。③

具体到税收征纳法律关系中,尽管税收的缴纳事关纳税人的切身利益,但纳税人仍然有着强烈的逃税动机与愿望,这就使政府运用权力强制征收成为必要。然而,这是一种基于"同意"的强制。④ 如前所述,国家通过税收立法来具体分配

---

① 参见罗豪才、宋功德:《行政法的失衡与平衡》,载《中国法学》2001年第2期。
② 〔澳〕凯尔森:《法与国家的一般理论》,沈宗灵译,中国大百科全书出版社1996年版,第98、100页。
③ 参见罗豪才、宋功德:《行政法的失衡与平衡》,载《中国法学》2001年第2期。
④ 哈耶克认为,在这种情形中,如果每个人都受完全理性思考的支配,那么他们确实会拒绝出钱,尽管他们希望所有的其他人都能出钱。但是,如果个人知道,只有当强制被适用于包括他本人在内的所有的人的时候,强制才能够实施,那么他同意接受强制就是合乎理性的,当然条件是这种强制也得向所有的其他人适用。在许多情形中,人们之所以能够提供那种符合所有人的愿望或者至少是符合绝大多数人愿望的集体产品,所依凭的就是这种方法,而且也唯有此一方法可循。参见〔英〕冯·哈耶克:《法律、立法与自由》,邓正来等译,中国大百科全书出版社2000年版,第356页。罗尔斯也指出,国家负责管理并从财政上支持公共利益,就必须实行某些要求纳税的有约束性的规则。即使所有的公民都愿意履行其职责,他们大概也只有在确信其他人将同样尽责时才这样做。因此,在公民一致同意集体行动而不是作为孤立个人把别人的行动看做既定的之后,还存在着一个巩固协议的任务。正义感引导我们推进正义的体系,引导我们在这一体系当中确信其他人将履行其职责时,也履行自己的一份职责。但是,在正常情况下,只有在强制实行一种有效的约束性规则时,这方面的确信才能够确立起来。假设公共利益对每一个人都是有利的,并且所有人都同意这种公共利益的安排,那么,从每个人的观点来看,强制手段的使用都是完全合理的。参见〔美〕约翰·罗尔斯:《正义论》,何怀宏译,中国社会科学出版社1988年版,第267—268页。

征税机关和纳税人在税收征纳过程中的权利(力)义务;征税机关行使其职权的范围,不得超过双方的"约定",即国家宪法和税法所规定的范围;税务职权行使的条件是提供服务并保护纳税人的合法权益,同时承担"违约",即诸如不履行义务、滥用权力等的法律责任。正如孟德斯鸠所言,"如果行政者有决定国家税收的权力,而不是限于表示同意而已的话,自由就不存在了。因为这样行政权力就在立法最重要的关键上成为立法性质的权力了"[①]。征税机关行使职权的前提是基于纳税人的"同意",表明了税收宪法性法律关系的平等性。而在具体的税收征纳关系中,征税机关是政府的代表,税收宪法性法律关系的平等性延伸到税收征纳法律关系中,就是征税机关和纳税人关系的平等性。为了保障征税机关与纳税人之间地位的平等和权利(权力)的均衡,首先要合理分配征税机关的权力与纳税人的权利,特别是要将宪法和法律规定的公民的基本权利在税法中予以具体化,加大纳税人参与税收征收和使用管理的范围和力度。在权利分配方式上,要采取"对峙"的方式设置税收的征收、使用权与纳税人的权利,真正形成有效的权力制衡局面。例如,对应设立管理权——参与权、征收权——抗辩权、审批权——申请权、处罚权——救济权等;明确界定税务行政权与纳税人权利,防止"在两者界限模糊的状态下发生"税务行政权对纳税人权利的侵害。通过对税收行政法律关系中双方主体权利的合理分配,实现双方的互相抑制与相互激励。[②]

综上所述,不难得出结论:税收征纳法律关系是一种建立于平等基础之上的有限的"不平等",不能把这种"不平等"的表象作为一种本质加以肯定。因为这里的"不平等"实际是为实现最终的平等而使用的手段,况且它并非是唯一的手段。

三、税收法律关系平等性的实践意义

长期以来,伴随着计划经济体制,我国在财税管理方面实行的也是高度集中的财政管理体制。计划经济体制的结果必然导致企业是政府的附庸,最终成为与一般国有土地、山林、公共设施等无异的行政管理标的物。这种企业同政府的行政隶属关系表现在税收关系上就是:征什么税、怎样征、征多少、税款的去向用途,均无条件地听命于国家及税务机关,纳税人只有缴纳税款的义务。在税收法律关系中,作为征税机关的税务机关以"税法执行者"自居,具有至高无上的权威,相对纳税人来说处于优越的地位。这种优越性具体表现为:其一,税务机关处于固定不变的主动地位,享有许多税收管理权,一切意思表示、指示命令等均

[①] 〔法〕孟德斯鸠:《论法的精神》(上册),张雁深译,商务印书馆1987年版,第156页。
[②] 参见施政文:《论征纳权利》,载《中国法学》2002年第6期。

由其发出、实施,而纳税人始终只是纯粹的客体。其二,税务机关处于绝对的支配地位,在其行使职权、依法作出税收征管行为时,具有自主决断的权限,无须征得纳税人同意。其三,税务机关处于决定地位,税务行政行为一经作出,则具有不可置否的执行效力,即使在复议和行政诉讼期间,也不能停止执行。这种优越的地位使得一些工作人员无视纳税人的法律地位,以不平等的态度对待纳税人,"门难进,脸难看,话难听,事难办"就是个别税官的真实写照。所有这些都损害了税务机关在纳税人心中的形象,引起了纳税人的不满。特别是当纳税人的权益受到损害又得不到救济时,纳税人便失去了对国家税收的信任和支持。而"封闭办税"又给税收蒙上了神秘色彩,纳税人无从知道税收法律法规及自己的合法权益,无从知道所缴税款的去向用途。因此,在没能正确理解税收性质的情况下,纳税被视为一种强加的负担。一些纳税人"谈税色变",本能的反应便是"躲",能躲多少就躲多少。针对纳税人缺少法制观念和纳税意识,税务机关注重的是纳税义务教育,强化税务机关的法律地位,增强税法的刚性和征管力度,这在当时情况下是必要的。但片面渲染税收的"强制性"、"无偿性",忽视纳税人的内在因素,即启发纳税人自觉履行纳税义务,视纳税为一种高尚行为,将使一些纳税人认为税收是靠强制力量强加于经济过程的外在因素,纳税成了屈服于政治压力的行为,不是纳税人的需要,从而滋生了逃避纳税的动机。

在征税机关和纳税人各自意识的主导下,税收法律关系的平等性当然不可能实现,税收征纳关系在总体上处于失衡状态。这种状况影响了税收职能的发挥,破坏了纳税人和征税机关之间应有的法律关系,不利于现代法治精神的平等价值观念的形成。随着我国社会主义市场经济体制的逐步确立,一般生产经营者成为享有充分自主权的市场主体,积极参与社会的各项经济政治活动。加之法治理论的进一步发展,人们对税收本质的认识开始发生变化,最终表现为对税收法律关系平等性的认识。首先,征纳双方的法律地位不应有谁居主、谁居从以及权势实力大小之分,二者的关系应当建立在相互平等、尊重、诚信的基础上。主体双方在协商一致基础上形成的对价关系,并不是民事法律关系的专利。其次,只有在平等的税收法律关系中,纳税人才会认识到税收的经济本质,认识到税收是自己享受国家提供的公共产品的相应价格费用。有了这种认识,纳税人自然会主动纳税,从而激发"我是纳税人"的自豪感和责任感,增强自我保护能力。征税机关在认识到国家为提供公共产品的角色后,也会注意到自己角色的转换,以平等的态度对待纳税人,增强对纳税人的服务意识和为国家征税的责任感,进而转变工作作风,文明征税,公开办税。这样就可以在纳税人和征税机关之间形成良性的互动,保障税收及时足额入库。再次,税法是与纳税人关系最为密切的法律之一,它与纳税人财产权直接相关。因此,纳税人在税收法律关系中的地位如何,直接影响到纳税人对权利的认识。在西方国家,公民的权利义务观即公民意识是很强的,这是一种市场经济高度发达条件下培育出来的社会意识。他们在注重自己的选举权、劳动权、受教育权、监督权的同时,也很注重在税收方面的权利。他们在想方设法赚钱、消费、享受的同时,对于纳税也颇能接受,常为自己是纳税人而自豪。他们一般不认为税是"上面"下达的"课税",而是平等的权利义务之间的交换。因此在我国,只有提高纳税人的法律地位,才会增强他们对税收工作的信赖和支持,才能增进他们与税务机关的相互理解,在融洽和谐的气氛中完成征纳税行为。从某种意义上说,公民的权利意识是整个社会实现法治的基石,如果公民的权利在与其日常生活极其密切的税收法律关系中得不到尊重,那就很难想象公民会有正确的权利观念。因此,认识到税收法律关系的平等性有助于公民形成正确的权利意识,从而影响到我国整体的法治进程,进而使税收法治成为构建法治社会的突破口。①

本 章 小 结

本章主要论述了税收法律关系的概念、特征、性质以及税收法律关系要素,包括主体、客体和内容三个方面。对国外有关税收法律关系性质的学术论争进行了分析,重点论述了对税收法律关系平等性的认识,从理论和实践上阐明了税收法律关系平等性的依据和意义。

思考题

1. 税收法律关系的性质是什么?
2. 从理论和实践上说明税收法律关系平等性的理论依据和实践意义。
3. 简述税收法律关系的构成要素。

---

① 参见刘剑文:《税法专题研究》,北京大学出版社2002年版,第4页。

第六章　税法的运行

本章对税收立法、税法解释、税法的漏洞补充以及税收执法和税收司法作全方位的阐述。

第一节　税收立法

一、税收立法和税收立法权

（一）税收立法的概念

税收立法是国家立法机关依据法定职权，遵循法定程序，制定、认可、修改、补充、废止、解释和监督税法的立法活动。

理解税收立法的概念，应注意几点：（1）税收立法是以国家最高权力机关为核心构成的覆盖整个税收领域的完整体系，它是国家立法活动的一个子系统；（2）税收立法权限的划分构成了税收立法体系的框架；（3）立法必须经过法定程序，这是现代法的基本标志之一，税收立法也不应例外；（4）制定法是立法的重要部分，但修改、补充、废止、解释也是其必要的组成部分。在国家政治、经济发生较大变化时期，税收政策调整频繁，税法的制定、废止较多，而在政治、经济发展较平稳时期，修改、补充税法占税收立法的比重较大。至于税法的认可，往往在特定历史时刻才会出现。

（二）税收立法权的概念

税收立法权即特定的国家权力机关依法享有的在税收领域进行立法的权力。与税收立法相对应，税收立法权有丰富的权力内容，主要包括税法的初创权、税法的修改权和解释权、税法的废止权等，其中尤为重要的是税种的开征权与停征权、税目的确定权和税率的调整权、税收优惠的确定权等。①

二、税收立法权限体制

税收立法权限体制从属于一国整体的立法体制，其核心内容是在相关国家机关之间分配税收立法权，确定不同主体的税收立法权限范围。税收立法权限体制一般可以分为税收立法权的横向分配和税收立法权的纵向分配。

---

① 参见张守文：《税法原理》，北京大学出版社2004年版，第63页。

(一) 税收立法权的横向分配

横向分配指同级国家机关之间,主要指中央一级国家机关之间的税收立法权分配,涉及立法机关与行政机关在税收立法方面各自享有的权力范围。立法机关行使主要的税收立法权,这在世界各国都是如此。至于行政机关,有些国家在宪法中规定其可就一定范围内的事项立法,有些国家则通过立法机关的授权赋予其税收立法权,对授权条款的规定也各不相同。

从世界范围看,税收立法权的横向分配可以分为独享式和共享式。

所谓独享式是指税收立法权主要由立法机关享有,行政机关享有的立法权来自立法机关的委托或授权。如美国奉行"三权分立"的宪法原则,议会据此行使立法权,但在实践中为使行政机关能高效地行使职能,必须使其具备立法方面的权力。行政机关具有的这种立法权,"仅仅是由于立法机关的委任"。同时,法院还可以对国会的授权规定进行合宪性审查,如果国会的授权超出了某一限度,法院有权宣布其授权无效。可以说,在美国,立法机关行使固有的立法职权,行政机关则行使从属的立法职权。

所谓共享式是指税收立法权由两个或两个以上的政权机关共同行使,立法机关和行政机关都享有立法权,行政机关享有的立法权部分来自立法机关的授权,部分来源于自身的职权,如法国、日本等国。法国宪法划分了法律事项和法令事项,法律事项的立法权属于议会,法令事项的立法权则属于政府。其宪法第38条和第16条还规定,对于本应属于由法律规范的事项,政府可以要求议会授权自己在一定期限内以法令的方式采取措施,总统制定的条例甚至可以变更和废除现存的法律。

(二) 税收立法权的纵向分配

税收立法权的纵向分配是指税收立法权在中央和地方之间的分配安排,是税收立法体制的重要组成部分。在中央和地方对税收立法权的分配上,一般可分为集权、分权和混合三种模式。

所谓集权模式,是指税收立法权被高度集中于中央,中央所制定的税收法律规范在整个国家领域内生效,地方只有很少或没有税收立法权。这种中央集权的模式多存在于单一制国家。如斯里兰卡、土耳其等,我国也属此种模式。

所谓分权模式,是指税收立法权在中央和地方之间分享,如美国、加拿大、德国。这种模式在联邦制国家往往更为普遍。

所谓混合模式,是指一国根据自身国情合理划分中央和地方的事权,在事权明晰的基础上配置相应的税收立法权以提供财政收支的模式。这种模式主要以日本为代表。

由于各个国家的历史传统、民族习惯、地理环境、国家性质以及国家结构形式等不同,税收立法权限体制也各不相同,即使在同一个国家的不同时期,对税收立法权限划分的规定也可能有所不同。

三、我国的税收立法权限体制

(一) 我国税收立法权的横向分配

我国目前尚无法律对税收立法权限的横向划分作出明确规定。最高立法机关,即全国人大及其常委会之间就税收立法权限的划分也不甚明了。

1. 立法机关和行政机关之间,即全国人大和国务院之间税收立法权的界限

我国《宪法》规定,全国人大及其常务会制定法律,国务院制定行政法规,但对其各自可以制定法律和行政法规的事项范围却没有作明晰界定。我国现行税法中,除了《企业所得税法》、《个人所得税法》和《税收征管法》是由全国人大制定的,其余都是由国务院以"暂行条例"的形式立法。在国务院的税收立法权中,制定税收行政法规和税收规章的界限也是模糊的。例如《发票管理办法》由国务院财政、税务主管部门起草,报国务院批准后,由财政或税收主管部门发布,它应算作国务院制定的还是主管部门制定的?是税收行政法规还是税收规章?没有相应的法律对之予以界定。

近年来我国强调加强全国人大及其常委会的作用,但在税收领域,国务院则在税收立法方面居主导作用:一是根据全国人大及其常委会制定的税收法律制定实施条例及有关行政法规;二是根据全国人大及其常委会的授权,拟定有关税收条例,以草案形式发布试行,待条件成熟后,再由全国人大或常委会制定法律;三是国务院可以根据宪法规定向全国人大及其常委会提出税收立法议案。此外,国务院还在未经授权的情况下,自行发布了一些税收暂行条例。

行政机关依据法律或依照授权制定大量的税收行政法规,这在我国的现实国情下有其合理的一面,但行政机关的税收立法权不可无限制地膨胀。1994年的工商税制改革中,改革的依据就仅仅是国务院制定的《国务院关于实行分税制财政管理体制的决定》以及国务院批转的由国家税务总局起草的《工商税制改革实施方案》。于是乎,以税收行政法规的形式便规定了大部分税种的几乎所有税收要素,并界定中央税、地方税与中央地方共享税的范围。有哪一部分税法是国务院依据行政立法权制定的?国务院拥有的两项立法权的界限,根本没有任何法律予以说明。从表面上看,它们都是国务院所拥有的税收立法权,但实质上,其效力、功能、作用等都存在着很大差异。而对具体的纳税人产生更为重要和直接影响的,往往是财政部、国家税务总局发布的各种"通知"、"批复"、"办法",这些文件涉及税收制度的方方面面,其中有些文件在某种程度上已经对税收法律、行政法规的实体性规定作出了修正,如直接规定特定情况下的税收减免,行政机关的立法权侵犯了本属于立法机关的事项,显然违背了税收法定主义的根本宗旨。另外,由国务院负责制定的税收法律和税收条例的实施细则,是依

据委托立法权制定的,还是依据行政立法权制定的?界限也不清楚。实施细则具有税法解释的性质,其解释权应由税法的制定机关拥有。如果全国人大常委会制定的税法,由国务院负责制定实施细则,就具有委托立法的性质;如果税收条例是国务院依据其行政立法权制定的,委托财政税收主管部门制定发布实施细则,则这属于低一级别的委托立法。

2. 全国人大与全国人大常委会之间税收立法权的界限

按照宪法规定,基本法律由全国人大制定,除基本法律之外的其他法律由全国人大常委会制定。在已通过的三部税收法律中,《企业所得税法》和《个人所得税法》是由全国人大通过的,而《税收征管法》是由全国人大常委会通过的。事实上,无论从哪一角度,也不应将《企业所得税法》和《个人所得税法》视为基本税法,而将《税收征管法》视为一般税法。

(二) 我国税收立法权的纵向分配

我国是单一制的国家,在税收立法方面,我国历来强调税收管理权限要高度集中在中央。《国务院关于实行分税制财政管理体制的决定》规定:"中央税、共享税以及地方税的立法权都要集中在中央";《国务院批转国家税务总局工商税制改革实施方案的通知》规定:"中央税和全国统一实行的地方税立法权集中在中央。"这就明确了税收立法权实行中央集权的模式。1994年税制改革中,《国务院关于取消集市交易税、牲畜交易税、烧油特别税、奖金税、工资调节税和将屠宰税、筵席税下放给地方管理的通知》规定:屠宰税和筵席税下放地方管理后,各省、自治区、直辖市人民政府可以根据本地区经济发展的实际情况,自行决定继续征收或者停止征收。继续征收的地区,省、自治区、直辖市人民政府可以根据《屠宰税暂行条例》和《筵席税暂行条例》,制定具体征收办法,并报国务院备案。此外,在一些小税种上地方享有的权力是:第一,对城市维护建设税、房产税、车船税、城镇土地使用税等享有制定实施细则的权力;第二,享有在《营业税暂行条例》规定的幅度内确定本地区娱乐业适用税率的权力;享有对因意外事故或自然灾害等遭受重大损失的酌情减免资源税的权力;享有对未列举名称的其他非金属矿原矿和其他有色金属矿原矿决定开征或暂缓开征资源税的权力;享有对民族自治地方的企业决定实行定期减免企业所得税的权力;享有对残疾、孤老人员和烈属所得以及因严重自然灾害造成重大损失等减征个人所得税的权力。由此看出,我国在中央与地方之间划分税收立法权的制度不是由最高权力机关立法决定,而是由国务院以行政决定的方式明确的。这与国外大多在宪法或其他基本法律中明确划分中央、地方之间税收立法权的情况形成了鲜明的对比。

(三) 我国税收立法权配置之完善

1. 凡有关税收法律的基本原则、通用条款、税务机关及纳税人权利(力)义务、税收立法的权限、税收行政执法等基本的和共同的内容,可以通过税收基本法规范,由全国人大立法。

2. 凡全国性税种的立法权,包括中央税、共享税和部分在全国范围内普遍征收的地方税及其税法的制定、颁布实施权和修改、补充、废止权,属于全国人大及其常委会。

3. 某些地方性税种经过全国人大及其常委会授权可先由国务院以条例或暂行条例形式发布试行,但要规定试行期限,并尽快由全国人大及其常委会通过上升为法律。

4. 国务院有制定税收实施细则、增加个别税目和调整个别税率以及对税法的行政解释权。

5. 省、自治区、直辖市人民代表大会及其常委会,负责部分地方性税收法规的制定、颁布、实施、解释、调整,并可根据法律规定,由省级人民政府制定地方性税收法规细则和征管办法。

6. 国务院财税主管部门为了贯彻执行税法和税收行政法规,有权制定规章并具有一定的行政解释权。[①]

第二节 税法解释

一、税法解释的概念

所谓税法解释,是指由一定主体在具体的法律适用过程中对税收法律文本的意思所进行的理解和说明。税法解释可分为学理解释和法定解释两种。

学理解释,指依法学理论对税法作出的解释。具体可分为文理解释和论理解释。所谓文理解释是指就税法文字的含义,依照文法作出的解释;所谓论理解释是指就法律的全体和各条文之间的内在联系进行的解释,对其进一步又可分为扩张解释、限制解释、系统解释、目的解释和历史解释等。

法定解释,也称有权解释,是由国家有权机关在其职权范围内对税法作出的解释。主要包括司法解释和行政解释。其中,由法院和检察院在适用税法过程中作出的解释称为司法解释;由上级行政机关就税法的适用执行向下级机关发布的命令、指导中有关税法的解释称为行政解释,在我国主要指财政部或国家税务总局依法在其职权范围内对税法所作的解释,以及海关总署依法在其职权内对有关关税的法律规范所作的解释。

本书所述及的税法解释属法定解释范畴。其内容包括立法目的解释、概念

[①] 参见中国税务学会《税权划分问题》课题组:《关于税权划分问题的研究》,载《税务研究》2001年第3期。

解释、逻辑关系解释、法律效力解释等。从范围看，包括全面的解释，如税法的实施细则；也包括个别解释，如解释某一规则、概念，甚至是一个词或字。税法法定解释之所以必要，是由于现实经济生活千差万别，且复杂多变，而税法具有概括性、稳定性，不可能对每一需要征税的经济活动都作出具体、明确的规定。为准确适用，一般预先在税收法律、法规中加以解释，这种解释通常包含在税收法律、法规的正文或附则中。

二、税法解释的方法

在税法领域，由于重视对人民财产权的保护，强调对税收法定原则的严格遵循，故文理解释法占了重要地位，甚至被认为是税法解释的基石。文理解释方法，或称语义解释方法，是通过对税法条文的文义进行解析，而对税法内容作出明确、具体阐释的方法。根据文理解释法的要求，对税法规范条文文字意义的确定包括两个方面：

一方面，在进行税法的文理解释时，应以税法条文的文字意义为基础，不应脱离法条文字意义的可能范围进行解释，否则就不再是对法条文义的解释，而是对税法漏洞的补充。具体讲，第一，按照文字的通常意义来解释。即在一般情况下对税法规范文字的理解应首先按照该文字所体现的通常意义来进行，例如，对税法中的"个人"、"年度"、"利息"、"财产"等概念均应该按照其所具有的通常含义进行理解。这样不仅有利于统一认识标准，避免解释上的歧义，而且也有利于税法的实施。第二，对于专门用语、科技术语应按其特定的内涵作出解释。例如，"住所"和"居所"，从通常意义上来理解可能并没有实质的不同，而从法律的角度看却是两个完全不同的概念，对于"住所"或"居所"的判定直接关系到是否征收所得税以及按何种税率征收所得税。而随着网络的发展，电子商务日趋频繁，对与网络有关的税法进行解释又需要按照网络所特有的科技概念进行解释。

另一方面，在对税法具体规定的法律含义进行解释时，应明确区分固有概念和借用概念。在解释固有概念时，应遵循税收法定原则，以客观的标准对其进行严格解释；在解释借用概念时，只要税法对此未作特别规定，一般应按照市民生活秩序（通常为民商法所规定）中通常的理解来解释其在税法上的含义。例如，在解释税法规定的"赠与"概念时，只要税法未对"赠与"的概念作出特别规定，就应按照民法中对赠与概念的规定来理解，即便会带来违反税收正义或税收公平的不合理结果。根据税收法定原则，只能通过立法的形式对税法进行修改或补充，规定出税法上的"赠与"的特别概念，绝不能在税法没有特别规定时，以法律解释为名，对借用概念附加税法特有的法律含义。

文理解释固然重要，但仍然有其自身的局限性。单靠文理解释，还很难确定法律条文的真正意义，且容易拘泥于法条字句，而对立法意旨产生误解或曲解。

因此,虽然从税法稳定性的角度,从税法作为"侵权性规范"的角度,应强调文理解释、字面解释,不能随意进行扩大解释或类推解释,但从税法适用的具体妥当性的角度,当文理解释的结果存在多种可能时,则应考虑税法与其他法律的关系,以及立法宗旨、情势变更等问题,并由此确定法条更为正确的意旨,由此涉及到文理解释与其他解释方法的具体适用顺序及相互关系的问题。一般认为,税法的解释应注意以下顺序:

第一,应进行文理解释,这对于税法尤其重要。当文理解释的结果因有多种可能而不能确定时,应考虑论理解释方法的适用。

第二,如果论理解释运用的结果,与文义解释的结果相抵触时,只要前者不超出税法条文的应有之义或立法旨趣的"可预测性",则仍应承认。①

三、我国税法解释的完善

税法解释是税法顺利运行的必要保证,是提高税法灵活性与可操作性的基本手段之一。完善税法解释可以弥补立法的不足,例如,通过行政解释可以解决税法没有规定到的具体问题,解决立法前后矛盾、立法不配套、立法滞后等问题。反过来,累积起来的税法解释也是下一步修订或新立税法的准备和依据。此外,税法解释对于税收执法、税法纠纷的解决都是必不可少的。

我国税法解释目前存在的主要问题是:

1. 税法解释权限不明确。首先,按照法律规定,税法立法解释权是由制定税法的立法机关行使的,但实际上由于税法的专业性较强,全国人大常委会将绝大部分立法解释授权国务院负责,这与法律规定不一致;其次,各级税务行政机关在税法行政解释上有多大权力,可以对哪些税法进行解释不够明确;最后,税法的司法解释与行政解释的关系不够明确。

2. 税法解释程序不规范。税法解释随意性大,国家财税行政机关和地方政府越权参与税法解释的情况多,税法解释前后矛盾、上下矛盾的多,超出税法含义作扩大解释的多,解释程序不规范。

3. 税法解释形式不理想。税法解释,特别是行政解释传递渠道不畅通,多以"内部文件"形式下达,传播面窄,信息零散,不利于基层执法者和纳税人全面掌握,影响其法律效力。

此外,税法解释的时间效力也不明确。

改进我国的税法行政解释工作,一是要遵循自行解释原则,明确、规范税法解释权限,避免越权解释;二是要依据税法的本意去解释,强调税法解释的合法性;三是提高税法解释的技术水平,包括用法律语言进行解释,统一税法解释的

---

① 参见张守文:《税法原理》,北京大学出版社2001年版,第95页。

形式、名称和格式,明确各类税法解释的时间效力等;四是规范税法解释的程序;五是建立以税务公报制度为核心的,公开、统一、规范、权威、多种形式的税法解释信息传递系统;六是建立税法解释的监督和制约机制,包括立法机关和司法机关的监督以及上级税务行政主管机关对下级税务执法机关的监督两个方面。[1]

第三节 税法漏洞补充

一、税法漏洞的含义

所谓税法漏洞是指税法本身存在的缺漏。税法漏洞的存在,使税法表现为一种不圆满的状态,从而会对税法的适用产生影响。

税法漏洞产生的原因,主要是立法者认识不足,或者由于经济社会发展而产生情势变迁等,使税法对某些领域未予调整或不能有效地规范。由于产生漏洞的原因不同,税法漏洞的分类也不同。一般说来,税法漏洞有原始漏洞和后生漏洞、已知漏洞和未知漏洞、明显漏洞和隐含漏洞。

二、税法漏洞的认定

税法漏洞的认定,是进行税法漏洞补充的前提。要进行税法漏洞的补充,必须先确认有无漏洞存在,该漏洞是否需要补充和能否补充,以及补充是否具有必要性和合理性等问题。

确定税法漏洞是否存在,一般说来,如果是应纳入税法的调整范围却未被纳入的事项,或者虽然被纳入了税法调整的范围,但缺少具体、明确、完整、妥当、协调的规定,则可以认为存在税法漏洞。如果存在税法漏洞,是否存在补充的必要?目前大都认为,仅是从税法的立法目的和体系的协调出发,就有进行漏洞补充的必要。

以上问题在其他部门法的补漏中也可能遇到,而在税法领域,最关键的是补漏的合法性问题。由于税法是公法、强行法,是关系到各类主体利益的"侵权性规范",需要遵循税收法定原则以及由此衍生的一系列体现法治精神的原则。一般认为,在法律补漏方面,与私法领域补漏的广泛性不同,公法的补漏范围应受到一定的限制,特别是应受到法治原则等基本原则的限制,但这并非不能进行补漏。在税法上,税收法定原则并不禁止一般的漏洞补充,利国利民的补漏,更不应禁止。但是,基于法的安定性原则以及税收法定原则,关系到税法主体基本权利的课税要素等重要内容仍然实行"法律保留原则",不能进行税法补漏。同

---

[1] 参见张松:《税法学概论》,中国税务出版社1998年版,第51页。

理,也不能为了创设或加重国民的税负,而通过类推的方式进行所谓的"补漏"。①

三、税法漏洞的补充方法

法律漏洞的补充方法通常有三种,即习惯补充法、法理补充法和判例补充法。法理补充法是税法补漏方面运用最为广泛的方法,它包括目的性限缩、目的性扩张、一般法律原则、类推适用等。

（一）目的性限缩

所谓目的性限缩,是指在税法条文的文义过宽,以至于超越了税法的立法目的,使本不应纳入税法调整范围的事项亦受税法规范的情况下,通过限制该条文的适用范围,来恢复被扩张的立法目的,从而补充税法的漏洞。例如《企业所得税法》规定纳税主体是各类组织和个人,失之过宽。事实上,按照国际惯例,各国并非要对各类组织都征收企业所得税,而主要对从事经营性活动的法人或具有法人资格的企业征税。此外,对合伙企业和独资企业一般征收个人所得税。因此,从立法目的出发,通过目的性限缩的方法,来限制纳税主体的适用范围是很必要的,这本身就是在弥补税法中的漏洞。

（二）目的性扩张

所谓目的性扩张,是指在税法条文的文义过窄,以至于不能体现税法的立法目的的情况下,通过将条文的适用范围扩大,把本来不包括在条文文义内的事项扩容,以恢复被紧缩的立法目的,从而补充税法的漏洞。

目的性扩张作为税法漏洞的补充方法,同作为税法解释方法的扩张解释有所不同。尤其表现在目的性扩张的结果已在法条"预测可能性"之外,而扩张解释的结果,则仍在法条文义的"预测可能性"之内。

（三）一般法律原则

一般法律原则是具有一般法理价值的具有普遍适用价值的基本原则,如诚实信用原则、举重明轻原则与举轻明重原则、实质高于形式原则等。

1. 诚实信用原则

诚实信用原则作为立法上的"一般条款",其在法无明文规定的情况下,对保护基本正义有着重要的作用。由此它也成为弥补税法漏洞的重要手段。当然,由于税法具有突出的成文法特点,因而在有明确规定的情况下,必须适用具体规定,不能"向一般条款逃避";即使在没有具体规定时,也必须严格依诚实信用原则的适用领域行事。

---

① 张守文:《税法原理》,北京大学出版社 2001 年版,第 100 页。

2. 举重明轻原则与举轻明重原则

这两个法理原则在各个部门法中都是弥补漏洞的重要方法。在税法上,这两个原则的适用依据在于,对于各个课税要素相同的事项,除法律另有规定以外,都应当做出相同的处理。因此,从举重明轻原则的角度说,如果有工资收入的人都给予免税待遇,则无工资收入的人更应该给予免税待遇;从举轻明重原则的角度说,如果小企业都要按17%的税率缴纳增值税,则实力雄厚的大企业更是自不待言。

3. 实质高于形式原则

在税法上,该原则体现为税法适用的一个重要原则,即实质课税原则。该原则对于弥补税法漏洞非常重要,前文已作探讨,故不重述。

(四)类推适用

类推适用,是指将税法上适用于某类事项的规定,适用于税法并未直接规定但与其相类似的事项。类推适用是遵循"相类似的事项,应做出相同处理"的法理,经逻辑三段论推演而成。类推解释,则是在文义范围内,用体系解释的方法,类推其他法条用语的含义,而无须通过三段论推演。因此,两者之间存在差别。

对于类推适用能否成为税法漏洞的补充方法,在学界始终存在争论。有的学者认为类推适用应当是税法漏洞补充的最常用方法;而有的学者则从税收法定原则出发,认为如同在刑法上不应适用类推一样,在税法上也不应有类推适用。从总体上看,否定类推适用的学者居多,因而在理论和实践上都有禁止类推适用的原则。

第四节 税 收 执 法

一、税收执法的概念与特征

(一)税收执法的概念

目前我国对行政执法的概念有广义与狭义之分,相应地税收执法的概念也有广义和狭义之分。广义的税收执法是指国家行政机关执行税收法律、法规的行为,既包括具体行政行为,也包括抽象行政行为以及行政机关的内部管理行为,如有关税收的行政组织管理活动、依法制定行政性税收规范性文件等。狭义的税收行政执法仅指国家税务机关及其公职人员以及依法被授权的组织,依法定职权和程序,贯彻和执行税法规范的活动。这里采取狭义的概念。

(二)税收执法的特征

税收执法作为行政执法的一个组成部分,具有以下特征:

1. 税收执法是一种具体行政行为

税收执法是国家税务机关或经法定授权的组织在其职权范围内,针对特定的人或事采取行政措施的活动。作为具体行政行为,税收执法具有可救济性,当事人可以申请行政复议或提起行政诉讼。

2. 税收执法具有法律强制力

税收执法无须与相对人进行合意,仅凭单方意志即可实施,而且以国家强制力作为执法的保障。当其遇到执法障碍时,可以运用行政权力和手段,或借助其他国家机关的强制手段,消除障碍,保证税收执法行为的实施。

3. 税收执法具有裁量性

税收执法必须依据法律严格进行,这是税收法定主义的要求,但并不意味着税务机关没有任何主动性。事实上税法规定了自由裁量的空间和余地,比如税收行政处罚的幅度等。

4. 税收执法具有主动性

司法活动遵循"不告不理"原则,而税收执法是积极、主动的行为,这是与税收司法活动相区别的重要特点,也是税收执法具有的职权和职责相统一特点的体现。当一定的涉税事实出现时,税务机关必须依法履行这种职权行为,而不得放弃、转让。

5. 税收执法是有责行政行为

为了避免税收执法主体专制和滥用权力,保障税收执法相对人权利,税务机关必须对其行政执法行为所产生的后果承担法律责任,对违法行政对相对人造成的损害要负赔偿责任。

二、税收执法的原则

由于税收执法是税法适用最重要的一种形式,故在此对税收执法原则仅论及税法适用原则,即征税机关运用税法解决具体问题所必须遵循的准则。我国税法没有明确提出税法适用原则,散见于税法中的原则性条款也较有限。税法适用原则是学者们借鉴其他法律部门的适用原则总结出来的,偏重于对各税法之间效力关系的判定。这些适用原则主要包括:

(一)法律优位原则

法律优位原则也称行政立法不得抵触法律原则,其基本含义为法律的效力高于行政立法的效力。法律优位原则在税法中的主要功能是解决法律适用中出现的法律冲突。与一般法律部门相比,税法与社会经济生活的联系十分紧密,为了适应市场经济条件下社会经济生活的复杂多变性,税法体系越来越庞大,内部分工越来越细致,立法的层次性越来越鲜明。不同层次税法之间在立法、执法、司法中的越权或缺位也容易出现,因此界定不同层次税法的效力关系十分必要。

法律优位原则明确了税收法律的效力高于税收行政法规的效力,对此还可进一步推论为宪法的效力优于税收法律的效力,税收法律的效力优于税收行政法规的效力,税收行政法规的效力优于税收行政规章的效力。效力低的税法与效力高的税法发生冲突,即是对该原则的违背,从立法上来说是无效的;税务机关的具体行政行为违背该原则时,上级税务机关或司法机关也应予以纠正。

（二）法律不溯及既往原则

法律不溯及既往原则的基本含义为一部新法实施后,对新法实施之前人们的行为不得适用新法,而只能沿用旧法。在税法领域内,法律不溯及既往原则为许多国家所坚持,其出发点在于维护税法的稳定性和可预测性,使纳税人能在知晓纳税结果的前提下作出相应的经济决策,如此税收的调节作用才会有效。

（三）新法优于旧法原则

新法优于旧法原则也称后法优于先法原则,是被广泛运用的一项基本法律适用原则。其含义为新法、旧法对同一事项有不同规定时,新法的效力优于旧法。其作用在于避免因法律修订带来新法旧法对同一事项有不同的规定,而给法律适用带来混乱,为法律的更新与完善提供法律适用上的保障。新法优于旧法原则的适用,以新法生效实施为标志。新法生效实施以后准用新法,新法实施以前包括新法公布以后尚未实施这段时间,仍沿用旧法,新法不发生效力。新法优于旧法的原则,在税法中无论是实体法、程序法还是诉讼法都普遍适用,只有在新税法与旧税法处于普通法与特别法关系等特殊情况下,才可有例外。

（四）特别法优于普通法原则

特别法优于普通法也是一项普遍适用的法律原则。其含义为对同一事项两部法律分别规定有一般和特别规定时,特别规定的效力高于一般规定的效力。当对某些税收问题需要重新作出特殊规定,但又不便普遍修订税法时,即可通过特别法的形式予以规范。凡是特别法中作出规定的,即排斥普通法的适用。但这种排斥仅就税法中的具体规定而言,并不是说随着特别法的出现,原有的居于普通法地位的税法即告废止。特别法优于普通法原则与其他税法适用原则存在着某些冲突。首先,该原则的适用要以法律优位原则为前提,即只有当普通法和特别法在同等效力、位阶上时,才可以优先适用特别法;当特别法和普通法的位阶不同,且有冲突时,还应首先遵循法律优位原则,优先适用效力较高的法律规范。其次,特别法优于普通法原则与新法优于旧法原则也存在类似的问题。若普通法经过修订之后成为新法,则原有的特别法成为旧法。此时,税法适用原则的选择就由作为普通法的新税法决定了。如果新税法规定排除特别法的适用,则适用新法优于旧法原则;若新税法不作类似的特别说明,则以默示的方式承认特别法优于普通法原则的继续适用,特别法的规定仍然有效。特别法优于普通法原则并不仅仅用于解决法律冲突,在法律适用中即使没有法律冲突,对于特定事项也应优先适用特别法的规定。

（五）实体从旧、程序从新原则

实体从旧、程序从新原则的含义包括两方面：一是实体税法不具备溯及力，新税法与旧税法的界限仍是新税法的实施日期，在此之前发生的纳税义务，当时有效的旧税法仍具有支配力；二是程序税法在特定条件下具备一定的溯及力，即对于一笔新税法公布实施以前发生的税收债务，若其在新法公布实施以后进入税款征收程序，原则上新税法具有约束力。此原则的适用仅限于一笔税收债务的发生与征收跨越程序性的新税法与旧税法交替时期的特殊情况，而不是说新的程序性税法普遍具有溯及力。在我国税法的发展历史上，较为典型的例子即是《税收征管法》于1993年1月1日起生效，如果在此之前发生一项纳税义务，税款缴纳期限却在1993年1月1日之后，则应按新《税收征管法》的要求征税，原有的《税收征收管理条例》不发生效力。在一定条件下允许"程序从新"，是因为程序税法规范的是程序性问题，不应以纳税人的实体性权利义务的发生时间为准判定新的程序税法与旧程序税法之间的效力关系。而且程序税法主要涉及税款征收方式的改变，其效力发生时间的适当提前，并不构成对纳税人权利的侵犯。

（六）程序优于实体原则

程序优于实体原则是关于税收争讼法的适用原则，其基本含义为，在争诉时税收程序法先于税收实体法适用。即纳税人通过税务行政复议或税务行政诉讼来寻求法律保护的前提条件之一是必须事先履行了税务执法机关认定的税收债务，而不管其税收债务实际上是否发生或是否全部发生。否则，税务行政复议机关或司法机关对纳税人的申诉将不予受理。我国税法全面体现了这一原则，《税收征管法》第56条规定："纳税人、扣缴义务人、纳税担保人同税务机关在纳税上发生争议时，必须先依照法律、行政法规的规定缴纳或者解缴税款或滞纳金，然后可以在收到税务机关填发的缴款凭证之日起60日内向上一级税务机关申请复议。"实行程序优于实体原则，从根本上说是为了确保国家课税权的实现，不因争议的发生而影响税款的及时、足额入库，但这对纳税人来说并不公平。因此，一些国家适用这一原则时作出一定的限制。[①] 这其实并不影响国家课税权的实现，却更为公平，是对程序优于实体原则的更好体现。

[①] 例如，加拿大税法规定，在1985年1月1日以后，纳税人提起复议之前不必缴纳有争议的税款，直至税务复议机关作出复议决定或法院要求纳税人缴纳这部分有争议的税款；如果纳税人向法院起诉，只需提供相应的担保，而不必缴纳有争议的税款，直至纳税人对法院一审判决不服，提起上诉时，才必须缴纳有争议的税款。日本税法对这一原则的限制，则主要体现在授权税务复议机关或司法机关依具体情况决定在复议或诉讼之前是否有必要将有争议的税款先行缴纳。转引自张松：《税法学概论》，中国税务出版社1998年版，第34—35页。

三、税收执法的内容

税收执法的内容包括税务管理、税款征收、税收保障、税收救济等。税务管理包括税务登记、账簿凭证管理、发票管理、资格审核、税源管理、纳税服务管理;税款征收包括纳税申报受理、税款征收、漏管漏征清理、税收减免、出口退税审核、缓征税收审批、税收检查等;税收保障包括税收保全、税收强制执行、税务行政处罚;税收救济包括税务行政复议、税务行政赔偿。

四、我国税收执法现状及完善

在我国,由于长期受国家分配论的影响,片面强调政府征税权,体现在税收执法上,就是对税务机关征税行为缺少必要的监督和制约,纳税人的合法权益没有得到很好的保障。2001年我国修订了《税收征管法》,强化了对纳税人权利的保护和对税收执法的监管,实现依法治税。在税收执法依据方面,对税务机关的税收执法权、税收执法程序、税收执法责任及纳税人权利保护等都作了科学合理的规定;在税收执法主体方面,明确将税务稽查局作为独立的税收执法主体;在税收执法人员方面,规定税务人员从事税收执法活动,必须取得执法资格;①在税收执法手段方面,逐渐形成税收的征、管、查相互监督、相互制约的机制,同时推广"金税工程";在税收执法监督方面②,改变了"随意行政"、"无责任行政"的做法,形成了税务案件审理制、执法责任制、错案追究制、税收执法检查等行之有效的制度,保障了税收执法规范、高效地运行;在纳税人权利保护机制上,具体规定纳税人权利类型的同时,规定了税务机关对其予以保障的义务。

虽然我国在税收执法上已形成了比较完善的、良好的运行机制,但仍存在行政越权、滥用职权、不履行法定职责、适用法律错误和程序违法等问题。其原因主要有:税收立法不完善、分税制管理体制存在缺陷、税收执法不独立、税务人员法治意识不强等。要完善我国税收执法机制,必须严格执行"一个灵魂、四个机制、五个目标"的工作构想。所谓"一个灵魂",即把依法治税作为税收工作的灵魂贯彻始终;"五个目标"是指:税收法制基本完备,执法行为全面规范,执法监督严密有利,执法保障明显改善,执法队伍素质提高;这些目标的实现要靠加强四个机制建设:一要建立健全规范的税政立法机制,二要建立科学、高效的税收征管机制,三要建立以执法责任制为核心的考核管理机制,四要建立健全严密的内部执法监督机制。

---

① 国家税务总局于2001年11月制定了《税务人员执法资格与执法能级认证暂行办法(试行)》,并于2002年举行了全国首次税务人员执法资格考试。

② 国家税务总局2001年11月发布《关于全面加强税收执法监督工作的决定》,并制定了《税务案件审理办法(试行)》、《税收执法过错责任追究办法》及相关的考核评议办法。

第五节 税收司法

一、税收司法的概念

税收司法有广义和狭义之分。狭义上的税收司法，是指人民法院按照法律规范审判税收案件的行为。广义上的税收司法，是指公安机关、人民检察院和人民法院等国家司法机关，在宪法和法律、行政法规规定的职权范围内，按照法定程序对税收案件进行侦查、检察、审判，依法作出判决、裁定，并使其得以执行的行为。在此所要探讨的税收司法，是广义上的税收司法。

二、税收司法的特点

税收司法的特点，包含了司法的一般特点和司法在税收领域运行的特殊规律，体现了税收活动自身的特色。

1. 独立性

独立性是指严格法治意义上的司法独立，它是司法权的生命。税收司法独立就是指税收司法机关在从事司法裁判活动过程中，独立自主地认定案件事实和适用法律，不受来自司法机关内部和外部的影响和干预。可见，司法独立首先要求司法机关独立于立法机关和行政机关，然后由法院独立行使审判权。由于税收司法具有很强的专业性，因此在人民法院整体独立的前提下，可以考虑税收司法业务的局部独立性，以保证税务案件高效、公正的审理。司法独立的最高境界是司法的个体独立。[①] 1983年6月通过的《世界司法独立宣言》关于司法独立的最低标准中规定了法官的实质独立和身份独立，即指法官在执行其职务时，除受到法律及其良知的拘束外，不受任何干预；法官的职位及任期应有适当的保障。与西方国家相比，我国的司法独立只是法院的独立，而非具体负责审判的法官的独立，因而具有不彻底性。我国目前的《法官法》和《检察官法》应该是法官和检察官的身份保障法。

2. 公正性

公正性是司法的天性，是指没有偏私。税收司法公正性是指法院在审判时必须居于"裁判"的地位，不偏不倚，认真听取诉讼双方的意见，然后作出公正、正确的判断，不得偏向诉讼的任何一方。税收司法的公正性还要求法院"不告不理"，对税务案件要在当事人起诉的范围内作出判决，非因诉方、控方请求不得主动干预。做到公正，是司法机关最起码的条件，因为寻求司法救济是纳税人

[①] 参见张卫平等：《司法改革：分析与展开》，法律出版社2003年版，第137页。

的合法权益受到侵害时的最后途径及手段。如果司法机关不能客观、公正地裁决纠纷,必然使纳税人对司法制度失去信心,宪法确立的"依法治国,建设社会主义法治国家"的目标也将根本不可能实现。

3. 终局性

终局性,是指行使司法权作出的生效判决、裁定是就具体诉讼标的的最后结果,当事人必须履行有关判决、裁定,其具有的最终确定力和执行力毋庸置疑。

在一个健全的法治社会,多种形式的权利救济制度是其实现社会公平和正义不可或缺的内容,如申诉制度、仲裁制度、复议制度、诉讼制度等。但除法律明确规定行政裁决或者仲裁决定中极少部分为终局性以外,绝大部分允许当事人寻求诉讼途径获得司法救济。这是因为司法权的行使,在制度设计上有完整的程序作保障,有各种具体制度配套实施,以追求正义为己任。尽管可能其手续繁琐、缺乏效率、不够便利,但这正是为了保证客观、公正不得不付出的必要的代价。也正因为如此,其具有的客观、公正,是其他制度所无法比拟的,也是任何一个法治社会建立法律制度的必然选择。

4. 专业性和复杂性

税收案件涉及的主要是国家权益和税收秩序,与一般的行政案件、刑事案件相比,更具专业性和复杂性。专业性,指对税收案件行使司法权时,应当熟悉税收法律法规和税收征管工作,了解税收征管机关、纳税人和其他税务当事人进行税务活动的特点,基本懂得与税收业务有关的财务会计知识,能够比较全面地考察案件当事人的行为对国家权益的影响。复杂性,则是由税收案件的专业性决定的。税收案件的专业性,使税务纠纷案件当事人或者违法当事人在实施行为时,会采取多种多样的专业手段,致使税收案件的办理复杂化。因此,税收案件与其他案件相比,具有明显的复杂性。

三、我国税收司法现状及完善

我国没有独立的税务司法机关,只在一些地方建立了附属性的税收司法组织,如税务机关与公安机关合办的"税务公安派出所"、"涉税犯罪侦察室",与检察机关合办的"税务检察室",与法院合办的"税务审判庭"、"涉税案件执行室"等,对税收司法职能的实现起到了积极的作用,但存在没有法律依据、稳定性不强、职能有限等弊端。[①]

1. 公安机关行使税收(刑事)司法权具有一定的局限性

税收刑事案件多来自于税务机关的移送和群众的举报,其余的一般性侦查工作主要由公安机关负责完成,这就对侦查人员的涉税专业知识提出重大挑战,

---

① 参见金人庆:《中国当代税收要论》,人民出版社2002年版,第223页。

要求侦查人员不断提高专业素质和侦查能力。一方面,专业知识的不足导致公安机关对税务机关移送的涉税案件常常不能正确处理,有时双方对证据问题的认识存在较大分歧;另一方面,税务机关缺乏相应的税收司法权,导致税务机关具有办理涉税案件的能力却没有相应的权力,而司法机关具有办理涉税案件的权力却没有相应能力的不合理现象。

2. 检察机关在税收领域的职能难以发挥

检察院介入涉税案件主要集中体现在涉税刑事案件中,一般分为三类案件:一是税务机关工作人员利用职权实施重大税务犯罪的立案侦查案件;二是对于公安机关侦查终结移送审查起诉的纳税人和涉税当事人的涉税刑事犯罪案件提起公诉;三是对人民法院审理的涉税民事、行政和刑事案件进行监督,行使抗诉权。当前,首先,检察机关在调查取证中,常常受到许多因素的阻挠,给检察工作带来了困难;其次,犯罪行为日趋复杂化和智能化,查获犯罪难度较大,但很多检察人员不具备足够的税务知识和相关会计知识,影响了案件的查处;再次,检察机关与公安机关等部门在协调与制约机制上存在不合理的情况,在一定程度上影响了税收领域检察机关职能的发挥。

3. 缺乏独立、专业的税收司法审判机关

当前,法律对于涉税案件并未作出特殊规定,涉税案件只能依照案件一般规定审理。而涉税案件一般多集中于因行政诉讼引起的行政案件和刑事案件,民事涉税案件发案率较少。在我国,司法机关不参与对实体税法的解释,不能对违反法律优位原则的税收文件进行司法干预,对行政机关抽象行政行为的合法性仍不能予以审查。法院判决甚至成为税务机关行政决定的重述,显然无法实现对纳税人权利的真正救济。在法官的选任和资格方面,《法官法》虽作了规定,但税收是个专业化要求较高的领域,对法官专业性要求较高。从现有从事审判工作的法官来看,从事专门性税法研究的较少,专业化的税务法官缺位。总之,法院不独立导致了税收司法审判无法独立,税收司法审判的不独立,更因为我国专业税收司法审判人才的缺乏而加剧。

基于以上状况,完善我国税收司法的思路是:第一,设立专门的税收司法组织。当今世界上很多国家都设立了独立的税收司法组织,如美国、加拿大、德国、意大利等国都设有独立的税务警察机构,专门负责税务案件的侦查;德国、美国、日本等国则设立了独立的税务法院,专门负责税务案件的审判。独立的税收司法组织对税法的良好运行起着很重要的作用,我国应借鉴世界各国的经验,建立专门的税收司法组织。第二,培养专职的税务律师,保护纳税人权利。税务案件具有明显的不对等性,税务机关一方面拥有强大的行政权力,另一方面拥有更多的税法专业知识,而纳税人则既无行政权力也无专业的税法知识。因此,加强对纳税人权利的保护,很重要的一点就是利用税务律师的专业税法知识帮助纳税人行使其权利。在当前我国税务律师比较缺乏的情况下,也可以赋予税务代理人诉讼代理权,在法庭上代表纳税人维护其权利。第三,建立一套适应税务案件的诉讼制度。赋予税法审判机关独立的、不受行政干涉的税法解释权,建立税务案件中举证责任的分配、举证责任倒置及证明程度等制度;建立税务案件的证据制度,如庭前证据开示制度、证据交换制度、证据收集程序以及非法证据的排除规则等。在目前我国税法制定不够透明公开的情况下,应适当赋予税收司法机关对抽象行政行为的司法审查权,从而保证税法公正实施,保护纳税人合法权利。

本章小结

税法的运行包括税收立法、税法解释、税法漏洞补充以及税收执法和税收司法几个方面。当前我国税法在税收权限划分、税法解释权限明确、严格税收执法机制、税收司法专业独立等方面都存在着不完善之处。税收的立法、解释、漏洞补充以及税收执法和税收司法都有相应的原则和规则,对这些原则和规则的理解有助于完善我国的税法运行体系。

思考题

1. 简述税收立法权限体制的模式。影响一国税收立法权限体制的因素有哪些?
2. 税法适用有哪些原则?税法适用的原则与税法基本原则有什么关系?
3. 税收司法有什么特点?你对加强税收司法的专业性、独立性有何认识?

中篇　税收债务法

税收债务法之一　税收债法原理

绪　论

一、税收之债的理论和实践意义

私法中"债"之概念的引入,使税法产生了税收之债和税收债法的概念。税收之债理论提供了税法学上的说理工具,也为现代税法规范结构的构建提供了新思路。[①] 由此,税法便可以借鉴民法上债法的理论,重新审视税收实体法律关系的性质,重构税收实体法的体系。因此,它赋予了税法以崭新的地位和体系。[②] 这一变革不仅仅是理论上的,它对于税收立法、执法、司法、守法以及税收法治建设都将产生长远的影响。

从理论上讲,税收之债理论的提出并不是偶然的。历史上,税法与民法的关系经历了一个否定之否定的过程。第一,税法从民法中解脱。在一战后的德国,税法为"民法附随法"。当时,不法商人们大发国难财而暴富,却因其行为在民法上属无效行为而不被课税,从而引起广大纳税人的不满,并导致财政危机。税法学者 Becker、Ball 等力主税法应从民法中解脱出来,并在 1919 年起草《帝国租税通则》时引入"经济观察法"(实质课税原则)与税收规避行为之否认,强调税法与民法系不同类型、不同结构、不同的思考模式。第二,税法向民法靠拢。由

[①] 参见杨小强:《税法总论》,湖南人民出版社 2002 年版,第 12 页。
[②] 参见〔日〕金子宏:《日本税法原理》,刘多田等译,中国财政经济出版社 1989 年版,第 20 页。

于过分坚持税法独立,税法成为与其他法律隔绝的"独立王国",侵扰了其他法律关系所形成的秩序,伤及了法治国家的法的安定性。所以,自20世纪50年代起,税法又向民法靠拢。学界从根本上质疑税法的实质课税原则,要求税法所使用的概念,不得与私法有不同的解释,以维持法律秩序之统一性。第三,税法与民法统一。主流观点认为,"经济观察法"(实质课税原则)非税法所独有,而是一般法律解释方法;在税法解释时,并不要求税法与私法概念内容完全一致。所以,税法与民法的关系,既非独立,亦非依存,而同为国家统一法秩序的部分法域,统一在宪法指导理念之下。所以,税收之债理论的提出是税法学与民法学长期博弈的结果。

从实践来说,第一,税收之债理论表明,除税法另有规定外,可直接借用私法上债法的规范结构,为税法上漏洞的补充提供一条便捷之路;第二,税收之债理论可以平衡纳税人与国家之间的法律地位,保障纳税人的合法权利,防止征税机关权力的滥用。① 第三,税收之债理论对于推动我国建立富有现代法治精神的税收法律制度具有积极的指导作用。

二、税收债法的概念和体系

(一) 税收债法的概念

税收债法是规范税收债权债务关系产生、变更和消灭的法律规范的总称。把税收视为一种公法之债,规范税收债权债务关系的法律规范实际上就是调整税收关系的法律规范,税收债法就相当于税法。从法律关系的角度讲,之所以将税收法律关系界定为公法上的债权债务关系,就是因为税收实体法律关系被界定为债权债务关系;而税收程序法是确保税收债权实现的法,也可以归入广义税收债法的范畴。税收实体法是狭义的税收债法。

(二) 税收债法的体系

税收债法体系是由不同类别的税收债法规范组合成的多层次、有机联系的统一整体。

税收之债按其性质不同,一般分为流转税之债、所得税之债、财产税之债和行为税之债。相应地,税收债法也可以分为流转税债法、所得税债法、财产税债法和行为税债法。

这些税收债法就组成了一个有机联系的统一的税收债法体系。值得注意的是,税收债法的体系不是一成不变的,而是随着一国税收体制的变动而不断发生变化的。

---

① 参见刘剑文主编:《财税法学》,高等教育出版社2004年版,第391页。

第七章 税收债法概述

税法上的债是什么？它有何种性质？它有哪些种类？它具备什么条件时才成立？其变更和终止原因如何？明确这些相互关联的问题，对于税收债务人即纳税人来说，如同界定产权一样；对于税收债权人来说，也可确保其债权实现，有利于改进二者之间的博弈，形成良好的税收互动关系。

第一节 税收之债的概念与特征

一、税收之债的概念

债，作为民法上的概念，是指特定当事人之间可以请求为一定给付的民事法律关系。① 关于私法上债的本质，可以从以下几方面理解：第一，债为民事法律关系之一种；第二，债为财产性质的法律关系；第三，债为特定主体之间的法律关系；第四，债为当事人之间的特别给付关系；第五，债为当事人实现其特定利益的法律手段。②

所谓税法上的债务，即"由税的债务者向国家或地方公共团体进行交纳被称为税的这一金钱给付的义务"③。税收之债在性质上属于公法之债，是一种以税收债权债务关系为内容的公法上的法律关系。与私法中的情况一样，税收债权的对称即为税收债务，税法多从债务方面规定税收之债，一般所称的"税收债务"往往与"税收之债"在同一意义上使用。在我国的税收立法和税务实践中，一般是用纳税义务来表示上述"税收债务"概念的，其实质与学术上的税收债务含义相同。基于遵从习惯和传统，我们赞成用"纳税义务"作为"税收债务"在税收征纳活动中的名称和转化形式。如果条件具备，在税收实体法上直接以税收之债或税收债务来表述国家与纳税人之间的金钱给付关系，则会更加明确其性质和符合逻辑。④

---

① 参见王泽鉴：《债法原理（一）》，中国政法大学出版社 2001 年版，第 4 页。
② 参见张广兴：《债法总论》，法律出版社 1997 年版，第 17—21 页。
③ 〔日〕金子宏：《日本税法》，战宪斌、郑林根等译，法律出版社 2004 年版，第 107 页。
④ 参见施政文：《税收债法论》，中国政法大学出版社 2008 年版，第 8 页。

二、税收之债的特征

税收作为金钱债务,与民商法上的金钱债务有一定的共性;但作为"公法上的债务"或称"税收债务",它又与私法上的债务有很大不同。其差异尤其表现在:

第一,税收之债是法定之债,仅能依法律规定来确定,而不能像私法债务那样依当事人之间的合意或意思表示来决定。

第二,税收之债是公法之债,与私法上的法定之债虽然都是依法律规定产生,但前者是依据税法而产生的公法之债,后者是依据民商法而产生的私法之债,两者有很多不同之处。

第三,税收之债的履行只能依强行法之规定,一般不能像私法之债那样依当事人的主观意愿进行和解。

第四,税收之债的争议须通过行政救济途径解决,即通过行政复议和行政诉讼途径解决,一般不能通过解决民事纠纷的途径来化解。[①]

税收之债的这些性质可以使纳税人认识到,依法确定的税收债务是具有法律效力的,即对纳税人具有确定力、约束力和执行力。同时,税收债务是否成立,并非由征税机关单方决定,从而使"债务说"更具有解释力,也使征纳双方间的关系更加协调。

第二节 税收之债的分类

税收之债可以依据不同的标准作出多种不同分类。从理论意义和实践价值上讲,以下分类较为重要:

一、抽象税收债务和具体税收债务

根据税收之债成立与确定的标准不同,可以把税收之债分为抽象税收债务和具体税收债务。符合税法规定的课税要素而成立的税收债务,在未经具体的确定程序之前,仅具有抽象的意义,故称为"抽象税收债务";只有在经过具体确定应纳税额、纳税时间和纳税地点的程序之后,税收债务才真正具体确定,这时

[①] 参见〔日〕金子宏:《日本税法》,战宪斌、郑林根等译,法律出版社2004年版,第107—108页。

的税收债务,即可称为"具体税收债务"。①

在抽象税收债务发生时,征税机关的税收债权也是"抽象"的,一般需经过合理的期间,在税收债务具体化以后,才能要求纳税主体具体履行。因此,我国税法规定的"纳税义务发生的时间",是确立了"抽象纳税义务"的发生时间,它是一个"时点";而纳税期限则是对税收债务在时间上的具体化。可见,两者是不同的。一个是税收债务的"发生时间",一个是税收债务的"履行时间",两类时间的不同,反映了法律意义上的差别。

区分抽象税收债务与具体税收债务的意义主要在于确定税收债务履行期限开始的时间。在抽象税收债务没有转化为具体税收债务之前,不得计算履行期限。对于仅仅以抽象税收债务的形态而存在的税收债务而言,没有迟延履行以及加收滞纳金存在的余地。

二、可分税收债务和连带税收债务

根据税收债务人所负担的税收债务是否能够进行区分,即是否具有连带关系,可以把税收债务分为可分税收债务与连带税收债务。"可分税收债务"是指纳税人之间的税收债务可以相互区分,各自独立履行的税收债务;"连带税收债务"是指具有连带关系的两个或两个以上的税收债务人所共同负担的同一税收债务。这一分类是与税收债务人的分类相对应的,单独税收债务人所负担的是可分税收债务,连带税收债务人所负担的是连带税收债务。②

实践中,可分税收债务大量存在,连带税收债务则不够普遍。可能存在连带税收债务的情况主要有:第一,对于共有物、共同事业有关的税收,共有物的权利人、共同事业的经营者负连带税收债务;第二,对于因从同一被继承人处继承遗产而应缴纳的税款,各继承人负有连带税收债务;第三,对于因共同制作一项文书而应缴纳的印花税,共同的制作者有连带税收债务。③ 关于连带税收债务,我国法律上也有明确规定。《税收征管法》第 48 条规定:"纳税人有合并、分立情形的,应当向税务机关报告,并依法缴清税款。纳税人合并时未缴清税款的,应当由合并后的纳税人继续履行未履行的纳税义务;纳税人分立时未缴清税款的,

---

① 对于上述分类,许多学者是持肯定态度的。德国著名的税法学者克鲁斯(Kruse)认为,纳税义务的成立独立于核定税额的"课税处分",课税处分并不能创设税收债权以及与之相对应的纳税义务,而只是创设了一个形式上的给付义务。此外,日本学者田中二郎认为,抽象的税收债权,在满足法定课税要件时成立;至于税收债权的具体内容,则依具体情形,往往需要到征税机关核定应纳税额时才能确定。参见陈清秀:《税法总论》,三民书局 1997 年版,第 218—219 页。

② 对于连带税收债务人,征税机关不仅可以要求其整体承担税收债务,而且可以要求其中的任何一个税收债务人清偿税收债务。在连带税收债务人中的任何一人缴纳了全部或部分税后,其他税收债务人的税收债务也在该范围内消灭,并同时产生了税金缴纳者对其他连带税收债务人的求偿权。参见张守文:《税法原理》,北京大学出版社 2001 年版,第 82 页。

③ 参见〔日〕金子宏:《日本税法》,战宪斌、郑林根等译,法律出版社 2004 年版,第 115 页。

分立后的纳税人对未履行的纳税义务应当承担连带责任。"当然,我国税法对连带税收债务的规定是不充分的,没有把各种可能产生连带税收债务的情况在法律中明确规定。在税法上,可以把民法或公司法规定的可能产生连带债务的情形加以类推适用。

三、原生税收债务和衍生税收债务

根据税收债务履行的先后顺序,可以把税收债务分为原生税收债务和衍生税收债务。这种分类与关于主税收债务人和第二次税收债务人的分类是相对应的。主税收债务人依税法的规定直接负有的纳税义务是主税收债务,也可称为原生税收债务。主税收债务人滞纳税款,对其财产采取扣押措施后,仍不能足额缴纳应纳税款时,由与纳税人有一定关系的主体承担代其缴纳税款的义务,称为第二次税收债务,也可称为衍生税收债务。

可见,第二次纳税义务是由纳税人的原生义务衍生而来的,具有附属性和补充性。所谓附属性,是指第二次税收债务的存在及其范围的大小以主税收债务的存在及其范围的大小为前提,主税收债务的效力影响到第二次税收债务的效力。所谓补充性,是指只有对主税收债务人实行滞纳处分措施后,仍不能足额缴纳应纳税款时,才能对第二次税收债务人以其不足部分的估算额为限征收税款。①

一般说来,可能存在衍生税收债务的情况主要有:第一,承担无限责任的股东对其公司的滞纳税款负有第二次税收债务;此外,在对合伙企业进行经济性重复征税的情况下,也可能发生合伙人对合伙企业的滞纳税金承担衍生纳税义务的情况。第二,法人解散时,若在滞纳税款的情况下分配或转让剩余财产,则清算人和剩余财产的接受人对所滞纳的税款负有第二次纳税义务,但该义务仅以其接受分配或转让财产的份额为限。第三,税收债务人将其事业转让给与其有特殊关系的人,并且受让人在同一场所经营同一或类似事业时,受让人以其受让财产为限,对与该受让事业有关的滞纳税,承担第二次纳税义务。第四,根据实质课税原则,对享受收益的人课税时,法律上视为的归属者,以产生该收益的财产为限度,对享受该项收益的人所滞纳的税款承担第二次税收债务。②

本 章 小 结

私法中"债"之概念的引入,使税法学发生了一场革命。税收之债理论表

---

① 参见〔日〕金子宏:《日本税法原理》,刘多田等译,中国财政经济出版社1989年版,第103页。
② 同上书,第98—101页。

明，除税法另有规定外，可直接借用私法上债法的规范结构，为税法上漏洞的补充提供一条便捷之路；税收之债理论可以平衡纳税人与国家之间的法律地位，保障纳税人的合法权利，防止征税机关权力的滥用。这一变革不仅是理论上的，它对税收立法、执法、司法、守法以及税收法治建设都将产生长远的影响；对于推动我国建立富有现代法治精神的税收法律制度具有积极的指导作用。

思考题

1. 简述私法之债引入税法的理论意义和实践意义。
2. 税收之债与私法之债有哪些异同？
3. 简述税收之债的分类。

第八章 税收之债构成要件

在税收债法理论中,税收之债的构成要件至关重要。对其进行全面深入地学习,才能认识和把握整个税收债法体系。

第一节 税收之债构成要件概述

一、税收之债构成要件的概念

所谓税收之债构成要件,或称税收之债构成要素,是税收债务成立的要件。即通过课税要件的满足产生了使税收债务成立的这一法律效果的法律要件。[①]也就是说,税收之债构成要件是国家有效征税必须具备的条件。只有在符合构成要件的情况下,国家才可以征税。

税收之债构成要件的概念具有重要的理论和实践价值,对于税收法制建设和税法学的研究意义重大。

从税收法制建设上看,税收之债构成要件的确立是税收立法的核心内容,缺少税收之债构成要件的税收立法一定是存在缺陷的制度设计。此外,税收执法的过程就是按照法定的税收之债构成要件进行征税的过程,如果不满足构成要件,征税机关就不能征税,税收之债构成要件为税收司法、法律监督以及保护纳税人的合法权益提供了准绳。

从税法理论研究上看,税收之债构成要件作为税法理论的一个重要范畴,使税法与传统的民法和行政法有了很大的区别。民法上的债权债务关系成立以意思要素为核心,意思表示是否真实,在相当大的程度上决定着民事行为是否有效。传统行政法的"权力关系说"强调以"课税处分"来确定纳税义务是否成立。在税法上,相关主体的税收债务是否成立,国家是否有权对其征税,不以征纳双方的意思表示为准,也不以国家的单方面的意思表示为准,而是看是否符合法定的税收之债构成要件。只有在符合课税要件的情况下,国家才可以征税。

二、税收之债构成要件的分类

税收之债构成要件依据不同的标准,可以作出多种分类。

---

① 参见〔日〕金子宏:《日本税法》,战宪斌、郑林根等译,法律出版社2004年版,第111页。

(一) 广义要件和狭义要件

所谓广义要件,即国家征税通常所需具备的各种要件。由于国家征税不仅要符合实体法,也要符合程序法,因此广义的税收之债构成要件包括实体要件和程序要件;同时,由于有关这些要件的规定与整个税法的主要内容大体相当,所以广义的课税要件也被称为"税法的构成要件"。

所谓狭义要件,仅指确定相关主体的实体税收债务成立与否所需具备的要件,因而它仅是指课税的实体要件,而不包含程序要件。应当说,实体的税收债务是否成立是最重要的,因为没有实体的税收债务,也无从涉及程序要件。因而在现实中大量的税收立法主要是确定狭义的课税要件,从而使狭义的课税要件成为税法研究的一个重点。

(二) 一般要件与特别要件

所谓一般要件,是指各种税收债务都必须具备的条件,即在各类税法中都需要加以规定的、具有普遍意义的共同要件,大致可以分为人的要件、物的要件和关系要件三类。其中,人的要件也称主体要件,包括征税主体和纳税主体两个方面,一般特指税收债务人;物的要件是同征税客体相关的各类要件,包括征税对象、计税依据和税率;关系要件体现的是主体之间以及主体与客体之间的关系,包括征税主体对纳税主体的管辖关系,以及征税对象对纳税主体的归属关系。

所谓特别要件,是指并非所有税收债务都必须具备的条件,即不需要在各类税法中加以确定的,并不具有普遍意义的特殊要件。例如,扣缴义务人、纳税环节、纳税方式、文书送达、处罚程序等,并不是每个税法都要对其作出规定,但对某个或某些税法而言,却是很重要且必不可少的,因而属于"特别"要件。

(三) 实体要件和程序要件

所谓实体要件,是指税收债务成立所必须具备的要件,是税收实体法必须规定的内容。实体要件是广义的课税要件的核心,也有学者认为课税要件就是指实体要件。实体要件可进一步分为基本要件和例外要件。基本要件主要包括征税主体、征税对象、计税依据、税率这几个要件,以揭示征税主体和客体的范围,以及征税的广度和深度。例外要件是基本要件之外的辅助性要件,是以纳税主体通常的基本负担为基础而对其税负的减轻或加重,主要包括税收优惠措施和税收重课措施。

所谓程序要件,是指税收债务履行所必须具备的要件,是税收程序法必须规定的内容。在各种税收债务的立法中,程序要件主要是纳税时间和纳税地点。

第二节 税收之债的实体要件

一、税收主体

(一) 税收主体的概念和资格

1. 税收主体的概念

税收主体在此主要指纳税人(税收债务人),即税法上规定直接负有税收债务的一方当事人,包括自然人、法人和非法人组织。税收主体的规定解决了对谁征税,或者谁该承担税收债务的问题。

纳税人是狭义的税收债务关系中的税收债务人。在广义的税收债务关系中还有许多主体负担税收债务,如扣缴义务人、纳税担保人、税务代理人、负税人[①]。

2. 纳税人的主体资格

纳税人的主体资格是指作为税收债务人的资格,亦即是否具有负担税收债务的能力。"法律上所谓能力,是指在法的世界中作为法律主体进行活动,所应具备的地位或资格"[②]。税法上的能力包括税法权利能力和税法行为能力。

税法权利能力是指作为税收法律主体,享受税收权利、承担税收义务所应具备的地位或资格。凡能够参加到税收法律关系中并能在其中享有权利和承担义务的主体均具有税法权利能力。在税法上,一般以具有经济上的负担能力(例如所得税)或在技术上可把握的经济上的给付能力的对象(例如营业税)作为税法的权利主体。[③] 税法上权利能力多属限制权利能力,即税收权利能力仅限于特定的税法领域,在某一税上享有权利能力者,在另一税上则未必有权利能力,故成为一个独立于私法上权利能力的特殊的公法上权利能力。一般来讲,在私法上享有完全权利能力的主体,在税法上也享有完全权利能力,如公司;在私法上不享有权利能力或享有部分权利能力的主体,在税法上出于把握经济上负担能力之技术上需要,则有可能赋予其完全权利能力或部分权利能力,如个人独资企业、合伙企业等。另外,享有完全税收权利能力的主体仅仅是在抽象的意义上享有这种权利能力,在具体的税收法律关系中,则不一定具有权利能力。如在增值税法律关系中,小规模纳税人就不能享受一般纳税人所享有的权利。

税法行为能力是指税法的权利主体能以自己的行为享有税收权利和履行税

[①] 负税人是最终负担国家征收的税款的单位和个人。其他概念在本书中均有界定,此处不再赘述。
[②] 参见梁慧星:《民法总论》,法律出版社 2001 年版,第 70 页。
[③] 参见陈清秀:《税法总论》,台湾植根法律事务所丛书(二)1997 年版,第 207 页。

收义务的能力。在民法上具有完全民事行为能力的主体,在税法上也具有完全行为能力;依民法规定为限制行为能力人,但依民法或其他法律的规定在其具备行为能力的那部分领域,在税法上也承认其行为能力。税法上一般需要具备完全行为能力,即应当是完全行为能力人。限制行为能力人和无行为能力人所为行为应归于无效。当然,对于此种无效行为,可由法定代理人嗣后的同意或由行为人取得行为能力后的同意加以补正。①

(二) 纳税人的分类

1. 自然人、法人和非法人组织。由于纳税人一般都是从事私法活动的主体,对其分类也考虑纳税人在私法活动中的民事主体身份,不同的身份决定了纳税人能否成为某些税种征纳活动的主体。

2. 居民纳税人与非居民纳税人。在所得税法中,纳税人可分为居民纳税人与非居民纳税人。居民纳税人是从"人身角度"服从一国的税收管辖权,承担无限税收债务;非居民纳税人是从"物权角度"服从一国的税收管辖权,承担有限税收债务。随着国际经济的发展,这一分类将越来越重要。

3. 可分纳税人与连带纳税人。可分纳税人是指可以与其他主体的税收债务相区分,因而只需要独立履行税收债务的纳税人;连带纳税人是指与其他纳税人共同承担连带税收债务的纳税人。

4. 原生纳税人与第二次纳税人。原生纳税人是依据税法直接承担税收债务的纳税人;第二次纳税人是指因存在法定事由,而代替原生纳税人承担税收债务的纳税人。

5. 正式纳税人与延伸纳税人。在间接税中,根据税法对于视同销售货物的行为承担纳税责任的为正式纳税人;接受视同销售的货物实际负担税款的为延伸纳税人。②

6. 一般纳税人与小规模纳税人。我国在增值税征纳中,根据纳税人的生产经营规模大小、会计核算是否健全、能否提供准确的税务资料等,将纳税人分为一般纳税人和小规模纳税人,并赋予他们在征纳活动中不同的税法地位和待遇。例如,一般纳税人可使用增值税专用发票,应纳税额的计算和确定适用"扣税法";小规模纳税人不得使用增值税专用发票,其应纳税额的计算适用简易的计税办法。

上述分类中,自然人、法人和非法人是税收实体法和税收程序法共通的分类;居民纳税人与非居民纳税人、可分纳税人与连带纳税人、原生纳税人与第二

---

① 参见陈清秀:《税法总论》,台湾植根法律事务所丛书(二)1997年版,第212页。
② 我国税法并没有引入正式纳税人和延伸纳税人的概念。但在我国增值税和消费税中,对类似情况的课税是存在的。例如,对将自产、委托加工的货物用于集体福利或个人消费以及无偿赠送他人的,都要视同销售货物征收增值税。这时,实际消费者和受赠人即是实际的延伸纳税人。

次纳税人、正式纳税人与延伸纳税人是税收实体法上的分类;一般纳税人与小规模纳税人是税收程序法上的分类。

二、税收客体

（一）税收客体的概念

税收客体,也称征税对象、征税客体或课税对象、课税客体,是指征税的目的物。税收客体是发生税收债务所必要的物的要件,它说明对什么征税的问题。如消费税是对消费品征税,其税收客体就是消费品（如烟、酒等都是消费税的征税对象）;房产税就是对房屋征税,其税收客体就是房屋。税收客体是税法最基本的要素。这是因为,首先,税收客体体现着征税的最基本界限,凡是列入某一税种征税对象的,就要征税;而没有列入征税对象的,就不是该税的征收范围,不征这种税。其次,税收客体决定了各个不同税种在性质上的差别,并且决定着各个不同税种的名称。如消费税、增值税和所得税,它们的税收客体不同,税种的性质不同,税名也不同。就世界各国的不同税种看,有以商品流转额为税收客体的,有以所得额为税收客体的,有以财产为税收客体的,也有以各种行为为税收客体的,它们构成了各种不同性质的税种。

（二）与税收客体相关的概念

1. 税目

税目,即税收客体的具体内容,是在税法中对税收客体分类规定的具体的征税品种和项目,它是税收客体在质的方面的具体化。规定税目首先是为了明确具体的征税范围。列入税目的就是应税产品,没有列入税目的就不是应税产品。另外,通过规定各种税目,可以对不同的项目制定高低不同的税率,体现国家的政策。设计税目的方法,可以采取列举法,即按照每一种商品或经营项目分别设计税目,如汽车轮胎、化妆品等,一种商品就是一个税目。这种方法的优点是界限明确,便于掌握;缺点是税目过多,不便查找。设计税目也可以采取分类法,即按照商品大类或行业设计税目,如电子产品类、日用化工类、文化用品类等,一个大类的商品就是一个税目。这种方法的优点是税目较少,查找方便;缺点是税目过粗,不便于贯彻合理负担的政策。

2. 税基

税基又称计税依据、课税标准、课税基础,是计算应纳税额的依据和基础。税基解决征税的计算问题,它是税收客体在量的方面的具体化。如消费税的税收客体是消费品,对某种消费品如卷烟怎样计算应纳税额呢?税法规定按照卷烟的销售价格计算征税,这个销售价格就是消费税的税基。在规定税基时,可以规定为税收客体的价格,也可以规定为税收客体的数量。此外,有的税种税收客体和税基是一致的,如各种所得税,税收客体和税基都是应纳税所得额。但是有的税种则不一致,如消费税,税收客体是应税消费品,税基则是消费品的销售收入。

3. 税源

税源是税收收入的来源,即各种税收收入的最终出处。税源归根结底是物质生产部门劳动者创造的国民收入,但每种税收都有其各自的不同来源,如企业所得税的税源是企业的经营利润,个人所得税的税源是个人取得的各种收入。税源与税收客体有时是一致的。例如各种所得税,税收客体是纳税人的纯收入,税源也是纳税人的纯收入。但有很多税种的税源与税收客体并不一致,例如房产税,税收客体是房屋,而税源则是房产的收益或房产所有人的收入。税法并不明确规定税源,但我们分析税收客体与税源的关系,对研究税收的调节作用以及税收的负担是很重要的。

三、税率

税率是计算税额的尺度,反映征税的深度。税率的高低直接关系到国家的财政收入和纳税人负担水平,是国家税收政策的具体体现,是税收法律制度的中心环节。

税率有名义税率和实际税率之分。名义税率就是税法规定的税率,是应纳税额与税收客体的比例。实际税率是实际税额与实际税收客体的比例。在实际征税中,由于计税依据、减免税等不同原因,纳税人实纳税额和应纳税额可能会不一致,实际税收客体数量与税法规定的税收客体数量也会不一致,实际税率也就与名义税率不一致。在税法上并没有实际税率的规定,但实际税率真实地反映了纳税人的负担。在研究税收政策、制定税法时,应注意到名义税率与实际税率的差别。

(一) 比例税率

比例税率是指应征税额与税收客体数量为等比关系的税率。这种税率不因税收客体数量多少而变化。即对同一税收客体,不论其税基数额大小,均按照同一比例计征应纳税额。如交通运输营业税的税率是3%,不论纳税人的营业额是10元,还是100元,税率都是3%。比例税率可分为:

1. 单一比例税率,即对同一税收客体的所有纳税人适用同一比例税率,如我国企业所得税适用25%的单一比例税率。

2. 差别比例税率,即在同一税种中,对不同纳税人或不同类型的税收客体(税目)适用不同的比例税率。差别比例税率具体可分为:(1) 产品差别比例税率,对不同的产品适用不同的税率,如消费税;(2) 行业差别比例税率,对不同的行业采用不同税率,如营业税;(3) 地区差别比例税率,按照不同地区规定不同税率,如原农业税。

3. 幅度比例税率,国家只规定最低税率和最高税率,各地可以因地制宜在此幅度内自行确定一个比例税率,如营业税中原娱乐业采用的税率。

比例税率计算简便,有利于提高效率,并且由于比例税率的税率高低与税基的大小并无牵连,应用范围比较广泛,适合于对商品流转额的征收;但比例税率具有累退性,不利于保障公平,调节收入的效果不太理想。举例如下表:

年收入	考虑照顾低收入			考虑调节高收入			既照顾低收入,又调节高收入		
	税率(%)	税额	纳税后收入	税率(%)	税额	纳税后收入	税率(%)	税额	纳税后收入
400	5	20	380	50	200	200	5	20	380
50000	5	2500	47500	50	25000	25000	50	25000	25000

（二）累进税率

累进税率是随税基数额的增大而提高的税率,即按税基数额大小,规定不同等级的税率,税基数额越大,税率越高。累进税率税额与税基数额的比,表现为税额增长的幅度大于税基数额的增长幅度。累进税率的累进功能主要体现在两个方面:一是对税基级数的划分;二是对各级税率的设计,特别是对最低税率和最高税率的设计。累进税率对于调节纳税人收入有着特殊的作用。所以各种所得税一般都采用累进税率。

累进税率的累进依据是指对税基划分级数时,其数额的具体表现形式。累进税率表示税基的数额形式一般有绝对额和相对率两种,因此,累进税率的累进依据也分为绝对额和相对率两种形式,即额累和率累。按绝对额累进,即以税基的绝对额为依据划分级数,分级累进征税,如所得税一般都是按所得额的大小分级累进征税。按相对率累进,即以税基的相对率为依据划分级数,分级累进征税,如我国土地增值税就是以土地增值额的增长率为依据,分级累进征税。

在累进方法上,无论采取额累形式还是率累形式,累进税率都可分为"全累"（全累税率）和"超累"（超累税率）两种方法。全累税率是指纳税人的全部税基都按照与之相应的那一级的税率计算应纳税额,全累税率按累进依据又可分为全额累进税率和超额累进税率;超累税率是指把纳税人的全部税基划分为若干等级,每一等级分别适用不同的税率计算税款,再汇总相加,超累税率按累进依据又可分为超额累进税率和超率累进税率。

因此,按照累进依据和累进方法双重标准,累进税率可分为全额累进税率、超额累进税率、全率累进税率、超率累进税率四种。

1. 全额累进税率

全额累进税率,是指对税基的全部数额都按照与之相对应的该等级税率征税,也就是在税基数额增加到需要提高一个等级时,应将全部税基按高一级税率计算应纳税额。

全额累进税率表

级数	所得额级距	税率(%)
1	全年所得额在 400 元以下(含 400 元)	5
2	全年所得额在 400—1000 元的	10
3	全年所得额在 1000—2000 元的	15
4	全年所得额在 2000—5000 元的	20
5	全年所得额在 5000—10000 元的	25
6	全年所得额在 10000—20000 元的	30
7	全年所得额在 20000—50000 元的	40
8	全年所得额在 50000 元以上的	50

例如:

某甲全年收入 300 元,某乙全年收入 2500 元,甲、乙各自的应纳税额为:

甲应纳税额 = 500 元 × 5% = 15 元

乙应纳税额 = 2500 元 × 20% = 500 元

由此可见,全额累进税率实际上是按征税对象数额的大小,分等级规定的一种差别比例税率。全额累进税率在调节收入方面较之比例税率要合理,但在两个级距的临界部位会出现税负增加超过应税所得额增加的现象,使税收负担极不合理。例如:

某甲年收入 1000 元,某乙年收入 1001 元,甲、乙各自的应纳税额为:

甲应纳税额 = 1000 元 × 10% = 100 元

乙应纳税额 = 1001 元 × 15% = 150.15 元

以上问题可以用超额累进税率来解决。

2. 超额累进税率

超额累进税率是把税基划分为若干等级,对每个等级部分分别规定相应税率,分别计算税额,各级税额之和为应纳税额。由此看来,一定数额的税基可以同时适用几个等级的税率。超额累进税率的"超"字是指税基数额超过某一等级时,仅就超过部分按高一级税率计算征税。

超额累进税率表

级数	所得额级距	税率(%)	速算扣除数
1	全年所得额在400元以下(含400元)	5	0
2	全年所得额在400—1000元的	10	20
3	全年所得额在1000—2000元的	15	70
4	全年所得额在2000—5000元的	20	170
5	全年所得额在5000—10000元的	25	420
6	全年所得额在10000—20000元的	30	920
7	全年所得额在20000—50000元的	40	2920
8	全年所得额在50000元以上的	50	7920

以计算2500元所得额的应纳税额为例:

① 400元 × 5% = 20元

②(1000元 – 400元)× 10% = 60元

③(2000元 – 1000元)× 15% = 150元

④(2500元 – 2000元)× 20% = 100元

应纳税额 = 20元 + 60元 + 150元 + 100元 = 330元

但是用定义方法计算应纳税额过于复杂,特别是所得额越大,适用税率越多,计算越复杂;在实际工作中使用一种简单的计算方法,叫速算扣除数法,即:

应纳税额 = 用全额累进方法计算的应纳税额 – 速算扣除数

用速算扣除数法计算上例:

$$2500元 × 20\% – 170元 = 330元$$

由此可以看出,速算扣除数法的原理为:按全额累进方法计算的税额,比超额累进方法计算的税额要多征一定的数额,这个多征的数是常数,就是速算扣除数。速算扣除数,即按全额累进方法计算的税额减去按超额累进方法计算的税额的差额。用公式表示:

$$速算扣除数 = 全累计算的税额 – 超累计算的税额$$

从超额累进税率表看,计算速算扣除数可以使用计算公式:

本级速算扣除数 = 上一级最高所得额 ×(本级税率 – 上一级税率)+ 上一级速算扣除数

如:第二级速算扣除数 = 400元 ×(10% — 5%)+ 0 = 20元

第三级速算扣除数 = 1000元 ×(15% — 10%)+ 20 = 70元

……

3. 全率累进税率

全率累进税率,是指按照一定的相对率制定分级全率累进表,计税时按纳税人的税基相对率确定适用税率,全部税基数额与适用税率的乘积即为应纳税额。全率累进税率的原理与全额累进税率相同,只是累进的依据不同,前者为税基的某种比率,如销售利润率、增值率,后者是税基的数额。我国尚未实行过全率累进税率。

以下是用销售利润率作为划分累进级距的依据,举例说明全率累进税率的计算方法。

全率累进税率表

级数	销售利润率	税率(%)
1	不超过5%(含)	0
2	超过5%—10%的	10
3	超过10%—15%的	20
4	超过15%—20%的	30
5	超过20%—30%的	50
6	超过30%以上的	70

应纳税额 =(销售收入额×销售利润率)×税率

例:某甲销售收入额为10000元,销售利润率为6%;某乙销售收入额为10000元,销售利润率为18%,甲、乙按全率累进税率计算的应纳税额为:

① 甲应纳税额 =(10000×6%)×10% = 60元
② 乙应纳税额 =(10000×18%)×30% = 540元

4. 超率累进税率

超率累进税率,是指对纳税人的全部税基,按税率表规定的相对率级距,划分为若干段分别适用不同的税率,各级应纳税额的总和就是全部税基的应纳税额。超率累进税率的原理与超额累进税率相同,前者是以税基数额的相对率为累进依据,后者是以税基数额的绝对额为累进依据。我国土地增值税就采用四级超率累进税率。

超率累进税率表

级数	销售利润率	税率(%)	速算扣除率(%)
1	不超过5%(含)	0	0
2	超过5%—10%的	10	0.5
3	超过10%—15%的	20	1.5
4	超过15%—20%的	30	3
5	超过20%—30%的	50	7
6	超过30%以上的	70	13

例:某乙销售收入额为10000元,销售利润率为18%,其应纳税额为:
用定义法计算超率累进税额:
① $(10000 \times 5\%) \times 0 = 0$
② $10000 \times (10\% - 5\%) \times 10\% = 50$ 元
③ $10000 \times (15\% - 10\%) \times 20\% = 100$ 元
④ $10000 \times (18\% - 15\%) \times 30\% = 90$ 元
应纳税额 = 50元 + 100元 + 90元 = 240元
用速算扣除率法计算超率累进税额:
速算扣除率法的原理与速算扣除数法的原理是一样的,即应纳税额 = 销售收入额 × (销售利润率 × 税率 - 速算扣除率)

$$某乙的应纳税额 = 10000 \times (18\% \times 30\% - 3\%) = 240 元$$

从超率累进税率表看,计算速算扣除率可以使用计算公式:
本级速算扣除率 = 上一级最高销售利润率 × (本级税率 - 上一级税率)
　　　　　　　+ 上一级速算扣除率
如:第二级速算扣除率 = 5% × (10% - 0) + 0 = 0.5%
第三级速算扣除率 = 10% × (20% - 10%) + 0.5% = 1.5%
……

累进税率有两种形式,即全累(包括全额累进和全率累进)和超累(包括超额累进和超率累进),现对比如下:

(1) 在名义税率相同的情况下,实际税率不同,全累负担重,超累负担轻;

(2) 全累的最大缺点是在累进级距的临界点附近,全累负担不合理;

(3) 在各个级距上,全累税负变化急剧,而超累变化缓和,即随着征税对象数额的增长,在税款的增加上全累较快超累较缓和;

(4) 在计算上,全累计算简单,超累计算复杂。

按照不同依据划分累进级距,产生的效果是不一样的。例如,按利润额划分级距(简称额累)与按利润率划分级距(简称率累)效果就不同。额累使利润额大而利润率低的企业负担重;利润额小而利润率高的企业负担轻。如有些建厂历史长的企业,设备陈旧,利润额大,但人均利润率却很低,采用额累税率使这些大企业负担很重。而有些小厂虽利润额小,但人均利润率却很高,负担就轻。在实际工作中,采用何种累进依据,是运用额累还是运用率累,应该视税收政策及调节目的而定。

(三) 定额税率

定额税率又称固定税额,是按单位征税客体,直接规定固定税额的一种税率形式。如土地使用税,按使用土地面积,规定每平方米税额多少。定额税率可分为三种:

1. 地区差别定额税率,即为了照顾不同地区的自然资源、生产水平和盈利水平的差别,根据各地经济发展水平的不同情况,对各地分别规定不同的税额。如资源税、耕地占用税、城镇土地使用税。

2. 幅度定额税率,即只规定一个税额幅度,由各地根据本地的实际情况,在特定的幅度内确定一个具体执行的固定税额。如资源税、耕地占用税、城镇土地使用税、车船税、消费税。

3. 分级定额税率,即把征税对象划分为若干个类别和等级,对各类各级由低到高分别规定相应的固定税额。等级高的税额高,等级低的税额低。如车船税、船舶吨税。

定额税率计算简便,适用于从量计征的税种,这些税种的征税对象应该是价格固定、质量和规格标准较统一的商品。如果征税对象价格不稳定,就要频繁调整税额,以保持原税负,给征税工作带来很大困难,例如对水果就不能采用定额税率。如果征税对象的质量和规格标准不统一,也无法采用定额税率。例如,对锅征税,就很难采用定额税率,因为锅有大小之分,又有铁锅、铝锅之分,质量规格标准很难统一,分别给每一种锅规定税额,是一项十分繁琐的工作。对于价格稳定、质量规格标准统一的产品,应尽量采用定额税率:一方面,定额税率计算简单,另一方面,定额税率有利于企业改进包装,企业改进包装后,售价提高而税额不增,避免了从价征税这方面的缺点。定额税率还有利于促进企业提高产品质量。在优质优价、劣质劣价的情况下,税额固定,优质优价的产品相应税负轻,劣质劣价产品相应税负重。

税收主体、税收客体和税率是税法的基本要件。纳税人和税收客体规定了对谁征税,对什么东西征税,确定了征税范围,体现了征税的广度。税率规定了征税的数量,即征多少税,体现了征税的深度,是税收负担的中心环节。这三个要件可以称为税法三大要件。

四、税收特别措施

税收特别措施之所以"特别",是因为它是在上述基本的税收之债要件之外体现税法规制性特征的一系列措施。由于规制性特征包含了积极的鼓励和促进以及消极的限制和禁止两个方面,故而规制性措施就要体现一定政策倾向和法律的褒贬的价值取向。

(一) 税收优惠措施

1. 税收优惠措施的概念

税收优惠措施,作为减轻或免除纳税人税负,使其在税收上获得优惠的各种措施的总称,体现的是对纳税人行为的鼓励和促进。在我国,税法作为宏观调控法的重要组成部分,它对宏观经济运行的调控不仅体现在税收客体的确定、具体税目的变更和税率的调整等方面,而且也直接体现在税收优惠措施的适用方面。

税收优惠措施有广义和狭义之分。广义的税收优惠,是包括优惠税率在内的各种最终减轻或免除税负的优惠;狭义的税收优惠,主要是通过减少税基或直接减少应纳税额来减低税负的优惠。纳税人通过依法减少税基来获取优惠的措施即间接优惠,主要是税前扣除优惠、亏损结转优惠等;通过直接减少应纳税额来使纳税人获得优惠的措施即直接优惠,主要是税收减免、税收抵免等。税收优惠措施的实行会直接影响到计税基数,从而会直接影响到纳税人的具体纳税义务,因而对征纳主体的利益和相关的经济、社会政策目标的实现,均产生直接影响。

2. 税额式优惠——减免税

(1) 减免税的概念

减免税是税法中对某些特殊情况给予减少或免除税负的一种规定。减税是对应征税款减征其中一部分;免税是对应征税款全部予以免征。在我国,税收优惠措施适用非常普遍,其中最为引人注目的是税收减免。税收减免既是纳税人的实体性权利,也是程序性权利。

(2) 减免税的分类

税收减免可以有多种分类。例如,依据税收减免的性质和原因,可以将其分为困难性减免和调控性减免;依据税收减免的条件和程序,可以将其分为法定减免和裁量减免;依据税收减免的时间,可以将其分为长期减免税和定期减免等。

(3) 减免税的意义

减免税把税收的严肃性和必要的灵活性正确结合起来,有利于贯彻国家的税收政策,有利于因地制宜、因事制宜地处理税收方面的特殊情况。但是,对减税和免税必须严格控制,严格执行减免税的审批权限,不能随意减免。

(4) 与减免税相关的概念

起征点与免征额是与减免税有关的两个概念。

起征点是税法规定对税收客体开始征税的数额。税收客体数额未达到起征点的不征税,达到或超过起征点的就其全部数额征税。如我国现行增值税就有起征点的规定,其中销售货物的起征点为月销售额2000—5000元。规定起征点是为了免除收入较少的纳税人的税收负担,缩小征税面,贯彻合理负担的政策。

免征额是税法规定的征税对象中免于征税的数额。免征额部分不征税。只对超过免征额的部分征税。如我国现行个人所得税,就有免征额的规定,其中对工资薪金的征税,免征额为2000元。规定免征额是为了照顾纳税人的最低需要。

(二) 税收重课措施

税收重课措施,是依法加重纳税人的税收负担的各种措施的总称,它体现的是对纳税人行为的限制和禁止。如果说在某些税种中要体现"寓禁于征"的思想,那么在税收重课措施上,这种思想就体现得十分明显。当然,由于现代税法更多地要体现激励,并通过优惠来引导纳税人的行为,因此,对于税收重课措施运用得并不普遍。

税收重课措施的种类没有税收优惠措施那么多,较为重要的是加成征收、加倍征收。如我国《个人所得税法》规定,对于个人劳务报酬所得一次收入畸高的,就可以依法加成征收。此外,根据相关规定,在纳税人由于故意或过失而导致账目混乱,从而不能准确核定其应纳税额时,征税机关享有税额调整权;如果纳税人经营的项目所适用的税率高低不一,则税务机关可以依法从高适用税率。这也可视为一种税收重课措施。

第三节 税收之债的程序要件

税收之债的程序要件,是实体要件有效实施的重要保障。对于程序要件,学者的认识历来不尽相同,本书认为程序要件应包括纳税环节、纳税期限、纳税地点、违法处理等。

一、纳税期限

(一)纳税期限的概念

纳税期限是纳税人向国家缴纳税款的法定期限。各种税都明确规定了税款的缴纳期限。纳税期限是税收固定性特征的重要体现。税收的固定性,不仅表现在税法预先规定了征税的数量,而且还表现在明确规定了缴纳税款的期限,保证了国家取得财政收入的及时性和连续性。

(二)纳税期限的确定

在确定纳税期限时应考虑以下因素:

1. 根据不同的税收客体决定。如企业所得税,以年所得额为税收客体。实行按全年所得额计算征收,分期预缴,年终汇算清缴,多退少补的办法。

2. 根据纳税人缴纳税款数额的多少决定。缴纳税款多的纳税人,纳税期限核定短些,反之,纳税期限核定长些。

3. 根据纳税行为发生的情况,以从事生产经营活动的次数为纳税期限,实行按次征收。

(三)纳税期限的分类

纳税期限可分为纳税结算期和税款缴库期两类。

纳税结算期是指纳税人应多长时间计缴一次税款,反映了计税的频率。纳税结算期可分为按次结算和按期结算。按次结算是以纳税人从事应税行为的次数作为应纳税额的结算期限,一般较少适用。按期结算是以纳税人发生税收债务的一定期限作为纳税结算期,通常可以日、月、季、年为一个期限。在我国,结算期限由税务机关根据应纳税额的多少,逐户核定。一般分为 1 天、3 天、5 天、10 天、15 天、1 个月、1 季、1 年为一期等几种,按期结算适用较广。

税款缴库期是指应在多长期限内将税款缴入国库,它是纳税人实际缴纳税款的期限。应纳税款到了结算期限,纳税人需要有个计算税款和办理纳税手续的时间。一般规定按 1 个月结算纳税的,税款应在期满后 7 天内缴纳;其余的均在结算期满 5 天内缴纳。税款缴库期不仅关系到税收债务的实际履行,而且也关系到国家能否获取稳定的、及时的财政收入。

此外,纳税期限与税收债务的发生时间是不同的。前者是一定的期间,而后者则是指一个时间点;而且,只有在税收债务发生以后,才会有纳税期限的问题。

二、纳税地点

纳税地点是纳税人依据税法规定向征税机关申报纳税的具体地点,它说明纳税人应向哪里的征税机关申报纳税以及哪里的征税机关有权实施管辖的问题。

在税法中明确规定纳税地点,对于纳税人正确、有效地履行税收债务,确保国家有效地取得财政收入,实现宏观调控的经济政策及保障社会公平的社会政策,均甚为重要。

一般说来,在税法上规定的纳税地点主要有以下几类:机构所在地、经济活动发生地、财产所在地、报关地等。

三、纳税环节

所谓纳税环节,就是对处于运动之中的税收客体,选定应该缴纳税款的环节。一般指的是在商品流转过程中应该缴纳税款的环节。商品从生产到消费要经过许多流转环节。从总的方面来说,它包括产制、批发和零售三道环节。如工业品一般要经过工业生产、商业批发和商业零售阶段。农产品一般要经过农业生产、商业采购、商业批发和商业零售阶段。从具体方面来说,它还包括从产制到消费以前,所经历的一系列的转手交易的各个环节。如工业企业相互间提供原材料、零配件、出售产品和加工协作的情况。商业企业相互间的商品交易更加频繁。在上述商品流转环节中,可以选定一个或几个环节缴纳税款,一个税种在商品流转环节征税的,叫"一次课征制",新中国建立初期的商品流通税和原盐税就是采用一次课征制,这些税在商品出厂(场)时征税以后,行销全国,不再重征。一次课征制税源集中,可以避免重复征税。一个税种在商品流转环节中选择两个环节征税的,叫"二次课征制",我国原工商统一税和工商税,都实行两次课征制,即应税产品在生产和零售两个环节征税。一个税种,在商品流转各个环节多次征税,叫做"多次征税制"或"道道征税制",如新中国建立初期的营业税、印花税即是这样。产品出厂时要征工业营业税、印花税,经过商业批发要征营业税、印花税,到了零售环节,还要征营业税、印花税。我国现行的增值税也属于这种征税制,所不同的是道道征税,道道还不重征。

纳税环节是根据纳税人在各个流转环节的分布状况而定。它既要符合不同经济部门和不同产品的经营特点,有利于经济发展,又要有利于保证国家的财政收入,还要便于征收、管理和监督。

四、违法处理

违法处理是税法不可缺少的要件,它保证了税收法律、法规的贯彻执行。违法处理具体体现了税收的强制性,即纳税人必须依法纳税,否则要受到法律的制裁。违法处理规定了什么是违法行为以及对违法行为不同的处理措施。

(一)违法行为的种类

违法行为包括:违反税务登记规定的行为;违反账簿、凭证、发票管理规定的行为;逃避纳税义务行为;逃避追缴欠税行为;骗税行为;抗税行为等。

(二)法律责任的种类

根据不同的标准,可以对纳税人违反税法的责任作不同的划分:

1. 以责任内容为标准,分为财产责任和非财产责任;
2. 以承担责任的方式为标准,分为补偿责任和制裁性责任;
3. 以责任主体为标准,分为纳税人责任和扣缴义务人责任等;
4. 以违反法律规范的性质不同,分为税收行政责任、税收刑事责任、税收民事责任等;

其中最后一种分类是普遍采用的、最具意义的基本分类形式。

(三)法律责任的形式

纳税人承担税收法律责任的形式是指税收责任的承担方式,也就是纳税人因税收违法行为所应承担的不利法律后果的类型。根据税收法律责任的基本分类,纳税人承担税收法律责任的形式主要有:

1. 纳税人承担税收行政责任的形式:主要包括罚款、停止办理出口退税、没收违法所得、收缴发票或者停止发售发票等行政处罚措施;
2. 纳税人承担税收刑事责任的形式:主要包括管制、拘役、有期徒刑、无期徒刑、死刑以及罚金、没收财产等刑事处罚措施;
3. 纳税人承担税收民事责任的形式:主要是补偿性责任,包括补缴未缴或少缴税款、承担加收滞纳金的附带性赔偿责任等。

总之,税法的构成要件是非常重要的。尤其是作为确定税收债务是否成立的一系列课税要件,取代了传统私法上债务关系成立所需要的意思要素,也排除了在无法定要素情况下的行政机关的自由裁量,因而从民主与法治的角度来说是很有进步意义的。[①]

本 章 小 结

税收之债构成要件是指国家有效征税必须具备的条件。在税收债法中,不仅要规定对谁征税,对什么东西征税,征多少税,而且还要规定征纳的程序和征管的方法。广义的税收之债构成要件既包括税收债法的实体要件,也包括税收债法的程序要件;狭义的税收之债构成要件仅包括税收债法的实体要件。税收债法的实体要件包括纳税人、税收客体、税率、税收特别措施等;税收债法的程序要件包括纳税环节、纳税期限、纳税地点、违法处理等。

> 思考题

1. 如何区分纳税人和负税人？扣缴义务人法律地位如何？
2. 简述不同的税率形式对不同税种法的适用。
3. 简述税收特别措施对经济的调控作用。

---

① 参见张守文:《税法原理》,北京大学出版社 2001 年版,第 46—47 页。

第九章 税收之债的运行

所谓税收之债的运行,是指税收之债的产生、变更和消灭的过程。与私法上的债务一样,税收之债也是处于不断发生、变更和消灭的运行过程之中。

第一节 税收之债的产生

所谓税收之债的产生,也称为税收之债的成立,是指税收之债关系在有关当事人之间的确立。税收之债的发生关系到税法的适用、纳税期间的确定、第二次税收之债的履行、破产重整中债权的清偿、税收强制措施的实施等问题,但我国没有制定税收通则法,未在法律上对税收之债的发生作出明确的一般性规定,而只是在相关的税种法中有所涉及,这给法律适用带来障碍。① 因此,应从理论上对此加以探讨,以便能在法律上作出统一规定。

一、税收之债产生的学说

有关税收之债的产生,主要有两种学说,一是课税处分时说,一是构成要件实现时说。② 这两种学说是与税收法律关系性质的学说相对应的,把税收法律关系视为权力关系的,在税收之债成立时间问题上一般会采取课税处分时说;把税收法律关系视为债务关系的,在税收之债成立时间问题上一般会采取构成要件实现时说。

课税处分时说认为,税收法律关系乃是国家财政权力行使关系,税收之债在征税机关作出课税处分时才发生。如果没有征税机关作出征税决定的行政行为,即便已经满足税法构成要件,税收之债也不会发生。这种观点源自德国早期行政法学者奥托·梅耶(Otto Mayer)的主张,在历史上曾经占有优势。该学说的缺陷主要在于:第一,税收之债满足构成要件以后离课税处分尚有一段时间,而这段时间会因征税机关课税处分的及时与否而有长短不同。因此,若采用该学说,则使得税收之债的发生时间变得不可测,导致因征税机关的课税处分不同而使同一税收之债的成立时间相异。这对于税收债务人是不公平的,在理论上也难以论证其合理性。第二,课税处分在税收救济途径中被变更或撤销时,税收

---

① 参见施政文:《税收债法论》,中国政法大学出版社2008年版,第139页。
② 参见陈清秀:《税法总论》,台湾翰芦图书出版有限公司2001年版,第312、314页。

之债产生的时间则难以确定。第三,课税处分时说把确定税收之债是否产生及何时产生的权力赋予征税机关,有违税收法定主义之虞。①

　　构成要件实现时说认为,税收之债是国家依据法律所享有的金钱给付请求权,在法律所规定的税收之债的构成要件满足时发生。即税收之债与民法上的侵权行为、无因管理和不当得利之债一样,其发生是基于法律的直接规定,而不是基于当事人的法律行为或征税机关的行政行为。事实上,税收债务人符合税法规定的课税要件时,也就是发生了应当纳税的行为,如纳税人销售货物或者提供加工、修理修配劳务,生产、委托加工和进口法定的消费品,取得工资或利息、股息、特许权使用费等所得,拥有或占有一定财产,购买或转让一定的财产等时,税收之债即产生。需要强调的是,税收之债产生的是纳税主体的行为,而不是征税主体的行为。从合理性上讲,税务机关的课税行为应与税收债务人满足课税要件同步。课税行为的滞后,完全是税务管理上的需要,不能代表税收之债成立的时间。正如学者陈清秀所认为的,税收之债的成立是继续性的,其成立开始于税法构成要件的满足,而终于税收核定。因此税收之债在其核定之前,乃是附停止条件的债务,而所谓查定的税收,除了以扣缴税款方式加以征收之外,乃是直到其被核定之时才有实现可能性。②

　　综上,为确保成立税收之债的法律效果对一切税收债务人均适用相同的基准,而不致受不同的税款核定的时点的影响,应以法定的税收要件实行时为标准更为科学和合理,也契合了现代民主法治国家的理念。第一,基于税收债务关系学说。税收法律关系是根据纳税人和征税机关之间围绕税收之债构成要件的事实,就具体的确认行为而展开的关系,征税机关的核定行为是一种税收之债的确认关系而非创设关系。也就是说,税收之债与行政并无关系,它的成立不取决于征税机关的行政行为,只要税收之债构成要件的事实已经具备即告成立,征税机关的核定行为至多具有宣示作用。第二,基于税收法定主义原则。在现代民主法治国家,税收之债的设定涉及人们的基本财产权和基本经济自由,为确保设定税收之债的合法性与合理性,需要由人民的代表机关——议会(我国是人民代表大会)来决定,而构成要件理论的提出正适应了"议会保留原则"的要求,也符合"课税要件法定主义"的原则,因此,是契合现代民主法治国家理念的学说。③纳税人从何时起负担税收债务,应属法律保留的范畴,必须有法律的明确规定。在不符合税收之债构成要件的情况下,征税机关不能裁量臆断,人为地推定征税。这对于税法的平等、统一适用,解决实践中存在的大量违法征税问题,增强

---

① 参见刘剑文主编:《财税法学》,高等教育出版社2004年版,第394页。
② 参见陈清秀:《税法总论》,台湾翰芦图书出版有限公司2001年版,第312页。
③ 参见刘剑文主编:《财税法学》,高等教育出版社2004年版,第394页。

税法的科学性很有意义。

二、税收之债产生的时间

早在 1919 年,《德国租税通则》规定:"税收债务在法律与税收相结合的要素实现之时成立。"1977 年《德国税收通则》第 38 条再一次沿袭了上述规定:"基于税收债务关系的请求权,在该法律对于其给付义务所联结的构成要件实现时,即为成立"。这是对税收之债成立的普遍性和一般性规定。但由于各种具体的税收之债的构成要件是不同的,它们对税收征管的要求也是不同的,所以,在实行分税立法模式的国家,税收之债的成立时间往往由各税种法加以具体规定。例如,日本没有对税收之债发生时间作出概括性的一般规定,但通过对各种税收纳税义务的列举规定,实际上认可了上述标准。《日本国税通则法》第 15 条第 2 项对各种税收之债的成立时间作出了具体规定,分为基本的纳税义务、预定的纳税义务、附带税的纳税义务成立时间等三种类型。对基本的纳税义务来说,所得税为公历年度终了之时,法人税为事业年度终了之时,继承税为依继承及遗赠取得财产之时,消费税为从课税资产的转让等或课税货物从保税区提取之时,印花税为课税文书作成之时;对于预定的纳税义务,实行源泉征收的所得税为实行源泉征收所得的支付之时,需要中间申报的消费税为课税期间开始日起经过 6 个月之时;对于附带税的纳税义务,过少申报加算税、无申报加算税以及与此有关的重加算税为法定申报期限的完结之时,延滞税为法定纳税期限终期后每经过 1 日的该日完结之时等。

我国税法对税收之债产生的时间也没有作出统一规定,但在不同的实体税种法中均作了具体规定。如《增值税暂行条例》第 19 条规定:"增值税纳税义务发生时间:(一)销售货物或者应税劳务,为收讫销售款或者取得索取销售款凭据的当天;(二)进口货物,为报关进口的当天"。《企业所得税法》第 53 条规定:"企业所得税按纳税年度计算。纳税年度自公历 1 月 1 日起至 12 月 31 日止。企业在一个纳税年度中间开业,或者终止经营活动,使该纳税年度的实际经营期不足 12 个月的,应当以其实际经营期为一个纳税年度。企业依法清算时,应当以清算期间作为一个纳税年度。"第 54 条规定:"企业所得税分月或者分季预缴。企业应当自月份或者季度终了之日起 15 日内,向税务机关报送预缴企业所得税纳税申报表,预缴税款。企业应当自年度终了之日起 5 个月内,向税务机关报送年度企业所得税纳税申报表,并汇算清缴,结清应缴应退税款。企业在报送企业所得税纳税申报表时,应当按照规定附送财务会计报告和其他有关资料。"所以，企业所得税之债的成立时间为公历年度终了之时。① 《城镇土地使用税暂行条例》第 8 条规定："土地使用税按年计算、分期缴纳。缴纳期限由省、自治区、直辖市人民政府确定。"故城镇土地使用税之债的成立时间也是公历年度终了之时。根据《土地增值税暂行条例》第 10 条，土地增值税之债的成立时间是转让房地产合同签订之日。从上述规定可以看出，我国税法实际上已认可税收之债的发生以构成要件的满足为条件。

三、税收之债产生的判断标准

一般来说，税收之债成立的判断标准有两种情况：

对于随时税，即税收客体随时发生的税收之债，因于税收客体发生时即满足课税要件事实，故税收客体发生时就是税收之债成立之时。根据课税要件理论，判断税收债务的产生，首先要确定承担该债务的主体，即纳税主体；其次，要明确纳税主体承担税收债务的范围，即对于哪些课税对象、在多大的数量上要承担税收债务，因而需要明确税目和税基；再次，要明确承担税收债务的程度即课税的深度，因此需要明确具体适用的税率。这几个方面是各类税收债务的发生都涉及的。此外，在存在优惠或重课的情况下，还会对一般的税收债务产生具体的增减改变，这对税收债务的具体确定非常重要。总之，在法定税收构成要件事实实现时，税收之债即告成立，不因其后有无课税处分而受影响，也不因税款缴纳期间是否已经到期而受影响。

对于期间税，即按年或月等一定期间累积的税收客体作为课税对象的税种，因为其税收要件于其期间终了之时同时满足，故其税收之债也于该期间终了之时成立。但基于征税便宜的技术考虑，有时亦以期间开始时或其他时点作为税收之债成立的基准时。这特别表现在所得税、房产税等按年计算的期间税，因为企业在生产经营过程中每天可能都有所得，但在进行会计核算之前，其实际所得额是不得而知的；同时，企业在不同时期的盈利情况是不同的，可能在某段时间亏损，而在另一段时间盈利，因此，时间的选择对最终确定企业是否有所得以及所得的多少将发生很大影响，即时间对税基的确定将产生直接影响。考虑到实践的需要以及与其他制度的衔接，为了便于应税所得的正确核算，税法一般将会计年度作为纳税年度，企业所得税的纳税义务发生时间因此也就为纳税年度届满之日。

---

① 该规定中包含了税收预缴请求权。德国税法学者认为，税收预缴是以税收债务的成立为解除条件，在解除条件成就时，也就是成立税收债务时归于消灭，征税机关以年度税收请求权取代预缴请求权（参见陈敏：《租税债务关系之成立》，载台湾《政大法学评论》1989 年第 39 期）。如果年度届满后，没有成立年度税收请求权，就成立退税请求权，原来的预缴请求权转变为退税请求权。税收预缴请求权的成立时间是月末或者季度末，清偿期为 15 日。

总之,坚持以税收要件满足时作为税收之债发生的条件和判断税收债务成立时间的标准,乃是法律和理论上的一般要求。但从税收征纳的实践需要出发,各个税种法在确定其税收之债产生的时间时,往往需要综合考虑税基的确定、征纳技术和征纳效率等因素。①

第二节 税收之债的变更

与私法之债的变更相比,税收之债变更的可能性较低。② 但在特定情况下,特别是在法律明确规定的情况下,税收之债亦有可能发生变更。税收之债的变更是指税收之债要素发生了变化,即税收之债的主体、内容和客体发生变化。其主体、内容、客体的任何一个要素变化都会引起税收之债的变更。这样,税收之债变更的条件要比其产生的条件更为宽泛。

一、税收之债主体的变更

税收之债主体的变更包括税收债权人的变更和税收债务人的变更。

(一) 税收债权人的变更

税收债权人的变更,又叫税收债权让与,是指不改变税收之债的内容,税收债权人将其享有的税收债权移转于第三人享有。

在我国,税收债权人为抽象的国家,但由于实行分税制,税收债权人一般也包括中央税收债权人和地方税收债权人。税收债权人的变更主要是税收征管权和收益权主体的变更,即将某些税种由中央税下放为地方税,或把某些税种由地方税上升为中央税或中央地方共享税,或变更中央地方共享税的中央与地方各自所占的比例等。在个别情况下,也有将课税权下放给地方,由地方政府决定是否开征此种税收的情况,如屠宰税、筵席税等。

(二) 税收债务人的变更

税收债务人的变更,又叫税收债务承担,是指不改变税收之债的内容,税收债务人将其负担的税收债务移转于第三人负担。

税法没有关于税收债务人变更的原则性规定,但可以类推适用民法关于债务人变更的原则规定。税收债务具有两方面的性质:一方面,税收债务为金钱之债,没有人身专属性,原则上允许承担或转让;另一方面,税收债务又为法定之债,具有高度的法定性。③ 不允许对税收债务人任意加以变更。根据税收债务

---

① 参见施政文:《税收债法论》,中国政法大学出版社 2008 年版,第 142 页。
② 受税收法定和依法行政原则的拘束,税收之债的成立由法律明确规定,税收债权人和债务人无权自由处分,且税收债务关系存续期间较短。
③ 税收债务是依税收债务人在经济上的负担能力而课征的,强调税收债务人的个别性。

的这种双重属性,税法一方面为确保财政收入的稳定和对私法上债务承担和转让秩序的尊重而原则上允许税收债务的法定承担和转让,另一方面又为了确保税收债务的法定性和维护公法上的秩序而对税收债务的承担和转让予以否定。①

税收债务人法定变更的情况主要是税收债务的继承。所谓税收债务的继承,实际上是在法律有明确规定的情况下,对原来负有税收债务的纳税人的税收债务的继受和承接。继承者继承原纳税人的税收债务后,不仅可取得其相应的税法权利,而且更需承担其未履行的税收债务。税收债务的继承仅适用于税法有明文规定的若干情形,如因企业、公司或其他组织改组、分设、合并、联营、迁移,自然人死亡而发生的税收债务的继承等。除了法律有明确规定的以外,税收债务的继承不能滥用,因为它关系到纳税人的纳税能力和税负公平的问题。

二、税收之债内容的变更

税收之债内容的变更,即税收债务数额的增加和减少或税收债务履行期间、地点的变动。由于税收之债是法定债务,其内容应由法律规定,征税机关不得任意加以变更。我国《税收征管法》第 28 条第 1 款规定:"税务机关依照法律、行政法规的规定征收税款,不得违反法律、行政法规的规定开征、停征、多征、少征、提前征收、延缓征收或者摊派税款。"因此,税收之债的内容的变更因其公法性质而限制较多,即使变更也应有法律根据。

(一) 税收之债数额的变更

根据税收法定原则,在没有法律明确依据的情况下,不允许对税收债务的内容加以变更,特别是不允许增加税收债务的数额,以保护税收债务人的合法权益。我国税法中对税收债务数额的变更主要是税收特别措施中的税收减免。由于自然灾害等不可抗力的发生,往往给税收债务人造成重大财产损失,迫使其停产、减产,税收债务人依法向税务机关提出减免税。由于税法的修订或调整,如 2009 年我国实行增值税的转型,原来实行生产型增值税购进机器设备的已纳税款不能抵扣,转为消费型增值税后可以抵扣了,税收债务人的税收负担大大减轻。随着我国加入 WTO,特别是经济体制改革的不断深入,类似的税法修订或调整将会更多,税收债务数额变更的情况时有发生。

(二) 税收之债种类的变更

由于税收债务人的经营或财产情况发生变化而导致税收之债种类发生变化。如某企业由工业生产变为非商品经营,则由缴纳增值税改为缴纳营业税。

---

① 参见刘剑文主编:《财税法学》,高等教育出版社 2004 年版,第 399 页。

（三）税收之债履行期间的变更

税收之债履行期间的变更（清偿期的变更），是指税收之债纳税期间的变更，包括清偿期的提前（履行期间的缩短）与清偿期的延展（履行期间的延长）。按照税收法定原则，税收之债清偿期不得随意变更，只有在法律规定的情况下才能予以变更，以保障国家税款的及时足额清偿和纳税人的权益。

1. 清偿期的提前

对于清偿期的提前，由于涉及税收债务人权利保护问题，必须有法律的明确规定。出于税收保全的目的，在特定情形下，征税机关可以例外地剥夺税收债务人的期限利益，要求其提前清偿。我国《税收征管法》第38条规定："税务机关有根据认为从事生产、经营的纳税人有逃避纳税义务行为的，可以在规定的纳税期之前，责令限期缴纳应纳税款"。但与一些国家和地区相比，我国税法有关税收之债清偿期提前的规定，有待于进一步完善。如我国《税收征管法》只是概括地规定了提前清偿的情形，即"税务机关有根据认为从事生产、经营的纳税人有逃避纳税义务行为的"，但"有根据"、"逃避纳税义务行为"规定得不具体，给法律适用带来问题。而日本、我国台湾地区都对提前清偿的具体情形予以明确列举规定，并且将纳税人死亡、解散、破产等情形涵盖在内，这些都值得我们借鉴。同时，征税机关还应当将提前清偿的时间、场所、内容等用书面形式告知税收债务人。

2. 清偿期的延展

当纳税人因有特殊困难而不能按期履行税收债务时，从保护纳税人利益、帮助其度过暂时困难、培育税源等方面考虑，设置延期纳税制度是必要的。我国《税收征管法》第31条第2款规定："纳税人因有特殊困难，不能按期缴纳税款的，经省、自治区、直辖市国家税务局、地方税务局批准，可以延期缴纳税款，但是最长不得超过三个月。"借鉴其他国家的相关规定，我国税法对清偿期延展制度应当从以下几方面进行完善：第一，应当分情形设置不同类型的清偿期延展制度。可将因自然灾害等不可抗力原因导致的纳税困难，作为清偿期延展适用的一般情形，对间接税、所得税等设置特定的延期纳税制度；设置纳税期限届满后的延缓征收制度。第二，降低延期纳税审批机关规格，规定延期纳税应提供担保，保证税收债权的实现。第三，在许可的延展期间内，明确规定不得加征滞纳金。但为保证国家税款不贬值，应当征收利息。第四，目前三个月的期限太短，应延长延期纳税的期限。[①]

（四）税收之债履行地点的变更

按照税收法定原则，没有法律的明确规定，不得任意变更税收债务的履行地

[①] 参见施政文：《税收债法论》，中国政法大学出版社2008年版，第174页。

点。例如,我国《增值税暂行条例》第 22 条规定:"固定业户应当向其机构所在地主管税务机关申报纳税。总机构和分支机构不在同一县(市)的,应当分别向各自所在地主管税务机关申报纳税;经国家税务总局或其授权的税务机关批准,可以由总机构汇总向总机构所在地主管税务机关申报纳税"。

税收债务的履行地点涉及征税机关的税收管辖权、地方财政收入的分配以及纳税人权利的保护等,因此,税法在规定税收债务履行地点变更时应充分考虑征收效率、纳税便利以及各地方的税收利益等因素。

三、税收之债客体的变更

税收之债客体的变更,即税收之债标的的改变。税收之债的标的以金钱给付为原则,以实物给付为例外。例如,有时因实物换价困难,应允许以"实物抵缴"。在征收遗产及赠与税的国家和地区,有关于以实物抵缴遗产及赠与税的情形。我国税法对给付种类的变更未作规定,应认为不允许。但未来在制定遗产及赠与税法时,可考虑借鉴实物抵缴制度,以利于税收之债的履行。在我国税法体系中,只有农业税在废止之前,曾长期以征收粮食为主。但从 1985 年开始,农业税一般不再征收粮食,改为折征代金(按照粮食"倒三七"比例收购价计算),实现从实物税向货币税的过渡。当时的纳税人若负有农业税的税收债务,就会因农业税改为折征代金而发生给付种类的变更。

第三节 税收之债的消灭

所谓税收之债的消灭,是指税收债务关系在客观上不复存在,是税收之债在绝对意义上的终结。税收债务的消灭,与一般私法债务的消灭很类似,但也有自己的独特之处。

一、税收之债的履行

税收之债的履行又叫税收之债的清偿,是税收债务人以实现税收之债为目的,依法缴清了税款(包括相关的附随债务),则该项具体的税收之债也就随之消灭。这是税收债务最一般、最通常的消灭原因,也是对税收债权人最有利的消灭原因。原则上,税收债务人应当依据税收之债的内容,在税收债务履行期届至时履行全部税收债务,否则不能为有效的履行。税收债务人于履行期届至前履行的,为期前履行;税收债务人于履行期届满未履行的,为迟延履行;税收债务人没有履行全部债务的,为部分履行;税收债务人的履行未满足税收债权人或者使税收债权人的其他利益受到损害的,为瑕疵履行。在这些情况下,除非税收债权人同意受领或依诚实信用原则应当受领,否则均不能发生税收之债消灭的效果。①

二、税收之债的免除

税收之债的免除,即税收债权人放弃债权,从而全部或部分终止税收债权债务关系的单方行为。作为税收债务消灭的原因之一,免除在各国税法上都给予了不同程度的肯定。我国《税收征管法》第33条规定:"纳税人可以依照法律、行政法规的规定书面申请减税、免税。减税、免税的申请须经法律、行政法规规定的减税、免税审查批准机关审批。地方各级人民政府、各级人民政府主管部门单位和个人违反法律、行政法规规定,擅自作出的减税、免税决定无效,税务机关不得执行,并向上级税务机关报告。"因此,我国税收债务免除的法定形式是减税、免税,当有权机关作出减免税的决定后,税收债务人的税收债务就在减免的限度内消灭。并且,作为主债务的税收债务经免除而消灭后,其附带税收债务如滞纳金、利息等债务亦同归于消灭。

三、税收之债的抵消

抵消在民法上是债务消灭的常见原因之一,但债务抵消在税法和公法上能否适用,理论界存在争议,持肯定说者居多。由于征纳双方都可能存在过失,从而可能产生税款的超纳或误纳,形成征税机关的多收税款(这实际上属于征税机关的不当得利)。因此,纳税人的某项具体税收债务可以与其同类的多纳税款相充抵,从而使该项具体的税收债务消灭。对于税收之债的抵消,许多国家的税法都作出了规定。在我国税法上,也有一些零星规定。《企业所得税暂行条例实施细则》第53条规定:"纳税人在年终汇算清缴时,少缴的所得税额,应在下一年度内缴纳,纳税人在年终汇算清缴时,多预缴的所得税税额,在下一年度内抵缴。"我国对生产企业自营或委托外贸企业代理出口自产货物,除另有规定外,实行"免、抵、退"税的增值税退税管理办法,其中的"抵",就包括以出口退税抵销纳税人应当缴纳的其他税款。尤其是《税收征管法实施细则》第79条明确规定:"当纳税人既有应退税款又有欠缴税款的,税务机关可以将应退税款和利息先抵扣欠缴税款;抵扣后有余额的,退还纳税人。"这里没有规定纳税人的抵消权,但从权利义务对等的角度看,纳税人同样也应该享有这种抵消权,即当纳税人符合本条规定要件时,也有权主动要求抵消。

---

① 参见施政文:《税收债法论》,中国政法大学出版社2008年版,第178页。

四、税收之债的混同

混同,是指债权债务同归一人,致使债的关系归于消灭的事实。税收债务混同,是指税收债权和税收债务同归一人,致使税收债权债务关系消灭的事实。税收债务混同的效力在于绝对地消灭税收债务关系以及由税收债务关系所生的从债权和从债务。在税收债务关系中,由于税收债务人不可能成为税收债权的主体,因此,混同作为税收之债消灭的原因,只能存在于税收债权和税收债务同归税收债权人的情况下。我国法律没有明确规定混同为税收债务消灭的原因,但从其他相关的法律规定中可以推导出存在混同的可能性。例如,《继承法》第16条第3款规定:"公民可以立遗嘱将个人财产赠给国家、集体或者法定继承人以外的人。"如果国家接受赠与,那么,存在于赠与财产上的税收债务则应当由国家负担,此时,由于税收债权与税收债务同归于国家而归于消灭。又如《继承法》第32条规定"无人继承又无人受遗赠的遗产,归国家所有"。在这种情况下,国家在取得遗产所有权的同时,也承担该遗产上的税收债务,相关的税收债务关系因混同而归于消灭。

四、税收债权的消灭时效

税法上的时效是一种消灭时效。所谓税收债权的消灭时效,是指税收债权不行使的事实状态在法定期间内持续存在,即经过一定的法定期间不行使税收债权,从而产生该税收债权丧失的法律效果。税收债权消灭时效由法律事实、期间和法律后果三个要素构成,其中法律后果是核心要素。从许多国家的税法规定看,征税机关经过一定的法定期间不行使税款征收权,就会导致其税收债权和税收债务人的税收债务的消灭,这与民法上有关时效规定的一般精神是一致的。① 我国税法上的税收债权时效制度,主要表现为《税收征管法》关于税收追征期限和追缴期限的规定。该法第52条规定:"因税务机关的责任,致使纳税人、扣缴义务人未缴或者少缴税款的,税务机关在三年内可以要求纳税人、扣缴义务人补缴税款,但是不得加收滞纳金。因纳税人、扣缴义务人计算错误等失误,未缴或者少缴税款的,税务机关在三年内可以追征税款、滞纳金;有特殊情况的,追征期可以延长到五年。对偷税、抗税、骗税的,税务机关追征其未缴或者少缴的税款、滞纳金或者所骗取的税款,不受前款规定期限的限制。"从这一条规定可以看出,税收债权人行使其权力是有一定期限的,超过了一定的期限,则不

---

① 通常,税款征收时效期间是从法定纳税期限开始起算;在征税机关发出纳税通知、督促或缴纳催告、采取强制执行措施等法定事由存在的情况下,可以导致征税时效的中断,从而使时效期间需重新计算。这对于防止征税机关因"怠于行使征税权力"而导致税款损失,避免因"眠于权利之上"而造成"失权",都是非常重要的。参见张守文:《税法原理》,北京大学出版社2001年版,第84页。

再享有税收债权,因此,从这一条的规定可以间接得出消灭时效为税收之债消灭原因之一的结论。①

本 章 小 结

与私法上的债务一样,税收之债也处于不断发生、变更和消灭的运行过程。税收之债的发生关系到税法的适用、纳税期间的确定、第二次税收之债的履行、破产重整中债权的清偿、税收强制措施的实施等问题。与私法之债的变更相比,税收之债变更的可能性较低。但在法律明确规定的情况下,税收之债亦有可能发生变更。税收债务的消灭,与一般私法债务的消灭类似,但也有自己的独特之处。

思考题

1. 简要论述税收之债的产生、变更、消灭的过程。
2. 你赞同税收之债产生的哪种学说?为什么?
3. 如何判断税收之债的产生?
4. 简述税收之债主体、内容、客体变更的情形。
5. 税收之债消灭的原因主要有哪些?

---

① 参见杨小强:《税法总论》,湖南人民出版社2002年版,第35页。

第十章 税收之债的保障

由于税收之债的公益性和非对待给付性,尤其需要设立一系列的税收保障制度,以确保税收债权的实现,并兼顾税收债务人及相关主体的利益保护。所谓税收之债的保障,即为了保护国家税收安全和相关主体利益,而在法律上设立的各种税收安全保障制度的总称。如前所述,税收之债兼具公私法债务的混合特征,税收之债的保障在整体上也包括公法保障制度和私法保障制度两类。公法保障制度包括税收强制保全[①]、税收强制执行、提前征收、限制出境、税收行政处罚、税收刑事处罚等;私法保障制度包括税收债权保全[②]、税收债权担保、税收优先权、税收滞纳金等。本章主要研究私法保障制度,因为公法保障制度和税收滞纳金问题将在第三编税收程序法中作专门研究,故不赘述。

第一节 税收之债的保全

随着我国市场经济的发展,以法人为主体的多种经济形式日益活跃,企业的重组、改制、合并、分立等经济活动增多。与此同时,税收债务人借机规避纳税的现象亦相当突出。鉴于欠缴税款的税收债务人长期拖欠税款,不积极行使自己的到期债权,或者擅自处置、浪费国家资产;有的还以无偿转让财产或低价转让财产的方式,逃避偿还欠缴的税款,损害了国家税收。对此,《税收征管法》第50条规定税务机关可以行使代位权、撤销权。因此,税收债权保全制度主要包括税收债权人的代位权制度和撤销权制度。

一、税收代位权

(一) 税收代位权的概念

代位权,是指债权人以自己的名义行使债务人对第三人所享有的权利。按照传统的债的相对性理论,债务人是否行使对于第三人的权利,应依债务人的自由意思,债权人不得干涉。但债的关系成立后,债务人对于第三人的以财产为标的物的权利,也应加入债务人的责任财产,作为债务履行的一般担保。1804年的《法国民法典》最早确认了代位权制度,该法典第1166条规定:"债权人得行

[①] 指《税收征管法》第38条规定的税收保全措施。
[②] 指《税收征管法》第50条规定的税收代位权和税收撤销权。

使其债务人的一切权利和诉权,但权利和诉权专属于债务人本人者,不在此限。"《西班牙民法典》、《意大利民法典》、《日本民法典》等都仿照《法国民法典》规定了代位权制度。我国1999年制定的《合同法》首次规定了代位权制度,该法第73条规定:"因债务人怠于行使其到期债权,对债权人造成损害的,债权人可以向人民法院请求以自己的名义代位行使债务人的债权,但该债权专属于债务人自身的除外。"

税收作为一种公法之债已为大多数国家所承认,因此,一些国家借鉴民法代位权制度,在税法中规定了税收代位权。所谓税收代位权,是指当税收债务人怠于行使其对第三人所享有的权利而危及税收债权时,税收债权人为保全自己的债权,可以自己的名义代位行使税收债务人对第三人所享有的权利。

我国《税收征管法》第50条,为征税机关代表税收债务人行使代位权提供了明确的法律依据,但对于税收债权人如何行使代位权、行使代位权的条件是什么,《税收征管法》仅规定,税务机关可以依照合同法的相关规定行使代位权。这表明,税收债权人的代位权与私法上债权人的代位权没有实质的区别,税收之债是在借鉴私法之债的保全制度来保障其权利的实现。

(二) 税收代位权的性质

税收代位权制度源自民法债法上的代位权制度,因此,探讨税收代位权的性质也必须从考察民法债法上代位权的性质入手。在民法上,代位权是债权固有的一种法定权能,是对债的相对性原则的一种突破,属于债的对外效力。[①] 根据民法的意思自治原则和债的相对性理论,债务人是否行使其对于第三人的权利,应依其自身的自由意思,债权人不得干涉。但是,当债的关系成立后,债务人的一切财产均应作为债权实现的一般担保,这里的"一切财产"即责任财产,当然包括债务人对第三人的以财产为标的的权利。债权的实现就体现为债务人从其责任财产中分出相当于债务份额的部分给债权人。因此,债权人债权的实现与债务人责任财产的状况紧密相关。如果债务人对第三人享有到期债权而怠于行使,致使其自身的责任财产减少,债权人实现其债权就有受到损害的可能。此时若拘泥于债的相对性原则,债权人不能向第三人主张任何权利,就会损害债权人的合法权益并进而影响既已形成的社会秩序。因此,法律允许债权人代位行使债务人的权利,保持责任财产以实现自己的债权,成为必要的选择。可见,代位权制度反映了某些特殊情形下的社会利益,它是在权衡债权人利益与债务人意思自治及交易安全三者关系的基础上特别设立的债权保全制度。

和民事债权代位权一样,税收代位权也是从属于税收债权的一种特别权力,

[①] 参见刘剑文、魏建国:《新修订的〈税收征管法〉在我国税法学上的意义》,载《税务研究》2001年第9期。

它同样具备管理权、请求权和保全权能的特征。因其具备管理权的特征,税务机关在行使税收代位权时,应负注意义务,由于税务机关这一主体的特殊性,这一注意义务就显得格外重要;因其具备请求权的特征,税务机关应有权要求纳税人的债务人直接向其履行义务;因其具备保全权能的特征,当纳税担保、税收保全措施和强制执行措施等制度无法保证纳税义务实现的时候,税收代位权制度就可以保证纳税义务的实现,使税收债权得到最终实现。需注意的是,税收毕竟是一种公法之债,和私法之债相比有其特殊性,税收代位权也是如此,税收代位权又是从属于税收之债的一种特殊权力,具有强烈的债权属性,这就与税务机关行使的其他税收行政权力,如采取税收保全措施、强制执行措施的权力有所不同。同时,税收代位权与税收撤销权也不同,税收代位权针对的是纳税人消极不行使其权利的状况,而税收撤销权针对的是纳税人积极处分其财产导致其责任财产减少的情形。

(三) 税收代位权的构成要件

1. 税收债务已经确定并已逾清偿期,存在税收债务人欠缴税款的事实

在法定期限内纳税是税收债务人的权利,所以,清偿期对于税收债务人来说也是一种期限利益。当税收债务还未到期时,如果税务机关通过行使代位权而干预税收债务人的民事处分权,则实际上改变了税收债权人与税收债务人之间的债务履行期限,使税收债务人提前履行,这无异于是对税收债务人法定期限利益的剥夺。所以,我国《税收征管法》第50条规定,行使税收代位权的必要条件之一是税收债务人"欠缴税款",但并未对其作出进一步界定。本书认为,"欠缴税款"是指在法定的或税务机关核定的缴纳期限届满后,税收债务人仍然没有履行税收债务。

2. 税收债务人和其第三人之间存在到期的债权

税收债务人对于第三人的权利,是税收债权人代位权的标的和客体。税收代位权属于涉及第三人的权利,如果税收债务人的权利与第三人无关,就不能成为税收代位权的对象。在传统民法上,代位权客体是很广泛的,凡是影响到债务人财产状况的权利,都可以代位行使,包括纯粹的财产权利,如合同债权、基于无因管理或者不当得利发生的财产偿还请求权、所有权以及物上请求权(如所有物返还请求权)、担保物权、以财产利益为目的的形成权(如合同解除权、买回权、选择之债的选择权)、基于财产损害赔偿或债务不履行发生的损害赔偿请求权、抵销权、债务人享有的代位权或撤销权、履行受领权等;主要为财产性质的权利,如因重大误解、显失公平所发生的撤销权与变更权;诉讼上的权利,如代位提起诉讼、申请财产保全、申请强制执行。但上述权利目前尚未纳入税收代位权的范围。此外,根据《合同法司法解释》,对于专属于税收债务人自身的债权,不能代位行使。这些权利是指:基于扶养关系、抚养关系、赡养关系、继承关系产生的

给付请求权和劳动报酬、退休金、养老金、抚恤金、安置费、人寿保险、人身伤害赔偿请求权等权利。

3. 税收债务人怠于行使其到期债权

首先,税收债务人的债权必须已经到期。只有当税收债务人对第三人的债权已经到期,才能谈得上怠于行使的问题,税收债权人才能主张税收代位权。税收债务人对次债务人(即税收债务人的债务人)的债权是否到期,应当根据情况分别进行判断。其次,税收债务人必须怠于行使债权。一般而言,"怠于行使"是指应当行使并能够行使而不行使的状态。"应当行使",是指如果不及时行使,则该权利将有消灭或丧失的可能,如请求权因时效届满而消灭,受偿权将因不申报破产债权而丧失,等等。"能够行使",是指不存在行使权利的任何障碍,债务人客观上有能力行使其权利。"不行使",是指债务人客观上消极地不作为,至于这种不作为的原因及主观上有无过错,在所不问。根据我国《合同法司法解释》第 13 条,"怠于行使"是指税收债务人能够通过诉讼方式或仲裁方式向次债务人主张权利,但一直未向其主张权利。可见,司法解释关于"怠于行使"的含义在外延上狭窄了许多,它将税收债务人在诉讼或仲裁之外主张其权利的方式排除在怠于行使的情形之外。

4. 税收债务人怠于行使债权的行为对国家税收债权造成了损害

法律设立代位权制度的目的是保障债权的实现,在该目的能够达到的情形,债权人就没有必要行使代位权。因此,税收代位权的成立除需要具备上述三个要件外,还需要有对国家税收造成损害的要件,即税收债务人怠于行使其到期债权导致其偿还债务能力的减弱,从而对国家税收债权造成损害。在民法上,判断对债权人造成损害的标准,法国以债务人陷入无资力为标准;日本和我国台湾地区认为,对不特定债权及金钱债权,应以债务人是否陷于无资力为标准,对特定债权及其他与债务人资力无关的债务中,则以有必要保全债权为条件。在税法上,判断对税收债权造成损害的标准,必须是"纳税人无资金能力,以其一般财产不能征收税款的全额"[①]。由于税收债权是金钱债权,所以税收债务人怠于行使对第三人债权的行为是否对国家税收造成损害,也应当以税收债务人陷于无资力为标准。

二、税收撤销权

(一)税收撤销权的概念

在民法上,撤销权又称废罢诉权,是指债权人在债务人与他人实施处分其财产或权利的行为危害债权的实现时,得申请法院予以撤销的权利。撤销权制度

[①] 〔日〕金子宏:《日本税法》,战宪斌等译,法律出版社 2004 年版,第 473 页。

最早起源于罗马法,以后为近现代各国民商事立法普遍采用。我国1999年《合同法》首次规定了撤销权制度,该法第74条第1款规定:"因债务人放弃其到期债权或者无偿转让财产,对债权人造成损害的,债权人可以请求人民法院撤销债务人的行为。债务人以明显不合理的低价转让财产,对债权人造成损害,并且受让人知道该情形的,债权人也可以请求人民法院撤销债务人的行为。"2006年通过的《企业破产法》第31条、第32条规定了企业破产中的撤销权,从而进一步完善了我国的撤销权制度。

所谓税收撤销权,是指税收债权人在税收债务人与他人实施处分其财产或权利的行为危害税收债权的实现时,可以申请人民法院对此行为予以撤销的权利。

我国《税收征管法》第50条规定,欠缴税款的纳税人因放弃到期债权,或者无偿转让财产,或者以明显不合理的低价转让财产而受让人知道该情形,对国家税收造成损害的,税务机关可以依照《合同法》第74条的规定行使撤销权,从而第一次在法律上确立了税收撤销权制度。规定税收撤销权,有助于防止税收债务人滥用财产处分的权利来逃避税收债务,保证国家税款的及时足额入库,促进税收公平地实现。

(二) 税收撤销权的性质

关于撤销权的性质,民法上主要有三种观点:一是请求权说,认为撤销权是指债权人对于因债务人的行为而受有利益的人请求返还的权利,故又称为债权说,提起撤销的诉讼为给付之诉。二是形成权说,认为撤销权是指根据债权人的意思,而使债务人与第三人之间的法律行为的效力溯及既往地消灭,所以它是一种形成权,此种诉讼称为形成之诉。三是折中说,认为债权人行使撤销权,不仅以撤销债务人与第三人之间的行为为内容,而且含有请求恢复原状以取得债务人财产的作用,因而兼具形成权和请求权双重性质。这种折中说为通说,一方面,债权人行使撤销权以撤销债务人与第三人之间的民事行为为内容,债务人在该财产上的地位得以回复;另一方面,债权人行使撤销权可请求因债务人的行为而获得利益的第三人返还财产,从而恢复债务人的责任财产的原状,但撤销权的主要目的乃是撤销民事行为,返还财产只是因行为的撤销所产生的后果。另外,撤销权是附属于债权的实体权利,债权不存在、无效、被撤销或者因时效已过等原因消灭的,撤销权亦不能单独存在,债权转让时撤销权也随之转让。①

按照我国《税收征管法》,税收撤销权依照《合同法》的相关规定行使。因此,税收撤销权的性质同样表现在形成权和请求权两个方面,即税收撤销权的行使,使税收债务人与第三人之间的法律行为溯及既往地消灭,从而恢复欠税的税

---

① 参见施政文:《税收债法论》,中国政法大学出版社2008年版,第324页。

收债务人的责任财产原状,并产生第三人返还财产的效果。另外,税收撤销权是税收债权的一项权能,是附属于税收债权的特别实体权利,不得与税收债权分离而进行处分。这也是由于税收债权是公法上的债权,具有公益性和权力性,作为税收债权人的税务机关不得随意抛弃、转让或变更,所以依法行使税收撤销权既是税务机关的一项权力,也是其必须履行的义务,由此使之与普通的民事撤销权相区别。

税收撤销权与税收代位权不同,税收撤销权针对的是税收债务人不当处分财产的积极行为,行使撤销权旨在恢复税收债务人的财产;而税收代位权针对的是税收债务人不行使债权的消极行为,行使代位权旨在保持税收债务人的财产。此外,在行使要件、行使效果等方面,两者也存在区别。

(三) 税收撤销权的成立要件

税收撤销权的成立要件包括客观要件和主观要件两个方面。

1. 客观要件

客观要件主要包括:(1) 前提要件:税收债务已经确定并已逾清偿期,存在税收债务人欠缴税款的事实。(2) 行为要件:一是税收债务人必须实施了一定的处分财产的行为。根据《税收征管法》第 50 条和《合同法》第 74 条第 1 款,只有当税收债务人放弃到期债权、无偿转让财产、以明显不合理的低价转让财产时,税收债权人才能行使撤销权。二是税收债务人的行为必须于税收债权发生后有效成立并继续存在。(3) 结果要件:税收债务人的行为危害债权,使债权有不能实现的危险。通常情况下,税收债务人放弃到期债权、无偿或低价转让财产的行为,本来属于当事人意思自治的范畴,税收债权人无权干涉。只有当税收债务人的行为使其财产减少到足以危害税收债权实现的情况下,或者税收债务人的财产不足以履行其税收债务,而有实行税收债权保全的必要时,税收债权人才能行使撤销权,否则,就会过分干预税收债务人的权利。

上述客观要件的核心是税收债务人实施了危害税收债权的行为,或称诈害行为。但税收债务人的行为必须以财产为标的,不以财产为标的的行为,因与税收债务人的责任财产无关,不得撤销。

2. 主观要件

税收撤销权成立的主观要件,是指税收债务人与第三人须具有恶意,即明知其行为有害于税收债权而仍为之的主观状态。在德国、瑞士和我国台湾地区的民法中,撤销权的成立是否需要主观要件,视债务人的行为系有偿行为与无偿行为而不同。对于无偿行为,仅须具备客观要件即可行使撤销权。对于有偿行为,必须以税收债务人和第三人的恶意为要件。仅仅一方有恶意,而另一方为善意,不能发生撤销的后果。我国《税收征管法》第 50 条也区分了有偿行为与无偿行为,而对主观要件作出了不同的要求:对"以明显不合理的低价转让财产"的有偿行为,规定须具备"受让人知道该情形"的主观要件;对"因放弃到期债权,或者无偿转让财产"的无偿行为,没有规定须具备主观要件。

由此可知,对于有偿行为,一般要求具有恶意的主观要件。但在我国《税收征管法》第 50 条中,税收债务人"以明显不合理的低价转让财产而受让人知道该情形",只提到受让人的恶意问题,并没有提到税收债务人的恶意。对于税收债务人恶意的认定,我国《税收征管法》基本上采纳了观念主义,即只要税收债务人明知自己的转让价格属于明显不合理,从而有害于税收债权人的债权,就表明其具有恶意,而不要求税收债务人具有诈害的意思,这就减轻了税收债权人对税收债务人恶意的举证负担。

第二节 税收之债的担保

税法虽规定了税收保全制度,但这些制度仍不足以保障税收债权人债权的有效实现。这是因为,第一,税收之债保全制度针对的是税收债务人的一般财产而非特定财产,税收债权人对这些特定财产不享有特殊的支配权和优先受偿权,因此,实际上无法保证税收债务人不为危害税收债权实现的行为。第二,采用税收之债保全的前提是掌握有关税收债务人与第三人之间的债权债务关系的信息,这需付出很大的成本,有时甚至超过税收本身所能带来的收益。第三,税收之债的保全是事后保障税收债权实现的权利,且必须满足法定要件才能行使,行使程序也比较复杂,不利于充分保障税收债权的实现。因此,税收之债采用具有民事担保特性的纳税担保制度,是一般市场经济国家的通行做法。① 它能够更有效地保障税收债权人的利益。

一、税收之债担保的一般理论

(一) 税收之债担保概念

税收之债的担保是各国税法普遍规定的一种税收债权保障制度。这一制度是借鉴成熟的私法担保制度建立起来的,是税法私法化的结果之一。由于各国立法和实践不一,目前学界对税收之债担保的概念未形成统一认识。通说认为,税收之债的担保是通过以第三人的信用或者特定的财产作为税收债务人及时足额履行税收债务的保证,促使税收债务人履行其税收债务,确保国家税收债权实现的法律措施。

---

① 前南斯拉夫税法规定,为保证税款不受损失,在某些情况下必须确定纳税担保人。例如:出售商品时,若收购人由于购买此项商品而产生纳税义务,则售货人即被视为纳税者的担保人。挪威规定承担纳税义务的公民打算到国外居住,而且居住的时间至少六个月,在纳税人离开挪威以前,必须缴纳其向挪威政府承担的所有税款,或将其财产的一部分作为税款的抵押品。

第十章 税收之债的保障

（二）税收之债担保的性质

税收担保属于公法制度还是私法制度，对其法律性质的正确认定，关乎社会公益和纳税人及第三人权益的保护。

作为公法私法化重要表现的税收担保，无疑在很多方面与私法上的担保存在相通之处。如设定担保都需协商签订担保合同；担保的形式一般都采取保证、抵押、质押等形式；担保的范围一般包括主债权及其孳息、滞纳金、违约金等；担保人履行担保义务后都能向被担保人行使代位求偿权等。如果将税收担保定性为私法制度，税务机关可以直接适用私法规范来确定税收担保相关主体的权利和义务，可以节约很多立法资源，也便于理解和操作；同时税务机关只能以私法主体的名义行使担保权，不享有自力执行权，不能直接采取保全措施或强制执行措施。同理，它只能通过民事诉讼的途径向法院起诉，待取得确认权利的判决之后再申请法院强制执行，这有利于驯服课税公权，体现了对私人自由及权利的尊重。但是，私法与公法相通的一些制度，只是一个法律适用的技术问题，并不足以取消公法和私法的界限，更不能使从私法中借鉴过来的制度仍然保留其私法属性。[①] 因此，本书认为，税收之债的担保是一种私法化的公法制度。

首先，基于税收公益性的制度安排。赋予公法主体以相对于私人的优越地位和许多特权，这是公法上公共利益本位的一种表现，是为了更好地保护个人利益而不得不为的选择。否则，如果剥夺公法主体的各种特权，从形式上看似乎贯彻了平等原则，但实质上是一种极无效率的举措，因为它将导致公法维护公共利益目的落空，并最终损及个人利益的实现。所以，如果将税收担保归入私法的范畴，则民事诉讼旷日持久的特征将使税收担保的功能消弭殆尽。[②]这种结果显然有违税收担保制度设计的初衷，最终也会使体现公共利益的税收受到损害。

其次，基于税收征管的立法实践。各国立法对税收担保人逾期未缴纳所担保的税款都规定了强制执行措施，而实行强制措施的主体主要是征税机关，即使是行政强制执行在以法院按司法程序进行的英美法系国家也是如此，我国台湾地区的行政强制执行则是移送"法务部"专门设立的行政执行处执行。我国《税收征管法》第88条的规定中，既有行政机关自行执行的模式，也有行政机关申请人民法院强制执行的模式，这显然与普通民事担保不履行时的解决方式不同。后者只能由担保权人向法院提起诉讼，胜诉后由法院强制执行。

再次，基于税收担保合同的性质。税收担保合同是在税务机关和税收担保人之间成立的法律关系，税务机关作为国家行政机关在这一法律关系中居于优越地位，主导着整个税收担保合同订立和履行的全过程。同时，税收担保也表现

---

① 参见刘剑文、熊伟：《税法基础理论》，北京大学出版社2004年版，第404—405页。
② 同上。

出不同于一般行政行为的明显特征,这就是税收担保的合意性①。正是这种合意,决定了税收担保的核心是一种行政合同。

(三) 税收之债担保的适用

一般而言,纳税人提供担保的原因主要有两类,一是要求税务机关为一定行为;二是阻止税务机关为一定行为。前者包括异地申请领购发票、核发纳税文书、进口货物先放后验等;后者包括阻止税务机关之税收保全、阻止税务机关之强制执行以及排出应税物品之扣留等。② 根据《税收征管法》及其实施细则、《纳税担保试行办法》,纳税人有下列情况之一的,适用纳税担保:

一是税务机关有根据认为从事生产、经营的纳税人有明显的转移、隐匿其应纳税的商品、货物以及其他财产或者应纳税的收入的迹象的,税务机关可以责成纳税人提供纳税担保;

二是欠缴税款人需要出境的,应当在出境前向税务机关付清应纳税款或者提供担保;

三是纳税人、扣缴义务人、纳税担保人同税务机关在纳税上发生争议而未缴纳或解缴税款,需要申请行政复议的,必须提供纳税担保。

(四) 税收之债担保的范围

私法之债担保的范围一般包括主债权及其利息、违约金、损害赔偿金和实现债权的费用,担保合同另有约定的,从其约定。在税收债务关系中,税收债务人如果在规定的时限内未能申报纳税,税务机关常常依法对其加征税收附带给付,如滞纳金、利息、滞报金等;如果有其他违法情节,可以处以罚款;构成犯罪的,还可以由法院判处罚金。税收之债担保的效力及于主债权当无异议,但是否及于附带给付、罚款甚至罚金,我国《税收征管法》及其实施细则没有明确规定。只在《纳税担保试行办法》第 5 条规定:纳税担保范围包括税款、滞纳金和实现税款、滞纳金的费用。费用包括抵押、质押登记费用,质押保管费用,以及保管、拍卖、变卖担保财产等相关费用支出。

二、税收之债担保的种类

我国《担保法》规定了定金、抵押、质押、留置和保证五种担保方式。《税收征管法》没有对担保的种类作出规定,但《税收征管法实施细则》第 61 条第 1 款规定:"税收征管法第三十八条、第八十八条所称担保,包括经税务机关认可的纳税保证人为纳税人提供的纳税保证,以及纳税人或者第三人以其未设置或者

---

① 税收担保的合意性是指:纳税人提供担保是合意的结果;税法可以在不同的场合要求纳税人提供担保,但不能对担保的每一个细节作出明确的规定,因此需要担保人与税务机关进行协商;税收担保设定之后,担保人基于某些正当理由,可以要求变更担保的形式,或者双方约定的其他内容。

② 参见刘剑文、熊伟:《税法基础理论》,北京大学出版社 2004 年版,第 400—402 页。

未全部设置担保物权的财产提供的担保。"从法律解释学上看,该条并没有排除保证金、留置、定金等作为物的担保形式。但一般认为,定金主要适用于双务合同,在税法上无适用的余地;而留置,担保法将其限定在保管合同、运输合同、加工承揽合同而占有债务人财产的情形,法律另有规定的除外。在我国税法上的留置主要是《海关法》第60条第2款的规定。[①] 因此,在税收之债担保中可以适用的担保形式主要是抵押、质押和保证。

(一) 纳税保证

1. 纳税保证的概念

纳税保证,是指第三人(纳税保证人)与征税机关约定,当税收债务人不履行税收债务时,由第三人按照约定履行税收债务或者承担责任的行为。纳税保证属于人的担保,不同于物的担保,它不是以具体的财产提供担保,而是以纳税保证人的信用和不特定的一般财产为他人的债务提供担保。

《纳税担保试行办法》第7条第1款规定:"纳税保证,是指纳税保证人向税务机关保证,当纳税人未按照税收法律、行政法规规定或者税务机关确定的期限缴清税款、滞纳金时,由纳税保证人按照约定履行缴纳税款及滞纳金的行为。税务机关认可的,保证成立;税务机关不认可的,保证不成立。"由此可见,纳税保证具有从属性。税收主债务关系的效力对纳税保证合同的效力有决定性的影响,保证债务以税收主债务的成立为前提要件,并因主债务的消灭而消灭。

2. 纳税保证人的资格

税务机关在设定担保时,必须认真考虑担保人的担保能力,这在体现人身信任性质的保证担保中尤为重要。作为保证人应当具有清偿债务的能力,否则,在债务人不履行债务时就无法承担保证责任。

各国税法对纳税保证人的资格都有所规定。我国《担保法》第7条规定:"具有代为清偿债务能力的法人、其他组织或者公民,可以作保证人。"《税收征管法实施细则》第61条第2款规定:"纳税保证人,是指在中国境内具有纳税担保能力的自然人、法人或者其他经济组织。"《海关法》第67条规定:"具有履行海关事务担保能力的法人、其他组织或者公民,可以成为担保人。法律规定不得为担保人的除外。"因此,"具有代为清偿债务能力"或者"具有纳税担保能力",是法人、其他组织或者公民作为纳税保证人的基本条件。一般来说,保证人为他人提供保证时,其拥有的财产应当大于所担保债务的数额。《纳税担保试行办法》第8条规定:"纳税保证人,是指在中国境内具有纳税担保能力的自然人、法人或者其他经济组织。法人或其他经济组织财务报表资产净值超过需要担保的税额及滞纳金两倍以上的,自然人、法人或其他经济组织所拥有或者依法可以处

---

① 参见杨小强:《税法总论》,湖南人民出版社2002年版,第161—164页。

分的未设置担保的财产的价值超过需要担保的税额及滞纳金的,为具有纳税担保能力。"

法律法规还对不得为纳税保证人的主体范围作出了规定。《税收征管法实施细则》第 61 条第 3 款规定:"法律、行政法规规定的没有担保资格的单位和个人,不得作为纳税担保人。"《纳税担保试行办法》第 9 条对不得作为纳税保证人的主体范围和情形作出了具体规定。

纳税担保人同意为纳税人提供纳税担保的,应当填写纳税担保书,写明担保对象、担保范围、担保期限和担保责任以及其他有关事项。担保书须经纳税人、纳税担保人签字盖章并经税务机关同意,方为有效。

3. 纳税保证的责任

保证责任既可以是补充责任,也可以是连带责任。保证的补充责任意味着保证人拥有先诉抗辩权,税务机关只有强制执行纳税人的全部财产仍然不能满足其税收债权时,才能要求保证人承担责任。但是这种程序非常繁琐,不利于保障税收债权的安全。从各国立法看,在税收担保中不承认纳税担保人的先诉抗辩权,如《德国税收通则》第 224 条要求保证人放弃先诉抗辩权。根据《纳税担保试行办法》,我国税收保证为连带责任保证,即纳税担保人对所担保的税款及滞纳金与纳税人承担连带责任。当纳税人在税收法律、行政法规或税务机关确定的期限届满未缴清税款及滞纳金的,税务机关即可要求纳税担保人在其担保范围内承担保证责任,缴纳担保的税款及滞纳金,纳税担保人不享有先诉抗辩权。

(二) 纳税抵押

1. 纳税抵押的概念

我国《物权法》第 179 条规定:"为担保债务的履行,债务人或者第三人不转移财产的占有,将该财产抵押给债权人的,债务人不履行到期债务或者发生当事人约定的实现抵押权的情形,债权人有权就该财产优先受偿。"参照《物权法》的规定,所谓纳税抵押,是指纳税人或纳税担保人不转移法律规定范围内财产的占有,将该财产作为履行税收债务的担保,纳税人不履行税收债务或者发生当事人约定的实现抵押权的情形,征税机关有权依法处置该财产并优先受偿。

2. 纳税抵押的性质

在性质上,纳税抵押权是以担保税收债权为目的的担保物权,是对抵押物所有权附加的一种负担或限制,是最典型的公法担保物权,其法律特征是:

(1) 支配性。作为抵押权人的征税机关可直接支配抵押物的价值,在纳税人不履行税收债务时,依法处置抵押物优先受偿。

(2) 优先性。纳税抵押权优先于纳税人的其他普通债权受偿。

(3) 从属性。纳税抵押权为担保税收债权的权利,故具有从属于主债权的性质。这种从属性表现在:一是成立上的从属性,纳税抵押权原则上以一定的税收债权关系的存在为成立前提;二是消灭上的从属性,主税收债权消灭,纳税抵押权也消灭;三是处分上的从属性,纳税抵押权不得与税收债权分离而单独转让或者作为其他债权的担保。

(4) 不可分性。纳税抵押权设定后,抵押权与抵押物均作为一个整体存在,抵押物被分割或被转移一部分时,抵押权不因此而受影响;抵押权所担保的税收债权被分割或被部分转让时,抵押权不因此而受影响。

(5) 物上代位性。抵押权的内容和目的是抵押物的交换价值,因此,抵押权的效力及于抵押物的替代物。《纳税担保试行办法》第 22 条规定:"在抵押物灭失、毁损或者被征用的情况下,税务机关应该就该抵押物的保险金、赔偿金或者补偿金要求优先受偿,抵缴税款、滞纳金。抵押物灭失、毁损或者被征用的情况下,抵押权所担保的纳税义务履行期未满的,税务机关可以要求将保险金、赔偿金或补偿金等作为担保财产。"

(6) 追及性。抵押人将抵押财产转让给他人时,征税机关仍得追及该财产而行使其抵押权。

(7) 特定性。为使抵押权的存在或变动从外观可以认识,以避免第三人遭受不测之损害,需要借公示原则以特定抵押物和被担保债权的范围,包括抵押权标的物的特定和抵押权所担保的税收债权的特定。①

(三) 纳税质押

1. 纳税质押的概念

纳税质押,是指纳税人或者第三人将其财产移交征税机关占有,作为税收债权的担保,纳税人不履行税收债务时,征税机关有权依法以拍卖、变卖该财产的价款优先受偿的担保方式。提供特定财产以供担保的纳税人或第三人为出质人,作为税收债权人的征税机关为质权人,交付的特定财产(动产、权利)为质押财产,征税机关享有的权利即为质权。

2. 纳税质权的性质

纳税质权在性质上属于纳税担保物权,是对于担保物的交换价值直接和排他的支配权。它与同为纳税担保物权的纳税抵押权的主要区别,就是移转标的物的占有。纳税质权是以征税机关占有质押财产为生效条件的,自出质人向征税机关交付动产或权利凭证时起成立。这一区别也使纳税质押具有不同于纳税抵押的作用:一是公示作用,征税机关占有质物,其本身就可公示纳税质权的存在,这使得那些不能登记的财产难以设定纳税抵押权的动产(如衣物、家电、古董字画、珠宝首饰等这类主观使用价值较客观经济价值更高的物品)可以充当

---

① 参见施政文:《税收债法论》,中国政法大学出版社 2008 年版,第 403—404 页。

质物。二是留置作用,纳税质权在被担保的税收债权受清偿之前,具有留置担保物的权能。征税机关得占有担保物,并收取孳息。纳税质权作为纳税担保物权的一种,它同样具有担保物权的一般特征,如从属性、不可分性、物上代位性、优先受偿性等。

3. 纳税质押分类

根据质权标的类别,纳税质押分为纳税动产质押和纳税权利质押两类。纳税动产质押是以动产为质押财产而设定的纳税质押,为纳税质押的一般形式;纳税权利质押是以票据、证券、知识产权中的财产权利等为质押财产而设定的纳税质押。纳税权利质押的性质与纳税动产质押相同,所不同的是,在标的物的占有方面,纳税动产质押只要动产移转由征税机关占有即可,而以知识产权中的财产权、股票、股份等设定纳税质押,则要进行登记。在质押财产的使用方面,在纳税动产质押中,征税机关将质押财产留置保管,但无权使用,当然也阻止了出质人的使用;在纳税权利质权特别是债权质押、股份质押场合,出质人没有特别的使用价值被阻止利用,出质人的损失最小。在优先受偿方面,纳税动产质押的留置作用最显著;在纳税权利质押尤其是以有价证券为标的物的权利质押场合,其换价容易。

我国《税收征管法实施细则》第 62 条规定:"纳税人或者第三人以其财产提供纳税担保的,应当填写财产清单,并写明财产价值以及其他有关事项。纳税担保财产清单须经纳税人、第三人签字盖章并经税务机关确认,方为有效。"这里的纳税担保主要指的是抵押和质押。

第三节 税收之债的优先效力

我国《税收征管法》第 45 条规定了税权与其他权利并存时的清偿顺序:(1) 税收优先于无担保债权;(2) 税收附条件地优先于担保物权;(3) 税收优先于罚款、没收违法所得。此规定意味着我国首次确立了税收优先权制度,具有标志性的意义。但《税收征管法》与《企业破产法》、《商业银行法》、《保险法》等关于税收优先权的规定存在一些矛盾与冲突的地方。

一、税收优先权的一般原理

(一) 税收优先权的概念

所谓税收优先权是指税收债务人未缴纳的税款与其他未清偿的债务同时存在且其剩余财产不足清偿全部债务时,税收可以排除其他债权而优先受偿的权利。从我国税收优先权的有关规定看,税收优先权一般是指优先于普通债权,即无担保债权。当税收优先权与其他同样可以优先于普通债权而受偿的权利发生冲突时,则根据不同的情况确定它们之间的受偿顺序。

(二) 税收优先权的类型

按照不同的标准,可以将税收优先权划分为不同的类型。根据税收优先权的标的物范围的不同,可以将税收优先权划分为一般税收优先权与特殊税收优先权。

1. 一般税收优先权

所谓一般税收优先权,是指在税收债务人的不特定财产上存在的优先权。一般税收优先权的标的物不是特定的,可以是多个动产,也可以是多个不动产或者是债务人的全部财产。一般税收优先权是各国税法中税收优先权的主要形式。我国《税收征管法》第45条并没有明确规定税收优先权存在于哪些财产上,但按照我国法律规定,无担保债权是以债务人的全部财产清偿的,同时税收优先于无担保债权,因此可以得出结论:我国的税收优先权是在纳税人的不特定财产上存在的优先权,即一般税收优先权。

2. 特殊税收优先权

所谓特殊税收优先权,是指在税收债务人的特定财产上存在的优先权,标的物特定、公示性比较强、执行相对便利是税收特殊优先权所具有的特点。特殊税收优先权又可以分为不动产上的特殊税收优先权和动产上的特殊税收优先权。根据我国《海商法》,船舶吨税对产生该海事请求的船舶享有船舶优先权。这里船舶吨税所享有的优先权便是动产上的特殊税收优先权。我国法律对不动产上的特殊税收优先权没有明文规定,但《城市房地产抵押管理办法》规定,处分抵押房地产所得金额,依下列顺序分配:(1) 支付处分抵押房地产的费用;(2) 扣除抵押房地产应缴纳的税款;(3) 偿还抵押权人本息及支付违约金;(4) 赔偿由债务人违反合同而对抵押权人造成的损害;(5) 剩余金额交还抵押人。由此可见,不动产上的特殊税收优先权在我国是存在的。

(三) 税收优先权的性质

税收优先权的性质有物权优先权说与债权优先权说的学术论争。物权优先权说认为,税收优先权作为民事优先权制度在税法领域的延伸,具有优先权的一些固有特性,同样具有担保物权的性质。债权优先权说则认为,税收优先权是税收债权基于法律的规定而享有优先受偿的效力,其优先于一般债权,但与担保物权产生冲突时,根据物权优先于债权的原理,在法律没有特殊规定的情况下,物权具有优先的效力。

对于税收优先权的性质,本书赞同物权优先权说。因为判断税收优先权究竟是物权优先权还是债权优先权,关键要看它是一项实体性权利还是程序性权利,而这又要从权利的设定是否会直接影响当事人之间法律关系的实质内容这一角度进行考量。税收优先权应为一项实体性权利。因为优先权的加入,改变了债权的平等受偿性,对当事人之间的债权债务关系造成了实质性影响。①

二、税收优先权的法理基础

与其他普通债权相比,税收为什么能优先受偿?税收是否应该绝对地优先于所有普通债权?回答这些问题,应基于一定的法理。

1. 税收法律关系是公法上的债权债务关系,它与私法上的债权债务关系是有共通性的。私法为保证私法债权的有效实现而设立了担保物权制度,以使担保债权可以优先于普通债权而得到清偿。那么在公法上亦可以为保证税款的征收而设立税收优先权制度,以使税收债权优先于普通债权而得到清偿。

2. 税收的公益性使其应当也有理由优先于私人利益。在现代税收国家,税收是国家的物质基础,一国内政、外交、国防等事业的推动与展开,有赖于税收维持。由于私法债权的保障和实现,有赖于以税收为主要收入的国家司法制度的建立及司法行使,所以,税收可以视为一种保护私法债权的最基本的共益费用。② 而共益费用的支出因有利于全体债权人,私法一般赋予其最优先受偿权,如破产费用、清算费用、保存费用等的优先受偿都是基于这一法理,税收也不例外。"可见租税乃公益之所需,非私人债权所可比拟,因之租税应有优先权较妥。"③

3. 税收债权与普通债权相比,获偿的风险更大。第一,私法之债绝大多数为直接的对待给付,债务人在接受对价后履行债务的自愿性较强;而税收债权是一种当事人之间非直接对待给付的债权,税收债务人不易看到其利益,甚至把纳税看做额外支出,税收债务人履行义务的自愿性较弱,而税收债权人又不可能获取充分必要的信息。第二,税收之债只有在法律规定的条件发生时,税务机关才能要求税收债务人提供担保,而民事担保则可以依意思自治的原则自由设定担保。第三,税收债权的优先受偿效力只有在税收债务人的剩余财产不足清偿其全部债务时才会发生,即在破产宣告时发生。而附有担保物权的债权人则无需等到债务人破产宣告,只要债务人不履行债务,债权人即可行使其债权。基于此,应承认税收债权的优先效力。

三、税收优先权与私法债权的效力冲突及协调

(一)税收优先权与普通债权

1. 税收一般优先于普通债权

普通债权,又称为无担保债权,是指没有物的担保的债权,主要指没有设定

---

① 参见申卫星:《信心与思路:我国设立优先权制度的立法建议》,载《清华大学学报》(哲学社会科学版)2005 年第 2 期。
② 参见刘春堂:《租税优先权研究》,台湾租税研究会 1981 年版,第 37 页。
③ 郑玉波:《论租税债权与优先权》,三民书局 1984 年版,第 621 页。

抵押、质押和留置权的债权。税收一般应优先于普通债权受偿,这是税收优先权最基本的含义。许多国家的立法都明确了税收优先于普通债权受偿的原则,我国《税收征管法》第45条第1款规定:"税收优先于无担保债权,但法律另有规定的除外。"我国《企业破产法》从破产清算程序的角度,明确了税收优先于普通债权受偿的原则。值得注意的是,无论税收债权成立于普通债权之前,还是成立于普通债权之后,税收债权都应优先于普通债权受偿。这样规定的目的在于防止税收债务人与第三人故意串通逃税,从而保证税收权益。

2. 特殊的普通债权应优先于税收

对于某些较为特殊的普通债权,法律会赋予其优先于税收的效力。我国《税收征管法》第45条规定的"税收优先于无担保债权,法律另有规定的除外。"这里"另有规定"①的存在,反映了其保障基本人权、维护社会稳定等特殊的立法目的。不论是商业银行、保险公司还是普通公司破产,其破产清算费用均属于共益费用,虽然该费用没有设定担保,属于普通债权,但该费用是保障全体债权人债权受偿所必须支付的费用,应当得到优先受偿。另外,职工的工资和医疗、伤残补助、抚恤费用,所欠的应当划入职工个人账户的基本养老保险、基本医疗保险费用,以及法律、行政法规规定应当支付给职工的补偿金等费用为职工的生存性费用,关系到职工的基本生存权利,不论从保护人权还是维护社会稳定的角度看,都有必要优先于税款受偿。基于维持我国金融体系的稳定、金融市场的交易信心以及社会稳定的考量,银行的个人储蓄存款的本金和利息,应当优先于税款受偿。同理保险公司赔偿或者给付保险金也应得到优先受偿。

(二)税收优先权与附担保债权

1. 税收优先权与抵押权、质权的竞合

通过分析各个国家、地区相关的法律规定可以看出,解决税收优先权与抵押权、质权的效力冲突问题,主要有三种模式:(1)抵押权、质权优先于税收债权,如我国《企业破产法》中的相关规定。(2)税收债权一般不能优先于抵押权、质权受偿,但法律列举的几种特殊税收债权则可优先于质权、抵押权受偿。如我国台湾地区"税捐稽征法"第6条规定,土地增值税,就土地自然增值的部分优先于抵押权。我国台湾地区"最高法院"曾以司法判例的形式认定关税就进口货

---

① 我国《保险法》第89条规定:"保险公司依法破产的,破产财产优先支付破产费用后,按照下列顺位清偿:(一)所欠职工工资和劳动保险费用;(二)赔偿或者给付保险金;(三)所欠税款;(四)清偿公司债务。"《商业银行法》第71条第2款规定:"商业银行破产清算时,在支付清算费用、所欠职工工资和劳动保险费用后,应当优先支付个人储蓄存款的本金和利息。"《企业破产法》第113条规定:"破产财产在优先清偿破产费用和共益费用后,按下列顺序清偿:(一)破产人所欠职工的工资和医疗、伤残补助、抚恤费用,所欠的应当划入职工个人账户的基本养老保险、基本医疗保险费用,以及法律、行政法规规定应当支付给职工的补偿金;(二)破产人欠缴的除前项规定以外的社会保险费用和破产人所欠税款;(三)普通破产债权。破产财产不足以清偿同一顺序的清偿要求的,按照比例分配。"

物优先于质权、抵押权。① 至于其他种类的税收,我国台湾地区税法未作出相关规定,但"从理论和实务上均认为应在抵押权、质权等担保物权之后"②。(3) 税收债权优先于一定时间点之后设定的抵押权、质权,如我国《税收征管法》第 45 条的规定。但我国《税收征管法》将税收优先权产生的时间定为纳税义务发生时,有些不尽合理。这是因为,首先,在民法中,只有债务已届清偿期或者履行期限届满时,债权人才有可能强制债务人履行其债务;有担保的债权人也只有在债务人在履行期或清偿期内未履行其债务时,才可以行使其优先受偿的权利。同理,只有当税收债务人在规定的纳税履行期或清偿期内未缴清税款时,税务机关才能核定纳税人未缴纳的税款数额,通知纳税人限期缴纳税款。只有在期限届满时,税务机关才可以行使其税收优先权。其次,如果规定税收优先权与纳税义务同时产生,对保障国家税收债权是有利的,但对税收债务人的交易相对方则是不公平的。由于信息不对称,交易相对方在为强化债权效力而设定抵押权、质权等担保物权时,是无法获知税收债务人被核定的纳税数额和欠税情况的,担保物权往往由于时间上的滞后,无法发挥其作用。目前《税收征管法》规定由税务机关定期公告税收债务人的欠税情况。对纳税人欠税情况的把握比对纳税人纳税义务发生的把握要容易些,成本也较小。最后,如果税收之债不明确,税务机关也无法行使其税收债权。所以,只有当担保物权的设定于课税核定之后时,所核定的税收才能优先于有担保物权的债权受偿。

2. 税收优先权与留置权的竞合

按照我国《税收征管法》第 45 条,留置权与税收优先权之间的效力冲突与抵押权、质权一样,以权利产生的时间先后来决定何者优先。这一法律规定遭到了学者的批评。留置权是一种法定担保物权,它在符合一定条件时,依法律的规定产生,而不依当事人之间的协议设定,因此留置权具有较强的担保机能。一般情况下,当留置权与抵押权、质权发生冲突时,均优先于这两者,而且因留置权担保的债权往往是有利于保全其他债权人的利益的,所以留置权一般不仅应当优先于抵押权和质权,而且也应当优先于税收债权,而不论留置权与税收优先权两者产生时间的先后。

首先,如果承认税收优先权优先于留置权,则会导致留置物被税务机关强制执行或者留置权人交还该留置物。而留置权便会因为留置权人失去对留置物的占有而丧失,显然这对留置权人是不公平的,同时也削弱了留置权的存在意义。

其次,留置权一般是由于留置权人就标的物提供了材料或者劳务而未得到适当补偿而产生的,留置权往往发生在仓储保管、加工承揽以及货物运输等合同

---

① 参见王泽鉴:《民法学说与判例研究(四)》,中国政法大学出版社 1998 年版,第 353—355 页。
② 同上书,第 355 页。

当中,其为上述合同履行过程中产生的修理、加工以及保管等费用提供担保。留置权人的劳务或行为对留置物的价值起到了保值或增值作用,其行为或劳务已物化到留置物中,而留置物的保值或增值无疑对包括税收债权人在内的所有债权人有益,因而可以将其视为一种共益费用,留置权应当优先于税收债权。

最后,留置权人在履行仓储保管、加工承揽以及货物运输等合同的过程中,是用其所提供的劳动或服务来换取合同相对方所支付的对价,而这种对价在留置权产生的情形中,具有工资或劳动报酬的性质。"工资具有绝对神圣性,必须特予保护,始足实现社会正义"①,"而且依劳工法之发展趋势言,凡处于从属地位为他人服务者,就其工资及类似之债权,于雇主破产时,均享有最优先之受偿权"②。

四、税收优先权与其他公法债权的效力冲突及协调

(一) 税收优先权与罚款、没收违法所得

《税收征管法》第 45 条第 2 款规定:"纳税人欠缴税款,同时又被行政机关决定处以罚款、没收违法所得的,税收优先于罚款、没收违法所得。"这条法律规定包含两层意思:第一,纳税人欠缴税款,同时又被税务机关决定处以罚款、没收非法所得的,税收优先于罚款、没收非法所得。第二,纳税人欠缴税款,同时又被其他行政机关决定处以罚款、没收非法所得的,税收先于罚款、没收非法所得。这意味着当税收债权与罚款、没收违法所得产生效力冲突时,税收债权享有优先权。因为税收债权具有很强的公益性,而罚款、没收违法所得具有很强的制裁性,并不以有益于社会公共利益为目的。就受偿的先后顺序而言,罚款、没收违法所得不但落后于税收债权和担保债权,甚至应该落后于普通债权。这是因为,罚款、没收违法所得是通过公权力对违法行为的处罚,来达到对违法行为人进行惩罚的目的。假如使其优先于其他债权受偿,则有可能造成第三人因债权难以实现而遭受财产损失,使无辜的第三人为他人的违法行为承担责任,有悖于公平原则。

(二) 税收优先权与行政性收费

税收优先权与行政性收费的位序如何安排,我国《税收征管法》及《税收征管法实施细则》均没有明确规定。根据我国台湾地区学者的研究,行政费用原则上是指国家或其他公法人以获得收入为目的,根据公法上的规定所请求的一种金钱给付,其形式包括规费、受益费和特别公课三种。规费是对于公行政的特别的实际上给付(或使用)的对价;受益费则是从行政机关为建立、设置或扩张公共设施或设备的具体花费中获得个人利益的可能性的对价;特别公课是为特

---

① 梁慧星:《民法判例学说与立法研究》,中国政法大学出版社 1999 年版,第 44—45 页。
② 王泽鉴:《民法学说与判例研究(一)》,中国政法大学出版社 2003 年版,第 515 页。

定任务的需要,而对与该特定任务目的有特殊关系的特定群体的国民所课征的公法上的负担。① 可见行政费用的收取,在很大程度上是行政给付的对价,往往并不用于提供保障私权所必需的公共物品,其公益性远远低于税收,因此税收应优先于行政性收费。此外,由于行政给付的对象特定、目的明确,它与行政相对人有很强的直接利益关系,因此行政相对人自觉履行的可能性较大。而税收虽然是取之于民、用之于民,但并不具有直接的报偿性,加之纳税人的搭便车心理,纳税人自觉履行的可能性则相对要低,从这个角度看,也应使税收优先于行政性收费。

本章小结

税收之债兼具公私法债务的混合特征,借鉴私法之债的理论,税法确立了税收之债的保障制度,包括税收债权保全、税收债权担保、税收优先权等。税收债权保全主要包括税收债权人的代位权和撤销权;税收之债采用了纳税保证、纳税抵押和纳税质押等具有民事担保特性的纳税担保制度,能够更有效地保障税收债权人的利益;税收之债相对于普通债权具有优先权,和其他具有优先权的债权发生冲突时要依据不同情况确定它们之间的受偿顺序。

> **思考题**
>
> 1. 根据民法代位权的一般理论,税收债权人的代位权成立的要件主要有哪些?
> 2. 税法设立了税收之债的保全制度,为什么还要设立税收之债的担保制度?
> 3. 税收之债的担保有哪些形式?
> 4. 税收优先权的法理依据是什么?
> 5. 简要论述税收之债和其他具有优先权的债权竞合时的受偿顺序。

---

① 参见陈清秀:《税法总论》,三民书局1997年版,第95—120页。

税收债务法之二 流转税债法制度

绪 论

流转税是我国税收体系中的主体税种,流转税法在我国税法体系中亦占有非常重要的地位。流转税并不是一个单独的税种,而是就流转额进行征税的几个税种的总称,主要包括增值税、消费税、营业税、关税、证券交易税等。

一、流转税的概念

流转税,国际上又称"商品和劳务税",指以纳税人商品和非商品的流转额为征税对象的一种税收。

所谓商品流转额是指商品从生产到消费的整个流转过程中,由于商品交换活动而发生的货币金额,既可以是卖方的销售收入额,也可以是买方购进商品时支付的金额。非商品流转额是指一切不从事商品生产和商品交换的人从事其他生产经营活动所取得的业务或劳务金额,如交通运输业、邮政电信业以及各项服务业等。因此,在税法中,流转额的范围十分广泛,既包括商品销售收入额,也包括各种劳务、服务业的营业额或收入额。

流转税法是指调整因征纳流转税而发生的各种社会关系的法律规范的总称。

二、流转税的特点

流转税以流转额为征税对象,在发挥财政职能和保证国家财政收入上功不可没,多数发展中国家均将其作为主体税种。流转税的特点主要体现在以下几个方面:

(1) 流转税是财政收入的稳定保障。只要存在商品的生产流通,无论生产经营单位的成本大小、费用高低、盈利或亏损都必须按照流转额的一定比例征收流转税。流转税收入会随着商品生产流通活动的增加、交换活动以及其他非商品经营活动的频繁发生而得以保证。

(2) 流转税简便易行。流转税在计算征收时,一般以销售收入或营业收入作为计税依据,采用固定的比例税率或定额税率,计算方式比较便利。

(3) 流转税课税隐蔽。除增值税外,其他流转税都是价内税,形式较为隐蔽,纳税人不易察觉。因为流转税不具备所得税的直观效果,给纳税人的税收负担感较小。

(4) 流转税可以从多方面对经济加以调节。首先是对不同的商品课征不同税负的流转税,可以达到限制或者鼓励商品生产的作用。其次是调节消费与储蓄的比例。对商品课税直接影响到消费,从而影响到消费与储蓄的比例,例如对奢侈品、非生活必需物品开征消费税,以增加对该类物品的消费负担,抑制对这些物品的消费,从而影响居民的储蓄。

三、流转税的历史沿革

(一) 国外流转税制概况

流转税是一种古老的税种,早在简单商品生产过程中就已经存在,发展至今已延续三千多年。但是,流转税毕竟以商品和劳务的流转为发展基础,因此在人类进入市场经济社会之前,流转税不可能成为社会的主体税种。

制度意义上的流转税最早在西方国家产生,比如增值税起源于法国,而我国1979年才从国外引进该税种。目前发达国家一般都有比较完善的流转税体系,如在法国,增值税是其间接税中的主体税种,提供2/3的间接税收入,其征税范围极广,几乎包括法国境内所有流通的商品经营和所提供的劳务收入,而法国也拥有相当完善的增值税计算、征缴体系。在日本,流转税征收称为商品课税,主要是消费税种,包括消费税、地方消费税、酒税、烟税、汽油税、石油液化气税、汽车税等。美国实行联邦、州和地方三级课税制度。联邦政府开征的流转税主要有消费税和关税,但这两个税种并不是联邦政府的主体税种。州政府和地方政府开征的流转税主要有销售税、消费税,只有州政府以销售税为主体税种。

(二) 我国的流转税

我国周朝时期的"关市之征"和"山泽之征"可以说是流转税的萌芽。新中国成立后,从1950年开始统一全国税种,公布了几个有关流转税方面的税收条例,这标志着在全国范围内开始建立社会主义新税制。后历经几度变革,直至1994年前后,伴随着社会主义市场经济体制的逐步确立,我国的税制机构也进行了重大的调整。1993年12月13日,国务院颁布的《增值税暂行条例》、《消费税暂行条例》、《营业税暂行条例》,基本确立了我国现行的流转税框架。2008年,为了适应经济的发展,调整十余年来已与经济形势明显不符的相关税收制度,我国对流转税再次进行了重大改革,《增值税暂行条例》、《消费税暂行条例》、《营业税暂行条例》都在这一年的年底进行了重大修订,相关的实施细则也随之重新颁布。

第十一章　增值税法律制度

增值税法在流转税法律体制中的地位举足轻重，而增值税本身也是最为优越的流转税税种。进入 21 世纪，增值税自身具备的税基宽、消除重复征税等优越性在逐步一体化的全球经济中更加突出，在世界各国大力发展增值税之时，选择消费型增值税这一模式越来越成为大多数国家的共识。

第一节　增值税法律制度概述

一、增值税概述

（一）增值税的概念

增值税是对生产、销售货物或提供服务的纳税人，就其生产经营过程中实现的法定增值额征收的一种流转税。

增值额可以分为理论增值额与法定增值额。理论增值额是指企业或者个人在生产经营过程中新创造的那部分价值，即 $v+m=G-c$。其中，G 为社会总产品价值；c 指已经消耗的生产资料价值，即不变资本，它包括两部分，一是固定资产价值，一是非固定资产价值；v 表示新价值中补偿可变资本的部分；m 表示新价值中的剩余价值部分。理论增值额只是对增值额的理论抽象，并不当然应用于各国的增值税制度中。法定增值额则因各国规定的不同而有所不同，其与理论增值额的差异在于各国是否扣除 c 中的固定资产价值[①]：(1) 有的国家允许在当期一次性扣除固定资产，则法定增值额小于理论增值额；(2) 有的国家允许扣除当期固定资产的折旧部分，则法定增值额等于理论增值额；(3) 有的国家只允许扣除非固定资产，不能扣除固定资产，则法定增值额大于理论增值额。

（二）增值税的分类

根据上述对固定资产的处理不同，增值税分为三种类型。

1. 生产型增值税

生产型增值税是指在计算增值税时，对购进固定资产价款中所含的税额不允许作任何扣除。就整个社会而言，该类型的增值税税基相当于国民生产总值，既包括消费资料，也包括生产资料，故称为生产型增值税。这一类型增值税的税

[①]　对于非固定资产，各国均规定可以一次性扣除。

基最大,它保留了重复征税的因素,影响生产的发展,但对抑制非理性投资、保证财政收入具有一定作用。采用生产型增值税的国家非常少,我国2009年之前采用这种类型,还有一些发展中国家如印度尼西亚和巴基斯坦等也采用生产型增值税。

2. 收入型增值税

收入型增值税是指在计算时对购进固定资产价款中所含的税额,只允许扣除当期应计入产品成本的折旧部分,其税基相当于国民收入,故称为收入型增值税。

从理论上看,收入型增值税是最标准的增值税,它对财政收入、经济、效率以及公平性等方面的影响在三种类型的增值税中都处于中间程度。但从技术操作上分析,并不科学严谨。采用这一类型增值税的国家也不多,主要有匈牙利、海地、土耳其等几个国家。

3. 消费型增值税

消费型增值税是指对当期购进用于生产应税产品的固定资产价款中所含的税额,允许当期一次全部扣除,就整个社会而言,其税基只限于社会全部消费品的价值,因而被称为消费型增值税。

与前两种类型的增值税相比,消费型增值税有非常明显的优势:(1)税基最小,税负减到最轻,客观上起到了鼓励投资、鼓励设备更新的作用;(2)消费型增值税解决了重复征税的问题,虽然暂时会降低国家的财政收入,但由于减轻了企业的税负,刺激了投资和生产,必将带来企业利润的增加,从而增加所得税;(3)消费型增值税在计算征收方面要简便得多,最适合凭发票扣税,也利于纳税人操作,方便税务机关管理。但是,由于对固定资产的一次性扣除,实行消费型增值税也可能带来投资过热的风险。

在三种类型中,消费型增值税的应用范围最广,在世界上开征增值税的一百多个国家中,90%都选择了消费型增值税。我国从2009年开始也实现了增值税的转型,采用消费型增值税。

(三)增值税的特点

1. 避免重复征税

增值税只对商品在生产流通过程中的价值增值额征收,而不是对销售全额征收,从而彻底避免了传统流转税"道道征税、税上加税"的税负累积现象。

2. 保持税收中性

增值税对流转额中的非增值因素在计税时不予考虑,对同一商品而言,只要增值额相同,其税负不因流转环节而发生变化,纳税人的税负不会因商品生产结构的改变和流通环节多少的不同而不同,所以不影响商品的生产结构、组织结构和产品结构,对纳税人的生产经营决策影响较小。

3. 保障财政收入

增值税实行普遍征收,对流通各环节的货物和劳务都征收,税基较为广阔,这种链条式的税收特点,同增值税专用发票制度相配合,只要发票印制、管理得法,就可以有效地防止逃漏税,保证税收收入的稳定。

(四) 增值税的沿革

以增值额为课税依据的设想,早在第一次世界大战时,就已由美国耶鲁大学教授托马斯·亚当斯和一位担任德国政府顾问的商人兼学者威尔海姆·范·西门子博士提出。但增值税最初的发源地却是法国,1954 年,法国财政官员莫里斯·劳莱发明了增值税,1968 年经过税收改革,实行具有现代意义的消费型增值税。从法国开始,增值税首先被欧盟创始成员国(德国、意大利、比利时、卢森堡和荷兰)采纳,后来又成为了加入欧盟的一个条件。巴西和乌拉圭也是采纳增值税较早的国家。20 世纪 70 年代和 80 年代,增值税被多数南美洲国家、中美洲国家、加勒比地区国家和亚洲国家采纳。20 世纪 90 年代,中欧和东欧国家以及原苏联的一些加盟共和国开始新一轮的引进增值税。

没有实行增值税的国家中最有代表性的是美国。美国政府以担心增值税会成为政府造钱的机器为由反对实行增值税。澳大利亚因其始终不愿放弃早已过时的批发销售税而拒绝实行增值税。其余未采纳增值税的国家或因其为岛屿型经济而不适于实行,或因其为石油输出国而财政富足不需开征。而在已实行增值税的国家中,选择消费型增值税是主流,因为其适应了各国对财政收入需要,是市场经济发展的必然选择。

我国于 1979 年从法国引进了增值税,并在全国选取了襄樊、上海、柳州、长沙、株洲、青岛、沈阳等十几个城市,对重复课税现象严重的机器机械行业、农机行业和日用机械产品等行业进行增值税试点。1984 年第二次利改税时,国务院颁布了《增值税条例(草案)》,这标志着增值税作为一个独立的税种在我国正式建立,增值税于同年 10 月 1 日起正式开征。1993 年 12 月 13 日国务院颁布了《增值税暂行条例》,按照国际惯例建立了规范的增值税征收制度。多年来,我国一直实行生产型增值税,即不允许扣除固定资产的进项税额,其出发点是为了保证财政收入和有效地控制自 1993 年起发生的固定资产投资膨胀,以便实现国民经济的软着陆。随着我国经济的发展,生产型增值税的弊端逐步显露出来,重复征税、抑制投资、阻碍技术更新等问题日益凸现。在科学发展观的指导下,国家对转型试点的研究随即展开。2004 年 9 月 14 日,财政部、国家税务总局联合颁布《东北地区扩大增值税抵扣范围若干问题的规定》,开始对东北老工业基地的装备制造业、石油化工业等八大行业实行增值税转型试点改革,试点采取"增量抵扣"方式。随后又相继在中部地区 26 个老工业基地城市中的八个行业、内蒙古东部五个市(盟)和汶川地震灾区扩大增值税抵扣范围试点。历经四年多的试点研究,全国性增值税转型改革终成定局,自 2009 年 1 月 1 日起,增值税转型改革在全国实施,这意味着我国增值税开始全面由生产型向消费型过渡。

二、增值税法概述

增值税法是调整增值税征纳关系的法律规范的总称。我国现行的调整增值税征纳关系的法规、规章主要包括:国务院第 34 次常务会议修订通过的《增值税暂行条例》(2009 年 1 月 1 日起施行);财政部、国家税务总局第 50 号令颁布的《增值税暂行条例实施细则》(2009 年 1 月 1 日起施行);《财政部、国家税务总局关于部分货物适用增值税低税率和简易办法征收增值税政策的通知》(财税〔2009〕9 号,自 2009 年 1 月 1 日起执行);《增值税一般纳税人资格认定管理办法》(国家税务总局令第 22 号,自 2010 年 3 月 20 日起施行)。

第二节 我国增值税法律制度

一、增值税纳税人

(一)增值税纳税人的概念

在中华人民共和国境内①销售货物或者提供加工、修理修配劳务以及进口货物的单位和个人,为增值税的纳税人。

上述"单位"是指企业、行政单位、事业单位、军事单位、社会团体及其他单位。"个人"是指个体工商户和其他个人。

(二)增值税纳税人的分类

根据经营规模和会计核算制度是否健全,可以将增值税纳税人分为一般纳税人和小规模纳税人。

1. 小规模纳税人

(1)从事货物生产或者提供应税劳务的纳税人,以及以从事货物生产或者提供应税劳务为主②,并兼营货物批发或者零售的纳税人,年应征增值税销售额(以下简称应税销售额)在 50 万元以下(含本数,下同)的;

(2)除上述规定以外的纳税人,年应税销售额在 80 万元以下的;

(3)个人按小规模纳税人纳税;

(4)非企业性单位、不经常发生应税行为的企业可选择按小规模纳税人纳税。

---

① 境内,是指销售货物的起运地或所在地在中国境内,或提供的应税劳务发生在中国境内。
② 以从事货物生产或者提供应税劳务为主,是指纳税人的年货物生产或者提供应税劳务的销售额占年应税销售额的比重在 50% 以上。

2. 一般纳税人

一般纳税人是指年应税销售额超过小规模纳税人标准的企业和企业性单位。

年应税销售额未超过财政部、国家税务总局规定的小规模纳税人标准以及新开业的纳税人，可以向其机构所在地主管税务机关申请一般纳税人资格认定。一般纳税人资格认定的权限属于县（市、区）国家税务局或者同级别的税务分局。

二、增值税的征税范围

（一）增值税征税范围的一般规定

增值税的征税范围是指在中国境内销售货物、提供应税劳务以及进口货物。

1. 销售或进口的货物

销售货物是指有偿转让货物的所有权。其中，是否有偿是判断征税范围的标准，即应该从购买方取得货币、货物或其他经济利益，如果仅是出租、出借，没有转让货物的所有权，则不属于应纳增值税的销售货物。

2. 提供的加工、修理修配劳务

加工是指接受委托加工货物，即委托方提供原料和主要材料，受托方按照委托方的要求制造货物并收取加工费的业务；修理修配是指接受委托对损伤和丧失功能的货物进行修复，使其恢复原状和功能的业务，不包括对不动产的修缮业务。

（二）增值税征税范围的特别规定

1. 视同销售货物的行为

视同销售货物行为是指这种行为即使不是有偿转让货物所有权，也视为销售货物，应当缴纳增值税。单位或者个体工商户的下列行为，视同销售货物：

（1）将货物交付其他单位或者个人代销；

（2）销售代销货物；

（3）设有两个以上机构并实行统一核算的纳税人，将货物从一个机构移送其他机构用于销售，但相关机构设在同一县（市）的除外；

（4）将自产或者委托加工的货物用于非增值税应税项目；

（5）将自产、委托加工的货物用于集体福利或者个人消费；

（6）将自产、委托加工或者购进的货物作为投资，提供给其他单位或者个体工商户；

（7）将自产、委托加工或者购进的货物分配给股东或者投资者；

（8）将自产、委托加工或者购进的货物无偿赠送其他单位或者个人。

2. 混合销售的行为

一项销售行为如果既涉及货物又涉及非增值税应税劳务①，为混合销售行为。从事货物的生产、批发或者零售的企业、企业性单位和个体工商户②的混合销售行为，视为销售货物，应当缴纳增值税；其他单位和个人的混合销售行为，视为销售非增值税应税劳务，不缴纳增值税。

但是，纳税人的下列混合销售行为，应当分别核算货物的销售额和非增值税应税劳务的营业额，并根据其销售货物的销售额计算缴纳增值税，非增值税应税劳务的营业额不缴纳增值税；未分别核算的，由主管税务机关核定其货物的销售额：

(1) 销售自产货物并同时提供建筑业劳务的行为；

(2) 财政部、国家税务总局规定的其他情形。

3. 兼营不同税率的货物或应税劳务

纳税人兼营不同税率的货物或者应税劳务，应当分别核算不同税率货物或者应税劳务的销售额；未分别核算销售额的，从高适用税率。

4. 兼营非应税劳务

增值税纳税人的销售行为既涉及货物或应税劳务，又涉及非应税劳务的为兼营行为。纳税人兼营非增值税应税项目的，应分别核算货物或者应税劳务的销售额和非增值税应税项目的营业额；未分别核算的，由主管税务机关核定货物或者应税劳务的销售额。

5. 代购货物行为

对于代购货物行为，如果同时具备以下条件的，不征收增值税；不同时具备以下条件的，无论会计制度规定如何核算，均征收增值税：

(1) 受托方不垫付资金；

(2) 销货方将发票开具给委托方，并由受托方将该项发票转交给委托方；

(3) 受托方按销售方实际收取的销售额和增值税额（如系代理进口货物则为海关代征的增值税额）与委托方结算货款，并另外收取手续费。

6. 属于征税范围的特殊项目

(1) 货物期货应当征收增值税

期货的实物交割环节为增值税的纳税环节。其中交割时采取由期货交易所开具发票的，以期货交易所为纳税人。期货交易所增值税按次计算，其进项税额为该货物交割时供货会员单位开具的增值税专用发票上注明的销项税额，期货

---

① 非增值税应税劳务，是指属于应缴营业税征收范围的劳务。

② 从事货物的生产、批发或者零售的企业、企业性单位和个体工商户，包括以从事货物的生产、批发或者零售为主，并兼营非增值税应税劳务的单位和个体工商户在内。

交易所本身发生的各种进项不得抵扣。交割时采取由供货的会员单位直接将发票开给购货会员单位的,以供货会员单位为纳税人。

(2) 银行销售金银的业务,应当征收增值税。

(3) 关于集邮商品①征税问题

集邮商品的生产、调拨征收增值税。邮政部门销售集邮商品,征收营业税;邮政部门以外的其他单位与个人销售集邮商品,征收增值税。

(4) 关于报刊发行征税问题

邮政部门发行报刊,征收营业税;其他单位和个人发行报刊征收增值税。

(5) 关于寄售物品和死当物品征税问题

寄售商店代销的寄售物品(包括居民个人寄售的物品在内)、典当业销售的死当物品,应当缴纳增值税。

(6) 电力公司过网费征税问题

鉴于电力公司利用自身电网为发电企业输送电力过程中,需要利用输变电设备进行调压,属于提供加工劳务。因此对电力公司向发电企业收取的过网费,应当征收增值税,不征收营业税。

三、税率与征收率

我国现行增值税法对两类不同的纳税人采用不同的税率。

(一) 一般纳税人适用的税率

增值税采用比例税率,原则上对不同行业不同企业适用单一税率,即基本税率;在此基础上为一些特殊行业或产品增设了一档低税率;对出口产品实行零税率。

1. 基本税率

增值税基本税率为17%,纳税人销售或进口货物,提供加工、修理修配劳务的,除低税率适用范围和销售个别旧货适用低税率以外,一律适用基本税率。

2. 低税率

纳税人销售或者进口下列货物,按低税率计征增值税,税率为13%:

(1) 粮食、食用植物油;

(2) 自来水、暖气、冷气、热水、煤气、石油液化气、天然气、沼气、居民用煤炭制品;

(3) 图书、报纸、杂志;

(4) 饲料、化肥、农药、农机、农膜;

---

① 集邮商品,包括邮票、小型张、小本票、明信片、首日封、邮折、集邮簿、邮盘、邮票目录、护邮袋、贴片及其他集邮商品。

(5) 国务院规定的其他货物,主要是指农业产品、音像制品、电子出版物、二甲醚。①

3. 零税率

增值税的零税率,是指对销售货物或劳务的全部税额给予免除,不仅免除本环节的应纳税额,还可以免除其投入物中所包含的税金。纳税人出口货物,税率为零,但国务院另有规定的除外②。

(二) 小规模纳税人适用的征收率

由于小规模纳税人经营规模小,会计核算不健全,无法准确计算销项税额和进项税额,不允许使用增值税专用发票,因此增值税对小规模纳税人采取简易征收办法,对其适用征收率进行征收。

自2009年1月1日起,小规模纳税人的征收率由过去的6%和4%两档统一下调为3%。

(三) 特殊规定

1. 自2009年1月1日起,纳税人销售自己使用过的固定资产(以下简称已使用过的固定资产),应区分不同情形征收增值税:

(1) 销售自己已使用过的2009年1月1日以后购进或者自制的固定资产,按照适用税率征收增值税;

(2) 2008年12月31日以前未纳入扩大增值税抵扣范围试点的纳税人,销售自己已使用过的2008年12月31日以前购进或者自制的固定资产,按照4%征收率减半征收增值税;

(3) 2008年12月31日以前纳入扩大增值税抵扣范围试点的纳税人,销售自己已使用过的在本地区扩大增值税抵扣范围试点以前购进或者自制的固定资产,按照4%征收率减半征收增值税;销售自己已使用过的在本地区扩大增值税抵扣范围试点以后购进或者自制的固定资产,按照适用税率征收增值税。

2. 小规模纳税人(除其他个人外,下同)销售自己使用过的固定资产,减按2%征收率征收增值税。销售自己使用过的除固定资产以外的物品,应按3%的征收率征收增值税。

---

① 值得注意的是,之前由于矿产企业购进的机器设备等固定资产的增值税进项税额无法抵扣,为减轻企业负担,国家对金属矿、非金属矿采选产品一直适用较低的13%的税率,而从2009年1月1日起,全国实施增值税转型改革,企业购进的机器设备等固定资产的增值税进项税额可以获得抵扣,因此自2009年1月1日起,将金属矿采选产品、非金属矿采选产品增值税税率由13%恢复到17%,以公平各产品之间的税收负担。此外,由于食用盐属于与民众生活密切相关的产品,且属于矿产制品,对于这一类产品,仍将继续适用13%的增值税税率。

② 这里的除外规定是指纳税人出口的原油、援外出口货物、国家禁止出口的货物(包括天然牛黄、麝香、铜及铜基合金、白金等)、糖,应按规定征收增值税。

3. 纳税人销售旧货①,按照简易办法依照4%征收率减半征收增值税。

4. 一般纳税人销售自产的下列货物,可选择按照简易办法依照6%征收率计算缴纳增值税:

(1) 县级及县级以下小型水力发电单位②生产的电力;

(2) 建筑用和生产建筑材料所用的砂、土、石料;

(3) 以自己采掘的砂、土、石料或其他矿物连续生产的砖、瓦、石灰(不含黏土实心砖、瓦);

(4) 用微生物、微生物代谢产物、动物毒素、人或动物的血液或组织制成的生物制品;

(5) 自来水;

(6) 商品混凝土(仅限于以水泥为原料生产的水泥混凝土)。

一般纳税人选择简易办法计算缴纳增值税后,36个月内不得变更。

5. 一般纳税人销售货物属于下列情形之一的,暂按简易办法依照4%征收率计算缴纳增值税:

(1) 寄售商店代销寄售物品(包括居民个人寄售的物品在内);

(2) 典当业销售死当物品;

(3) 经国务院或国务院授权机关批准的免税商店零售的免税品。

四、增值税的计税方法

1. 税基列举法

税基列举法又称为"加法",是指在计算应纳税额时,把构成增值额的各个部分全部直接相加,以增值额的总和与相应税率的乘积,作为应纳增值税的税额。其缺点在于在一期生产中,很难确定当期产生的增值额。

当期应纳税额 =(本期发生的工资薪金 + 利润 + 利息 + 租金 + … + 其他增值项目)× 增值税税率

2. 税基相减法

税基相减法又称为"减法",或"扣额法"。我国在1984年试行的增值税即采用此法计征。它是指在计算应纳税额时,将一定时期内发生的销售收入额减去法定非增值项目后的余额作为增值额,该增值额与税率的乘积作为应纳税额。税基相减法比税基列举法更为科学,但法定非增值项目难以确定,有扣税失真的问题。

当期应纳税额 =(当期销售收入额 - 法定非增值项目)× 增值税税率

---

① 所称旧货,是指进入二次流通的具有部分使用价值的货物(含旧汽车、旧摩托车和旧游艇),但不包括自己使用过的物品。

② 小型水力发电单位,是指各类投资主体建设的装机容量为5万千瓦以下(含5万千瓦)的小型水力发电单位。

3. 税额扣除法

税额扣除法又称为"扣税法",这是目前国际上通行的规范的增值税计算方法。它是指以一定时期内发生的销售收入额,乘以相适用的税率计算出当期全部销项税额,用销项税额减去同期外购货物或者应税劳务时已缴纳的增值税税额(即增值税的进项税额),余额作为当期应纳增值税税额。该方法的实行必须配备规范的增值税专用发票使用制度,以及相应的增值税抵扣制度。我国现在采用此法。

当期应纳税额 = 增值税销项税额 − 增值税进项税额

五、增值税的计税依据——销售收入额

（一）一般规定

增值税的计税依据是纳税人的销售收入额。销售收入额是指纳税人销售货物或者提供应税劳务向购买方收取的全部价款和价外费用,但不包括收取的销项税额。

价外费用包括价外向购买方收取的手续费、补贴、基金、集资费、返还利润、奖励费、违约金、滞纳金、延期付款利息、赔偿金、代收款项、代垫款项、包装费、包装物租金、储备费、优质费、运输装卸费以及其他各种性质的价外收费。但下列项目不包括在内:

1. 受托加工应征消费税的消费品所代收代缴的消费税。
2. 同时符合以下条件的代垫运输费用:
(1) 承运部门的运输费用发票开具给购买方的;
(2) 纳税人将该项发票转交给购买方的。
3. 代为收取的政府性基金或者行政事业性收费。
4. 销售货物的同时代办保险等而向购买方收取的保险费,以及向购买方收取的代购买方缴纳的车辆购置税、车辆牌照费。

（二）特殊规定

1. 由于增值税是价外税,如果一般纳税人销售货物或者应税劳务采用销售额和销项税额合并定价方法,应当把销项税额从销售额中剔除出去,以不含税的销售额为增值税的计税依据。计算公式为:

销售额 = 含税销售额 ÷（1 + 税率）

2. 纳税人销售货物或者应税劳务的价格明显偏低并无正当理由的,或者视同销售货物行为而无销售额者,由主管税务机关核定其销售额,并按下列顺序确定销售额:

(1) 按纳税人最近时期同类货物的平均销售价格确定;
(2) 按其他纳税人最近时期同类货物的平均销售价格确定;

（3）按组成计税价格确定。组成计税价格的公式为：

组成计税价格 = 成本 × (1 + 成本利润率)①

属于应征消费税的货物，其组成计税价格中应加计消费税额。

3. 纳税人采取折扣方式销售货物，即销售货物或应税劳务给予购买者的价格优惠，如果销售额和折扣额在同一张发票上分别注明的，可按折扣后的销售额计算销项税额；如果将折扣额另开发票，不论其在财务上如何处理，均不得从销售额中减除折扣额。纳税人将自产、委托加工和购买的货物用于实物折扣的，应按增值税的视同销售货物的有关规定纳税。

4. 纳税人采取以旧换新方式销售货物，应按新货物的同期销售价格确定销售额。但是金银首饰以旧换新的，按销售方实际收取的不含增值税的全部价款征收增值税、消费税。

5. 纳税人采取还本销售②方式销售货物，其销售额就是货物的销售价格，不得从销售额中减除还本支出。

6. 纳税人采取以物易物方式销售的，双方分别按照购销业务处理。按开具的增值税专用发票或普通发票及各自的规定计算销项税额，按收取的增值税专用发票或普通发票计算进项税额或不计进项税额。

7. 纳税人为销售货物而出租出借包装物收取的押金，单独记账核算的，不并入销售额征税。但对因逾期③未收回包装物不再退还的押金，应按所包装货物的适用税率征收增值税。

包装物押金不同于包装物租金，包装物租金在销售时作为价外费用并入销售额计算销项税。

从 1995 年 6 月 1 日起，对销售除啤酒、黄酒外的其他酒类产品而收取的包装物押金，无论是否返还以及会计上如何核算，均应并入当期销售额征税。对销售啤酒、黄酒收取的包装物押金，按上述一般押金的规定处理。

六、增值税应纳税额的计算

（一）一般纳税人应纳税额的计算

1. 销项税额的确定

纳税人销售货物或者应税劳务，按照销售额和相应的税率计算并向购买方

---

① 公式中的成本是指：销售自产货物的为实际生产成本，销售外购货物的为实际采购成本。公式中的成本利润率由国家税务总局确定。

② 还本销售，是指纳税人在销售货物到一定的期限后，由销售方一次或分次退还给购货方全部或部分价款。

③ 逾期，是指按合同约定实际逾期或以一年为期限，对收取一年以上的押金，无论是否退还均并入销售额征税。

收取的增值税额,为销项税额。

销项税额的计算公式为:销项税额 = 销售额 × 税率

2. 进项税额的确定

纳税人购进货物或者接受应税劳务时所支付或者负担的税收,并且在计算应纳税额时允许抵扣的增值税税额为进项税额。

进项税额和销项税额是相对应的概念,在开具增值税专用发票的情况下,销售方收取的销项税额,就是购买方支付的进项税额。增值税的核心在于以纳税人收取的销项税额抵扣其支付的进项税额,其余额为纳税人应缴纳的增值税额,因此,进项税额的确定对纳税人有着非常重要的意义。但需要注意的是,并不是纳税人所有发生的进项税额都可以从销项税额中抵扣。

(1) 准许从销项税额中抵扣的进项税额

根据《增值税暂行条例》,下列进项税额准予从销项税额中抵扣:

① 从销售方取得的增值税专用发票上注明的增值税额;

② 从海关取得的海关进口增值税专用缴款书上注明的增值税额;

③ 购进农产品,除取得增值税专用发票或者海关进口增值税专用缴款书外,按照农产品收购发票或者销售发票上注明的农产品买价[1]和13%的扣除率计算的进项税额;进项税额计算公式:

进项税额 = 买价 × 扣除率

④ 购进或者销售货物以及在生产经营过程中支付运输费用的,按照运输费用结算单据上注明的运输费用金额[2]和7%的扣除率计算的进项税额。

进项税额 = 运输费用金额 × 扣除率

(2) 不得抵扣的进项税额

纳税人购进货物或者应税劳务,取得的增值税扣税凭证[3]不符合法律、行政法规或者国务院税务主管部门有关规定的,其进项税额不得从销项税额中抵扣。同时,下列项目的进项税额不得从销项税额中抵扣:

① 用于非增值税应税项目[4]、免征增值税项目、集体福利或者个人消费的购进货物[5]或者应税劳务;

---

[1] 买价,包括纳税人购进农产品时在农产品收购发票或者销售发票上注明的价款和按规定缴纳的烟叶税。

[2] 运输费用金额,是指运输费用结算单据上注明的运输费用(包括铁路临管线及铁路专线运输用)、建设基金,不包括装卸费、保险费等其他杂费。

[3] 增值税扣税凭证,是指增值税专用发票、海关进口增值税专用缴款书、农产品收购发票和农产品销售发票以及运输费用结算单据。

[4] 非增值税应税项目,是指提供非增值税应税劳务、转让无形资产、销售不动产和不动产在建工程。

[5] 购进货物,不包括既用于增值税应税项目也用于非增值税应税项目、免征增值税项目、集体福利或者个人消费的固定资产。

② 非正常损失①的购进货物及相关的应税劳务；
③ 非正常损失的在产品、产成品所耗用的购进货物或者应税劳务；
④ 国务院财政、税务主管部门规定的纳税人自用消费品；

纳税人自用的应征消费税的摩托车、汽车、游艇，其进项税额不得从销项税额中抵扣；

⑤ 上述四项规定的货物的运输费用和销售免税货物的运输费用；
⑥ 一般纳税人兼营免税项目或者非增值税应税劳务而无法划分不得抵扣的进项税额的，按下列公式计算不得抵扣的进项税额：

不得抵扣的进项税额 = 当月无法划分的全部进项税额
　　　　　　　　　× 当月免税项目销售额、非增值税应税劳务营业额合计
　　　　　　　　　÷ 当月全部销售额、营业额合计

3. 进项税额不足抵扣的处理

当期销项税额减当期进项税额，即为应纳税额。如当期销项税额小于当期进项税额不足抵扣，不足抵扣部分的进项税额可以结转下期继续抵扣。

（二）小规模纳税人应纳税额的计算

对小规模纳税人销售货物或者应税劳务，实行简易办法计算应纳税额，不得抵扣进项税额。

应纳税额计算公式为：应纳税额 = 销售额 × 征收率

小规模纳税人的销售额不包括其应纳税额。小规模纳税人销售货物或应税劳务采用销售额和应纳税额合并定价方法的，应该还原为不含税销售额，按下列公式计算销售额：

销售额 = 含税销售额 ÷ (1 + 征收率)

小规模纳税人因销售货物退回或者折让退还给购买方的销售额，应从发生销售货物退回或者折让当期的销售额中扣减。

（三）进口货物应纳税额的计算

纳税人进口货物，按照组成计税价格和规定的税率计算应纳税额，不得抵扣发生在我国境外的各种税金。组成计税价格和应纳税额计算公式为：

组成计税价格 = 关税完税价格 + 关税 + 消费税
应纳税额 = 组成计税价格 × 税率

（四）特殊产品应纳增值税的计算和管理

考虑到某些产品在生产、销售方面的特殊性，我国税法对这类产品的应纳增值税作出了专门的规定，如《电力产品增值税管理办法》（自 2005 年 2 月 1 日起实行）、《油气田企业增值税管理办法》（自 2009 年 1 月 1 日起实行）。

---

① 非正常损失，是指因管理不善造成被盗、丢失、霉烂变质的损失。

七、出口货物的退(免)增值税

出口货物退(免)税,是国际通行的税收规则,即一般对出口货物已承担或应承担的增值税和消费税等间接税实行退还或免征,目的在于鼓励各国出口货物的公平竞争。

就增值税而言,我国对出口货物实行零税率。零税率的含义有两层,其一出口环节应予免税,其二对该货物在形成过程中各个环节已缴纳的税金应予以退还。

(一)可以退(免)税的出口货物应具备的条件

出口货物主要包括两类:一是报关出境的货物;二是输往海关管理的保税工厂、保税区和保税仓库的货物。可以退(免)税的出口货物应该具备以下四个条件:

1. 必须是属于增值税、消费税征税范围的货物;
2. 必须是报关离境的货物;
3. 必须是在财务上作销售处理的货物;
4. 必须是出口收汇并已核销的货物。

(二)出口退(免)增值税的适用范围

鉴于我国生产的某些货物,如稀有金属等还不能满足国内的需要,因此,对某些非生产性企业和国家紧缺的货物则限制从事出口业务或限制该货物出口,不予出口退(免)税。目前,出口退(免)增值税的适用情形主要有以下几种。

1. 下列企业出口满足上述四个条件的货物,除另有规定外,给予免税并退税:

(1)生产企业自营出口或委托外贸企业代理出口的自产货物;

(2)有出口经营权的外贸企业收购后直接出口或委托其他外贸企业代理出口的货物;

(3)特定出口的货物[①]。

2. 下列企业出口的货物,除另有规定[②]外,给予免税,但不予退税:

(1)属于生产企业的小规模纳税人自营出口或委托外贸企业代理出口的自产货物;

(2)外贸企业从小规模纳税人处购进并持普通发票的货物出口,免税但不

[①] 主要包括对外承包工程公司运出境外用于对外承包项目的货物;对外承接修理修配业务的企业用于对外修理修配的货物;外轮供应公司、远洋运输供应公司销售给外轮、远洋国轮而收取外汇的货物;企业在国内采购并运往境外作为在国外投资的货物。

[②] 另有规定,是指企业出口的货物如属于税法列举规定的限制或禁止出口的货物,则不能免税,当然更不能退税。

予退税;①

(3) 外贸企业直接购进国家规定的免税货物(包括免税农产品)出口的,免税但不予退税。

3. 下列出口货物,免税但不予退税:

(1) 来料加工复出口的货物,即原材料进口免税,加工自制的货物出口不退税;

(2) 避孕药品和用具、古旧图书,内销免税,出口也免税;

(3) 出口卷烟;

(4) 军品以及军队系统企业出口军需工厂生产或军需部门调拨的货物免税;

(5) 国家规定的其他免税货物。

4. 除经批准属于进料加工复出口贸易以外,下列出口货物不免税也不退税:

(1) 国家计划外出口的原油;

(2) 援外出口货物;

(3) 国家禁止出口的货物,包括天然牛黄、麝香、铜及铜基合金(出口电解铜自2001年1月1日起按17%的退税率退还增值税)、白金等。

(三) 出口货物的退税率

出口货物的退税率,是出口货物的实际退税额与退税计税依据的比例。现行出口货物的增值税退税率有17%、13%、11%、9%、8%、6%、5%六档。

(四) 出口退(免)税的征收管理

纳税人出口货物适用退(免)税规定的,应当向海关办理出口手续,凭出口报关单等有关凭证,在规定的出口退(免)税申报期内按月向主管税务机关申报办理该项出口货物的退(免)税。具体办法由国务院财政、税务主管部门制定。

出口货物办理退税后发生退货或者退关的,纳税人应当依法补缴已退的税款。

---

① 根据《国家税务总局关于调整凭普通发票退税政策的通知》(国税函[2005]248号),出口企业从小规模纳税人处购进的抽纱、工艺品、香料油、山货、草柳竹藤制品、渔网渔具、松香、五倍子、生漆、鬃毛、山羊板皮、纸制品货物,从2005年4月1日起,不能凭普通发票办理退税。今后凡出口企业从小规模纳税人处购进的货物出口,一律凭增值税专用发票及有关凭证办理退税。小规模纳税人向出口企业销售这些产品,可到税务机关代开增值税专用发票。出口企业出口的书刊等一律凭增值税专用发票及有关凭证办理退税。出口企业开展境外带料加工装配业务,出口的非自产二手设备,一律凭增值税专用发票及有关凭证办理退税。

八、增值税的减免

(一)《增值税暂行条例》规定的免税项目

1. 农业生产者销售的自产农产品;
2. 避孕药品和用具;
3. 古旧图书;
4. 直接用于科学研究、科学实验和教学的进口仪器、设备;
5. 外国政府、国际组织无偿援助的进口物资和设备;
6. 由残疾人的组织直接进口供残疾人专用的物品;
7. 销售的自己使用过的物品。

除上述项目外,增值税的免税、减税项目由国务院规定。任何地区、部门均不得规定免税、减税项目。

(二)其他规定

1. 对资源综合利用、再生资源等方面的增值税优惠,主要包括:

(1) 对销售下列自产货物免征增值税:再生水;以废旧轮胎为全部生产原料生产的胶粉;翻新轮胎;生产原料中掺兑废渣比例不低于30%的特定建材产品;污水处理劳务。

(2) 对销售下列自产货物实行增值税即征即退的政策:以工业废气为原料生产的高纯度二氧化碳产品;以垃圾为燃料生产的电力或者热力;以煤炭开采过程中伴生的舍弃物油母页岩为原料生产的页岩油;以废旧沥青混凝土为原料生产的再生沥青混凝土;采用旋窑法工艺生产并且生产原料中掺兑废渣比例不低于30%的水泥(包括水泥熟料)。

(3) 销售下列自产货物实现的增值税实行即征即退50%的政策:以退役军用发射药为原料生产的涂料硝化棉粉;对燃煤发电厂及各类工业企业产生的烟气、高硫天然气进行脱硫生产的副产品;以废弃酒糟和酿酒底锅水为原料生产的蒸汽、活性炭、白炭黑、乳酸、乳酸钙、沼气;以煤矸石、煤泥、石煤、油母页岩为燃料生产的电力和热力;利用风力生产的电力;部分新型墙体材料产品。

(4) 对销售自产的综合利用生物柴油实行增值税先征后退政策。

2. 纳税人生产销售和批发、零售有机肥产品免征增值税。

3. 对农民专业合作社销售本社成员生产的农业产品,视同农业生产者销售自产农业产品免征增值税。增值税一般纳税人从农民专业合作社购进的免税农业产品,可按13%的扣除率计算抵扣增值税进项税额。对农民专业合作社向本社成员销售的农膜、种子、种苗、化肥、农药、农机,免征增值税。

4. 纳税人销售软件产品并随同销售一并收取的软件安装费、维护费、培训费等收入,应按照增值税混合销售的有关规定征收增值税,并可享受软件产品增值税即征即退政策。对软件产品交付使用后,按期或按次收取的维护费、技术服务费、培训费等不征收增值税。

纳税人受托开发软件产品,著作权属于受托方的征收增值税,著作权属于委托方或属于双方共同拥有的不征收增值税(即征营业税)。

5. 对增值税纳税人收取的会员费收入不征收增值税。

6. 对外资研发中心进口科技开发用品免征进口税收,对内外资研发机构采购国产设备全额退还增值税。

纳税人销售货物或者应税劳务适用免税规定的,可以放弃免税,按照规定缴纳增值税。放弃免税后,36个月内不得再申请免税。

第三节 我国增值税的征收与管理

一、增值税的起征点

纳税人销售额未达到财政部规定的增值税起征点的,免征增值税。增值税起征点的适用范围限于个人。

增值税起征点的幅度规定如下:
(1) 销售货物的,为月销售额2000—5000元;
(2) 销售应税劳务的,为月销售额1500—3000元;
(3) 按次纳税的,为每次(日)销售额150—200元。

二、纳税义务发生时间

1. 销售货物或者应税劳务,为收讫销售款项或者取得索取销售款项凭据的当天;先开具发票的,为开具发票的当天。

根据销售结算方式的不同,具体为:
(1) 采取直接收款方式销售货物,不论货物是否发出,均为收到销售款或者取得索取销售款凭据的当天;
(2) 采取托收承付和委托银行收款方式销售货物,为发出货物并办妥托收手续的当天;
(3) 采取赊销和分期收款方式销售货物,为书面合同约定的收款日期的当天,无书面合同的或者书面合同没有约定收款日期的,为货物发出的当天;
(4) 采取预收货款方式销售货物,为货物发出的当天,但生产销售生产工期超过12个月的大型机械设备、船舶、飞机等货物,为收到预收款或者书面合同约定的收款日期的当天;
(5) 委托其他纳税人代销货物,为收到代销单位的代销清单或者收到全部

或者部分货款的当天。未收到代销清单及货款的,为发出代销货物满 180 天的当天;

（6）销售应税劳务,为提供劳务同时收讫销售款或者取得索取销售款的凭据的当天;

（7）纳税人发生除将货物交付其他单位或者个人代销,以及销售代销货物两类以外的视同销售货物行为,为货物移送的当天。

2. 进口货物,为报关进口的当天。

3. 增值税扣缴义务发生时间为纳税人增值税纳税义务发生的当天。

三、纳税期限

增值税的纳税期限分别为 1 日、3 日、5 日、10 日、15 日、1 个月或者 1 个季度。纳税人的具体纳税期限,由主管税务机关根据纳税人应纳税额的大小分别核定;不能按照固定期限纳税的,可以按次纳税。

纳税人以 1 个月或者 1 个季度为 1 个纳税期的,自期满之日起 15 日内申报纳税;以 1 日、3 日、5 日、10 日或者 15 日为 1 个纳税期的,自期满之日起 5 日内预缴税款,于次月 1 日起 15 日内申报纳税并结清上月应纳税款。

扣缴义务人解缴税款的期限,依照上述规定执行。

纳税人进口货物,应当自海关填发海关进口增值税专用缴款书之日起 15 日内缴纳税款。

四、纳税地点

1. 固定业户应当向其机构所在地的主管税务机关申报纳税。总机构和分支机构不在同一县（市）的,应当分别向各自所在地的主管税务机关申报纳税;经国务院财政、税务主管部门或者其授权的财政、税务机关批准,可以由总机构汇总向总机构所在地的主管税务机关申报纳税。

2. 固定业户到外县（市）销售货物或者应税劳务,应当向其机构所在地的主管税务机关申请开具外出经营活动税收管理证明,并向其机构所在地的主管税务机关申报纳税;未开具证明的,应当向销售地或者劳务发生地的主管税务机关申报纳税;未向销售地或者劳务发生地的主管税务机关申报纳税的,由其机构所在地的主管税务机关补征税款。

3. 非固定业户销售货物或者应税劳务,应当向销售地或者劳务发生地的主管税务机关申报纳税;未向销售地或者劳务发生地的主管税务机关申报纳税的,由其机构所在地或者居住地的主管税务机关补征税款。

4. 进口货物,应当向报关地海关申报纳税。

5. 扣缴义务人应当向其机构所在地或者居住地的主管税务机关申报缴纳

其扣缴的税款。

五、增值税专用发票的使用管理

专用发票,是增值税一般纳税人销售货物或者提供应税劳务开具的发票,是购买方支付增值税额并可按照增值税有关规定据以抵扣增值税进项税额的凭证。

增值税实行凭国家印发的增值税专用发票注明的税款进行抵扣的制度。专用发票不仅是纳税人经济活动中的重要商业凭证,而且是兼记销货方销项税额和购货方进项税额进行税款抵扣的凭证,对增值税的计算和管理起着决定性的作用。目前主要适用的规范是《增值税专用发票使用规定》。

(一) 一般规定

一般纳税人应通过增值税防伪税控系统使用[①]专用发票。专用发票由基本联次或者基本联次附加其他联次构成,基本联次为三联:发票联、抵扣联和记账联。

此外,专用发票实行最高开票限额管理:最高开票限额由一般纳税人申请,税务机关依法审批。最高开票限额为 10 万元及以下的,由区县级税务机关审批;最高开票限额为 100 万元的,由地市级税务机关审批;最高开票限额为 1000 万元及以上的,由省级税务机关审批。防伪税控系统的具体发行工作由区县级税务机关负责。税务机关审批最高开票限额应进行实地核查。

(二) 增值税专用发票的领购和使用

一般纳税人凭发票领购簿、IC 卡和经办人身份证明领购专用发票。有下列情形之一的,不得领购开具专用发票:

1. 会计核算不健全,不能向税务机关准确提供增值税销项税额、进项税额、应纳税额数据及其他有关增值税税务资料的。

2. 有《税收征管法》规定的税收违法行为,拒不接受税务机关处理的。

3. 有下列行为之一,经税务机关责令限期改正而仍未改正的:

(1) 虚开增值税专用发票;

(2) 私自印制专用发票;

(3) 向税务机关以外的单位和个人买取专用发票;

(4) 借用他人专用发票;

(5) 未按《增值税专用发票使用规定》第 11 条开具专用发票;

(6) 未按规定保管专用发票和专用设备;

(7) 未按规定申请办理防伪税控系统变更发行;

---

① 使用,包括领购、开具、缴销、认证纸质专用发票及其相应的数据电文。

(8) 未按规定接受税务机关检查。

有上列情形的,如已领购专用发票,主管税务机关应暂扣其结存的专用发票和 IC 卡。

(三) 增值税专用发票的开具范围

一般纳税人销售货物或者提供应税劳务,应向购买方开具专用发票。

商业企业一般纳税人零售的烟、酒、食品、服装、鞋帽(不包括劳保专用部分)、化妆品等消费品不得开具专用发票。增值税小规模纳税人需要开具专用发票的,可向主管税务机关申请代开。销售免税货物不得开具专用发票,法律、法规及国家税务总局另有规定的除外。

(四) 增值税专用发票的开具要求

专用发票应按下列要求开具,对不符合要求的专用发票,购买方有权拒收:
1. 项目齐全,与实际交易相符;
2. 字迹清楚,不得压线、错格;
3. 发票联和抵扣联加盖财务专用章或者发票专用章;
4. 按照增值税纳税义务的发生时间开具。

第四节 我国增值税法律制度评析

2009 年 1 月 1 日起,我国开始实施增值税转型改革,这是自企业所得税"两税合并"以来税制改革的又一个新突破,意味着我国增值税开始由生产型向消费型过渡,标志着我国实施的财政政策将从目前的稳健再度转向积极。

一、增值税转型改革的重大意义

从当前环境看,增值税的转型至少会产生三方面的积极效应:其一,使企业的税收负担更加趋于公平。消费型增值税制度允许企业抵扣生产设备的进项税额,从而避免了重复征税,这将使企业的税收负担更加公平。其二,更好地发挥税收调节作用。税收制度应遵循中性原则,而增值税转型改革的全面推进正是税制中性原则的具体体现,这项改革可以在很大程度上减少税收对市场机制的扭曲。其三,可以促进企业发展、刺激经济增长。从短期看,这项改革可以减轻企业负担,增强企业投资和技术改造的积极性。从长期看,这项政策可以刺激投资、扩大内需,从而促进经济平稳较快增长。

增值税的转型构建了更为完善的增值税制度,这一点毋庸置疑,但是改革后的增值税制度依然存在一些值得重视的问题。

二、现行增值税制度存在的问题

（一）小规模纳税人的确定标准存在不合理性

我国对小规模纳税人标准的确定主要是依据年度销售额，根据现行规定，小规模纳税人的确定标准为工业性纳税人年应税销售额在 50 万元以下，其他纳税人年应税销售额在 80 万元以下，这一标准的合理性值得怀疑。以河南省为例，在增值税改革之前，河南省 2007 年小规模纳税人 67.5 万户，占全部增值税纳税人的 91.84%，而按照调整后的标准计算，2007 年，河南省一般纳税人只增加了 6734 户，而小规模纳税人的比重仍然占到 90.99%。[①] 也就是说，即使降低了标准，绝大多数纳税人还是被排除在增值税的抵扣机制之外，这对增值税制度本身而言并非合理，至少其运行效率会大打折扣。

（二）小规模纳税人的税负水平仍然偏高

增值税转型后扩大了进项税金的抵扣范围，为增值税一般纳税人减轻了税负。然而，这一政策并未惠及小规模纳税人，当前对小规模纳税人仍然按征收率实行简易征收，虽然征收率降至 3%，但总体上税负仍旧偏高，这一点可以从与世界上征收增值税的其他国家或地区进行的横向比较中获知：不论是发达国家（地区）还是发展中国家（地区），不少国家和地区除了对经营规模极小的纳税人给予免税之外，对一些经营规模较小的纳税人也确定较低的增值税税负，在卢森堡，营业额不超过一定限度的小企业可以享受增值税豁免或者获准减征增值税；在韩国，适用简化纳税的个人（即小规模纳税人）按照应税期内销售总额乘以总统法令规定的每一类业务的平均增值率（从 10%—50%）乘以 10% 的增值税税率，这样，小规模纳税人的增值税税收负担率最低为 1%；在我国台湾地区，小规模营业人及其他经财政主管部门规定免予申报销售额之营业人，其营业税税率为 1%。[②]

（三）增值税征税范围仍然偏窄

我国现行增值税的征税范围虽然涵盖了所有货物销售和工业性加工、修理修配劳务，但却没有像国外规范的增值税制度那样，将与货物交易密切相关的交通运输业、建筑安装业、邮电通信业以及其他劳务服务业纳入增值税的征税范围，而是对这些行业另行征收营业税。征税范围的狭窄会带来很多实际的问题，以交通运输业为例：交通运输业是营业税的征收范围，运输费用是每一个企业在生产经营过程中必要的支出，但运费支出无法取得增值税专用发票，增值税抵扣

[①] 参见王建平：《应继续调整和降低增值税小规模纳税人的征收率》，载《税务研究》2009 年第 8 期。

[②] 同上。

链条因运输业不属于增值税征税范围而发生中断。为了弥合断裂的链条,采取了一个补救措施,即按运输费用的7%计算抵扣增值税进项税额。从纳税人角度看,增值税一般纳税人适用税率为17%,而其支付的运输费用却按7%抵扣进项税额,少抵扣近10%,对于运输费用占外购货物采购成本比重较大的物资供销企业和部分制造业显失公平。从国家的角度看,交通运输业按3%税率缴纳营业税,而接受运输劳务的企业却按照7%的抵扣率抵扣增值税进项税额,国家损失了近4%的税收,形成"税收漏斗"。同时,由于运输发票由地税部门管理,运输费用的增值税进项税额当月难以如期抵扣,挤占了企业的资金。[①]

(四)兼营行为和混合销售行为难以准确划分

根据规定,纳税人兼营非增值税应税项目的,应分别核算货物或者应税劳务的销售额和非增值税应税项目的营业额;未分别核算的,由主管税务机关核定货物或者应税劳务的销售额。在核定货物或增值税非应税劳务销售额时,基层主管税务机关的国税部门和地税部门权限如何划分,在相关制度中未作出规定,容易造成两个征收机关之间的矛盾。与此同时,随着纳税人经营多元化,兼营行为居多,劳务提供与商品销售的联系越来越紧密,有些经营业务是属于增值税的征税范畴还是属于营业税的征税范畴,很难准确断定,也使国税局和地税局征收管理权限划分越来越困难。混合销售行为的划分方面也存在很多类似的问题。这种现状导致增值税和营业税的征税出现混乱,这为分税制改革中中央与地方的征税权划分问题制造了障碍。分税制财政管理体制的一个重要方面是按照税种划分中央和地方收入,并以此确定中央和地方各自的征税权,而不同税种之间征税范围划分不清必定会影响征税权的划分,阻碍改革的进程。

(五)立法层次偏低

增值税在我国已经运行了二十几年,相关的制度设计都在逐步趋向完善。但是,目前的基本制度仍然是来自国务院颁布的《增值税暂行条例》,并没有上升到法律层次,这与增值税在我国税收体系中的地位是不相称的。可以说,增值税是我国第一大税种,占据全国税收收入的半壁江山,可就是这样一个主体税种,至今仍然没有形成规范的法律制度,这不能不说是我国税法建设的一大遗憾。

三、完善增值税制度的相关建议

(一)进一步扩大一般纳税人的范围,增强中小企业竞争力

现行的小规模纳税人确定标准使得绝大多数中小企业被排除在一般纳税人范围以外,从长远看,会大大损害我国中小企业的竞争力,同时也无法体现税收

---

① 参见王金霞:《扩大增值税范围的思考》,载《税务研究》2009年第8期。

公平的原则。考虑到我国目前绝大多数中小企业都存在生存环境恶劣、竞争优势不足的问题,应该在今后的增值税法改革中调低小规模纳税人的标准,以逐步扩大一般纳税人范围,使多数具有发展潜力的中小企业可以按照增值税抵扣制度进行纳税,这样既为中小企业创造了公平竞争的税收环境,也提高了增值税抵扣制度本身的运行效率。

(二)适时降低小规模纳税人的征收率

小规模纳税人因为不具有健全的会计核算体系,对其采取简易办法征收增值税是合理的,但是也必须承认此种征收办法等于是剥夺了小规模纳税人进项税额抵扣的权利。同时,小规模纳税人的盈利能力和税收负担能力大多远远低于一般纳税人,过高的税负会严重影响小规模纳税人的主体——中小企业的正常发展,也会加剧纳税人偷逃税收的冲动。因此,在确定小规模纳税人征收率时必须使其征收率明显低于一般纳税人的税负水平。从增值税制的运行情况看,一般纳税人增值税的整体税负水平中,工业平均一般在3%—4%,其中采掘业在7%左右,制造业在3%左右,商业一般在1%—2%。再考虑到世界上其他国家和地区的相关规定,我国在未来增值税改革的进程中,也可以将小规模纳税人按照行业设置不同程度较低的征收率。

(三)不断拓宽征收范围,逐步拓展到货物销售和劳务提供的所有领域

对规范的增值税制度而言,范围越宽覆盖面越大,就越能确保增值税运行机制的畅通无阻,最大限度地发挥增值税的职能作用,并能彻底解决经济领域的重复征税问题,实现公平税负,有利于提高增值税管理的效率。这个阶段可分两步走:

第一步先把目前争议最多、重复征税严重的运输业与建筑业纳入增值税征税范围。比如,首先应将交通运输业以及与交通运输联系紧密的仓储保管业、物流业纳入增值税征税范围,解决由于国税局与地税局不协调造成的运费进项税额不能如期抵扣以及"税收漏斗"问题。其次将建筑业纳入增值税征税范围,与此同时,对建筑业生产的产品——商业用房或住房以及建筑业所必需的劳动对象——土地使用权,像其他资本性货物一样,纳入增值税征收范围(土地使用权出让免税),保证建筑业相关产业增值税链条的完整。将房地产转让纳入增值税征收范围后,土地增值税就没有存在的必要,可以将其取消,摆脱目前土地增值税征收管理的尴尬境地。①

第二步把所有的劳务提供活动纳入增值税征收范围。但需要指出的是,增值税征税范围的拓宽涉及中央地方分配关系的调整,营业税为地方税收的主要来源,增值税税基的拓宽就意味着营业税税基的变窄和地方税收的减少,因此在

---

① 参见王金霞:《扩大增值税范围的思考》,载《税务研究》2009年第8期。

此过程中必须对税收体制进行相应的调整。

（四）加快增值税的立法步伐

增值税对我们这样的发展中国家的意义不言而喻，应该效仿企业所得税，在条件成熟时尽快制定《增值税法》，提升目前的规范层次，使我国的税法体制进一步得到完善。

（五）完善现行的财政分配体制

上文提及的一些增值税问题，如征税范围问题、混合销售行为和兼营行为的划分问题，其根源是现行财政体制的划分格局所致。我国目前实行分税制财政管理体制，中央税、共享税、地方税是分税制财政管理体制的三大基石。增值税是共享税，由国税部门征收管理，营业税基本属于地方税，由地税部门征收管理。因此，无论要解决的是扩大增值税征税范围问题，还是明确混合销售行为或兼营行为的划分权限和范围，这些问题其实都意味着增值税征税范围的扩大，以及营业税征税范围的同时缩小，这不仅是改革与完善增值税税收制度，还涉及中央和地方财权的调整以及国税部门与地税部门征收管理权限的变动，归根结底都会影响到中央和地方财政权利分配。正因为如此，要完善增值税制度，现行财政分配体制的调整是不可避免的。

本 章 小 结

增值税是最优越、最重要的流转税种。我国的增值税制度在2009年实行了重要的改革，即从原有的生产型增值税转变为消费型增值税。本章对现行的增值税制度，包括纳税人、征收范围、适用税率、应纳税额的计算和增值税专用发票制度等作了重点介绍，对我国现行的增值税制度进行了评析。

思考题

1. 什么是理论增值额和法定增值额？两者有何差异？
2. 谈谈自己对增值税转型改革的看法。
3. 试对完善我国的增值税制度提出自己的看法和建议。

第十二章 消费税法律制度

消费税是税法规定的针对一些特定消费品和消费行为征收的税种。目前约有一百二十多个国家和地区开征了消费税,其运用范围相当广泛。消费税作为流转税体制中一个独立的税种普遍受到各国的重视。

第一节 消费税法律制度概述

一、消费税概述

(一) 消费税的概念

消费税是对特定的消费品征收的一种商品税,由于其计税依据同样是商品的流转额,因此属于流转税体系。

国际上对消费税存在不同的理解,大致有两种观点:一种观点认为,消费税是对消费支出课征的税收,简称为支出税(expenditure tax),也称为综合消费税。这种观点将个人一定期间内(通常为一年)的消费支出总额,减除最低生活消费支出后的余额作为课税的基础,采用累进税率。因为支出源自收入,而支出额的大小取决于其收入的多少,所以支出税实质上是对纳税人综合负担能力的课税,是对所得课税的一种演变。同时,支出税的税负是难以转嫁的,属于直接税。这一意义的租税和我们通常所说的消费税是有根本区别的。另一种观点认为,消费税是对商品销售课征的税收,称为销售税(sales tax)。销售税并非针对一切货物,其课税的商品品目是有选择的。这种含义的消费税款虽然形式上由销售者缴纳,但可以通过销售价格的调整最终将这部分税负转嫁给消费者,因此属于间接税。国际上的消费税一般是指此类租税。

(二) 消费税的分类

按照应税范围的宽窄,可把消费税划分为特种消费税和普通消费税。

特种消费税是指国家仅对特定的消费品征收的一种税,其应税消费品的选择仅限于特定范围,具有独特的调节生产、消费的作用。目前大多数国家实行的均为特种消费税,我国亦是如此。

普通消费税是指国家对全部消费品或绝大部分消费品征收的一种税,其征税范围很广,品目种类较多,具有较强的组织财政收入的作用。实行普通消费税的国家极为罕见,有些国家虽然形式上对全部消费品征税,但同时又对许多消费品规定免税,其实质上与实行特种消费税无异。

(三)消费税的特征

消费税与增值税、营业税等同属于流转税,但和这些税种相比,它具有显著的特点。

1. 征税范围具有选择性

消费税征税范围的选择性既表现在空间上,也表现在时间上。在不同的国家,由于经济发展水平以及传统文化的差异,各国选择征税的消费品范围是不同的;即使在同一国家,消费税的应税品目也会随着时间的推移和经济的发展而不断发展。例如,我国的护肤护发品就经历了从奢侈品到一般消费品的过渡,只保留对高档护肤类化妆品征收消费税。

2. 征税环节具有单一性

增值税是"道道课征",而消费税只选择在商品流转的某一环节进行一次性征收。出于节约征收成本、提高征收效率以及防止税源流失的考虑,各国的消费税一般会选择在生产环节或进口环节一次性征收,极少在其他环节课征,我国亦是如此,仅有金银首饰、砖石、钻石饰品在零售环节缴纳消费税以及卷烟在批发环节缴纳消费税。

3. 征收方法具有选择性

为了适应不同应税消费品的情况,便于操作和管理,消费税的征收方法中既存在从价征收,也存在从量征收,对卷烟和白酒还实行从价与从量结合的复合征收方法。

4. 税率、税额具有差别性

与其他流转税相比,消费税的平均税率、税额较高,税率、税额档次多,差别幅度大,突出了消费税的调节作用。

5. 消费税是价内税

计算消费税时,作为计税依据的销售额本身即含有消费税税款。这一点和增值税是不同的。

(四)消费税的历史沿革

消费税的历史源远流长。古希腊时期的内陆关税、古罗马时期的盐税,实质上都是对货物征收的消费税。其后随着商品经济的发展,课税范围也不断扩大,消费税曾一度成为许多西方国家政府财政收入的主要支柱。19世纪末20世纪初,由于发达国家普遍采用所得税作为主体税种,消费税在国家税收收入中所占的比重有所下降。但因消费税的独特调节作用,在许多发达国家的税制中,消费税作为一个不可或缺的税种仍然受到普遍的重视,而在广大发展中国家至今仍然是整个国家税制中举足轻重的税种。

消费税在我国的历史可以追溯到春秋战国时期。新中国建立初期征收的货物税和之后相继开征的商品流通税、工商统一税、产品税实际上相当于或部分相当于消费税,只是未以"消费税"命名罢了。1983年开征的烧油特别税、1988年曾对彩色电视机和小轿车征收的特别消费税,其实是一种选择性消费税。1994年税制改革时,消费税作为一个独立的税种得到正式的确立。十余年来,消费税的政策导向和具体税目都发生了较大的变化,但是基本结构和内容一直沿用至今。2008年我国修订了原有的《消费税暂行条例》,这是继1994年以来消费税法的最大变革。

(五)开征消费税的意义

各国征收消费税的主要目的是为了增加财政收入,除此之外,消费税的调节功能历来为各国所倚重。

1. 消费税利于调节收入差距,平衡社会各阶层的利益。它针对的是高档的消费品、奢侈品和高档的消费行为,在这些一般收入阶层很少涉及的领域内征收消费税。

2. 消费税可以倡导正确的社会消费方向,将某类商品纳入消费税征收范围或调整现有税率,可以达到限制消费、缓解供求矛盾、压缩生产的目的。2006年消费税调整时将木制一次性筷子等作为新增税目,2009年提高卷烟的消费税税率等就是例证。

3. 消费税还可以调节产品结构、体现产业政策。如2003年12月31日财政部和国家税务总局颁布的《关于低污染排放小汽车减征消费税问题的通知》就是意在促使汽车行业达到国际先进的环保标准,实现国家的产业政策。

4. 消费税是具有生态意义的税种。消费税设立之初对应税产品所产生的外部环境成本考虑较少,现行税制中与环境有关的仅有八种,课税范围过窄,一些容易给环境带来污染的消费品没有列入征税范围,如电池、氟利昂、化肥、一次性产品(相机、剃刀、饮料容器、塑料袋)以及煤炭等,这对环境的保护是极其不利的,未来消费税的改革应注重发挥消费税的生态调节功能。

二、消费税法概述

消费税法是调整消费税征纳关系的法律规范的总称。我国现行的调整消费税征纳关系的法规、规章主要包括:国务院第34次常务会议修订通过的《消费税暂行条例》(2009年1月1日起施行);财政部、国家税务总局第51号令颁布的《消费税暂行条例实施细则》(2009年1月1日起施行);国家税务总局1993年12月27日颁布的《消费税征收范围注释》(部分条款已失效)[1],1993年12

---

[1] 失效条款为:第1条第1款、第2款、第4条、第7条、第8条、第11条。参见《国家税务总局关于发布已失效或废止有关消费税规范性文件的通知》(国税发〔2009〕45号)。

月 28 日发布的《消费税若干具体问题的规定》(部分条款已失效)①。

第二节 我国消费税法律制度

一、消费税纳税人

在中华人民共和国境内生产、委托加工和进口应税消费品的单位和个人,以及国务院确定的销售应税消费品的其他单位和个人,为消费税的纳税人。

二、消费税的征税范围

消费税的征税范围限于《消费税暂行条例》规定的应税消费品。一般分为以下五类:

(1) 过度消费会对人类健康、社会秩序、生态环境等方面造成危害的特殊消费品,如木制一次性筷子、鞭炮和焰火等。

(2) 奢侈品和非生活必需品,如贵重首饰及珠宝玉石、高档手表、游艇等。

(3) 高能耗及高档消费品,如小汽车、摩托车等。

(4) 不能再生和替代的消费品,如汽油、柴油等。

(5) 具有一定财政意义的产品,如汽车轮胎。

三、消费税的税目与税率

根据《消费税暂行条例》,我国现行消费税的税目为 14 个。其中部分税目实行从价定率征收,部分税目实行从量定额征收,还有的则实行从量定额和从价定率相结合的复合征收。

(一) 烟

凡是以烟叶为原料加工生产的产品,不论使用何种辅料,均属于本税目的征税范围。本税目下设卷烟、雪茄烟、烟丝三个子目。

1. 卷烟

卷烟分为甲类卷烟和乙类卷烟。目前,我国对卷烟的消费税设置较为复杂,既包括从价税,也包括从量税,此外,还在生产环节和批发环节同时征收消费税。

(1) 甲类卷烟

甲类卷烟是指每标准条(200 支)调拨价格在 70 元(不含增值税)以上(含 70 元)的卷烟。

---

① 失效条款为:第 1 条。参考同上页注①。

第十二章 消费税法律制度

（2）乙类卷烟

乙类卷烟，即每标准条调拨价格在70元（不含增值税）以下的卷烟。

2．雪茄烟

雪茄烟是指以晾晒烟为原料或者以晾晒烟和烤烟为原料，用烟叶或卷烟纸、烟草薄片作为烟支内包皮，再用烟叶作为烟支外包皮，经机器或手工卷制而成的烟草制品。

3．烟丝

烟丝的征收范围包括以烟叶为原料加工生产的不经卷制的散装烟，如斗烟、莫合烟、烟末、水烟、黄红烟丝等。

（二）酒及酒精

本税目下设白酒、黄酒、啤酒、其他酒、酒精五个子目。

1．白酒

白酒是指以粮食或薯类为原料，经过糖化、发酵后，采用蒸馏方法酿制的白酒。白酒消费税实行从价和从量相结合的复合计税方法。

2．黄酒

黄酒的征税范围包括各种原料酿制的黄酒和酒度超过12度（含12度）的土甜酒。

3．啤酒

啤酒的征税范围包括各种包装和散装的啤酒。无醇啤酒比照啤酒征税。啤酒分两类，甲类啤酒每吨出厂价（含包装物及包装物押金）在3000元（含3000元，不含增值税）以上；乙类啤酒每吨出厂价（含包装物及包装物押金）在3000元（含3000元，不含增值税）以下。

4．其他酒

其他酒是指除白酒、黄酒、啤酒以外，酒度在1度以上的各种酒。其征税范围包括糠麸白酒、其他原料白酒、土甜酒、复制酒、果木酒、汽酒、药酒等。其中，土甜酒采用压榨酿制的酒度应不超过12度，酒度超过12度的应按黄酒征税。

5．酒精

酒精又名乙醇，其征税范围包括用蒸馏法和合成方法生产的各种工业酒精、医药酒精、食用酒精。

（三）化妆品

本税目征税范围包括：香水、香水精、香粉、口红、指甲油、胭脂、眉笔、唇笔、眼睫毛、成套化妆品等日常生活中用于修饰美化人体表面的美容和芳香两类产品，高档护肤类化妆品也属于本税目征税范围。

（四）贵重首饰及珠宝玉石

本税目征税范围包括各种金银珠宝首饰和经采掘、打磨、加工的各种珠宝玉石。

（五）鞭炮、焰火

本税目征税范围包括各种鞭炮、焰火。通常分为13类，即喷花类、旋转类、旋转升空类、火箭类、吐珠类、线香类、小礼花类、烟雾类、造型玩具类、炮竹类、摩擦炮类、组合烟花类、礼花弹类。体育上用的发令纸，鞭炮药引线，不按本税目征收。

（六）成品油

本税目下设7个子目，分别为：

1. 汽油

汽油是指用原油或其他原料加工生产的辛烷值不小于66的可用作汽油发动机燃料的各种轻质油。

2. 柴油

柴油是指用原油或其他原料加工生产的倾点或凝点在-50至30的可用作柴油发动机燃料的各种轻质油和以柴油组分为主、经调和精制，可用作柴油发动机燃料的非标油。以柴油、柴油组分调和生产的生物柴油也属于本税目征收范围。

3. 航空煤油

航空煤油也叫喷气燃料，是用原油或其他原料加工生产的用作喷气发动机和喷气推进系统燃料的各种轻质油。

4. 石脑油

石脑油又叫化工轻油，是以原油或其他原料加工生产的用于化工原料的轻质油。

5. 溶剂油

溶剂油是用原油或其他原料加工生产的用于涂料、油漆、食用油、印刷油墨、皮革、农药、橡胶、化妆品生产和机械清洗、胶粘行业的轻质油。橡胶填充油、溶剂油原料，属于溶剂油征收范围。

6. 润滑油

润滑油是用原油或其他原料加工生产的用于内燃机、机械加工过程的润滑产品。以植物性、动物性和矿物性基础油（或矿物性润滑油）混合掺配而成的"混合性"润滑油，不论矿物性基础油（或矿物性润滑油）所占比例高低，均属润滑油的征收范围。

7. 燃料油

燃料油也称重油、渣油，是用原油或其他原料加工生产，主要用作电厂发电、锅炉用燃料、加热炉燃料、冶金和其他工业炉燃料。

（七）汽车轮胎

汽车轮胎是指用于各种汽车、挂车、专用车和其他机动车上的内、外胎，但对子午线轮胎免征消费税，对翻新轮胎停止征收消费税。

（八）摩托车

本税目征税范围包括轻便摩托车和摩托车，税率按排量分档设置。

（九）小汽车

小汽车汽车是指由动力驱动，具有4个或4个以上车轮的非轨道承载的车辆。电动汽车不属于本税目征收范围。本税目下设2个子目，分别为：

1. 乘用车

乘用车是指包括含驾驶员座位在内最多不超过9个座位（含）的，在设计和技术特性上用于载运乘客和货物的各类乘用车。用排气量小于1.5升（含）的乘用车底盘（车架）改装、改制的车辆属于乘用车征收范围。

2. 中轻型商用客车

中轻型商用客车是指含驾驶员座位在内的座位数在10至23座（含23座）的在设计和技术特性上用于载运乘客和货物的各类中轻型商用客车。用排气量大于1.5升的乘用车底盘（车架）或用中轻型商用客车底盘（车架）改装、改制的车辆属于中轻型商用客车征收范围。

此外，含驾驶员人数（额定载客）为区间值的（如8—10人；17—26人）小汽车，按其区间值下限人数确定征收范围。

（十）高尔夫球及球具

高尔夫球及球具是指从事高尔夫球运动所需的各种专用装备。

（十一）高档手表

高档手表是指销售价格（不含增值税）每只在10000（含）元以上的各类手表。

（十二）游艇

本税目征税范围包括艇身长度大于8米（含）小于90米（含），内置发动机，可以在水上移动，一般为私人或团体购置，主要用于水上运动和休闲娱乐等非牟利活动的各类机动艇。

（十三）木制一次性筷子

木制一次性筷子，又称卫生筷子，是指以木材为原料经过锯段、浸泡、旋切、刨切、烘干、筛选、打磨、倒角、包装等环节加工而成的各类一次性使用的筷子。未经打磨、倒角的木制一次性筷子属于本税目征税范围。

（十四）实木地板

实木地板是指以木材为原料，经锯割、干燥、刨光、截断、开榫、涂漆等工序加工而成的块状或条状的地面装饰材料。未经涂饰的素板属于本税目征税范围。

消费税税目税率(税额)表

税目	税率
一、烟	
1. 卷烟	
（1）甲类卷烟	56% 加 0.003 元/支
（2）乙类卷烟	36% 加 0.003 元/支
2. 雪茄烟	36%
3. 烟丝	30%
二、酒及酒精	
1. 白酒	20% 加 0.5 元/500 克（或者 500 毫升）
2. 黄酒	240 元/吨
3. 啤酒	
（1）甲类啤酒	250 元/吨
（2）乙类啤酒	220 元/吨
4. 其他酒	10%
5. 酒精	5%
三、化妆品	30%
四、贵重首饰及珠宝玉石	
1. 金银首饰、铂金首饰和钻石及钻石饰品	5%
2. 其他贵重首饰和珠宝玉石	10%
五、鞭炮、焰火	15%
六、成品油	
1. 汽油	
（1）含铅汽油	1.4 元/升
（2）无铅汽油	1.0 元/升
2. 柴油	0.80 元/升
3. 航空煤油	0.80 元/升
4. 石脑油	1.00 元/升
5. 溶剂油	1.00 元/升
6. 润滑油	1.00 元/升
7. 燃料油	0.80 元/升
七、汽车轮胎	3%
八、摩托车	
1. 气缸容量(排气量,下同)在 250 毫升(含 250 毫升)以下的	3%
2. 气缸容量在 250 毫升以上的	10%

税目	税率
九、小汽车	
1. 乘用车	
（1）气缸容量（排气量，下同）在1.0升（含1.0升）以下的	1%
（2）气缸容量在1.0升以上至1.5升（含1.5升）的	3%
（3）气缸容量在1.5升以上至2.0升（含2.0升）的	5%
（4）气缸容量在2.0升以上至2.5升（含2.5升）的	9%
（5）气缸容量在2.5升以上至3.0升（含3.0升）的	12%
（6）气缸容量在3.0升以上至4.0升（含4.0升）的	25%
（7）气缸容量在4.0升以上的	40%
2. 中轻型商用客车	5%
十、高尔夫球及球具	10%
十一、高档手表	20%
十二、游艇	10%
十三、木制一次性筷子	5%
十四、实木地板	5%

四、消费税应纳税额的计算

（一）消费税的一般计税方法

按照现行规定，消费税应纳税额的计算分为从价定率、从量定额以及混合计算三种方法。

1. 从价定率计算方法

$$应纳税额 = 应税消费品的销售额[①] \times 税率$$

（1）纳税人兼营不同税率的应税消费品，应当分别核算不同税率应税消费品的销售额、销售数量；未分别核算销售额、销售数量，或者将不同税率的应税消费品组成成套消费品销售的，从高适用税率。

（2）纳税人通过自设非独立核算门市部销售的自产应税消费品，应当按照门市部对外销售额或者销售数量征收消费税。

（3）纳税人用于换取生产资料和消费资料，投资入股和抵偿债务等方面的应税消费品，应当以纳税人同类应税消费品的最高销售价格作为计税依据计算消费税。

2. 从量定额计算方法

$$应纳税额 = 应税消费品的销售数量 \times 单位税额$$

应税消费品的销售数量，是指纳税人生产、委托加工、进口和销售应税消费

[①] 应税消费品的销售额相关问题的确定参见本书第十一章。

品的数量。销售数量,分别按以下情况确定:

(1) 销售应税消费品的,为应税消费品的销售数量;

(2) 自产自用应税消费品的,为应税消费品的移送使用数量;

(3) 委托加工应税消费品的,为纳税人收回的应税消费品数量;

(4) 进口的应税消费品,为海关核定的应税消费品进口数量。

3. 混合计算方法

依现行消费税法,对卷烟和白酒实行混合计算的方法,即先按销售额实行从价征收,再征一道从量定额税,其计算公式为:

$$应纳税额 = 销售额 \times 比例税率 + 销售数量 \times 定额税率$$

(二) 自产自用应税消费品的计税方法

1. 一般规定

纳税人自产自用的应税消费品,用于连续生产应税消费品[①]的不纳税;用于其他方面[②]的于移送使用时纳税。

2. 计税方法

纳税人自产自用的应税消费品,按照纳税人生产的同类消费品的销售价格计算纳税;没有同类消费品销售价格的,按照组成计税价格计算纳税。

(1) 实行从价定率办法计算纳税的组成计税价格计算公式

$$组成计税价格 = (成本 + 利润[③]) \div (1 - 比例税率)$$

(2) 实行复合计税办法计算纳税的组成计税价格计算公式

$$组成计税价格 = (成本 + 利润 + 自产自用数量 \times 定额税率) \div (1 - 比例税率)$$

(三) 委托加工应税消费品的计税方法

1. 一般规定

委托加工的应税消费品[④],除受托方为个人外,由受托方在向委托方交货时代收代缴税款。委托加工的应税消费品,委托方用于连续生产应税消费品的,所纳税款准予按规定抵扣。委托加工的应税消费品直接出售的,不再缴纳消费税。

---

① 用于连续生产应税消费品,是指纳税人将自产自用的应税消费品作为直接材料生产最终应税消费品,自产自用应税消费品构成最终应税消费品的实体。例如,以自产的珠宝玉石生产制作贵重首饰,以自产烟丝生产卷烟等。

② 用于其他方面的,是指纳税人将自产自用应税消费品用于生产非应税消费品、在建工程、管理部门、非生产机构、提供劳务、馈赠、赞助、集资、广告、样品、职工福利、奖励等方面。

③ 利润,是指根据应税消费品的全国平均成本利润率计算的利润。应税消费品全国平均成本利润率由国家税务总局确定。应税消费品的全国平均成本利润率规定为:① 甲类卷烟、粮食白酒、高尔夫球球具、游艇为10%;② 贵重首饰及珠宝玉石、越野车、摩托车为6%;③ 乙类卷烟、雪茄烟、烟丝、薯类白酒、其他酒、酒精、化妆品、鞭炮、焰火、汽车轮胎、木制一次性筷子、实木地板、中轻型商用客车为5%;④ 高档手表为20%;⑤ 乘用车为8%。

④ 委托加工的应税消费品,是指由委托方提供原料和主要材料,受托方只收取加工费和代垫部分辅助材料加工的应税消费品。

委托个人加工的应税消费品,由委托方收回后缴纳消费税。

对于由受托方提供原材料生产的应税消费品,或者受托方先将原材料卖给委托方,然后再接受加工的应税消费品,以及由受托方以委托方名义购进原材料生产的应税消费品,不论在财务上是否作销售处理,都不得作为委托加工应税消费品,而应当按照销售自制应税消费品缴纳消费税。

2. 计税方法

委托加工的应税消费品,按照受托方的同类消费品的销售价格计算纳税;没有同类消费品销售价格的,按照组成计税价格计算纳税。

(1) 实行从价定率办法计算纳税的组成计税价格计算公式

组成计税价格 = (材料成本① + 加工费②)/(1 - 比例税率)

(2) 实行复合计税办法计算纳税的组成计税价格计算公式

组成计税价格 = (材料成本 + 加工费 + 委托加工数量 × 定额税率)/(1 - 比例税率)

(四) 进口应税消费品的计税方法

进口的应税消费品,由进口人或代理人于报关进口时向报关地海关申报缴纳消费税,并按照组成计税价格计算纳税。

(1) 实行从价定率办法计算纳税的组成计税价格计算公式

组成计税价格 = (关税完税价格 + 关税)/(1 - 消费税比例税率)

应纳税额 = 组成计税价格 × 消费税税率

(2) 实行复合计税办法计算纳税的组成计税价格计算公式

组成计税价格 = (关税完税价格 + 关税 + 进口数量 × 消费税定额税率)/(1 - 消费税比例税率)

应纳税额 = 组成计税价格 × 消费税税率 + 应税消费品数量 × 单位税额

(五) 已纳消费税的扣除

由于某些应税消费品是用外购或委托加工收回的已缴纳消费税的应税消费品连续生产出来的,为了避免重复征税,在对这些连续生产出来的应税消费品计算征税时,应按当期生产领用数量计算准予扣除外购或委托加工收回的应税消费品已纳的消费税税款。

五、消费税的减免

由于消费税具有较强的政策导向作用,近年来国家出台了一系列消费税的

---

① 材料成本,指委托方所提供加工材料的实际成本。委托加工应税消费品的纳税人,必须在委托加工合同上如实注明(或者以其他方式提供)材料成本,凡未提供材料成本的,受托方主管税务机关有权核定其材料成本。

② 加工费,指受托方加工应税消费品向委托方所收取的全部费用(包括代垫辅助材料的实际成本)。

减免政策,具体如下:

1. 航空煤油继续暂缓征收消费税。

2. 对用外购或委托加工收回的已税汽油生产的乙醇汽油免税。用自产汽油生产的乙醇汽油,按照生产乙醇汽油所耗用的汽油数量申报纳税。

3. 对生产销售达到低污染排放值的小轿车、越野车、小客车减征30%的消费税。

六、出口退(免)消费税

为了鼓励出口,提高本国产品在国际市场上的竞争力,国际上通行的做法是对出口产品免税。如果出口产品已征消费税,则应退税。我国借鉴国际惯例,对纳税人出口应税消费品,免征消费税;但国务院另有规定的除外。出口应税消费品的免税办法,由国务院财政、税务主管部门规定。

出口货物退(免)消费税与出口货物退(免)增值税在退(免)税范围的限定、退(免)税办理程序、退(免)税审核以及管理上都有许多一致的地方。但是计算出口应税消费品应退消费税的税率和单位税额,应依据《消费税暂行条例》所附《消费税税目税率(税额)表》执行,这是与增值税的一个重要区别。也就是说,当出口应税消费品时,其退还的增值税要按规定的退税率计算,而其退还的消费税则按照该消费品所适用的消费税税率计算。企业应将不同消费税税率的出口应税消费品分开核算和申报,如划分不清,则一律从低适用税率计算应退消费税税额。

第三节 我国消费税的征收与管理

一、纳税义务发生时间和纳税期限

纳税人生产的应税消费品于销售时纳税,进口消费品于应税消费品报关进口环节纳税,但金银首饰、钻石及钻石饰品在零售环节纳税,卷烟在批发环节加征一道消费税。消费税纳税义务发生的时间,以货款结算方式或行为发生时间分别确定。

1. 纳税人销售的应税消费品,其纳税义务发生时间为:

(1)纳税人采取赊销和分期收款结算方式的,其纳税义务的发生时间为销售合同规定的收款日期的当天。

(2)纳税人采取预收货款结算方式的,其纳税义务的发生时间为发出应税消费品的当天。

(3)纳税人采取托收承付和委托银行收款方式销售的应税消费品,其纳义务的发生时间为发出应税消费品并办妥托收手续的当天。

（4）纳税人采取其他结算方式的,其纳税义务的发生时间为收讫销售款或者取得索取销售款的凭据的当天。

2. 纳税人自产自用的应税消费品,其纳税义务的发生时间为移送使用的当天。

3. 纳税人委托加工的应税消费品,其纳税义务的发生时间为纳税人提货的当天。

4. 纳税人进口的应税消费品,其纳税义务的发生时间为报关进口的当天。

消费税的纳税期限与增值税相同。

二、纳税地点

1. 纳税人销售的应税消费品,以及自产自用的应税消费品,除国务院财政、税务主管部门另有规定外,应当向纳税人机构所在地或者居住地的主管税务机关申报纳税。

2. 委托加工的应税消费品,除受托方为个人外,由受托方向机构所在地或者居住地的主管税务机关解缴消费税税款。委托个人加工的应税消费品,由委托方向其机构所在地或者居住地主管税务机关申报纳税。

3. 进口的应税消费品,应当向报关地海关申报纳税。

4. 纳税人到外县(市)销售或者委托外县(市)代销自产应税消费品的,于应税消费品销售后,向机构所在地或者居住地主管税务机关申报纳税。

纳税人的总机构与分支机构不在同一县(市)的,应当分别向各自机构所在地的主管税务机关申报纳税;经财政部、国家税务总局或者其授权的财政、税务机关批准,可以由总机构汇总向总机构所在地的主管税务机关申报纳税。

5. 纳税人销售的应税消费品,如因质量等原因由购买者退回时,经机构所在地或者居住地主管税务机关审核批准后,可退还已缴纳的消费税税款。

第四节 我国消费税法律制度评析

消费税自开征以来,收入稳步增长,由1994年的516亿元增长至2007年的2206亿元,占总税收收入的5%,可见,现行的消费税对增加财政收入、调节收入水平、引导消费、调整产业结构、增强国家对经济的宏观调控能力等方面起到了不容忽视的作用。尤其是2008年新《消费税暂行条例》及其实施细则的出台,是自1994年以来对消费税的一次最大规模的调整,进一步完善了我国的消费税制度。

从消费税的本质看,消费税的调节功能重于聚财功能,主要发挥重点调节的功能,并在一定程度上含有"寓禁于征"的意义,这一点在新的消费税制度中多有体现,如取消了护肤护发品;对危害健康的烟、酒类适度加大了征税力度;对于摩托车、小汽车等越来越普及的消费品,按照排量适用不同税率的消费税;对于汽油也分为含铅汽油和无铅汽油分别征税,此外还扩大了成品油的征税范围。这些改革措施明显增强了消费税的调节能力,对构建节约型社会、促进环境保护和资源节约起到了深远的影响。但同时我们也应该看到,新的消费税法仍然有一些不足之处。

一、现行消费税制度存在的问题

(一) 征税范围选择不合理

消费税的出发点是调节消费行为,因此对人们的生活必需品和生产资料不应征收消费税,而对奢侈品和对环境影响大的消费品应该加大征税力度。我国新的消费税制度在这一方面虽然有一定的改进,但依然是越位与缺位并存。一方面,现行消费税把某些生活必需品和少数生产资料列入了征税范围,如对酒精的课税就存在这方面问题:酒精不是消费品,是白酒原料,不应征收消费税;并且酒精可以细分为工业酒精、医药酒精、食用酒精,对食用酒精课税尚可,对工业酒精、医药酒精也课征消费税,增加了基本生产资料的税收负担,会使生产的发展受到影响。另外,对汽车轮胎课征消费税也不合理,现行的规定是对载重、公共汽车、无轨电车轮胎、矿山、建筑等车辆用轮胎及工程车轮胎一律课征消费税,无形之中会增加公交运输、矿山采掘等行业的税收负担,不符合我国产业结构调整的要求,导致消费税征收范围的越位。另一方面,现行消费税未把一些高档消费品和消费行为纳入征税范围,如私人飞机、艺术品、高档家具、豪宅、名贵宠物、赛马、夜总会等,这是消费税征税范围缺位的表现。

(二) 计税方式不合理

按计税方式不同可将消费税分为价外税和价内税。价外税较为透明,消费者容易知晓自己所承担的税款,而价内税是一种隐蔽的形式,是将消费税金额包括在货物的价格之内,因此除了专业人士,普通的消费者很难辨识,既不知道该消费品中是否含有消费税,也不清楚所含消费税的具体数额。因此,价内税使消费者在不知晓的情况下被动赋税,降低了其本身的透明度,消弱了消费税正确引导消费、调节消费结构和限制某些消费品消费的作用。而我国消费税长期以来都是采取价内税的计税方式,计税方式不透明,不利于消费税作为调节经济杠杆作用的发挥。

(三) 征收环节设置不合理

我国现行消费税除特别情形以外,基本都在生产环节课税。这样的规定有其合理的一面,因为生产制环节纳税人户数较少,征管对象明确,便于控制税源,降低征管成本。但生产环节毕竟不是商品实现消费之前的最后一个流转环节，这在客观上为纳税人选择一定的经营方式逃税、避税造成了可乘之机，导致消费税收入的大量流失。

二、完善消费税制度的相关建议

基于以上分析，应从如下方面着手完善我国的消费税制度：

（一）调整征税范围

世界各国在选择消费税征税范围方面，由于国情不同而有一定的差异。但总体在消费税范围的选择上都有适度扩大的趋势。我国消费税征税范围的选择，既要考虑我国当前经济发展的状况、人民群众的消费水平和消费结构；也要借鉴国际的通行做法，与国际惯例接轨。从目前我国的国情看，消费税的征税项目可以适当增加，选择一些税基宽广、消费普遍，课税后不会影响人民群众生活水平的奢侈品。如增加保健饮料、高档家用电器和电子产品、裘皮制品、美术制品等这类奢侈品课征消费税；借鉴美国的有关经验，对网球、赛马等少数高档娱乐消费品和高档消费娱乐课征消费税；同时将目前尚未纳入消费税征收范围，不符合节能标准的高能耗产品、资源消耗品纳入消费税征收范围，适当调高现行一些应税消费品的税率水平；此外应对酒精、公共汽车轮胎、矿山建筑车辆的轮胎等生产资料及人们生活必需品停止征收消费税。

（二）构建"绿色"税收体系

为了增强消费税的环境保护效应，建议对课征制度作如下调整：(1)适当提高含铅汽油的税率，以抑制含铅汽油的消费使用，推动汽车燃油无铅化进程。(2)将那些用难以降解和无法再回收利用的材料制造的、在使用中预期会对环境造成严重污染而又有相关的绿色产品可以替代的各类包装物、一次性电池、塑料袋和餐饮用品、会对臭氧层造成破坏的氟里昂等产品列入征税范围。

（三）变价内税为价外税

目前，国外普遍推行价外征收消费税的办法。消费者购买或接受服务付款时，发票上分别标明货款和税款，消费者知道自己要负担多少税收，透明度高。建议将我国的消费税由价内税逐步改为价外税。

（四）调整征收环节

从消费税的征收环节上看，国际上消费税的征收多选择在零售环节，一方面体现了这一税种重在调节消费的意图；另一方面很少占用生产经营者的周转资金，有助于减轻生产经营者的负担，也可以杜绝侵蚀税基现象的发生。我国的消费税也可以考虑在征管能力允许、条件成熟的情况下，将部分消费品的征税环节向后推移到零售环节。目前，对金银饰品的课征环节已经进行了改动，并取得了较好的效果，在下一步的税制改革中，应考虑将烟、酒、化妆品、小汽车、摩托车的课征环节也设定在零售环节。若对各种高档娱乐消费行为开征消费税,也应该设置在消费行为发生时课税,这既有利于扩大税基、增加财政收入,又可防止企业利用转移利润方式逃税。

本 章 小 结

消费税针对特定的消费品或消费行为征税,在世界范围内运用非常广泛。我国的消费税制度在2009年进行了较大程度的改革,本章主要对现行的消费税法律制度中消费税纳税人、征收范围、适用税率、应纳税额的计算等作了重点介绍,对我国现行的消费税制度进行了评析。

思考题

1. 消费税和增值税的区别在何处?
2. 我国新消费税制度和过去相比有哪些不同之处?
3. 试对消费税法律制度的改革与完善提出自己的建议。

第十三章　营业税法律制度

营业税是一种重要的流转税,我国现行的营业税与增值税、消费税相配合,共同构成了我国新的流转税体系。我国的营业税法律制度基本上适应了社会主义市场经济的发展要求,但在许多方面亟待完善。

第一节　营业税法律制度概述

一、营业税概述

(一)营业税的概念

营业税是对在我国境内提供应税劳务、转让无形资产或者销售不动产的单位和个人征收的一种流转税。

我国现行的营业税与增值税、消费税相配合,共同构成了我国新的流转税体系。即在工业生产领域和商业批发零售环节普遍征收增值税,选择少数消费品交叉征收消费税,对不征收增值税的劳务征收营业税。也就是说,对一项经济活动而言,如果课征了增值税,就不征收营业税,反之亦然,营业税和增值税是互不交叉的。

(二)营业税的特征

同其他流转税相比,营业税具有以下特征:

1. 计税依据不考虑经营成本

营业税一般以营业全额为计税依据,税额不受成本、费用高低的影响,可以确保财政收入的稳定增长。但也正因为营业税不考虑经营成本,使其缺乏必要的合理性而一直为人诟病。

2. 营业税负担轻

营业税税率的总体水平较低,并且在税负设计中,往往采取按不同行业设立税率,实行同一行业相同税率,不同行业不同税率的制度,较为公平。

3. 操作简便

营业税以营业收入的全额为计税依据,实行比例税率,税款随营业收入的实现而实现,非常简便易行。

(三)营业税的历史沿革

营业税是一种古老而重要的税种。我国历史上的周、汉、明、清都有营业税性质的税种,如周代就有"凡商贾虞衡皆有税"的说法,汉代对商人征收的"算缗钱",明代的六摊刻铁,清代的铺间房税、牙当税、屠宰税等都具有营业税的性质。

在税收史上,营业税曾成为世界各国普遍征收的一种重要税收,但它和产品税、货物税一样也存在税负累积的弊端。因此,以所得税为代表的直接税制逐渐受到重视,各国的营业税现今大多已被增值税所取代,保留下来的营业税,其征收范围也大大缩小,一般只针对服务业的某些部门。

我国现行的营业税是1994年税制改革时在流转税制中保留下来的一种税,但征税范围大为缩小。原来征收营业税的一些行业,包括商业批发、零售和公用事业中的水、电、热、气的销售,都改为征收增值税,不再征收营业税。我国的营业税实际上已成为主要针对提供劳务取得的营业收入(即对第三产业)征收的一种税。

二、营业税法概述

营业税法是调整营业税征纳关系的法律规范的总称。我国现行调整营业税征纳关系的法规、规章主要包括:国务院第34次常务会议修订通过的《营业税暂行条例》(2009年1月1日起施行);财政部、国家税务总局第52号令发布的《营业税暂行条例实施细则》(2009年1月1日起施行)。

第二节 我国营业税法律制度

一、营业税的纳税人

(一)一般规定

营业税的纳税人是在中华人民共和国境内提供应税劳务、转让无形资产或者销售不动产的单位和个人。

构成营业税纳税人需满足三个条件:

1. 实施营业税的地域范围限于中国境内:
(1) 提供或者接受应税劳务的单位或者个人在境内;
(2) 所转让的无形资产(不含土地使用权)的接受单位或者个人在境内;
(3) 所转让或者出租土地使用权的土地在境内;
(4) 所销售或者出租的不动产在境内。
2. 所提供的劳务必须属于营业税的征税范围。
3. 行为的有偿性。

营业税的应税行为是指有偿提供应税劳务、有偿转让无形资产所有权或使用权、有偿转让不动产所有权的行为。

4. 纳税人有下列情形之一的,视同发生应税行为：

(1) 单位或者个人将不动产或者土地使用权无偿赠送其他单位或者个人；

(2) 单位或者个人自己新建(以下简称自建)建筑物后销售,其所发生的自建行为；

(3) 财政部、国家税务总局规定的其他情形。

(二) 特殊规定

1. 中央铁路运营业务的纳税人为铁道部,合资铁路运营业务的纳税人为合资铁路公司,地方铁路运营业务的纳税人为地方铁路管理机构,基建临管线运营业务的纳税人为基建临管线管理机构。

2. 单位以承包、承租、挂靠方式经营的,承包人、承租人、挂靠人(以下统称承包人)发生应税行为,承包人以发包人、出租人、被挂靠人(以下统称发包人)名义对外经营并由发包人承担相关法律责任的,以发包人为纳税人；否则以承包人为纳税人。

二、扣缴义务人

在现实生活中,有些具体情况难以确定纳税人,因此税法规定了扣缴义务人。营业税的扣缴义务人主要有以下几种：

(1) 中华人民共和国境外的单位或者个人在境内提供应税劳务、转让无形资产或者销售不动产,在境内未设有经营机构的,以其境内代理人为扣缴义务人；在境内没有代理人的,以受让方或者购买方为扣缴义务人。

(2) 国务院财政、税务主管部门规定的其他扣缴义务人。

三、营业税的税目与税率

(一) 营业税税目

营业税的税目是营业税征税范围的具体体现。税目设计以不同的行业为依据,为了便于执行,有的税目下还设了若干子目,子目是税目的具体化。营业税一共规定了九个税目。

1. 交通运输业

交通运输业税目的征税范围是：陆路运输、水路运输、航空运输、管道运输、装卸搬运、远洋运输(程租、期租业务)、航空运输企业(湿租业务)、公路经营。

2. 建筑业

建筑业,是指建筑安装工程业。建筑业税目的征税范围包括：建筑、安装、修缮、装饰和其他工程作业。管道煤气集资费(初装费)业务也属于营业税的征收范围。

3. 金融保险业

金融包括：贷款、融资租赁、金融商品转让、金融经纪业务和其他金融业务。以货币资金投资收取固定利润或保底利润的行为，属于贷款业务。对我国境内外资金融机构从事离岸银行业务，属于在我国境内提供应税劳务的，征收营业税。

4. 邮电通信业

邮电通信业税目的征税范围是：传递函件或包件（含快递业务）、邮汇、报刊发行、邮务物品销售、邮政储蓄及其他邮政业务。

5. 文化体育业

文化体育业，是指经营文化、体育活动的业务。包括：表演、播映、经营游览场所和各种展览、培训活动，举办文学、艺术、科技讲座、讲演、报告会，图书馆的图书和资料的借阅业务等；以及举办各种体育比赛和为体育比赛或体育活动提供场所的业务。

播映广告和以租赁方式为文化活动、体育比赛提供场所，不属于文化体育业税目的征税范围，应按服务业税目适用税率（5%）缴纳营业税。

6. 娱乐业

娱乐业，是指为娱乐活动提供场所和服务的业务。娱乐业税目的征税范围包括：经营歌厅、舞厅、卡拉OK歌厅、音乐茶座、台球、高尔夫球场、保龄球场、游艺等娱乐场所，以及娱乐场所为顾客进行娱乐活动提供服务（包括饮食服务）的业务。

7. 服务业

服务业，是指利用设备、工具、场所、信息或技能为社会提供服务的业务。服务业税目的征税范围包括：代理业、旅店业、饮食业、旅游业、仓储业、租赁业、广告业、其他服务业。

8. 转让无形资产

转让无形资产税目的征税范围包括：转让土地使用权、商标权、专利权、非专利技术、著作权、商誉等。

对土地所有者出让土地使用权和土地使用者将土地使用权归还给土地所有者的行为，不征营业税。

以无形资产投资入股，参与接受投资方的利润分配，共同承担投资风险的行为，不征收营业税。在投资后转让其股权的也不征收营业税。

9. 销售不动产

销售不动产的征税范围包括：销售建筑物或构筑物、销售其他土地附着物。企业单位将不动产无偿赠与他人，视同销售不动产。

以不动产投资入股，参与接受投资方的利润分配，共同承担投资风险的行为,不征营业税。在投资后转让其股权的也不征收营业税。

(二) 营业税的税率

营业税按照行业、类别的不同分别采用不同的比例税率,具体规定如下:

1. 交通运输业、建筑业、邮电通信业、文化体育业的税率为3%。
2. 金融保险业、服务业、销售不动产、转让无形资产的税率为5%。
3. 娱乐业执行5%—20%的幅度税率,具体适用的税率由各省、自治区、直辖市人民政府根据当地的实际情况在税法规定的幅度内决定。夜总会、歌厅、舞厅、射击、狩猎、跑马、游戏、高尔夫球、游艺、电子游戏厅等行业统一按20%的营业税税率征收。保龄球、台球减按5%的税率征收营业税,仍属于"娱乐业"。

四、营业税的计税依据

(一) 一般规定

营业税的计税依据是营业额,营业额为纳税人提供应税劳务、转让无形资产或者销售不动产向对方收取的全部价款和价外费用。营业额的确定和计算,直接关系到纳税人的税收负担。

(二) 营业额的计算

营业税以营业额为计税依据,即计税依据一般不得扣除任何成本和费用,实行全额征收。但下列行业实行差额征税:

1. 纳税人将承揽的运输业务分给其他单位或者个人的,以其取得的全部价款和价外费用扣除其支付给其他单位或者个人的运输费用后的余额为营业额。
2. 纳税人从事旅游业务的,以其取得的全部价款和价外费用扣除替旅游者支付给其他单位或者个人的住宿费、餐费、交通费、旅游景点门票和支付给其他接团旅游企业的旅游费后的余额为营业额。
3. 纳税人将建筑工程分包给其他单位的,以其取得的全部价款和价外费用扣除其支付给其他单位的分包款后的余额为营业额。
4. 纳税人从事的外汇、有价证券、非货物期货和其他金融商品买卖业务的,以卖出价减去买入价后的余额为营业额。
5. 国务院财政、税务主管部门规定的其他情形。

另外,根据《营业税暂行条例实施细则》,还有如下情形需要注意:

1. 纳税人的营业额计算缴纳营业税后因发生退款减除营业额的,应当退还已缴纳营业税税款或者从纳税人以后的应缴纳营业税税额中减除。
2. 纳税人发生应税行为,如果将价款与折扣额在同一张发票上注明的,以折扣后的价款为营业额;如果将折扣额另开发票的,不论其在财务上如何处理,均不得从营业额中扣除。
3. 纳税人提供建筑业劳务(不含装饰劳务)的,其营业额应当包括工程所用原材料、设备及其他物资和动力价款在内,但不包括建设方提供的设备的价款。

4. 娱乐业的营业额为经营娱乐业收取的全部价款和价外费用,包括门票收费、台位费、点歌费、烟酒、饮料、茶水、鲜花、小吃等收费及经营娱乐业的其他各项收费。

5. 货物期货不缴纳营业税。

五、营业税应纳税额的计算

(一)一般计税方法

营业税应纳税额计算公式为:应纳税额 = 营业额 × 税率

(二)混合销售行为的计税方法

1. 从事货物的生产、批发或者零售的企业、企业性单位和个体工商户的混合销售行为,视为销售货物,不缴纳营业税;其他单位和个人的混合销售行为,视为提供应税劳务,缴纳营业税。

2. 纳税人的下列混合销售行为,应当分别核算应税劳务的营业额和货物的销售额,其应税劳务的营业额缴纳营业税,货物销售额不缴纳营业税;未分别核算的,由主管税务机关核定其应税劳务的营业额:

(1)提供建筑业劳务的同时销售自产货物的行为;

(2)财政部、国家税务总局规定的其他情形。

(三)兼营行为的计税方法

营业税的兼营行为是指以下几种情况:

1. 兼营不同税目的应税行为

纳税人兼有不同税目的应税劳务、转让无形资产或者销售不动产,如兼营服务业和娱乐业,应当分别核算不同税目的营业额、转让额、销售额(以下统称营业额);未分别核算营业额的,从高适用税率。

2. 兼营货物或非应税劳务

纳税人兼营应税行为和货物或者非应税劳务的,应当分别核算应税行为的营业额和货物或者非应税劳务的销售额,其应税行为营业额缴纳营业税,货物或者非应税劳务销售额不缴纳营业税;未分别核算的,由主管税务机关核定其应税行为营业额。

3. 兼营免税、减税项目

纳税人兼营免税、减税项目的,应当分别核算免税、减税项目的营业额;未分别核算营业额的,不得免税、减税。

六、营业税的减免

(一)《营业税暂行条例》中规定的免税项目

按照规定,下列项目免征营业税:

1. 托儿所、幼儿园、养老院、残疾人福利机构提供的育养服务,婚姻介绍,殡葬服务;
2. 残疾人员个人提供的劳务;
3. 医院、诊所和其他医疗机构提供的医疗服务;
4. 学校和其他教育机构提供的教育劳务,学生勤工俭学提供的劳务;
5. 农业机耕、排灌、病虫害防治、植物保护、农牧保险以及相关技术培训业务,家禽、牲畜、水生动物的配种和疾病防治;
6. 纪念馆、博物馆、文化馆、文物保护单位管理机构、美术馆、展览馆、书画院、图书馆举办文化活动的门票收入,宗教场所举办文化、宗教活动的门票收入;
7. 境内保险机构为出口货物提供的保险产品①。

除上述规定外,营业税的免税、减税项目由国务院规定。任何地区、部门均不得规定免税、减税项目。

(二)其他规定

1. 自2010年1月1日起,个人住房转让营业税征免时限由2年恢复到5年,即个人将购买不足5年的非普通住房对外销售的,全额征收营业税;个人将购买超过5年(含5年)的非普通住房或者不足5年的普通住房对外销售的,按照其销售收入减去购买房屋的价款后的差额征收营业税;个人将购买超过5年(含5年)的普通住房对外销售的,免征营业税。

2. 符合条件的担保机构从事中小企业信用担保或再担保业务取得的收入(不含信用评级、咨询、培训等收入)3年内免征营业税,免税时间自担保机构向主管税务机关办理免税手续之日起计算。

3. 广播电影电视行政主管部门(包括中央、省、地市及县级)按照各自职能权限批准从事电影制片、发行、放映的电影集团公司(含成员企业)、电影制片厂及其他电影企业取得的销售电影拷贝收入、转让电影版权收入、电影发行收入以及在农村取得的电影放映收入免征营业税。

4. 2010年底前,广播电视运营服务企业按规定收取的有线数字电视基本收视维护费,经省级人民政府同意并报财政部、国家税务总局批准,免征营业税,期限不超过3年。

5. 文化企业在境外演出从境外取得的收入免征营业税。

---

① 出口货物提供的保险产品,包括出口货物保险和出口信用保险。

第三节 我国营业税的征收与管理

一、营业税的起征点

营业税起征点,是指纳税人营业额合计达到起征点。营业税起征点的适用范围限于个人,幅度规定如下:

(1) 按期纳税的,为月营业额 1000—5000 元;

(2) 按次纳税的,为每次(日)营业额 100 元。

省、自治区、直辖市财政厅(局)、税务局应当在规定的幅度内,根据实际情况确定本地区适用的起征点,并报财政部、国家税务总局备案。

二、纳税义务发生时间

营业税纳税义务发生时间为纳税人提供应税劳务、转让无形资产或者销售不动产并收讫营业收入款项[①]或者取得索取营业收入款项凭据的当天[②]。国务院财政、税务主管部门另有规定的,从其规定。营业税扣缴义务发生时间为纳税人营业税纳税义务发生的当天。

此外,营业税中还有一些特殊的规定,具体如下:

1. 纳税人转让土地使用权或者销售不动产,采取预收款方式的,其纳税义务发生时间为收到预收款的当天。

2. 纳税人提供建筑业或者租赁业劳务,采取预收款方式的,其纳税义务发生时间为收到预收款的当天。

3. 纳税人将不动产或者土地使用权无偿赠送其他单位或者个人的,其纳税义务发生时间为不动产所有权、土地使用权转移的当天。

4. 纳税人发生自建行为的,其建筑业应税劳务的纳税义务发生时间为纳税人销售自建建筑物并收讫营业收入款项或取得索取营业收入款项凭据的当天。纳税人将自建建筑物对外赠与,其建筑业应税劳务的纳税义务发生时间为该建筑物产生转移的当天。

三、纳税期限

营业税的纳税期限分别为 5 日、10 日、15 日、1 个月或者 1 个季度。纳税人的具体纳税期限,由主管税务机关根据纳税人应纳税额的大小分别核定;不能按

[①] 收讫营业收入款项,是指纳税人应税行为发生过程中或者完成后收取的款项。

[②] 取得索取营业收入款项凭据的当天,为书面合同确定的付款日期的当天;未签订书面合同或者书面合同未确定付款日期的,为应税行为完成的当天。不能按

照固定期限纳税的,可以按次纳税。银行、财务公司、信托投资公司、信用社、外国企业常驻代表机构的纳税期限为1个季度。

纳税人以1个月或者1个季度为一个纳税期的,自期满之日起15日内申报纳税;以5日、10日或者15日为一个纳税期的,自期满之日起5日内预缴税款,于次月1日起15日内申报纳税并结清上月应纳税款。

四、纳税地点

营业税的纳税地点过去基本采用"以劳务发生地为原则,机构所在地为例外"的办法,新营业税法对这一点进行了调整,将纳税地点变为"以机构所在地为原则,劳务发生地为例外"。

1. 纳税人提供应税劳务应当向其机构所在地或者居住地的主管税务机关申报纳税。但是,纳税人提供的建筑业劳务以及国务院财政、税务主管部门规定的其他应税劳务,应当向应税劳务发生地的主管税务机关申报纳税。

2. 纳税人转让无形资产应当向其机构所在地或者居住地的主管税务机关申报纳税。但是,纳税人转让、出租土地使用权,应当向土地所在地的主管税务机关申报纳税。

3. 纳税人销售、出租不动产应当向不动产所在地的主管税务机关申报纳税。

4. 扣缴义务人应当向其机构所在地或者居住地的主管税务机关申报缴纳其扣缴的税款。

第四节 我国营业税法律制度评析

我国自1994年正式实行营业税制度以来,营业税的地位日趋重要,到2008年,营业税收入在全国税收收入中所占比重已达14%,成为我国的第四大税收来源。现行营业税制度是在2008年营业税改革后确立起来的,与过去相比,营业税在一些制度方面作出了明显的改进。

一、现行营业税制度的亮点

新旧《营业税暂行条例》相隔15年,而这15年正是我国建立社会主义市场经济的初段历程,很多经济和法律的问题都在实践中发生了实质性的变化。因此,新出台的营业税制度在立足实践的基础上,对一些具体问题作了适应实践要求的修改,主要体现在以下方面:

1. 调整了纳税地点的表述方式,因实际执行中一些应税劳务的发生地难以确定,新营业税制度将纳税地点由按劳务发生地原则确定调整为按机构所在地或者居住地原则确定。

2. 删除了转贷业务差额征税的规定。过去对金融机构的转贷业务收入是按照以贷款利息减去借款利息后的余额为营业额计算征收营业税,这一规定在实际执行中仅适用于外资银行,因为中资银行从事的是人民币贷款业务,而外资银行从事的主要是外汇转贷业务,这一规定造成了外汇转贷与人民币转贷之间的政策不平衡,即外资银行和中资银行之间的税负不公平,而新营业税制度删除了这一规定,这是值得肯定的。

3. 现行营业税考虑到各税目的具体征收范围难以列举全面,删除了营业税条例所附的税目税率表中征收范围一栏,具体范围由财政部和国家税务总局规定。

4. 现行营业税在与增值税的衔接方面有一定的改进,如将纳税申报期限从10日延长至15日,进一步明确了对境外纳税人如何确定扣缴义务人、扣缴义务发生时间、扣缴地点和扣缴期限的规定。

除了以上内容以外,现行营业税制度还在一些具体的规定方面予以了革新,如明确了对外商投资企业和外国企业的适用问题,调整了税收优惠范围等。

二、现行营业税制度的不足之处

改革后的营业税制度总体税率较轻,操作也相对简便,基本上适应了我国现阶段经济发展的现实要求,在促进第三产业公平竞争、组织财政收入等方面都发挥了重要的作用。但是客观地说,改革后的营业税制度仍然有待完善,其中根本的矛盾就在于营业税的重复征税问题。

现行营业税保留了重复征税的弊端。改革后的营业税在总体上依旧是按照营业额全额征税的,除了明确规定的可以差额征税的特殊行业以外,其他的行业均不允许在营业额上有任何的扣除,因此重复纳税的问题非常严重。而同为流转税的增值税经过多年的呼吁,终于从生产型转为消费型,解决了生产型固定资产的重复缴税。按照我国流转税制度的设计,增值税主要对商品类行业征收,营业税主要针对劳务领域,这种税制的设计使得劳务领域税收负担总体上高于商品领域,不仅造成了行业之间的不公平,也必然影响第三产业的发展,这与我们加快发展第三产业的国策显然是相悖的。

重复征税是营业税制度的总体问题,至于具体行业的税收问题就更为复杂了,实践中确实因为营业税的不合理之处导致了部分行业发展的迟滞,这其中比较典型的是金融行业。首先,我国对金融业适用的营业税税率偏高。目前金融业的税率是5%,但世界上的大多数国家不对银行征收营业税,而是将金融业务纳入增值税征收范围,并且依据金融活动的不同性质实行区别征税。如法国按照增加值和1.2%—4%的税率征税;匈牙利按照利差收入、其他业务收入和不超过2%的税率征税;俄罗斯按照利息收入、其他业务收入和4%的税率征税;韩国按照总收入和0.5%的税率征税;巴西按照总收入和3%的税率征税。金融业营业税属于对资本流动课征的流转税,过高的税率往往会对资本流动性产生消极的影响。① 其次,金融业同样存在重复征税的问题,因为营业税是针对金融业的营业收入征收而非针对净营业收益征收,无论商业银行盈利与否,都要负担营业税负,尤其金融业存在大量的应收未收利息,这部分利息涉及的税收需要银行先行垫付,这在实践中加重了金融业的税收负担。同时,金融业运营的特点是其税负无法转嫁,其他行业的营业税可以通过劳务价格转嫁给消费者,金融业提供服务的价格主要是利率和佣金,而这些不是由市场决定的,银行更是无法通过利率的自由变动将税负转嫁给借款者,也不能像缴纳增值税的企业一样,可以向购买方收取"销项税"。最后,我国现行的营业税制度不区分金融业不同类型的收入而统一适用税率,这难免会导致税负的不公。

当然,除了金融业之外,还有很多行业都面临营业税方面的问题,如物流行业、建筑行业等。这些问题的解决都有待于我国营业税制度的进一步改革。

三、营业税改革的思路

从长期看,营业税的改革方向应该是和增值税加大衔接,并逐步缩小营业税范围,扩大增值税范围,甚至最终将营业税并入增值税,但这一改革是一个长期的过程,有许多的问题需要慎重研究,比如营业税取消后如何确保地方政府的财政收入问题,以及对第三产业如何实行进项税额抵扣的问题,这些都将成为改革的重点。

从短期看,目前营业税改革应从现行制度入手,重点解决营业税的重复征税问题。一方面,除了《营业税暂行条例》规定的可实行差额征税的行业以外,还应将大部分第三产业纳入差额征税的范畴,并且对之前已经存在,而新规定没有明确的相关行业差额征税的规定予以明确和统一,避免实践中的混乱;另一方面,在扩大差额征税范畴的同时,要加强对扣除凭证的税收监管,不能"一放就乱"。

此外,还应对突出行业的税收问题及时解决。如对金融业,可以率先实行增值税的改革,即借鉴国际经验,将金融业纳入增值税体系,实行进项税额可部分抵扣的免税法,减少重复征税,并最终实现金融业税收由流转税与所得税并重到以所得税为主的格局转变。如果金融业的增值税改革难度较大,也可以考虑先适当降低金融业的税率,实际实行时可以通过逐年降低的方式减少对财政收入的冲击,即每年降低一定百分点,直到与国际银行业的整体税负水平大体相当。

---

① 参见谭莹:《我国金融营业税存在的问题及改革建议》,载《经济师》2009年第2期。

同时，对银行业征收营业税时，可以按利差净额（贷款利息收入减存款利息支出）征收，并且尽量细分银行业务收入的不同类型，设置不同的营业税政策，如允许银行在代收费业务收益中冲减相关支出等。

本章小结

营业税虽然是一种独立的流转税，但在全世界范围内有被增值税逐步取代的趋势，我国的营业税几经变革，现在主要是针对第三产业的营业收入征税。2009年我国对营业税制度进行了较大程度的改革，本章主要介绍了现行营业税法律制度的基本内容，包括营业税纳税人、征收范围、适用税率、应纳税额的计算等，并对我国现行的营业税制度进行了评析。

思考题

1. 试对比我国新旧营业税制度。
2. 现行营业税制度有哪些需要改进之处？

第十四章 关税法律制度

第一节 关税法律制度概述

一、关税概述

(一) 关税的概念

关税是对进出境货物、物品征收的一种流转税,包括进口关税和出口关税。其课税对象是进出关境的货物和物品的流转额。

关境,又称税境或者海关境域,是一个国家的关税法完全实施的境域。关境与国境是既相联系又有区别的两个概念。国境是一个主权国家的领土范围。一般情况下,国境与关境的领域是一致的。但是,随着自由贸易港、自由贸易区的出现,也就出现了国境与关境不一致的情况。当国境内设有自由贸易港或者自由贸易区时,关境就小于国境。当几个国家结成关税同盟时,如欧盟组成一个共同关境,实施统一的关税法令和对外税则,同盟国彼此之间货物进出国境不征关税,只对来自和运往非同盟国的货物进出关境时征收关税,这时关境就大于其成员国各自的国境。

新中国成立后,在相当长的一段时期内一直使用国境关税的概念,在这段时期内中国境内并不存在自由贸易港和自由贸易区的问题,所以关境和国境是一致的。改革开放后,1987年《海关法》开始采用关境的概念,实行关境关税。香港和澳门回归后,它们继续保持自由港的地位,为我国的单独关税区,在此情形下,我国的国境就大于关境。

(二) 关税的分类

各国依据不同的关税政策,采取不同的关税征收方法,由此形成了不同的关税类型。

1. 进口税、出口税和过境税

以通过关境的货物或商品的流向为标准,关税可以分为上述三类,这是关税的最基本、最通常的分类。目前我国的关税只包括进口税和出口税。

(1) 进口税,这是关税中最主要的一种。进口税一般是在货物或物品直接进入关境或者国境时征收,或者在货物或物品从自由港、自由贸易区或保税区、海关保税仓库等地进入国内市场时征收。

(2) 出口税,是指对从本国出口的货物和物品征收的一种关税。由于征收这种税会增加出口商品成本，不利于扩大出口，故一般只是对在世界市场上已具有垄断地位的商品和国内供不应求的原料品酌量征收。在某些发展中国家，出于增加财政收入的考虑，也对部分商品征收出口税，但有逐渐减少的趋势。

（3）过境税，亦称通过税，是指对从外国运经本国关境或者国境运往第三国的货物所征收的一种关税。过境税是重商主义时期的产物，其征收是为了增加本国的财政收入，但随着交通运输业的发展，这种税收阻碍了国际贸易的发展。1921年在巴塞罗那签订的《自由过境公约》废除了一切过境关税。目前，在GATT中对过境货物除允许收取部分服务管理费外，不得征收过境关税。

2. 财政关税和保护关税

以关税征收的目的为标准，关税可以分为财政关税和保护关税。

（1）财政关税，又称为收入关税，是指以增加国家财政收入为主要目的而对进口货物征收的关税，税率的制定应当适中或较低，以符合WTO要求，且不影响进口数量。

（2）保护关税，是以保护本国工农业生产、保护本国市场为目的而对进口货物所征收的关税。

3. 从量关税、从价关税、混合关税（或复合关税）、选择关税、滑动关税

按照关税的征收方法的不同，关税可分为上述五类。

（1）从量关税，又称固定税，是以商品的重量、数量、长度、容量和面积等计量单位为标准征收的关税。

（2）从价关税，是以进口商品的价格作为标准计征的关税，其税率为货物价格的百分比。

（3）混合关税，或者称为复合关税，是对某种进口商品同时采用从量关税和从价关税征收的一种方法。

（4）选择关税，是对同一进口商品既规定从量关税又规定从价关税，在具体征税时选择其税额较高者或较低者为准的一种征收方法。

（5）滑动关税，或称滑准关税，是指对某种进口货物预先按照商品的价格规定几档税率，当进口货物价格高时采用较低税率，价格低时采用较高税率。

4. 加重关税和优惠关税

以对不同国家货物或货物输入情况差别为课税标准，关税可以分为上述两类。

（1）加重关税，或称歧视性关税，是指在征收一般进口关税之外又根据某种目的加征的一种临时进口附加税，一般针对特定的货物或特定的国家进行。主要包括反倾销税、反补贴税和报复关税。

（2）优惠关税是指对于来自受惠国家或地区的进口商品所适用的关税，较一般关税税率为低，通常是由于均属于同一国家集团的成员或者由于政治因素

的考虑而给予的优惠待遇。优惠关税的形式包括最惠国待遇关税、普遍优惠制关税和特惠关税。

5. 国定关税(自主关税)与协定关税(不自主关税)

以一国是否能独立自主制定税法为标准,关税可分为以上两类。

(1) 国定关税是由一国政府独立自主地制定关税率及有关关税的各种法规、条例,并据以征收的关税。国定税率一般高于协定税率。

(2) 协定关税,是指两个或两个以上国家通过缔结关税贸易协定而制定的关税税率。协定关税有双边协定税率、多边协定税率和片面协定税率。

(三) 关税的特点

1. 征税对象特殊

关税只对进出境的货物或者物品征收,而对不进出境的货物或物品是不征收的,这是关税与其他税种的主要区别。

2. 征税环节单一

关税是在货物或物品进出关境或者国境时一次性征收,这一点不同于增值税,增值税是在商品从生产到流通的过程中多环节进行征收。

3. 计税价格特殊

关税的计税依据为进出境货物或物品的完税价格。完税价格通常为到岸价格或者离岸价格。

4. 涉外性强

关税具有很强的涉外性,是执行对外政策的工具。现代关税是执行对外经济政策和海关实行监管、查禁走私的一种手段,也是国际贸易和谈判的重要内容。对进出境货物或物品征收关税,既影响本国经济的发展和财政收入,也影响和本国进行贸易往来的其他国家的经济发展和财政收入。关税涉外性特点也要求一国的关税制度和政策应当符合国际惯例。

5. 征收机关特殊

根据《海关法》第2条,中华人民共和国海关是征收关税的法定机关。

(四) 关税的历史沿革

关税是一个很古老的税种,它开始是以最方便的财政收入手段出现的,最早出现在欧洲,公元前5世纪左右,古希腊就已开始征收关税,古罗马时期,关税已相当完善,并开始实行分类税率。现代意义上的关税是主权国家在欧洲建立后的产物,为了发展国内经济,各资本主义国家纷纷建立统一的国境关税制度,关税成为保护其境内产业的主要手段。

在我国,有关关税记载的最早朝代是周朝。在周制九赋中,关税被列在第七位,在当时叫做"关市之征"(《周礼·地官》),就是规定货物通过边境的"关"和国内的"市",国家要对其进行检查和征收赋税。《周礼·天官》载:"关市之赋以待王之膳服。"唐玄宗时曾在广州设置市舶使,负责海关征税及其他事务,这是我国海关设置的最早形式,也是我国国境关税即征收外部关税的开端。鸦片战争以后,我国丧失了关税自主权,关税权操纵在帝国主义列强手中。

新中国成立后,我国关税变化经历了三个时期:第一个时期是1949—1979年。这一时期我国对外贸易额很小,对外经济交往也很少,国家实行高关税政策以保护本国产业。第二个时期是1980—1992年。这一时期我国的经济体制仍以计划经济为主,关税政策虽然作了一些调整,但在进出口贸易中大量采用许可证和配额制度,关税即便存在,也只是形同虚设。第三个时期是从1992年初至今。1992年以来,我国进口关税税率连续多次调低,并通过相关法律规范的逐步建立与完善,形成了现行的关税制度。

二、关税法概述

关税法是指国家制定的调整关税征收与缴纳权利义务关系的法律规范。

新中国成立后,1951年即公布了《中华人民共和国暂行海关法》和《海关进出口税则》,这是我国一百多年来第一部真正独立自主制定的海关税则。1978年和1992年,我国分别对关税税则进行了两次修改,2003年又颁布了新修订的《中华人民共和国进出口关税条例》。

现行关税法律规范主要包括全国人民代表大会于2000年7月修正颁布的《中华人民共和国海关法》,国务院发布的《中华人民共和国进出口关税条例》(自2004年1月1日起施行),以及作为条例组成部分的《中华人民共和国海关进出口税则》和《中华人民共和国海关入境旅客行李物品和个人邮递物品征收进口税办法》。

第二节 我国关税法律制度

一、关税的纳税人

进口货物的收货人、出口货物的发货人、进出境物品的所有人,是关税的纳税人。

进出口货物的收、发货人是依法取得对外贸易经营权,并进口或者出口货物的法人或者其他社会团体。进出境物品的所有人包括该物品的所有人和推定为所有人的人。一般情况下,对于携带进境的物品,推定其携带人为所有人;对分离运输的行李,推定相应的进出境旅客为所有人;对以邮递方式进境的物品,推定其收件人为所有人;以邮递或其他运输方式出境的物品,推定其寄件人或托运人为所有人。

二、关税的征税对象

关税的征税对象是进出境的各种货物、物品的流转额。

所谓"货物",是指以贸易行为为目的而进出关境或者国境的贸易性物资;所谓"物品",是指入境旅客或者运输工具服务人员携带的行李物品、馈赠物品、邮递入境以及以其他方式进入关境或者国境的属于个人自用的非贸易性物资。

货物与物品的划分主要是看其是贸易性还是非贸易性的。凡是准许进出境的贸易性货物,除另有规定外,均应由海关依照《海关进出口税则》征收进口关税或者出口关税;对从境外采购进口的原产于中国境内的货物,海关也要依照《海关进出口税则》征收进口关税。凡是入境旅客及运输工具服务人员携带的非贸易性行李物品、个人邮递物品以及其他个人自用物品,除另有规定的以外,由海关按照《入境旅客行李物品和个人邮递物品进口税税率表》征收进口税。

三、关税的税率

(一) 进口税率

1. 进口税率的设置

根据《进出口关税条例》,进口货物税率的适用主要有以下规定:

(1) 原产于共同适用最惠国待遇条款的世界贸易组织成员的进口货物,原产于与中华人民共和国签订含有相互给予最惠国待遇条款的双边贸易协定的国家或者地区的进口货物,以及原产于中华人民共和国境内的进口货物,适用最惠国税率。

(2) 原产于与中华人民共和国签订含有关税优惠条款的区域性贸易协定的国家或者地区的进口货物,适用协定税率,目前对原产于韩国、斯里兰卡和孟加拉国三个曼谷协定成员的 739 个税目进口商品实行协定税率(即曼谷协定税率)。

(3) 原产于与中华人民共和国签订含有特殊关税优惠条款的贸易协定的国家或者地区的进口货物,适用特惠税率,目前对原产于孟加拉国的 18 个税目进口商品实行特惠税率(即曼谷协定特惠税率)。

(4) 原产于以上三条所列以外国家或者地区的进口货物,以及原产地不明的进口货物,适用普通税率。

(5) 按照国家规定实行关税配额管理的进口货物,关税配额内的,适用关税配额税率;关税配额外的,其税率的适用按照前述规定执行。

2. 税率水平

1992 年我国关税总水平(优惠税率的算术平均水平)约为 42%,后经过多次重大调整。尤其是加入 WTO 后,为了履行入世的承诺,我国于 2002 年和 2005 年分别大幅调低了进口关税,2010 年降低了鲜草莓等六个税目商品进口关税后,我国加入世界贸易组织承诺的关税减让义务全部履行完毕。2010年,我国关税总水平由15.3%调整至目前的9.8%,农产品平均税率由18.8%调整至目前的15.2%,工业品平均税率由14.7%调整至目前的8.9%。

3. 税率计征办法

我国对进口商品基本上都实行从价税,从1997年7月1日起,我国对部分产品实行从量税、复合税和滑准税。目前我国对原油、部分鸡产品、啤酒、胶卷进口分别以重量、容量、面积计征从量税;对录像机、放像机、摄像机、数字照相机和摄录一体机实行复合税;对新闻纸实行滑准税。

(二) 出口税率

我国出口税则为一栏税率,即出口税率。国家仅对少数资源性产品及易于竞相杀价、盲目进口、需要规范出口秩序的半制成品征收出口关税。1992年对47种商品计征出口关税,税率为20%—40%。现行税则对36种商品计征出口关税,主要是鳗鱼苗、部分有色金属矿砂及其精矿、生锑、磷、氟钽酸钾、苯、山羊板皮、部分铁合金、钢铁废碎料、铜和铝原料及其制品、镍锭、锌锭、锑锭。出口商品税则税率一直未予调整。但对上述范围内的23种商品实行0—20%的暂定税率,其中16种商品为零关税,6种商品税率为10%及以下。与进口暂定税率一样,出口暂定税率优先适用于出口税则中规定的出口税率。因此,我国真正征收出口关税的商品只有20种,税率也较低。

三、关税的计税依据

关税的计税依据是完税价格。所谓完税价格,是指为计算应纳关税税额而由海关审核确定的进出口货物的价格。进出口货物的价格经货主或申报人向海关申报后,海关按照相关法律规定进行审查,确定或者估定进出口货物的完税价格。

(一) 进口货物的完税价格

1. 以成交价格为基础的完税价格

根据《海关法》,进口货物的完税价格包括货物的货价、货物运抵我国境内输入地点起卸前的运输及其相关费用、保险费。

2. 进口货物海关估价方法

进口货物的价格不符合成交价格条件或者成交价格不能确定的,海关应当依次以相同货物成交价格方法、类似货物成交价格方法、倒扣价格方法、计算价格方法及其他合理方法确定的价格为基础,估定完税价格。

(二) 出口货物的完税价格

1. 以成交价格为基础的完税价格

出口货物的完税价格,由海关以该货物向境外销售的成交价格为基础审查确定,并应包括货物运至我国境内输出地点装载前的运输及其相关费用、保险费,但应当扣除其中包含的出口关税税额。

2. 出口货物海关估价方法

出口货物的成交价格不能确定时,完税价格由海关估定。

四、关税应纳税额的计算

(一) 从价税应纳税额的计算

关税税额 = 应税进(出)口货物数量 × 单位完税价格 × 税率

(二) 从量税应纳税额的计算

关税税额 = 应税进(出)口货物数量 × 单位货物税额

(三) 复合税应纳税额的计算

我国目前实行的复合税都是先计征从量税,再计征从价税。

关税税额 = 应税进(出)口货物数量 × 单位货物税额
　　　　　+ 应税进(出)口货物数量 × 单位完税价格 × 税率

(四) 滑准税应纳税额的计算

关税税额 = 应税进(出)口货物数量 × 单位完税价格 × 滑准税税率①

五、行李和邮递物品进口税

行李和邮递物品进口税简称行邮税,是海关对入境旅客行李物品和个人邮递物品征收的进口税。由于其中包含了在进口环节征收的增值税、消费税,因而也是对个人非贸易性入境物品征收的进口关税和进口工商税收的总称。

对准许应税进口旅客行李物品、个人邮递物品以及其他个人自用物品,均应依据《入境旅客行李物品和个人邮递物品进口税税率表》征收行邮税。

我国现行行邮税税率分为 50%、30%、20%、10% 四个档次:烟、酒、化妆品适用 50% 的税率;高档手表(完税价格在人民币 1000 元及以上的手表)、高尔夫球及球具适用 30% 的税率;纺织品及其制成品、表、钟及其配件、附件,皮革,皮毛及其制成品,厨卫用具(电器类),摄影设备,影音家电及其他电器用具,自行车,三轮及其配件、附件等适用 20% 的税率;食品、饮料,鞋靴,金、银、珠宝及其制品,医疗、保健及美容器材,厨卫用具,书报、刊物及其他各类印刷品,教育专用的电影片、幻灯片,原版录音带、录像带,文具用品,邮票,乐器,体育用品(除高尔夫类)等适用 10% 的税率。

进口税采用从价计征,完税价格由海关参照该项物品的境外正常零售平均

---

① 现行税则《进(出)口商品从量税、复合税、滑准税税目税率表》后注明了滑准税税率的计算公式,该公式是一个与应税进(出)口货物完税价格相关的取整函数。

价格确定。完税价格乘以进口税税率,即为应纳的进口税税额。海关按照填发税款缴纳书当日有效的税率和完税价格计算征收。纳税人应当在海关放行应税个人自用物品之前缴清税款。

六、关税的减免

关税减免是贯彻国家关税政策的一项重要措施。关税减免分为法定减免税、特定减免税和临时减免税。根据《海关法》,除法定减免税外的其他减免税均由国务院决定。减征关税在我国加入世界贸易组织之前以税则规定税率为基准,在我国加入世界贸易组织之后以最惠国税率或者普通税率为基准。

(一) 法定减免

符合税法规定可予减免税的进出口货物,纳税义务人无须提出申请,海关可按规定直接予以减免税。海关对法定减免税货物一般不进行后续管理。

我国《海关法》和《进出口关税条例》明确规定,下列货物、物品予以减免关税:

1. 关税税额在人民币50元以下的一票货物,可免征关税。
2. 无商业价值的广告品和货样,可免征关税。
3. 外国政府、国际组织无偿赠送的物资,可免征关税。
4. 进出境运输工具装载的途中必需的燃料、物料和饮食用品,可予免税。
5. 经海关核准暂时进境或者暂时出境,并在6个月内复运出境或者复运进境的货样、展览品、施工机械、工程车辆、工程船舶、供安装设备时使用的仪器和工具、电视或者电影摄制器械、盛装货物的容器以及剧团服装道具,在货物收发货人向海关缴纳相当于税款的保证金或者提供担保后,可予暂时免税。
6. 为境外厂商加工、装配成品和为制造外销产品而进口的原材料、辅料、零件、部件、配套件和包装物料,海关按照实际加工出口的成品数量免征进口关税;或者对进口料、件先征进口关税,再按照实际加工出口的成品数量予以退税。
7. 因故退还的中国出口货物,经海关审查属实,可予免征进口关税,但已征收的出口关税不予退还。
8. 因故退还的境外进口货物,经海关审查属实,可予免征出口关税,但已征收的进口关税不予退还。
9. 进口货物如有以下情形,经海关查明属实,可酌情减免进口关税:
    (1) 在境外运输途中或者在起卸时,遭受损坏或者损失的;
    (2) 起卸后海关放行前,因不可抗力遭受损坏或者损失的;
    (3) 海关查验时已经破漏、损坏或者腐烂,经证明不是保管不慎造成的。
10. 无代价抵偿货物,即进口货物在征税放行后,发现货物残损、短少或品质不良,而由国外承运人、发货人或保险公司免费补偿或更换的同类货物,可以免税。但有残损或质量问题的原进口货物如未退运国外,其进口的无代价抵偿货物应照章征税。

11. 我国缔结或者参加的国际条约规定减征、免征关税的货物、物品,按照规定予以减免关税。

12. 法律规定减征、免征的其他货物。

(二) 特定减免税

特定减免税也称政策性减免税。在法定减免税之外,国家按照国际通行规则和我国实际情况,制定发布的有关进出口货物减免关税的政策,称为特定或政策性减免税。特定减免税货物一般有地区、企业和用途的限制,海关需要进行后续管理,也需要进行减免税统计。目前的特定减免税项目主要有:

1. 科教用品;
2. 残疾人专用品;
3. 扶贫、慈善性捐赠物资;
4. 加工贸易产品,包括加工装配和补偿贸易产品、进料加工产品;
5. 边境贸易进口物资;
6. 保税区进出口货物;
7. 出口加工区进出口货物;
8. 进口设备;
9. 特定行业或用途的减免税政策[①]。

(三) 临时减免

临时减免是指以上法定和特定减免税以外的其他减免税,即由国务院根据《海关法》对某个单位、某类商品、某个项目或某批进出口货物的特殊情况,给予特别照顾,一案一批,专文下达的减免税。一般有单位、品种、期限、金额或数量等限制,不能比照执行。目前国家严格控制减免税,一般不办理个案临时性减免税,对特定减免税也在逐步规范、清理。

第三节 我国关税的征收与管理

一、关税缴纳

进口货物自运输工具申报进境之日起 14 日内,出口货物在货物运抵海关监

---

① 为鼓励、支持部分行业或特定产品的发展,国家制定了部分特定行业或用途的减免税政策,这类政策一般对可减免税的商品列有具体清单。如为支持我国海洋和陆上特定地区石油、天然气开采作业,对相关项目进口国内不能生产或性能不能满足要求的,直接用于开采作业的设备、仪器、零附件、专用工具,免征进口关税和进口环节增值税等。

管区后装货的 24 小时以前,应由进出口货物的纳税义务人向货物进(出)境地海关申报,海关根据税则归类和完税价格计算应缴纳的关税和进口环节代征税,并填发税款缴款书。

纳税义务人应当自海关填发税款缴款书之日起 15 日内,向指定银行缴纳税款。为方便纳税义务人,经申请且海关同意,进(出)口货物的纳税义务人可以在设有海关的指运地(启运地)办理海关申报、纳税手续。关税纳税义务人因不可抗力或者在国家税收政策调整的情形下,不能按期缴纳税款的,经海关总署批准,可以延期缴纳税款,但最长不得超过 6 个月。

二、关税退还、补征、追征

(一) 关税的退还

有下列情形之一的,进出口货物的纳税义务人可以自缴纳税款之日起一年内,书面声明理由,连同原纳税收据向海关申请退税并加算银行同期活期存款利息,逾期不予受理:

1. 因海关误征,多纳税款的;
2. 海关核准免验进口的货物,在完税后,发现有短卸情形,经海关审查认可的;
3. 已征出口关税的货物,因故未将其运出口,申报退关,经海关查验属实的。

对已征出口关税的出口货物和已征进口关税的进口货物,因货物品种或规格原因(非其他原因)原状复运进境或出境的,经海关查验属实的,也应退还已征关税。海关应当自受理退税申请之日起 30 日内,作出书面答复并通知退税申请人。

(二) 关税的补征和追征

补征和追征是海关在关税纳税义务人按海关核定的税额缴纳关税后,发现实际征收税额少于应当征收的税额(称为短征关税)时,责令纳税义务人补缴所差税款的一种行政行为。

进出境货物和物品放行后,海关发现少征或者漏征税款,应当自缴纳税款或者货物、物品放行之日起一年内,向纳税义务人补征;因纳税义务人违反规定而造成的少征或者漏征的税款,自纳税义务人应缴纳税款之日起三年以内可以追征,并从缴纳税款之日起按日加收少征或者漏征税款万分之五的滞纳金。

三、关税的强制执行措施

为保证海关征收关税决定的有效执行和国家财政收入的及时入库,《海关法》赋予海关对滞纳关税的纳税义务人强制执行的权力。强制措施主要有两类。

（一）征收关税滞纳金

滞纳金自关税缴纳期限届满滞纳之日起,至纳税义务人缴纳关税之日止,按滞纳税款万分之五的比例按日征收,周末或法定节假日不予扣除。

（二）强制征收

如纳税义务人自海关填发缴款书之日起三个月仍未缴纳税款,经海关关长批准,海关可以采取强制扣缴、变价抵缴等强制措施。[①]

四、纳税争议及其救济途径

为保护纳税人合法权益,我国《海关法》和《进出口关税条例》都规定了纳税义务人对海关确定的进出口货物的征税、减税、补税或者退税等有异议时,有提请救济的权利。

根据规定,纳税义务人自海关填发税款缴款书之日起 30 日内,向原征税海关的上一级海关书面申请复议。逾期申请复议的,海关不予受理。海关应当自收到复议申请之日起 60 日内作出复议决定,并以复议决定书的形式正式答复纳税义务人。纳税义务人对海关复议决定仍然不服的,可以自收到复议决定书之日起 15 日内,向人民法院提起诉讼。

第四节 我国船舶吨税法律制度

一、船舶吨税法概述

船舶吨税是海关代为对进出中国港口的国际航行船舶征收的一种税。其征收税款主要用于港口建设维护及海上干线公用航标的建设维护。

开征船舶吨税的基本法律依据是 1952 年 9 月 29 日中国海关总署颁布的《中华人民共和国海关船舶吨税暂行办法》。

二、船舶吨税的征税范围与纳税人

船舶吨税的征税范围包括在中国港口行驶的外国籍船舶,外商租用的中国籍船舶,中外合营的海运企业自有或者租用的中国、外国籍船舶和我国租用(包括国外华商所有和租用的)航行国外兼营国内沿海贸易的外国籍船舶。

船舶吨税的纳税人为自有船舶的所有人和租用船舶的使用人。

---

① 强制扣缴,是指海关从纳税义务人在开户银行或者其他金融机构的存款中直接扣缴税款。变价抵缴,是指海关将应税货物依法变卖,以变卖所得抵缴税款。

三、船舶吨税的计税依据与税率

船舶吨税以船舶注册净吨位为计税依据,净吨位尾数不足 0.5 吨的不计,达到或超过 0.5 吨的按 1 吨计。船舶吨税按船舶净吨位大小分等级设置单位税额,每一等级又都分为一般吨税和优惠吨税。无论是一般吨税还是优惠吨税,又分别按 90 天期和 30 天期制定吨税税额。船舶吨税税率在 1994 年经过调整,现行税率见下表:

船舶种类		净吨位	一般吨税 元/吨		优惠吨税 元/吨	
			90 天	30 天	90 天	30 天
机动船	轮船、汽船、拖船	500 吨及以下	3.15	1.50	2.25	1.20
		501—1500 吨	4.65	2.25	3.30	1.65
		1501—3000 吨	7.05	3.45	4.95	2.55
		3001—10000 吨	8.10	3.90	5.85	3.00
		10001 吨以上	9.30	4.65	6.60	3.30
非机动船	各种人力驾驶船及驳船、帆船	30 吨及以下	1.50	0.60	1.05	0.45
		31—150 吨	1.65	0.90	1.35	0.60
		151 吨以上	2.10	1.05	1.50	0.90

四、船舶吨税的减免

对以下各种外籍船舶,免征船舶吨税:

1. 与我国建立外交关系国家的大使馆、公使馆、领事馆使用的船舶;
2. 有当地港务机关证明,属于避难、修理、停驶或拆毁的船舶,并不上下客货的;
3. 专供上下客货及存货之泊定埠船、浮桥宽船及浮船;
4. 中央或地方政府征用或租用的船舶;
5. 进入我国港口后 24 小时或停泊港口外 48 小时以内离港并未装卸任何客货的船舶;
6. 来我国港口专为添装船用燃料、物料并符合上述第 5 条规定的船舶;
7. 吨税税额不满 10 元的船舶;
8. 在吨税执照期满后 24 小时内不上下客货的船舶。

五、船舶吨税的征收与管理

船舶吨税由船舶使用人(船长)或其委托的外轮代理公司为纳税人。船舶吨税分为 90 天期缴纳与 30 天期缴纳两种办法,由纳税人于申请完税时自行填报。船舶吨税纳税人,在海关签发吨税缴款书之次日起 7 日内向指定银行缴清税款。逾期未缴纳的,则要按日征收滞纳金。纳税人缴清船舶吨税后,海关填发船舶吨税执照,交纳税人收存。

本 章 小 结

关税主要包括进口关税、出口关税和行邮税。加入 WTO 以后,我国大幅度降低了进口关税水平,到 2010 年我国加入世界贸易组织承诺的关税减让义务全部履行完毕。本章重点学习、掌握关税的类型和我国基本的关税制度。

> **思考题**

1. 关税的种类有哪些?
2. 关税的计税依据是如何规定的?
3. 简述加入 WTO 对我国关税制度的影响。

第十五章 证券交易税法律制度

目前,我国对证券市场实行以证券交易印花税为核心的税收制度,其财政意义固然重大,但印花税由于自身的局限,终究难以代替其他税种发挥对证券市场的调节作用,从长远看也不利于各种类型的证券市场的共同发展。

第一节 我国现行证券税制结构分析

一、我国现行证券税制结构

证券税制是指与证券经济行为过程有关的各种税收法律和规章制度的总称,具体包括证券发行税、证券交易税、证券所得税以及证券遗赠税等。证券发行、证券交易、证券收益分配及证券财产转移是证券经济行为的四个紧密联系的环节。证券税制作为国家调控证券市场的基本经济杠杆,对证券市场的发展有着举足轻重的意义。完善的证券税制不仅是证券市场实现其优化资源配置功能的重要制度保障,而且本身就是完整资本市场的有机组成部分。

我国证券税制主要包括以下内容:

1. 在与证券发行有关的税收方面,我国实行的是印花税:对银行及非银行金融机构发行的金融债券、企业发行的债券和股票收入按营业账簿税目征收0.05%的印花税。

2. 在与证券交易有关的税收方面,我国实行的是单边征收的证券交易印花税,这是我国证券税制中首先开征的税种,也是目前我国证券税制的主体。

我国证券市场始于1981年的国库券的重新发行。1991年、1992年深市和沪市的建立,使证券市场日益活跃起来。证券市场上的经济活动必然产生经济利益,而经济利益必然包含有一定量的税收。当时我国税收立法滞后,没有任何一个已有的税种能够覆盖这项税源,鉴于印花税于1988年恢复征收,90年代初成为一个日益成熟的税种,国家税务总局授权上海、深圳对股权转让书据征收印花税。证券交易印花税开征十多年来,在税率以及征收对象方面进行了多次调整,现行做法是对买卖、继承、赠与所书立的 A 股、B 股股权转让书据,由出让方按1‰的税率缴纳股票交易印花税,对受让方不再征收。

3. 在与证券所得有关的税收方面,我国没有单列证券交易所得税,而是分类别地并入其他税制或免征。

证券所得指因持有或转让证券所获得的收益,前者指证券投资收益;如利息、股利和股息等,后者称为资本利得,即证券买卖价差。证券持有者也分为自然人和法人两类,并适用不同的税收法律制度。对利息、股利和股息等个人投资收益依据个人所得税法,以每次收入为应纳税所得额,适用20%的比例税率征税,但是对国债和国家发行的金融债券利息免税。对公司的投资收益则区别对待,对法人取得的利息、股息和红利征收企业所得税。对个人和法人的资本利得均不征收资本利得税,但是证券公司例外,不仅要对其在二级市场上的证券投资收益(证券自营差价收入)征收营业税,而且最后还列入券商应纳税额征收企业所得税。

4. 在与证券遗赠有关的税收方面,由于我国尚未开征遗产税和赠与税,因而也没有开征证券遗赠税。

二、现行证券税制结构存在明显弊端

如上所述,由于起步比较晚,我国尚未建成完整的证券市场税收制度体系,现行的证券市场税收制度基本上是一些比较零星的条例和法规,大都是一些针对证券市场暴露出的问题所采取的适应性措施,缺乏完整性、规范性和系统性。证券交易印花税是我国证券税制的核心,在其他税种缺失的情况下,证券交易印花税代行了一些其他的功能,但印花税在证券市场上毕竟是一个临时性的税种。同证券交易税相比,目前实施的印花税存在着明显的缺陷,其效率自然受到种种限制。

1. 征收印花税缺乏足够的法律依据

虽然目前的汇贴纳税方法不需粘贴印花,由税务机关在凭证上加注完税标记代替贴花,但应税凭证是真实存在的。随着科学技术的发展和电子计算机技术在证券交易过程中的普遍运用,证券交易早已实现了无纸化操作,所谓的股权转让书据只是电脑中的一笔记录,证券交易既无实物凭证,也无印花税票,征收印花税已经失去了本来的含义,证券交易印花税实际上成了一种交易行为税,与印花税的本来含义不符,理论依据不充分,这种税制的合法性也值得商榷。

2. 现行的证券交易印花税作用有限

证券交易印花税的征税范围狭窄,仅局限于股票市场的交易。尽管股票市场是目前我国证券市场中最为活跃的,但证券市场的内涵要远大于股票市场,许多证券品种的交易没有纳入课税范围中,不仅弱化了交易印花税对证券交易行为全面的调节作用,而且造成了国家税收收入的大量流失。在资本利得为主要收益来源的情况下,对个人证券买卖差价收入不征收交易所得税,必然使证券税收难以对个人投资者的收入差别进行调节,并容易滋生投机。

此外,我国的证券交易印花税带有计划经济体制因素与市场经济体制因素二元并存格局下的经济转型过程的浓厚色彩,从一开始就没有立法机构的准许和授权,仅凭政府行政部门的政令而套用不同税种的法规执行,并凭由政府部门对市场冷热的主观判断而随意变动税率的高低。在这种情况下,无疑加大了市场的风险,并在实践中成为市场剧烈动荡的幕后推手。

3. 从国际上看,不宜长期用证券交易印花税替代其他证券税种

从西方国家的经验看,证券交易印花税呈下降趋势,一方面,西方国家证券税制经历了由交易印花税为主向所得税为主的转变,逐渐建立了以所得税为主的税收体系,从而通过证券投资所得而不是印花税来调控证券市场。另一方面,随着场内市场和场外市场、国内市场和国外市场竞争的日趋激烈,各国为了降低交易成本、刺激市场交易、提高证券市场的国际竞争力,逐步下调印花税率直至取消,发达国家大部分已停征了证券交易印花税。

三、适时开征证券交易税

当前的证券税制需要进一步深化和完善,证券交易税的正式实施显得越来越迫切。我国开征证券交易税的必然性表现在:

1. 为国家财政积累资金。即使证券交易税税率低,由于证券交易量大,税额也十分可观,从而能为国家财政积累大量的资金。

2. 调节和稳定证券市场,引导证券市场投资结构的合理化。证券交易税作为一种证券流转税,实行只对证券卖方单向征税模式,有利于鼓励长期投资,抑制过度的投机行为。并且,证券交易税可以通过对持有期限长的证券交易规定低税率,对持有期限短的证券交易实行较高的税率,来鼓励长期投资,抑制证券市场的短期投机行为。

3. 有利于进一步实现税负公平。我国现行的证券交易印花税只是对二级市场上的股票交易征税,对国债、金融债券、企业债券、投资基金等交易免税,对国家股、法人股交易免税。至于二级市场以外的股票交易和转让更是处于真空地带。征税范围狭窄不仅造成了税款严重流失,而且加剧了不公平竞争。因此,依据税收中性的原则,应尽快填补证券交易印花税的真空地带。

第二节 我国证券交易税法律制度构建之探讨

一、证券交易税法概述

证券交易税法是调整证券交易税征纳关系的法律规范的总称。

证券交易税是指对股票、债券和其他有价证券交易行为所征收的一种税。对于证券交易税,一些国家还有不同的名称,如瑞典称其为证券周转税,意大利

称其为证券转移税,日本称其为有价证券交易税。在大多数国家,证券交易税是证券税制的组成部分之一。

二、证券交易税的纳税人

证券交易税的纳税人,应采用属地主义原则,凡是在中华人民共和国境内持有有价证券的单位和个人将其应税的有价证券在证券交易所转让的,都是证券交易税的纳税人。为避免重复征税,纳税人应该是有价证券的出让方。

三、证券交易税征税范围

新开征的证券交易税应尽可能地将所有的有价证券的交易纳入其课税范围,包括股票、债券(政府债券、企业债券、金融债券)、投资基金等各种有价证券。对于继承和赠与有价证券是否应该征收证券交易税,则要视继承税与赠与税的开征与否而定。

四、证券交易税的计税依据和税率

证券交易税应以证券转让的实际金额为计税依据,以券种和交易方式为基础实行差别化税率:对政府需要鼓励和扶持的(如国债)设定较低的税率;对投机性强、获利大的(如股票)设定较高的税率,以促使中国证券市场结构趋向合理。

证券市场较为完善的国家和地区通常对证券交易税实行较低的差别税率,如日本规定了"两种"、"三档"的比例税率:转让股票类、债券类、可转换债券(包括新股认股权证)适用不同档次的税率,分别是0.12%、0.01%、0.06%;我国台湾地区也规定"公司发行的股票以及表明股票权利的证书或凭证的税率是3‰,公司债券及其他经政府核准的有价证券的税率是1‰";另有一些发达国家如美国、德国、荷兰等甚至对证券交易行为免税。因此很多人认为我国证券交易行为承担的税负过重,需要调整。实际上,单纯比较证券交易印花税或证券交易税的税负轻重是没有意义的。因为很多证券市场成熟的国家拥有完善的资本利得税,在一定程度上能够弥补印花税的不足;同时,为防止资本外逃,鼓励资本市场的流动性,这些国家对证券交易行为普遍实行轻税的政策是可以理解的。而我国的证券税制还很不完善,对于广大个人投资者并没有开征资本利得税。由于资本管制,投资者难以投资国外金融资产,所以我们不必担心资本外流。因此,我国证券交易税的税率不宜过低,总体税率水平应根据我国证券市场的实际情况合理确定。

五、证券交易税的征收管理

证券交易税在征收管理上,宜实行代扣代征制,即证券交易税全部由代理买卖证券经营机构和证券的托管机构代征代缴,这样缴税及时、便于控制,并且可以随证券交易活动的增多而多次征收。税务部门还可以与证券管理部门积极配合,根据证券市场的变化调高或降低证券交易税税率,鼓励买卖,活跃市场,使证券市场平稳发展。

本 章 小 结

我国目前没有开征证券交易税,现在证券市场仍然是以证券交易印花税为主体税种,这一税制结构存在明显的弊端。本章对我国现行证券市场的税制机构进行了客观的评析,并在借鉴其他国家和地区经验的基础上对构建我国未来的证券交易税法律制度进行了一定的探讨。

> 思考题

1. 为什么说我国现行证券税制结构需要改革?
2. 改革后的证券交易税法对其纳税人应该如何界定?

税收债务法之三 所得税债法制度

绪 论

一、所得税和所得税法的概念

根据税种划分的一般标准——征税对象,所得税区别于以流转额为征税对象的流转税和以财产为征税对象的财产税,它是以应税所得为征税对象的。据此,所得税的概念可以表述为:所得税,是指以纳税人在一定期间内的应税所得为征税对象的一类税的总称。所得税几乎是所有国家(或地区)都开征的税种,曾长期被誉为"良税",它至今仍是美国等发达国家的主体税种。

在现代民主宪政国家,哪里有税,哪里就有法,税与法须臾不可分离。所得税与所得税法的关系也是如此。所得税法,是指调整在所得税的征纳与管理过程中产生的社会关系的法律规范的总称。所得税法对保障所得税的征收、发挥所得税在国民经济中的调节作用具有重要的意义。

二、所得税的特征

所得税作为一种现代税收制度,除具有一般税收的强制性、无偿性和固定性等共性外,还具有以下几个显著特征:

(一)所得税是直接税

所得税是典型的直接税,其税负由纳税人直接承担,不易转嫁。所得税的直接税特征,一方面可以让公民切实感觉到自己是纳税人,从而有利于提高公民的纳税意识;另一方面,也使纳税人产生了"税痛感"[1],从而滋生逃税和避税的强烈动机。此外,正因为所得税是直接税,所以必须以纳税人的实际负担能力为计税依据,无所得则不征税。因此,所得税相对于流转税和财产税,更符合量能课税原则。

---

[1] 税痛感,是纳税人的一种因纳税而减少财产或福利的心理不平衡的感觉。由于间接税可以转嫁给别人,所以纳税人对间接税的"痛感"不如直接税强烈,甚至感觉不到它的存在。

(二)所得税是对人税①

区别于以物为对象课征的对物税(如财产税)和以事实为对象课征的对事税(如行为税),所得税是以所得的取得者为实际纳税人的对人税。纳税人无论是因转让财产,还是提供一定的劳务而获得收入,只要有所得并符合所得税的课税要件,一律缴纳所得税。

(三)比例税率与累进税率并用

流转税主要以适用比例税率为主,有利于提高效率;但所得税更强调保障公平,尤其是追求纵向的公平,即纳税能力不同的人应当缴纳不同的税,因而,所得税适用的税率有逐渐由比例税率向累进税率演变的趋势。另外,采用累进税率,也有利于国家对投资和消费进行调节。

(四)自行申报与源泉扣缴结合

在征收方式上,所得税采用自行申报与源泉扣缴相结合的方式,前者由纳税人自行根据税法的规定向税务机关申报所得额,经税务机关审核后,依率计算应纳税额;后者对纳税人取得的所得不直接向纳税人征收,而是由所得的支付者代为扣缴所得税。源泉扣缴方式主要适用于对工薪、股息、利息、租金和特许权使用费等所得以及预提所得税的征收。自行申报方式则主要被企业所得税和实行综合所得税制的个人所得税所采用。

三、所得税与所得税法的历史沿革

(一)国外所得税与所得税法的产生与发展

"英国是世界上最早征收所得税的国家,素有'所得税祖国'之美称。"②1798年,英国首相皮特为应付英法战争筹集军费,创设了一种称作"三部课征捐"(triple assessment contribution)的新税。由于方法欠周,翌年颁布了所得税法改行所得税,并明确规定:国人有申报其所得的义务。该法于1802年随着英法战争的结束而被废止,但1803年英法战火再次燃起,所得税在英国获得重生,并由奥德古制定了著名的分类所得税法。其后,这部所得税法几经修改,日趋完善。因此,"英国1799年的所得税法及分类所得税法被税法学界认为是现代所得税法的起源"③。

在此之后,美国、日本、法国和德国迫于战争对军费的需要,先后效仿英国开征了所得税。几经存废波折,所得税在各国从战时的临时税得以最终确立为经

---

① 对人税,是以财产所得和财产归属为中心并依据该人情况所课征的税,它考虑了纳税人的负税能力。参见〔日〕北野弘久:《税法学原论》,陈刚、杨建广等译,中国检察出版社2001年版,第27—28页。
② 刘剑文:《所得税法导论》,武汉大学出版社1995年版,第17页。
③ 同上书,第2—3页。

常税,适用范围扩及绝大多数国家,甚至在某些发达国家成为主体税种。① 各国在确立所得税制后,又对其进行了不同程度的改革与完善。1909年,英国财政部长劳合·乔治对所得税制进行了一次较大的改革,倡议征收超额税,对高收入者实施重课措施。所得税的调节作用首次得到发挥。20年后,英国又将超额税改为附加税,使之与普通所得税统一为一个所得税概念,从而将原来的分类所得税制演变为综合性的累进税制,这一改革不能不说是英国所得税制一大贡献。德国1925年的税制改革,也将实行综合所得税制作为主要目标,并采用超额累进税率,对最低生活费和工资所得附有各种减免规定。法国1959年也进行了同样的改革。美国1913年联邦所得税法建立了个人所得税与公司所得税两套税制,个人所得税分为普通所得税与附加所得税,前者实行比例税率,后者实行累进税率;公司所得税采用比例税率,1936年公司所得税改采用累进税率。1965年以后,英国也将对法人征收的所得税和利润税改称公司税。

通过上述对所得税与所得税法产生与发展的介绍,可以对所得税制的发展的一般规律作如下概括:(1)从临时税向经常税发展;(2)从比例税演变为累进税;(3)从分类所得税制趋向综合所得税制;(4)从只对个人征税到个人所得税与公司所得税并重。

(二)我国所得税与所得税法的历史演变

我国所得税制的确立较晚,比英国晚了一个多世纪。清末曾首议所得税法规,并已提交资政院,但未待审决,清王朝即被推翻。1914年,北洋政府颁布了我国历史上第一部所得税法规——《所得税条例》,翌年又制定了实施细则,但未能施行。直到1936年,国民党立法院才通过《所得税暂行条例》,当年还颁布了施行细则,由此,所得税终于在我国首次正式开征。

新中国成立后,废除了包括所得税法在内的国民党政府的一切法律,并于1950年将所得税并入工商业税。1958年,又把所得税从工商业税中独立出来,称为"工商所得税"。改革开放以后,我国的所得税制得到了迅速的发展。通过两步利改税及工商税制的全面改革,先后开征了个人所得税、中外合资经营企业所得税、外国企业所得税、国营企业所得税等十余个所得税种。

随着所得税制不统一、不简明等弊端日益突出,以及党的十四大对建立社会主义市场经济体制目标模式的确立,在1994年的税制全面改革中,我国的所得税得到了相对的统一与简化,所得税制度也更加规范、合理与健全,形成了以内

---

① 据不完全统计,世界上征收所得税的国家(或地区)达140个,其中有39个国家(或地区)的所得税为第一位的财政收入,其中大部分为经济发达国家。如美国在1975所得税占联邦总收入的75%,80年代后,虽有所降低,但仍维持在50%左右;日本所得税占国税总收入的比重曾一度达到70%,目前,这一比重为65%左右;德国所得税在税收收入总额的比重也一直维持在40%以上。由于历史原因,法国实行以增值税为主体的税收体系,因而所得税并不占重要地位,目前其所得税的比重维持在30%左右。

资企业所得税、涉外企业所得税和个人所得税为基本框架的所得税制度结构。2007年3月16日十届全国人大第五次会议通过了统一的《企业所得税法》,将内、外资企业所得税合并,所得税制得到进一步的完善。

四、所得税法基本体系

各国根据各自的国情,对所得税作出了不同的分类,从而形成了繁简各异的所得税法体系。如美国将所得税分为个人所得税与公司所得税;日本则有法人所得税,资本、利息所得税和个人所得税之分;瑞典有国家所得税、公民表演所得税、公共所得税和利润分享税等,而加拿大、巴西、新加坡则只有所得税一个名称。

尽管所得税的分类形形色色,但国际上通行的是以纳税人为标准,将所得税划分为个人所得税和公司所得税。经济合作与发展组织(OECD)和国际货币基金组织(IMF)将对所得利润和资本利润课征的税收划归为所得税,并分为三个子目:[①]

(1) 个人所得税,包括对个人的综合收入、专业收入、权利金收入以及非居民取得上述收入课征的税收;

(2) 公司所得税,包括对企业经营所得、资本利得以及非居民公司取得上述收入课征的税收;

(3) 其他所得税,主要指那些划不清的所得税收入。

与此相对应,所得税法基本体系应由个人所得税法、公司所得税法和其他所得税法构成。我国当前的所得税法体系建立在企业所得税法和个人所得税法的基础之上,未来如果能够开征社会保障税,那么可以将其纳入"其他所得税"的范畴。

五、应税所得

作为所得税的征税对象,应税所得的确定在所得税制的运行过程中处于核心地位。对于何谓"应税所得",各国理论和实践都有不同的理解,很难形成一个统一的概念。抛开争议,暂且可以把应税所得定义为:依照税法规定,将各项征税所得[②]减去准予扣除的成本、费用、损失等项目后的余额。针对这一定义,可以作如下分析:(1) 应税所得是根据税法确定的,它区别于根据会计法(或准

---

① 参见刘剑文主编:《财税法学》,高等教育出版社2004年版,第484页。
② 在各国税法上,一般都有征税所得与非征税所得之分,前者是指应当征税的所得,如工资薪金所得、营业收入等;后者是指不予征税的所得,如某些国家规定对国债利息、社会保险金等所得不予征税。

则)计算得出的会计利润①,后者是纯粹经济意义上的所得,它不考虑区分征税所得与非征税所得以及准予扣除项目与不得扣除项目;(2)应税所得是以各项征税所得为基础的,税法未规定征税或免于征税的所得不属于应税所得;(3)应税所得是净所得,它是各项征税所得减去准予扣除项目后的余额。这里准予扣除的项目并不是指取得所得过程中产生的所有成本、费用和损失,而是指根据税法的规定可以扣除的项目,税法规定不得扣除的项目以及对扣除标准作出限制性规定的,则不得扣除或超出标准扣除。

纵观世界各国所得税法的规定,大体上可以将应税所得区分为以下五类:(1)经营所得,即纳税人从事各项生产性或非生产性经营活动所取得的净收益;(2)财产所得,即纳税人凭借占有或转让财产而取得的收益;(3)劳务所得,即纳税人从事劳务活动所获得的报酬;(4)投资所得,即纳税人通过直接和间接投资,所获得的股息、红利、利息、特许权使用费等各项收益;(5)其他所得,如遗产继承所得、财产赠与所得、彩票中奖所得等。

六、所得税管辖权

所得税管辖权是一国政府在所得税征收方面的支配力,体现了国家之间的所得税利益分配关系。一般来说,一国所得税管辖权是按属人原则或属地原则建立起来的。

(一) 所得税管辖权的种类

所得税管辖权分为居民所得税管辖权与所得来源地管辖权。前者是征税国按属人原则,对本国居民(在美国、菲律宾等少数国家还包括本国公民)来源于境内外的全部所得征税的权力;后者是征税国按属地原则,对在本国境内取得所得的一切人征税的权力。目前,世界上大多数国家都是采用居民所得与所得来源地相结合的方式来行使所得税管辖权,只有少数国家实行单一的所得税管辖权。于是,在各国所得税法理论与实践中,形成了一个制度惯例:将纳税人分为居民纳税人与非居民纳税人,居民纳税人负无限纳税义务,需要对其来源于境内外的全部所得向本国纳税;而非居民纳税人则负有限纳税义务,仅对其来源于该国境内的所得向该国纳税。

(二) 所得税管辖权的冲突

由于各国行使不同类型的所得税管辖权,而且即使行使同种所得税管辖权的国家,又由于相互之间选择了不同的确定管辖权的标准,从而不可避免地会产

---

① 会计利润,是一个会计核算概念,反映的是企业一定时期内生产经营的财务成果。它关系到企业经营成果、投资者的权益以及企业与职工的利益。会计利润是确定应税所得的基础,但不能等同于应税所得。

生国际重复征税、国际避税等所得税管辖权的冲突。前者是积极冲突,是不同国家所得税管辖权在同一笔所得上的重叠;后者是消极冲突,是各国的所得税管辖权均未覆盖某一笔所得。① 举例来讲,假设 A 国居民甲在 B 国取得一笔收入,对该笔收入 A 国行使居民所得税管辖权,B 国行使所得来源地管辖权,此时甲必须同时在 A、B 两国纳税,就会产生国际重复征税;即使两国共同行使居民所得税管辖权,但如果根据 B 国确定居民的标准,甲也是 B 国的居民,那么同样会产生国际重复征税的问题。又如,甲利用 A、B 两国间税法的漏洞,通过一定的经营安排,既使得某项收入不符合 B 国的所得来源地标准,又让自己不符合 A 国的居民身份,此时甲的该项收入即得以避免缴纳所得税。

  为避免国际重复征税和国际避税,国际社会进行了不懈的努力,取得了卓有成效的成果。在解决国际重复征税的问题上,各国通过单边的自我约束②和双边或多边的国际税收协定,形成了免税法、抵免法和扣除法三种解决国际重复征税的法律措施。其中抵免法运用最为普遍,它是指征税国不放弃对本国居民来源于境外的所得的管辖权的前提下,又承认所得来源地国的管辖权,即允许纳税人在汇总计算应纳税额时,扣除其已在来源地国缴纳的所得税额。在解决国际避税问题方面,国际社会形成了转让定价税制、避税港对策税制和反滥用国际税收协定等措施。

---

① 造成国际重复征税和国际避税的原因还有其他许多因素,这里仅就管辖权问题而言。
② 这种方式指的是一国的主权机关从自身的根本利益出发,为解决国际重复征税所作的一种单方面的许诺。其实是对其主权进行的一种自我约束。

第十六章 企业所得税法

企业所得税是随着商品经济的产生而逐步产生和发展的。随着社会生产力的发展,法人等各类社会经济组织取代自然人成为市场经济活动的主体。所以,企业所得税构成了国家财政收入的重要来源,企业所得税法也成为规范市场经济主体行为的重要法律。

第一节 企业所得税法概述

一、企业所得税与企业所得税法的概念

企业所得税,是指对企业在一定期间内的生产经营所得和其他所得,依法扣除成本、费用和损失等项目后的余额征收的一种所得税。企业所得税法,是指调整国家与企业之间在企业所得税的征纳和管理过程中所产生的社会关系的法律规范的总称。我国征收企业所得税的主要法律依据是2007年3月16日十届全国人大第五次会议通过的《中华人民共和国企业所得税法》(以下简称《企业所得税法》),该法自2008年1月1日起施行。

二、企业所得税的特征

与个人所得税和其他所得税相比,企业所得税主要具有以下特征:

(一) 企业所得税的纳税人是企业和其他取得收入的组织

企业是法律上的拟制主体,企业所得税正是对此类带有营利性的拟制主体征收的一种所得税,它区别于对自然人征收的个人所得税。大多数国家对个人以外的组织或者实体课税,是以法人作为标准确定纳税人的,实行法人税制是我国企业所得税制改革的方向。因此,我国《企业所得税法》取消了原内资企业所得税法中有关以"独立经济核算"为标准确定纳税人的规定,将纳税人的范围确定为企业和其他取得收入的组织。即居民企业在中国境内设立不具有法人资格的营业机构的,应当汇总计算并缴纳企业所得税;非居民企业在中国境内设立两个或者两个以上机构、场所的,经税务机关审核批准,可以选择由其主要机构、场所汇总缴纳企业所得税。

(二) 企业所得税应税所得的计算较为复杂

企业所得税的计征较其他所得税要复杂得多,主要表现在应税所得的确定

方面。首先,在确定收入总额上,必须将企业的生产经营收入、财产收入、利息收入、股息收入、特许权使用费等各项收入汇总计算;其次,在扣除项目上,企业所得税法列举了名目繁多的准予扣除项目和不得扣除项目,而且对某些项目的扣除标准作出了限制性规定。因此,企业所得税的计征需要企业财务会计制度的密切配合。

(三) 企业所得税以自行申报为主,源泉扣缴为辅

企业所得税纳税人在纳税年度内无论盈利或亏损,都应当按照规定的期限,向当地主管税务机关报送所得税申报表和年度会计报表。只有在对非居民企业征收预提所得税的场合,才使用源泉扣缴的方式。所以,企业所得税在征纳方式上,以自行申报为主,源泉扣缴为辅,区别于个人所得税以源泉扣缴为主,自行申报为辅的征纳方式。

三、企业所得税制度的基本模式[①]

在一国同时开征企业所得税和个人所得税的情形下,企业缴纳企业所得税后,投资者还需对分配的利润缴纳个人所得税,对这部分利润就存在重复征税问题,被称为"经济性重复征税"。针对这种经济性重复征税现象,各国企业所得税制发展出了如下三种基本模式:

1. 古典制。它不考虑重复征税的问题,企业就其企业所得缴纳企业所得税,投资者就其取得的分配利润缴纳个人所得税。这种税制由于其重复征税的缺陷,现已被大多数国家弃用。我国的《企业所得税法》即采用这种模式,规定向投资者支付的股息、红利等权益性投资收益款项不得从应纳税总额中扣除。

2. 归属制。它是将企业所支付的税款部分或全部归属到投资者所取得的分配利润中,也就是把企业所得税的一部分或全部看做是投资者个人所得税的源泉扣缴。这种方式可以部分或完全避免经济性重复征税。

3. 双率制。它是对企业已分配的利润和保留的利润按不同的税率课征,当对前一种利润采用较低税率时,就可以在一定程度上缓解对投资者的经济性重复征税。分率制可以分为双率古典制和双率归属制。所谓双率古典制,是指不存在归属性税收抵免而分率课征的税制。所谓双率归属制,是指存在归属性税收抵免而分率课征的税制。双率归属制有助于减轻或免除重复征税。

四、我国企业所得税法的产生与发展

新中国成立后,1950 年政务院颁布了《工商业税暂行条例》,主要针对私营企业和城乡个体工商户征税。1958 年工商税制改革之后,所得税成为一个独立

---

① 参见刘剑文:《财税法学》,高等教育出版社 2004 年版,第 498—499 页。

的税种,称为"工商所得税"。当时规定,除国有企业外,凡是国内从事工商业等经营活动,有利润所得的经济单位和个人都要缴纳工商所得税。此后二十多年时间里,国家对国有企业一直实行"统收统支"的制度,不征收所得税。

改革开放后,通过两步利改税,1984年国务院发布了《中华人民共和国国营企业所得税条例(草案)》,正式对国有企业征税。从此,国家与国有企业之间的分配关系得到了初步明确。随后,为适应经济体制改革的要求,国务院先后于1985年和1988年颁布了《中华人民共和国集体企业所得税暂行条例》和《私营企业所得税暂行条例》,从而在内资企业所得税方面形成了国营、集体、私营三足鼎立的局面。同时,在对外开放政策的推动下,我国涉外企业所得税制也得到了长足的发展,1980年全国人大通过了我国第一部涉外税法《中华人民共和国中外合资经营企业所得税法》,1981年全国人大又颁布了《中华人民共和国外国企业所得税法》。这两部法律在我国改革开放初期,在维护国家利益、鼓励外商投资和促进对外经济合作等方面发挥了重要作用。

随着改革开放的不断深入和社会主义市场经济体制模式的日益明确,内资企业所得税三足鼎立和涉外企业所得税一分为二的税制结构与经济现实之间的矛盾与冲突逐渐凸显出来。于是,1991年七届全国人大第四次会议通过了《中华人民共和国外商投资企业和外国企业所得税法》,取代了原有的两个涉外税法;1993年国务院颁布了《中华人民共和国企业所得税暂行条例》,从而统一了内资企业所得税法。自20世纪70年代末实行改革开放以来,为吸引外资、发展经济,对外资企业采取了有别于内资企业的税收政策,实践证明这样做是必要的,对改革开放、吸引外资、促进经济发展发挥了重要作用。

当前,我国经济社会情况发生了很大变化,社会主义市场经济体制初步建立。加入世贸组织后,国内市场对外资进一步开放,内资企业也逐渐融入世界经济体系之中,面临越来越大的竞争压力,若继续采取内资、外资企业不同的税收政策,必将使内资企业处于不平等竞争地位,影响统一、规范、公平竞争的市场环境的建立。根据科学发展观和完善社会主义市场经济体制的总体要求,就需要按照"简税制、宽税基、低税率、严征管"的税制改革原则,借鉴国际经验,建立各类企业统一适用的科学、规范的企业所得税制度,为各类企业创造公平的市场竞争环境。2007年3月16日十届全国人大第五次会议通过了《中华人民共和国企业所得税法》,统一了内、外资企业所得税。该法体现了"四个统一":内资、外资企业适用统一的企业所得税法;统一并适当降低企业所得税税率;统一和规范税前扣除办法和标准;统一税收优惠政策,并实行"产业优惠为主、区域优惠为辅"的新税收优惠体系。2007年12月6日国务院及时颁布了《中华人民共和国企业所得税法实施条例》(以下简称《实施条例》),对《企业所得税法》的有关规定进行了必要的细化,与《企业所得税法》同时于2008年1月1日起生效。

第二节 企业所得税的纳税人和征税对象

一、企业所得税的纳税人

企业所得税是对所得征收的一种税,所以企业所得税的纳税人必须是取得收入的主体。企业和事业单位、社会团体以及其他取得收入的组织(以下统称"企业")为我国企业所得税的纳税人,应当按税法的规定缴纳企业所得税。为避免重复征税,对依照我国法律、行政法规规定成立的个人独资企业、合伙企业不征收企业所得税。[①] 然而,依照外国(地区)法律法规在境外成立的个人独资企业和合伙企业,其境外投资人没有在境内缴纳个人所得税,不存在重复征税的问题,因此依照外国(地区)法律法规在境外成立的个人独资企业和合伙企业仍然可能会成为《企业所得税法》规定的我国非居民企业纳税人(比如在中国境内取得收入,也可能会在中国境内设立机构、场所并取得收入),也可能会成为《企业所得税法》规定的我国居民企业纳税人(比如其实际管理机构在中国境内)。但是不论其为居民企业还是非居民企业,都必须严格依照《企业所得税法》及其《实施条例》的有关规定缴纳企业所得税。

根据承担纳税义务的范围不同,可以将企业所得税的纳税人区分为居民企业与非居民企业两类。

(一)居民企业

《企业所得税法》所称的居民企业[②],是指依法在我国境内成立,或者依照外国(地区)法律成立但实际管理机构在我国境内的企业。居民企业应当承担无限纳税义务,就其来源于中国境内和境外的所得缴纳企业所得税。

根据《企业所得税法》,居民企业的判断标准有两个——注册登记地和实际管理机构所在地,即只要企业在我国境内注册登记或者实际管理机构在我国境内,就是我国税法上的居民企业。据此,我国税法上的居民企业包括所有的内资企业(个人独资企业、合伙企业除外)和外商投资企业,以及实际管理机构在我

---

① 因为个人独资企业和合伙企业的出资人对外承担无限责任,企业的财产与出资人的财产密不可分,生产经营收入也即出资人个人的收入,并由出资人缴纳个人所得税。因此,为避免重复征税,《企业所得税法》才规定个人独资企业和合伙企业不适用《企业所得税法》。

② 在国际上,居民企业的判定标准有登记注册地标准、实际管理机构地标准和总机构所在地标准等,大多数国家都采用了多个标准相结合的办法。结合我国的实际情况,新《企业所得税法》采用了登记注册地标准和实际管理机构地标准相结合的办法,对居民企业和非居民企业作了明确界定。原《外商投资企业和外国企业所得税法》采用了登记注册地标准和总机构所在地标准相结合的办法。总机构所在地标准与实际管理机构地标准的主要区别在于,前者是以一个公司的总管理机构,如总公司、总店等是否设在本国境内作为判定标准;后者以公司经营活动的实际控制和管理中心所在地为依据。采用实际管理机构地标准更有利于防止纳税人通过在低税区设立所谓的"总公司"来规避纳税义务。

国境内的外国企业。

所谓"实际管理机构",是指对企业的生产经营、人员、账务、财产等实施实质性全面管理和控制的机构。该机构必须同时符合以下三个方面的条件:

1. 对企业有实质性管理和控制的机构。即并非形式上的"橡皮图章",而是对企业的经营活动能够起到实质性的影响。实质性管理和控制的机构,往往和名义上的企业行政中心不一致,这种情况多是企业为了避税而故意造成的,因而在适用税法时应当进行实质性审查,确定企业真实的管理中心所在。

2. 对企业实行全面的管理和控制的机构。如果该机构只是对该企业的一部分或并不关键的生产经营活动进行影响和控制,比如只是对在中国境内的某一个生产车间进行管理,则不应被认定为实际管理机构。只有对企业的整体或者主要的生产经营活动有实际管理控制,对本企业的生产经营活动负总责的管理控制机构,才符合实际管理机构标准。

3. 管理和控制的内容是企业的生产经营、人员、账务、财产等。这是本条规定中界定实际管理机构的最关键标准。如果一个外国企业只是在表面上是由境外的机构对企业有实质性全面管理和控制权,但是企业的生产经营、人员、账务、财产等重要事务实际上是由在中国境内的一个机构来作出决策的,那么就应当认定其实际管理机构在中国境内。

(二) 非居民企业

非居民企业,是指依照外国(地区)法律成立且实际管理机构不在我国境内,但在我国境内设立机构、场所的,或者在我国境内未设立机构、场所,但有来源于我国境内所得的企业。非居民企业又可以分为两类,分别承担不同范围的纳税义务:(1) 在我国境内设立机构、场所的,应当就其所设机构、场所取得的来源于我国境内的所得,以及发生在我国境外但与其所设机构、场所有实际联系的所得,缴纳企业所得税;(2) 在我国境内未设立机构、场所的,或者虽设立机构、场所但取得的所得与其所设机构、场所没有实际联系的,应当就其来源于我国境内的所得缴纳企业所得税。

这里所说的机构、场所,是指在我国境内从事生产经营活动的机构、场所,包括:(1) 管理机构、营业机构、办事机构;(2) 工厂、农场、开采自然资源的场所;(3) 提供劳务的场所;(4) 从事建筑、安装、装配、修理、勘探等工程作业的场所;(5) 其他从事生产经营活动的机构、场所。非居民企业委托营业代理人在中国境内从事生产经营活动的,包括委托单位和个人经常代其签订合同,或者储存、交付货物等,该营业代理人视为非居民企业在中国境内设立的机构、场所。

二、企业所得税的征税对象

根据《企业所得税法》,居民企业应当就其来源于我国境内、境外的全部所得缴纳企业所得税;非居民企业在我国境内设立机构、场所的,应当就其所设机构、场所取得的来源于我国境内的所得,以及发生在我国境外但与其所设机构、场所有实际联系的所得,缴纳企业所得税;非居民企业在我国境内未设立机构、场所的,或者虽设立机构、场所但取得的所得与其所设机构、场所没有实际联系的,应当就其来源于我国境内的所得缴纳企业所得税。

来源于我国境内、境外的所得,按照以下原则确定:(1)销售货物所得,按照交易活动发生地确定;(2)提供劳务所得,按照劳务发生地确定;(3)转让财产所得,不动产转让所得按照不动产所在地确定,动产转让所得按照转让动产的企业或者机构、场所所在地确定,权益性投资资产转让所得按照被投资企业所在地确定;(4)股息红利等权益性投资所得,按照分配所得的企业所在地确定;(5)利息所得、租金所得、特许权使用费所得,按照负担或者支付所得的企业或者机构、场所所在地确定;(6)其他所得,由国务院财政、税务主管部门确定。

非居民企业取得的所得如果与其在中国境内设立的机构、场所有以下两种关系的,就属于有"实际联系":(1)非居民企业取得的所得,是通过该机构、场所拥有的股权、债权而取得的。例如,非居民企业通过该机构、场所对其他企业进行股权、债权等权益性投资或者债权性投资而获得股息、红利或折利息收入,就可以认定为与该机构、场所有实际联系。(2)非居民企业取得的所得,是通过该机构、场所拥有、管理和控制的财产取得的。例如,非居民企业将境内或者境外的房产对外出租收取的租金,如果该房产是由该机构、场所拥有、管理或者控制的,那么就可以认定这笔租金收入与该机构、场所有实际联系。

《企业所得税法》所称的"所得"包括销售货物所得、提供劳务所得、转让财产所得、股息红利等权益性投资所得、利息所得、租金所得、特许权使用费所得、接受捐赠所得和其他所得。

1. 销售货物所得,是指企业销售商品、产品、原材料、包装物、低值易耗品以及其他存货取得的所得。

2. 提供劳务所得,是指企业从事建筑安装、修理修配、交通运输、仓储租赁、金融保险、邮电通信、咨询经纪、文化体育、科学研究、技术服务、教育培训、餐饮住宿、中介代理、卫生保健、社区服务、旅游、娱乐、加工以及其他劳务服务活动取得的所得。

3. 转让财产所得,是指企业转让固定资产、生物资产、无形资产、股权、债权等财产取得的所得。

4. 股息、红利等权益性投资收益,是指企业因权益性投资从被投资方取得的所得。

5. 利息所得,是指企业将资金提供给他人使用但不构成权益性投资,或者因他人占用本企业资金取得的所得;包括存款利息、贷款利息、债券利息、欠款利息等所得。

6. 租金所得,是指企业提供固定资产、包装物或者其他资产的使用权取得的所得。

7. 特许权使用费所得,是指企业提供专利权、非专利技术、商标权、著作权以及其他特许权的使用权取得的所得。

8. 接受捐赠所得,是指企业接受的来自其他企业、组织或者个人无偿给予的货币性资产、非货币性资产。

9. 其他所得,是指除以上列举外的也应当缴纳企业所得税的其他所得,包括企业资产溢余所得、逾期未退包装物押金所得、确实无法偿付的应付款项、已作坏账损失处理后又收回的应收款项、债务重组所得、补贴所得、违约金所得、汇兑收益等。

第三节 企业所得税的应纳税所得额

一、概述

(一) 一般规定

企业所得税的应纳税所得额,即应税所得,是指企业每一纳税年度的收入总额[①],减除不征税收入、免税收入、各项扣除以及允许弥补的以前年度亏损后的余额。因此,企业所得税应纳税所得额的计算公式可以归纳为:

应纳税所得额 = 法定收入总额 - 准予扣除项目金额

企业应纳税所得额的计算,以权责发生制为原则,属于当期的收入和费用,不论款项是否收付,均作为当期的收入和费用;不属于当期的收入和费用,即使款项已经在当期收付,也不作为当期的收入和费用。但《实施条例》和国务院财政、税务主管部门另有规定的除外。在计算应纳税所得额时,企业财务、会计处理办法与税收法律、行政法规的规定不一致的,应当依照税收法律、行政法规的规定计算。

(二) 预提所得税的应税所得

为便利征管,对于在我国境内未设立机构、场所的,或者虽设立机构、场所但

[①] 《企业所得税法》中所讲的"收入总额"其实是企业的会计收入总额,在计算应纳税所得额时,还需要在会计收入总额中减除不征税收入和免税收入。本书为行文的方便并有助于理解,将《企业所得税法》中的"收入总额"称为会计收入总额,减除不征税收入和免税收入后的收入总额称为法定收入总额。

取得的所得与其所设机构、场所没有实际联系的非居民企业,征收预提所得税①。预提所得税应纳税所得额按下列方法确定:(1)股息、红利等权益性投资收益和利息、租金、特许权使用费所得,以收入全额②为应纳税所得额;(2)转让财产所得,以收入全额减除财产净值后的余额为应纳税所得额;(3)其他所得,参照前两项规定的方法计算应纳税所得额。

(三)清算所得

区别于上述应税所得的是清算所得,它是指企业的全部资产可变现价值或者交易价格减除资产净值、清算费用、相关税费等后的余额。《企业所得税法》第55条第1款规定:"企业应当在办理注销登记前,就其清算所得向税务机关申报并依法缴纳企业所得税。"但企业进入清算期后,所处环境发生了变化,如企业清算中的会计处理,与公司正常情况下的财务会计有很大的不同,因为正常进行会计核算的会计基本前提已不复存在,公司不再是连续经营的,各项资产不宜再按历史成本和账面净值估价,许多会计核算一般原则在公司清算中也已不成立,不再适用,全部资产或财产(除货币资金外)必须要以现值衡量。因此,清算所得应当采用如下公式计算:

清算所得=企业的全部资产可变现价值或者交易价格-资产净值-清算费用-相关税费

投资方企业从被清算企业分得的剩余资产,其中相当于从被清算企业累计未分配利润和累计盈余公积中应当分得的部分,应当确认为股息所得;剩余资产扣除上述股息所得后的余额,超过或者低于投资成本的部分,应当确认为投资转让所得或者损失。

二、法定收入总额

要计算企业所得税的应纳税所得额,必须首先确定纳税人的法定收入总额。所谓法定收入总额,是指依据税法的规定将企业每一纳税年度的会计收入总额减除不征税收入、免税收入后的余额。

(一)会计收入总额

企业以货币形式和非货币形式从各种来源取得的收入,为会计收入总额,主要包括:(1)销售货物收入;(2)提供劳务收入;(3)转让财产收入;(4)股息、红利等权益性投资收益;(5)利息收入;(6)租金收入;(7)特许权使用费收入;

---

① "预提所得税",是所得来源地国家对境外纳税人从本国取得的所得,在支付款项时由支付单位扣缴所得税的一种方式。预提所得税不是一个独立的税种,而是所得税的一种源泉控制征收方式。因为征收预提所得税的收入的取得者不在本国境内,而是分散在许多国家(或地区),如果由纳税人直接申报纳税,则不便于进行征收管理。

② "收入全额",是指非居民企业向支付人收取的全部价款和价外费用。

(8) 接受捐赠收入；(9) 其他收入。企业发生非货币性资产交换，以及将货物、财产、劳务用于捐赠、偿债、赞助、集资、广告、样品、职工福利和利润分配等用途的，应当视同销售货物、转让财产和提供劳务，但国务院财政、税务主管部门另有规定的除外。此外，企业已经作为损失处理的资产，在以后纳税年度又全部收回或者部分收回时，应当计入当期收入。

企业取得收入的货币形式，包括现金、存款、应收账款、应收票据、准备持有至到期的债券投资以及债务的豁免等；企业取得收入的非货币形式，包括存货、固定资产、生物资产、无形资产、股权投资、不准备持有至到期的债券投资、劳务以及有关权益等，企业以非货币形式取得的收入，应当按照公允价值①确定收入额。

企业的下列生产经营业务可以分期确认收入的实现：(1) 以分期收款方式销售货物的，按照合同约定的收款日期确认收入的实现；(2) 企业受托加工制造大型机械设备、船舶、飞机等，以及从事建筑、安装、装配工程业务或者提供劳务等，持续时间超过 12 个月的，按照纳税年度内完工进度或者完成的工作量确认收入的实现。

采取产品分成方式取得收入的，按照企业分得产品的时间确认收入的实现，其收入额按照产品的公允价值确定。产品分成，即多家企业在合作进行生产经营的过程中，合作各方对合作生产出的产品按照约定进行分配，并以此作为生产经营收入。由于产品分成是一种以实物代替货币作为收入的，而产品的价格又随着市场供求关系而波动，因此只有在分得产品的时刻确认收入的实现，才能够体现生产经营的真实所得。这一确认收入实现的标准，也是适用权责发生制原则的一个例外。

（二）不征税收入

"不征税收入"是《企业所得税法》中新创设的一个概念，是指从企业所得税原理上讲应永久不列入征税范围的收入范畴，即税法原理上的不具有可税性的收入。这一概念可与国际税法中的"所得不予计列项目"相对应。美国税法中的所得不予计列项目都是法定优惠概念的结果。按照这一概念，只有国会才可以提供税收减免。国会规定的任何税收减免必须被严格地应用和解释。在应用所得不予计列项目规定时，意味着一个所得项目在不予计列之前，必须能在税法中找到专门的规定。所得不予计列项目通常是用来避免双重征税或用来鼓励纳税人进行税法鼓励的交易。美国《国内收入法典》中规定的所得不予计列项目

---

① 公允价值，是指按照市场价格确定的价值。《企业会计准则——基本准则》第 42 条规定："在公允价值计量下，资产和负债按照在公平交易中，熟悉情况的交易双方自愿进行资产交换或者债务清偿的金额计量。"

主要包括:州和地方公债的利息、来自负债豁免的所得、某些军方成员的战争赔款、州市等政府的所得、某些军事收益、政府公用事业部门提供的节约能源津贴等。

我国税法规定不征税收入,其主要目的是对非经营活动或非营利活动带来的经济利益流入从应税总收入中排除。税法中规定的"不征税收入"概念,不属于税收优惠的范畴,这些收入不属于营利性活动带来的经济利益,是专门从事特定目的的收入,这些收入从企业所得税原理上讲应永久不列为征税范围的收入范畴。这与美国税法中的"所得不予计列项目"有所区别,后者属于法定税收优惠的范畴。我国《企业所得税法》规定,会计收入总额中的下列收入为不征税收入:

1. 财政拨款,是指各级政府对纳入预算管理的事业单位、社会团体等组织拨付的财政资金,但国务院和国务院财政、税务主管部门另有规定的除外。

2. 依法收取并纳入财政管理的行政事业性收费、政府性基金。行政事业性收费,是指企业根据法律法规等有关规定,依照国务院规定程序批准,在实施社会公共管理,以及在向公民、法人或者其他组织提供特定公共服务过程中,向特定对象收取并纳入财政管理的费用;政府性基金,是指企业根据法律、行政法规等有关规定,代政府收取的具有专项用途的财政资金。

3. 国务院规定的其他不征税收入,是指企业取得的、经国务院批准的国务院财政、税务主管部门规定专项用途的财政性资金。

(三)免税收入

免税收入属于税后优惠的范畴,区别于不具有可税性的不征税收入。企业的下列收入为免税收入:

1. 国债利息收入,是指企业持有国务院财政部门发行的国债取得的利息收入。

2. 符合条件的居民企业之间的股息、红利等权益性投资收益,是指居民企业直接投资于其他居民企业取得的投资收益,但不包括连续持有居民企业公开发行并上市流通的股票不足12个月取得的投资收益。

3. 在我国境内设立机构、场所的非居民企业从居民企业取得与该机构、场所有实际联系的股息、红利等权益性投资收益,但不包括连续持有居民企业公开发行并上市流通的股票不足12个月取得的投资收益。

4. 符合条件的非营利组织的收入,是指同时符合下列条件的组织:(1)依法履行非营利组织登记手续;(2)从事公益性或者非营利性活动;(3)取得的收入除用于与该组织有关的、合理的支出外,全部用于登记核定或者章程规定的公益性或者非营利性事业;(4)财产及其孳息不用于分配;(5)按照登记核定或者章程规定,该组织注销后的剩余财产用于公益性或者非营利性目的,或者由登记管理机关转赠给予该组织性质、宗旨相同的组织,并向社会公告;(6)投入人对投入该组织的财产不保留或者享有任何财产权利;(7)工作人员工资福利开支控制在规定的比例内,不变相分配该组织的财产。非营利组织的认定管理办法由国务院财政、税务主管部门会同国务院有关部门制定。

符合条件的非营利组织的收入,不包括非营利组织从事营利性活动取得的收入,但国务院财政、税务主管部门另有规定的除外。

5. 此外,外国政府或国际组织取得的下列所得可以免征企业所得税:(1)外国政府向中国政府提供贷款取得的利息所得;(2)国际金融组织向中国政府和居民企业提供优惠贷款取得的利息所得;(3)经国务院批准的其他所得。

三、准予扣除项目金额

(一) 准予扣除的项目

企业所得税准予扣除的项目,是指在计算企业所得税应纳税所得额时,准予从法定收入总额中扣除的项目,即企业实际发生的与取得收入直接相关的、合理的支出。所谓"与取得收入直接相关的支出",是指企业所实际发生的能直接带来经济利益的流入或者可预期经济利益的流入的支出。所谓"合理的支出",是指符合生产经营活动常规,应当计入当期损益或者有关资产成本的必要和正常的支出。企业发生的支出应当区分收益性支出和资本性支出①。收益性支出在发生当期直接扣除;资本性支出应当分期扣除或者计入有关资产成本,不得在发生当期直接扣除(关于资本性支出摊销问题的介绍详见本节第四部分"资产的税务处理")。企业所得税准予扣除的项目主要包括如下内容:

1. 成本,即生产经营成本,是指纳税人为生产、经营商品和提供劳务等所发生的各项直接费用和间接费用,包括企业在生产经营活动中发生的销售成本、销货成本、业务支出以及其他耗费;

2. 费用,即纳税人在生产经营活动中发生的销售费用、管理费用和财务费用,已经计入成本的有关费用除外;

3. 税金,即纳税人发生的除企业所得税和允许抵扣的增值税以外的各项税金及其附加,包括消费税、营业税、城市维护建设税、资源税、土地增值税、教育费附加等,但增值税是价外税,不得扣除;

4. 损失,即纳税人在生产经营活动中发生的各项营业外支出、已发生的经营亏损和投资损失以及其他损失。包括企业在生产经营活动中发生的固定资产

---

① 收益性支出,是指受益期不超过一年或一个营业周期的支出,即发生该项支出仅仅是为了取得本期收益;资本性支出,是指受益期超过一年或一个营业周期的支出,即发生该项支出不仅是为了取得本期收益,而且也是为了取得以后各期收益。

和存货的盘亏、毁损、报废损失、转让财产损失、呆账损失、坏账损失、自然灾害等不可抗力因素造成的损失等；

5. 其他支出，是指除成本、费用、税金、损失外，企业在生产经营活动中发生的与生产经营活动有关的、合理的支出，如公益性捐赠。

需要注意的是：(1) 企业纳税年度发生的亏损，准予向后年度结转，用以后年度的所得弥补，但结转年限最长不得超过5年；(2) 企业的不征税收入用于支出所形成的费用或财产，不得扣除或者计算对应的折旧、摊销扣除；(3) 除《企业所得税法》及《实施条例》另有规定外，企业实际发生的成本、费用、税金、损失和其他支出，不得重复扣除。

(二) 不得扣除的项目

在确定应纳税所得额时，《企业所得税法》还对不得扣除的项目作出了规定，有助于明确准予扣除的项目。在计算应纳税所得额时，下列支出不得扣除：(1) 向投资者支付的股息、红利等权益性投资收益款项；(2) 企业所得税税款；(3) 税收滞纳金；(4) 罚金、罚款和被没收财物的损失；(5) 年度利润总额12%以外的捐赠支出；(6) 赞助支出，即企业发生的与生产经营活动无关的各种非广告性质支出；(7) 未经核定的准备金支出，即不符合国务院财政、税务主管部门规定的各项资产减值准备、风险准备等准备金支出；(8) 与取得收入无关的其他支出。《企业所得税法》还规定，企业对外投资期间，投资资产的成本在计算应纳税所得额时不得扣除；企业之间支付的管理费、企业内营业机构之间支付的租金和特许权使用费，以及非银行企业内营业机构之间支付的利息；企业在汇总计算缴纳企业所得税时，其境外营业机构的亏损不得抵减境内营业机构的盈利，以免我国的税收收入流向国外。

(三) 主要准予扣除项目的扣除标准

1. 工资薪金与社会保险

企业发生的合理的工资薪金支出，准予扣除。税法上所称的工资薪金，是指企业每一纳税年度支付给在本企业任职或者受雇的员工的所有现金形式或者非现金形式的劳动报酬，包括基本工资、奖金、津贴、补贴、年终加薪、加班工资，以及与员工任职或者受雇有关的其他支出。

企业依照国务院有关主管部门或者省级人民政府规定的范围和标准为职工缴纳的基本养老保险费、基本医疗保险费、失业保险费、工伤保险费、生育保险费等基本社会保险费和住房公积金，准予扣除。企业为投资者或者职工支付的补充养老保险费、补充医疗保险费，在国务院财政、税务主管部门规定的范围和标准内，准予扣除。但除企业依照国家有关规定为特殊工种职工支付的人身安全保险费和国务院财政、税务主管部门规定可以扣除的其他商业保险费外，企业为投资者或者职工支付的商业保险费，不得扣除。

2. 借款费用与利息支出

企业在生产经营活动中发生的合理的不需要资本化的借款费用,准予扣除。但企业为购置、建造固定资产和无形资产或经过12个月以上的建造才能达到预定可销售状态的存货发生借款的,在有关资产购置、建造期间发生的合理的借款费用,应当作为资本性支出计入有关资产的成本,并依照资产的税务处理中的相关规定扣除。

企业在生产经营活动中发生的下列利息支出,准予扣除:(1)非金融企业向金融企业借款的利息支出、金融企业的各项存款利息支出和同业拆借利息支出、企业经批准发行债券的利息支出;(2)非金融企业向非金融企业借款的利息支出,不超过按照金融企业同期同类贷款利率计算的数额部分。

3. 汇兑损益

企业在货币交易中,以及纳税年度终了时将人民币以外的货币性资产、负债按照期末即期人民币汇率中间价折算为人民币时产生的汇兑损失,除已经计入有关资产成本以及向所有者进行利润分配相关的部分外,准予扣除。

4. 职工福利费、职工工会经费、职工教育经费

企业发生的职工福利费支出,不超过工资薪金总额14%的部分,准予扣除。企业拨缴的职工工会经费,不超过工资薪金总额2%的部分,准予扣除。除国务院财政、税务主管部门另有规定外,企业发生的职工教育经费支出,不超过工资薪金总额2.5%的部分,准予扣除;超过部分,准予在以后纳税年度结转扣除。

5. 业务招待费、广告费和业务宣传费

企业发生的与生产经营活动有关的业务招待费,按照发生额的60%扣除,但最高不得超过当年销售(营业)收入5‰。企业发生的符合条件的广告费和业务宣传费支出,除国务院财政、税务主管部门另有规定外,不超过当年销售(营业)收入15%的部分,准予扣除;超过部分,准予在以后纳税年度结转扣除。

6. 环保专项资金、劳动保护支出

企业按照法律、行政法规有关规定提取的用于环境保护、生态恢复等专项资金,准予扣除,但上述专项资金提取后改变用途的,不得扣除。企业发生的合理的劳动保护支出,准予扣除。

7. 财产保险、固定资产租赁费

企业参加财产保险,按照规定缴纳的保险费,准予扣除。企业根据生产经营活动的需要租入固定资产支付的租赁费,按照以下方法扣除:(1)以经营租赁方式租入固定资产发生的租赁费支出,按照租赁期限均匀扣除;(2)以融资租赁方式租入固定资产发生的租赁费支出,按照规定构成融资租入固定资产价值的部分应当提取折旧费用,分期扣除。

8. 非居民企业总分机构之间有关费用

非居民企业在中国境内设立的机构、场所,就其中国境外总机构发生的与该机构、场所生产经营有关的费用,能够提供总机构出具的费用汇集范围、定额、分配依据和方法等证明文件,并合理计算分摊的,准予扣除。

9. 公益性捐赠支出

企业发生的公益性捐赠支出,在年度利润总额 12% 以内的部分,准予在计算应纳税所得额时扣除。公益性捐赠,是指企业通过公益性社会团体或者县级以上人民政府及其部门,用于《公益事业捐赠法》规定的公益事业的捐赠。年度利润总额,是指企业按照国家统一会计制度的规定计算的年度会计利润。

四、资产的税务处理①

企业从事生产、经营所需的各种资产,主要表现为固定资产、生物资产、无形资产、长期待摊费用、投资资产和存货等,由于资产不是费用,不能在确定企业应纳税所得额时直接予以扣除,而只能通过将资产的损耗转化为费用后才能扣除。实际上,资产的税务处理主要解决的是企业资本性支出的摊销问题。其中,固定资产、生物资产、无形资产、长期待摊费用和投资资产的使用期限较长,其价值转化为费用需通过若干个生产周期或纳税年度,而存货则可在一个生产周期或纳税年度内全部转化为费用;而且,各种资产的使用和损耗形式的不同,又导致各种资产价值转化为费用的形式也不一样。因此,在《企业所得税法》上,需要对资产进行税务处理。资产的税务处理与企业应纳税所得额的确定密切相关。

1. 固定资产折旧

税法上的固定资产,是指企业为生产产品、提供劳务、出租或者经营管理而持有的、使用时间超过 12 个月的非货币性资产,包括房屋、建筑物、机器、机械、运输工具以及其他与生产经营活动有关的设备、器具、工具等。在计算应纳税所得额时,企业按照直线法计算的折旧,准予扣除。除国务院财政、税务主管部门另有规定外,固定资产计算折旧的最低年限如下:(1) 房屋、建筑物,为 20 年;(2) 飞机、火车、轮船、机器、机械和其他生产设备,为 10 年;(3) 与生产经营活动有关的器具、工具、家具等,为 5 年;(4) 飞机、火车、轮船以外的运输工具,为 4 年;(5) 电子设备,为 3 年。从事开采石油、天然气等矿产资源的企业,在开始商业性生产前发生的费用和有关固定资产的折耗、折旧方法,由国务院财政、税务主管部门另行规定。

下列固定资产不得计算折旧扣除:(1) 房屋、建筑物以外未投入使用的固定

---

① 资产的税务处理,是指在计算应纳税所得额时,对企业的资产所进行的计价、折旧提取以及摊销等方面的处理,以明确每一纳税年度内,各种资产的价值有多少转化成费用。

资产;(2)以经营租赁方式租入的固定资产;(3)以融资租赁方式租出的固定资产;(4)已足额提取折旧仍继续使用的固定资产;(5)与经营活动无关的固定资产;(6)单独估价作为固定资产入账的土地;(7)其他不得计算折旧扣除的固定资产。

2. 生产性生物资产折旧

《企业所得税法》所称的生产性生物资产,是指为生产农产品、提供劳务或者出租等而持有的生物资产,包括经济林、薪炭林、产畜和役畜等。生产性生物资产按照直线法计算的折旧,准予扣除。生产性生物资产计算折旧的最低年限如下:(1)林木类生产性生物资产,为 10 年;(2)畜类生产性生物资产,为 3 年。

3. 无形资产摊销

《企业所得税法》所称的无形资产,是指企业为生产产品、提供劳务、出租或者经营管理而持有的、没有实物形态的非货币性长期资产,包括专利权、商标权、著作权、土地使用权、非专利技术、商誉等。在计算应纳税所得额时,企业按照直线法计算的无形资产摊销费用,准予扣除。无形资产的摊销年限不得低于 10 年。作为投资或者受让的无形资产,有关法律规定或者合同约定使用年限的,可以按照规定或者约定的使用年限分期摊销。外购商誉的支出,在企业整体转让或者清算时,准予扣除。

下列无形资产不得计算摊销费用扣除:(1)自行开发的支出已在计算应纳税所得额时扣除的无形资产;(2)自创商誉;(3)与经营活动无关的无形资产;(4)其他不得计算摊销费用扣除的无形资产。

4. 长期待摊费用摊销

在计算应纳税所得额时,企业发生的下列支出作为长期待摊费用,按照规定摊销的,准予扣除:(1)已足额提取折旧的固定资产的改建支出;(2)租入固定资产的改建支出;(3)固定资产的大修理支出;(4)其他应当作为长期待摊费用的支出。

5. 投资资产转让的税务处理

《企业所得税法》所称的投资资产,是指企业对外进行权益性投资和债权性投资形成的资产。企业在转让或者处置投资资产时,投资资产的成本,准予扣除;但企业对外投资期间,投资资产的成本在计算应纳税所得额时不得扣除。

6. 存货与资产转让的税务处理

税法上所称的存货,是指企业持有以备出售的产品或者商品、处在生产过程中的在产品、在生产或者提供劳务过程中耗用的材料和物料等。企业使用、销售存货或者转让资产,按照规定计算的存货成本或者该项资产的净值,准予在计算应纳税所得额时扣除。所谓财产的净值,是指有关资产、财产的计税基础减除已经按照规定扣除的折旧、折耗、摊销、准备金等后的余额。

企业的上述各项资产以历史成本为计税基础,即以企业取得该项资产时实际发生的支出为分摊依据。企业持有各项资产期间资产增值或者减值,除国务院财政、税务主管部门规定可以确认损益外,不得调整该资产的计税基础。

第四节 企业所得税的税率与应纳税额的计算

一、企业所得税的税率

企业所得税的税率,是指企业应纳所得税额与其应纳税所得额之间的比例。根据不同的纳税人及其所得的不同形态,以及国家的产业政策,可以将企业所得税的税率分为基本税率、预提所得税税率和优惠税率三类。

(一) 基本税率

新《企业所得税法》将企业所得税的基本税率从原来的33%调整为25%。这主要是基于如下考虑:对内资企业要减轻税负,对外资企业也尽可能少增加税负,同时要将财政减收控制在可以承受的范围内,还要考虑国际上尤其是周边国家(地区)的税率水平。全世界159个实行企业所得税的国家(地区)平均税率为28.6%,我国周边18个国家(地区)的平均税率为26.7%。新规定的25%的税率,在国际上是适中偏低的水平,有利于提高企业竞争力和吸引外商投资。

(二) 预提所得税税率

非居民企业在中国境内未设立机构、场所的,或者虽设立机构、场所但取得的所得与其所设机构、场所没有实际联系的,适用税率为20%,但减按10%的税率征收企业所得税。因为在计算预提所得税的应纳税所得额时,除可以扣除转让财产的净值外,不得扣除其他任何费用,所以必须设计一个较低的税率以抵消这部分未扣除的费用。

(三) 优惠税率

《企业所得税法》还对两类企业规定了两档优惠税率,即符合条件的小型微利企业,减按20%的税率征收企业所得税;国家需要重点扶持的高新技术企业,减按15%的税率征收企业所得税。由于高新技术企业和小型微利企业在我国国民经济中占特殊地位,借鉴一些国家的经验,对国家需要重点扶持的高新技术企业和小型微利企业实行优惠税率是必要的。

符合条件的小型微利企业,是指从事国家非限制和非禁止行业,并符合下列条件的企业:(1)工业企业,年度应纳税所得额不超过30万元,从业人数不超过100人,资产总额不超过3000万元;(2)其他企业,年度应纳税所得额不超过30万元,从业人数不超过80人,资产总额不超过1000万元。

国家需要重点扶持的高新技术企业,是指拥有核心自主知识产权,并同时符合下列条件的企业:(1)产品(服务)属于《国家重点支持的高新技术领域》规定的范围;(2)研究开发费用占销售收入的比例不低于规定比例;(3)高新技术产品(服务)收入占企业总收入的比例不低于规定比例;(4)科技人员占企业职工总数的比例不低于规定比例;(5)符合《高新技术企业认定管理办法》规定的其他条件。

二、企业所得税应纳税额的确定

企业所得税应纳税额的计算公式为:

$$应纳税额 = 应纳税所得额 \times 适用税率$$

例如,某内资企业在某一纳税年度内,共发生下列收支项目:(1)产品销售收入100万元,销售成本30万元,销售费用0.5万元,销售税金8万元(不含增值税);(2)固定资产盘盈收入3万元;(3)国库券利息收入5万元;(4)从某制药企业获得股息收入20万元;(5)通过希望工程向某希望小学捐资5万元。该企业应缴纳的企业所得税税额的计算方法如下:

由于国债利息收入和符合条件的居民企业之间的股息、红利等权益性投资收益为免税收入,所以该企业的国库券利息收入5万元和从某制药企业获得的股息收入20万元不计入应纳税所得额。该企业的利润总额为100-30-0.5-8+3+5+20-5=84.5(万元),因此,该企业向某希望小学的捐赠支出5万元占利润总额的比例小于12%(5÷84.5=5.92%),可以全额扣除。该企业应纳税所得额=100-30-0.5-8+3-5=59.5(万元),该企业应纳税额=59.5×25%=14.875(万元)。

在确定企业应纳的所得税额时,还应当考虑到税收优惠和税收抵免等因素(详见本章第五节),因此,企业的实际应纳税所得额为企业的应纳税所得额乘以适用税率,减除依照税法关于税收优惠的规定减免和抵免的税额后的余额。即应纳税额计算公式演化为:

$$应纳税额 = 应纳税所得额 \times 适用税率 - 减免税额 - 抵免税额$$

第五节 企业所得税的税收优惠与税收抵免

一、企业所得税的税收优惠

为体现国家的经济政策,实现税法的宏观调控功能,我国《企业所得税法》对某些行业和企业给予了减免税优惠,建立了"产业优惠为主、区域优惠为辅"的新税收优惠体系。

(一) 产业性优惠

国家对重点扶持和鼓励发展的产业和项目,给予企业所得税优惠。企业的下列所得,可以免征、减征企业所得税:

1. 从事农、林、牧、渔业项目的所得

企业从事下列项目的所得,免征企业所得税:(1) 蔬菜、谷物、薯类、油料、豆类、棉花、麻类、糖料、水果、坚果的种植;(2) 农作物新品种的选育;(3) 中药材的种植;(4) 林木的培育和种植;(5) 牲畜、家禽的饲养;(6) 林产品的采集;(7) 灌溉、农产品初加工、兽医等农、林、牧、渔服务业项目;(8) 远洋捕捞。

企业从事下列项目的所得,减半征收企业所得税:(1) 花卉、茶以及其他饮料作物和香料作物的种植;(2) 海水养殖、内陆养殖。

企业从事国家限制和禁止发展的项目,不得享受本项优惠。

2. 从事国家重点扶持的公共基础设施项目投资经营的所得

国家重点扶持的公共基础设施项目,是指《公共基础设施项目企业所得税优惠目录》规定的港口码头、机场、铁路、公路、城市公共交通、电力、水利等项目。企业从事国家重点扶持的公共基础设施项目的投资经营的所得,自项目取得第一笔生产经营收入所属纳税年度起,第一年至第三年免征企业所得税,第四年至第六年减半征收企业所得税。享受减免税优惠的项目,在减免税期限内转让的,受让方自受让之日起,可以在剩余期限内享受规定的减免税优惠;减免税期限届满后转让的,受让方不得就该项目重复享受减免税优惠。

企业承包经营、承包建设和内部自建自用本条规定的项目,不得享受本项优惠。

3. 从事符合条件的环境保护、节能节水项目的所得

符合条件的环境保护、节能节水项目,包括公共污水处理、公共垃圾处理、沼气综合开发利用、节能减排技术改造、海水淡化等,项目的具体条件和范围由国务院财政、税务主管部门商国务院有关部门制定,报国务院批准后公布施行。

企业从事符合条件的环境保护、节能节水项目的所得,自项目取得第一笔生产经营收入所属纳税年度起,第一年至第三年免征企业所得税,第四年至第六年减半征收企业所得税。享受减免税优惠的项目,在减免税期限内转让的,受让方自受让之日起,可以在剩余期限内享受规定的减免税优惠;减免税期限届满后转让的,受让方不得就该项目重复享受减免税优惠。

4. 符合条件的技术转让所得

符合条件的技术转让所得免、减征企业所得税,是指一个纳税年度内,居民企业技术转让所得不超过 500 万元的部分,免征企业所得税;超过 500 万元的部分,减半征收企业所得税。

5. 预提所得税

非居民企业在中国境内未设立机构、场所的,或者虽设立机构、场所但取得的所得与其所设机构、场所没有实际联系的所得减按 10% 的税率征收企业所得税。

(二) 区域性优惠

民族自治地方的自治机关对本民族自治地方的企业应缴纳的企业所得税中属于地方分享的部分,①可以决定减征或者免征。自治州、自治县决定减征或者免征的,须报省、自治区、直辖市人民政府批准。对民族自治地方内国家限制和禁止行业的企业,不得减征或者免征企业所得税。

在法律设置的发展对外经济合作和技术交流的特定地区内,以及国务院已规定执行上述地区特殊政策的地区内新设立的国家需要重点扶持的高新技术企业,可以享受过渡性税收优惠,具体办法详见《国务院关于经济特区和上海浦东新区新设立高新技术企业实行过渡性税收优惠的通知》(国发[2007]40号)。

(三) 税基式优惠

税基式优惠是通过减少应纳税所得额的方式给予纳税人优惠的。税法规定的税基式优惠主要有以下几个方面:

1. 企业的下列支出,可以在计算应纳税所得额时加计扣除:(1) 开发新技术、新产品、新工艺发生的研究开发费用,未形成无形资产计入当期损益的,在按照规定据实扣除的基础上,按照研究开发费用的 50% 加计扣除;形成无形资产的,按照无形资产成本的 150% 摊销;(2) 企业安置残疾人员的,在按照支付给残疾职工工资据实扣除的基础上,按照支付给残疾职工工资的 100% 加计扣除;企业安置国家鼓励安置的其他就业人员所支付的工资的加计扣除办法,由国务院另行规定。

2. 创业投资企业从事国家需要重点扶持和鼓励的创业投资,可以按投资额的一定比例抵扣应纳税所得额。即创业投资企业采取股权投资方式投资于未上市的中小高新技术企业 2 年以上的,可以按照其投资额的 70% 在股权持有满 2 年的当年抵扣该创业投资企业的应纳税所得额;当年不足抵扣的,可以在以后纳税年度结转抵扣。

3. 企业的固定资产由于技术进步等原因,确需加速折旧的,可以缩短折旧年限或者采取加速折旧的方法,包括:(1) 由于技术进步,产品更新换代较快的固定资产;(2) 常年处于强震动、高腐蚀状态的固定资产。

采取缩短折旧年限方法的,最低折旧年限不得低于税法规定折旧年限的

---

① 即对民族自治地方的企业减免企业所得税,仅限于减免企业所得税中属于地方分享的部分,不得减免属于中央分享的部分。

60%；采取加速折旧方法的，可以采取双倍余额递减法①或者年数总和法②。

4. 企业综合利用资源，生产符合国家产业政策规定的产品所取得的收入，可以在计算应纳税所得额时减计收入。即企业以《资源综合利用企业所得税优惠目录》规定的资源作为主要原材料③，生产非国家限制和禁止并符合国家和行业相关标准的产品取得的收入，减按90%计入收入总额。

（四）税额式优惠

税额式优惠是通过直接减少应纳所得税额使纳税人获得优惠的措施。根据《企业所得税法》，企业购置并实际使用《环境保护专用设备企业所得税优惠目录》、《节能节水专用设备企业所得税优惠目录》和《安全生产专用设备企业所得税优惠目录》规定的环境保护、节能节水、安全生产等专用设备，该专用设备投资额的10%可以从企业当年的应纳税额中抵免；当年不足抵免的，可以在以后5个纳税年度结转抵免。

享受上述优惠的企业，应当实际购置并自身实际投入使用上述专用设备；企业购置上述设备在5年内转让、出租的，应当停止享受企业所得税优惠，并补缴已经抵免的企业所得税税款。

（五）授权性优惠

《企业所得税法》授权国务院根据国民经济和社会发展的需要，或者由于突发事件等原因对企业经营活动产生重大影响的，可以制定企业所得税专项优惠政策，报全国人民代表大会常务委员会备案。

税法规定的税收优惠的具体办法，由国务院规定，详见《财政部、国家税务总局关于企业所得税若干优惠政策的通知》（财税［2008］1号）。

（六）过渡性优惠

《企业所得税法》公布前已经批准设立的企业，依照当时的税收法律、行政法规，享受低税率优惠的，按照国务院规定，可以在新税法施行后5年内，逐步过渡到新税法规定的税率；享受定期减免税优惠的，按照国务院规定，可以在新税法施行后继续享受到期满为止，但因未获利而尚未享受优惠的，优惠期限从新税法施行年度起计算。国家已确定的其他鼓励类企业，可以按照国务院规定享受减免税优惠。享受企业所得税过渡优惠政策的企业，应按照新税法和《实施条例》中有关收入和扣除的规定计算应纳税所得额；企业所得税过渡优惠政策与

---

① 双倍余额递减法，是在不考虑固定资产残值的情况下，用直线法折旧率的两倍作为固定的折旧率乘以逐年递减的固定资产期初净值，得出各年应提旧额的方法。它假设固定资产的服务潜力在前期消耗较大，在后期消耗较少，为此，在使用前期多提折旧，后期少提折旧，从而相对加速折旧。

② 年数总和法，又称折旧年限积数法或级数递减法，是固定资产加速折旧法的一种。它是将固定资产的原值减去残值后的净额乘以一个逐年递减的分数计算确定固定资产折旧额的一种方法。

③ 是指原材料占生产产品材料的比例不得低于《资源综合利用企业所得税优惠目录》规定的标准。

新税法及实施条例规定的优惠政策存在交叉的,由企业选择最优惠的政策执行,不得叠加享受,且一经选择,不得改变。

综上,我国《企业所得税法》税收优惠的主要内容包括:促进技术创新和科技进步、鼓励基础设施建设、鼓励农业发展及环境保护与节能、支持安全生产、促进公益事业和照顾弱势群体,以及自然灾害专项减免税优惠政策等。企业同时从事适用不同企业所得税待遇的项目的,其优惠项目应当单独计算所得,并合理分摊企业的期间费用;没有单独计算的,不得享受企业所得税优惠。

二、企业所得税的税收抵免

企业所得税的税收抵免是国家对企业来自境外的所得征税时,允许企业将其已在境外缴纳的所得税款从其应向本国缴纳的税款中扣除。税收抵免的方法有全额抵免和限额抵免,我国《企业所得税法》采用了后者,规定企业取得的下列所得已在境外缴纳的所得税税额[1],可以从其当期应纳税额中抵免,抵免限额为该项所得依照税法规定计算的应纳税额;超过抵免限额的部分,可以在以后5个年度内[2],用每年度抵免限额抵免当年应抵税额后的余额进行抵补:(1)居民企业来源于中国境外的应税所得;(2)非居民企业在中国境内设立机构、场所,取得发生在中国境外但与该机构、场所有实际联系的应税所得。除国务院财政、税务主管部门另有规定外,该抵免限额应当分国(地区)不分项计算,其计算公式如下:

抵免限额=境内、境外所得按税法计算的应纳税总额×来源于某外国(或地区)的所得额÷境内、境外所得总额

根据上述规定,纳税人来源于境外所得在境外实际缴纳的税款,低于按照上述公式计算的抵免限额的,可以从应纳税额中据实扣除;超过抵免限额的,其超过部分不得在本年度应纳税额中扣除,也不得列为费用支出,但可以用以后年度的税收抵免的余额补扣,但补扣期限最长不得超过5年。

居民企业从其直接或者间接控制[3]的外国企业分得的来源于中国境外的股息、红利等权益性投资收益,外国企业在境外实际缴纳的所得税税额中属于该项所得负担的部分,可以作为该居民企业的可抵免境外所得税税额,在税法规定的抵免限额内抵免。

---

[1] 已在境外缴纳的所得税税额,是指企业来源于中国境外的所得依照中国境外税收法律以及相关规定应当缴纳并已经实际缴纳的企业所得税性质的税款。

[2] 是指从企业取得的来源于中国境外的所得,已经在中国境外缴纳的企业所得税性质的税额超过抵免限额的当年的次年起连续5个纳税年度。

[3] 直接控制,是指居民企业直接持有外国企业20%以上股份;间接控制,是指居民企业以间接持股方式持有外国企业20%以上股份,具体认定办法由国务院财政、税务主管部门另行规定。

第六节 企业所得税的征收与管理

一、税务登记

企业在办理工商登记后的 30 日内,应当向主管机关办理税务登记。当企业遇有迁移、改组、合并、分立、终止以及变更注册资本、经营范围等主要登记事项时,也应当在行为发生后的法定期限内向主管税务机关办理变更登记或注销登记。

二、纳税期间

企业所得税按纳税年度计算。纳税年度为公历年度,即自公历 1 月 1 日起至 12 月 31 日止。企业在一个纳税年度中间开业,或者终止经营活动,使该纳税年度的实际经营期不足 12 个月的,应当以其实际经营期为一个纳税年度。企业依法清算时,应当以清算期间作为一个纳税年度。

企业所得税分月或者分季预缴。企业应当自月份或者季度终了之日起 15 日内,向税务机关报送预缴企业所得税纳税申报表,预缴税款。企业所得税分月或者分季预缴,由税务机关具体核定。企业分月或者分季预缴企业所得税时,应当按照月度或者季度的实际利润额预缴;按照月度或者季度的实际利润额预缴有困难的,可以按照上一纳税年度应纳税所得额的月度或者季度平均额预缴,或者按照经税务机关认可的其他方法预缴。预缴方法一经确定,该纳税年度内不得随意变更。企业应当自年度终了之日起 5 个月内,向税务机关报送年度企业所得税纳税申报表,并汇算清缴,结清应缴应退税款。

企业在纳税年度内无论盈利或者亏损,都应当依照税法规定的期限,向税务机关报送预缴企业所得税纳税申报表、年度企业所得税纳税申报表、财务会计报告和税务机关规定应当报送的其他有关资料。

企业在年度中间终止经营活动的,应当自实际经营终止之日起 60 日内,向税务机关办理当期企业所得税汇算清缴。企业应当在办理注销登记前,就其清算所得向税务机关申报并依法缴纳企业所得税。

三、纳税地点

居民企业以企业登记注册地为纳税地点(税收法律、行政法规另有规定的除外);但登记注册地在境外的,以实际管理机构所在地为纳税地点。居民企业在中国境内设立不具有法人资格的营业机构的,应当汇总计算并缴纳企业所得税。企业汇总计算并缴纳企业所得税时,应当统一核算应纳税所得额,具体办法详见《跨地区经营汇总纳税企业所得税征收管理暂行办法》(国税发[2008]28号)。除国务院另有规定外,企业之间不得合并缴纳企业所得税。

在中国境内设立机构、场所的非居民企业,取得的来源于中国境内的所得,以及发生在中国境外但与其所设机构、场所有实际联系的所得,以机构、场所所在地为纳税地点。非居民企业在中国境内设立两个或者两个以上机构、场所的,经税务机关审核批准①,可以选择由其主要机构、场所②汇总缴纳企业所得税。

在中国境内未设立机构、场所,或者虽设立机构、场所但取得的所得与其所设机构、场所没有实际联系的非居民企业,以扣缴义务人所在地为纳税地点。

四、预提所得税的源泉扣缴

在中国境内未设立机构、场所,或者虽设立机构、场所但取得的所得与其所设机构、场所没有实际联系的非居民企业应缴纳的所得税,实行源泉扣缴,以支付人③为扣缴义务人。税款由扣缴义务人在每次支付或者到期应支付时,从支付④或者到期应支付的款项⑤中扣缴。

对非居民企业在我国境内取得工程作业和劳务所得应缴纳的所得税,有下列情形之一的,税务机关可以指定工程价款或者劳务费的支付人为扣缴义务人:(1)预计工程作业或者提供劳务期限不足一个纳税年度,且有证据表明不履行纳税义务的;(2)没有办理税务登记或者临时税务登记,且未委托中国境内的代理人履行纳税义务的;(3)未按照规定期限办理企业所得税纳税申报或者预缴申报的。此类扣缴义务人,由县级以上税务机关指定,并同时告知扣缴义务人所扣税款的计算依据、计算方法、扣缴期限和扣缴方式。

扣缴义务人未依法扣缴或者无法履行扣缴义务的,由纳税人在所得发生地缴纳。纳税人未依法缴纳的,税务机关可以从该纳税人在我国境内其他收入项目的支付人应付的款项中,追缴该纳税人的应纳税款。

扣缴义务人每次代扣的税款,应当自代扣之日起7日内缴入国库,并向所在地的税务机关报送扣缴企业所得税报告表。

---

① 经税务机关审核批准,是指经各机构、场所所在地税务机关的共同上级税务机关审核批准。
② 主要机构、场所,应当同时符合下列条件:(1)对其他各机构、场所的生产经营活动负有监督管理责任;(2)设有完整的账簿、凭证,能够准确反映各机构、场所的收入、成本、费用和盈亏情况。
③ 支付人,是指依照有关法律规定或者合同约定对非居民企业直接负有支付相关款项义务的单位或者个人。
④ 支付,包括现金支付、汇拨支付、转账支付和权益兑价支付等货币支付和非货币支付。
⑤ 到期应支付的款项,是指支付人按照权责发生制原则应当计入相关成本、费用的应付款项。

五、特别纳税调整

为避免纳税人利用关联企业之间的转让定价①和国际避税港②等方法或途径逃避纳税义务,《企业所得税法》创设了特别纳税调整制度,《国家税务总局关于印发〈特别纳税调整实施办法(试行)〉的通知》对此进行了细化。

税务机关依法作出纳税调整,需要补征税款的,应当补征税款,并对应当补征的税款自税款所属纳税年度的次年 6 月 1 日起至补缴税款之日止的期间,按日加收利息,加收的利息不得在计算应纳税所得额时扣除。

特别纳税调整主要包括对如下六类事项的管理:

1. 转让定价管理

转让定价管理是指税务机关按照税法的有关规定,对企业与其关联方之间的业务往来(以下简称关联交易)是否符合独立交易原则进行审核评估和调查调整等工作的总称。《企业所得税法》规定企业与其关联方③之间的业务往来,不符合独立交易原则④而减少企业或者其关联方应纳税收入或者所得额的,税务机关有权按照合理方法调整,包括:

(1) 可比非受控价格法,是指按照没有关联关系的交易各方进行相同或者类似业务往来的价格进行定价的方法;

(2) 再销售价格法,是指按照从关联方购进商品再销售给没有关联关系的交易方的价格,减除相同或者类似业务的销售毛利进行定价的方法;

(3) 成本加成法,是指按照成本加合理的费用和利润进行定价的方法;

(4) 交易净利润法,是指按照没有关联关系的交易各方进行相同或者类似业务往来取得的净利润水平确定利润的方法;

(5) 利润分割法,是指将企业与其关联方的合并利润或者亏损在各方之间采用合理标准进行分配的方法;

(6) 其他符合独立交易原则的方法。

2. 预约定价安排管理

预约定价安排管理是指税务机关按照税法的规定,对企业提出的未来年度

---

① 转让定价,是指关联企业之间,在货物销售、提供劳务和转让无形资产、借贷等经济往来中,以偏离正常市场价格的内部交易价进行交易的行为。

② 国际避税港,又称税务天堂、税收避难所,通常是指所得和财产不征税或税率很低的场所,这种场所可能是一个国家或地区、港口、岛屿等。

③ 关联方,是指与企业有下列关联关系之一的企业、其他组织或者个人:(1) 在资金、经营、购销等方面存在直接或者间接的控制关系;(2) 直接或者间接地同为第三者控制;(3) 在利益上具有相关联的其他关系。

④ 独立交易原则,是指没有关联关系的交易各方,按照公平成交价格和营业常规进行业务往来遵循的原则。

关联交易的定价原则和计算方法进行审核评估,并与企业协商达成预约定价安排等工作的总称。企业可以向税务机关提出与其关联方之间业务往来的定价原则和计算方法,税务机关与企业协商、确认后,达成预约定价安排。纳税人根据确认后的预约定价计算纳税。

3. 成本分摊协议管理

成本分摊协议管理是指税务机关按照税法的规定,对企业与其关联方签署的成本分摊协议是否符合独立交易原则进行审核评估和调查调整等工作的总称。企业与其关联方共同开发、受让无形资产,或者共同提供、接受劳务发生的成本,在计算应纳税所得额时也应当按照独立交易原则进行分摊,并达成成本分摊协议。企业与其关联方分摊成本时,应当按照成本与预期收益相配比的原则进行分摊,并在税务机关规定的期限内,按照税务机关的要求报送有关资料。企业与其关联方分摊成本时违反上述规定的,其自行分摊的成本不得在计算应纳税所得额时扣除。

4. 受控外国企业管理

受控外国企业管理是指税务机关按照税法的规定,对受控外国企业不作利润分配或减少分配进行审核评估和调查,并对归属于中国居民企业所得进行调整等工作的总称。由居民企业,或者由居民企业和中国居民[1]控制[2]的设立在实际税负明显低于税法规定税率水平[3]的国家(地区)的企业,并非由于合理的经营需要而对利润不作分配或者减少分配的,上述利润中应归属于该居民企业的部分,应当计入该居民企业的当期收入。

5. 资本弱化管理

资本弱化管理是指税务机关按照税法的规定,对企业接受关联方债权性投资与企业接受的权益性投资的比例是否符合规定比例或独立交易原则进行审核评估和调查调整等工作的总称。企业从其关联方接受的债权性投资与权益性投资的比例超过规定标准[4]而发生的利息支出,不得在计算应纳税所得额时扣除。

债权性投资,是指企业直接或者间接从关联方获得的,需要偿还本金和支付利息或者需要以其他具有支付利息性质的方式予以补偿的融资。企业间接从关

---

[1] 中国居民,是指根据《中华人民共和国个人所得税法》,就其从中国境内和境外取得的所得在中国缴纳个人所得税的个人。

[2] 所称控制包括:(1)居民企业或者中国居民直接或者间接单一持有外国企业10%以上有表决权的股份,且由其共同持有该外国企业50%以上股份;(2)居民企业,或者居民企业和中国居民持股比例没有达到第一项规定的标准,但在股份、资金、经营、购销等方面对该外国企业构成实质控制。

[3] 实际税负明显低于税法规定税率水平,是指低于《企业所得税法》第4条第1款规定税率的50%。

[4] 规定比例,是指《财政部、国家税务总局关于企业关联方利息支出税前扣除标准有关税收政策问题的通知》(财税[2008]121号)规定的比例。

联方获得的债权性投资,包括:(1)关联方通过无关联第三方提供的债权性投资;(2)无关联第三方提供的、由关联方担保且负有连带责任的债权性投资;(3)其他间接从关联方获得的具有负债实质的债权性投资。

权益性投资,是指企业接受的不需要偿还本金和支付利息,投资人对企业净资产拥有所有权的投资。

6. 一般反避税管理

一般反避税管理是指税务机关按照税法的规定,对企业实施其他不具有合理商业目的的安排而减少其应纳税收入或所得额进行审核评估和调查调整等工作的总称。企业实施其他不具有合理商业目的(即以减少、免除或者推迟缴纳税款为主要目的)的安排而减少其应纳税收入或者所得额的,税务机关有权按照合理方法调整。

为实施上述特别纳税调整事项的管理,《企业所得税法》运用了年度关联业务往来报告机制。企业向税务机关报送年度企业所得税纳税申报表时,应当就其与关联方之间的业务往来,附送年度关联业务往来报告表。企业不提供与其关联方之间业务往来资料,或者提供虚假、不完整资料,未能真实反映其关联业务往来情况的,税务机关有权依法核定其应纳税所得额。税务机关核定企业的应纳税所得额时,可以采用下列方法:(1)参照同类或者类似企业的利润率水平核定;(2)按照企业成本加合理的费用和利润的方法核定;(3)按照关联企业集团整体利润的合理比例核定;(4)按照其他合理方法核定。企业对税务机关核定的应纳税所得额有异议的,应当提供相关证据,经税务机关认定后,调整核定的应纳税所得额。

税务机关在进行关联业务调查时,不仅企业及其关联方应当按照规定提供相关资料,与关联业务调查有关的其他企业也应当按照规定提供相关资料。与关联业务调查有关的其他企业,是指与被调查企业在经营内容和方式上相类似的企业。企业应当在税务机关规定的期限内提供与关联业务往来有关的价格、费用的制定标准、计算方法和说明等资料。关联方以及与关联业务调查有关的其他企业应当在税务机关与其约定的期限内提供相关资料。

六、计税货币及其换算

企业依法缴纳的所得税,以人民币计算。所得以人民币以外的货币计算的,应当折合成人民币计算并缴纳税款。企业所得以人民币以外的货币预缴企业所得税时,应当按照月度或者季度最后一日的人民币汇率中间价,折合成人民币计算应纳税所得额。年度终了汇算清缴时,对已经按照月度或者季度预缴税款的人民币以外的货币,不再重新折合计算,只就该纳税年度内未缴纳企业所得税的部分,按照纳税年度最后一日的人民币汇率中间价,折合成人民币计算应纳税所得额。

经税务机关检查确认,企业少计或者多计前款规定的所得的,应当按照检查确认补税或者退税时的上一个月最后一日的人民币汇率中间价,将少计或者多计的所得折合成人民币计算应纳税所得额,再计算应补缴或者应退的税款。

第七节 我国企业所得税法评析

一、新企业所得税法的制度革新

(一)统一内外资企业所得税,有利于市场公平[①]

在企业所得税法领域,我国一直实行的是内外有别的"双轨制",即对外资企业适用的是《外商投资企业和外国企业所得税法》,对内资企业适用的是《企业所得税暂行条例》。这种"内外有别"在形式方面主要体现在二者分别立法,而且效力各异,对外是法律,对内是行政法规;在实质方面主要体现在企业所得税的征税主体和收益权主体不同、纳税义务人规定不同、税率高低不同、税前扣除标准不同、对资产的税务处理不同、税收优惠政策不同等。由此导致内外资企业在所得税负担方面存在很大差异,不平等的税收待遇既不符合市场公平竞争的原则,又会削弱国内企业竞争力,也不利于提高我国经济整体竞争能力。改革现行企业所得税制度,统一内外资企业所得税法,创造公平竞争的市场环境,是进一步完善社会主义市场经济体制的迫切需要,也是建立社会主义市场经济法律体系的客观要求。

"双轨制"的存在只是一种权宜之为,而不是长远之计,其存在的合理性基础在于能在一定时期、一定程度上吸引外资,推动本国经济发展,但从长远看,特别是从市场经济体制的基本要求看,"双轨制"不应当长期存在,也不可能长期存在。统一的企业所得税法是WTO国民待遇原则的要求,是市场经济进一步发展的要求,是税收公平原则的要求,也是消除恶性国际税收竞争的要求。统一企业所得税法将按照公平原则,实现内资企业与外资企业的无差别税收待遇。这样,既有利于提高我国引进外资的质量,提高我国产品的科技含量,又有利于优化我国的产业结构,提高内资企业和民族产业的竞争力,促进国民经济的可持续发展,从而促进平等竞争机制的形成,建立统一、规范、公平竞争的市场环境。

总之,现行《企业所得税法》是一部既适合中国国情,又参考国际通行做法的现代法。其制定与实施,无疑在实现内、外资企业的平等税收负担;引导企业资金的流向,调整产业结构,实现区域均衡发展;构建和谐社会,建设公平竞争环

[①] 参见刘剑文:《统一内外企业所得税有利于市场公平》,载《法制日报》2007年3月28日。

境等方面将产生重大的深远影响。统一的《企业所得税法》,是一部具有深远历史意义的法律。

（二）在纳税主体上,向法人所得税制跨出了重要一步

原企业所得税法将纳税义务人按照独立经济核算的标准分为外商投资企业、外国企业和内资企业,新法摒弃了以独立核算的三个条件来判定纳税人标准的做法,而是引入了"居民企业"、"非居民企业"概念对纳税人加以区分。

综观世界各国,多数国家选择法人所得税制。实行法人所得税制度是企业所得税制度发展的基本方向。在法人所得税的框架下,非法人的分支机构不作为独立纳税人,由法人实行统一汇总纳税,这就使得企业经营主体内部的收益和成本费用得以汇总后再计算所得,降低了企业成本,增强了企业竞争能力。新《企业所得税法》虽没有在名称上采用法人所得税提法,但在第50条规定:"居民企业在中国境内设立不具有法人资格的营业机构的,应当汇总计算并缴纳企业所得税"。另外,新《企业所得税法》明确指出个人独资企业和合伙企业不适用《企业所得税法》,这就在法律上向法人所得税制跨出了重要一步。

（三）引入"实际管理"的概念,扩大了居民企业的范围

按照国际惯例,新《企业所得税法》在定义税收居民企业时引入了"实际管理"的概念。当在中国境外注册成立的企业,其实际管理机构在中国境内时,会被认定为我国的居民企业,并被要求就其来源于全球范围的所得在我国纳税。

这一概念的首要意义在于,税务机关得以将个人或企业通过在境外设立公司来运作国内业务从而把国内所得转移到境外的情况纳入到监管范围中。这还可能影响到在香港上市但主要经营范围在大陆的红筹股公司以及其他类似的海外上市公司。《国家税务总局关于境外注册中资控股企业依据实际管理机构标准认定为居民企业有关问题的通知》对此进一步规范了居民企业的范围。

（三）明确不征税收入和免税收入,统一、规范税基

新《企业所得税法》遵循国际惯例,按照权责发生制、相关性、配比性和确定性等原则对企业实际发生的各项支出扣除标准作了明确统一规定,重新界定了应纳税所得额计算方法。首次引入了"可税性理论",明确规定对企业的特定收入不征税,主要可以归纳为两类:一是具有非营利性或公益性,从而不具有可税性;二是属于财政性资金,基于"征税者不对自己征税的原理"而不具有可税性。同时,新《企业所得税法》明确了免税收入的性质。虽然免税收入（比如国债利息收入）也不具有可税性,但它在性质上属于税收优惠,是国家基于经济效率、社会公平、政治稳定等政策性的考虑,运用税收政策在税收法律、行政法规中规定对某一部分特定纳税人和课税对象给予减轻或免除税收负担的一种措施。从而,纠正了长期执法实践中对不征税收入和免税收入的混淆,既符合实际,又利于征管,体现了立法的科学和公平。

（四）建立新税收优惠体系，有效发挥导向作用

新企业所得税优惠政策的指导思想，集中体现在新《企业所得税法》第 25 条："国家对重点扶持和鼓励发展的产业和项目，给予企业所得税优惠。"这一指导思想根据我国国民经济和社会发展的需要，借鉴国际上的成功经验，按照"简税制、宽税基、低税率、严征管"的要求，对原税收优惠政策进行适当调整，将企业所得税以区域优惠为主的体系调整为以产业优惠为主、区域优惠为辅的新的税收优惠体系，对国家重点扶持和鼓励发展的产业和项目给予优惠。税收优惠政策调整的主要原则是：促进技术创新和科技进步，鼓励基础设施建设，鼓励农业发展及环境保护与节能，支持安全生产，统筹区域发展，促进公益事业和照顾弱势群体等，有效地发挥税收优惠政策的导向作用，进一步促进国民经济全面、协调、可持续发展和社会全面进步。

（五）创设特别纳税调整制度，强化反避税机制

《企业所得税暂行条例》虽然对关联交易的纳税调整也作了规定，但相对简单，如果没有《税收征管法》等配套法律法规，是很难执行的。新《企业所得税法》则专设"特别纳税调整"一章，对关联交易、受控外国公司、资本弱化等事项的纳税调整问题作了具体而详细的规定，并有一般反避税条款作补充，大大提高了我国反避税政策的权威性，很大程度上强化了我国企业所得税的反避税机制。

二、新企业所得税法的新问题

（一）非法人分支机构汇总纳税困境，及其带来的征管难度

国家税务总局关于《跨地区经营汇总纳税企业所得税征收管理暂行办法》规定，居民企业在中国境内跨地区（指跨省、自治区、直辖市和计划单列市，下同）设立不具有法人资格的营业机构、场所（以下简称非法人分支机构）的，总机构和具有主体生产经营职能的二级分支机构，就地分期预缴企业所得税。因此，跨地区分支机构成立时间的差异，就有可能造成总机构和分支机构、不同分支机构的所得税分别属于国税或地税税务机关管理的状况，造成同等条件下的纳税人税负不均。

另一方面，新《企业所得税法》规定居民企业以法人作为纳税主体，但是难以覆盖所有的非法人分支机构，使得税务机关对居民企业二级及以下分支机构的监管无法可依。

由于总机构或母公司大多设在发达地区，新《企业所得税法》实施以后，一些分支机构将税收向总机构或母公司所在地转移，使分支机构所在地面临"有税源无税收"的困境，挫伤了经营地税务机关加强税收征管的积极性。某些特殊行业的分支机构还难以执行就地预交企业所得税的规定，比如建筑业和房产

业等特殊行业流动性强,相对于生产企业而言不具有持续经营的特性,同时借用资质和挂靠现象严重,有的甚至只收取管理费,总机构并不管其经营活动,也不负责统一核算,主观上也不愿意把这类分支机构纳入汇算清缴,所以,总机构无法按经营收入、职工工资和资产总额向分支机构分摊税款,实际上也无法向其分配预缴税款。总之,税务机关无法对其进行有效监控。

因此,《企业所得税法》应当进一步完善异地非法人分支机构的税收征管关系。尽快理顺总机构与分支机构的税收征管关系,对非法人分支机构进行一次性集中清理,重新明确所得税征管权限,以保证总机构与非法人分支机构的主管税务机关一致。同时,要从制度层面上加强非法人分支机构税收管理,要求非法人分支机构办理税务登记时,提供核算地主管税务机关出具的汇总缴纳税款资格认定证明。逾期不提供或放弃的,视同放弃,实行就地纳税;同时要求,除不独立核算的非法人分支机构外,其他实行独立核算的非法人分支机构应就当期实现的应纳税款按一定比例就地预缴,接受当地税务机关监管。

(二) 与流转税的衔接上存在障碍,税法体系的协调性有待加强

新《企业所得税法实施条例》第 25 条规定:"企业发生非货币性资产交换,以及将货物、财产、劳务用于捐赠、偿债、赞助、集资、广告、样品、职工福利或者利润分配等用途的,应当视同销售货物、转让财产或者提供劳务,但国务院财政、税务主管部门另有规定的除外。"而《增值税暂行条例实施细则》第 4 条则规定:"单位或个体经营者的下列行为,视同销售货物:将货物交付他人代销;销售代销货物;设有两个以上机构并实行统一核算的纳税人,将货物从一个机构移送其他机构用于销售,但相关机构设在同一县(市)的除外;将自产或委托加工的货物用于非应税项目;将自产、委托加工或购买的货物作为投资,提供给其他单位或个体经营者;将自产、委托加工或购买的货物分配给股东或投资者;将自产、委托加工的货物用于集体福利或个人消费;将自产、委托加工或购买的货物无偿赠送他人。"显然这八种视同销售项目要比新《企业所得税法》规定的视同销售项目详细、具体得多,特别值得注意的是,这里所提"购买的货物"在新税法中没有体现,纳税人执行无所适从。

再比如,在流转税体系中,纳税人向公益事业提供的非货币捐赠要"视同销售",需要缴纳增值税、消费税或营业税,其中营业税和消费税是可以税前扣除的。但是,在所得税体系中,纳税人的公益、救济性捐赠支出允许在计算应纳税所得额时按照年度利润总额 12% 以内的部分进行税前扣除。这就导致企业增加了增值税的税收负担,不利于激励企业进行公益性捐赠。

(三) 过渡性优惠政策存在一定的漏洞和不公平

新《企业所得税法》第 57 条规定,"本法公布前已经批准设立的企业",即 2007 年 3 月 16 日前经工商等登记管理机关登记设立的企业,可以享受过渡性

税收优惠,但是在该日之后新《企业所得税法》实施之前成立的企业应当享受新优惠政策、过渡性优惠政策,还是不享受任何优惠政策?如果不能享受,如何解决在该段期间设立的企业的不公平待遇问题?

过渡期政策主要是照顾外商投资企业,对内资企业照顾不公。从2007年12月起,国家先后下发了《关于实施企业所得税过渡优惠政策的通知》(国发[2007]39号)、《关于经济特区和上海浦东新区新设立高新技术企业实行过渡性税收优惠的通知》(国发[2007]40号)、《关于贯彻落实国务院关于实施企业所得税过渡优惠政策有关问题的通知》(财税[2008]1号)、《关于外商投资企业和外国企业原有若干税收优惠政策取消后有关事项处理的通知》(国税发[2008]23号)。在39号文的30项中,涉及外商投资企业的过渡性优惠政策有24项。在财税[2008]1号文中规定6类定期企业所得税优惠政策继续执行到期,同时还规定,除新《企业所得税法》及《实施条例》、39号文、40号文规定的优惠政策以外,2008年1月1日之前实施的其他企业所得税优惠政策一律废止。这就意味着正享受着原优惠政策的内资企业的经营预期被改变了。这种内外有别的、给外商投资企业超国民待遇的过渡期优惠政策,一定程度上挫伤了内资企业发展的积极性。

(四)特别纳税调整措施的可操作性有待提高

新《企业所得税法》及其《实施条例》专门规定了特别纳税调整条款,确立了我国企业所得税的反避税机制。这是在总结完善原来转让定价税制和调查实践基础上,借鉴国际反避税立法经验,结合我国税收征管实践基础上做出的具体规定,目的是制约和打击各种避税行为。这是我国首次较为全面的反避税立法,使企业常规避税方法的运用空间缩小,并使企业的纳税筹划的风险进一步加大。但是,我国现阶段的反避税工作主要存在着以下几个方面的问题:尚存在信息和情报收集渠道缺乏,反避税工作与日常征管工作脱节,发现问题难;没有明确规定关联方就其关联关系未进行披露而应承担的相应法律后果,导致关联关系确认难;反避税调查举证难,导致反避税工作的成效难以得到较大提高;过大的谈判自由裁量权导致风险控制难;相关法律法规对反避税调整的规定重定性而轻定量,可操作性低导致谈判难;反避税行为没有明确的定性,同时也没有明确规定对避税行为的处罚,导致反避税调整威慑作用小,尚不能充分发挥抑制避税行为的作用。①

---

① 参见肖艳花:《新企业所得税法的评价及完善对策》,天津财经大学硕士学位论文2009年5月,第29页。

本 章 小 结

所得税是以应税所得为征税对象的一类税,以个人所得税、企业所得税和其他所得税为其基本框架。我国新颁布的《企业所得税法》统一了原有的内、外资企业所得税,使内、外资企业在同一税制环境下竞争,具有重要的意义。企业所得税的纳税人分为居民企业和非居民企业,分别承担不同的纳税义务,基本税率调整为25%。企业所得税的计税依据为应纳税所得,是指企业每一纳税年度的收入总额,减除不征税收入、免税收入、各项扣除以及允许弥补的以前年度亏损后的余额。在确定企业应纳的所得税额时,还应当考虑税收优惠和税收抵免等因素,因此,企业的实际应纳所得税额为企业的应纳税所得额乘以适用税率,减除依照税法关于税收优惠的规定减免和抵免的税额后的余额。我国《企业所得税法》确定的是"产业优惠为主、区域优惠为辅"的新税收优惠体系。

思考题

1. 试述所得税的概念及其基本体系。
2. 所得税管辖权冲突如何解决?
3. 企业所得税的应纳税所得额怎样确定?
4. 我国《企业所得税法》规定了哪些优惠措施?
5. 预提所得税如何计税、缴纳?

第十七章 个人所得税法

第一节 个人所得税法概述

一、个人所得税与个人所得税法的概念

个人所得税是对个人(自然人)取得的各项应税所得征收的一种税,目前世界上已有一百四十多个国家开征了个人所得税。在许多发达国家,个人所得税占税收收入的30%以上,成为主体税种。而我国个人所得税占到税收收入总额的比例不到10%[1],因此,个人所得税被普遍认为是我国最有发展前途的税种之一。

个人所得税法是指国家制定的调整在个人所得税征纳与管理过程中产生的社会关系的法律规范的总称。现行的个人所得税基本规范是1980年9月20日五届全国人大三次会议制定,经过1993年10月、1999年8月、2005年10月、2007年6月和2007年12月五次修正的《中华人民共和国个人所得税法》(以下简称《个人所得税法》)。

二、个人所得税制度的基本模式

根据征税方式的不同,世界各国采用的个人所得税制度大体上可以分为三类。

(一) 分类所得税制

分类所得税制是将纳税人的各项所得依其来源分为若干类别,对不同类别的所得按不同标准分项计征的所得税制度。采用这种模式课税,可以对纳税人不同种类的所得区别对待,而且能够广泛采用源泉扣缴法,便于计征税款;但它无法综合收入与费用,难以按纳税人的综合税收负担能力征税,而且所得来源的复杂化必然造成征税成本日益加大。我国目前即采用这种征税模式。

(二) 综合所得税制

综合所得税制是将纳税人全年各种不同来源的所得汇总后,统一扣除费用,

---

[1] 2009年个人所得税收入为3949.27亿元(税收收入总额为59514.7亿元),占税收收入总额的6.64%。

就其余额依法计征的所得税制度。与分类所得税制相比,这种课税模式能够较好地衡量纳税人的综合税收负担能力,更好地体现量能课税原则;但由于它对纳税申报的依赖性很强,要求纳税人具有良好的纳税意识、完备的税务代理制度等条件,而且它不便采用源泉扣缴,容易导致逃避税收的现象严重。

(三) 分类综合所得税制

分类综合所得税制,又称混合所得税制,是分类所得税制与综合所得税制的一种结合。即对某些种类所得采用分类计征、源泉扣缴,到纳税年度终了时再将各类所得汇总,统一计税。这种课税模式既能很好地实现量能课税原则,又能对不同性质的收入进行区别对待,而且还可以采用源泉扣缴,减少逃税。

三、我国个人所得税法的产生与发展

新中国首部《个人所得税法》是在1980年9月20日由五届全国人大三次会议审议通过的,其主要适用对象是外籍人员,包括华侨和港、澳、台同胞。此后,随着国内个体经济的迅速发展和公民收入水平差距的拉大,国务院于1986年先后颁布了《城乡个体工商业户所得税暂行条例》和《个人收入调节税暂行条例》,从而形成了我国对外籍人员、个体工商户和中国公民所得分别课税,三套税收法律、法规并存的局面。这些税收法律、法规的施行,对于促进我国对外经济交流与合作、缓解社会分配不公的矛盾、增加财政收入等都发挥了积极作用。但是,随着形势的发展,这些税收法律、法规逐渐暴露出一些矛盾和问题。

为了规范和完善个人所得税制度,适应建立社会主义市场经济体制的要求,有必要对三套个人所得税的法律、法规进行修改和合并,建立一部统一的既适用于中、外籍纳税人,也适用于个体工商户和其他人员的新的个人所得税法。1993年10月31日八届全国人大常委会四次会议通过了《关于修改〈中华人民共和国个人所得税法〉的决定》,自1994年1月1日起施行,同时废止了《城乡个体工商业户所得税暂行条例》和《个人收入调节税暂行条例》。从此,在个人所得税领域里开征的三个税种统一为"个人所得税"一种,个人所得税制度获得了一次质的飞跃。

此后,《个人所得税法》又经历了1999年、2005年和2007年6月、12月的四次修改,尤其是2005年关于提高工资、薪金所得减除费用标准的调整[①],在社会上产生了不小的反响,并在我国法制史上首开立法听证会,具有极其重要的意义。2007年6月的《个人所得税法》修订,主要是扩大了对国务院在储蓄存款利息所得税方面的授权范围,即将"对储蓄存款利息所得征收个人所得税的开征

---

① 此次修改最终将个人所得税工资、薪金所得费用扣除标准从原来的800元/月,提高到了1600元/月。

时间和征收办法由国务院规定",修改为"对储蓄存款利息所得开征、减征、停征个人所得税及其具体办法,由国务院规定"。2007年12月的《个人所得税法》修订,再次提高了工资薪金所得减除费用标准,从2005年的1600元/月提高到2000元/月。

第二节 个人所得税的纳税人与征税对象

一、个人所得税的纳税人

根据我国《个人所得税法》,我国个人所得税的纳税人是在中国境内有住所或者虽无住所但在境内居住满1年,以及无住所又不居住或者居住不满1年但从我国境内取得所得的个人。因此,以住所和居住时间为标准,个人所得税的纳税人可以分为居民纳税人和非居民纳税人两类,分别承担不同的纳税义务。

(一)居民纳税人

居民纳税人是在我国境内有住所,或者无住所但在境内居住满1年的个人。居民纳税人应负无限纳税义务,就其来源于中国境内和境外的全部所得,依法缴纳个人所得税。具体包括以下两类纳税人:

(1)在我国境内有住所的个人,即因户籍、家庭、经济利益关系,而在我国习惯性居住的个人;

(2)在我国境内居住满1年的个人,即在一个纳税年度中在我国境内居住365日的个人。在计算居住天数时,对临时离境应视同在华居住,不扣减其在华居住的天数。这里所说的"临时离境"是指在一个纳税年度内,一次不超过30日或者累计不超过90日的离境。

例如,汉克斯是美国人,2005年3月来到上海某公司任职,2006年4月离开内地去香港某公司任职。我国现行税法中关于"中国境内"的概念,是指中国内地,目前还不包括我国港、澳、台地区,所以汉克斯在2006年4月离境了。那么,汉克斯是不是我国税法上的居民纳税人呢?这就要看他在"一个纳税年度内",在我国境内居住是否满1年。一个纳税年度是指每年的1月1日到12月31日,因此,汉克斯在2005纳税年度居住未满1年(10个月),2006纳税年度也未满1年(4个月),故汉克斯虽然在我国累计逗留超过了1年,仍然不是我国税法上的居民纳税人。

如果汉克斯2005年3月来到上海后,一直在某公司任职,其中2006年1月回美国探亲20天,5月去香港旅游10天,8月又回美国15天,那么汉克斯在2006年度临时离境累计45天,未超过90天,所以他在2006年度是我国税法上的居民纳税人。

（二）非居民纳税人

非居民纳税人是在我国境内无住所又不居住，或者无住所且居住不满1年的个人。非居民纳税人承担有限纳税义务，仅就其来源于我国境内的所得，依法缴纳个人所得税。具体来讲，非居民纳税人主要包括以下两类：

（1）在我国境内无住所且不居住在我国的个人；

（2）在我国境内无住所且居住在我国境内不满1年的个人。

（三）所的来源地的确定

由于非居民纳税人承担有限纳税义务，仅就其来源于我国境内的所得，依法缴纳个人所得税，因此，判断其所得来源地就显得十分重要。我国《个人所得税法实施条例》规定，下列所得不论支付地点，是否在我国境内，均为来源于我国境内的所得：

（1）因任职、受雇、履约等而在中国境内提供劳务取得的所得；

（2）将财产出租给承租人在中国境内使用而取得的所得；

（3）转让中国境内的建筑物、土地使用权等财产或者在中国境内转让其他财产取得的所得；

（4）许可各种特许权在中国境内使用而取得的所得；

（5）从中国境内的公司、企业以及其他经济组织或者个人取得的利息、股息、红利所得。

二、个人所得税的征税对象

个人所得税以自然人取得的各项所得为征税对象，因此，我国《个人所得税法》根据纳税人取得收入的实际情况，列举了11项应税所得，并在《个人所得税法实施条例》中具体规定了各项个人所得的征税范围。

1. 工资、薪金所得。即个人因任职或受雇而取得的工资、薪金、奖金、年终加薪、劳动分红、津贴、补贴，以及与任职或者受雇有关的其他所得。一般而言，工资、薪金指非独立的个人劳动所得。所谓非独立的个人劳动，是指由他人指定或安排并接受管理的劳动。

2. 个体工商户的生产、经营所得。包括：（1）个体工商户从事工业、手工业、建筑业、交通运输业、商业、饮食业、服务业、修理业以及其他行业生产、经营取得的所得；（2）个人经政府有关部门批准，取得执照，从事办学、医疗、咨询以及其他有偿服务活动取得的所得；（3）其他个人从事个体工商业生产、经营取得的所得；（4）上述个体工商户和个人取得的与生产、经营有关的各项应税所得。依照我国《个人独资企业法》、《合伙企业法》、《私营企业暂行条例》、《律师法》等登记成立的个人独资企业、合伙企业的投资者，其所取得的生产经营所得，参照本项征税。

3. 对企事业单位的承包经营、承租经营所得。即个人承包经营、承租经营以及转包、转租取得的所得,包括个人按月或者按次取得的工资、薪金性质的所得。

4. 劳务报酬所得。即个人从事设计、装潢、安装、制图、化验、测试、医疗、法律、会计、咨询、讲学、新闻、广播、翻译、审稿、书画、雕刻、影视、录音、录像、演出、表演、广告、展览、技术服务、介绍服务、经纪服务、代办服务以及其他劳务取得的所得。劳务报酬所得一般属于个人独立从事自由职业或个人独立劳动取得的所得,是否为个人独立劳动所得、是否存在雇佣关系,是区分劳务报酬所得与工资、薪金所得的主要依据。

5. 稿酬所得。即个人因其作品以图书、报刊形式出版、发表而取得的所得。将稿酬所得独立划归一个税目,而对不以图书、报刊形式出版、发表的翻译、审稿、书画所得归为劳务报酬所得,主要是考虑到了出版、发表作品的特殊性:第一,它是一种依靠较高智力创作的精神产品;第二,它具有普遍性;第三,它与社会主义精神文明和物质文明密切相关;第四,它的报酬相对偏低。因此,稿酬所得应当与一般劳务报酬所得相区别,并给予适当优惠照顾。

6. 特许权使用费所得。即个人提供专利权、商标权、著作权、非专利技术以及其他特许权的使用权取得的所得。其中,提供著作权的使用权取得的所得,不包括稿酬所得。

7. 利息、股息、红利所得。即个人拥有债权、股权而取得的利息、股息、红利所得。利息是指个人拥有债权而取得的利息,包括存款利息、贷款利息和各种债券利息。按税法规定,个人取得的利息所得,除国债和国家发行的金融债券的利息外,应当依法缴纳个人所得税。股息、红利,指个人拥有股权取得的股息、红利。按照一定的比率对每股发给的息金叫股息;公司、企业应分配的利润,按股份分配的叫红利。股息、红利所得,除另有规定外,都应当缴纳个人所得税。

8. 财产租赁所得。即个人出租建筑物、土地使用权、机器设备、车船以及其他财产取得的所得。

9. 财产转让所得。即个人转让有价证券、股权、建筑物、土地使用权、机器设备、车船以及其他财产取得的所得。个人将书画作品、古玩等公开拍卖取得的收入,也按财产转让所得征税。此外,对股票转让所得目前暂不征税。[①]

10. 偶然所得。即个人得奖、中奖、中彩以及其他偶然性质的所得。

---

① 根据《个人所得税法实施条例》第 9 条,对股票转让所得征收个人所得税的办法,由财政部另行制定,报国务院批准施行。由于我国的证券市场还不健全,到目前为止,财政部还没有对个人转让股票的收入作出开征个人所得税的规定。

11. 经国务院财政部门确定征税的其他所得。除上述列举的各项个人应纳税所得外,其他确有必要征税的个人所得,由国务院财政部确定。

个人取得的所得,难以界定应纳税所得项目的,由主管税务机关确定。

第三节 个人所得税的计税依据、税率与应纳税额的计算

一、个人所得税的计税依据

个人所得税的计税依据,是纳税人取得的应纳税所得额。应纳税所得额是指个人取得的每项收入减去税法规定的扣除项目或扣除金额后的余额。由于我国个人所得税实行的是分类所得税制,税法对各项个人收入的费用扣除的范围和标准分别作出了不同的规定。

1. 工资、薪金所得,以每月收入额减除费用2000元后的余额,为应纳税所得额。此外,对于在我国境内无住所而在我国境内取得工资、薪金所得的纳税人,以及在我国境内有住所而在我国境外任职或受雇取得工资、薪金所得的纳税人,税法还对其规定了一个附加减除费用2800元/月,即这类纳税人的实际费用扣除为4800元/月。适用附加减除费用的适用的范围是:(1) 在中国境内的外商投资企业和外国企业中工作的外籍人员;(2) 应聘在中国境内的企业、事业单位、社会团体、国家机关中工作的外籍专家;(3) 在中国境内有住所而在中国境外任职或者受雇取得工资、薪金所得的个人;(4) 财政部确定的其他人员。华侨和港、澳、台同胞,参照上述有关附加减除费用的规定执行。

2. 个体工商户的生产、经营所得,以每一纳税年度的收入总额减除成本、费用以及损失后的余额,为应纳税所得额。从事生产经营的个体工商户未提供完整、准确的纳税资料,不能正确计算应纳税所得额的,由主管税务机关核定其应纳税所得额。

3. 对企事业单位的承包经营、承租经营所得,以每一纳税年度的收入总额,减除必要费用后的余额,为应纳税所得额。这里所说的每一纳税年度的收入总额,是指纳税人按照承包经营、承租经营合同规定分得的经营利润和工资、薪金性质的所得;减除必要费用,是指按月减除2000元。

4. 劳务报酬所得、稿酬所得、特许权使用费所得、财产租赁所得,每次收入不超过4000元的,减除费用800元;4000元以上的,减除20%的费用,其余额为应纳税所得额。每次收入是指:(1) 劳务报酬所得,属于一次性收入的,以取得该项收入为一次;属于同一项目连续性收入的,以一个月内取得的收入为一次。(2) 稿酬所得,以每次出版、发表取得的收入为一次。(3) 特许权使用费所得,

以一项特许权的一次许可使用所取得的收入为一次。(4)财产租赁所得,以一个月内取得的收入为一次。

5. 财产转让所得,以转让财产的收入额减除财产原值和合理费用后的余额,为应纳税所得额。财产原值是指:(1)有价证券,为买入价以及买入时按照规定缴纳的有关费用;(2)建筑物,为建造费或者购进价格以及其他费用;(3)土地使用权,为取得土地使用权所支付的金额,开发土地的费用以及其他有关费用;(4)机器设备、车船,为购进价格、运输费、安装费以及其他有关费用;(5)其他财产,参照上述方法确定。合理费用,是指卖出财产时按照规定交付的有关费用。

6. 利息、股息、红利所得、偶然所得和其他所得,以每次收入额为应纳税所得额。利息、股息、红利所得,以支付利息、股息、红利时取得的收入为一次;偶然所得,以每次取得该项收入为一次。

在确定应纳税所得额时,还应注意以下几个问题:

(1)共同所得的应纳税所得额。两个或两个以上的个人共同取得同一项收入的,应当对每个人取得的收入分别依法减除费用后分别计税。

(2)公益、救济性捐赠的扣除。个人将其所得通过我国境内的社会团体、国家机关向教育和其他社会公益事业以及遭受严重自然灾害的地区、贫困地区的公益性、救济性捐赠,捐赠额未超过纳税人申报的应纳税所得额30%的部分,可以从其应纳税所得额中扣除。

(3)非现金所得应纳税所得额的确定。个人取得的应纳税所得,包括现金、实物、有价证券和其他形式的经济利益。所得为实物的,应当按照取得的凭证上所注明的价格计算应纳税所得额;无凭证的实物或者凭证上所注明的价格明显偏低的,参照市场价格核定应纳税所得额。所得为有价证券的,根据票面价格和市场价格核定应纳税所得额。所得为其他形式的经济利益的,参照市场价格核定应纳税所得额。

二、个人所得税的税率

个人所得税的税率是个人所得税应纳税额与应纳税所得额之间的比例。根据不同的征税项目,我国《个人所得税法》规定了三类税率。

(一)工资、薪金所得

工资、薪金所得适用5%—45%的9级超额累进税率,按月应纳税所得额计算征收(见《个人所得税税率表1》)。

表1 工资、薪金所得适用税率表

级数	全月应纳税所得额	税率(%)	速算扣除数(元)
1	不超过500元的	5	0
2	超过500元至2000元的部分	10	25
3	超过2000元至5000元的部分	15	125
4	超过5000元至20000元的部分	20	375
5	超过20000元至40000元的部分	25	1375
6	超过40000元至60000元的部分	30	3375
7	超过60000元至80000元的部分	35	6375
8	超过80000元至100000元的部分	40	10375
9	超过100000元的部分	45	15375

(注:本表所称全月应纳税所得额是指纳税人全月工资、薪金收入按照税法规定减除2000元或者4800元后的余额。)

(二)个体工商户生产经营所得和对企事业单位的承包经营、承租经营所得

个体工商户生产经营所得和对企事业单位的承包经营、承租经营所得适用5%—35%的5级超额累进税率,按全年应纳税所得额计算征收(见《个人所得税税率表2》)。

表2 个体工商户生产经营所得和对企事业单位的承包经营、承租经营所得适用税率表

级数	全年应纳税所得额	税率(%)	速算扣除数(元)
1	不超过5000元的	5	0
2	超过5000元至10000元的部分	10	250
3	超过10000元至30000元的部分	20	1250
4	超过30000元至50000元的部分	30	4250
5	超过50000元的部分	35	6750

(注:本表所称全年应纳税所得额,是指纳税人以每一纳税年度的收入总额按照税法规定个体工商户减除有关成本、费用及损失后的余额,对企事业单位的承包经营、承租经营所得减除必要费用2000元/月后的余额。)

(三)其他所得

稿酬所得、劳务报酬所得、特许权使用费所得、财产租赁所得、财产转让所得、利息、股息、红利所得、偶然所得和其他所得,适用20%的比例税率。对稿酬所得还规定按应纳税所得额减征30%,即稿酬所得实际适用14%的税率。

根据《对储蓄存款利息所得征收个人所得税的实施办法》和《关于储蓄存款利息所得有关个人所得税政策的通知》(财税[2008]132号),储蓄存款在1999年10月31日前孳生的利息所得,不征收个人所得税;储蓄存款在1999年11月1日至2007年8月14日孳生的利息所得,按照20%的比例税率征收个人所得

税;储蓄存款在 2007 年 8 月 15 日至 2008 年 10 月 8 日孳生的利息所得,按照 5%的比例税率征收个人所得税;储蓄存款在 2008 年 10 月 9 日后(含 10 月 9 日)孳生的利息所得,暂免征收个人所得税。

对劳务报酬所得一次收入畸高的,可以加成征收,即个人劳务报酬所得一次超过 2 万元至 5 万元的部分,依照税法规定计算应纳税额后,再加征五成;超过 5 万元的部分,加征十成。因此,我国对劳务报酬所得实际上采用了 20%—40%的 3 级超额累进税率(见《个人所得税税率表 3》)。

表3 劳务报酬所得适用税率表

级数	每次应纳税所得	税率(%)	速算扣除数(元)
1	不过 20000 元的部分	20	0
2	超过 20000 到 50000 元的部分	30	2000
3	超过 50000 元的部分	40	7000

(注:本表所称的每次应纳税所得额,是指每次劳务收入不超过 4000 元时,减除费用 800 元后的余额;或者每次劳务收入超过 4000 元时,减除劳务收入 20%费用后的余额。)

三、个人所得税应纳税额的计算

在分类所得税制模式下,个人取得的各项所得应纳税额的计算方式并不相同。

(一)工资、薪金所得

应纳税额 = 应纳税所得额 × 适用税率 − 速算扣除数 = (每月收入额 − 2000 元或 4800 元) × 适用税率 − 速算扣除数

这里需要说明的是,由于工资、薪金所的在计算应纳个人所得税时,适用的是超额累进税率,所以比较繁琐。运用速算扣除数计算法,可以简化计算过程。速算扣除数是指在采用超额累进税率征税的情况下,根据税率表中划分的应纳税所得额级距和税率,先用全额累进方法计算出税额,再减去用超额累进方法计算的应征税额以后的差额。

例如,假设某外商投资企业中工作的美国专家,2008 年 5 月取得由该企业发放的工资收入 20000 元人民币。由于该美国专家在我国境内没有住所,所以他的应纳税所得额为 20000 − (2000 + 2800) = 15200(元),此时适用的税率为 20%,速算扣除数为 375。因此,他的应纳税额为 15200 × 20% − 375 = 2665(元)。

(二)个体工商户的生产、经营所得

应纳税额 = 应纳税所得额 × 适用税率 − 速算扣除数 = (全年收入总额 − 成本、费用和损失) × 适用税率 − 速算扣除数

个体工商业主的费用扣除标准和从业人员的工资扣除标准,由各省、自治

区、直辖市地方税务机关确定。个体工商户在生产、经营期间借款的利息支出,凡有合法证明的,不高于按金融机构同类、同期贷款利率计算的数额的部分,准予扣除。投资者及其家庭生活的费用不允许在税前扣除。

个体工商户和从事生产、经营的个人,取得与生产、经营活动无关的各项应税所得,应分别适用各应税项目的规定计算征收个人所得税。

（三）对企事业单位承包、承租经营所得

应纳税额 = 应纳税所得额 × 适用税率 − 速算扣除数 =（纳税年度收入总额 − 年必要费用）× 适用税率 − 速算扣除数

（四）劳务报酬所得

每次收入不足 4000 元的应纳税额 = 应纳税所得额 × 适用税率
　　　= （每次收入额 − 800） × 20%

每次收入超过 4000 元的应纳税额 = 应纳税所得额 × 适用税率 − 速算扣除数
　　　= 每次收入额 × (1 − 20%) × 适用税率 − 速算扣除数

例如：某歌星一次取得表演收入 40000 元,应纳税额为 40000 × (1 − 20%) = 32000(元),适用的税率为 30%,速算扣除数为 2000。因此,她的应纳税额为 32000 × 30% − 2000 = 7600(元)。

（五）稿酬所得

每次收入不足 4000 元的应纳税额 = 应纳税所得额 × 适用税率 × (1 − 30%) = （每次收入额 − 800） × 20% × (1 − 30%)

每次收入超过 4000 元的应纳税额 = 应纳税所得额 × 适用税率 × (1 − 30%) = 每次收入额 × (1 − 20%) × 20% × (1 − 30%)

（六）特许权使用费所得

每次收入不足 4000 元的应纳税额 = 应纳税所得额 × 适用税率
　　　= （每次收入额 − 800） × 20%

每次收入超过 4000 元的应纳税额 = 应纳税所得额 × 适用税率
　　　= 每次收入额 × (1 − 20%) × 20%

（七）利息、股息、红利所得

应纳税额 = 应纳税所得额 × 适用税率 = 每次收入额 × 20%

（八）财产租赁所得

在确定财产租赁的应纳税所得额时,纳税人在出租财产过程中缴纳的税金和教育费附加,可持完税凭证,从其财产租赁收入中扣除。准予扣除的项目除了规定费用和有关税费外,还准予扣除能够提供有效、准确凭证,证明由纳税人负担的该出租财产实际开支的修缮费用。允许扣除的修缮费用,以每次 800 元为限。一次扣不完的,准予在下次继续扣除,直到扣完为止。那么财产租赁所得的应纳税额的计算公式为:

每次收入不足 4000 元的应纳税额 = 应纳税所得额 × 适用税率
= （每次收入额 - 准予扣除项目 - 修缮费用 - 800）× 20%

每次收入超过 4000 元的应纳税额 = 应纳税所得额 × 适用税率
= （每次收入额 - 准予扣除项目 - 修缮费用）×（1 - 20%）× 20%

自 2001 年 1 月 1 日起，对个人按市场价格出租的居民住房取得的所得，暂减按 10% 的税率征收个人所得税。

（九）财产转让所得

应纳税额 = 应纳税所得额 × 适用税率
= （收入总额 - 财产原值 - 合理税费）× 20%

（十）偶然所得的计算

应纳税额 = 应纳税所得额 × 适用税率 = 每次收入额 × 20%

（十一）其他所得

应纳税额 = 应纳税所得额 × 适用税率 = 每次收入额 × 20%

第四节 个人所得税的税收优惠与税收抵免

一、个人所得税的税收优惠

（一）免税优惠

下列各项所得，免纳个人所得税：

1. 省级人民政府、国务院部委和中国人民解放军军以上单位，以及外国组织、国际组织颁发的科学、教育、技术、文化、卫生、体育、环境保护等方面的奖金。

2. 国债和国家发行的金融债券利息。其中，国债利息是指个人持有中华人民共和国财政部发行的债券而取得的利息；国家发行的金融债券利息是指个人持有经国务院批准发行的金融债券而取得的利息。

3. 按照国家统一规定发给的补贴、津贴。即按国务院规定发给的政府特殊津贴、院士津贴、资深院士津贴和国务院规定免纳个人所得税的其他补贴、津贴。

4. 福利费、抚恤金、救济金。福利费，是指按规定从企事业单位、国家机关、社会团体提留的福利费或工会经费中支付给个人的生活困难补助费；救济金，是指民政部门支付给个人的生活困难补助费。

5. 保险赔款。

6. 军人的转业费、复员费。

7. 按照国家统一规定发给干部、职工的安家费、退职费、退休工资、离休工资、离休生活补助费。

8. 依照我国有关法律规定应予免税的各国驻华使馆、领事馆的外交代表、领事官员和其他人员的所得。

9. 中国政府参加的国际公约以及签订的协议中规定免税的所得。

10. 经国务院财政部门批准免税的所得。

（二）减税优惠

有下列情形之一的,经批准可以减征个人所得税:

1. 残疾、孤老人员和烈属的所得。

2. 因严重自然灾害造成重大损失的。

3. 其他经国务院财政部门批准减税的。

（三）对在我国境内无住所的纳税人的特别免税优惠

1. 居民纳税人境外所得的免税优惠

在我国境内无住所,但是居住 1 年以上 5 年以下的个人,其来源于我国境外的所得,经主管税务机关批准,可以只就由我国境内公司、企业以及其他经济组织或者个人支付的部分缴纳个人所得税;居住超过 5 年的个人,从第 6 年起,应当就其来源于我国境内外的全部所得缴纳个人所得税。

2. 非居民纳税人境内所得的免税优惠

在我国境内无住所,但是在一个纳税年度中在我国境内连续或者累计居住不超过 90 日的个人,其来源于我国境内的所得,由境外雇主支付并且不由该雇主在我国境内的机构、场所负担的部分,免予缴纳个人所得税。

二、个人所得税的税收抵免

为避免国际双重征税,我国《个人所得税法》作出了税收抵免的规定,即纳税人从我国境外取得的所得,准予其在应纳税额中扣除已在境外缴纳的个人所得税税额。这里需要说明两点:

一是准予抵免的应是纳税人的实缴税额,即纳税人从我国境外取得所得依照该所得来源国或地区的法律应当缴纳并且已经实际缴纳的税额;

二是准予抵免的税额不能超过规定的限额。纳税人从我国境外取得的所得,区别国家或地区和不同应税项目,依照税法规定的费用减除标准和适用税率计算的应纳税额;同一国家或者地区不同应税项目,依照我国税法计算的应纳税额之和,为该国家或者地区的扣除限额。纳税人来源于境外所得在境外实际缴纳的个人所得税税款,低于依照上述规定计算出的扣除限额的,可以从应纳税额中据实扣除;超过扣除限额的,其超过部分不得在本年度应纳税额中扣除,但可以在以后纳税年度的该国或者地区扣除限额的余额中补扣,补扣期限最长不得超过 5 年。

例如:某纳税人在同一纳税年度,从 A、B 两国取得应税收入。其中:在 A 国一公司任职,取得工资、薪金收入 60000 元(5000 元/月),因提供一项专利技术,一次取得特许权使用费收入50000元,该两项收入在A国缴纳个人所得税5000元;因在B国出版著作,获得稿酬收入15000元,并在B国缴纳该项收入的个人所得税1800元。该纳税人的抵扣计算方法如下:

1. A国所纳个人所得税的抵免

(1) 工资、薪金所得。该纳税人从A国取得工资、薪金所得,按我国税法规定每月应纳税额为$(5000-4800)\times 5\% - 0 = 10$(元),全年应纳税额为$10\times 12 = 120$(元)。

(2) 特许权使用费所得。该纳税人从A国取得的特许权使用费收入,按照我国税法规定计算的应纳税额为$50000\times(1-20\%)\times 20\% = 8000$(元)。

据此,该纳税人来源于A国的应税所得在A国缴纳的个人所得税的扣除限额为$120+8000=8120$(元),大于其在A国实际缴纳的个人所得税$8120-5000=3120$(元)。因此,该纳税人在A国缴纳的个人所得税额可以全额扣除,并且需向我国补缴税款3120元。

2. B国所纳个人所得税的抵免

该纳税人从B国取得的稿酬收入在B国缴纳个人所得税的扣除限额为$15000\times(1-20\%)\times 20\% \times(1-30\%)=1680$(元),小于其在B国实际缴纳的个人所得税$1800-1680=120$(元)。因此,该纳税人本年度在B国缴纳的个人所得税不能全额扣除,其余额120元可以在以后5个纳税年度的B国扣除限额的余额中补扣。

第五节 个人所得税的征收与管理

一、纳税申报与扣缴

现行税法规定,个人所得税以取得应税所得的个人为纳税人,以支付所得的单位或个人为扣缴义务人。可见,我国个人所得税采用个人自行申报与源泉扣缴相结合的征税方式。

(一) 自行申报

根据国务院于2006年11月8日颁布的《个人所得税自行纳税申报办法(试行)》(以下简称《自行申报办法》),有下列情形之一的纳税人,应当按照规定办理纳税申报:(1) 年所得12万元以上的;(2) 从中国境内两处或者两处以上取得工资、薪金所得的;(3) 从中国境外取得所得的;(4) 取得应税所得,没有扣缴义务人的;(5) 国务院规定的其他情形。

年所得12万元以上,是指纳税人在一个纳税年度取得各项应税所得的合计数额达到12万元以上。各项所得的年所得按照下列方法计算:

1. 工资、薪金所得,按照未减除费用及附加减除费用的收入额计算。

2. 个体工商户的生产、经营所得,按照应纳税所得额计算。实行查账征收的,按照每一纳税年度的收入总额减除成本、费用以及损失后的余额计算;实行定期定额征收的,按照纳税人自行申报的年度应纳税所得额计算,或者按照其自行申报的年度应纳税经营额乘以应税所得率计算。

3. 对企事业单位的承包经营、承租经营所得,按照每一纳税年度的收入总额计算,即按照承包经营、承租经营者实际取得的经营利润,加上从承包、承租的企事业单位中取得的工资、薪金性质的所得计算。

4. 劳务报酬所得、稿酬所得、特许权使用费所得,按照未减除费用(每次800元或者每次收入的20%)的收入额计算。

5. 财产租赁所得,按照未减除费用(每次800元或者每次收入的20%)和修缮费用的收入额计算。

6. 财产转让所得,按照应纳税所得额计算,即按照以转让财产的收入额减除财产原值和转让财产过程中缴纳的税金及有关合理费用后的余额计算。

7. 利息、股息、红利所得,偶然所得和其他所得,按照收入额全额计算。

一个纳税年度中取得的各项应税所得不含以下所得:(1)《个人所得税法》第4条第1项至第9项规定的免税所得;(2)《个人所得税法实施条例》第6条规定可以免税的来源于中国境外的所得;(3)《个人所得税法实施条例》第25条规定的按照国家规定单位为个人缴付和个人缴付的基本养老保险费、基本医疗保险费、失业保险费、住房公积金。

年所得12万元以上的纳税人,不包括在中国境内无住所,且在一个纳税年度中在中国境内居住不满1年的个人。年所得12万元以上的纳税人,无论取得的各项所得是否已足额缴纳了个人所得税,均应当按照《自行申报办法》的规定,于纳税年度终了后向主管税务机关办理纳税申报。

(二) 代扣代缴

除个体工商户的生产经营所得外,扣缴义务人在向个人支付各应税项目所得时,不论纳税人是否属于本单位人员,都必须按照税法规定代扣税款,按时缴库,并专项记载备查。凡支付个人应纳税所得的企业、事业单位、机关、社会组织、军队、驻华机构、个体户等单位或者个人,为个人所得税的扣缴义务人。这里所说的驻华机构,不包括外国驻华使领馆和联合国及其他依法享有外交特权和豁免的国际组织驻华机构。代扣代缴个人所得税,是扣缴义务人的法定义务,必须依法履行。

扣缴义务人应指定支付应纳税所得的财务会计部门或其他有关部门的人员为办税人员,由办税人员具体办理个人所得税的代扣代缴工作。扣缴义务人的法定代表、财会部门的负责人及具体办理代扣代缴税款的有关人员,共同对依法履行代扣代缴义务负法律责任。

二、纳税期限

（一）自行纳税申报的纳税期限

年所得 12 万元以上的纳税人，在纳税年度终了后 3 个月内向主管税务机关办理纳税申报。

工资、薪金所得应纳的税款，按月计征，由扣缴义务人或者纳税人在次月 7 日内缴入国库，并向税务机关报送纳税申报表。特定行业的工资、薪金所得应纳的税款，可以实行按年计算、分月预缴的方式计征，具体办法由国务院规定。

个体工商户和个人独资、合伙企业投资者取得的生产、经营所得应纳的税款，分月预缴的，纳税人在每月终了后 7 日内办理纳税申报；分季预缴的，纳税人在每个季度终了后 7 日内办理纳税申报。纳税年度终了后，纳税人在 3 个月内进行汇算清缴。

纳税人年终一次性取得对企事业单位的承包经营、承租经营所得的，自取得所得之日起 30 日内办理纳税申报；在 1 个纳税年度内分次取得承包经营、承租经营所得的，在每次取得所得后的次月 7 日内申报预缴，纳税年度终了后 3 个月内汇算清缴。

从中国境外取得所得的纳税人，在纳税年度终了后 30 日内向中国境内主管税务机关办理纳税申报。

纳税人取得其他各项所得须申报纳税的，在取得所得的次月 7 日内向主管税务机关办理纳税申报。

（二）扣缴税款的缴纳期限

扣缴义务人每月所扣的税款，应当在次月 7 日内缴入国库，并向税务机关报送"扣缴税款报告表"、代扣代缴税款凭证和包括每一纳税人的姓名、单位、职务、收入、税款等内容的支付"个人收入明细表"以及税务机关要求报送的其他有关资料。

扣缴义务人违反上述规定不报送或者报送虚假纳税资料的，一经查实，其未在支付"个人收入明细表"中反映的向个人支付的款项，在计算扣缴义务人应纳税所得额时不得作为成本费用扣除。确实有困难不能及时按时报送相关资料的，经县级税务机关批准，可以延期报送。

第六节 个人所得税的改革与创新

随着我国社会主义市场经济的不断发展和完善，现行个人所得税制度逐渐暴露出很多问题，对其进行改革的呼声也日益高涨。如何使个人所得税在现阶段更好地发挥它应有的职能和作用？个人所得税制度如何改革和发展？这些引起了学界的广泛思考,不同的学者提出了自己不同的见解。

一、现存主要问题

（一）现行的税制模式很难体现公平合理

法制的公平合理能激发人们对法的尊崇,提高公民依法纳税的积极性。而我国现行的个人所得税在税制设置上的某些方面缺乏科学性、严肃性和合理性,难以适应社会主义市场经济条件下发挥其调节个人收入的要求。现阶段我国公民的纳税意识相对来讲还比较弱,税收征管手段较落后,我国个人所得税的征收在很大程度上都必须依赖于源泉课税的办法,所以,现阶段我国个人所得税的征收采用的是分类税制。

在这种模式下,广泛采用源泉课征,虽然可以控制税源,减少汇算清缴的麻烦,但不能体现公平原则,不能很好地发挥调节个人高收入的作用,不能全面、完整地体现纳税人的真实纳税能力。这造成了所得来源多、综合收入高的纳税人不用纳税或少纳税,所得来源少的、收入相对集中的纳税人（如工薪阶层）却要多纳税的现象。

（二）结构不合理,费用扣除方式不科学,造成税负不公

由于我国现阶段采取分类所得税制,个人所得税税率依所得的性质类别不同而异,大体有三种:超额累进税率、比例税率和加成税率。这种税率结构设计得非常繁琐、复杂,既不利于纳税人纳税,也不便于税务机关征收管理。特别是工资薪金所得,级距过多,边际税率过高,违背了税率档次删繁就简的原则。

现实生活中,由于每个纳税人取得相同的收入所支付的成本、费用所占收入的比重不同,并且每个家庭的总收入,抚养亲属的人数,用于住房、教育、医疗等方面的支出也存在着较大的差异,规定所有纳税人均从所得中扣除相同数额或相同比率的费用显然是不合理的。这样很容易在实质上造成税负不公的后果。

（三）逃税现象比较严重

改革开放以后,人们的收入水平逐渐提高,这在一定程度上就造成了个人收入的多元化、隐蔽化,税务机关难以监控。公民纳税意识相对比较淡薄,富人逃税、明星偷税习以为常。个人所得税从某些角度可以说是我国征收管理难度最大,逃税面最宽的税种。

根据中国经济景气监测中心会同中央电视台对北京、上海、广州等地的七百余位居民进行的调查显示,仅有12%的受访居民宣称自己完全缴纳了个人所得税,与此同时,有将近24%的受访居民承认只缴纳了部分或完全未缴纳个人所得税,是完全缴纳者的两倍。由于严重的逃税行为大大削弱了政府的宏观调控能力,扭曲了信息传导机制,起不到调节高收入、缩小贫富差距的作用,给我国的

经济发展带来了很大的负面影响。

（四）税收征管制度不健全

目前我国的税收征管制度不健全,征管手段落后,难以体现出较高的征管水平。个人所得税是所有税种中纳税人数量最多的一个税种,征管工作量相当大,必须有一套严密的征管制度来保证。而我国目前实行的代扣代缴和自行申报两种征收方法,其申报、审核、扣缴制度等都不健全,征管手段落后,难以实现预期效果。自行申报制度执行难度较大,代扣代缴制度又难以落到实处。个人所得税代扣代缴的征收方式存在明显的缺陷。最直接的结果就是,我们无法证明自己是纳税人,也无法证实自己到底交了多少税。因此,必须要抓紧时间对个人所得税的费用扣除标准、税率、税基等重大问题开展研究提出建议,为修改税法、完善个人所得税制打下良好的基础。

二、改革措施与建议

（一）选择合理的税制模式

目前我国采用的税制模式是分类征收税制模式,这种课税模式既缺乏弹性,又加大了征税成本,[1]随着经济的发展和个人收入来源渠道的增多,这种课税模式必会使税收征管更加困难和效率低下。应当逐步采取措施向综合所得税制靠拢,建立分类与综合相结合的个人所得税制,而绝不仅仅是单纯提高免征额。

具体实施时,需要综合考虑纳税人的各项收入和支出,综合计算纳税金额,甚至考虑纳税人家庭负担等因素,实行基本生计扣除加专项扣除,而不是现在实行的分类所得税制,对个人所得按照不同来源分为不同类别,并对每一类按照单独的税率计算。

改革的效果,将解决一些深层次的扭曲,让低收入者负担减少。比如,目前收入来源单一的工薪阶层缴税较多,而收入来源多元化的高收入阶层缴税较少;再比如,避免对所有纳税人"一刀切",考虑纳税人的家庭负担、家庭支出。

（二）合理设计税率结构和费用扣除标准,以期公平税负

德国社会政策学派的代表人物阿道夫·瓦格纳提出:"纳税人的税收负担应与其纳税能力相一致。"[2]现代西方经济学进一步发展了税收公平原则,认为个人所得税应与每个纳税人的经济状况相适应,并且使每个纳税人之间的税收负担水平保持均衡,否则就会带来危害。我国个人所得税目前的税率结构有悖公平,容易使得纳税人产生逃税的动机,因此应该重新设计个人所得税的税率结构,实行"少档次、低税率"的累进税率模式。

---

[1] 参见徐进:《关于我国个人所得税发展变化的特征分析》,载《江淮论坛》2000年第12期。
[2] 转引自徐滇庆、李金艳:《中国税制改革》,中国经济出版社1997年版,第235页。

首先,税率档次设计以五级为宜。边际税率不宜过高,最好设置在40%—50%之间,不能超过50%。① 其次,考虑通货膨胀、经济发展水平和人们生活水平提高等因素应适当提高减除费用标准并增加扣除项目。可以允许各省、自治区、直辖市级政府根据本地区的具体情况,相应确定减除费用标准,并报财政部、国家税务总局备案,这样做既可以更好地符合实际状况,也有利于调节个人收入水平。同时,要根据经济发展的客观需要,适当增加一些扣除项目。根据我国目前经济发展的具体情况,综合考虑住房、教育、医疗、保险等因素,设立相应的扣除项目,这样将更有利于我国经济的发展。

(三)加强个人所得税的监管

不管个人所得税税法制定得如何完善、合理,如果执行不力,也会使得个人所得税的调节力度大打折扣,因此应该加强对个人所得税的征收与管理。② 首先,要规范纳税人的纳税申报制度。改个人申报为主为家庭申报为主的申报制度。选择以家庭为纳税单位的最重要之处就是可以实现相同收入的家庭缴纳相同的个人所得税,以实现按综合纳税能力征税。其次,完善个人收入监管制度。我国个人所得税税款流失严重的重要原因之一是税源不清。因此,抓住税源的监控是管好个人所得税的一项重要基础性工作。在这方面我国可参照美国和澳大利亚等国家的方法,实行"个人经济身份证"制度,即达到法定年龄的公民必须到政府机关领取身份证或纳税身份号码,两证的号码是一致的,并终身不变。这样,就可在全国范围内建立起有效的税务监控机制,促使公民必须依法自觉纳税,使逃税漏税没有可能,逐渐形成人们的自觉纳税意识。

(四)完善税收征管制度

我国个人所得税具有分散性、流动性和隐蔽性的特点,又因涉及面广、纳税人多,征管工作量大。因此,必须要有一套科学的征管制度加以约束。

首先,改善征管手段。在税收征管中推行电脑化和源泉课征的办法,建立个人所得税管理信息系统。通过部门间数据资源共享逐步实现代扣代缴单位纳税明细申报,以适应个人所得税制发展,加强对个人收入管理,便于准确及时纳税。

其次,加强税务稽查。实行返税优惠和逃税重罚相结合的征管方法。对于如实自觉申报,按法纳税的人,年终实行20%的返税优惠,即个人全年缴纳的个人所得税返回20%作为鼓励;对于不自觉申报或由于不如实申报造成逃税行为的,执行严格的税务处罚措施,提高逃税成本,增加逃税风险,强化税务稽查力度,提高稽查质量。

最后,提高税务征管人员的素质。税务干部业务素质偏低,征管质量差,稽

---

① 参见夏秋:《完善个人所得税的几点设想》,载《上海财税》2003年第5期。
② 参见吴艳芳、白燕、蒋巧明:《我国个人所得税现状及税制完善》,载《会计之友》2003年第10期。

查深度不够是影响税收政策执行到位的另一个重要因素。所以,加大岗位培训力度,提高干部队伍素质是当务之急,税务机关应充实个人所得税的征管力量,培养一批忠于职守和具有良好职业道德的征管人员,完善自身业务水平,更好地加强我国的个人所得税的征收和缴纳。

(五) 完善个人所得税立法,促进个人所得税法制化

由国家控制个人所得税法的统一制定权,维护税法的统一性。由于我国地域广阔,各地经济发展差别也大,因此应当允许地方政府在不违反国家统一税法前提下根据本地实际情况进行调节的自主权,制定适合本地区的征管办法,充分发挥中央与地方征管的积极性。

目前,有关部门正在酝酿个人所得税领域的深层次改革,改革规模可能比增值税改革大十倍[①],让我们拭目以待。

本 章 小 结

个人所得税是对个人取得的各项应税所得征收的一种税。我国的个人所得税法采用了分类所得税制这种征税模式,对各类所得分别计税。与企业所得税一样,个人所得税法也区分了居民纳税人和非居民纳税人,前者就境内外所得承担无限纳税义务;后者仅就来源于我国境内的所得缴纳所得税。在征管方式上,我国的个人所得税法运用了源泉扣缴与自行申报相结合的办法,其中个人所得税的自行申报方式有待进一步扩大适用范围。

思考题

1. 试述个人所得税制度的基本模式。
2. 个人所得税的纳税人是如何区分的?其承担的责任有何不同?
3. 工资、薪金所得的计税依据怎样确定?
4. 哪些纳税人应进行个人所得税的自行申报?

---

① 参见吴丽华:《个人所得税深层次改革大幕即将开启》,载《华夏时报》2009年2月7日。

第十八章　社会保障税法

社会保障税是西方国家所得税体系中的重要组成部分,在整个税制体系中是最年轻的。西方主要发达国家都已经开征了社会保障税,而我国目前尚未开征,本书将试图指出我国社会保障税的改革方向和发展趋势。

第一节　社会保障税法概述

一、社会保障税法和社会保障税的概念

社会保障税法是指国家制定有关社会保障税的法律规范的总称。所谓社会保障税是指国家为筹集社会保险基金,通过立法以企业向职工支付的工资和薪金等所得为课税对象的一种税。①

二、社会保障税的特点

(一) 社会保障税的对人属性

社会保障税的课征对象主要是工薪所得,它没有个人所得税的征税范围广,但是这部分工薪所得与课税主体却存在着密切关系,因此具有很强的对人属性。

(二) 社会保障税目的性强

社会保障税收入具有固定的专门用途,即主要用于社会保障事业,不能挪作一般经费开支。换言之,一般税收入库后要纳入政府预算,用于执行政府职能所需的各项经费开支;社会保障税金入库后则是集中到社会保障部门或机构,按照不同的保险类别分别纳入各专项基金中,一定要保证专款专用。

(三) 社会保障税是一种累退税

社会保障税一般实行单一的比例税率,只对工资薪金所得课税,而将个人的资本所得、股息所得、利息所得等非工薪收入完全排外,从而使高收入者的社会保障税负相对减轻。

社会保障税不规定基本费用扣除和免征额的优惠,只规定了应税工薪收入的最高征税额,这就导致了该税的累退性。正是由于这种累退性,一些西方税法学者认为它归于间接税体系,但通说认为社会保障税仍属于所得税法体系。

---

① 参见刘剑文:《所得税法》,北京大学出版社1999年版,第242页。

三、社会保障税的演变

社会保障税是西方国家所得税体系中的重要组成部分,社会保障税法是当代所得税法体系中最年轻的税法,它随着社会保障制度而逐渐发展起来。自从1889年德国首创了社会保障税后,英国于1908年、法国于1901年、瑞典于1913年、意大利于1919年、美国于1953年先后开征了社会保障税。20世纪50年代后,社会保障制度在许多国家都有了长足发展,作为社会保障制度主要资金来源的社会保障税,也得到了迅速发展。[①]

根据国际货币基金组织不完全统计,全世界征收不同形式的社会保障税或薪给税的国家已经达到74个,几乎包括所有经济发达的西方国家。目前,在奥地利、法国、荷兰等国,社会保障税成为第一大税,在美国、意大利等国成为第二大税。

我国长期没有开征社会保障税,但社会保障费的承担比例和数额却相对较高。为了适应社会主义市场经济的建立和社会保障制度改革的需要,我们应当抓紧制定《中华人民共和国社会保障税法》。

第二节　社会保障税法的基本内容

一、社会保障税纳税人

社会保障税的纳税人通常是指在本国有工资薪金收入的个人。除失业保障税由雇主负担外,社会保障税一般由雇主和雇员共同负担,由双方按相同的比例分别承担税负。由于自营者不存在雇佣关系,也没有确定的工薪所得,是否应纳入课征范围,各国的做法不尽相同。按照专款专用的原则,只有纳税才能享受社会保障利益,因而多数国家在行政管理条件可行的情况下,把自营者也包括在社会保障税的纳税人范围之内,如美国、加拿大、英国、法国。纳税人范围的扩大,有利于社会的安定和发展。雇主与雇员纳税人的确定一般以境内就业为准,凡在征税国境内就业的雇主和雇员必须承担纳税义务,不论其国籍和居住地何在。本国居民被本国居民雇主雇佣在外国工作的,有些国家(如美国、巴西)也要求缴纳社会保障税。

二、社会保障税的征税对象

社会保障税以企业向职工或雇员支付的工资、薪金以及自营人员的事业纯

---

① 参见北京大学社会学系编:《社会保障教学参考资料之一》(内部刊行),第13—14页。

收益为课税对象。这里的工资、薪金,不仅包括雇主支付的现金,还包括具有工资性质的实物收入和等价物收入,但工薪以外的股息、利息所得、资本利得等通常不计入社会保障税的税基之内。各国一般对应税工薪有最高限额的规定,即不是对纳税人的全年总工薪课税,而只是对一定限额以下的工薪收入额征税。①美国、法国、荷兰、比利时等国即采用这种办法。相反,在俄罗斯的社会保障税法体系中,没有规定最高限额,因而其社会保障税具有很强的收入再分配特征,这与该国所强调的经济政策有着密切的关系。

此外,社会保障税一般不设减免额或费用扣除额,不像个人所得税那样可以从总所得中扣除为取得收入而发生的费用开支,或者扣除一些个人宽免项目,而是把工资薪金所得直接作为课税对象。

二、社会保障税税率

世界各国社会保障税的税率形式有所差别,有些国家实行单一比例税率,大部分国家按不同的保险项目设置不同的差别税率。如瑞典的社会保障税按不同用途分为七个保险项目,又按工资和薪金额分别规定了不同的税率。在社会保障税率的形式上,大多数国家采用比例税率。

各国社会保障税税率水平的高低,一般是由社会保障制度的覆盖面和受益人收益的多少决定的。现在各国社会保障税的税率有上升的趋势,以美国社会保障税体系中的联邦保险捐助税为例,初征为1%,1950年为1.5%,1960年为3%,1970年为4.8%,1980年为6.13%,1986年上升至7.15%。

至于社会保障税率是采用比率税率还是采用累退税率则视各国的国情有所不同。一般的情况是,刚开征时,保险的覆盖面小,保险项目少,税率一般较低。随着保险项目的逐步拓宽,税率随之相应提高。目前,凡是保险受益多的国家,社会保障税的税率都比较高。欧洲福利国家社会保障税税率一般都在30%以上。根据各国经验,社会保障税率的高低应当适度,既要考虑政府社会保障资金的需要,同时也要兼顾纳税人的承受能力。

四、社会保障税征收管理

社会保障税主要采取源泉课税的办法,即应由雇员负担的税款,在雇主向其支付工资、薪金时直接从中扣缴,无需雇员填具纳税申报表,方法极为简便。自由职业者则自己缴纳。社会保障税的征收应实行自行申报纳税与核定征收相结合的方式,即对账证健全的单位及个人,由单位自行申报纳税;对财证不健全、难

---

① 参见徐智华、刘连安:《社会保障立法问题研究》,http://www.privatelaw.net.cn/new2004/shtml/20040518-215718.htm,2010年3月28日访问。

以准确提供工资发放情况的企业和个人及自由职业者,由税务部门核定其应纳税额,再由参保人根据核定的数额申报纳税。社会保障税应不分企业性质和隶属关系,一律采取属地征收的原则,由各级地方税收机关负责征收。这样不仅有利于社会保障税与企业所得税、个人所得税的征管相协调,而且有利于降低征收成本,提高征收效率。[1]

五、社会保障税的纳税期限

几乎所有国家的社会保障税都实行由雇主源泉扣缴的课征办法。具体地说,雇员应缴纳的税款,在雇主支付工资、薪金时代扣,最后连同雇主所应缴纳的税款一起申报纳税。至于自营人员的应纳税款,则必须由其自行填报,一般是同个人所得税一起缴纳的。

多数国家按月征收社会保障税。如瑞典规定雇主应按月为其全体雇员向税务机关缴纳社会保障税,税款应在次月的10日内缴清;德国规定所有雇主和自由职业者都要在每月15日之前把上一月的社会保障税存入有关账户;俄罗斯的雇主按规定应按月向社会基金缴纳社会保障税。有些国家社会保障税的纳税期限视企业规模而定。

各国一般对自营者的纳税期限另有规定。如美国规定自营者在缴纳所得税的同时缴纳社会保障税,每三个月预缴一次,每年年底申报所得税时进行汇算清缴。加拿大要求自营者按季缴纳社会保障税税款。

第三节 世界各主要国家的社会保障税法简介

一、美国的社会保障税

美国的社会保障税是按照1935年出台的《社会保障法》的有关规定开征的,该税当时属于联邦政府税收。[2] 美国是采用混合型模式的典型国家。美国的社会保障税不是一个单一税种的结构,而是由一个针对大多数承保对象和覆盖大部分承保项目的一般社会保障税(工薪税)与针对失业这一特定承保项目的失业保险税,以及针对特定部分承保对象而设置的铁路员工退职税和个体业主税四个税种所组成的税收体系。其中工薪税是社会保障税体系中的最大税种。

美国的工薪税的纳税人为雇主和雇员,征税对象分别为雇主全年支付每个

---

[1] 参见刘剑文:《所得税法》,北京大学出版社1999年版,第245页。
[2] 参见赵惠敏:《所得课税理论创新与中国所得课税优化设计》,中国财政经济出版社2003年版,第272页。

雇员的薪俸、工资总额和雇员领取的全年薪俸和工资,并且工薪税没有减免扣除规定,凡符合条件的都要征税。

这种模式的主要优点是适应性较强,可在适应一般社会保险需要的基础上针对某个或某几个特定行业实行与行业工作特点相联系的加强式社会保险,还能让特定的承保项目在保险费收支上自成体系。该模式的缺点是统一性较差,管理不够便利,返还性的表现不够具体。此外,这一类型的社会保险税累退性较强,再分配的效应受到抑制,社会保险税的社会公平功能趋于减弱。

二、英国的社会保障税

英国社会保障税模式是典型按承保对象分类设置的社会保障税模式。英国的社会保障税虽然被称为"国民保险捐款"(national security contribution),但也具有强制性,且与受益并不完全挂钩。因而虽然称作"捐款",实际上也是一种税,其性质与用途与其他国家的社会保障税并无多少差别。英国的社会保障税在设置上主要以承保对象为标准,建立起由四大类社会保险税组成的社会保障税体系。具体包括:第一种是对雇员征收国民保险税;第二种是向自营者所得征收的国民保险税;第三种是自愿捐款;第四种是向自营者利润征收的社会保险税。[①] 其中第一种是最为主要的税种,课税对象是雇员的薪金或工资,纳税人分为雇主和雇员两大类。雇员又分为两部分:一部分是不包括在计划之内的雇员;另一部分是包括在计划之内的雇员。这两部分的税率是不同的。第二种社会保险税的征税对象是自营者的全部所得,按照定额征收。第三种社会保障税属于自愿交纳的税,交税者为希望失业后可以得到社会保险金的人,此类税收按照固定税额交纳,每周4.3英镑。第四种社会保障税的起征点是年利润3800英镑,最高限额1.2万英镑,税率为6.3%。

英国社会保障税模式的优点是可以针对不同就业人员或非就业人员的特点,采用不同的税率制度,便于执行。比如对收入较难核实的自营人员和自愿投保人采用定额税率,征管不会遇到麻烦,对个体或独立经营的营业利润按一个比率征收也十分便利。由于设置了起征点,使低收入者的税负有所减轻,因而英国的社会保障税累退性要弱一些。对象型社会保障税模式的主要缺点是征收与承保项目没有明确挂钩,社会保险税的返还性未能得到充分的体现。

三、德国社会保障税的立法状况

1996年德国各级政府的社会保障税收入总额为6550亿德国马克,而社会

---

① 参见赵惠敏:《所得课税理论创新与中国所得课税优化设计》,中国财政经济出版社2003年版,第273页。

福利支出总额为 6555.1 亿德国马克,二者的比值为 99.92%;1997 年社会保障税收入上升到 7817.94 亿德国马克,社会福利开支为 7920.69 亿德国马克,二者的比值为 98.70%。以上数据表明,德国的社会保障资金基本上通过社会保障税筹集,政府转移支付所起的作用不大,主要用于其他社会福利方案。这也使得社会保障税在德国的税收结构中所占的比重始终高于直接税和间接税所占的比重,一直保持在 40% 以上。

德国社会保障税采用的是占社会保障支出较大比重的筹资模式。世界上大多数国家采用的都是这种模式,如俄罗斯、瑞典。德国早在俾斯麦改革时期就建立了社会保障税制度。德国社会保障税分职业征收。工人的社会保障税课税对象是工人的工资收入,税款由雇主和雇员共同缴纳,税率总计为 35%。应税工资收入的上限为工人平均工资的 2 倍左右。政府雇员、农民和自我就业者等的社会保险税制与工人适用的税制不一样。德国的社会保险制度包括健康保险、意外保险、养老保险和失业保险四个方面。除意外保险由雇主全部支付外,其他三个项目的资金来源均为社会保险税。对于养老金和失业救济金领取者来说,所能享受到的福利水平和缴纳多少成正比例关系。

德国社会保障税的设置模式为项目型社会保障税。它的最大优点在于社会保障税的征收与承保项目建立了一一对应的关系,专款专用,返还性非常明显,而且可以根据不同项目支出数额的变化调整税率,哪个项目对财力的需要量大,哪个项目的社会保障税率就提高。其主要缺点是各个项目之间财力调剂余地较小。

四、瑞典的社会保障税

瑞典的社会保障税采用的也是项目型社会保障税模式。瑞典的社会保障税按照不同的保险项目支出需要,分别确定一定的比率从工资或薪金中提取。目前瑞典的社会保障税设有老年人养老保险、事故幸存者养老保险、疾病保险、工伤保险、父母保险、失业保险以及工资税七个项目,并分别对每个项目规定了税率。老年人养老保险税的税率为 13.35%,事故幸存者养老保险税税率为 1.70%,疾病保险税的税率为 50%,工伤保险税的税率为 1.38%,父母保险税的税率为 2.20%,失业保险税的税率为 5.84%,工资税的税率为 8.04%。征收的办法是按比例实行源泉扣缴,税款专款专用。

以前,公司受雇人员的社会保障税全部由雇主一方缴纳,以便于征收管理。总的来看,瑞典的社会保障税税负是比较重的。1999 年,政府雇员和企业受雇人员缴纳的社会保障税大致为他们工薪总额的 40.01%;自由职业者缴纳的社会保障税,大致为他们直接收入的 38.2%。

五、加拿大的社会保障税

1998年加拿大联邦政府社会福利支出为594.56亿加元,其中联邦社会保障税收入为188.42亿加元,所占比重仅为31.69%;该年度各级政府社会保障税收入为444.11亿加元,占社会福利支出(1001.31亿加元)的44.35%。可见,加拿大政府实施社会保障计划,贯彻社会保障法令依靠的是财政支出中对个人的转移支付,其中联邦财政把很多税收收入以转移支付的形式再分配到个人手中,使之形成个人的消费基金,这些款项构成加拿大社会保障制度运转的另一大资金来源。二战以后,这种转移支付在各级政府中均不低于社会保障税收入的规模。加拿大社会保障税收入在其社会保障资金中所占的比重远远低于其他国家,这也使得加拿大社会保障税收入在其税收结构中所占的比重始终偏低。

采用社会保障税与社会保障支出基本一致的筹资模式的优点在于,该模式容易体现纳税人缴纳的税收与其应得的福利之间的联系,这种联系使福利水平随着每个纳税人纳税多少而变动。这已成为养老保险和失业保险的一大特点。同时,这种方式也使得政府为社会保险筹资与政府其他职能分离开来,这种分离无疑加强了对社会保障在财政上的监督,因为福利水平是随着社会保障税收入的增长而扩大的。该模式的缺陷在于工作在未被社会保险所覆盖的行业中的人们不能享受福利。这种限制的影响对于那些拥有很多非正式工作、大量个体户或农村经济的国家尤为明显。

第四节 我国的社会保障税的立法展望

一、我国开征社会保障税的必要性

目前,围绕我国社会主义市场经济体制的建立,劳动、工资、人事制度的改革已经全面地展开了。伴随而来企业破产、劳动者下岗等现象将不可避免地出现。在这种情况下,改革现行的社会保障制度,建立适合中国国情的社会保障制度显得尤为重要。①

日前有消息称中国基本医疗保险已经覆盖10亿人口,有官方人士表示调整后的退休职工养老金年内有望达到人均1200元/月。长期以来,启动内需,特别是启动消费内需一直是令经济管理者颇费周章的事情,其根本原因是社会保障的不足严重抑制了国内消费。消费意愿不足,而经济又要求高速增长。这就形成了中国经济畸形的增长模式,即过于依赖投资和出口的拉动。当金融风暴

---

① 参见刘剑文:《所得税法》,北京大学出版社1999年版,第245页。

来袭时,更让我们意识到大力推进我国社会保障体系的建立和完善,从根本上改变我国的经济增长模式,让投资、消费、出口三驾马车一起跑,建立全面的社会保障体系,正当其时!①

开征社会保障税不仅仅是一个经济问题,也是一个政治问题,既是保证社会主义市场经济体制顺利运行的重要条件也是保障社会安定团结和国家长治久安的需要。虽然我国的现有的社会保障制度在保护劳动者获得物质帮助等方面起到了一定的作用,但是,在有些方面,特别是社会保障资金来源方面还不尽合理,需要改革。

二、我国社会保障税的立法构想

(一) 社会保障税的纳税人

我国社会保障税的纳税人应当包括企业、机构、城镇劳动者个人和农民个人。养老、失业、医疗和工伤保险四个项目的纳税人分别如下:养老保险、失业保险和医疗保险的纳税人包括企业、行政机关、事业单位及其成员和个体劳动者。世界各国的工伤保险税一般都由雇主负担,对不同行业规定不同的税率,从而达到将社会福利中的成本分摊到相对不同的行业和产品中去,以及激励雇主创造更为安全的工作环境的目的。相应地,我国工伤保险的纳税人包括企业、行政机关、事业单位。

(二) 社会保障税的征税对象

社会保障税的征税对象主要是雇主支付的工资薪金、雇员取得的工薪收入及自营业主的事业纯收益。在具体实施中,尽管各国社会保障税的模式不同,课税对象规定有所差异,但其基本内容是相同的。一是课税对象不包括纳税人工资薪金以外的其他收入。即不包括由雇主和雇员工资薪金以外的投资所得、资本利得等所得项目,但作为税基的工资薪金既包括由雇主支付的现金,也包括具有工资薪金性质的实物性及其他等价物的收入。二是应税工资薪金通常规定最高限额,超过部分不缴纳社会保险税。三是一般不规定个人宽免额和扣除额。因为社会保险税实行专税专用原则,筹集的保险基金将全部返还给纳税人。

(三) 社会保障税的税率

世界各国社会保障税的税率大多按不同的保险项目设置比例税率,针对退休、失业、伤残、医疗等具体项目需要的社会保险支出量,规定高低不等的差别比例税率。作为一个发展中国家,目前我国的社会保障税率不宜过高,比较适合由单位负担大头,职工个人负担小头,再由国家负担一小部分。

---

① 参见张曙光:《建立全面社会保障正当其时》,载《中国经营报》2010年3月28日。

（四）社会保障税的税制模式

从世界各国实践看，社会保障筹资模式大致可以分为三种。

1. 现收现付制。① 即以支出为标准折算成提取费税比例，所提取的保障基金基本上用于支付，"以支定收"。

2. 完全积累制。即由自己从加入这种体制之日起开始积累，退休后的养老金完全从自己所积累的资金中领取，"以收定支"。

3. 部分积累制。这是以上两种模式的综合，即资金来源分两部分：一部分来源于社会统筹；一部分来源于自己的积累。从公平和效率的角度看，现收现付制筹资模式侧重于公平，完全积累制侧重于效率，部分积累制，即统账结合模式是较明智的选择。但是同样也存在问题，特别是养老保险由于欠账太多，将致使目前个人账户成为空账。我国的基本情况是存在很多陈账。

（五）社会保险税的征收方法

由于社会保险税主要纳税人为雇主和雇员，因而雇员税款大多实行源泉扣缴法，即由雇员所在公司负责扣缴，雇主应纳的税款由公司直接缴纳；而对于自营业主及其社会成员应纳的社会保险税，则实行纳税人自行申报缴纳的方法。

从总的情况看，发达国家的社会保障税一般都由多个税种组成，这些税种各有不同的税率、税目和使用方向，不同的税种针对不同的社会保障项目设立。因此，发达国家的社会保障税实际上是独立的一个税类。和其他税类相比，其主要特点是该类税收自成收支体系，虽然划入财政收支盘子，但专款专用。

（六）社会保障税的征收管理

由于我国各个地区的经济发展水平极其不平衡，社会保障水平必然存在一定的差异，为了便于调节地区间的差别，保证社会保障税的专款专用，我国社会保障税应当统一归中央征收，再由中央向地方社会保障机构拨款。这是因为：第一，由税务机关征收可以避免各部门职责混淆；第二，由于税务机关征管体制体系完善，征管经验丰富，能够保证征收力度，减少征收漏洞；第三，由税务机关征收可以使税收成本最小化。税款入库后则应集中到负担社会保障的专门机构统一管理。

三、开征社会保障税的配套改革

社会保障制度是市场经济的基本制度之一，其完善水平在很大程度上标志着市场经济发展的水平。我国社会保障制度一直落后于其他制度的改革，近些年已经加快了改革的步伐，社会保险、社会救助、社会优抚等基本制度逐渐完善，

---

① 参见赵惠敏：《所得课税理论创新与中国所得课税优化设计》，中国财政经济出版社2003年版，第276页。

《中共中央关于完善社会主义市场经济体制若干问题的决定》和十届人大的立法规划都高度重视社会保障制度的完善。

我国社会保障制度改革的总体目标是建立功能健全、社会化程度高、有充分资金保证的社会保障体系。社会保障改革方案的设计需要明确以下两点:一是我国是一个发展中国家,人口众多,国家综合经济实力并不雄厚。社会保障的范围只能逐步拓宽,保障的社会化程度只能逐步提高,要充分考虑政府及社会各方面的承受能力,在实现经济增长的前提下逐步提高社会保障水平。二是居民个人作为社会保障筹资方式的一个重要渠道,要考虑到我国目前居民总体收入和消费水平并不高,而且存在很大差异。因此,居民个人对社会保障的缴费率要适度,不能定得太高。总之,下一步我国社会保障要从国情出发,既要迈出改革的步伐,又要稳妥可行,使之与我国的经济发展水平相适应。

要注意发挥财政在社会保障中的主导作用。社会保障既是一个分配问题,也是一项政府行为,单靠市场机制无法完全实现,需要国家财政参与分配和管理。在建立和发展社会保障体系的过程中,财政始终具有重要的地位和作用。财政是国民收入分配的总枢纽,是国家实施宏观调控的重要手段,而社会保障作为以政府为主体参与社会分配的行为,其本身就构成了财政分配的重要内容,理应纳入国家财政管理范围。[①]

2004 年"两会"有许多代表和委员提出将社会保险费转变为社会保障税,使得社会保障税问题再次成为关注焦点。世界大多数发达国家均开征社会保障税,这是建立市场经济的基础性制度和保障性制度,随着社会主义市场经济体制的逐渐完善,我国作出考虑开征社会保障税的决策是非常英明的。可以预见,社会保障税的开征也将成为我国未来财税法改革的焦点之一。

本 章 小 结

在深刻探讨社会保障税的概念、特征及演变的基础上,本章详细介绍了西方主要发达国家的社会保障税法。美国是采用混合型模式的典型国家。英国采用按承保对象分类设置的社会保障税模式。德国社会保障税采用的是占社会保障支出较大比重的筹资模式。瑞典的社会保障税采用的也是项目型社会保障税模式。加拿大实施社会保障计划、贯彻社会保障法令依靠的是财政支出中对个人的转移支付。

我国社会保障税的构想是纳税人应当包括企业、机构、城镇劳动者个人和农

[①] 参见徐竞:《浅谈我国社会保障制度的改革和发展思路》,载《湖北财税(理论版)》2003 年第 2 期。

民个人。社会保障税的课税对象主要是雇主支付的工资薪金、雇员取得的工薪收入及自营业主的事业纯收益。作为一个发展中国家，目前我国的社会保障税率不宜过高，比较适合由单位负担大头，职工个人负担小头，再由国家负担一小部分。

我国社会保障制度改革的总体目标是建立功能健全、社会化程度高、有充分资金保证的社会保障体系。我们要力图建立市场经济的基础性制度和保障性制度，随着社会主义市场经济体制的逐渐完善，我国作出考虑开征社会保障税的决策是非常英明的。可以预见，社会保障税的开征也将成为我国未来财税法改革的焦点之一。

| 思考题 |

1. 简述西方主要发达国家社会保障税概况。
2. 社会保障税有几种税制模式？
3. 我国社会保障税应如何进行立法？
4. 试述我国社会保障税的改革趋势和发展方向。

税收债务法之四 财产税和行为税债法制度

绪　　论

我国现行税制体制中,除了作为主体部分的流转税和所得税以外,还存在许多其他的税种,这些税种依据其征税对象可以归入财产税和行为税类。近年来,随着财产税与行为税法规、规范的陆续颁布与施行,结束了我国财产税与行为税长期无法可依的局面,这不仅有利于增加国家财政收入、减轻国家财政支出的负担,在一定程度上推动国家经济的发展,在调控经济和调节分配方面更是发挥了越来越重要的作用。

一、财产税和财产税法

财产税是以纳税人所拥有或支配的特定财产为征税对象的一类税。财产税法是调整财产税收征纳关系的法律规范的总称。

财产税区别于流转税,前者课税对象是财产,多半不发生流通,后者课税的对象是商品,而且都必须加入商品流通的行列;财产税区别于所得税,前者是对社会财富的存量即财产本身的数量或价值课税,后者是对社会财富的流量即所得或收益课税。

我国现行的财产税法律制度经过改革整合以后包括了房产税、契税等八个税种,根据《国务院关于实行分税制财政管理体制的决定》,这些税种中除了资源税和车辆购置税以外,都属于地方政府固定收入。因此,财产税收入主要流向地方政府,但是就目前情况看,财产税却不是我国地方政府的主体税种。2010年上半年统计数据表明,1—6月财产税收入除车辆购置税和共享的部分资源税以外共计3000多亿元,而同期地方本级收入20579.41亿元,也就是说,财产税收入仅占地方收入的不到17%。

2010 年 1—6 月税收总收入和主要税种收入表　　　　（单位：亿元）

税种	收入	比去年同期增收	增长率(%)
税收总收入	38611.53	9081.46	30.8
国内增值税	10387.22	1185.62	12.9
国内消费税	3128.16	931.73	42.4
进口货物增值税、消费税	5230.04	1856.37	55.0
关税	1022.22	365.10	55.6
出口退税	-3532.27	-18.34	0.5
营业税	5746.63	1437.43	33.4
企业所得税	8079.92	1259.48	18.5
个人所得税	2625.29	473.27	22.0
证券交易印花税	246.84	33.72	15.8
房产税	457.80	32.18	7.6
车辆购置税	825.65	309.85	60.1
城镇土地使用税	524.95	22.04	4.4
土地增值税	629.70	310.70	97.4
耕地占用税	452.91	129.98	40.3
资源税	212.30	32.61	18.1
契税	1212.02	413.27	51.7
上述税种收入合计	37249.38	8775.01	30.8

　　从税收学的角度看，财产税具有成为地方主体税种的良好禀赋，有很大的潜力发展为地方主要财源。这是因为：其一，财产税以非流动性生产要素为课税对象，可以避免因地方的税收竞争导致资源配置的效率损失；其二，财产税中很多税种，诸如房产税、城镇土地使用税、耕地占用税、土地增值税等涉及的房产、土地等财产的增值及收益的高低与当地的基础设施及地方政府的公共服务的优劣密切相关，由当地的企业和居民承担纳税义务，而征收的财产税收入主要用于地区性的公共服务，从而体现了缴税与受益对等原则；其三，财产税涉及的税源比较零星分散，而且具有相当大的地区差别，征收难度较大，地方征管可以带来更高的税务行政效率；其四，财产税以不动产税类为主要形式，由于房屋等不动产不能随意移动，隐匿比较困难，故房产税等财产税税源比较可靠、稳定，并且随着人口的增加和经济的发展，房屋等财产不断增加，财产税可以成为地方政府的一个相当丰富的税收来源。

　　因此，推进财产税作为地方政府的主体税种，不仅有助于有效地调节收入与财富的差距，还有助于为地方经济的可持续发展筹集足额的财政资金，并可以为分税制财政体制的真正完善提供可靠的支持。

二、行为税和行为税法

行为税亦称特定行为税或特定目的税,是政府为实现特定的目的,对某些行为所征收的一类税收。行为税法是指国家制定的调整特定行为税收关系的法律规范的总称。

行为税与流转税、所得税、财产税既有区别又有联系,因为从广义上理解,几乎所有的税种都可以归入行为税类,但是在以征税对象作为标志而对税收进行科学分类的情况下,流转行为列入流转税的征税对象,收益行为列入所得税的征税对象,财产行为列入财产税的征税对象,因此行为税法的征税范围便大大缩小,不再是泛指生活中的一切行为,而是国家根据特定目的的需要,针对社会生活中某些需要加以调控的特定行为予以选择课税,使之符合国家宏观上的社会和经济目标之要求,如对财产和商事凭证贴花行为征收印花税等。

行为税收入零星分散,一般作为辅助税种,成为地方政府筹集地方财政资金的一种手段。我国目前的行为税主要是印花税和归入行为税的城市维护建设税,二者均为中央和地方共享收入,在税收收入中不占据主要位置。以 2009 年为例,全年财政收入 59521.59 亿元,而印花税收入仅有 897.49 亿元(其中包括证券交易印花税 510.38 亿元),仅占税收收入的 1.5%,城市维护建设税收入 1544.11 亿元,仅占税收收入的 2.59%。

第十九章　财产税债法制度

财产税是对社会财富的存量课税,作为财产税征税对象的财产多是不直接参与流转或交易的财产。我国现行的财产税法律制度包括资源税法律制度①、房产税法律制度、城镇土地使用税法律制度、耕地占用税法律制度、契税法律制度、车辆购置税法律制度、车船税法律制度和土地增值税法律制度等。

第一节　财产税债法制度概述

一、财产税的概念

财产税是以纳税人所拥有或支配的特定财产为征税对象的一类税。

财产在广义上包括自然资源,以及人类创造的各种物质财富和非物质财富。但作为财产税征税对象的财产并不是广义上的全部财产,而只能是某些特定的财产。作为财产税征税对象的财产,可以分为两大类:一类是不动产,如土地、房屋、建筑物等,这类财产不易被隐瞒和转移,对其征税容易;另一类是动产,包括有形动产和无形动产,有形动产如营业用设备、原材料、车辆等,无形动产如股票、债券、银行存款等,由于无形动产易被隐瞒和转移,不利于控制税源,征收管理比较困难,因此,各国一般只将不动产和有形动产作为征税对象。

二、财产税的特点

同其他税种相比,财产税主要具有以下特点:

1. 财产税的征税对象是财产,是对社会财富的存量课税。作为课税对象的财产多是不直接参与流转或交易的财产。这是财产税与流转税、所得税的最根本的区别。

2. 财产税属于直接税,税负不易转嫁。财产税主要由对财产进行占有、使用或收益的主体直接承担,并且主要是对使用、消费过程中的财产征收,而不是对生产、流通领域的财产征收,因而其税负很难转嫁。

3. 财产税课征具有区域性。财产税一般由地方掌握,并将其列入地方财政的收入来源,地方政府有较大的管理权限,可依据本地区的实际情况确定开征或

---

① 实际上,资源税并不属于财产税,因为其不是以"财产"为征税对象,而是体现了国有资源有偿使用的原则。本书将资源税编入财产税章节是出于编写体例的考虑。

停征,确定征税范围、税率高低和征收管理办法等,具有较强的区域性。

4. 财产税是辅助性税种。财产税历史悠久,但现代国家多以商品税、所得税为主体税种,而财产税在各国税制体系中多为辅助性税种。

此外,财产税还具有税源广泛、征收管理复杂的特点。

三、财产税的分类

(一) 一般财产税与特别财产税

此项分类的依据是征税范围的不同。所谓一般财产税,也称综合财产税,它是对纳税人的全部财产进行综合计征的财产税。但在现实中,一般财产税并非以全部财产额为计税依据,而是要考虑日常生活必需品的免税、一定货币数量以下的财产免课以及负债的扣除等,即要规定一定的宽免额或扣除额,在技术上实施较为困难。所谓特别财产税,也称个别财产税或特种财产税,是对纳税人的一种或几种财产单独或合并课征的财产税,如对土地课征的土地税;对房屋课征的房屋税或房产税等。个别财产税是财产税最早存在的形式,它在课征时一般不需要考虑免税和扣除。

(二) 静态财产税与动态财产税

此项分类的依据是课征对象的不同。所谓静态财产税,是对在一定时期内权利未发生变动的财产,依其数量或价值征收的一种财产税。纳税人因在一定时期内保有财产的占有、用益等权利而必须依法纳税,如房产税、地产税等个别财产税和一般财产税,均属于静态财产税。所谓动态财产税,是对在一定时期内因无偿转移而发生所有权移转变动的财产征收的一种财产税,动态财产税最为典型的形式是遗产税和赠与税等。

(三) 经常财产税与临时财产税

此项分类的依据是课征时序不同。所谓经常财产税是指每年都要课征,具有经常性的税收收入的财产税,因而亦称常年财产税。这种税收通常占财产税的大部分。临时财产税是指在非常时期为筹措经费而临时开征的财产税。如政府在国家遭遇战争、严重自然灾害或偿还债务等非常时期,为筹措经费,大多要征收各种临时税。临时财产税所占的比重一般不会太大,但税率可能比经常财产税的税率要高。现代财产税多指经常财产税,极少有临时财产税。

(四) 从量财产税与从价财产税

此项分类的依据是计税方法的不同。从量财产税是指以纳税人的应税财产数量为计税依据,实行从量定额征收的财产税。由于纳税人应纳税额的多少取决于其拥有的财产的数量,而与其财产的价值无关,所以从量财产税一般不受价格变动的影响。从价财产税是指以纳税人的应税财产的价值为计税依据,实行从价定率征收的财产税。由于纳税人应纳税额的多少取决于其其拥有的财产价值的大小,所以从价财产税通常受价格变动的影响较大。

财产税的分类见仁见智,在国际上还没有一致公认的标准。尽管理论上的分类多样繁复,但世界各国在现实中征收的财产税大略均有土地税、房产税、房地产税、车辆税、财产净值税、遗产税等几种。

四、财产税的历史沿革

(一)财产税溯源

财产税的历史大致可以追溯到私有制产生之时,但当时生产力水平低下,社会财富较少,土地是最重要的生产资料,也是私有财产的一种主要形式,对土地的征税就成为最早的财产税。我国奴隶社会对土地课征的"贡"、"助"、"彻",是我国历史上财产税的雏形。春秋时期鲁国于公元前594年开始对井田以外的私田征税,称为"初税亩",这是我国历史上首次以法律形式承认了土地的私有权和地主经济的合法化。实行"初税亩"后,土地再不具有"王室所有"的性质,而真正成为私人的财产,对土地征收的财产税也就从雏形阶段走向成熟阶段。汉代课征的"车船税"、唐代课征的"间架税",都属于财产税。

现代意义上的财产税创始于1892年的荷兰,之后德国、丹麦、瑞典、挪威等国相继开征了财产税。随着社会生产力的发展和各个社会政治经济情况的变化,财产的种类日益增多,财产税的课税对象发生了很大变化,财产税的征收范围因此而不断扩大,税种也渐渐增多,除了土地税,还有房产税、车船税、遗产税等。

(二)财产税在我国的发展

新中国成立后,财产税一直作为整个税制的辅助部分而存在。1950年1月由政务院颁布的《全国税政实施要则》规定的14种税中,属于财产税的有房产税、地产税、遗产税。改革开放以后,经济迅速发展,城乡居民收入水平大幅度提高,个人和法人拥有的各类财产大量增加,在我国课征财产税已有了深厚的经济基础,因此国家先后恢复开征了部分财产税。目前的财产税体系包括资源税、房产税、城镇土地使用税、耕地占用税、契税、土地增值税、车辆购置税、车船税等。

第二节 我国资源税法律制度

一、资源税法概述

资源税是国家对在我国境内从事资源开发、利用的单位和个人,就其资源生产和开发条件的差异形成的级差收入而征收的一种税,体现了国有资源有偿使用原则。资源税法则是指调整我国资源税征纳关系的法律规范的总称。

资源税在我国的历史源远流长。早在周朝就有"山泽之赋",对在山上伐木、采矿、狩猎,在水上捕鱼、煮盐等,都要征税。虽然有学者认为这属于行为税性质,但也可以认为是对开发利用森林资源、矿产资源、动物资源所征收的税收。战国时期秦国对盐的生产、运销所课征的"盐课",也属于资源税。明朝"坑治之课",实际上就是矿税,其征收对象包括金、银、铜、铝、朱砂等矿产品。国民党统治时期,也曾对盐、铁征税。

新中国成立初期,我国在颁布的《全国税政实施要则》中规定对盐的生产、运销征收盐税。1973年盐税并入工商税的范围。1984年第二步利改税时,国家在对部分矿产品征收产品税的基础上,单独开征资源税,同时将盐税从原工商税中分离出来,与资源税并行征收。1993年税制改革时,扩大了资源税的征税范围,适度地提高了单位税额,并将盐税并入到资源税中作为一个税目。现行的资源税法律制度主要是1993年国务院颁布的《中华人民共和国资源税暂行条例》及同年由财政部颁布的《中华人民共和国资源税暂行条例实施细则》,均于1994年1月1日起施行。

开征资源税,是国家运用法律和税收手段保护国有资源、维护国家权益的重要举措,既有利于国有资源的合理开发、节约利用和有效配置;还可以合理调节资源级差收入,有利于企业的公平竞争;同时,因各种应税资源的开采量都比较大,征收资源税也能增加国家的财政收入。

二、资源税的纳税人

资源税纳税人是在中华人民共和国境内开采应税矿产品或者生产盐的单位和个人,包括外商投资企业和外国企业(除国务院另有规定以外)。

对资源税纳税人的理解应注意以下问题:

1. 资源税是对在中国境内生产或开采应税资源的单位或个人征收,而对进口应税资源产品的单位或个人不征资源税。相应的对出口应税产品也不退(免)已纳的资源税。

2. 资源税在出厂销售或移作自用时一次性征收,而对已税产品批发、零售的单位和个人不再征收资源税。

3. 中外合作开采石油、天然气,按照现行规定,只征收矿区使用费,暂不征收资源税。

4. 独立矿山、联合企业和其他收购未税矿产品[①]的单位为资源税的扣缴义务人。

---

① 未税矿产品,是指资源税纳税人在销售其矿产品时不能向扣缴义务人提供"资源税管理证明"的矿产品。

三、资源税的征税范围

现行资源税只将关系国计民生且级差收入差异较大的国有资源列入征税范围。应当征收资源税的资源大体可以分为矿产品和盐,目前有七大类:

1. 原油。是指开采的天然原油,不包括人造石油。
2. 天然气。是指专门开采或与原油同时开采的天然气,煤矿生产的天然气暂不征税。
3. 煤炭。是指原煤,不包括洗煤、选煤及其他煤炭制品。
4. 其他非金属矿原矿。是指除上列产品和井矿盐以外的非金属矿原矿。
5. 黑色金属矿原矿。
6. 有色金属矿原矿。
7. 盐。包括固体盐、液体盐。固体盐,包括海盐、湖盐原盐和井矿盐。液体盐,是指卤水。

四、资源税应纳税额的计算

(一)资源税的计税依据

资源税以应税资源产品的课税数量为计税依据。因此,课税数量是计税的关键。关于课税数量的确定,税法作了如下规定:

1. 纳税人开采或生产应税产品用于销售的,以销售数量为课税数量。
2. 纳税人开采或生产应税产品用于自用的,以自用数量为课税数量。
3. 纳税人不能准确提供应税产品销售数量或移送使用数量的,以应税产品的产量或主管税务机关确定的折算比换算成的数量为课税数量。
4. 原油中的稠油、高凝油与稀油划分不清或不易划分的,一律按原油的数量课税。
5. 煤炭按加工产品的综合回收率还原成原煤数量为课税数量。
6. 金属和非金属矿产品原矿,因无法准确掌握纳税人移送使用原矿数量的,可将其精矿按选矿比折算成原矿数量,以此作为课税数量。
7. 纳税人以自产液体盐加工固体盐,按固体盐税额征税;纳税人以外购的已税液体盐加工固体盐,其加工固体盐所耗用液体盐的已纳税额准予抵扣。
8. 扣缴义务人代扣代缴税款时,以收购的未税应税产品的数量为课税数量。

(二)资源税的税率

资源税采用幅度定额税率,对单位应税产品规定了固定的数额幅度,实行从量定额征收。不同资源产品税额不同,同一资源产品因产品质量和产区不同,税额也不相同。

资源税税目税额幅度表

税目	税额幅度
一、原油	8—30 元/吨
二、天然气	2—15 元/千立方米
三、煤炭	0.3—5 元/吨
四、其他非金属矿原矿	0.5—20 元/吨或者立方米
五、黑色金属矿原矿	2—30 元/吨
六、有色金属矿原矿	0.4—30 元/吨
七、盐	
固体盐	10—60 元/吨
液体盐	2—10 元/吨

纳税人具体适用的单位税额,由财政部根据其资源和开采条件等因素的变化情况适当进行定期调整。对于划分资源等级的应税产品,如果在几个主要品种的矿山资源等级表中未列举适用的税额,由省、自治区、直辖市人民政府根据纳税人的资源状况,参照确定的邻近矿山的税额标准,在浮动30%的幅度内核定,并报财政部和国家税务总局备案。

此外,纳税人开采或者生产不同税目应税产品的,应当分别核算不同税目应税产品的课税数量;未分别核算或者不能准确提供不同税目应税产品的课税数量的,从高适用税额。

(三) 资源税的计算方法

资源税的应纳税额按应税产品的课税数量和规定的单位税额计算。其计算公式为:

$$应纳税额 = 课税数量 \times 单位税额$$

五、资源税的减免

由于资源税带有补偿性,凡开发利用国有资源者,原则上都应依法纳税。因此,各国在立法中,很少规定减免税项目。考虑到资源开采企业的特殊情况及资源税政策的连贯性,我国规定了以下减免税项目:

1. 开采原油过程中用于加热、修井的原油免税。

2. 自2007年2月1日起,北方海盐资源税暂减按15元/吨征收;南方海盐、湖盐、井矿盐资源税暂减按10元/吨征收;液体盐资源税暂减按2元/吨征收。

3. 对地面抽采煤层气(煤矿瓦斯)暂不征收资源税。

4. 对冶金联合企业矿山(含1993年12月31日后从联合企业矿山中独立出来的铁矿山企业)铁矿石资源税,减按规定税额标准的40%征收。对于由此造成地方财政减少的收入,中央财政将予以适当补助。

5. 国务院规定的其他减免税项目。

纳税人的减、免税项目,应当单独核算课税数量;单独核算或者不能准确提供课税数量的,不予减税或免税。

八、资源税的征收与管理

(一) 纳税义务发生的时间

1. 纳税人采取分期收款结算方式的,其纳税义务发生时间为销售合同规定的收款日期的当天。

2. 纳税人采取预收货款结算方式的,其纳税义务发生时间为发出应税产品的当天。

3. 纳税人采取其他结算方式的,其纳税义务发生时间为收讫销售款或者取得索取销售款凭据的当天。

4. 纳税人自产自用应税产品的纳税义务发生时间,为移送使用应税产品的当天。

5. 扣缴义务人代扣代缴税款的纳税义务发生时间,为支付首笔货款或开具应支付货款凭据的当天。

(二) 纳税期限

资源税的纳税期限为1日、3日、5日、10日、15日或者1个月,由主管税务机关根据实际情况具体核定。不能按固定期限计算纳税的,可以按次计算纳税。纳税人以1个月为一期纳税的,自期满之日起10日内申报纳税;以1日、3日、5日、10日或者15日为一期纳税的,自期满之日起5日内预缴税款,于次月1日起10日内申报纳税并结清上月税款。

(三) 纳税地点

纳税人应当向应税产品的开采地或者生产所在地主管税务机关缴纳。

纳税人跨省开采资源税应税产品,其下属生产单位与核算单位不在同一省、自治区、直辖市的,对其开采的矿产品,一律在开采地纳税。

扣缴义务人代扣代缴的资源税,应当向收购地主管税务机关缴纳。

第三节 我国房产税法律制度

一、房产税法概述

房产税是以房屋为征税对象,即以房屋形态表现的财产,按房屋的计税余值或租金收入为计税依据,向产权所有人或使用人征收的一种财产税。现行的房产税是第二步利改税以后开征的,1986年9月15日,国务院正式发布了《中华人民共和国房产税暂行条例》,自当年10月1日起开始实施。

房产税具有下列特点：
1. 房产税属于财产税中的个别财产税，其征税对象只是房屋。
2. 征收范围限于城镇的经营性房屋。
3. 区别房屋的经营使用方式规定征税办法，对于自用房屋按房产计税余值征收，对于出租房屋按租金收入征税。

房产税的征收有利于调节房产所有人和使用人的收入；有利于积累建设资金，促进房产的开发和建设，改善城乡居民的居住条件；有利于加强房产管理，提高房屋的使用效益。

二、房产税的纳税人

房产税的纳税人是房屋的产权所有人，包括国家所有和集体、个人所有房屋的产权所有人、承典人、代管人或使用人。
1. 产权出典的，由承典人纳税。
2. 产权所有人、承典人不在房屋所在地的，由房产代管人或者使用人纳税。
3. 产权未确定及租典纠纷未解决的，亦由房产代管人或者使用人纳税。
4. 无租使用其他房产的，由房产使用人纳税。

另外，自2009年1月1日起，废止《中华人民共和国城市房地产税暂行条例》，外商投资企业、外国企业和组织以及外籍个人（包括港澳台资企业和组织以及华侨、港澳台同胞,）依照《中华人民共和国房产税暂行条例》缴纳房产税。

三、房产税的征税范围

房产税的征税范围是在我国境内城市、县城、建制镇和工矿区内用于生产经营的房屋，不包括农村的房屋。

所谓房屋，是指有屋面和围护结构，能遮风避雨，可供人们生产、学习、工作、生活的场所。与房屋不可分割的各种附属设施或不单独计价的配套设施，也属于房屋，应一并征收房产税；但独立于房屋之外的建筑物（如水塔、围墙等）不属于房屋，不征房产税。

四、房产税应纳税额的计算

（一）房产税的计税依据

1. 从价计征

对纳税人经营自用的房屋，以房产的余值为计税依据，实行从价计征。这里的"房产余值"是指房产原值①一次减除 10%—30% 的扣除比例后的余值。各地扣除比例由当地省、自治区、直辖市人民政府确定。

纳税人对原有房屋进行改建、扩建的,要相应增加房屋的原值。

2. 从租计征

纳税人出租的房屋以租金收入为计税依据,实行从租计征。房产的租金收入是房屋产权所有人出租房产使用权取得的报酬,包括货物收入和实物收入。如果是以劳务或者其他形式为报酬抵付房租收入的,应根据当地同类房产的租金水平,确定一个标准租金额从租计征。

(二) 房产税的税率

我国现行的房产税采用的是比例税率。依照房产余值计算缴纳的,税率为 1.2%;依照房产租金收入计算缴纳的,税率为 12%,对个人按市场价格出租的居民住房,暂按 4% 税率征收房产税。

(三) 房产税的计算方法

应纳税额计算公式为:

实行从价计征的应纳房产税额 = 应税房产原值 × (1 - 扣除比例) × 1.2%

实行从租计征的应纳房产税额 = 租金收入 × 12%(个人为 4%)

五、房产税的减免

由于房产税属地方税,因此给予地方一定的减免权限,有利于地方因地制宜地处理问题。目前,房产税的税收优惠政策主要有:

1. 国家机关、人民团体、军队自用的房产免征房产税。但上述免税单位的出租房产以及非自身业务使用的生产、营业用房,不属于免税范围。

2. 由国家财政部门拨付事业经费的单位,本身业务范围内使用的房产免征房产税。

3. 宗教寺庙、公园、名胜古迹自用的房产免征房产税。

4. 个人所有非营业用的房产免征房产税。

5. 对行使国家行政管理职能的中国人民银行总行(含国家外汇管理局)所属分支机构自用的房产,免征房产税。

6. 经财政部批准免税的其他房产。

此外,纳税人纳税确有困难的,可由省、自治区、直辖市人民政府确定,定期减征或者免征房产税。

---

① 自 2009 年 1 月 1 日起,对依照房产原值计税的房产,不论是否记载在会计账簿固定资产科目中,均应按照房屋原价计算缴纳房产税。房屋原价应根据国家有关会计制度规定进行核算。

六、房产税的征收与管理

(一) 纳税义务发生时间

1. 纳税人将原有房产用于生产经营,从生产经营之月起计征房产税。
2. 纳税人自行新建房屋用于生产经营,从建成之次月起计征房产税。
3. 委托施工企业建设的房屋,从办理验收手续之次月起(此前已使用或出租、出借的新建房屋,应从使用或出租、出借的当月起)计征房产税。
4. 购置新建商品房,自房屋交付使用之次月起计征房产税。
5. 购置存量房,自办理房屋权属转移、变更登记手续,房地产权属登记机关签发房屋权属证书之次月起计征房产税。
6. 出租、出借房产,自交付出租、出借房产之次月起计征房产税。
7. 房地产开发企业自用、出租、出借本企业建造的商品房,自房屋使用或交付之次月起计征房产税。

自2009年1月1日起,纳税人因房产的实物或权利状态发生变化而依法终止房产税纳税义务的,其应纳税款的计算应截止到房产的实物或权利状态发生变化的当月末。

(二) 纳税期限

房产税按年征收、分期缴纳。纳税期限由省、自治区、直辖市人民政府确定。

(三) 纳税地点

房产税由房产所在地的税务机关征收。房产不在一地的纳税人,应按房产的坐落地点,分别向房产所在地的税务机关缴纳房产税。纳税人应根据规定,将现有房屋的坐落地点、结构、面积、原值、出租收入等情况,据实向当地税务机关办理纳税申报。

第四节 我国契税法律制度

一、契税法概述

契税是指在土地、房屋权属转移时,向取得土地使用权、房屋所有权的单位和个人征收的一种税。

契税是一个古老的税种,最早起源于东晋的"古税",至今已有一千六百多年的历史。新中国成立以后颁布的第一个税收法规就是《契税暂行条例》。改革开放以后,为了适应市场经济发展的需要,1994年我国开始对财税体制进行重大改革,并于1997年发布了新的《契税暂行条例》及其《实施细则》。

二、契税的纳税人

契税的纳税人,是境内转移土地、房屋权属时承受的单位和个人,包括外资企业和外籍个人。具体是指国有土地使用权出让或土地使用权转让中的受让人、房屋的买主、房屋赠与承受人、房屋交换的双方。

三、契税的征税范围

契税的征税范围是境内转移的土地、房屋权属。具体包括以下五项内容:
1. 国有土地使用权出让。
2. 土地使用权的转让。
3. 房屋买卖。
4. 房屋赠与。
5. 房屋交换。

随着经济的发展,一些权属转移方式也纳入了契税的征税范围,主要包括:以土地、房屋权属作价投资、入股;以土地、房屋权属抵债;以获奖方式承受土地、房屋权属;以预购方式或者预付集资建房款方式承受土地、房屋权属。

四、契税应纳税额的计算

(一) 契税的计税依据

契税的计税依据为不动产的价格。由于土地、房屋权属转移方式不同,定价方法不同,因而具体计税依据视不同情况而定。

1. 国有土地使用权出让、土地使用权出售、房屋买卖,以成交价格为计税依据。
2. 土地使用权赠与、房屋赠与,计税依据由征收机关参照土地使用权出售、房屋买卖的市场价格核定。
3. 土地使用权交换、房屋交换,计税依据为所交换的土地使用权、房屋的价格差额。
4. 以划拨方式取得土地使用权,经批准转让房地产时,由房地产转让者补交契税。计税依据为补交的土地使用权出让费用或者土地收益。

成交价格明显低于市场价格并且无正当理由的,或者所交换土地使用权、房屋的价格的差额明显不合理并且无正当理由的,征收机关可以参照市场价格核定计税依据。

5. 房屋附属设施征收契税的依据:

(1) 采取分期付款方式购买房屋附属设施土地使用权、房屋所有权的,应按合同规定的总价款计征契税。

（2）承受的房屋附属设施权属如为单独计价的，按照当地确定的适用税率征收契税；如与房屋统一计价的，适用与房屋相同的契税税率。

6. 个人无偿赠与不动产的（法定继承人除外），应对受赠人全额征收契税。

（二）契税的税率

契税实行3%—5%的幅度税率。实行幅度税率是考虑到我国经济发展的不平衡，各地经济差别较大的实际情况。因此，各省、自治区、直辖市人民政府可以在3%—5%的幅度税率范围内，按照本地区的实际情况决定。

（三）应纳税额的计算方法

契税采用比例税率。当计税依据确定以后，应纳税额的计算比较简单。应纳税额的计算公式为：

$$应纳税额 = 计税依据 \times 税率$$

五、契税的减免

根据现行规定，契税的优惠减免政策主要包括以下内容：

1. 国家机关、事业单位、社会团体、军事单位承受土地、房屋用于办公、教学、医疗、科研和军事设施的，免征契税。
2. 城镇职工按规定第一次购买公有住房，免征契税。
3. 因不可抗力灭失住房而重新购买住房的，酌情减免。
4. 土地、房屋被县级以上人民政府征用、占用后，重新承受土地、房屋权属的，由省级人民政府确定是否减免。
5. 承受荒山、荒沟、荒丘、荒滩土地使用权，并用于农、林、牧、渔业生产的，免征契税。
6. 经外交部确认，依照我国有关法律规定以及我国缔结或参加的双边和多边条约或协定，应当予以免税的外国驻华使馆、领事馆、联合国驻华机构及其外交代表、领事官员和其他外交人员承受土地、房屋权属。
7. 自2008年11月1日起，对个人首次购买90平方米及以下普通住房的，契税税率暂统一下调到1%，首次购房证明由住房所在地县（区）住房建设主管部门出具。

六、契税的征收和管理

（一）纳税义务发生时间

纳税人在签订土地、房屋权属转移合同的当天，或者取得其他具有土地、房屋权属转移合同性质的凭证的当天，为纳税义务发生时间。

（二）纳税期限和纳税地点

纳税人应当自纳税义务发生之日起10日内，向土地、房屋所在地的契税征收机关办理纳税申报,并在契税征收机关核定的期限内缴纳税款。

纳税人办理纳税事宜后,征税机关应向纳税人开具契税完税凭证。纳税人持契税完税凭证和其他规定的文件材料,依法向土地管理部门、房产管理部门办理有关土地、房屋的权属变更登记手续。土地管理部门和房产管理部门应向契税征收机关提供有关资料,并协助契税征收机关依法征收契税。

第五节 我国耕地占用税法律制度

一、耕地占用税法概述

(一)耕地占用税和耕地占用税法

耕地占用税是对占用耕地建房或从事其他非农业建设的单位和个人,就其实际占用的耕地面积征收的一种税,它属于对特定土地资源占用课税。

土地是人类赖以生存的宝贵资源,耕地则是从事农业生产的基本条件,保持一定的耕地面积,对于农业生产乃至整个国民经济的发展,都有着根本性的意义。我国土地辽阔,但可以耕种的土地面积不到20亿亩,仅占国土面积的8%。而近年来,农村居民建房和非农业建设占用的耕地又越来越多,这种现象若得不到有效控制,势必会影响农业的发展,从而危害整个国民经济的健康运行。为了保护耕地,在20世纪80年代,我国曾经发布《耕地占用税暂行条例》,由于颁布时间较早,条例中很多内容都已经不适应我国发展的需要,因此2007年国务院发布了新的《耕地占用税暂行条例》,该条例自2008年1月1日起施行,与之配套的《耕地占用税暂行条例实施细则》也于同年2月施行。

(二)耕地占用税的特点

耕地占用税与其他税种有着很大的不同,其主要特点是:

1. 征税范围特定。耕地占用税以建房或者从事其他非农业建设所占用的耕地为征税对象,用于农业生产的耕地则不在征税之列,体现了国家重视农业、保护耕地的政策。

2. 耕地占用税以县为单位,以人均耕地面积为标准,分别规定单位税额。人均耕地面积越小的地区,单位税额标准越高,体现了国家在耕地资源稀缺地区严格限制占用耕地的政策。

3. 实行一次性征收。耕地占用税在占用耕地环节一次性征收,以补偿占用耕地所造成的部分损失。这一特点决定了耕地占用税既可以通过规定较高的税额,强化对纳税人占用耕地的限制和调节作用,控制非农业基本建设,又可以避免税额较高给纳税人生产和生活带来的长期影响。

二、耕地占用税的纳税人

占用耕地建房或者从事其他非农业建设的单位和个人，都是耕地占用税的纳税人，包括外商投资企业。

三、耕地占用税的征税范围

耕地占用税的征税范围包括包括建房①或从事其他非农业建设而占用的国家所有和集体所有的耕地。

占用其他土地，如占用林地、牧草地、农田水利用地、养殖水面以及渔业水域滩涂等其他农用地建房或者从事非农业建设的，也应缴纳耕地占用税。适用税额可以适当低于当地占用耕地的适用税额，具体适用税额按照各省、自治区、直辖市人民政府的规定执行。

四、耕地占用税应纳税额的计算

（一）耕地占用税的计税依据

耕地占用税以纳税人实际占用的耕地面积为计税依据，包括经批准占用的耕地面积和未经批准占用的耕地面积。

（二）耕地占用税的税额

耕地占用税实行地区差别定额税率，以县为单位，根据人均占有耕地面积的多少，参照经济发展情况，将全国划分为四类不同的地区，确定相应的税额幅度。

1. 人均耕地不超过1亩的地区（以县级行政区域为单位，下同），每平方米为10元至50元；
2. 人均耕地超过1亩但不超过2亩的地区，每平方米为8元至40元；
3. 人均耕地超过2亩但不超过3亩的地区，每平方米为6元至30元；
4. 人均耕地超过3亩的地区，每平方米为5元至25元。

国务院财政、税务主管部门根据人均耕地面积和经济发展情况确定各省、自治区、直辖市的平均税额。各地适用税额，由省、自治区、直辖市人民政府在上述税额幅度内，根据本地区情况核定。各省、自治区、直辖市人民政府核定的适用税额的平均水平，不得低于国务院财政、税务主管部门确定的平均税额。

---

① 建房，包括建设建筑物和构筑物。农田水利占用耕地的，不征收耕地占用税。占用园地建房或者从事非农业建设的，视同占用耕地征收耕地占用税。

各省、自治区、直辖市耕地占用税平均税额表

地区	每平方米平均税额(元)
上海	45
北京	40
天津	35
江苏、浙江、福建、广东	30
辽宁、湖北、湖南	25
河北、安徽、江西、山东、河南、重庆、四川	22.5
广西、海南、贵州、云南、陕西	20
山西、吉林、黑龙江	17.5
内蒙古、西藏、甘肃、青海、宁夏、新疆	12.5

经济特区、经济技术开发区和经济发达且人均耕地特别少的地区，适用税额可以适当提高，但是提高的部分最高不得超过当地适用税额的50%。

占用基本农田的[①]，适用税额应当在当地适用税额的基础上提高50%。

（三）耕地占用税的计算方法

耕地占用税以纳税人实际占用的耕地面积为计税依据，按照规定的适用税额一次性征收。其计算公式如下：

应纳税额 = 实际占用耕地面积（平方米）× 适用定额税率

五、耕地占用税的减免

根据《耕地占用税暂行条例》，下列情形免征或减征耕地占用税

1．军事设施占用耕地免征耕地占用税；

2．学校、幼儿园、养老院、医院占用耕地免征耕地占用税。

3．铁路线路、公路线路、飞机场跑道、停机坪、港口、航道占用耕地，减按每平方米2元的税额征收耕地占用税。根据实际需要，国务院财政、税务主管部门商国务院有关部门并报国务院批准后，可以对此类情形免征或者减征耕地占用税。

4．农村居民占用耕地新建住宅，按照当地适用税额减半征收耕地占用税。

农村烈士家属、残疾军人、鳏寡孤独以及革命老根据地、少数民族聚居区和边远贫困山区生活困难的农村居民，在规定用地标准以内新建住宅缴纳耕地占用税确有困难的，经所在地乡（镇）人民政府审核，报经县级人民政府批准后，可以免征或者减征耕地占用税。

---

① 基本农田是指依据《基本农田保护条例》划定的基本农田保护区范围内的耕地。

六、耕地占用税的征收与管理

修改后的《耕地占用税暂行条例》规定耕地占用税由地方税务机关负责征收,改变了原来由财政机关征收的做法。土地管理部门在通知单位或者个人办理占用耕地手续时,应当同时通知耕地所在地同级地方税务机关。获准占用耕地的单位或者个人应当在收到土地管理部门的通知之日起 30 日内缴纳耕地占用税。土地管理部门凭耕地占用税完税凭证或者免税凭证和其他有关文件发放建设用地批准书。

纳税人临时占用耕地,应当缴纳耕地占用税。纳税人在批准临时占用耕地的期限内恢复所占用耕地原状的,全额退还已经缴纳的耕地占用税。

第六节 我国城镇土地使用税法律制度

一、城镇土地使用税法概述

城镇土地使用税是对在城市、县城、建制镇和工矿区范围内使用土地的单位和个人,按其实际占用的土地面积和规定的土地等级征收的一种税。

城镇土地使用税法是指调整城镇土地使用税征纳关系的法律规范的总称。我国人多地少,人均耕地面积更少,节约用地是我国的一项基本国策。现行的规范是国务院 1988 年发布并施行的《中华人民共和国城镇土地使用税暂行条例》,该条例于 2006 年底进行了修订,自 2007 年 1 月 1 日起施行。

开征城镇土地使用税有利于合理利用城镇土地,调节土地级差收入,提高土地使用效益,加强土地管理,并可以增加国家财政收入。

二、城镇土地使用税的纳税人

在城市、县城、建制镇、工矿区范围内使用土地的单位和个人,为城镇土地使用税的纳税人,包括外商投资企业、外国企业和外籍个人。

纳税人通常可以分为以下几类:

(1)拥有土地使用权的单位和个人;

(2)拥有土地使用权的单位和个人不在土地所在地的,其土地的实际使用人和代管人为纳税人;

(3)土地使用权未确定或权属纠纷未解决的,其实际使用人为纳税人;

(4)土地使用权共有的,共有各方都是纳税人,由共有各方分别纳税。

三、城镇土地使用税的征税范围

城镇土地使用税的征税范围是:城市、县城、建制镇和工矿区内属于国家所有和集体所有的土地,不包括农村集体所有的土地。

自2009年1月1日起,公园、名胜古迹内的索道公司经营用地,应按规定缴纳城镇土地使用税。

四、城镇土地使用税应纳税额的计算

(一) 城镇土地使用税的计税依据

城镇土地使用税以纳税人实际占用的土地面积①为计税依据,依照规定税额计算征收。

(二) 城镇土地使用税的税率

城镇土地使用税采用幅度定额税率,每平方米土地年税额规定如下:

1. 大城市1.5元至30元;
2. 中等城市1.2元至24元;
3. 小城市0.9元至18元;
4. 县城、建制镇、工矿区0.6元至12元。

省、自治区、直辖市人民政府,应当在规定的税额幅度内,根据市政建设状况、经济繁荣程度等条件,确定所辖地区的适用税额幅度。市、县人民政府应当根据实际情况,将本地区土地划分为若干等级,在省、自治区、直辖市人民政府确定的税额幅度内,制定相应的适用税额标准,报省、自治区、直辖市人民政府批准执行。

经省、自治区、直辖市人民政府批准,经济落后地区城镇土地使用税的适用税额标准可以适当降低,但降低额不得超过最低税额的30%。经济发达地区城镇土地使用税的适用税额标准可以适当提高,但须报经财政部批准。

(三) 城镇土地使用税的计算方法

城镇土地使用税应纳税额的计算公式为:

$$应纳税额 = 实际占用应税土地面积(平方米) \times 适用税额$$

五、城镇土地使用税的减免

根据《城镇土地使用暂行条例》以及其他法规的规定,下列土地免征土地使用税:

1. 国家机关、人民团体、军队自用的土地。
2. 由国家财政部门拨付事业经费的单位自用的土地。

---

① 纳税人实际占用的土地面积,是指由省、自治区、直辖市人民政府确定的单位组织测定的土地面积。尚未组织测量,但纳税人持有政府部门核发的土地使用证书的,以证书确认的土地面积为准;尚未核发土地使用证书的,应由纳税人据实申报土地面积。

3. 宗教寺庙、公园、名胜古迹自用的土地。
4. 市政街道、广场、绿化地带等公共用地。
5. 直接用于农、林、牧、渔业的生产用地。
6. 经批准开山填海整治的土地和改造的废弃土地,从使用的月份起免缴土地使用税5年至10年。
7. 由财政部另行规定免税的能源、交通、水利设施用地和其他用地。

此外,纳税人缴纳土地使用税确有困难需要定期减免的,由省、自治区、直辖市税务机关审核后,报国家税务局批准。

六、城镇土地使用税的征收与管理

(一)纳税义务发生时间

1. 纳税人购置新建商品房,自房屋交付使用之次月起,缴纳城镇土地使用税。
2. 纳税人购置存量房,自办理房屋权属转移、变更登记手续,房地产权属登记机关签发房屋权属证书之次月起,缴纳城镇土地使用税。
3. 纳税人出租、出借房产,自交付出租、出借房产之次月起,缴纳城镇土地使用税。
4. 以出让或转让方式有偿取得土地使用权的,应由受让方从合同约定交付土地时间的次月起缴纳城镇土地使用税;合同未约定交付时间的,由受让方从合同签订的次月起缴纳城镇土地使用税。
5. 纳税人新征用的耕地,自批准征用之日起满1年时开始缴纳土地使用税。
6. 纳税人新征用的非耕地,自批准征用次月起缴纳土地使用税。

(二)纳税期限

城镇土地使用税实行按年计算、分期缴纳的征收方法,具体纳税期限由省、自治区、直辖市人民政府确定。但对征用的耕地,自批准征用之日起满1年时开始缴纳土地使用税;征用的非耕地,自批准征用次月起缴纳土地使用税。

(三)纳税地点

城镇土地使用税的纳税地点为土地所在地,由土地所在地的税务机关负责征收。对纳税人使用的土地不属于同一市(县)管辖范围内的,由纳税人分别向土地所在地的税务机关申报缴纳。对在同一省(自治区、直辖市)管辖范围内,纳税人跨地区使用的土地,由省、自治区、直辖市地方税务局确定纳税地点。

第七节 我国土地增值税法律制度

一、土地增值税法概述

土地增值税是对有偿转让国有土地使用权及地上建筑物和其他附着物产权、取得增值性收入的单位和个人征收的一种税。这是我国对土地增值额或土地收益开征的第一个税种。

土地增值税法是指国家制定的用以调整土地增值税征收与缴纳之间权利及义务关系的法律规范。现行土地增值税的基本法规是1993年12月13日国务院颁布的《中华人民共和国土地增值税暂行条例》及其《实施细则》。

土地增值税的开征可以发挥税收分配的经济杠杆作用，合理调节土地增值收益，维护国家利益，规范房地产交易秩序，促进房地产市场健康发展。

二、土地增值税的纳税人

转让国有土地使用权、地上建筑物及其附着物并取得收入的单位和个人，为土地增值税的纳税人，包括外资企业和外籍个人。

三、土地增值税的征税范围

土地增值税的征税范围是转让国有土地使用权、地上建筑物及其附着物，在实际工作中，准确界定土地增值税的征税范围十分重要。

（一）征税范围的一般界定

土地增值税的征税范围常以三个标准来判定：

1. 转让的土地使用权是否国家所有。

农村集体所有的土地，应在补办土地征用或出让手续变为国家所有之后，再纳入土地增值税的征税范围。

2. 土地使用权、地上建筑物及其附着物是否发生产权转让。

3. 转让房地产是否取得收入。

（二）征税范围的具体情形

1. 以出售方式转让国有土地使用权、地上建筑物及附着物

包括以下情形：

（1）出售国有土地使用权的；

（2）取得国有土地使用权后进行房屋开发建造后出售；

（3）存量房地产的买卖。

2. 以继承、赠与方式转让房地产的

这种情况因属于无偿转让房地产的行为，所以不能将其纳入土地增值税的

征税范围。但是对于房地产的赠与，仅限于房产所有人、土地使用权所有人对其直系亲属或承担直接赡养义务人的赠与，或者是公益性赠与①。对于非公益性赠与，属于土地增值税的征税范围。

3. 房地产的交换

房地产交换过程中，既发生了房产产权、土地使用权的转移，交换双方又取得了实物形态的收入，属于土地增值税的征税范围。但对个人之间互换自有居住用房地产的，经当地税务机关核实，可以免征土地增值税。

4. 以房地产进行投资、联营

对于企业以房地产进行投资、联营的，投资、联营的一方以土地（房地产）作价入股进行投资或作为联营条件，将房地产转让到所投资、联营的企业中时，暂免征收土地增值税。对投资、联营企业将上述房地产再转让的，应征收土地增值税。

需注意的是，对于以土地（房地产）作价入股进行投资或联营的，凡所投资、联营的企业为从事房地产开发的，或者房地产开发企业以其建造的商品房进行投资和联营的，均应缴纳土地增值税。

5. 合作建房

对于一方出地，一方出资金，双方合作建房，建成后按比例分房自用的，暂免征收土地增值税；建成后转让的，应征收土地增值税。

6. 企业兼并转让房地产

在企业兼并中，对被兼并企业将房地产转让到兼并企业中的，暂免征收土地增值税。

四、土地增值税的计税依据

土地增值税的计税依据是转让房地产的增值额，即纳税人转让房地产的收入减除法律规定的扣除项目金额后的余额。

（一）应税收入的确定

纳税人转让房地产取得的应税收入，应包括转让房地产的全部价款及有关的经济收益。从收入的形式看，包括货币收入、实物收入和其他收入。

（二）扣除项目的确定

1. 新建房地产转让

允许的扣除项目包括：

---

① 即通过中国境内非营利的社会团体、国家机关将房屋产权、土地使用权赠与教育、民政和其他社会福利、公益事业的行为。

(1) 取得土地使用权所支付的金额

这一项目包括纳税人为取得土地使用权所支付的地价款,以及纳税人在取得土地使用权时按国家统一规定缴纳的有关费用,具体是指纳税人在取得土地使用权过程中为办理有关手续,按国家统一规定缴纳的有关登记、过户手续费。

(2) 房地产开发成本

这一项目是指纳税人房地产开发项目实际发生的成本,包括土地的征用及拆迁补偿费、前期工程费、建筑安装工程费、基础设施费、公共配套设施费、开发间接费用等。

(3) 房地产开发费用

房地产开发费用是指与房地产开发项目有关的销售费用、管理费用和财务费用。根据规定,财务费用中的利息支出,凡能够按转让房地产项目计算分摊并提供金融机构证明的,允许据实扣除,但最高不能超过按商业银行同类同期贷款利率计算的金额。其他房地产开发费用,按上述(1)、(2)项规定(即取得土地使用权所支付的金额和房地产开发成本,下同)计算的金额之和的 5% 以内计算扣除。凡不能按转让房地产项目计算分摊利息支出或不能提供金融机构证明的,房地产开发费用按上述(1)、(2)项规定计算的金额之和的 10% 以内计算扣除。计算扣除的具体比例,由各省、自治区、直辖市人民政府规定。具体公式如下:

纳税人能够按转让房地产项目计算分摊利息支出,并能提供金融机构的贷款证明的,其允许扣除的房地产开发费用为:利息+(取得土地使用权所支付的金额+房地产开发成本)×5% 以内(注:利息最高不能超过按商业银行同类同期贷款利率计算的金额)。

纳税人不能按转让房地产项目计算分摊利息支出或不能提供金融机构贷款证明的,其允许扣除的房地产开发费用为:(取得土地使用权所支付的金额+房地产开发成本)×10% 以内。

此外,需要注意的是,利息的上浮幅度按国家的有关规定执行,超过上浮幅度的部分不允许扣除;对于超过贷款期限的利息部分和加罚的利息也不允许扣除。

(4) 与转让房地产有关的税金

这部分税金是指在转让房地产时缴纳的营业税、城市维护建设税、印花税。因转让房地产缴纳的教育费附加,也可视同税金予以扣除。房地产开发企业按照《施工、房地产开发企业财务制度》有关规定,其在转让时缴纳的印花税因列入管理费用中,故在此不允许单独再扣除,而其他纳税人缴纳的印花税允许在此扣除。

第十九章 财产税债法制度

(5) 财政部规定的其他扣除项目

对从事房地产开发的纳税人可按上述(1)、(2)项规定计算的金额之和,加计20%扣除。此条优惠只适用于从事房地产开发的纳税人,其目的在于抑制炒买炒卖房地产的投机行为,保护正常开发投资者的积极性。

2. 存量房地产转让

可扣除的项目包括：

(1) 房屋及建筑物的评估价格。旧房及建筑的评估价格是指在转让已使用的房屋及建筑时,由政府批准设立的房地产评估机构评定的重置成本价①乘以成新度折扣率后的价格。评估价格须经当地税务机关确认。

$$评估价格 = 重置成本价 \times 成新度折扣率$$

(2) 取得土地使用权所支付的地价款和按国家统一规定交纳的有关费用。对取得土地使用权时未支付地价款或不能提供已支付的地价款凭据的,在计征土地增值税时不允许扣除。

(3) 转让环节缴纳的税金。

五、土地增值税应纳税额的计算

(一) 土地增值税的税率

土地增值税实行四级超率累进税率,具体见下表：

土地增值税四级超率累进税率表

级数	增值额与扣除项目金额的比率	税率(%)	速算扣除系数(%)
1	不超过50%的部分	30	0
2	超过50%至100%的部分	40	5
3	超过100%至200%的部分	50	15
4	超过200%的部分	60	35

(二) 应纳税额的计算方法

土地增值税按照纳税人转让房地产所取得的增值额和规定的税率计算征收,其计算公式是：

$$应纳税额 = \sum (每级距的增值额 \times 适用税率)$$

在实际工作中,分步计算比较繁琐,一般可以采用速算扣除法计算,具体公式如下：

---

① 重置成本,是指对旧房及建筑物,按转让时的建材价格及人工费用计算,建造同样面积、同样层次、同样结构、同样建设标准的新房及建筑物所需花费的成本费用。

1. 增值额未超过扣除项目金额50%

   土地增值税税额 = 增值额 × 30%
2. 增值额超过扣除项目金额50%，未超过100%

   土地增值税税额 = 增值额 × 40% - 扣除项目金额 × 5%
3. 增值额超过扣除项目金额100%，未超过200%

   土地增值税税额 = 增值额 × 50% - 扣除项目金额 × 15%
4. 增值额超过扣除项目金额200%

   土地增值税税额 = 增值额 × 60% - 扣除项目金额 × 35%

六、土地增值税的减免

（一）建造普通标准住宅的税收优惠

纳税人建造普通标准住宅出售，增值额未超过扣除项目金额20%的，免征土地增值税；超过20%的，就其全部增值额按规定计税。

（二）国家征用收回的房地产的税收优惠

因城市实施规划、国家建设的需要而搬迁，由纳税人自行转让原房地产的，比照有关规定免征土地增值税。

（三）个人转让房地产的税收优惠

自2008年11月1日起对个人销售住房暂免征收土地增值税。

七、土地增值税的征收与管理

纳税人应当自转让房地产合同签订之日起7日内向房地产所在地主管税务机关办理纳税申报，并在税务机关核定的期限内缴纳土地增值税。

土地增值税由税务机关征收。土地管理部门、房产管理部门应当向税务机关提供有关资料，并协助税务机关依法征收土地增值税。

第八节 我国车辆购置税法律制度

一、车辆购置税概述

车辆购置税是对在中国境内购置应税车辆的单位和个人征收的一种税，就其性质而言，属于直接税的范畴。

作为费改税的第一个税种，车辆购置税的前身是车辆购置附加费。车辆购置附加费作为公路建设专用的一项资金来源，于1985年5月1日在全国范围内普遍征收。多年来车辆购置附加费的征收在加快公路建设、促进社会经济发展和提高人民生活水平等方面发挥着重要作用，而且由于管理规范、操作简便，已经具有明显的税收特征。2000年10月22日,国务院颁布了《中华人民共和国车辆购置税暂行条例》,从2001年1月1日起正式征收车辆购置税。

二、车辆购置税的纳税人

车辆购置税的纳税人是在我国境内购买、进口、自产、受赠、获奖或者以其他方式取得并自用应税车辆的单位和个人,包括外资企业和外籍个人。

三、车辆购置税的征税范围

车辆购置税以列举的车辆作为征税对象,未列举的车辆不纳税。其征税范围包括汽车、摩托车、电车、挂车、农用运输车。

四、车辆购置税应纳税额的计算

(一)车辆购置税的计税依据

车辆购置税的计税依据是应税车辆的计税价格,计税价格根据不同情况,按照下列规定确定:

1. 纳税人购买自用的应税车辆的计税价格,为纳税人购买应税车辆而支付给销售者的全部价款和价外费用,不包括增值税税款。

2. 纳税人进口自用的应税车辆的计税价格为组成计税价格,其计算公式为:

$$组成计税价格 = 关税完税价格 + 关税 + 消费税$$

3. 纳税人自产、受赠、获奖或者以其他方式取得并自用的应税车辆的计税价格,由主管税务机关参照最低计税价格核定。国家税务总局参照应税车辆市场平均交易价格,规定不同类型应税车辆的最低计税价格。

4. 纳税人购买自用或者进口自用应税车辆,申报的计税价格低于同类型应税车辆的最低计税价格,又无正当理由的,按照最低计税价格征收车辆购置税。

几种特殊情形应税车辆的最低计税价格规定如下:

(1)对已缴纳并办理了登记注册手续的车辆,其底盘和发动机同时发生更换,其最低计税价格按同类型新车最低计税价格的70%计算。

(2)免税、减税条件消失的车辆,其最低计税价格的确定方法为:

$$最低计税价格 = 同类型新车最低计税价格 \times [1-(已使用年限 \div 规定使用年限①)] \times 100\%$$

(3)非贸易渠道进口车辆的最低计税价格,为同类型新车最低计税价格。

(二)车辆购置税的税率

车辆购置税实行从价定率的办法计算应纳税额,税率统一为10%。

---

① 国产车辆按10年计算;进口车辆按15年计算。超过使用年限的车辆,不再征收车辆购置税。

（三）计算方法

车辆购置税应纳税额的计算公式为：

$$应纳税额 = 计税价格 \times 税率$$

纳税人以外汇结算应税车辆价款的，按照申报纳税之日中国人民银行公布的人民币基准汇价，折合成人民币计算应纳税额。

五、车辆购置税的减免

（一）法定减免

1. 外国驻华使馆、领事馆和国际组织驻华机构及其外交人员自用车辆免税。
2. 中国人民解放军和中国人民武装警察部队列入军队武器装备订货计划的车辆免税。
3. 设有固定装置的非运输车辆免税。
4. 对纳税人自2009年1月20日至2009年12月31日期间购置的排气量在1.6升及以下的小排量乘用车，暂减按5%的税率征收车辆购置税。从2010年开始将减征1.6升及以下小排量乘用车车辆购置税的政策延长至2010年底，减按7.5%征收。
5. 国务院规定予以免税或者减税的其他情形的，按照规定免税或减税。
（1）防汛部门和森林消防部门用于指挥、检查、调度、报汛（警）、联络的设有固定装置的指定型号的车辆。
（2）回国服务的留学人员用现汇购买的1辆自用国产小汽车。
（3）长期来华定居专家的1辆自用小汽车。

（二）退税

1. 公安机关车辆管理机构不予办理车辆登记注册手续的，凭公安机关车辆管理机构出具的证明办理退税手续。
2. 因质量等原因发生退回所购车辆的，凭经销商的退货证明办理退税手续。

五、车辆购置税的征收与管理

（一）纳税环节

纳税人应当在向公安机关等车辆管理机构办理车辆登记注册手续前，缴纳车辆购置税。

（二）纳税地点

纳税人购置应税车辆，应当向车辆登记注册地的主管税务机关申报纳税；购置不需办理车辆登记注册手续的应税车辆，应当向纳税人所在地主管税务机关申报纳税。车辆登记注册地是指车辆的上牌落籍地或落户地。

(三) 纳税期限

1. 购买自用的应税车辆,自购买之日(即购车发票上注明的销售日期)起60日内申报纳税;

2. 进口自用的应税车辆,应当自进口之日(报关进口的当天)起60日内申报纳税;

3. 自产、受赠、获奖和以其他方式取得并自用的应税车辆,应当自取得之日起60日内申报纳税。

第九节 我国车船税法律制度

一、车船税法概述

车船税是在中华人民共和国境内的车辆、船舶的所有人或者管理人应缴纳的一种税。车船税法是指国家制定的用以调整车船税征收与缴纳之间权利及义务关系的法律规范。

新中国成立初期,我国就开始对车船的使用行为征税。车船税出台之前,我国实行的是车船使用税制度,对外商投资企业、外国企业和外籍个人则征收车船使用牌照税,这两种税都属于行为税性质。为简化税种,统一税制,2006年12月国务院颁布并于2007年1月1日实施《中华人民共和国车船税暂行条例》及其《实施细则》,正式征收车船税,其税种性质也由原来的行为税转变为财产税。

二、车船税的纳税人

车船税的纳税人是在中华人民共和国境内,车辆、船舶(以下简称车船)的所有人或者管理人。外商投资企业、外国企业以及外籍人员适用车船税的规定。

三、车船税的税目和税率

车船税的征税范围是依法应当在我国车船管理部门登记的车船,包括机动和非机动车船。而车船税的税目是征税范围的具体体现,根据现行规定,车船税下设为五个税目,并采用定额税率。车船税确定税额总的原则是:非机动车船的税负轻于机动车船;人力车的税负轻于畜力车;小吨位船舶的税负轻于大船舶。由于车辆与船舶的行使情况不同,车船税的税额也有所不同。

车船税税目税额表

税目	计税单位	每年税额	备注
载客汽车	每辆	60元至660元	包括电车
载货汽车	按自重每吨	16元至120元	包括半挂牵引车、挂车
三轮汽车、低速货车	按自重每吨	24元至120元	
摩托车	每辆	36元至180元	
船舶	按净吨位每吨	3元至6元	拖船和非机动驳船分别按船舶税额的50%计算

国务院财政部门、税务主管部门可以根据实际情况,在《车船税税目税额表》规定的税目范围和税额幅度内,划分子税目,并明确车辆的子税目税额幅度和船舶的具体适用税额。车辆的具体适用税额由省、自治区、直辖市人民政府在规定的子税目税额幅度内确定。

四、车船税应纳税额的计算

(一)计税依据

车船税的计税依据依征税对象的不同而不同,对于载客汽车和摩托车,是按每辆计税,对于载货汽车、三轮汽车、低速货车是按自重每吨计税,而对船舶按照净吨位计税。[①]

(二)应纳税额的计算方法

购置的新车船,购置当年的应纳税额自纳税义务发生的当月起按月计算。计算公式为:

$$应纳税额 = 年应纳税额 \div 12 \times 应纳税月份数$$

五、车船税的减免

根据《车船税暂行条例》,下列车船免征车船税:

1. 非机动车船(不包括非机动驳船);
2. 拖拉机;
3. 捕捞、养殖渔船;
4. 军队、武警专用的车船;
5. 警用车船;
6. 按照有关规定已经缴纳船舶吨税的船舶;

---

① 其中,拖船按照发动机功率每2马力折合净吨位1吨计算征收车船税。车辆自重尾数在0.5吨以下(含0.5吨)的,按照0.5吨计算;超过0.5吨的,按照1吨计算。船舶净吨位尾数在0.5吨以下(含0.5吨)的不予计算,超过0.5吨的按照1吨计算。1吨以下的小型车船,一律按照1吨计算。

7. 依照我国有关法律①规定以及我国缔结或者参加的国际条约的规定应当予以免税的外国驻华使馆、领事馆和国际组织驻华机构及其有关人员的车船。

各省、自治区、直辖市人民政府可以根据当地实际情况,对城市、农村公共交通车船给予定期减税、免税。

六、车船税的征收与管理

(一) 纳税义务发生时间和纳税期限

车船税的纳税义务发生时间,为车船管理部门核发的车船登记证书或者行驶证书所记载日期的当月。纳税人未按照规定到车船管理部门办理应税车船登记手续的,以车船购置发票所载开具时间的当月作为车船税的纳税义务发生时间。对未办理车船登记手续且无法提供车船购置发票的,由主管地方税务机关核定纳税义务发生时间。

车船税按年申报缴纳。纳税年度,自公历 1 月 1 日起至 12 月 31 日止。具体申报纳税期限由省、自治区、直辖市人民政府确定。

(二) 纳税地点

车船税由地方税务机关负责征收。纳税地点,由省、自治区、直辖市人民政府根据当地实际情况确定。跨省、自治区、直辖市使用的车船,纳税地点为车船的登记地。

(三) 车船税的缴纳

车船的所有人或者管理人未缴纳车船税的,使用人应当代为缴纳车船税。

从事机动车交通事故责任强制保险业务的保险机构为机动车车船税的扣缴义务人,应当依法代收代缴车船税。纳税人对扣缴义务人代收代缴税款有异议的,可以向纳税所在地的主管地方税务机关提出。

第十节 我国遗产税法律制度之探讨

一、遗产税法律制度概述

(一) 遗产税的概念

遗产税是以被继承人或财产所有人死亡时遗留的财产为征收对象的一种税。遗产税和赠与税本来是两个税种,但它们之间关系非常密切。通常认为,遗产税是主税,赠与税是辅税,两者配合征收。赠与税是对财产所有人生前赠与他人的财产补充征收的,这主要是为了防止纳税人通过赠与的方式逃避遗产税。

---

① 我国有关法律,是指《中华人民共和国外交特权与豁免条例》、《中华人民共和国领事特权与豁免条例》。

有些国家将二者合并为遗产和赠与税。征收遗产税既可以增加财政收入,也能实现调节居民收入、抑制贫富两极分化的目的。

(二) 遗产税的产生与发展

遗产税是一个古老的税种,起源于古埃及。近代最早的遗产税是荷兰于1588年开征的,但当时的制度极不规范,变化也较频繁,并无明确的标准。具有现代意义的遗产税制度是1696年在英国诞生的,这一制度确定了遗产税的适用范围、课征对象及具体的征收办法,成为后来各国遗产税政策的模本。世界性的遗产税制度是自18世纪以后才开始在各国设立,如法国于1703年开征,德国于1900年开征,而比较贫困的亚洲和非洲地区是在第二次世界大战以后开征的。

我国遗产税法的制定始于北洋政府时期。1915年北洋政府起草了《遗产税征收条例》,但并未实施。1940年,民国政府第一次开征遗产税,1946年通过了中国历史上第一部《遗产税法》。但由于经济落后和国民党政府的腐败,遗产税形同虚设。

新中国成立后于1950年1月公布了《全国税政实施要则》,规定了14种税收,其中就有遗产税,但由于当时经济较落后,分配制度平均单一,人们收入不多,因此也没有开征,以后历次税制改革,遗产税都没有列入计划。1988年国家税务局提出要研究征收遗产税。开征遗产税,最为重要的是确立财产所属,2007年《物权法》的正式实施成为开征遗产税最为重要的基础之一。

(三) 遗产税的分类

世界各国对遗产税的征收方法并不完全一致,大体有如下三种模式:

1. 总遗产税制。总遗产税制是对遗产总额课征的税制,在遗产的处理上采用"先税后分"的方式,即以财产所有人(被继承人)死亡后遗留的财产总额为课税对象,以遗嘱执行人或遗产管理人为纳税人,采用超额累进税率,通常设有起征点,并设有扣除项目和抵免项目。美国、英国、新西兰、新加坡及我国香港、台湾地区,实行的就是总遗产税制。

2. 分遗产税制。一般又称为继承税制,分遗产税制是对各继承人取得的遗产份额课税的税制,在遗产的处理上采用"先分后税"的方式,即以遗产继承法人或受遗赠人为纳税人,以各继承人或受遗赠人获得的遗产份额为课税对象,税率也多采用超额累进税率,允许扣除和抵免。分遗产税制比总遗产税制征收手续复杂,征收成本高,但较为公平合理。现在采用分遗产税制的国家有日本、法国、德国、韩国、波兰等。

3. 混合遗产税制。又称总分遗产税制,是将总遗产税制和分遗产税制综合的税制,在遗产处理上采用"先税后分再税"的方式,即对被继承人死亡时遗留的遗产份额课一次总遗产税,再于税后分配给各人的遗产份额达到一定数额时征一次分遗产税。纳税人包括遗产管理人、遗嘱执行人、遗产继承人、受赠人,多采用累进税率。这种税制是对上述两种税制综合的产物。目前采用这一模式的国家有加拿大、意大利、菲律宾、伊朗等。

二、我国遗产税的立法框架

根据《中华人民共和国遗产税暂行条例（草案）》，我国遗产税制度大体包括如下内容：

（一）遗产税的纳税人

根据草案，纳税义务人依照下列顺序确定：

1. 有遗嘱执行人的，为遗嘱执行人；
2. 无遗嘱执行人的，为继承人及受赠人；
3. 无遗嘱执行人、继承人及受赠人的，为依法选定的遗产管理人。

遗产税的纳税义务人为无行为能力人或者限制行为能力人时，其纳税义务由其法定代理人或监护人履行。

（二）遗产税的征税范围

根据草案，我国遗产税的征税范围包括以下两种：

1. 在中国境内居住的中国公民死亡（含宣告死亡）时遗有财产的，应就其境内、境外的全部遗产依照规定征收遗产税。
2. 不在境内居住的中国公民、外国公民、无国籍人，死亡（含宣告死亡）时在中国境内遗有财产的，应就其在境内的遗产依照规定征收遗产税。

另外，应征收遗产税的遗产包括被继承人死亡时遗留的全部财产和死亡前5年内发生的赠与财产。

（三）遗产税的计税依据

遗产税的计税依据为应征税遗产净额。应征税遗产净额是被继承人死亡时的遗产总额，相继扣除不计入应征税遗产总额的项目，允许在应征税遗产总额扣除的金额，以及规定的免征额后的余额。

遗产税的免征额为20万元。

（四）遗产税的税率

绝大多数国家在遗产税税率的设计上都采用累进税率。发达国家由于长期主张对高额遗产课以重税，税率都比较高。目前日本的最高税率为70%，美国为50%。我国的草案参照了多数国家的做法，采用累进税率制，但是在税率设计上还没有确切的方案。

三、顺利开征遗产税需考虑的问题

我国的遗产税制度酝酿已久，但出于种种原因始终未付诸实施。客观来说，在我国实行遗产税制度，必须先解决如下问题：

首先,监控好个人财产。长期以来,我国的个人财产是十分隐蔽的,要使隐蔽的个人财产明朗化,关键是要实行个人财产登记制度。个人财产要及时登记,对没有申报的一定价值以上的财产,要视为非法财产。同时,财产的登记制度要建立在实名制的基础之上,只有实行了实名制,才能准确界定个人的金融资产和其他财产。从国外征收遗产税的历史看,不实行实名制,遗产税的征收最终将会落空。我国目前实行的"储蓄实名制"为遗产税的顺利开征奠定了基础,同时,为了防止开征遗产税后引起资本外逃,我国已和许多国家签订了防止重复征税和逃漏税的协定;随着电子货币化、电子商务的迅速发展,现金流量也会大大减少。这些情况都为开征遗产税创造了良好的环境。

其次,建立对个人财产的评估机制。在国外,为适应征收财产税的需要,许多国家都成立了专门性的具有较高权威性和公正性的机构,以对不动产定期进行价值评估。我国目前不仅财产评估机构和人员严重缺乏,资料不全,而且评估制度和法规也有待建立、健全和完善。因此要开征遗产税,必须尽快建立财产评估中介机构,而且要定期对个人财产进行科学的动态评估。

最后,同时开征赠与税。在西方税制体系中,赠与税实质是遗产税的辅助税种。因为如果只对财产所有人死亡后的遗产课税,而不对其生前对外馈赠的财产课税,则极易造成纳税人通过在生前将财产事先赠送他人之途径来逃避缴纳遗产税。因此凡课征遗产税的国家,大多同时课征赠与税,实行遗产税和赠与税并用的税制。赠与税开征的税率如何与遗产税相协调也是立法者有待解决的难题之一。

第十一节 我国财产税债法制度评析

我国财产税体系庞杂,近年来在耕地占用税、城镇土地使用税、车船税方面作出了较大幅度的修改,也取消了已经明显不适应社会经济发展需要的城市房地产税。但客观地说,我国对财产税的改革仍然相对滞后,其中的问题也比较多,目前比较突出的是房产税收方面。

一、房地产保有阶段的税收问题亟待完善

我国现阶段房地产税在本质上与国际上所理解的房地产税有所不同。国外保有环节的房地产税是房地产税收法律体系中的主体内容,一般讲的房地产税指的就是存量税。而我国的房地产税收法律体系却一直忽视对保有阶段的课税。目前针对房地产的财产税类主要是城镇土地使用税、房产税、土地增值税、耕地占用税和契税,但这些税种大多是对交易环节的征税,仅有城镇土地使用税和房产税针对的是保有环节,却又对非经营性用房实行免税,因此,我国房地产

税制的现状是不卖不税、不租不税、一旦租售则数税并课,导致房地产交易环节税种多、税负重。① 而另一方面,房屋在保有阶段除了用于生产经营外,几乎不缴纳任何税费,房地产的保有成本极低,这使得近年来在各地相继上演房地产投机热潮,"炒房团"手中囤积大量房产资源,房价虚高,真正的需求者却难以获得满足。可以说,我国目前房地产资源配置严重不合理,而税制结构的不科学则是诱因之一,并且由此引发了诸多社会现象,比如房价畸高带来的社会矛盾突出、房地产交易阶段税负偏重带来的大量地下交易等。为此,我国有必要对现行的房地产税制作出大刀阔斧的改革,将房地产保有环节作为课税的重点。

(一) 对房产税、城镇土地使用税的整合与规范

现有房产税、城镇土地使用税征税均在保有环节,所具有的功能与国外房地产保有环节的税收有类似之处。因此,可以将这两种税收归入房地产保有税,消除之前房地产税收杂乱且不合理的问题,并且制定出合理的税收制度,对于个人住房不得一律免税,对个人闲置的住房更应该加大保有阶段的税收负担。

(二) 对土地增值税的整合与规范

我国现行的土地增值税是对有偿转让国有土地使用权、地上建筑物及其附着物产权取得增值性收入征收的一种税,它是一个"政策意义和财政意义都不大的税种"②,而在房地产税收的诸多问题中,与其有关的问题也较多,需对其进行规范,使其成为真正的资本利得税。在房地产保有阶段,应对占有房地产超过一定年限的产权者,通过对房地产重新评估后而产生的增值额征税,一般分 5 年期和 10 年期两种。10 年期增值税主要是对因城市发展而引起的土地增值征收;5 年期增值税主要是对因市政工程改善而引起的土地增值征收。

二、财产税的其他问题

我国财产税制度存在不足的另一个明显的例子是在 1994 年的税制改革方案中,提出的应开征遗产税、赠与税等方案,一直未有实施。目前世界上约有一百多个国家对财产所有者死亡后留下的财产征收遗产税或继承税,此举一方面可以增加财政收入,另一方面可以抑制个人财富过快增长、保障社会分配公平。新中国成立后,政务院于 1950 年 1 月颁布的《全国税政实施要则》规定的 14 项税收中,就包括遗产税,但因受当时历史条件的限制并未开征。改革开放以来,随着国民经济快速稳步发展,人民生活水平不断提高,私人拥有的财产量明显增加,作为市场经济体制国家普遍开征的一个税种,遗产税在我国的开征势在

---

① 参见王军:《拆迁条例的盈利模式》,载《瞭望》2010 年第 2 期。
② 岳树民、王海勇:《我国现行房地产税制的现状与问题分析》,载《扬州大学税务学院学报》2004 年第 9 期。

必行。

此外,在税收征管方面,还有许多方面期待改进,如财产税主要的课税对象是不动产,而与不动产相关的税收基本上属于地方收入,因此可以授权省级人大制定实施细则并监督实施,授予省级人民政府调整税目、税率、税收减免以及征收管理等权限;财产税的税基是纳税人所有的财产,因此我们应该尽早实行财产实名制,并建立专门的财产登记和评估机构。

本 章 小 结

财产税以纳税人拥有或支配的财产为征税对象,我国的财产税包括资源税、房产税、土地增值税、耕地占用税、城镇土地使用税、车船税、车辆购置税、契税等。本章对我国的财产税基本法律制度进行了全面的介绍,包括已列入立法计划但一直没有开征的遗产税制度,并对我国现行财产税制度作了简短评析。

思考题

1. 试分析我国资源税法律制度存在的现实问题。
2. 简述开征遗产税的意义。
3. 尝试设计我国的房产保有税相关制度。

第二十章　行为税债法制度

行为税是国家为了对某些特定行为进行限制或开辟某些财源而课征的一类税收。我国目前的行为税法律制度主要是印花税法律制度。筵席税和屠宰税业已取消，车船使用税和车船使用牌照税也已经被车船税所取代。

第一节　行为税债法制度概述

一、行为税法概述

（一）行为税的概念

行为税亦称特定行为税或特定目的税，是政府为实现特定的目的，对某些行为所征收的一类税收。

行为税涉及的行为是国家税法所明确规定的行为，如针对一些奢侈性的社会消费行为，征收娱乐税、筵席税；针对牲畜交易和屠宰等行为，征收交易税、屠宰税；针对财产和商事凭证贴花行为，征收印花税等。

（二）行为税的特点

1. 政策目的性强

世界上许多国家都有对某些特定行为征税的税种，如赌博税、赛马税、印花税、狩猎税、犬税、娱乐税、博彩税、工商登记税、培训税等。各国征收行为税的形式和目的是不尽相同的，有的出于对某些行为进行调节或加以限制的考虑，有的则纯粹是为了增加财政收入，如在我国澳门地区，其财政收入的60%来自于博彩税收入。

2. 临时性和偶然性

征收行为税的主要目的一旦达到或国家的宏观经济政策、经济形势发生变化，行为税的有关法律规定就要调整乃至废止。行为税具有较强的临时性和偶然性，行为税的收入因而也具有不稳定性。如我国过去开征的奖金税、工资调节税、集市交易税等，就因为完成了使命而被废止。

3. 税源的分散性

行为税的税源较为分散，税收收入小而且不稳定，因而大多列为地方税。

二、行为税的立法沿革

古今中外，各国都有对特定行为征收的税种，其中印花税于1624年创始于荷兰,由于征收数额小而征税范围广,后被各国相继仿效。此外,荷兰、法国、日本有登记税或登记许可税,联邦德国、瑞典等国有彩票税,日本有纸牌税,美国有赌博税等。

中国历史上对行为的课税由来已久,早在战国时期,楚国就有对牲畜交易征税的记载。我国古代开征的行为税有"估税"、"住税"、"落地税"等。国民政府时期,也曾开征过印花税、屠宰税、筵席税和娱乐税。

新中国成立后,就开征了印花税、屠宰税、特种消费行为税、车船使用牌照税四种行为税。1978年税制改革后,随着经济的发展,行为税的范围不断扩大,税种不断增加,到1993年底,共开征了屠宰税、烧油特别税、固定资产投资方向调节税、印花税、车船使用税等13种行为税。后几经改革,先后取消了奖金税、国营企业工资调节税、烧油特别税、特别消费税、屠宰税和筵席税,现行征收的行为税主要是印花税。

三、我国行为税制度的发展与完善

行为税制度虽然历经了多次变革,但随着经济的发展,尤其是世界经济发展模式的巨大转变,我国行为税制度仍暴露出许多不合时宜的地方,需要作出相应的改革和调整。

（一）开征环境保护税

环境保护税是由英国经济学家庇古最先提出的,现已为发达国家普遍接受。欧美各国越来越多地采用生态税、绿色环保税等多种特指税种来维护生态环境,针对污水、废气、噪音和废弃物等突出的"显性污染"强制征收。荷兰是征收环境保护税比较早的国家,为环境保护设计的税收主要包括燃料税、噪音税、水污染税等,其税收政策已为不少发达国家研究和借鉴。此外,1984年意大利开征了废物垃圾处置税作为地方政府处置废物垃圾的资金来源,法国开征森林砍伐税,欧盟开征了碳税。

改革开放以来,我国经济发展取得了举世瞩目的成就,但令人遗憾的是,随之而来的是环境状况的日益恶化,水污染、大气污染等一系列问题正在严重影响人民的生活。从国外治理环境污染的经验看,开征生态税或环境保护税,是政府筹集环保资金、控制环境污染的较为有效的手段之一。尤其是2009年底在丹麦哥本哈根召开的联合国气候变化峰会,其主旨在于确定各国在温室气体排放与控制方面的权利和义务。中国作为发展中国家的代表,需要面对的是世界低碳经济潮流的挑战,以及一些发达发家准备设立的贸易壁垒,即针对发展中国家的碳关税或者边境调节税制度,同时考虑到国内资源供给的内在压力,因此温室气体排放税(费)或者环境保护税政策在我国的实施将是一种必然。

（二）开征广告税

随着市场经济的发展,广告作为推销和宣传商品的一种手段越来越受到经营者的青睐,许多商家都不惜以巨额资金投入广告宣传之中,实践中也出现了许多欺骗消费者的虚假广告行为。因此对于刊登广告的行为,按照广告费征收一定的税收,不仅具有一定的财政意义,而且也可以加强对广告行为的监督和管理,减少虚假广告等不法行为的发生。

第二节 我国印花税法律制度

一、印花税法概述

印花税是对经济活动和经济交往中书立、领受具有法律约束力的凭证的行为所征收的一种税,因在应税凭证上粘贴印花税票作为完税标志而得名。印花税法是调整有关印花税征纳关系的法律规范的总称。

印花税是世界各国普遍征收的一个税种,具有悠久的历史。1624 年,荷兰首创印花税,它因纳税人持应税凭证到政府的检验局加盖用刻花滚筒推印标记的方式而得名。此后发展为政府销售印花税票,纳税人在应税凭证上自贴印花税票,用戳记自行注销的方式纳税。印花税的设计者可谓独具匠心,他观察到人们在日常生活中使用契约、借贷凭证之类的单据很多,一旦征税,税源将很大;而且人们还有一个心理,认为凭证单据上由政府盖上印,就成为合法凭证,在诉讼时可以有法律保障,因而对交纳印花税也乐于接受。正是这样,印花税被经济学家誉为税负轻微、税源畅旺、手续简便、成本低廉的"良税"。此后,印花税被欧美各国竞相效仿,在不长的时间内,就成为世界上普遍采用的一个税种。

我国现行印花税的基本法规是 1988 年国务院发布实施的《中华人民共和国印花税暂行条例》及其《实施细则》。

与其他税种相比,印花税具有以下特点:

1. 征收范围广泛。依我国现行税法的规定,凡具有法律效力的各类经济合同、产权转移书据、营业账簿、权利、许可证照以及经财政部确定征税的其他凭证都应缴纳印花税,其涉及面相当广。

2. 税收负担比较轻。现行印花税对载有金额的凭证实行较低的比例税率,对未载有金额的凭证实行定额税率,按件定额征收 5 元,与其他税种相比,印花税的负担是相当轻的。

3. 缴纳办法特殊。印花税实行纳税人自行计算应纳税额、自行购买税票、自行粘贴印花税票的"三自纳税"的缴纳办法。

二、印花税的纳税人

凡是在中国境内书立、领受应税凭证的单位和个人,都是印花税的纳税人,包括外资企业和外籍个人。印花税的纳税人,按照所书立、使用、领受的应税凭证不同,又可分为以下六类:

1. 立合同人。凡书立各类经济合同或者具有合同性质的凭证的,以立合同人(指合同的当事人)为印花税的纳税人,不包括合同的担保人、证人、鉴定人。当事人的代理人有代理纳税的义务,他与纳税人负有同等的税收法律义务和责任。

2. 立据人。产权转移书据的纳税人是立据人,立据人未贴花或少贴花的,应由书据的持有人负责补贴印花。如果所立书据是以合同方式签订的,应由持有书据的各方分别按全额贴花。

3. 立账簿人。营业账簿的纳税人是立账簿人①。

4. 领受人。权利、许可证照的纳税人是领受人。

5. 使用人。在国外书立、领受,但在国内使用的应税凭证,其纳税人是使用人。

6. 各类电子应税凭证的签订人。即以电子形式签订的各类应税凭证的当事人。

值得注意的是,对应税凭证,凡由两方或两方以上当事人共同书立的,其当事人各方都是印花税的纳税人。

三、印花税的征税范围

现行印花税只对《印花税暂行条例》列举的凭证征税,具体征税范围如下:

1. 合同或具有合同性质的凭证②。这里所说的合同是指依据《合同法》订立的各种合同。

(1) 购销合同。包括出版单位与发行单位之间订立的订购单、订数单等,但是,电网与用户之间签订的供用电合同不属于印花税列举征税的凭证,不征收印花税。

(2) 加工承揽合同。

(3) 建设工程勘察设计合同。

(4) 建筑安装工程承包合同。

---

① 立账簿人,指设立并使用营业账簿的单位和个人。
② 具有合同性质的凭证,指具有合同效力的协议、契约、合约、单据、确认书及其他各种名称的凭证。

(5) 财产租赁合同。包括企业、个人出租门店、柜台等签订的合同。

(6) 货物运输合同。

(7) 仓储保管合同。

(8) 借款合同。银行及其他金融机构的融资租赁合同也属于借款合同。

(9) 财产保险合同。

(10) 技术合同。包括技术开发、转让、咨询、服务等合同,以及作为合同使用的单据。其中,技术咨询合同不包括一般的法律、会计、审计等方面咨询所立的合同,技术服务合同不包括以常规手段或者为生产经营目的进行一般加工、修理、修缮、广告、印刷、测绘、标准化测试,以及勘察、设计等所书立的合同。

如果一项业务既签订合同,又开立单据,只就合同贴花;凡不签订合同,只开立单据,以单据作为合同使用的,其使用的单据应按规定贴花。

2. 产权转移书据。包括财产所有权和版权、商标专用权、专利权、专有技术使用权等转移书据,以及土地使用权出让合同、土地使用权转让合同、商品房销售合同等权利转移合同。

3. 营业账簿。指单位或者个人记载生产经营活动的财务会计核算账簿。营业账簿按其反映内容的不同,可分为记载资金的账簿和其他账簿①。

4. 权利、许可证照。包括政府部门发给的房屋产权证、工商营业执照、商标注册证、专利证、土地使用证等。

5. 经财政部确定征税的其他凭证。

四、印花税应纳税额的计算

(一) 印花税的计税依据

按照规定,印花税按照征税项目不同,分别采用从价计征和从量计征两种方法。

1. 采用从价计征方法的计税依据

按照规定,对于各种合同、财产转移书据和营业账簿中的资金账簿,应采用从价计征方法,其计税依据为凭证所载金额,具体如下:

(1) 购销合同,计税依据为购销金额。

(2) 加工承揽合同,计税依据为加工或承揽收入②。

---

① 记载资金的账簿,是指反映生产经营单位资本金数额增减变化的账簿。其他账簿,是指除上述账簿以外的有关其他生产经营活动内容的账簿,包括日记账簿和各明细分类账簿。

② 由受托方提供原材料的加工、定作合同,凡在合同中分别记载加工费金额与原材料金额的,加工费金额按"加工承揽合同",原材料金额按"购销合同"计税,两项税额相加数,即为合同应贴印花;若合同中未分别记载,则就全部金额依照加工承揽合同计税贴花。由委托方提供原材料金额的,原材料不计税,计税依据为加工费和辅料。

(3) 建设工程勘察设计合同,计税依据为勘察、设计收取的费用。

(4) 建筑安装工程承包合同,计税依据为承包金额,不得剔除任何费用。

(5) 财产租赁合同,计税依据为租赁金额,经计算,税额不足1元的,按1元贴花。

(6) 货物运输合同,计税依据为取得的运输费金额,不包括所运货物的金额、装卸费和保险费等。

(7) 仓储保管合同,计税依据为仓储保管的费用。

(8) 借款合同,计税依据为借款金额。

(9) 财产保险合同,计税依据为支付(收取)的保险费金额,不包括所保财产的金额。

(10) 技术合同,计税依据为合同所载的价款、报酬或使用费。为了鼓励技术研究开发,对技术开发合同,只就合同所载的报酬金额计税,研究开发经费不作为计税依据。但对合同约定按研究开发经费一定比例作为报酬的,应按一定比例的报酬金额贴花。

(11) 产权转移书据,计税依据为书据中所载的金额。

(12) 记载资金的营业账簿,以实收资本和资本公积的两项合计金额为计税依据。凡"资金账簿"在次年度的实收资本和资本公积未增加的,对其不再计算贴花。

2. 采用从量计征方法的计税依据

按照规定,除上述各种合同、产权转移书据和资金账簿外,其他营业账簿和权利许可证照,采用从量计征方法,以凭证的件数为计税依据。

3. 计税依据的特殊规定

在确定印花税的计税依据时,还要注意以下特殊情况:

(1) 上述凭证以"金额"、"收入"、"费用"作为计税依据的,应当全额计税,不得作任何扣除。

(2) 同一凭证载有两个或两个以上经济事项而适用不同税目税率,分别记载金额的,应分别计算应纳税额,相加后按合计税额贴花;未分别记载金额的,按税率高的计税贴花。

(3) 按金额比例贴花的应税凭证,未标明金额的。应按照凭证所载数量及国家牌价计算金额;没有国家牌价的,按市场价格计算金额,然后按规定税率计算应纳税额。

(4) 应税凭证所载金额为外国货币的,应按照凭证书立当日国家外汇管理局公布的外汇牌价折合成人民币,然后计算应纳税额。

(5) 应纳税额不足1角的,免纳印花税;1角以上的,其税额尾数不满5分的不计,满5分的按1角计算。

(6)有些合同在签订时无法确定计税金额,如技术转让合同中的转让收入是按销售收入的一定比例收取或是按实现利润分成;财产租赁合同只是规定了月(天)租金标准而无租赁期限。对这类合同,可在签订时先按定额5元贴花,以后结算时再按实际金额计税,补贴印花。

(7)应税合同在签订时纳税义务即已产生,应计算应纳税额并贴花。所以,不论合同是否兑现或是否按期兑现,均应贴花。对已履行并贴花的合同,所载金额与合同履行后实际结算金额不一致的,只要双方未修改合同金额一般不再办理完税手续。

(8)对有经营收入的事业单位,凡属由国家财政拨付事业经费,实行差额预算管理的单位,其记载经营业务的账簿,按其他账簿定额贴花,不记载经营业务的账簿不贴花;凡属经费来源实行自收自支的单位,其营业账簿,应对记载资金的账簿和其他账簿分别计算应纳税额。

跨地区经营的分支机构使用的营业账簿,应由各分支机构于其所在地计算贴花。对上级单位核拨资金的分支机构,其记载资金的账簿按核拨的账面资金额计税贴花,其他账簿按定额贴花;对上级单位不核拨资金的分支机构,只就其他账簿按件定额贴花。为避免对同一资金重复计税贴花,上级单位记载资金的账簿,应按扣除拨给下属机构资金数额后的其余部分计税贴花。

(9)商品购销活动中,采用以货换货方式进行商品交易签订的合同,应按合同所载的购、销合计金额计税贴花。合同未列明金额的,应按合同所载购、销数量依照国家牌价或者市场价格计算应纳税额。

(10)施工单位将自己承包的建设项目,分包或者转包给其他施工单位所签订的分包合同或者转包合同,应按新的分包合同或转包合同所载金额计算应纳税额。

(11)对股票交易征收印花税,现行做法是对买卖、继承、赠与所书立的A股、B股股权转让书据,由出让方按1‰的税率缴纳股票交易印花税,对受让方不再征收。

(12)对国内各种形式的货物联运,凡在起运地统一结算全程运费的,应以全程运费作为计税依据,由起运地运费结算双方缴纳印花税;凡分程结算运费的,应以分程的运费作为计税依据,分别由办理运费结算的各方缴纳印花税。

另外,印花税票为有价证券,其票面金额以人民币为单位,分为1角、2角、5角、1元、2元、5元、10元、50元、100元九种。

(二)印花税的税率

现行印花税采用比例税率和定额税率两种税率。具体参见《中华人民共和国印花税暂行条例》中的《印花税税目税率表》。

印花税税目税率表

应税凭证类别	税目	税率形式	纳税人
合同或具有合同性质的凭证	1. 购销合同	按购销金额0.3‰	订合同人
	2. 加工承揽合同	按加工或承揽收入0.5‰	
	3. 建设工程勘察设计合同	按收取费用0.5‰	
	4. 建筑安装工程承包合同	按承包金额0.3‰	
	5. 财产租赁合同	按租赁金额1‰	
	6. 货物运输合同	按收取的运输费用0.5‰	
	7. 仓储保管合同	按仓储收取的保管费用1‰	
	8. 借款合同（包括融资租赁合同）	按借款金额0.05‰	
	9. 财产保险合同	按收取的保险费收入1‰	
	10. 技术合同	按所载金额0.3‰	
书据	11. 产权转移书据	按所载金额0.5‰	立据人
账簿	12. 营业账簿	记载资金的账簿，按实收资本和资本公积的合计0.5‰；其他账簿按件贴花5元	立账簿人
证照	13. 权利、许可证照	按件贴花5元	领受人

（三）应纳税额的计算

如上所述，印花税应纳税额的计算采用从价定率和从量定额两种方法。

1. 实行从量定额的应纳税额的计算公式为：

   应纳税额 = 权利许可证照和账簿件数 × 单位税额

2. 实行从价定率的应纳税额的计算公式为：

   应纳税额 = 计税金额 × 适用税率

五、印花税的减免

根据现行规定，下列凭证免缴印花税：

1. 对已缴纳印花税凭证的副本或者抄本免税，但以副本或者抄本视同正本使用的，则应另贴印花。

2. 对财产所有人将财产赠给政府、社会福利单位、学校所立的书据免税。

3. 对国家指定的收购部门与村民委员会、农民个人书立的农副产品收购合同免税。①

4. 对无息、贴息贷款合同②免税。

---

① 省、自治区、直辖市主管税务机关根据当地实际情况，具体划定本地区"收购部门"和"农副产品"的范围。

② 无息、贴息贷款合同，是指我国的各专业银行按照国家金融政策发放的无息贷款，以及由各专业银行发放并按有关规定由财政部门或中国人民银行给予贴息的贷款项目所签订的贷款合同。

5. 对外国政府或者国际金融组织向我国政府及国家金融机构提供优惠贷款所书立的合同免税。

6. 对房地产管理部门与个人签订的用于生活居住的租赁合同免税。

7. 对农牧业保险合同免税。

8. 对特殊货运凭证免税,包括:军事物资运输凭证、抢险救灾物资运输凭证(附有县级以上(含县级)人民政府抢险救灾物资运输证明文件的运费结算凭证)、新建铁路的工程临管线运输凭证。

9. 自2008年11月1日起,对个人销售或购买住房暂免征收印花税。

六、印花税的征收与管理

（一）纳税期限

按照规定,印花税的纳税期限(贴花时间)根据凭证种类分别确定,各种合同应于合同正式签订时贴花;对各种产权转移书据,应于书据书立时贴花;对各种营业账簿,应于账簿正式启用时贴花;对各种权利许可证照,应于证照领受时贴花。此外,如果合同是在国外签订,并且不便在国外贴花的,应在将合同带入境时办理贴花纳税手续。

（二）纳税地点

印花税一般实行就地纳税。对于企业在全国性的商品物资订货会(包括各种展销会、交易会等)上所签订的合同,由纳税人回到其所在地及时办理贴花完税手续。对于企业在地方主办、不涉及省际关系的订货会上所签订的合同,其纳税地点由省、自治区、直辖市人民政府自行确定。

（二）印花税的缴纳方法

印花税依据不同的情况,可以采用不同的缴纳方法。

1. 自行贴花

纳税人发生应税行为,应自行计算应纳税额,自行购买印花税票,自行一次贴足印花税票并加以注销或划销。对于已贴花的凭证,修改后所载金额增加的,其增加部分应当补贴印花税票,但多贴印花税票者,不得申请退税或者抵用。

2. 汇贴或汇缴纳税

此种方法一般适用于应纳税额较大或者贴花次数频繁的纳税人。当一份凭证应纳税额超过500元时,应向税务机关申请填写缴款书或者完税凭证。

如果同一种类应税凭证需要频繁贴花的,应向当地税务机关申请按期汇总缴纳印花税。获准汇总缴纳印花税的纳税人,应持有税务机关发给的汇缴许可证。汇总缴纳的期限由当地税务机关确定,最长为一个月。采用按期汇总缴纳方式的纳税人应事先告知主管税务机关。缴纳方式一经选定,一年内不得改变。

3. 委托代征

凡通过国家有关部门发放、鉴证、公证或仲裁的应税凭证,可由税务机关委托有关部门代征。

第三节 我国城市维护建设税法律制度

一、城市维护建设税法概述

城市维护建设税是对从事工商经营,缴纳增值税、消费税、营业税的单位和个人征收的一种税。该税与其他税种相比,有其自身的特点:

1. 税款专款专用。城市维护建设税税款专门用于城市公共事业和公共设施的维护建设,具有税款专款专用的特点,开征城市维护建设税的主要目的是为了加强城市的维护建设,扩大和稳定城市维护建设资金的来源。

2. 属于一种附加税。目前,城市维护建设税是向缴纳增值税、消费税和营业税的单位和个人,就其缴纳的增值税、消费税和营业税税额为计税依据计算征收的一种税。该税实际上是一种附加税,本身没有特定的、独立的征税对象。

3. 根据城镇规模设计税率。城市维护建设税按照纳税人所在地不同实行差别税率。

城市维护建设税法是调整城市维护建设税征纳关系的法律规范的总称。我国现行的城市维护建设税的相关法规主要是1985年2月8日国务院颁布的《中华人民共和国城市维护建设税暂行条例》。

二、城市维护建设税存在的问题

我国的城市维护建设税是1985年为扩大和稳定城市维护建设资金来源而开征的一个税种。二十几年来,它在筹集城市维护建设资金方面发挥了一定的作用。但是随着实践的发展,该税种也暴露出了越来越多的弊病:

1. 税种缺乏独立性。该税种以"三税"税额为计税依据,税种设置上缺乏规范,并且其征收范围扩大到乡镇和农村,与税种名称不符。

2. 税负不均,导致受益与负担相脱节。城市维护建设税是一种受益税,税负与受益应当一致。而现行城市维护建设税以实缴的"三税"税额为计税依据,随"三税"征、减、免、退、罚同步进行,造成一部分享受了市政设施福利的单位和个人,由于减免"三税"而不负担城市维护建设税,而且由于"三税"本身存在着税率差异,使得同等享用市政设施福利的企业,因经营商品、生产产品或行业的不同而承担不等的税负。此外,现行城市维护建设税只对内资企业征收,对同样缴纳"三税"的外商投资企业和外国企业暂不征收,导致内外资企业税收负担上的不公平。

3. 税率设计不合理。现行城市维护建设税按行政区域不同分别确定7%（市区）、5%（县城、建制镇）、1%（其他地区）的税率。事实上，市区内外的企业所享用的城市公共设施的程度差别不大，随着社会经济不断改革，城乡区域不断发生变化，有的地方区域又难于界定清楚，造成不同企业享受市政设施福利虽基本相同，但却适用不同的税率，以致税负悬殊。

4. 收入稳定性差且规模小，难以满足维护城乡建设的需要。城市维护建设税依"三税"计税，由于"三税"本身受企业的生产经营情况的影响较大，收入稳定性较差。

5. 征管难度大。随着分税制财政管理体制的施行，依"三税"计征的城市维护建设税，其征管水平受到增值税、消费税征管水平的制约。而且，增值税和消费税，由国税局负责征收，而城市维护建设税由地税局负责征收，地税局不能确切掌握增值税、消费税的应纳税额即城建税税源，致使征管难度加大。

二、城市维护建设税的纳税人

目前，城市维护建设税的纳税人为缴纳增值税、消费税、营业税的单位和个人，也就是说，任何单位或个人，只要缴纳"三税"中的一种，就必须同时缴纳城市维护建设税。但对外商投资企业和外国企业，暂不征收。

三、城市维护建设税的征税范围

城市维护建设税的征税范围包括城市、县城、建制镇以及税法规定征税的其他地区。城市、县城、建制镇的范围应以行政区划作为划分标准，不得随意扩大或缩小各行政区域的管辖范围。

四、城市维护建设税应纳税额的计算

（一）城市维护建设税的计税依据

城市维护建设税的计税依据是指纳税人实际缴纳的"三税"税额。如果要免征或者减征"三税"，也就要同时免征或者减征城建税，但对出口产品退还增值税、消费税的，不退还已缴纳的城市维护建设税。

纳税人违反"三税"有关税法而加收的滞纳金和罚款，是税务机关对纳税人违法行为的经济制裁，不作为城市维护建设税的计税依据，但纳税人在被查补"三税"和被处以罚款时，应同时对其逃漏的城市维护建设税进行补税、征收滞纳金和罚款。

（二）城市维护建设税的税率

城市维护建设税按照纳税人所在地不同实行差别税率，其税率分别为：

1. 纳税人所在地在市区的,税率为7%;
2. 纳税人所在地在县城、镇的,税率为5%;
3. 纳税人所在地不在市区、县城或镇的,税率为1%。

(三) 应纳税额的计算方法

城市维护建设税应纳税额的计算公式为:

应纳税额 = 单位实际缴纳的增值税、消费税、营业税之和 × 税率

五、城市维护建设税的减免

城市维护建设税由于是以纳税人实际缴纳的增值税、消费税、营业税为计税依据,并随同一并征收的,因此减免三税也意味着减免城市维护建设税。城市维护建设税一般不能单独减免。但是如果纳税人确有困难需要单独减免的,可以由省级人民政府酌情给予减税或免税照顾。另外,注意以下情况:

1. 海关对进口产品代征的增值税、消费税,不征收城市维护建设税。
2. 对"三税"实行先征后返、先征后退、即征即退办法的,除另有规定外,对随"三税"附征的城市维护建设税和教育费附加,一律不予退(返)还。

六、城市维护建设税征收与管理

(一) 纳税义务发生时间与纳税期限

城市维护建设税作为"三税"的附加税,随三税的征收而征收,因而纳税义务发生时间与纳税期限与"三税"一致。

(二) 纳税地点

城市维护建设税与"三税"同时缴纳,因此纳税人缴纳"三税"的地点,就是该纳税人缴纳城市维护建设税的地点。但是以下情况例外:

1. 代扣代缴、代收代缴"三税"的单位和个人,同时也是城市维护建设税的代扣代缴、代收代缴义务人,其城建税的纳税地点在代扣代收地。
2. 跨省开采的油田,下属生产单位与核算单位不在一个省内的,其生产的原油,在油井所在地缴纳增值税,其应纳税款由核算单位按照各油井的产量和规定税率,计算汇拨各油井缴纳。所以,各油井应纳的城建税,应由核算单位计算,随同增值税一并汇拨油井所在地,由油井在缴纳增值税的同时,一并缴纳城建税。
3. 对管道局输油部分的收入,由取得收入的各管道局于所在地缴纳营业税,其应纳城市维护建设税也应由取得收入的各管道局于所在地缴纳营业税时一并缴纳。
4. 对流动经营等无固定纳税地点的单位和个人,应随同"三税"在经营地按适用税率缴纳城市维护建设税。

第四节 我国固定资产投资方向调节税法律制度

一、固定资产投资方向调节税法概述

固定资产投资方向调节税是指国家对在我国境内进行固定资产投资的单位和个人,就其固定资产投资的各种资金征收的一种税。征收投资方向调节税,旨在运用税收杠杆加强固定资产投资管理,合理控制投资规模,调节资金投向,优化投资结构和产业结构。

我国从1991年开始依据国务院颁布的《中华人民共和国固定资产投资方向调节税暂行条例》征收该税,自2000年1月1日起对新发生的投资额,暂停征收固定资产投资方向调节税。

二、固定资产投资方向调节税的纳税人

在中华人民共和国境内进行固定资产投资的单位和个人,为固定资产投资方向调节税的纳税义务人,对外商投资企业和外国企业不适用投资方向调节税。

三、固定资产投资方向调节税的征税范围

凡在我国境内用于固定资产投资的各种资金,均属固定资产投资方向调节税的征税范围。就投资形式看,既包括基本建设投资,也包括更新改造投资、商品房投资和其他固定资产投资;就资金来源看,既包括各种自有资金、自筹资金,也包括国家预算资金、国内外贷款、借款、赠款和其他资金。

四、固定资产投资方向调节税的计算

(一) 计税依据

固定资产投资方向调节税的计税依据为固定资产投资项目实际完成的投资额,包括建筑安装工程投资、设备投资、其他投资、转出投资、待摊投资和应核销投资,其中,更新改造投资项目以建筑工程实际完成的投资额为计税依据;基本建设项目和其他固定资产投资项目,按其实际完成的投资额计税。

(二) 税率

固定资产投资方向调节税根据国家产业政策发展序列和项目经济规模要求,实行差别税率,分别适用于两大类的投资项目。

1. 基本建设项目投资

(1) 国家急需发展的项目投资,税率为零,具体包括:农、林、水利、能源、交通、通讯、原材料、科教、地质勘探、矿山开采等基础产业和薄弱环节的部分项目

投资。此外,城乡个人修建、购买住宅的投资也适用零税率,因为这类投资属于个人消费行为,既有利于缓解当前居民住房紧张的矛盾,又可以减轻国家财政压力,因此,需要给予税收照顾和扶持。

(2)国家鼓励发展,但受能源交通等制约的项目投资实行轻税政策,税率为5%,具体包括:钢铁、有色、化工、石油化工、水泥等部分重要原材料以及一些重要机械、电子、轻纺工业和新型建材、饲料加工等项目投资。

(3)楼堂馆所项目以及国家严格限制发展项目投资,课以重税,税率为30%。

(4)税目税率表内未列出的基本建设项目投资,税率统一为15%。

2. 更新改造项目

国家政策一贯鼓励现有企事业单位走内涵扩大再生产的道路,进行设备更新和技术改造。因此,固定资产投资方向调节税实行0%和10%两档税率。凡属国家急需发展的项目投资(与基本建设投资项目相同),给予优惠扶持,适用零税率;其他更新改造项目投资的税率,一律为10%。

(三)应纳税额的计算方法

固定资产投资方向调节税按固定资产投资项目的单位工程年度计划投资额预缴。年度终了后,按年度实际完成投资额结算;项目竣工后,按全部实际完成投资额进行清算,多退少补。

1. 预缴税额的计算

预缴税额应按批准的固定资产单位工程年度计划投资额一次缴足,其基本计算公式为:

预缴固定资产投资方向调节税税额 = 批准的固定资产年度计划投资额
× 适用税率

纳税人按年度计划投资额一次缴纳全年税款确有困难的,经税务机关核准,可于当年9月底以前分项缴清应纳税款。

2. 结算税额的计算

固定资产投资项目的单位工程在年度终了后,应按年度实际完成的投资额结算,多退少补。其基本计算公式为:

固定资产投资项目结算税额 = 年度实际完成的投资额 × 适用税率
− 本年度内已预缴税额

3. 清算税额的计算

固定资产投资项目竣工之后,原按实际完成的投资额计算全部投资的应纳税额,然后减去已预缴的税额,多退少补。其基本计算公式为:

固定资产投资项目竣工清算税额 = 全部项目实际完成的投资额
× 适用税率 − 预缴税额

五、固定资产投资方向调节税的减免

固定资产投资方向调节税除国务院另有规定外,不得减免。因为固定资产投资方向调节税的奖限政策已经通过税目税率表明确地体现出来,并且适用零税率的优惠项目范围较大,约为全国应税投资的一半左右,从严格执行政策考虑,一般不应再有减免税问题。至于少数民族地区投资方向调节税的优惠办法,由国务院及国家税务总局另行规定。对于国家规定不纳入计划管理,投资额不满5万元的固定资产投资,投资方向调节税的征收和减免,由省、自治区、直辖市人民政府决定。

六、固定资产投资方向调节税的征收管理

投资方向调节税由税务机关负责征收管理,其税款由建设单位开户银行及其他金融机构或有关单位负责代扣代缴。为了严格固定资产投资方向调节税的征收管理,堵塞漏洞,减少逃税和拖欠税款的现象,税法采取了强化源泉控管和部门配合的措施,实行计划统一管理和投资许可证相结合的征管办法。

固定资产投资方向调节税一般由投资项目所在地的税务机关就地征收(包括纳税人安排跨地区的投资项目和安排各种形式的国内联合投资项目),个别项目不宜在所在地征收的,由上级税务机关确定征收地点。

固定资产投资方向调节税的代扣代缴单位应及时、足额依法扣缴税款,并划转金库。未按规定扣缴税款而造成漏欠税的,由代扣代缴单位负责补缴税款。

本 章 小 结

本章主体为我国的行为税法,其中以印花税为重点,对印花税的基本概况、发展历程、现行印花税基本制度都进行了详细的介绍。此外,本章也包含城市维护建设税和暂时停征的固定资产投资方向调节税的相关内容。

> 思考题

1. 简要概括我国 1994 年税制改革后建立的行为税法体系。
2. 我国的行为税法律制度在哪些方面需要改进?

下篇 税收程序法

税收程序法之一 税收征管法

绪 论

一、税收征管与税收征管法的概念

税收征收管理,是指国家及其税务机关根据税收法律、行政法规及行政规章,指导纳税人正确履行纳税义务,并对征纳过程进行组织、管理、监督、检查等一系列工作的总称。

税收征管法是调整税收征收与管理过程中所发生的社会关系的法律规范的总称,属于税收程序法。狭义上的税收征管法仅指全国人大常委会制定的《税收征管法》。广义上的税收征管法还包括国务院、财政部和国家税务总局制定的税收征管方面的行政法规、规章等。各种税法中有关税收征管方面的法律规范也属于实质意义上的税收征管法。《海关法》、《海关稽查条例》等规范性文件中也有一些调整涉外税收征管关系的内容。

税收征管法在税法体系中居于重要的地位,是国家税收债权得以实现的重要保障,对于防止征税机关及其工作人员滥用职权、保护纳税人权利具有重要意义。在普遍重视程序建设的今天,税收征管法更有其特殊的价值。

二、税收征管法的立法沿革

新中国成立以来,我国的税收征管在模式上大体经历了分散规定—初步统一—全面改革—逐步完善四个发展阶段。

（一）分散规定阶段——新中国成立后到20世纪80年代初期

我国在较长一段时期内实行高度集中的计划经济体制，国家一直没有一部专门的税收征管法律，税收法制不健全，有关税收征管的规定散见于各种单行税收法规中。新中国成立初期制定的专门规定税款征收的单行法规就有《公营企业缴纳工商税暂行办法》、《摊贩营业牌照税稽征办法》、《临时商业税稽征办法》、《摊贩业税稽征办法》、《棉纱统销税征收办法》等，不仅名目繁多，而且针对不同的经济成分还制定了不同的管理办法。这固然有利于国家根据实际情况有重点地做好某些工作，但却使得我国的税收征收管理整体上不统一、不规范。

（二）初步统一阶段——改革开放后到20世纪80年代中期

中共十一届三中全会以后，在新的政治经济形势下，国家要求税收一方面能更多、更好地发挥组织财政收入的职能作用，保证国家财政的稳定和平衡；另一方面能更充分地发挥调节经济和监督管理经济的作用，促进经济全面发展。而当时简单的税收征管体制是不能适应这种要求的，必须进行全面改革。

1986年4月21日国务院颁布了《中华人民共和国税收征收管理暂行条例》，首次把分散在各个税种法规中的有关税收征管的内容和新中国建立以来各部门的规章、制度进行了归纳、补充和完善，使其较为系统和规范。该条例的颁布，使我国税收征管的"综合立法"模式初具雏形。更为重要的是，这一条例使我国的税收征管法从分散过渡到统一，对我国的税收征管作出了明确具体的规定，真正做到了有法可依。

（三）全面改革阶段——20世纪90年代

1992年9月，七届全国人大常委会第二十七次会议讨论通过了《税收征管法》，对我国的税收征管体制以法律的形式予以确认，提高了征管法的立法层次。同1986年的暂行条例相比，《税收征管法》具有以下三个显著特点：一是统一了"内外"税收的征管规定，有利于征管程序的规范化；二是强化了税务机关的执法手段，如赋予税务机关采取税收保全措施和强制执行措施的权力，扩大了离境清税制度的适用范围，明确了税务检查的职权范围；三是体现了对纳税人合法权益的保护，如新增了税款延期缴纳的规定，设置了赔偿制度，延长了纳税人申请退税的法定期间，赋予了纳税人复议的选择权。

同时，征税部门还在积极探索和深化税收征管改革。1993年经国务院批准的《工商税制改革实施方案》，对税收征管改革的若干问题进行了规定，主要是：普遍建立纳税申报制度；积极推行税务代理制度；加速推进税收征管计算机化的进程；建立严格的税务稽查制度；组建中央和地方两套税务机构；等等。1997年国务院批准了国家税务总局《关于深化税收征管机构改革的方案》，确立了"建立以申报纳税和优化服务为基础，以计算机网络为依托，集中征收、重点稽查的新的征管模式"，而目前正在进行的新一轮征管改革则以推进信息化和专业化为主要目标。①

(四) 逐步完善阶段——两次修改

1994年实行新税制后,为了适应实施增值税的新情况,1995年2月第八届全国人大常委会第十二次会议通过了对《税收征管法》的修改决议,但这一次修改仅限于个别条文,远远不能满足实践的需要。因此,2001年4月28日第九届全国人大常委会第二十一次会议对征管法进行了系统修订,并于2002年9月公布了修订后的《税收征管法实施细则》。这次修订的法律和实施细则确立了一系列新的原则和规定,构成了我国现行的税收征管体制。

建立在2001年颁布的新《税收征管法》和2002年颁布的实施细则基础上的税收征管法律体系,体现了与以往的税收征管法不同的特点。

1. 进一步完善了税务机关的执法手段

(1) 进一步明确了税务机关执法主体的地位,对近年来税务系统的税制改革、机构改革、征管改革等改革成果予以肯定,为进一步明确和解决税务专业机构的执法主体地位问题提供了法律保证。

(2) 进一步强调了税务机关是税收征收管理的主管机关。明确规定其他机关(如审计和财政机关)依法查出的税款、滞纳金,统一由税务机关缴入国库,法定税务机关以外的单位和个人不得审批减税、免税。明确税收违法行为应先由税务机关给予行政处罚,涉嫌犯罪的,再移送司法机关追究刑事责任。税务机关和司法机关的涉税罚没收入,应当按照税款入库预算级次上缴国库。

(3) 进一步强化了税务机关原有的执法手段并赋予其一些新的执法手段。如对以前纳税期的逃避纳税义务行为采取简化的保全和强制执行措施;收缴发票和停供发票;以变卖的方式处理查封、扣押商品与货物;查询涉税案件有关人员的储蓄存款等。

2. 加大了对逃、骗、欠税的打击力度

(1) 在对违反税务管理的一些行为的行政处罚上,取消了只有在责令限期改正后仍不改正的才能处罚的规定。同时增加了对一些行为的处罚条款,如编造虚假计税依据;不进行纳税申报,不缴或者少缴应纳税款;逃避、拒绝或者以其他方式阻挠税务机关检查等,保证了义务与法律责任相对应。

(2) 对纳税人的逃、骗、抗税等行为,全部规定了处罚的下限,改变了原《税收征管法》中自由裁量权过宽、处罚不到位的做法,更有利于打击逃、骗、抗税等违法行为。

(3) 在降低滞纳金的同时,严格对缓缴税款的审批。考虑到纳税人的实际

---

① 参见施正文:《税收程序法论——监控征税权运行的法理与立法研究》,北京大学出版社2003年版,第320、321页。

困难,对欠缴税款加收滞纳金的比例由千分之二降为万分之五,同时把缓缴税款的审批权限明确提升至省级税务机关。

(4) 加大清理欠税的力度。明确了税款优先原则;扩大了阻止出境对象的范围;建立了纳税人欠税清缴、大额欠税处分财产报告及税务机关行使代位权、撤销权制度;扩大了对逃避追缴欠税的处罚。

(5) 明确了扣缴义务人不履行义务的法律责任以及有关部门协税的法律责任。

3. 加强了对纳税人合法权益的保护

与原征管法相比,现行征管法更为充分地体现了税收征纳双方权利与义务的均衡。纳税人的权利意味着征税人的义务,而税务机关的权力基本上就是纳税人的义务。

原有征管法偏重于明确征税方作为政府税政代理人的权力和利益,从而强调税务部门征、管、查的职权;对纳税人的义务与责任强调过多,对纳税人合法权益的保护相对薄弱,使纳税人承担的义务、责任与其应享受的权益呈现不对称和不平等的态势。这在客观上导致征税人的权力强于制约,纳税人的义务重于权益,进而造成了征纳双方之间权利(力)义务分配的不公平。

而现行征管法在总则第 1 条就表达出其立法思想的转变:"为了加强税收征收管理,规范税收征收和缴纳行为,保障国家税收收入,保护纳税人的合法权益,促进经济和社会发展,制定本法。"同时,新增了规范征纳双方行为的条款,体现了法治与德治共有的公正平等原则,并且表明税收征管最终是为了促进经济和社会发展,造福、还利于民,在目的上具备了彻底的正义性。现行征管法以更为清晰和详尽的条款显著加强了对纳税人合法权益的保护,使其权利与义务相均衡。

三、税收征管法的发展新趋势

(一) 税务行政理念的变迁

税收的本质是人民与国家间的"契约",而契约所蕴涵的平等、协商等理念正是我国当代税务行政中的稀缺品质。

1. 建立新型征纳关系

传统的税务行政以强制管理为中心,即税务机关在税收征管中占据主导地位,纳税人被动听从税务机关的行政命令和处分通知以实现纳税义务的遵从,这在很大程度上依赖于税务机关的执法强度和惩处的严厉性。当行政机关不堪行政重负而促使申报核定方式进一步向纳税人自行申报纳税演进时,税务机关与纳税人之间传统的管理与服从、"警察与小偷"似的关系模式就不再适应形势发展的需要,新型税收征纳关系的建立成为必然。"如果税务机关真想要实现减少避税、提高纳税人自愿遵从的目标,就应该摒弃传统的高压强制策略。研究显示纳税人更乐于接受和回应税务机关积极的、提供帮助型的行政方式。"①

2. 税务机关内部机构重组

税务机关内部机构的重组是税务行政理念变迁的一个重要表征。这种重组,应该直接以为纳税人服务为根本导向,总的趋势是由过去按税种分设职能机构转变为按服务功能、纳税人类型以及两者的混合设置职能科室。最早各国税务机关基本是按照税种模式组建的,即以"税收类型"为基本标准,分设各个业务部门综合负责各项税收的征管,各业务部门基本上相互独立。虽然这种模式也能实现税收征管的目的,但存在的缺陷也很明显:部门功能有重叠而效率不高,对于交易涉及多个税种的纳税人不方便,加大了不同税种之间纳税人不公平对待的可能性,不必要地将税务行政的整体管理过程碎化,使得组织计划和协调很复杂等。认识到上述不足,许多国家对其税务机关进行改组,使之朝着适合本国国情的更优化模式演进。

(二)纳税人权利保护

无论是税务机关行政理念的变迁,还是内部组织机构的变革,其核心都是改善纳税服务,提高纳税人自愿遵从度。税务行政向服务行政的转变,使得纳税人的权利主体地位以及应当如何保护纳税人权利的议题受到前所未有的重视。在有些国家,例如美国、荷兰、俄罗斯,纳税人权利被明确地载入了税收法律;在其他一些国家,如澳大利亚、爱尔兰、新西兰、新加坡和南非,纳税人权利是以行政文件的形式规定的,其中有些被称为纳税人宪章(taxpayers' charter)或者服务宪章(service charter)。

早在20世纪80年代末期,纳税人权利的保护问题即引起了OECD财政事务委员会(the Committee on Fiscal Affairs,CFA)的重视。1990年,该委员会的第八工作组公布了一份题为"纳税人权利和义务——OECD国家法律状况的调查"(Taxpayers' Rights and Obligations—A Survey of the Legal Situation in OECD Countries)的报告。2003年7月,根据1990年调查结果以及成员国的实践情况,OECD财政事务委员会公布了一项实践备忘录(Practice Note:Taxpayers' Rights and Obligations),其中提出了便于成员国参照遵从的《纳税人宪章范本》(Example Taxpayers' Charter)。该范本一共列举了六组最重要的纳税人权利:(1)被告知、获得帮助和听证的权利(right to be informed, assisted and heard);(2)上诉的权利(right of appeal);(3)仅支付合法合理的税额的权利(right to pay no more than the correct amount of tax);(4)确定性权利(right to certainty);(5)隐私权

---

① James, S. & Wallschutzky, I. G., The Shape of Future Tax Administration, Bulletin for International Fiscal Documentation, 1959, p.49.

(right to privacy);(6) 机密和秘密权(right to confidentiality and secrecy)。[1]

需要说明的是,纳税人宪章不仅仅是纳税人权利的宣示,它也包括纳税人应当履行的基本义务,包括诚实义务、合作义务、按时提供准确的信息和文件的义务、保存账簿记录的义务、按时支付税款的义务。由于纳税人宪章的目的在于用平实的语言概括和解释纳税人的权利和义务,使得这些权利和义务能获得普遍的知悉,所以大部分国家的纳税人宪章本身并非法律文件,而只是法律的指南,而且宪章一般不会包括超出相关立法规定之外的权利和义务。不过,在有些国家,为了保护纳税人的信赖利益,也会赋予纳税人宪章以行政"裁决"的效力,即对税务机关具有拘束力。

随着世界税收的发展,大多数国家均公布了此类宣言或宪章。即使是没有制定纳税人宪章的国家,也可能对纳税人权利给予了同等的重视和保护。在这些国家,纳税人实际享有与纳税人宪章中所规定的权利类似的权利。[2]

(三) 国际税收竞争与税收信息交换

随着世界经济的飞速发展、跨国公司企业的不断壮大,逃(避)税问题已成为各国政府或地区急需解决的问题,而国际税收竞争与税收信息交换因与国际逃(避)税问题密切相关,也变得日益激烈。

1. 国际税收竞争

有关国际税收竞争的定义,一直没有形成被人们普遍接受的一致意见。欧盟对国际税收竞争有两种理解:一是旨在吸引证券投资,尤其是个人有息投资的税收竞争,表现在对支付给非居民的利息课税征较低的税或不征预提税,以及目的国税务当局提供此类支付的信息;二是旨在吸引直接投资的税收竞争,表现在一国通过提供较优惠的税收措施给外国投资者,使其投资于该国而非其他国家。

本书以为,国际税收竞争就是各国为了把国际间的流动性资本或经营活动吸引到本国,均对这种资本或经营活动实施减税措施,而由此引发的减税竞争。"国际税收竞争是各国政府为最大化提供公共物品而引致的收入最大化行为与各国纳税主体的'搭便车'行为之间的冲突"[3]。

2. 税收信息交换

我国国家税务总局(SAT)应及早运用《税收信息国际交换协议》(TIEA)以加强税收管理。尽管我国和美国签订的税收条约中有信息交换条款,但远不如订立 TIEA 方便。而目前我国需要先通过外交部、美国国务院,再通过美国财政部,才能触及美国国内税收署(IRS)。而如果中美之间有了 TIEA,则方便许多。

---

[1] See Practice Note, Taxpayers' Rights and Obligations (OECD CFA, July 2003), http://www.oecd.org/dataoecd/24/52/17851176.pdf.
[2] Ibid.
[3] 谭祖铎:《浅论税收竞争》,载《税务与经济》2000 年第 2 期。

SAT通过信息交换有利于遏制逃(避)税,可以直接从IRS获得涉及美国企业和中国纳税人的税收资料;并且此项交换同样适用于《中国大陆与香港特别行政区防止所得课税重复征税的安排》(DTA)。另外,我国还有一项获取信息的有力规定:凡在华雇主均须申报其在华所雇外籍人员个人及收入情况,凡在华实体,只要雇有一名及以上外籍人员(以及港、澳、台胞)个人者,均须记录并保管其个人所有有关资料,并依法按年申报。

第二十一章 税务管理法律制度

第一节 税务登记法律制度

一、税务登记概述

（一）税务登记的概念

税务登记又称纳税登记,是整个税收征收管理过程的首要环节,它是税务机关对纳税人的开业、变动、歇业以及生产经营范围实行法定登记的一项管理制度。

建立税务登记制度,既能够增强纳税人、扣缴义务人依法纳税的意识,也便于税务机关了解纳税人、扣缴义务人的基本情况,是税务机关加强税源管理、掌握纳税人基本情况、把握税源分布和变化情况、防止漏征漏管和保证国家税收收入及时、足额入库的重要手段。《税收征管法》及其实施细则在第二章都对我国的税务登记制度作出了规定,国家税务总局也于2003年11月20日通过了新的《税务登记管理办法》,该办法对税务登记作了更为具体详实的规定,并自2004年2月1日起开始实施。

现行税法中规定的税务登记对象可分为两类:一是从事生产经营的纳税人,包括企业、企业在外地设立的分支机构和从事生产经营的场所,个体工商户以及从事生产经营的事业单位;二是其他发生纳税义务的各类组织和单位。《税务登记管理办法》规定,有条件的省、市,国税、地税可以联合登记,对同一纳税人核发同一份加盖国、地税双方印章的税务登记证。

（二）税务登记的种类

按照税务登记所要经过的程序,税务登记一般有以下几种:

1. 设立登记

设立登记是纳税人经由工商登记而设立,或者依照法律、行政法规的规定成为纳税义务人时,依法向税务机关办理的税务登记,一般又称为开业登记。

从事生产、经营的纳税人应当自领取营业执照之日起30日内申报办理纳税登记。不从事生产经营活动,但依照法律、行政法规的规定负有纳税义务的单位和个人,除临时取得应税收入或发生应税行为以及只缴纳个人所得税、车船使用税以外,也应按规定向税务机关办理税务登记。已办理税务登记的扣缴义务人和根据税收法律、行政法规的规定可以不办理税务登记的扣缴义务人,应当自扣缴义务发生之日起 30 日内,向税务登记地税务机关申报办理扣缴税款登记。

办理设立税务登记的程序是:纳税人根据不同情况向税务机关提供有关证件和资料①,并如实填写税务登记表。纳税人提交的证件和资料齐全且税务登记表的填写内容符合规定的,税务机关应及时发放税务登记证件。如有不齐全或者不符合规定的,税务机关应当场通知其补正或重新填报。纳税人提交的证件和资料明显有疑点的,税务机关应进行实地调查,核实后予以发放税务登记证件。登记工作完毕后,税务登记部门应将纳税人填报的各种表格以及提供的有关资料及证件复印件建成纳税人登记资料档案,并制成纳税人分户电子档案。

2. 变更登记

从事生产、经营的纳税人在依法办理税务登记之后,因登记内容发生变化,需要向税务机关办理税务登记事项变更手续。

对于在工商行政管理机关领取营业执照的纳税人,应当自工商行政管理机关或者其他机关办理变更之日起 30 日内,持有关证件向原税务登记机关申报办理变更税务登记。按照规定不需要到工商行政管理机关或者其他机关办理变更登记的,应当自变更发生之日起 30 日内,或者自有关机关批准或者宣布变更之日起 30 日内,持有关证件向原税务登记机关申报办理变更税务登记。

纳税人申报办理变更登记时,应当向原税务登记机关如实提供相关证件和资料。纳税人提交的有关变更登记的证件、资料齐全的,应如实填写税务登记变更表,经税务机关审核,符合规定的,税务机关应予以受理;不符合规定的,税务机关应通知其补正。

税务机关应当自受理之日起 30 日内,审核办理变更税务登记。纳税人税务登记表和税务登记证中的内容都发生变更的,税务机关按变更后的内容重新核发税务登记证件;纳税人税务登记表的内容发生变更而税务登记证中的内容未发生变更的,税务机关不重新核发税务登记证件。变更登记完成后,税务机关应将税务登记变更表及有关资料归入纳税人分户档案,同时录入计算机。

3. 注销登记

注销登记是指纳税人在依法办理税务登记之后,由于发生破产、解散、经营地点变更等情况,导致不在原登记地继续从事生产、经营活动,从而需要向税务机关办理有关取消原纳税义务的一种登记。

依照《税收征管法实施细则》,办理注销登记的情形及期限包括以下三种:(1) 纳税人发生解散、破产、撤销及其他情形,依法终止纳税义务的,应当在向工

---

① 有关证件和资料包括工商营业执照或其他核准执业证件,有关合同、章程、协议书,组织机构统一代码证书,法定代表人或负责人或业主的居民身份证、护照或者其他合法证件以及其他需要提供的证件、资料。

商行政管理机关或者其他机关办理注销登记前,持有关证件向原税务登记机关申报办理注销税务登记;按照规定不需要在工商行政管理机关或者其他机关办理注册登记的,应当自有关机关批准或者宣告终止之日起 15 日内,持有关证件向原税务登记机关申报办理注销税务登记。(2)纳税人被工商行政管理机关吊销营业执照或者被其他机关予以撤销登记的,应当自营业执照被吊销或者被撤销登记之日起 15 日内,向原税务登记机关申报办理注销税务登记。(3)纳税人因住所、经营地点变动,涉及改变税务登记机关的,应当在向工商行政管理机关或者其他机关申请办理变更或者注销登记前或者住所、经营地点变动前,向原税务登记机关申报办理注销税务登记,并在原税务登记机关办理注销税务登记后 30 日内向迁入地税务机关申报办理税务登记。

纳税人在办理注销登记之前,应首先结清应纳税款、滞纳金、罚款,缴销发票、税务登记证件和其他税务证件,并向税务机关提交注销税务登记申请书和主管部门或者董事会决议及其他有关证明文件和各种税务证件。税务机关对纳税人提交的注销登记报告及所附的材料应当及时予以审核,对符合法律规定并结清应纳税款、滞纳金、罚款和交回发票等有关税务证件的,予以办理注销税务登记,收回税务登记证件,同时开具清税证明。

4. 停业、复业登记

停业是指纳税人在将发生不超过一年以上的停业之前向税务机关办理的登记。复业登记是指纳税人在办理停业登记之后又恢复生产经营而向税务机关办理的登记。

纳税人在申报办理停业登记时,应如实填写停业申请登记表,说明停业理由、停业期限、停业前的纳税情况和发票的领、用、存等情况,并结清应纳税款、滞纳金、罚款。税务机关应收存其税务登记证件及副本、发票领购簿、未使用完的发票和其他税务证件。纳税人在停业期间发生纳税义务的,应当按照税收法律、行政法规的规定申报缴纳税款。

纳税人应当于恢复生产经营之前,向税务机关申报办理复业登记,如实填写"停、复业报告书",领回并启用税务登记证件、发票领购簿以及其停业前领购的发票。

纳税人停业期满不能及时恢复生产经营的,应当在停业期满前向税务机关提出延长停业登记申请,并如实填写"停、复业报告书"。

5. 外出报验登记

报验登记是指从事生产、经营的纳税人到外县(市)临时从事生产、经营活动时,须向经营地税务机关申报办理的一种法定登记手续。实行外出经营报验登记制度的目的是加强对外出经营活动的纳税人的税务管理,以保证税款的征收。

纳税人到外县（市）临时从事生产经营活动的，应当在外出生产经营以前，持税务登记证向主管税务机关申请开具"外出经营活动税收管理证明"（以下简称"外管证"）。税务机关按照一地一证原则，核发"外管证"，"外管证"的有效期限一般为30天，最长不得超过180天。纳税人应当在"外管证"注明地进行生产经营前向当地税务机关报验登记税务登记证件副本和"外管证"。纳税人在"外管证"注明地销售货物的，除提交以上证件、资料外，还应如实填写"外出经营货物报验单"，申报查验货物。

纳税人外出经营活动结束，应当向经营地税务机关填报"外出经营活动情况申报表"，并结清税款、缴销发票。纳税人应当在"外管证"有效期届满后10日内，持"外管证"回原税务登记地税务机关办理"外管证"缴销手续。

6. 扣缴税款登记

依照税收法律、行政法规规定负有代扣代缴、代收代缴税款义务的扣缴义务人，应当自扣缴义务发生之日起30日内，向所在地的主管税务机关申报办理扣缴税款登记，领取扣缴税款登记证件。税务机关对已办理税务登记的扣缴义务人，可以只在其税务登记证件上登记扣缴税款事项，不再发给扣缴税款登记证件。这对于加强我国所得税及有关税种的征管、明确扣缴义务人的责任、防止扣缴税款的流失有着重要的意义。[①]

二、税务登记证件制度

税务登记证件作为纳税人依法履行税务登记手续后由税务机关核发的书面证明，是纳税人履行纳税义务的法定证明，具有重要的法律意义：首先，税务登记证件以书面形式依法确认了征纳双方税收法律关系的成立，在法律上证明纳税人和税务机关之间已经存在行政管理的法律关系。其次，税务登记证件是一种税务许可证。它是国家税务机关颁发给符合法定条件的纳税人，允许其从事生产、经营活动的法律文书。其三，税务登记证件还是一种权利证明，或者纳税人的身份证明。因此，《税收征管法》及其实施细则对税务登记证件的使用、悬挂和补办等诸多事项作出了详实和细化的规定。

（一）使用税务登记证件的事项

按照《税收征管法实施细则》，纳税人在下列涉税活动中必须按照规定使用税务登记证件：开立银行账户；申请减税、免税、退税；申请办理延期申报、延期缴纳税款；领购发票；申请开具外出经营活动税收管理证明；办理停业、歇业等其他有关税务事项。

---

① 参见刘剑文主编：《税收征管法》，武汉大学出版社2003年版，第95、96页。

(二）验证和换证制度

为防止和减少漏征漏管现象，《税收征管法》还规定了税务登记证件的验证和换证制度。纳税人应当在规定期限内持有关证件到主管税务机关办理验证或者换证手续。这里所说的规定期限，就是由国家税务总局确定并公告的具体办理期限，目前实行的是"三年更换一次，一年验审一次"。

税务机关办理验证或者换证的具体程序一般是：首先，纳税人应当在税务机关公告的限期内，持原税务登记证件、统一代码证书和居民身份证分别向主管的国家税务局、地方税务局提出换证申请，未领取统一代码证书的纳税人，应当先向国家技术监督局申请办理统一代码证书。然后，主管税务机关审核纳税人交验的上述证件和税务登记表，确认无误后，应当依法换发登记证件；审核发现纳税人提供的证件不全或所填表格有误的，应当责成其补正后予以换发。

(三）税务登记证件的悬挂和补办制度

修改后的《税收征管法》中并未对税务登记证件的悬挂问题作出规定。为方便税务机关监督检查，加强税收征管，《税收征管法实施细则》第20条第1款对此作了必要的补充和细化规定："纳税人应当将税务登记证件正本在其生产、经营场所或者办公场所公开悬挂，接受税务机关检查。"

由于税务登记证件具有重要用途，因此如果纳税人遗失税务登记证件，可能给纳税人和税务机关的税收征管带来比较严重的后果。为方便丢失税务登记证件的纳税人尽快补办有关证件，也为了防止出现税收征管漏洞，《税收征管法实施细则》第20条第2款规定："纳税人遗失税务登记证件的，应当在15日内书面报告主管税务机关，并登报声明作废。"

(四）税务登记代码制度

《税收征管法实施细则》第10条规定了税务登记代码制度："国家税务局、地方税务局对同一纳税人的税务登记应当采用同一代码，信息共享。税务登记的具体办法由国家税务总局制定。"2003年11月20日国家税务总局颁布的《税务登记管理办法》第7条对此作出了具体规定："国家税务局（分局）、地方税务局（分局）执行统一税务登记代码。税务登记代码由省级国家税务局、地方税务局联合编制，统一下发各地执行。已领取组织机构代码的纳税人税务登记代码为：区域码＋国家技术监督部门设定的组织机构代码；个体工商户税务登记代码为其居民身份证号码；从事生产、经营的外籍、港、澳、台人员税务登记代码为：区域码＋相应的有效证件（如护照，香港、澳门、台湾居民往来大陆通行证等）号码。"

国家统一代码标识为各种纳税人终身代码，是全国范围内唯一的、始终不变的统一法定代码标识。税务机关在办理税务登记手续时，应当查验由技术监督部门颁发的全国统一代码标识，并将其所注明的代码记入税务登记表。税务登记代码制度既可以缩小潜在纳税人与注册纳税人之间的差异,也为采取其他措施缩小差异提供了基础。一个纳税人终生只能有一个税务代码,用来办理一切纳税事宜。个人用身份证号码作代码,以便交叉核对纳税人的各种信息,监督其依法纳税。对于公司而言,一家公司只能有一个代码,分支机构不能有与总公司不同的代码。

我国的税务登记代码制度仅仅是为加强税务管理的目的而设计的,在西方国家,这一制度通常还作为一个更大的身份管理制度的一部分。如在丹麦、挪威、瑞典等国,所有居民在出生或移民时就被赋予一个一般身份识别号码,这一号码几乎在所有的行政管理行为中都要使用,这是公民进行一系列活动、享受社会保障及其他权利的条件和标志;美国法律也有类似规定,孩子从出生起就应当申领一个社会保险号码,该号码是唯一和终生不变的,每个纳税人都要以自己的社会保险号码在税务部门建立档案,办理纳税申报事宜;巴西人的税务登记识别号码则是表明其依法纳税、具有良好商业信誉的标识,凭此可以在银行或其他金融机构办理开户及其他金融服务、领取驾驶执照等。

三、工商部门、银行及其他金融机构的登记协助义务

税务登记种类繁多、程序复杂、涉及面广,因而需要各相关机构履行自身在税务登记方面的义务。

(一)工商行政管理机关的定期通报义务

《税收征管法》第 15 条规定:"企业,企业在外地设立的分支机构和从事生产、经营的场所,个体工商户和从事生产、经营的事业单位(以下统称从事生产、经营的纳税人)自领取营业执照之日起 30 日内,持有关证件,向税务机关申报办理税务登记。税务机关应当自收到申报之日起 30 日内审核并发给税务登记证件。工商行政管理机关应当将办理登记注册、核发营业执照的情况,定期向税务机关通报。"《税收征管法实施细则》进一步规定:"各级工商行政管理机关应当向同级国家税务局和地方税务局定期通报办理开业、变更、注销登记以及吊销营业执照的情况。通报的具体办法由国家税务总局和国家工商行政管理总局联合制定。"

此项规定弥补了我国工商登记与税务登记的脱节之处,使两者衔接得更为紧密,今后配合也将更为协调、有效。在我国,从事生产、经营的纳税人,既是税务机关实施税务登记的主体对象,也是工商行政管理机关进行工商登记管理的主体对象。由于两种登记各有侧重,因此处理好两者的衔接问题,成为立法需要解决的问题。我国目前的法律主要规定了两个方面,纳税人在办理开业登记和变更登记时,应当先办理工商登记,再办理税务登记;在办理注销登记时,应当先完成注销税务登记再办理工商注销登记。

工商行政机关的"定期通报"义务,在当今"以计算机网络为依托"的现代化征管模式下,更具有可行性和优越性。税务机关得到工商登记机关的定期通告协助,能够更为准确地甄别纳税人的主体地位和资格,掌握其生产、经营的变动情况,及时查遗补漏,有效地防止税收征管中的漏征漏管现象,使税收违法行为的查处也更为便利。

（二）银行和其他金融机构的账号登录义务

由于税务登记证件的使用只限于纳税人的某些涉税活动,日常大量的经济活动如开立银行账户、签订经济合同等都只需凭营业执照办理,而不需要税务登记证件,这客观上使得税务登记证件在纳税人的日常经营活动中地位不高,纳税人逃避税务登记义务难以被发现和查处。针对此类问题,《税收征管法》第17条规定:"从事生产、经营的纳税人应当按照国家有关规定,持税务登记证件,在银行或者其他金融机构开立基本存款账户和其他存款账户,并将其全部账号向税务机关报告。银行和其他金融机构应当在从事生产、经营的纳税人的账户中登录税务登记证件号码,并在税务登记证件中登录从事生产、经营的纳税人的账户账号。税务机关依法查询从事生产、经营的纳税人开立账户的情况时,有关银行和其他金融机构应当予以协助。"《税收征管法实施细则》第17条特新增规定:"从事生产、经营的纳税人应当自开立基本存款账户或者其他存款账户之日起15日内,向主管税务机关书面报告其全部账号;发生变化的,应当自变化之日起15日内,向主管税务机关书面报告。"

四、税务登记制度评析

税务登记是税务机关对纳税人实施税收管理的首要环节和基础工作,是征纳双方法律关系成立的依据和证明,也是纳税人必须履行的义务。健全、完善的税务登记管理制度对于税务部门加强税源监控、堵塞税收漏洞有着重要意义。但我国目前实际税务登记管理工作中仍存在许多问题。

（一）税务登记制度存在的问题

1. 转借税务登记证现象普遍存在。有些纳税人在停业后将其店铺转租给他人,同时将原来的营业执照、税务登记证等有关证照也一并转让给承租人,造成纳税人与税务登记人的不一致,为税收征管留下了隐患。

2. 管户不实。工商部门的登记户数远远大于税务登记的户数,这已经成为税务登记管理工作存在的一个突出问题。新《税收征管法》虽然明确了工商部门应定期向税务部门通报办理登记注册、核发营业执照的义务和职责,却没有明确工商部门不定期通报应当承担的责任,加之目前还没有制定具体的通报制度和部门配合规章,因此实际情况仍然是税务部门以协作、磋商方式向工商部门取得有关数据,工商税务二者管户差距较大的状况并未得到有效改善。

3. 基层税务部门办证的积极性不高。这在一些农村税务所中表现得尤其突出。目前各级税务部门以"七率"①为主要指标的税收征管质量考核日渐严格。由于农村的一些个体工商户纳税意识不强,生产经营不正常,实际经营情况大多处于起征点以下,一些农村税务所担心为这些个体业户全部办证后,会影响上级对其按期申报率、处罚率等征管质量指标的考核,经济上受到处罚,所以农村的一些基层税务部门在个体税务登记上往往是只登记不办证,象征性地征收税款,从而造成了税款的大量流失。

4. 缺乏有效的动态管理措施。伴随着经济的发展,个体经济成分日趋活跃,每天既有新开业户,也有关门歇业户,但这些终止经营行为的歇业户并不按照规定在关门前向税务机关结清发票和税款,也不申报办理注销登记,而是想方设法偷逃税款,税务部门也难以及时察觉。

(二) 税务登记制度的完善

1. 简化税务登记手续,实行税务登记免费制度。普遍登记原则是税务登记遵循的一个主要原则,只有先将其纳入管理范围,才能为其他的税收征管工作铺平道路。从表面上看虽然加大了税务机关的执法成本,但却可以将更多的纳税人纳入税收管理的范围,有效地减少漏征漏管现象的发生。

2. 建立税务登记跟踪管理系统。取消现行的基层税务所负责受理辖区税务登记申请的规定,集中成立专门的税务登记管理机关,负责税务登记证的办理、税务登记的检查,从而最大限度地对税务登记实施动态管理,为税收征管和税务稽查提供帮助。

3. 尽快出台工商和税务部门间的定期通报制度和联席会议制度,加强与地税共管户的核对,尽快实现部门间的计算机联网,以实现资源的最大共享,从源头上加强对税务登记的户源监控。

4. 保护合法经营,加大对漏征漏管户的查处力度。继续严格执行亮证经营的规定,加强对漏征漏管户的检查,对无证户除责令其补缴税款外,还要严格按照《税收征管法》第五章第60条,对其不按规定办理税务登记的行为处以罚款,彻底消除一部分人的侥幸心理。

---

① 1999年,国家税务总局首次制定了税收征管质量考核办法,对各级税务机关税收征管工作情况通过十个比率来进行考核(见国税发[1999]52号)。当年,国家税务总局即按此办法在全国税务机关组织开展了征管质量交叉检查。2000年,国家税务总局又对上述考核办法进行了修改(见国税发[2000]151号),将考核指标减为登记率、申报率、入库率、滞纳金加收率、欠税增减率、申报准确率和处罚率,简称"七率"。

第二节 账簿凭证管理法律制度

一、账簿和凭证概述

（一）账簿

账簿，又称会计账簿，是指以会计凭证为依据，由符合一定格式并相互联系的账页所组成的，对纳税人的全部经济业务进行全面、分类、系统、序时的登记和反映的簿册，是用来序时地、分类地和全面系统地记录和反映有关经济业务的会计簿籍。设置和登记账簿，是会计核算的专门方法之一，对于加强经济管理工作具有重大意义。主要表现在以下三个方面：账簿为企业的经济管理提供系统、完整的会计信息；账簿为企业定期编制会计报表提供数据资料；账簿是企业考核经营成果、加强经济核算、分析经济活动情况的重要依据。

账簿按其用途可以分为序时账簿、分类账簿、联合账簿和备查账簿。(1)序时账簿，亦称日记账，是按照经营业务发生的时间先后顺序，逐日逐笔登记经营业务的账簿。序时账簿按记录内容的不同，又可以分为普通日记账和特种日记账。(2)分类账簿，是指对全部经营业务按照总分类账户和明细分类账户进行分类登记的账簿。分类账簿分为总分类账簿和明细分类账簿两种。总分类账簿是按照总分类账户分类登记的账簿，用来核算经营业务的总括内容。明细分类账簿是按照明细分类账户分类登记的账簿，用来核算经营业务的明细内容。总分类账簿的总额等于与其相关的明细分类账簿的金额之和。(3)联合账簿，是指日记账和分类账结合在一起的账簿，如企业所设的日记总账。(4)备查账簿，是指对某些在序时账簿和分类账簿中未能记载或记载不全的经营业务进行补充登记的账簿。该类账簿没有固定的格式，由各单位根据实际需要自行设计，用以对某些经营业务的内容提供必要的参考资料。如以经营租赁方式租入的固定资产的登记簿、受托加工材料登记簿等。

我国《税收征管法》中所指的账簿，是指总账、明细账、日记账以及其他辅助性账簿。《实施细则》中还明确规定总账、日记账应采用订本式。

（二）凭证

凭证，即会计凭证，就是用来记账的依据。凭证和账簿一样，都是纳税人记录生产经营活动、进行经济核算的重要工具，也是税务机关确定应纳税额、进行财务监督和税务检查的主要依据。

二、账簿、凭证的设置

根据国家税务总局的规定，账簿、凭证应按如下要求设置：从事生产、经营的纳税人自领取营业执照或者发生纳税义务之日起 15 日内设置账簿;扣缴义务人应当自税收法律、行政法规规定的扣缴义务发生之日起 10 日内,按照所代扣代收的税种,分别设置代扣代缴、代收代缴税款账簿。生产、经营规模小又确无建账能力的纳税人,可以聘请经批准从事会计代理记账业务的专业机构或者经税务机关认可的财会人员代为建账和办理账务;聘请上述机构或者人员有实际困难的,经县以上税务机关批准,可以按照税务机关的规定,建立收支凭证粘贴簿、进货销货登记簿等。

三、财务、会计制度的备案

根据国家税务总局的规定,财务、会计制度应按如下要求备案:

1. 从事生产、经营的纳税人自领取税务登记证件之日起 15 日内,将其财务、会计制度或者财务、会计处理办法报送税务机关备案;

2. 纳税人、扣缴义务人采用计算机记账的,应当在使用前将会计电算化系统的会计核算软件、使用说明书及有关资料报送主管税务机关备案。

对纳税人的财务、会计制度及其处理办法实行备案制度的原因有三[①]:一是我国财务、会计制度很复杂,而从事生产、经营的纳税人由于所处的行业或部门不同,其财务、会计制度或者财务、会计处理办法相应也有很大差别,这给税务机关计征税款带来很大不便。二是由于纳税人的财务活动和会计核算是从资本运动中反映再生产的全过程,只有掌握了纳税人的成本核算、利润分配、留利情况、专项基金等财务处理办法,税务机关才能据此准确计算纳税人所应缴纳的各种税款。三是实行备案制度,也有利于税务机关区分纳税人的生产、经营情况,对其进行分类指导。

四、账簿、凭证保管

从事生产、经营的纳税人、扣缴义务人必须按照国务院财政、税务主管部门规定的保管期限妥善保管账簿、记账凭证、完税凭证及其他有关资料。一般来说,账簿、会计凭证、报表、完税凭证及其他有关资料应当保存 10 年。但是,外商投资企业和外国企业的会计凭证、账簿和报表,至少要保存 15 年;私营企业的会计凭证、账簿的保存期为 15 年,月、季度会计报表的保存期为 5 年。年度会计报表和税收年度决算报表要永久保存。

---

① 参见刘剑文主编:《税法学》,北京大学出版社 2007 年版,第 331 页。

第三节　发票管理法律制度

一、发票概述

发票,是指在购销商品、提供或者接受服务以及从事其他经营活动的过程中,开具、收取的收付款凭证,它既是会计核算的原始凭证,也是税款确定、征收和检查的重要依据。发票分为普通发票和增值税专用发票①两大类。发票分别按工业、商业、建筑、安装业、服务、文化娱乐、综合等来设置。普通发票的基本联次为三联,第一联为存根联,由开票方留存备查;第二联为发票联,供收执方作为付款或收款原始凭证;第三联为记账联,供开票方作为记账原始凭证。增值税专用发票的基本联次除上述三联外还包括抵扣联,供收执方作为抵扣税款的凭证。

二、发票的印制

发票印制是发票管理的首要环节,也是基础环节。《税收征管法》对发票的印制作了专门性规定。

（一）发票印制的内容

发票的基本内容包括:发票的名称、字轨号码、联次及用途、客户名称、开户名称、开户银行及账号、商品名称或经营项目、计量单位、数量、单价、大小写金额、开票人、开票日期以及开票单位（个人）名称（章）等。有代扣、代收、委托代征税款的,其发票内容应当包括代扣、代收、委托代征税种的税率和税额。另外,增值税专用发票还应当包括购货人地址及其税务登记号、增值税税率、税额、供货方名称、地址及其税务登记号。②

（二）发票准印证制度

《发票管理办法》规定,省、自治区、直辖市税务机关应当按照集中印制、统一管理的原则,严格审查印制企业的资格,对指定为印制发票的企业发给国家税务总局统一制发的发票准印证③。

（三）发票防伪专用品

发票防伪专用品由国家税务总局指定的企业生产,禁止非法制造、倒买倒卖。生产发票防伪专用品的企业应具备规定的资格条件,符合条件的企业由国

---

① 增值税发票管理是发票管理制度的重要组成部分,但是本书在前面流转税章节已经有了详细介绍,因此本章不再作具体论述。
② 参见刘剑文主编:《财税法学》,高等教育出版社 2004 年版,第 604 页。
③ 发票准印证是税务机关对具备印制发票条件的企业核发的一种准予印制发票的证件。对印制增值税专用发票的企业由国家税务总局核发发票准印证,对印制普通发票的企业由省级税务机关核发。发票准印证由国家税务总局统一制作。

家税务总局核发由其统一制作的发票防伪专用品准产证。

（四）套印全国统一发票监制章

发票应当套印全国统一发票监制章。全国统一发票监制章的式样和发票版面印刷要求，由国家税务总局规定。发票监制章由省、自治区、直辖市税务机关制作，禁止伪造发票监制章。

（五）实行不定期换版制度

发票实行不定期换版制度，换版的具体时间、内容和要求，由国家税务总局确定。实行不定期换版制度的原因在于，伪造发票、发票监制章进行违法犯罪活动的现象屡禁不止，现代高科技的发展如激光照相和电脑排版等新技术的出现，使伪造发票变得更为容易。为了防止和杜绝私印、伪造发票，实行不定期换版制度成为一项必要和有效的措施。

三、发票的领购

依法办理了税务登记，并领取了税务登记证件的纳税人，可以向主管税务机关申请领购或申请印制带有单位名称的发票；依法办理了税务登记，但按规定未核发税务登记证件的纳税人可以向主管税务机关申请领购发票。

临时到本辖区以外从事经营活动的纳税人，可以凭所在地税务机关证明，向经营地税务机关申请领购经营地发票。

增值税专用发票只限于增值税一般纳税人领购使用，非增值税纳税人和根据增值税有关规定确认的小规模纳税人不得领购。

税务机关对外省、自治区、直辖市来本辖区从事临时经营活动的纳税人申请领购普通发票的，都应要求其提供保证人或者根据所领购发票的票面限额及数量缴纳不超过一万元的保证金，并限期缴销发票。未按期缴销发票的，由保证人或者以保证金的方式承担法律责任。

四、发票的开具、保管与缴销

（一）发票的开具

1. 发票开具的时限

工业企业纳税人一般于产品已经发出或劳务已经提供，收取价款或者取得收取价款的凭据时，或者发生销售退回、折让、折扣时开具发票。商业流通企业纳税人一般应在发出商品、提供劳务、收取价款或者取得收取货款的凭证时开具发票。

2. 发票开具的具体规定

（1）发票应当按照规定的时限、顺序，逐栏、全部联次一次性地真实填开，并加盖财务印章或发票专用章。填写项目不全、内容不真实、单联填开、没有印章的发票，不能作为记账或报销的凭证。

（2）使用电子计算机开具发票，须经主管税务机关批准，并使用税务机关统一监制的机外发票，开具后的存根联应当按顺序装订成册。

（3）任何单位和个人不得转借、转让、代开发票；未经税务机关批准，不得拆本使用；不得自行扩大专用发票的使用范围。

（4）发票限于领购单位和个人在本省、自治区、直辖市内开具。任何单位和个人未经批准不得跨规定的区域使用、携带、邮寄或运输空白发票；严禁携带、邮寄或运输空白发票出入境。

（5）开具发票的单位和个人应建立发票使用登记制度，设置发票登记簿，并定期向主管税务机关报告发票使用情况。

（6）开具发票的单位和个人应当在办理变更或注销税务登记的同时，办理发票和发票领购簿的变更、缴销手续。

（二）发票的保管

开具发票的单位和个人应按照税务机关的规定存放和保管发票。若丢失发票，应于丢失当日书面报告主管税务机关，并在报刊和电视传媒上公告声明作废。已经开具的发票存根和发票登记簿，应当保存5年。

（三）发票的缴销

发票缴销是指纳税人按照规定向税务机关上缴已使用或者未使用的发票，由税务机关将其进行销毁。纳税人发票缴销有以下四种情况：

1. 纳税人已使用的发票存根保管期满后，对发票存根联进行缴销；
2. 纳税人发生合并、联营、分设、迁移、停业、歇业等事项时缴销发票；
3. 纳税人因税务机关统一实行发票及发票监制章更换，缴销到期的发票；
4. 纳税人发生严重违反税务管理和发票管理行为，税务机关收缴其发票。

五、发票的检查

根据《发票管理办法》，发票检查的主要内容有：检查印制、领购、开具、领取和保管发票的情况；调出发票进行查验；查阅、复制与发票有关的凭证、资料；向当事者询问与发票有关的情况和资料，可以记录、录音、录像、照相和复制。

税务机关需要将已开具的发票调出查验时，应当向被查验的单位和个人开具发票换票证，发票换票证与所调出查验的发票有同等的效力；被调出查验发票的单位和个人不得拒绝接受。税务机关将空白发票调出复验时，应开具收据，若经查验确无问题，应及时返还。

对单位和个人从中国境外取得的与纳税有关的发票或者凭证，若税务机关在纳税审查时认为有疑问，可要求其提供境外公证机构或者注册会计师的确认证明，经税务机关认可后，方能作为记账、核算的凭证。

税务机关在发票检查中需核对发票存根联与发票联的填写情况时，可向持有发票或者保存发票存根联的单位和个人发出发票填写情况核对卡；有关单位接到税务机关的发票填写情况核对卡后，应在15日内填写有关情况报回。

六、发票管理制度评析

关于增值税专用发票管理中存在的问题与对策，本书在流转税的章节已有具体论述，本节将主要讨论普通发票管理中存在的问题与解决方案。

（一）发票管理制度存在的问题

1. 弄虚作假现象严重

由于目前普通发票的领购、开具和审核没有增值税专用发票严格，难以相互交叉稽核，因此弄虚作假现象十分严重，采取分联填开、大头小尾①、张冠李戴等手段隐匿销售收入和应纳税额的行为大量存在，直接导致销售收入和应纳税额失实。

2. 不开票经营现象普遍

以自制"销售单"替代销售发票的现象相当普遍，特别是商业零售户的销售凭证采取"双轨"运行，即同时拥有自制的"销售单"和领取的正式发票，经营时对不索要发票的消费者使用自制的"销售单"，将这部分收入纳入"账外账"，甚至索要发票一个价，不索要发票一个价，这已经成为零售行业公开的"秘密"。

3. 发票内部管理制度没有严格落实

发票领用时审核和管理不够严格；发票验旧购新时，对已填开的发票的正确性和规范性审核不严；对发票保管、外出携带填开缺乏有效管理；发票违章信息传递不畅，工作配合不力；发票领购环节和纳税申报、税收管理环节脱节等诸多问题广泛存在。

（二）发票管理制度的完善

1. 深化发票知识宣传

税务机关要深入持久地开展宣传，使纳税人牢固树立依法使用发票的意识，倡导和敦促广大消费者购货索要发票，使其认识到这是对销售者销售行为的监督，对维护其自身的权益、规范市场经济秩序也大有好处。

2. 建立以发票为中心的多元监控税源体系

建立以发票为中心，账册、库存、资金、账户等多元监控的税源体系，实现对增值税的综合管理。对建账不实或建假账进行虚假申报的纳税人按规定从重处罚，并从高核定税额。加强对纳税人库存存货的检查，凡购进货物必须向销货方索要发票。加强与金融部门的配合，清理纳税人经营基本账户，杜绝多头开户，

---

① "大头小尾"是指用票单位和个人在填开发票时，不按规定一次复写，发票联金额大于存根联金额，一般都是为了少记销售或营业收入，进而偷逃税款。

实现对纳税人资金流向的监控,促使其正确使用发票。

3. 逐步实现发票管理的现代化

充分利用现代高科技手段,逐步实现发票管理的现代化和信息化。大力推广防伪税控系统,将发票使用管理置于现代科技的严密监控之下。

4. 营造法治化的外部环境,实行综合治理

完善诸如发票抽奖等方式的奖励机制,同时设立护税基金,激励群众积极举报发票违法犯罪行为,对护票协税有突出贡献者予以奖励,从而调动全社会的积极性,提高国民法治意识,使发票违法行为失去生存的土壤。

第四节 纳税申报法律制度

一、纳税申报概述

纳税申报是指纳税人在税法规定的期限内,就纳税有关事项向税务机关进行书面报告的一项制度。它是纳税人必须履行的一项法定手续,也是税务机关办理征收业务、核定应纳税款、开具完税凭证以及进行税务监督、统计分析和纳税评估的主要依据。

实行纳税人自行申报纳税制度是依法治税的基础,是分清征纳双方权利、义务的重要依据,也是明确征纳双方法律责任的基本准绳。纳税人发生纳税义务后,无论是固定业户或临时经营者,无论是企业、单位或个人,无论是否享有减免税待遇,都应在税法规定的期限内到主管税务机关进行纳税申报。

二、我国的纳税申报制度

(一) 纳税申报的主体

一切负有纳税义务的单位和个人以及负有扣缴义务的单位和个人,都是办理纳税申报的主体。

1. 从事生产经营、负有纳税义务的企业、事业单位、其他组织和个人,临时取得应税收入的单位和个人,以及从事非生产经营但负有纳税义务的单位和个人,都必须依照税法的规定向税务机关进行纳税申报。

2. 享受减税、免税优惠的纳税人在减税、免税期间应向税务机关办理纳税申报。

3. 扣缴义务人也必须依照税法的规定,向税务机关报送代扣代缴、代收代缴报告表。

值得说明的是,纳税人在法定纳税期限内,无论有无应税收入以及其他应税项目,均必须在规定的申报期限内,向税务机关办理纳税申报。

（二）纳税申报的内容

负有纳税义务的纳税人，必须向主管税务机关申报应纳税的税种、应税项目、计税依据、税率或单位税额、扣除项目及标准、减免税项目及税额、应纳税额、税款所属期限等。纳税人办理纳税申报，应当如实填写和报送纳税申报表。同时，纳税人还应按规定根据具体情况相应报送下列资料：(1) 财务、会计报表及其说明材料；(2) 与纳税有关的合同和协议书；(3) 外出经营活动税收征管证明；(4) 境内外公证机构出具的有关证明文件；(5) 税务机关规定应当报送的其他有关证件、资料。

扣缴义务人必须向主管税务机关申报所扣缴税款的税种、应税项目、税率或单位税额、税款所属期限等。扣缴义务人办理纳税申报，应据实填写和报送代扣代缴、代收代缴报告表，并报送扣缴税款的合法凭证及与扣缴税款有关的证件、资料。

（三）纳税申报的期限

1. 申报期限的定义

纳税申报的期限是税法规定或税务机关根据税法确定的，纳税人、扣缴义务人进行纳税申报的时间段。纳税人、扣缴义务人必须在法定的纳税申报期限内进行纳税申报，纳税人逾期申报将由税务机关发出催报通知，仍拒不申报者将受到行政处罚。纳税申报期限是税收强制性体现的一个方面，也是科学规范国民收入再分配的结果。按期进行纳税申报是确保国家税收及时入库，平衡财政收入的重要前提。现行税法、行政法规对纳税申报期限作了原则性规定。

2. 延期申报

延期申报是指纳税人因法定原因，不能按照税法规定的期限办理纳税申报，经税务机关批准延缓一定期限再行申报的税收管理制度。根据《税收征管法》，只在下列两种情形下，才允许延期申报：(1) 纳税主体因财务会计处理上的困难等主观原因导致不能按期申报纳税的情形。在该种情形下，纳税申报主体必须在规定的期限内向税务机关提出书面延期申请，经核准后，方可延期申报。但同时应在纳税期内按照上期实际缴纳的税额或税务机关的核定税额预缴税款，然后在核准的展期内办理纳税结算。(2) 因不可抗力导致纳税申报主体不能办理纳税申报的情形。在发生不可抗力事件的情形下，纳税申报主体无需事先申请，即可延期申报。但是在不可抗力情形消除后应当立即向税务机关报告，税务机关应当查明真相，予以核准。

（四）纳税申报的方式

1. 按纳税申报表及有关资料送达的方式划分，纳税申报方式可分为直接申报、邮寄申报和电子申报

直接申报是纳税人、扣缴义务人或委托的代理人到税务机关办理纳税申

的方式;邮寄申报是纳税人、扣缴义务人通过邮寄方式向税务机关报送纳税申报表及有关资料的方式;电子申报是纳税人、扣缴义务人通过传真、计算机等现代化手段向税务机关报送纳税申报表及有关资料的方式。

目前各地基本采用直接申报方式,邮寄申报和电子申报仅在少部分地区试行。从方便纳税和提高征管效率来看,将来的发展方向必然是邮寄申报和电子申报。根据目前的实际条件,各地应该重点推行邮寄申报,并逐步试行电子申报。

2. 按纳税申报的填报人划分,可分为自行申报和代理申报

纳税人、扣缴义务人填报纳税申报表是自行申报;纳税人、扣缴义务人委托税务代理人填报纳税申报表是代理申报。代理纳税申报必须出具委托代理协议书和税务代理证件,经受理纳税申报税务机关核准,代理申报方为有效。申报必须真实准确。

纳税人的纳税申报方式须经税务机关认定批准,申报方式一经确定,一般在一个会计年度内不得改变。如需改变,纳税人须向主管税务机关提出书面申请,经批准后方可改变。

三、纳税申报制度评析

纳税申报是现代税收征管流程的中心环节,也是我国现代化征管目标模式的基础和重点。目前我国的纳税申报制度仍然存在一些弊端,有待改革和完善。

(一) 纳税申报制度存在的问题

1. 纳税申报的法律规定尚显粗陋,缺乏可操作性

纳税申报在《税收征管法》中仅规定了三个条文,《实施细则》中也只有八个条文,只是相当原则性地规定了纳税申报的主体、内容和方式。对于将税务管理与税款征收紧密相连的中心环节——纳税申报而言,纳税人仅凭有限的法规条文难以理解与掌握纳税申报的具体程序,使得纳税申报缺乏透明度和可操作性。而如果将大部分的规范空间留待税收行政机关以部门规章的方式解决,又使纳税申报的法定性大打折扣,这不仅与税收法定主义原则不符,而且纳税人权利在具体程序操作中也难免受到侵害。

2. 纳税申报控管不严

我国《税收征管法》明确规定纳税人无论有无应纳税款、是否属于减免期,均应按期报送纳税申报表。但实践中,由于我国税务登记制度尚未覆盖到所有纳税人,仅仅将从事生产、经营的纳税人作为税务登记的重点,因此税务登记证件及相关制度的管理也只能在这部分纳税人身上发挥纳税申报的监督作用,而大部分的个人纳税者难以为税务登记制度所监控,自行申报也就缺乏相应的制约机制。随着我国个人收入水平的大幅度上涨,所得来源的日趋复杂化,纳入自

行申报范围的个人纳税者将越来越多,如何对这部分纳税人进行纳税申报的监督管理成为立法和实践急需解决的问题。

3. 申报方式的选择尚受限制

修订后的《税收征管法》赋予纳税人自由选择直接申报、邮寄申报、数据电文申报的选择权,但随后颁布的《实施细则》却对此作出限定,明令经税务机关批准,纳税人方可使用其选择的申报方式。这对于信息化建设尚处初级进程中的我国也许符合实际,然而却违背了下位法不得与上位法相抵触的立法原则,而且有悖于立法原意。

4. 纳税申报服务有待完善

由于我国长期以来存在将纳税人置于税务机关对立面的观念,对纳税人权益的保护一直是我国税法建设中的弱项。虽然新《税收征管法》规范了纳税人在税收征管中的诸多权利,但如何将这些权利落到实处,仍然有待探索。纳税申报的琐碎、细致和经常性特点使得这一环节对纳税人权利的保护需求异常突出,如何在申报中提高服务质量,改善申报环境,提供便捷、优质的申报服务,仍然需要税务机关认真思索和改进。

(二) 纳税申报制度的完善

1. 完善纳税申报立法

在法律条文过于粗疏、在短期内再次修订《税收征管法》又难以实现的情况下,建议由国家税务总局以部门规章的形式确定纳税申报的统一、详细的实施办法。但是长远之策仍是应当进一步完善《税收征管法》及其《实施细则》中有关纳税申报制度的规定,使其更具执法刚性和透明度。

2. 改进申报方式的多样化选择

我国应当尽快取消申报方式的批准制,让纳税人充分享受自由选择申报方式的便利。在加强税收信息化工程的同时,重视网上申报的试行和推广,并积极探索个性化申报方式,这对于纳税人权益的保障、现代化征管目标的实现都是一个重要课题。

3. 改进申报服务,增强服务意识

广义上的金税工程的一个重要内容是增强为纳税人服务的意识,为纳税人提供及时、有效、优质的服务。这包括加强服务硬件建设和加强服务软环境建设两方面。服务质量、服务意识、服务理念都应逐步提升。纳税申报环节应着重探索申报咨询服务和申报方式的改进,积极探索个性化申报服务方式,将《税收征管法》总则赋予纳税人的权利落实到纳税申报的具体环节中。如税务申报网站、税务信息服务都是服务的介质和手段。应当说,纳税人申报意识的增强除需依靠完善的法规和严格的管理外,税务机关的优质服务也是不可忽视的重要因素。

4. 采用申报激励措施,促进依法自行申报

纳税人申报过低或申报过高均属未依法申报,申报的正确与否极大地影响着税收征管的效率。我国对未申报以及不按期申报的纳税人及扣缴义务人规定了严格的法律责任,对依法、如实申报者却缺乏相应的激励措施。我国可以仿照日本的"蓝色申报"制度,对于财务制度健全、正确设置账簿、依法申报的纳税人给予一系列申报程序以及税收上的优惠,从而改善申报意识不高的现状。

本 章 小 结

税务管理涵盖了税务登记、账簿管理、票证管理和纳税申报等内容。

税务登记包含了设立、变更、注销等几种登记,现行《税收征管法》为了保证税款的征收,对登记的程序以及工商部门、银行及其他金融机构的协助义务都作了明确的规定。与之相配套的还有税务登记证件制度,与税务登记形成较为完善的体系。账簿管理是核定纳税人应纳税额的重要依据,因此,账簿管理是保证税源、有力监控税收的保障。票证管理则主要涉及对发票的管理。账簿和发票的管理主要涉及设置、领用、使用、保管等方面,在实际操作方面仍有漏洞,易引发经济方面的违法违规行为。纳税申报是纳税人在税法规定的期限内,就纳税有关事项向税务机关进行书面报告的一项制度。它是纳税人必须履行的一项法定手续,也是税务机关办理征收业务、核定应纳税款、开具完税凭证以及进行税务监督、统计分析和纳税评估的主要依据。近年来,我国在纳税申报方面,借鉴了税法发达国家的一些先进经验,在纳税人的实体性和程序性权利方面都有体现。

思考题

1. 试述税务登记的种类以及各种登记的程序。
2. 账簿主要有哪几种分类?阐述我国对账簿管理的具体要求。
3. 如何解决发票管理制度中存在的问题?
4. 试述对完善我国纳税申报的建议。

第二十二章 税款征收基本制度

第一节 税款征收制度概述

税款征收是税务机关依法将纳税人、扣缴义务人应当缴纳或解缴的税款依照一定的程序和方式征集入库的执法活动的总称。税款征收是税收征管工作的中心环节,在整个税收工作中占据着极为重要的地位。

一、税款征收的主管和管辖

税款征收的主管是不同类别的征税机关之间税款征收权的划分;管辖是同类征税机关之间征税范围的划分。主管和管辖是征税机关依法行使征税权、纳税主体依法履行纳税义务的前提条件。科学合理的主管和管辖有利于防止逃税和避免重复征税,保证税款足额及时入库。

主管主要是在税务机关和海关之间划分征税权。目前海关主管的税种主要有关税、船舶吨税及进口环节的增值税、消费税,其他的税种基本都属于税务机关主管。

管辖中最为重要的就是地域管辖,地域管辖从纳税主体的角度说,主要就是"纳税地点"的问题,即纳税人应该向哪里的纳税机关申报并缴纳税款。税法上的"纳税地点"主要有:纳税人所在地、财产所在地、商品销售地、劳务发生地或营业地等。纳税主体应当根据具体情况,分别选择到以上各地申报纳税。

二、税款征收的方式

税款征收方式是指税务机关根据各税种的特点和征纳双方的具体条件而制定的计算、征收税款的形式和方法。实施正确的征收方式有利于控制管理税源,防止税款流失。

(一)查验征收

查验征收,是指税务机关对某些难以进行源泉控制的征税对象,通过查验证、照和实物,据以征税的一种征收方式。这是对流动、分散的税源加强控制管理的一种方式,也是对纳税人进行纳税监督的一种有效手段,多适用于临时经营场所和机场、码头等场外经销商品的情况。

(二)查账征收

查账征收,是指纳税人在规定的纳税期限内根据自己的财务报表或经营结果,向税务机关申报自己的应纳税收入或所得额及应纳税款,经税务机关审查核实后,纳税人据以交纳税款的一种征收方式。这种方式较为普遍,一般适用于纳税意识较强以及财会制度较为健全的纳税人。

(三) 查定征收

查定征收,是指税务机关通过按期查定纳税人的实物量而确定应纳税额,分期征收税款的一种征收方式。税务机关为了控制某些零星、分散的税源,简化纳税手续,对经营规模小、产品的生产销售批次多、财务管理和会计核算水平低的纳税人,根据其生产能力和一定时间的实际产、销情况,核定一个实物量作为计税标准,据以计算纳税期内的应纳税额,分期征收税款,期末进行结算。当实际产、销量超过核定量时,须由纳税人报请补征;不到核定量时,可由纳税人报请重新审定。

(四) 定期定额征收

定期定额征收,是指由税务机关对纳税人一定经营时期内的应纳税收入和应纳税所得额进行核定,并以此为计税依据计算应纳税额,分期征收税款的一种征收方式。适用于一些没有记账能力,无法查实其销售收入或营业收入和所得额的个体或小型工商业户。

(五) 自核自报自缴

自核自报自缴,简称"三自"纳税,是指对纳税人的应纳税额,由纳税人自行计算,自行填写缴税凭证,自行向当地国库按期交纳税款的一种征收方式。这种方式是国际上通行的自行申报纳税制度,也是近几年来我国《税收征管法》所倡导的要求税务机关建立、健全的征收方式。采用这种征收方式要求纳税人有较强的纳税意识和健全的经济核算制度,并且必须经过当地税务机关的审核批准。

(六) 代扣代缴

代扣代缴,是指依法负有扣缴义务的单位和个人,在向纳税人支付款项时,从所支付的款项中依法直接扣除纳税人的应纳税款,然后代其向税务机关解缴的一种征收方式。实行代扣代缴的目的在于对零星分布不均的税源实行源泉控制。目前我国对纳税人课征的个人所得税、预提所得税均采取代扣代缴的源泉扣缴方式。

(七) 代收代缴

代收代缴,是指依法负有收缴义务的单位和个人,在向纳税人收取款项时,从所收取的款项中依法直接收取纳税人的应纳税款,然后代其向税务机关解缴的一种征收方式。实行代收代缴的目的在于对难以征收的领域实行源泉控制。根据目前我国消费税法相关规定,委托加工产品,由委托方在收取其加工费时,代收委托方的应纳税款,然后再向税务机关解缴。

（八）委托代征

委托代征，是指税务机关根据有利于税收控管和方便纳税的原则，可以按照国家有关规定委托有关单位和人员代征零星分散和异地缴纳的税收，并发给委托代征证书的一种征收方式。目前，我国各地对于少数零星、分散的税源，一般委托街道办事处、居委会、村委会等代征税款。委托代征不同于代扣代缴、代收代缴，后两者是扣缴义务人应尽的法定义务，而前者只是一种委托代理关系，受托人可以拒绝。

（九）邮寄申报征收

邮寄申报征收，是指经税务机关审核，纳税人可以通过邮寄的方式解缴税款。这种方式主要适用于那些有能力纳税、信誉度较高，但用其他方式纳税不方便的纳税人。

（十）其他征收方式

除上述征收方式以外，还有其他一些征收方式，如利用网络、IC卡、交通卡等纳税。根据《税收征管法实施细则》第40条，税务机关应当根据方便、快捷、安全的原则，积极推广使用支票、银行卡、电子结算方式缴纳税款。

无论采取何种征收方式，税务机关收到税款后，都应当向纳税人开具完税凭证。由于各种征收方式各有其特点，适用于不同的纳税人，因此在实践中应用的广度也不同。随着我国征管水平的提高和纳税申报的普及，查账征收、自核自报自缴、代扣代缴以及代收代缴征收正成为我国最重要的征收方式。

第二节 应纳税额的确定制度

一、应纳税额确定制度概述

（一）应纳税额的概念

应纳税额是指根据纳税人的计税依据和适用税率计算出的应当缴纳的税额。应纳税额是纳税人纳税义务的具体化，是税款征收的直接依据，必须经过相应的程序确定。

（二）应纳税额的确定方式

应纳税额的确定方式主要有两种，一种是官方确定方式，另一种是申报确定方式。

1. 官方确定方式。这种方式是指纳税人的应纳税额完全由行政机关依法确定。若法律、法规没有规定纳税人负有纳税申报的义务，则应纳税额通常采用此种确定方式。

2. 申报确定方式。这种方式是指征税机关原则上根据纳税人申报的数额确定应纳税额,只有当纳税人未主动申报或申报不恰当时,才由征税机关根据具体情况重新确定应纳税额。申报纳税在世界范围内被广泛采用,我国也采取此种方式,并在税务管理方面进行了一系列规定。如前文所述,我国正在建立新的征管模式,完善的纳税申报制度是其中重要的一环。

（三）应纳税额的确定权

在官方确定方式之下,征税机关对应纳税额的确定权是直接体现的。而在申报确定方式之下,征税机关的确定权是间接体现的,具体来说,当纳税人申报的应纳数额与实际应缴纳的税额不一致时,征税机关有权依法进行重新核定、调整。

我国《税收征管法》及其《实施细则》中规定了两项应纳税额的确定制度,即应纳税款的核定制度和应纳税款的调整制度。

二、应纳税款的核定制度

应纳税款的核定制度是指在具备法定情形的条件下,征税机关运用税款核定权核定纳税人的应纳税款的制度。

（一）核定应纳税额的情形

我国《税收征管法》第35条、第37条及《实施细则》第57条规定,税务机关有权核定纳税人应纳税额的法定情形有：

1. 依照法律、行政法规的规定可以不设账簿的。
2. 依照法律、行政法规的规定应当设置账簿但未设置的。
3. 擅自销毁账簿或者不提供纳税资料的。
4. 虽设置账簿,但账目混乱或者成本资料、收入凭证、费用凭证残缺不全,难以查账的。
5. 发生纳税义务,未按照规定的期限办理纳税申报,经过税务机关责令限期申报,逾期仍不申报的。
6. 纳税人申报的计税依据明显偏低,且无正当理由的。
7. 未按照规定办理税务登记的从事生产、经营的纳税人以及临时从事经营的纳税人,包括到外县（市）从事生产、经营而未向营业地税务机关报验登记的纳税人。

（二）核定应纳税额的方法

对于以上各种情形,征税机关有权采取以下任何一种方式核定其应纳税额：

1. 参照当地同类行业或者类似行业中经营规模和收入水平相近的纳税人的税负水平核定。
2. 按照营业收入或者成本加合理的费用和利润的方法核定。
3. 按照耗用的原材料、燃料、动力等推算或者测算核定。

4. 按照其他合理方法核定。

当采用上述一种方法不足以正确核定应纳税额时，可以同时采用两种或两种以上的方法核定。

二、应纳税额的调整制度

我国《税收征管法》及其《实施细则》中有关应纳税额的调整制度是专门针对关联企业的，要了解此项制度，首先要准确界定关联企业。

（一）关联企业的含义

一般来说，关联企业是指经济上有利益关系而法律上相互独立的企业联合体。按照我国《税收征管法》，关联企业，是指有下列关系之一的公司、企业和其他经济组织：

1. 在资金、经营、购销等方面，存在直接或者间接的拥有或者控制关系；
2. 直接或者间接地同为第三者所拥有或者控制；
3. 在利益上相关联的其他关系。

现在国内外企业通过关联企业转移利润逃避税收的情况非常普遍，为了保证国家税收的基础不受侵蚀，各国对关联企业的业务往来都有相应的规制。在我国，企业或者外国企业在我国境内设立的从事生产、经营的机构、场所与其关联企业之间的业务往来，应当按照独立企业之间的业务往来收取或者支付价款、费用；对于不按照独立企业之间的业务往来收取或者支付价款、费用，而减少其应税收入或者所得额的，税务机关有权进行合理调整。独立企业之间的业务往来，是指没有关联关系的企业之间按照公平成交价格和营业常规所进行的业务往来。纳税人有义务就其与关联企业之间的业务往来，向当地税务机关提供有关的价格、费用标准等资料。

（二）关联企业应纳税额的事后调整制度

1. 关联企业税收事后调整的法定情形

纳税人与其关联企业之间的业务往来有下列情形之一的，税务机关可以调整纳税人应纳税额：

（1）购销业务未按照独立企业之间的业务往来作价；

（2）融通资金所支付或者收取的利息超过或者低于没有关联关系的企业之间所能同意的数额，或者利率超过或者低于同类业务的正常利率；

（3）提供劳务，未按照独立企业之间业务往来收取或者支付劳务费用；

（4）转让财产、提供财产使用权等业务往来，未按照独立企业之间业务往来作价或者收取、支付费用；

（5）未按照独立企业之间业务往来作价的其他情形。

2. 税务机关调整计税收入额或者所得额的方法

（1）应当用加括号的数字标明按照独立企业之间进行的相同或者类似业务活动的价格；

（2）按照再销售给无关联关系的第三者的价格所应取得的收入和利润水平；

（3）按照成本加合理的费用和利润；

（4）按照其他合理的方法。

3. 税务机关调整计税收入额或者所得额的期限

纳税人与其关联企业未按照独立企业之间的业务往来支付价款、费用的，税务机关自该业务往来发生的纳税年度起三年内进行调整；有特殊情况的，可以自该业务往来发生的纳税年度起十年内进行调整。

（三）关联企业应纳税款的事前调整制度

事前调整主要指预约定价安排（advance pricing arrangement，APA），即纳税人可以向主管税务机关提出与其关联企业之间业务往来的定价原则和计算方法，主管税务机关审核、批准后，与纳税人预先约定有关定价事项，监督纳税人执行，可以减少复杂的事后审计工作。APA 已成为许多发达国家和地区普遍采用的反避税调整方法。据统计，目前美国、韩国、新西兰、墨西哥、我国香港地区等二十个国家和地区均采用 APA。

为了遏制外企的避税行为，我国在 2002 年出台的《税收征管法实施细则》中引入了预约定价制度，2004 年 9 月 3 日国家税务总局发布《关联企业间业务往来预约定价实施规则（试行）》，具体确立了我国关联企业间业务往来预约定价的税收管理制度。2007 年颁布的《企业所得税法》第 42 条进一步确认了预约定价安排制度，该条规定，企业可以向税务机关提出与其关联方之间业务往来的定价原则和计算方法，在税务机关与企业协商、确认后，可达成预约定价安排。

第三节 纳税期限制度

一、纳税期限制度概述

纳税期限是指在纳税义务发生后，纳税人依法缴纳税款的期限。学界对纳税期限的理解有广义和狭义之分。广义的纳税期限包括税款计算期限和税款缴库期限：纳税计算期限即纳税人多长期间计缴一次税款；税款缴库期限即纳税人在多长期限内将税款缴入国库，是纳税人的实际交纳税款期间。狭义的纳税期限则仅仅指税款计算期。我国《增值税暂行条例》中既规定了税款计算期限，又规定了税款缴库期限；但《税收征管法》中却没有明确纳税期限的含义。

除上述分类外,纳税期限有以下两种分类方式:(1)纳税期限可以分为按次征纳和按期征纳。前者适用于耕地占用税等税种;后者适用于流转税等税种,期间可以有月、季、年。(2)纳税期限还可以分为核定纳税期限和法定纳税期限。前者指税法只规定一段纳税期间,纳税的确切时间授权税务机关根据税法规定,适当考虑纳税人的实际情况予以审核决定;后者指税法直接规定确切的纳税时间,无须经税务机关审核确定。

纳税期限制度,是《税收征管法》的主要内容之一,主要包括滞纳金制度和延期纳税制度。纳税期限届满之后,纳税人不得违法拖欠税款,否则将承担不利的法律后果。如纳税人未提出逾期纳税的理由或者提出逾期纳税的申请未获得征税机关的批准,纳税人必须缴纳滞纳金;如纳税人提出逾期纳税的申请获得征税机关的批准,则可以延期纳税。

二、滞纳金制度

(一)滞纳金的含义

滞纳金,是指征税机关对违反税法规定,不按期缴纳税款或未能及时、足额缴纳税款的纳税人或扣缴义务人实施的一种补偿性和惩罚性相结合的措施。

(二)滞纳金的性质

关于税收滞纳金的法律性质,理论界有不同的观点。第一种观点认为,税收滞纳金属于罚款,这是因为滞纳金针对的是不按期缴纳税款的违法行为,它和罚款一样,都具有行政处罚的特征;第二种观点认为,税收滞纳金本质上应该是对国家的一种补偿,并不具有行政法上的处罚性;第三种观点将前两种观点综合起来,认为税收滞纳金兼具处罚和补偿的性质。[①]

国外关于税收滞纳金的法律性质认定也各有不同,《日本国税通则法》第2条第1款第4项规定:"附带税,系指国税中的滞纳税、利息税、过少申报加算税、无申报加算税、不缴纳加算税及加重加算税。"《德国租税通则》第3条规定,滞纳金既非补偿,亦非罚金,而是一种迫使租税义务人准时纳税的手段,性质上属于租税的附带给付。我国台湾地区学者认为滞纳金的主要功能在于实现已届清偿期之税捐,次要目的亦有对逾期税捐附加迟延利息之作用。

(三)我国《税收征管法》关于滞纳金制度的规定

我国《税收征管法》第32条规定:纳税人未按照规定期限缴纳税款的,扣缴义务人未按照规定期限解缴税款的,税务机关除责令限期缴纳外,从滞纳税款之日起,按日加收滞纳税款万分之五的滞纳金。加收滞纳金的起止时间,为法律、

[①] 参见厦门市国家税务局课题组:《我国税收滞纳金加收制度探讨》,载《东南税务》2007年第10期。

行政法规规定或者税务机关依照法律、行政法规规定确定的税款缴纳期限届满次日起至纳税人、扣缴义务人实际缴纳或者解缴税款之日止。

从以上规定可以看出,我国《税收征管法》中的税收滞纳金有以下几个特点:(1)税收滞纳金的法律性质并不明确,滞纳金与所欠税款之间的关系模糊不清;(2)滞纳金的加收比例较高,现行每日万分之五的滞纳金加收率折合贷款年利率为18.25%,明显高于银行同期贷款利率,滞纳金的惩罚性似乎过重;(3)滞纳金的起算日期和截止日期规定模糊。

三、延期纳税制度

(一)延期纳税的含义

延期缴纳,是指纳税人因特殊困难不能按期纳税时,经有权批准的税务机关批准,可以申请延期纳税。延期缴纳税款是纳税人的一项普遍权利,也是严格按期纳税的一种例外。

(二)我国《税收征管法》关于延期纳税的规定

我国《税收征管法》规定:纳税人因有特殊困难,不能按期缴纳税款的,经省、自治区、直辖市国家税务局、地方税务局批准,可以延期缴纳税款,但是最长不得超过三个月,且同一笔税款不得滚动审批。

纳税人在行使延期纳税这一权利时必须具备三个基本要件,即满足延期缴纳税款的客观条件(有特殊困难),且办理了相关的手续,并得到相关税务机关的批准。

1. 所谓有特殊困难,不能按期缴纳税款,是指纳税人有下列情形:一种是因不可抗力,导致纳税人发生较大损失,正常生产经营活动受到较大影响的情形;另一种是当期货币资金在扣除应付职工工资、社会保险费后,不足以缴纳税款的情形。

2. 经省、自治区、直辖市国家税务局、地方税务局批准,计划单列市国家税务局、地方税务局可以审批纳税人延期缴纳税款。

3. 纳税人需要延期缴纳税款的,应当在缴纳税款期限届满前提出申请,并报送下列材料:申请延期缴纳税款报告、当期货币资金余额情况及所有银行存款账户的对账单、资产负债表、应付职工工资和社会保险费等税务机关要求提供的支出预算。

4. 税务机关应当自收到申请延期缴纳税款报告之日起20日内作出批准或者不予批准的决定;不予批准的,从缴纳税款期限届满之日起加收滞纳金。批准延期期限内免予加收滞纳金。

(三)其他国家或地区关于延期纳税的规定

澳大利亚1936年《所得税课税法典》对纳税人实行延期纳税的目的,是让他们在一个延长的期限内缴纳规定期限内无法缴纳的税款,但是必须证明纳税人有能力或潜力在延长的期限内缴纳税款。可以延期纳税的六种情形是:(1)由于自然灾害导致纳税人正处于严重的财务困难之中;(2)纳税人的主要收入来源是养老金或失业金;(3)死者的遗产;(4)纳税人主要通过源泉扣缴方式缴纳税款;(5)对核定的应纳税款存在争议的案件;(6)适用于《每季临时税收制度》的纳税人,认为其目前缴纳的分期税额大于下一次核定税额之后应缴纳的分期税额。澳大利亚对每个个案的延期纳税期限是不同的。一般的原则是给予纳税人的延期纳税期限应持续到纳税人已作准备缴纳税款的日期之后。此外,《所得税核定法典》第206条还规定,只要税务局长认为纳税人有正当理由,他就可以在任何情况下对纳税人实行延期纳税或者在该期限内允许其分期纳税。对税务局副局长行使延期纳税的权力也没有限制,通常副局长及被授权的官员在处理对纳税人的延期纳税案件上都有一定的自由度。①

日本《国税通则法》和《地方税法》都规定,如果由于某些原因,纳税人缺乏纳税资金,交纳税款有困难时,准许在纳税期限届满后,延缓履行其纳税义务。②

我国台湾地区将缓缴税款的情势限定在:(1)自然事故;(2)非出于纳税人之意思所形成之事实上的障碍,如战争、暴动、瘟疫等。

第四节 税款的补缴、追缴与退还制度

一、补缴制度

(一)补缴制度的含义

税款的补缴制度,是指因税务机关的原因,造成国家税款未缴、少缴的情况下,征税机关要求纳税义务人补缴税款的制度。

(二)我国《税收征管法》关于补缴制度的规定

我国《税收征管法》规定,因税务机关的责任,致使纳税人、扣缴义务人未缴或者少缴税款的,税务机关在三年内可以要求纳税人、扣缴义务人补缴税款,但不得加收滞纳金。

在税款的补缴制度中,如何理解"税务机关的责任"是关键。税务机关的责任包括两方面:一是适用法律、行政法规不当;二是税务机关的执法行为违法。所谓法律法规适用不当,是指税务机关在适用税收法律、行政法规时,选择了不适当的税收法律、行政法规,或者虽然适用的规定正确但在使用时发生错误,导

---

① 参见全国人大常委会预算工委法律室编写组编著:《〈中华人民共和国税收征管法〉实用指南》,中国财政经济出版社2001年版,第479页。
② 参见〔日〕金子宏:《日本税法原理》,刘多田等译,中国财政经济出版社1989年版,第342页。

致纳税人未缴、少缴税款。所谓执法行为违法是指税务机关执法时,在执法程序、权限、主体上发生了错误,甚至导致无效执法行为的发生。所以,税务机关在依照法定的权限和程序执法时,因能力不够未能发现或检查出纳税人少缴、未缴税款的情况不能认定为税务机关的责任。

因税务机关责任造成的未缴、少缴税款,三年内可以要求纳税人、扣缴义务人补缴,但不加收滞纳金。因税务机关责任造成的未缴、少缴税款,税务机关在三年期限内已发现或查处但过了三年期限税款仍未缴清的,不再受此期限的限制,可以无限期追征。纳税人未在税务机关规定的期限内补缴税款的,从税务机关规定的缴款期限届满次日起加收滞纳金。

二、追缴制度

(一) 追缴制度的含义

税款的追缴制度,是指因纳税人及扣缴义务人的原因,造成国家税款未缴、少缴的情况下,征税机关依法追缴税款及滞纳金的制度。

(二) 我国《税收征管法》关于追缴制度的规定

我国《税收征管法》规定,若因纳税人、扣缴义务人计算错误等失误(指非主观故意的计算公式运用错误以及明显的笔误),未缴或者少缴税款的,税务机关在三年内可以追征税款和滞纳金;有特殊情况(指纳税人或者扣缴义务人因计算错误等失误,未缴或者少缴、未扣或者少扣、未收或者少收税款,累计数额在10万元以上的),追征期可以延长到五年。前述追征税款、滞纳金的期限,自纳税人、扣缴义务人应缴未缴或者少缴税款之日起计算。

但对逃税、抗税、骗税的,征税机关追征其未缴或者少缴的税款、滞纳金或者所骗取的税款,不受上述规定期限的限制。

此外,对于"纳税人不进行纳税申报,不缴或者少缴应纳税款"的情形比照"因纳税人、扣缴义务人计算错误等失误,未缴或者少缴税款的"的情形处理,追征期规定为三年或者五年。[①]

(三) 关于税收追征期的几个问题

税收追征期是指因纳税人、扣缴义务人未缴或者少缴依法应缴纳的税款,税务机关有权向纳税人追征税款的期限。由以上规定可以看出,我国税法上的追征期有三年、五年以及无限期追征三种情况,《税收征管法》通过列举的形式予以区分,但对于税收追征期的相关规定,仍存在以下几个问题:

---

① 国家税务总局于2009年6月15日在《关于未申报税款追缴期限问题的批复》的回函中答复:《税收征管法》第64条第2款规定的纳税人不进行纳税申报造成不缴或少缴应纳税款的情形不属于偷税、抗税、骗税,其追征期按照《税收征管法》第52条规定的精神,一般为三年,特殊情况可以延长至五年。

1. 未穷尽追征期的所有情形。在实践中存在这样的情况:因税务机关和纳税人双方的共同责任,致使纳税人未缴或少缴税款;或因第三方的责任,造成纳税人不缴或少缴税款的,如纳税人采用电子缴税,因银行扣款不及时或错误扣款造成未缴或少缴税款的情形等。① 对于上述情形的追征期,税法没有作出规定。

2. 未明确追征期是核定期间还是征收期间。一般情况下,除非纳税人主动缴纳税款,否则,都必须先经过税收核定,然后才能具体实施征收。② 但我国《税收征管法》规定得过于简化,未明确追征期究竟是核定期间还是征收期间,更未细化这二者如何衔接的问题。本书只能将其视为核定期间,对于征收期间按传统思维理解为不受限制。

3. 未规定税收追征期的起算日。《税收征管法》虽然规定了追征期一般情况下为三年,特殊情况下可延长至五年,对偷税、抗税、骗税行为,追征期不受前款规定期限的限制,但是如何起算追征期确是一个立法空白。起算日期关系到纳税人切身利益,《税收征管法》应该在这方面予以完善。

三、退税制度

(一) 退税制度的含义

退税制度,是指当发生超纳、误纳情况时,征税机关依职权或应纳税人的要求,将超纳、误纳的税款退还给纳税人的制度。退税制度依据的是不当得利的法理,即如果征税机关不退税、法律不赋予纳税人以退还请求权,就会产生征税主体不当得利的问题。

日本《国税通则法》和《地方税法》对超纳金和误纳金的还付作了规定,超纳金和误纳金在实体法上可以作为一种不当得利。③ 我国台湾地区的学者认为退税是基于公法上的返还请求权,系一种可适用于公法上的一般法律思想之表现。不过民法上的不当得利返还请求权不能够直接适用于公法上的返还请求权。④

(二) 我国《税收征管法》关于退税的规定

我国《税收征管法》规定,纳税人超过应纳税额缴纳的税款,税务机关应当自发现之日起10日内办理退还手续;纳税人自结算缴纳税款之日起三年内发现的,可以向税务机关要求退还多缴的税款并加算银行同期存款利息(不包括依法预缴税款形成的结算退税、出口退税和各种减免退税),税务机关应当自接到纳税人退还申请之日起30日内查实并办理退还手续;涉及从国库中退库的,依照法律、行政法规有关国库管理的规定退税。退税利息按照税务机关办理退税

---

① 参见张阿蓉、李垂福、周俊琪:《税款追征期立法缺陷辨析》,载《税务研究》2006年第2期。
② 参见熊伟:《我国税收追征期制度辨析》,载《华东政法大学学报》2007年第4期。
③ 参见〔日〕金子宏:《日本税法原理》,刘多田等译,中国财政经济出版社1989年版,第286页。
④ 参见刘剑文主编:《税收征管法》,武汉大学出版社2003年版,第214页。

手续当天中国人民银行规定的活期存款利率计算。

纳税人既有应退税款又有欠缴税款的,税务机关可以将应退税款和利息先抵扣欠缴税款;抵扣后有余额的,退还纳税人。这是退税制度上的抵缴规定。

印花税的征收不适用退税制度,凡多贴印花税者,不得申请退税或抵用。这样的规定主要是由印花税的征收特点决定的。

第五节 税收减免制度

一、税收减免制度概述

税收减免是根据国家一定时期的政治经济社会政策的要求而对某些纳税人予以免除部分纳税义务的一种特殊措施,是税收优惠的一种。

税收减免分为法定减免、特定减免和临时减免三种。(1)法定减免,是在税法中列举的减税、免税,具有长期实用性和政策性。(2)特定减免,是根据政治经济情况的发展变化和贯彻税收政策的需要,对个别、特殊情况专案规定的减税、免税,主要有两种情形:在税法颁布后随着政治经济变化所作出的减免税补充规定;在税法中不能够或不宜一一列举,采用专案规定的税收减免。(3)临时减免,是主要照顾纳税人的特殊的暂时困难而临时批准的减税、免税,通常是定期的或者一次性的减税或免税。

二、税收减免的程序

我国《税收征管法》规定,税收减免必须遵循一定的法律程序并受到监督。

1. 申请减、免税款的纳税人应当首先向主管税务机关提出书面的申请报告,并按照规定附送有关的资料。

2. 减税、免税的申请须经法律、行政法规规定的减税、免税审查批准机关审批。地方各级人民政府、各级人民政府主管部门、单位和个人违反法律、行政法规规定,擅自作出的减税、免税决定无效,税务机关不得执行,并应向上级税务机关报告。

3. 法律、行政法规规定或者经法定的审批机关批准减税、免税的纳税人,应当持有关文件到主管税务机关办理减税、免税手续。减税、免税期满,应当自期满次日起恢复纳税。

4. 享受减税、免税优惠的纳税人,减税、免税条件发生变化的,应当自发生变化之日起15日内向税务机关报告;不再符合减税、免税条件的,应当依法履行纳税义务。未依法纳税的,税务机关应当予以追缴。

第六节 税款征收基本制度评析

我国税款征收的基本制度涵盖的内容十分广泛,这些制度对于国家税收债权的实现和纳税主体纳税义务的履行具有十分重要的意义,这里有必要对其规定的不足之处进行探讨,并提出相关的完善建议。

一、纳税期限应在立法中作出明确的界定

如前文所述,学术界对纳税期限的理解,有广义和狭义之分。广义的纳税期限包括税款计算期和税款缴库期;狭义的纳税期限则仅仅指税款计算期。我国《税收征管法》规定,纳税人、扣缴义务人按照法律、行政法规规定或者税务机关依照法律、行政法规的规定确定的期限,缴纳或者解缴税款。此项规定并没有对纳税期限作出明确的界定,在理解具体的法律、法规上易引发分歧,导致税务机关在执法时标准不一,如《增值税暂行条例》第 23 条第 1 款规定中先后出现了两处有关纳税期限的规定:增值税的纳税期限分别为 1 日、3 日、5 日、10 日、15 日、1 个月或者 1 个季度。纳税人的具体纳税期限,由主管税务机关根据纳税人应纳税额的大小分别核定;不能按照固定期限纳税的,可以按次纳税。在以后的法规修改中有必要对纳税期限进行界定,并对税款计算期限和税款缴库期限分别作出明确的规定。

二、滞纳金制度应予以完善

滞纳金制度在我国《税收征管法》中只进行了简单的规定,实践中存在诸多问题。这主要是因为我国目前的税收滞纳金制度不完善:税收滞纳金的性质模糊不定,立法者没有明确,执法者在实践中的做法经常矛盾,让滞纳金既承担了行政处罚功能,又承担了税款利息功能。日本税法实行滞纳金制度和利息制度并行,针对不同情况不同对待。我国可以借鉴日本的做法,在滞纳金之外规定税收利息制度,无论在逃税还是欠税的情况下,如果对纳税人实施了罚款的行政处罚,就不再加收滞纳金,而是加收税收利息;若没有对欠税人给予罚款,则必须加收税收滞纳金。

三、税务机关的追征期限应有所限制

我国《税收征管法》规定,对逃税、抗税、骗税的,征税机关追征其未缴或者少缴的税款、滞纳金或者所骗取的税款,不受追征期限的限制。也就是说,如果纳税人存在逃税、抗税、骗税等情形,征税机关就可以无限期对其应纳税款和滞纳金进行追缴。

对此规定,一些学者存在质疑。因为与《刑法》规定追诉时效相比,在《税收征管法》中规定无限期追征税款不尽合理。其他国家和地区也并没有类似的规定。我国台湾地区的"捐税征收法"中规定偷逃漏税款的追征期限为七年,韩国则为以征收国税为目的的国家权力安排了五年的消灭时效。本书认为应当对税务机关的追征期限有所限制,才能够积极有效地促使他们在法定期间内行使权力,避免未能够追征上的税款长期处于悬而未决的状态,同时也有利于保障纳税人的权益。

四、税收退还请求权的实现应给予立法保障

税收退还请求权,是在纳税人履行纳税义务的过程中,由于征税主体对纳税人征收的全部或部分款项没有法律根据,因而纳税人可以请求予以退还的权利。[①] 税收退还请求权是纳税人在税收征管关系中的一项重要权利,在我国的退税制度中,并没有对如何实现税收退还请求权作出明确规定。如关于税收退还请求权的发生,究竟应该从错误缴纳税款之日,还是从发现错误缴纳税款之日起算?又如税收退还请求权的标的是否包括滞纳金和利息?这些问题法律都没有给出明确的答案,致使在实践中存在困境。为了保障纳税人权利,应完善税收退还请求权的相关法律规定,为其实现给予应有的立法保障。

五、税收减免的监督机制应予以健全

税收减免是我国税式支出的一种。税收减免是政府为实现一定的社会经济目标,通过对基准税制的背离给予纳税人的优惠安排。主要形式有豁免、税前扣除、加速折旧、盈亏相抵、优惠税率、减免税、税收抵免、税收饶让、优惠退税和延期纳税。税收减免在本质上是一种财政支出,但是又与通过国家立法机关审批的国家预算形式有所不同,缺乏严格的监督约束机制,随意性相对较大,容易成为一些单位和个人寻租的手段。而且,过多的税收减免会干扰经济的正常运行,扭曲市场上正常的资源配置机制。因此,我国应该大规模调整现有的减免制度,制定符合经济发展客观规律的减免制度,通过严格的程序予以约束。

本 章 小 结

税款征收的基本制度是税收征管法的基石,税务机关通过遵循这些制度的相关规定,依法对税款进行征收。本章首先对税款征收制度进行概述,包括征收主体、管辖、征收方式等基本内容,然后详细介绍了应纳税款的确定制度、纳税期

---

① 参见张守文:《税法原理》,北京大学出版社 2009 年版,第 180 页。

限制度、补缴、追缴与退还制度以及税收减免制度。这几项制度在立法上和实践中都存在不少问题,《税收征管法》的许多规定已经滞后,本章的最后一节对此进行了简要的评析,提出了相关完善建议。

> 思考题

1. 试从关联企业纳税的事先调整制度谈谈你对 APA 能否有效反避税的见解。
2. 谈谈你对纳税期限的认识。
3. 从税收减免的性质谈谈你对它的认识,以及它与税收法定原则的关系。
4. 从我国目前的税款征收制度谈谈我国在纳税人权利保障方面的进步和尚待改进的方面。

第二十三章 税款征收保障制度

税款征收的保障制度是税款征收制度的配套补充,当国家的税款因为纳税主体的某些行为而无法实现或者存在无法实现的危险时,为了确保应纳税款的及时、足额入库,就需要税款征收保障制度发挥其应有的作用。税款征收保障制度主要包括税收保全制度、税收强制执行制度以及其他保障制度。

第一节 税收保全制度

一、税收保全的含义和构成要件

（一）税收保全的含义

所谓税收保全制度,指在税款解缴入库之前,由于纳税人的行为致使国家税款存在不能够实现的危险时,税法规定的一系列保证税款及时足额交纳的制度的总称。

私法上债的担保,指对于已成立的债权债务关系所提供的确保债权实现的保障。就其性质与功能而言,债的担保系一种不必通过强制执行即可使债权人利益得到满足的制度。税法上为确保国家税收债权的实现,亦引入这一制度。

（二）税收保全的构成要件

1. 主体要件：采取税收保全的对象为从事生产、经营的纳税人和需要出境的欠缴税款的纳税人或者他的法定代表人。

2. 客观要件：纳税人的行为有可能威胁到国家税款的及时足额解缴。

（1）纳税人有逃避纳税义务行为;

（2）税务机关认为从事生产、经营的纳税人有明显的转移、隐匿其应纳税的商品、货物以及其他财产或者应纳税的收入的行为或迹象;

（3）税务机关对从事生产、经营的纳税人以前纳税期的纳税情况依法进行税务检查时,发现纳税人有逃避纳税义务行为,并有明显的转移、隐匿其应纳税的商品、货物以及其他财产或者应纳税的收入的迹象的,可以依照法律规定的批准权限采取税收保全措施（这时不需要先责令其缴纳,而可以直接实施纳税保全）;

（4）欠缴税款的纳税人或者他的法定代表人需要出境,且未结清税款、滞纳金的。

3. 时间要件：纳税人涉嫌逃避纳税义务的行为，必须发生在纳税期之前。

4. 证据要件：税务机关应当查明纳税人逃避纳税义务行为的事实，并取得证据或者有足够的根据认为前述主体存在以上可能威胁到国家税款的行为。

二、税收保全的措施和程序

（一）税收保全的措施

1. 书面通知纳税人银行暂停支付存款。采用冻结银行存款方式的，开出"暂停支付存款通知书"，送交纳税人开户银行。书面通知纳税人开户银行或者其他金融机构冻结纳税人金额相当于应纳税款的存款（包括独资企业投资人、合伙企业合伙人、个体工商户的储蓄存款以及股东资金账户中的资金等）。

2. 扣押、查封纳税人商品、货物或其他财产。采用扣押、查封形式的，应由两名以上税务人员负责扣押、查封纳税人的商品、货物或其他财产的执行，并开付清单。执行时应通知被执行人或其成年家属到场。

（二）税收保全的程序

税务机关实施税收保全，必须严格按照以下程序进行：

1. 税务机关提前责令限期缴纳应纳税款。

2. 如果纳税人在限期内没有缴纳应纳税款，且转移、隐匿应纳税收或财产，税务机关可责成纳税人提供纳税担保，纳税人拒绝提供的，则采取下列措施：

（1）主管税务机关填报"税收保全措施申请表"，说明保全理由和措施，报县级税务机关审查，经局长批准后下达执行；

（2）主管税务机关向纳税人发出"税收保全措施通知单"，并送交纳税人；

（3）采取具体的保全手段。

3. 对于需要出境的未结清税款、滞纳金的纳税人或者他的法定代表人，首先要求其提供担保；如果未提供担保则通知出入境管理机关，禁止其出境。

4. 纳税人在规定的期限内已缴清应纳税款的，税务机关应当在 24 小时内解除税收保全措施。

三、税收保全的限制

在执行税收保全措施时，税务机关的权力应当受到一定的限制，以保证纳税人的权利。

1. 保全措施必须依照法定权限和法定程序进行。

2. 个人及其所扶养家属（指与纳税人共同居住生活的配偶、直系亲属以及无生活来源并由纳税人扶养的其他亲属）维持生活必需的住房和用品，不在税收保全措施的范围之内。税务机关对单价 5000 元以下的其他生活用品，也不得采取税收保全措施和强制执行措施。机动车辆、金银饰品、古玩字画、豪华住宅或者一处以外的住房不属于前述所称个人及其所扶养家属维持生活必需的住房和用品。这一限制是《税收征管法》新增的关于纳税人基本生存保障的人性化条款,也与整个国际社会对纳税人权益保障的精神相统一。

3.纳税人在限期内已缴纳税款,税务机关未立即解除税收保全措施,使纳税人的合法利益遭受损失的,税务机关应当承担赔偿责任。

4.税务机关采取税收保全措施的期限一般不得超过六个月;重大案件需要延长的,应当报国家税务总局批准。

5.纳税人在税务机关采取税收保全措施后,按照税务机关规定的期限缴纳税款的,税务机关应当自收到税款或者银行转回的完税凭证之日起一日内解除税收保全。

6.纳税人在限期内已缴纳税款,税务机关未立即解除税收保全措施,使纳税人的合法利益遭受损失的,税务机关应当承担赔偿责任。

第二节 税收强制执行制度

一、税收强制执行的含义和构成要件

(一)税收强制执行的含义

税收强制执行是指纳税人或者相关的义务主体逾期不履行税法上的债务,税务机关采取的促使其履行债务或者实现税款入库的各种间接或直接的强制执行制度的总称。

(二)税收强制执行的构成要件

1.主体要件:税收强制执行的对象为未按照规定期限缴纳税款的从事生产、经营的纳税人,未按照规定期限解缴税款的扣缴义务人,以及未按照规定期限缴纳担保税款的纳税担保人。

2.时间要件:税收之债期限已经届满。即从事生产、经营的纳税人、扣缴义务人或纳税担保人所负担的税收债务的期限已届满。

3.客观要件:纳税主体尚未履行债务,即从事生产、经营的纳税人、扣缴义务人未按照规定的期限缴纳或者解缴税款,纳税担保人未按照规定的期限缴纳所担保的税款,由税务机关责令限期缴纳后,逾期仍未缴纳。

二、税收强制执行的方式和程序

(一)税收强制执行的方式

税收强制执行包括间接强制执行和直接强制执行两种。

间接强制执行,即加收滞纳金,纳税人未按照规定期限缴纳税款、扣缴义务

人未按照规定期限解缴税款的,税务机关除责令限期缴纳外,从滞纳税款之日起,按日加收滞纳税款万分之五的滞纳金。直接强制执行,即从事生产、经营的纳税人、扣缴义务人未按照规定的期限缴纳或者解缴税款的,纳税担保人未按照规定的期限缴纳所担保的税款的,由税务机关发出"限期缴纳税款通知书"。责令缴纳或者解缴税款的最长期限不得超过15日,逾期仍未缴纳的,经县级以上税务局(分局)局长批准,税务机关可以采取强制执行措施。

(二) 我国税收强制执行的程序及措施

我国税收强制执行的具体程序和措施为:

1. 书面通知纳税人开户银行或者其他金融机构从其存款中扣缴税款。

2. 当前一方式仍然不足以执行到全部应纳税款时,就扣押、查封、依法拍卖或者变卖其价值相当于应纳税款的商品、货物或者其他财产,以拍卖或者变卖所得抵缴税款。税务机关采取强制执行措施时,对前述所列纳税人、扣缴义务人、纳税担保人未缴纳的滞纳金也应同时强制执行。对价值超过应纳税额且不可分割的商品、货物或者其他财产,税务机关在纳税人、扣缴义务人或者纳税担保人无其他可供强制执行的财产的情况下,可以整体扣押、查封、拍卖,以拍卖所得抵缴税款、滞纳金、罚款以及扣押、查封、保管、拍卖等费用。

3. 税务机关将扣押、查封的商品、货物或者其他财产变价抵缴税款时,应当交由依法成立的拍卖机构拍卖;无法委托拍卖或者不适于拍卖的,可以交由当地商业企业代为销售,也可以责令纳税人限期处理;无法委托商业企业销售,纳税人也无法处理的,可以由税务机关变价处理,具体办法由国家税务总局规定。国家禁止自由买卖的商品,应当交由有关单位按照国家规定的价格收购。

4. 拍卖或者变卖所得抵缴税款、滞纳金、罚款以及扣押、查封、保管、拍卖和变卖等费用后,剩余部分应当在三日内退还被执行人。

三、税收强制执行的限制

税务机关采取税收保全措施和强制执行措施必须依照法定权限和法定程序进行。不得查封、扣押纳税人个人及其所扶养家属维持生活必需的住房和用品。

我国现行的《税收征管法》把税务机关采取税收强制执行措施的行为列入国家赔偿的范围。根据《税收征管法》,税务机关滥用职权违法采取税收保全措施、强制执行措施或者采取税收保全措施、强制执行措施不当,使纳税人、扣缴义务人或者纳税担保人的合法权益遭受损失的,应当依法承担赔偿责任。损失,是指因税务机关的责任,使纳税人、扣缴义务人或者纳税担保人的合法利益遭受的直接损失。

四、税收保全与强制执行制度的比较

税收保全与税收强制执行作为税款征收保障的两大重要制度，二者存在以下区别：

1. 适用的对象不同。税收保全措施只适用于从事生产、经营的纳税人，不适用于非从事生产、经营的纳税人、扣缴义务人、纳税担保人等，这是因为非从事生产、经营的纳税人一般没有直接可供扣押的商品、货物。而税务强制执行措施则适用于纳税人、扣缴义务人、纳税担保人，此时纳税义务、扣缴义务和纳税担保义务已经发生，上述单位或自然人逾期未缴税款，经限期催缴无效，可以强制执行。

2. 适用的时间不同。税收保全措施适用于纳税义务发生前，强制执行措施适用于纳税义务、扣缴义务、纳税担保义务发生以后。

3. 执行对象不同。税收保全执行的对象是税款，强制执行的对象不仅包括税款，还包括滞纳金。

4. 对纳税人财产的控制程度不同。保全措施是对纳税人财产处分权的一种限制，并未剥夺其财产所有权；强制执行则是实现了税款和滞纳金从纳税人到国家的全面转移，是一种财产所有权的转移。强制执行能够对纳税人财产采取拍卖和变卖（处分权），而不仅仅是查封和扣押。

第三节 其他税款征收保障制度

一、欠税公告制度

欠税公告制度，是指税务机关对纳税人的欠缴税款情况，在办税场所或者广播、电视、报纸、期刊、网络等新闻媒体上定期予以公告的制度。

二、欠税设定担保说明制度

欠税设定担保说明制度，是指当欠税人有欠税情形而以其财产设定抵押、质押时，应当向抵押权人、质权人说明欠税情况，抵押权人、质权人也可以请求税务机关提供有关的欠税情况的制度。

三、欠税人处分财产报告制度

欠税人处分财产报告制度，是指欠缴税款税额在五万元以上的纳税人，在处分其不动产或者大额资产前，应当向税务机关报告的制度。

此项制度有助于税务机关了解欠税人处分财产的动向，有助于防止欠税人

转移资产、逃避纳税义务等损害国家税收利益行为的发生。税务机关可以根据其掌握的相关资料和信息，及时采取税收保全措施或者强制执行措施。

四、合并、分立时欠税清缴制度

合并、分立时欠税清缴制度，是指当纳税人有合并、分立情形时，应当向税务机关报告，并依法缴清税款的制度。纳税人合并时未缴清税款的，应当由合并后的纳税人继续履行未履行的纳税义务；纳税人分立时未缴清税款的，应当由分立后的纳税人对未履行的纳税义务承担连带责任。

五、解散、撤销和破产时的报告制度

解散、撤销和破产时的报告制度，是指当纳税人有解散、撤销和破产情形时，在清算前应当向主管税务机关报告的制度。若未结清税款，则由其主管税务机关参加清算。

六、欠税人离境清税制度

我国《税收征管法》规定，欠缴税款的纳税人或者他的法定代表人需要出境的，应当在出境前向税务机关结清应纳税款、滞纳金或提供担保。未结清应纳税款、滞纳金，又不提供担保的，税务机关可以通知出境机关阻止其出境。这就是"欠税人离境清税制度"。

此项制度是保证国家税款免遭流失的危险，针对纳税主体人身实施的一种措施，但由于其牵涉欠税人人身自由等基本权利，在实践中须谨慎适用，严格遵循相应的法定程序。

第四节 税款征收保障制度评析

税款征收的保障制度对于国家税款及时、足额入库具有十分重要的补充作用。我国税款征收的保障制度以及其他的一些辅助制度，内容全面、涉及面广，但仍有许多急需完善的地方，以下选取较为重要的部分展开论述。

一、税收强制执行对象应排除纳税担保人

我国目前的《税收征管法》把纳税担保人也列在强制执行的行列，这就混淆了私法上的债务和公法上的债务。因为担保人和行政机构之间不存在公法上的行政主体和行政相对人的关系，而是私法上的保证人和被保证人的关系。根据我国台湾地区相关规定，第三人与税捐机关约定纳税人不依照期限缴纳税款，由该第三人缴纳时，第三人如果不履行给付义务，不得迳行移送法院强制执行。也

就是说,如无确定的给付判决或者其他执行之名,不得对之强制执行。① 我国现行立法单纯为了保障国家税款而将公法上债务的实现扩张到私法领域,会影响私法上的安定,需要调整。

二、税收保障制度中的纳税人范围应进行扩大和区分

我国的税收保障制度不适用于非从事生产、经营的自然人,这是制度构建上的一大缺陷,显然不适应当今社会发展的需要。随着经济的发展、国民生活水平的提高,自然人税收对于调节收入分配、促进社会公平的作用越来越凸显,如税收保全、税收强制执行制度等保障制度仍不适用于非从事生产、经营的自然人,无疑会造成更多的逃税、漏税现象,从而导致国家税收的大量流失,甚至引发分配不公等一系列社会问题。

此外,在扩大税收保障制度中的纳税人范围后,需要对自然人纳税人和法人纳税人区分对待。根据巴西立法,对纳税人有欠税和逃税行为的,可以采取税收保全措施,但是对公司法人和自然人的规定不同。对公司法人可以不经过法庭批准进入生产经营场所,并采取强制措施。对自然人则需通过司法程序。② 巴西的做法更有利于保障相对处于劣势的自然人的权益,值得我国立法借鉴。

三、税务机关执法权应受到限制

税收保障措施对税收相对人影响巨大,尤其是税收强制执行措施和限制出境制度。前者以国家的权力"限制"和"剥夺"了公平的合法财产权,而后者针对的则是人身自由、迁徙自由等宪法规定的基本权利。税收保障制度是国家权力的体现,其设立是为了保障国家税收利益,赋予税务机关一定的执法权,但从纳税人权益保护的角度看,这种执法权又必须受到限制。也就是说,税收保障制度的设计必须在国家税收利益和纳税人权益保障间寻找一个平衡点,这样才能一方面保障税款的征收,另一方面又防止权力的无限扩张,维护纳税人的权利。

四、税收执法人员的资质要求应适当提高

墨西哥进行税收强制执行时,只有稽查局局长签发检查令,才能够采取查封、扣押行动,这种检查令地方税务局长是不能够签发的。他们的税务检察官要求有特定的身份,如具备律师或注册会计师资格。虽然这样的身份要求不是每

---

① 参见陈清秀:《税法总论》,翰芦图书出版有限公司2001年版,第535页。
② 参见全国人大常委会预算工委法律室编写组编著:《〈中华人民共和国税收征管法〉实用指南》,中国财政经济出版社2001年版,第495页。

个检察官都能具备,但是提出这样的要求大大促进了检察官人员素质的提高。[①]我国的征管队伍,整体素质仍然不高,导致不尊重纳税人基本权利的事件经常发生。适当借鉴国外对税务检察官的资质要求,将对提升整个税务执法队伍在纳税人心目中的形象大有裨益。

本 章 小 结

税款征收保障制度是税款征收基本制度的配套和补充,在《税收征管法》中占有十分重要的地位。本章重点介绍了税收保全、税收强制执行这两大传统的保障制度,二者在许多方面存在相似之处,本章重点分析了其构成要件、具体措施以及相关程序,并对二者的区别进行了辨析。本章对其他税收保障制度也进行了简要的介绍,并在最后一节对整个税收保障制度进行了评析,指出我国制度设计和实施中的不足,并提出了相关的完善建议。

思考题

1. 简述税收保全和税收强制执行的联系和区别。
2. 谈谈你对我国税收保障制度中存在问题的认识和相关建议。

[①] 参见全国人大常委会预算工委法律室编写组编著:《〈中华人民共和国税收征管法〉实用指南》,中国财政经济出版社 2001 年版,第 499 页。

第二十四章　税务检查与稽查制度

第一节　税务检查制度

税务检查是税款征收后的监督制度,它不仅可以发现税务登记、申报和税款征收环节存在的问题和遗漏,还可以为以后的征管工作提供防范性的建议。我国《税收征管法》及其《实施细则》明确规定了税务检查中征纳双方的权利和义务,体现了对纳税人权利的保障。

一、税务检查制度概述

(一) 税务检查的含义

税务检查又称纳税检查,是指税务机关按照国家税法和财务会计制度的规定,通过一定的组织形式和方法,对纳税人在某一时期内履行纳税义务的情况进行监督检查的一项重要的管理制度。它是税收征收管理的一个重要环节,是贯彻国家税收政策、严肃纳税纪律、保证国家税收收入的重要手段。

(二) 税务检查的形式

1. 重点检查

重点检查是指对公民举报、上级机关交办或有关部门转送的有逃税行为或逃税嫌疑的、纳税申报与实际生产经营情况明显不符的纳税人,以及有普遍逃税行为的行业进行的检查。

2. 分类计划检查

分类计划检查是指根据纳税人历来的纳税情况、纳税人的纳税规模及税务检查间隔时间的长短等综合因素,按事先确定的纳税人分类、计划检查时间及检查频率进行的检查。

3. 集中性检查

集中性检查是指税务机关在一定时间一定范围内,统一安排、统一组织的税务检查,这种检查一般规模比较大。如以往的年度全国范围内税收、财务大检查就属于这类检查。

4. 临时性检查

临时性检查是指由各级税务机关根据不同的经济形势、逃税趋势、税收任务完成情况等综合因素,在正常的检查计划之外安排的检查。如对行业性解剖、典型性调查的检查等。

5. 专项检查

专项检查是指税务机关根据税收工作的实际,对某一税种征收管理的某一环节进行的检查。如增值税一般纳税专项检查、漏征漏管户专项检查等。

(三)税务检查的方法

1. 全查法,即对被查纳税人一定时期内的所有会计凭证、账簿、报表及各种存货进行的全面、系统检查。

2. 抽查法,即对被查纳税人一定时期内的所有会计凭证、账簿、报表及各种存货,抽取一部分进行检查。

3. 顺查法,与逆查法对称,是对被查纳税人按照其会计核算的顺序,依次检查会计凭证、账簿、报表,并将其相互核对。

4. 逆查法,与顺查法对称,指逆会计核算顺序,依次检查会计报表、账簿及凭证,并将其相互核对。

5. 现场检查法,与调账检查法对称,指税务机关派人员到被查纳税人的机构办公地点对其账务资料进行检查。

6. 调账检查法,与现场检查法对称,指将被查纳税人的账务资料调到税务机关进行检查。

7. 比较分析法,即将被查纳税人检查期有关财务指标的实际完成数进行纵向或横向比较,分析其异常变化情况,从中发现纳税问题的线索。

8. 控制计算法,也称逻辑推算法,即根据被查纳税人财务数据的相互关系,用可靠或科学测定的数据,验证其检查期账面记录或申报的资料是否正确。

9. 审阅法,即对被查纳税人的会计账簿、凭证等账务资料,通过直观地审查阅览,发现在纳税方面存在的问题。

10. 核对法,即通过对被查纳税人的各种相关的会计凭证、账簿、报表及实物进行相互核对,验证其在纳税方面存在的问题。

11. 观察法,即通过对被查纳税人的生产经营场所、仓库、工地等场所实地观察,查看其生产经营及存货的大概情况,以发现纳税问题或验证账中可疑问题。

12. 外调法,即对有怀疑或已经掌握一定线索的经济事项,通过调查与被查纳税人有经济联系的单位或工人,予以查证核实。

13. 盘存法,即通过对被查纳税人的货币资金、存货及固定资产等实物进行盘点清查,核实其账实是否相符,进而发现纳税问题。

14. 交叉稽核法,即国家加强增值税专用发票管理,应用计算机将开出的增值税专用发票抵扣联与存根联进行交叉稽核,以查处虚开及假开发票行为,避免国家税款的流失。目前这种检查方法通过"金税工程"体现,对利用增值税专用发票逃税行为起到了极大的遏制作用。

二、税务检查的主要内容和权限范围

（一）税务检查的主要内容

1. 核实征税要素。
2. 检查纳税人执行国家财政税收法律法规和政策的情况。
3. 检查纳税人的财会制度和财经纪律的情况。
4. 检查纳税人的生产经营管理和经济核算情况：
（1）检查纳税人、扣缴义务人执行税收政策、法律、法规的情况；
（2）检查各项税款的缴纳情况；
（3）检查纳税人、扣缴义务人执行财经纪律和税款核算情况；
（4）检查纳税人、扣缴义务人的发票使用、保管情况；
（5）检查纳税人、扣缴义务人执行税务机关依法规定的其他有关事项情况。

（二）税务检查的权限范围

1. 检查纳税人的账簿、记账凭证、报表和有关资料，检查扣缴义务人代扣代缴、代收代缴税款账簿、记账凭证和有关资料。税务机关在检查上述纳税资料时，可以在纳税人、扣缴义务人的业务场所进行；必要时，经县以上税务局（分局）局长批准，可以将纳税人、扣缴义务人以前会计年度的账簿、记账凭证、报表和其他有关资料调回税务机关检查，但是税务机关必须向纳税人、扣缴义务人开付清单，并在三个月内完整退还；有特殊情况的，经设区的市、自治州以上税务局局长批准，税务机关可以将纳税人、扣缴义务人当年的账簿、记账凭证、报表和其他有关资料调回检查，但是税务机关必须在30日内退还。

2. 到纳税人的生产、经营场所和货物存放地检查纳税人应纳税的商品、货物或者其他财产，检查扣缴义务人与代扣代缴、代收代缴税款有关的经营情况。

3. 责成纳税人、扣缴义务人提供与纳税或者代扣代缴、代收代缴税款有关的文件、证明材料和有关资料。

4. 询问纳税人、扣缴义务人与纳税或者代扣代缴、代收代缴税款有关的问题和情况。

5. 到车站、码头、机场、邮政企业及其分支机构检查纳税人托运、邮寄应纳税商品、货物或者其他财产的有关单据、凭证和有关资料。

6. 经县以上税务局（分局）局长批准，凭全国统一格式的检查存款账户许可证明，查询从事生产、经营的纳税人、扣缴义务人在银行或者其他金融机构的存款账户。税务机关行使查询账户或储蓄存款职权时，应当指定专人负责，凭全国统一格式的检查存款账户许可证明进行，并有责任为被检查人保守秘密。查询内容包括纳税人存款账户余额和资金往来情况。税务机关在调查税收违法案件时,经设区的市、自治州以上税务局(分局)的局长批准,可以查询案件涉嫌人员的储蓄存款。税务机关查询所获得的资料,不得用于税收以外的用途。

三、税务检查中征纳双方的权力(利)和义务

(一)税务机关在税务检查中的权力和义务

1. 税务机关的税务检查权力

(1)账簿、凭证检查权和实地检查权;

(2)询问权和调查权;

(3)证据收集权;

(4)存款账户查核权。

2. 税务机关在税务检查中的义务

(1)税务机关和税务人员必须依照《税收征管法》及其《实施细则》的规定行使税务检查职权。税务人员进行税务检查时,必须出示税务检查证和税务检查通知书,并有责任为被检查人保守秘密。

(2)税务机关将账簿、记账凭证、报表和其他有关资料调回税务机关检查时,必须向纳税人、扣缴义务人开付清单。调取以前年度的涉税资料,应在三个月内完整退还,有特殊情况的可以延长。调取纳税人当年涉税资料的,须经地、市、州以上税务局局长批准,并在一个月内退还。税收征管中遇到的一个根本问题就是信息不对称,税务机关很难掌握纳税人的真实经营状况,如果这一问题能得到解决,税收征管的力度将会有一个质的飞跃。

(3)税务机关行使存款账户检查职权时,应当指定专人负责,凭全国统一格式的检查存款账户许可证明进行,并有责任为被检查人保守秘密。

(4)税务机关对公民作出2000元以上(含2000元)罚款或者对法人或者其他组织作出1万元以上(含1万元)罚款的行政处罚之前,应当向当事人送达《税务行政处罚告知书》,告知当事人已经查明的违法事实、证据、行政处罚的法律依据和拟将给予的行政处罚,并告知其有要求举行听证的权利。

(5)税务机关作出税务行政处罚决定,应当向纳税人、扣缴义务人及其他当事人送达《税务处理(处罚)决定书》,决定书中应当注明有关行政复议和行政诉讼的事项。

(6)税务机关对纳税人、扣缴义务人及其他当事人处以罚款或者没收非法所得时,应当开付收据(或税收缴款书)。

(二)纳税人和扣缴义务人在税务检查中的权利和义务

1. 纳税人、扣缴义务人在税务检查中的权利

(1)拒绝违法检查的权利。税务人员进行税务检查时,未出示税务检查证和税务检查通知书的,被检查人有权拒绝检查。

（2）知情权和陈述、申辩权。纳税人、扣缴义务人对税务机关作出的税务行政处理或处罚，有权知道税务机关查明的违法事实、证据和作出处理或处罚的法律依据，并可提出陈述和申辩。税务机关应当认真听取纳税人对违法事实及处理的陈述、申辩，并制作陈述申辩笔录。

（3）听证权。纳税人、扣缴义务人收到税务机关《税务行政处罚告知书》三日内，有权要求税务机关举行听证。

（4）要求保密权。纳税人有权要求税务机关对其在税务检查中获悉的纳税人的商业秘密、银行存款情况、个人隐私及国家秘密等情况保密。

（5）索取有关单据、凭证权。

2. 纳税人、扣缴义务人在税务检查中的义务

纳税人、扣缴义务人在税务检查中的义务主要包括：(1) 组织纳税自查的义务；(2) 依法接受税务机关检查的义务。

纳税人、扣缴义务人必须接受税务机关依法进行的税务检查，如实反映情况，提供有关资料，不得拒绝、隐瞒。

第二节　税务稽查制度

一、税务稽查制度概述

税务检查包含了税务稽查，二者不同的是，税务稽查的对象主要是税务检查中的违法案件。但大多数学者认为，税务检查与税务稽查界限模糊，没有区分的必要。我国《税收征管法》也未严格区分二者，其第11条规定：税务机关负责征税、管理、稽查、行政复议的人员的职责应当明确，并相互分离、相互制约。除此之外再未提及税务稽查，而"税务检查"却专章规定。但随着一系列稽查规章制度的建立，我国正逐步健全新的税务稽查制度。从理论和世界各国的实践趋势看，税务稽查越来越具有其独立地位。

发达国家普遍重视税务稽查工作，建立了强有力的税务稽查监控机制，形成了严密的税务稽查体系。美国联邦税务系统中税务稽查是一个非常重要的部门，其稽查的选案主要通过计算机网络进行，对纳税人的有关资料进行分析，按照一定指标，将有异常申报情况的纳税人列为稽查对象。为了强化税务稽查的力度以及税务执法的独立性，美国、日本、德国、俄罗斯、意大利等国还建立了专门的税务警察组织，在打击涉税犯罪方面发挥了十分重要的作用。除此之外，再辅以严厉的处罚措施。如在德国，偷逃税行为要受到双重处罚，在对公司或合伙组织处以罚款的同时，公司的负责人也要被罚款。在税务警察的协助下，这些处罚措施都得以真正执行。

在我国的税收征管中,一方面,在稽查手段上,主要凭借稽查人员的经验和直觉来确定,或依赖于公众的举报来立案。这显然是不科学的,也是低效的。另一方面就是处罚不力,在对逃税的处理中"以补代罚"、"以罚代刑"的现象极为普遍。鉴于此,不断提高稽查人员的素质、完善税务稽查的相关法规和内部制约机制十分有必要。

二、税务稽查的组织机构及职责

我国从中央到地方都设立了相应的税务稽查机构,即稽查局。各稽查局在一定的范围之内行使税务稽查权,相互协作,分工配合。税务稽查的组织机构分为三级:国家级稽查局;省、自治区、直辖市级稽查局;市(地)县(市)级稽查局。在大城市或交通不便的城市,市稽查局可以设立少数分支机构或派出机构。

在职责划分方面,稽查局内设选案、检查、审理、执行四个机构,各司其职。国家税务总局稽查局负责拟定税务稽查制度、办法,办理重大税收案件,以及指导、协调全国税务系统的稽查工作;省、自治区、直辖市级稽查局的职责以系统业务管理为主,办案为辅;省级以下稽查局以实施稽查、办案为主,兼具系统业务管理职能。稽查局在主管税务局的直接领导下工作,上级税务局有权监督下级税务局的稽查工作。

三、税务稽查的程序

(一) 税务稽查对象的确定

确定税务稽查对象,即选案,是税务稽查的首要步骤,也是整个稽查工作的基础。根据我国《税收征管法》,税务稽查实践中一般通过以下三种方式确定稽查对象:(1) 通过电子计算机选案分析系统筛选;(2) 根据稽查计划,按照征管户数的一定比例筛选或随机抽样选择;(3) 根据公民举报、有关部门转办、上级交办、情报交换资料确定。通过以上三种方式确定稽查对象,不仅可以提高效率,全面而准确了解纳税人、扣缴义务人履行纳税义务的情况,更能集中力量办大案。为了便于公民举报税务违法案件,各级税务机关应建立税务违法案件举报中心,确保及时受理公民举报的案件。

确定税务稽查对象是否准确,直接影响税务稽查的效果。而只有税务机关了解到详尽的纳税人信息,才能对其纳税情况进行综合分析,确保选准稽查对象,否则,不但税务稽查职能不能得到充分的发挥,更造成了行政资源的浪费。纳税人信息是由税务管理、征收部门采集并掌握的,而我国目前并未建立起健全的税收信息网络共享制度,稽查部门与管理、征收部门衔接不够,这也在一定程度上使得税务稽查选案缺乏科学性、准确性,无法选到某些严重的税案,造成逃税现象泛滥。

（二）税务稽查的实施

税务稽查的实施包括三个步骤：向纳税人发出稽查通知、税务稽查的具体实施以及制作稽查报告。

1. 稽查通知。在确定了稽查对象之后，稽查应全面掌握被稽查者的财务制度、生产经营状况，并向其发出书面的《税务稽查通知书》，告知其稽查的具体时间和需要受查的资料。但如果出现以下情况，税务机关可不事先通知：（1）纳税人被举报有税收违法行为的；（2）稽查机关有根据认为纳税人有税收违法行为的；（3）预先通知有碍稽查工作的。

2. 税务稽查的具体实施。（1）实施税务稽查必须二人以上，并出示证件，被查对象有权要求稽查人员回避；（2）稽查手段：稽查机关可以依法采取询问、调取账簿资料以及实地稽查等手段；跨辖区稽查的，可采取函查和异地调查两种方式进行，对方的税务机关有积极协助和配合的义务。

3. 制作稽查报告。对于立案查处的案件，稽查人员稽查完毕后，应当制作《税务稽查报告》，并连同其他资料提交税务稽查审理部门审理。

（三）税务稽查的审理

税务稽查的审理工作应交由专门人员进行，必要时可组织有关部门会审。审理人员应当根据《税务稽查报告》以及所有与案件相关的其他资料，对以下内容进行确认：（1）违法事实是否清楚，证据是否确凿，数据是否正确，资料是否齐全；（2）适用税收法律、法规、规章是否得当；（3）是否符合法定程序；（4）拟定的处理意见是否得当。

审理过程中若发现事实不清、证据不足等情况的，应当通知稽查人员增补。审理结束后，审理人员应当提出综合性审理意见，制作审理报告和《税务处理决定书》，报批后交有关执行人员执行。对构成犯罪的，审理人员应当制作《税务违法案件移送书》，经局长批准后移送司法机关处理。

（四）税务稽查处理决定的执行

税务执行人员在收到《税务处理决定书》后，按规定的方式送达被稽查对象，并依法监督其执行。若被查对象未按照处理决定执行，税务执行人员应当依法对其应缴纳税款和滞纳金采取强制执行措施，经县级以上税务局局长批准后执行。在执行过程中，执行人员应当对税务处理决定的执行情况制作《执行报告》，并向有关部门反馈。

本章小结

税务检查和税务稽查是税款征收后的监督制度，是查处纳税人税收违法行为、减少国家税收流失的重要保障。本章概述了税务检查的含义、主要内容以及权限范围,重点介绍了税务检查中征纳双方的权力(利)和义务。此外,本章还从税务稽查与税务检查的区别出发,分析了税务稽查在国外的发展情况和独立地位,并对税务稽查程序作了详尽的阐述。

> **思考题**
> 1. 税务检查程序中征纳双方的权力(利)和义务有哪些?
> 2. 了解国外税务检查制度,就如何完善我国的税务检查制度提出建议。
> 3. 简述我国税务稽查的程序。

第二十五章 税务代理制度

第一节 税务代理制度概述

一、税务代理的概念及特征

（一）税务代理的概念

税务代理是税务代理人在法定范围内，接受纳税人、扣缴义务人的委托，以纳税人、扣缴义务人的名义，代为办理税务事宜的一种专门行为。它是民事代理的一种，具有民事代理的特征。

根据代理范围的不同，代理可分为全权代理、特别代理与专项代理。依据代理权产生的根据不同，又可分为委托代理、法定代理和指定代理。税务代理是一种专项代理，也属于委托代理的范畴。税务代理是一项社会性中介事务。《税务代理试行办法》第 2 条将税务代理定义为："税务代理是指税务代理人在本办法规定的代理范围内，受纳税人、扣缴义务人的委托，代为办理税务事宜的各项行为的总称。"税务代理仍不失代理的一般共性，我国《民法通则》对代理制度的相应规定，自为普适性规定，在税务代理中同样适用。同时，税务代理也具有其自身的特殊性。

（二）税务代理的特征

1. 主体特定性

委托人，即被代理人，是指授权税务代理人代自己办理涉税业务的单位和个人。受托人，即税务代理人，是指受托为委托人办理涉税业务的组织和个人。从世界范围看，委托人为纳税人和扣缴义务人，在某些国家是税务机关；税务代理人则是由精通税法和财务会计等知识的会计师、审计师和退职税务人员通过全国统一考试或经过挑选考核的合格者充任。我国税务代理由注册税务师担任，注册税务师必须加入一个依法批准设立的税务师事务所才能够执业。

2. 委托事项法定性

税务代理的委托事项是由法律规定而非当事人任意设定的。

3. 代理服务的有偿性

除非法律规定，税务代理必须是有偿的。税务代理是一种竞争性的垄断行业，税务代理人提供的是一种专家式的智力型服务，无偿代理可能会导致代理机构之间的不正当竞争。

4. 税收法律责任的不转嫁性

税务代理作为民事代理的一种,它并不改变纳税人、扣缴义务人对其本身所固有的法律关系的承担。当然,税务师对于税务代理过程中因为自身过错所造成的纳税人、扣缴义务人的损失要承担责任。在国外,税务代理人要承担转嫁责任,被课以较高的注意义务并承担较重的责任。

二、税务代理的业务范围

税务代理的业务是指法律规定的税务代理人可以从事的税务代理事项。我国《注册税务师资格制度暂行规定》第20条采取肯定列举的方式对我国税务代理的业务范围作出了规定,《税务代理业务规程(试行)》也有相关规定。据此,我国税务代理的业务范围为:办理税务登记、变更税务登记和注销税务登记手续;办理除增值税专用发票外的发票领购手续;办理纳税申报或缴扣税款报告;办理缴纳税款和申请退税手续;制作涉税文书;审查纳税情况;建账建制,办理账务;税务咨询、受聘税务顾问;税务行政复议手续;国家税务总局规定的其他业务。

第二节 税务代理主体

一、注册税务师管理制度

(一)注册税务师职业资格

1. 注册税务师职业资格考试

凡中华人民共和国公民,遵纪守法,并具备下列条件之一者,可申请参加注册税务师执业资格考试。参加全部科目考试的报名条件是:(1)经济类、法学类大专毕业后,或非经济类、法学类大学本科毕业后,从事经济、法律工作满六年;(2)经济类、法学类大学本科毕业后,或非经济类、法学类第二学士学位或研究生班毕业后,从事经济、法律工作满四年;(3)经济类、法学类第二学士学位或研究生班毕业后,或取得非经济类、法学类硕士学位后,从事经济、法律工作满两年;(4)取得经济类、法学类硕士学位后,从事经济、法律工作满一年;(5)获得经济类、法学类博士学位;(6)实行专业技术资格考试前,按照国家有关规定已评聘了经济、会计、统计、审计和法律中级专业技术职务或参加全国统一考试,取得经济、会计、统计、审计专业中级专业技术资格者,从事税务代理业务满一年;(7)按照国家税务总局有关规定,已取得税务师执业证书,虽在税务代理机构内从事税务代理业务工作,但不符合免试条件者。

按国家有关规定已评聘经济、会计、统计、审计、法律等高级专业技术职务,从事税收工作满两年者,可申请免试《税法(一)》、《税法(二)》和《财务与会计》三个科目,只参加《税务代理实务》和《税收相关法律》两个科目的考试。

2. 注册税务师的考核

对已经取得职业会计师、审计师、律师资格及从事税收业务工作15年以上者,可以由国家税务总局考核认定其资格。

3. 注册

国家税务总局及其授权的省、自治区、直辖市和计划单列市的注册税务师管理机构负责注册税务师的注册管理工作。注册税务师可以申请执业注册和非执业注册。

已经取得注册税务师执业资格证书者,应该在取得证书后的三个月内到所在地的省级注册税务师管理机构递交法律规定的材料,申请办理非执业或执业注册登记手续。有特殊情况的,经过省级注册税务师管理机构的批准,可以延期办理,但是最长不得超过六个月。

根据《注册税务师资格制度暂行规定》,申请执业注册必须同时具备下列四项条件:(1)遵纪守法,恪守职业道德;(2)取得中华人民共和国注册税务师执业资格证书;(3)身体健康,能坚持在注册税务师岗位上工作;(4)经所在单位考核同意。再次注册者,应经单位考核合格并有参加继续教育、业务培训的证明。

有以下情形之一的不予注册:(1)不具有完全民事行为能力的;(2)因受刑事处罚,自处罚执行完毕之日起未满三年的;(3)被国家机关开除公职,自开除之日起未满三年的;(4)国家税务总局认为具有其他不具备税务代理资格的。

经批准的注册税务师,由省、自治区、直辖市及计划单列市注册税务师管理机构按国家税务总局的规定进行注册。

注销注册税务师资格的情形为:(1)在登记中弄虚作假,骗取注册税务师执业资格证书的;(2)同时在两个税务代理机构执业的;(3)死亡或失踪的;(4)注册税务师知道被委托代理的事项违法仍进行代理活动或知道自身的代理行为违法的,收回执业资格证书,禁止其从事税务代理业务;或注册税务师从事税务代理活动,触犯刑法、构成犯罪的;(5)国家税务总局认为具有其他不适合从事税务代理业务的。

注册税务师每次注册有效期为三年,每年验证一次。有效期满前三个月持证者须按规定到注册管理机构重新办理注册登记。有下列行为、事实之一的,不予重新注册登记:(1)不具有完全民事行为能力的;(2)因受刑事处罚,自处罚执行完毕之日起未满三年的;(3)被国家机关开除公职,自开除之日起未满三年的;(4)国家税务总局认为其他不具备税务代理资格的;(5)被注册税务师管理机构注销其注册税务师资格的。

税务师事务所应当就本所注册税务师变动情况,向省局管理中心备案;省局管理中心应当将本地区当年注册税务师变动情况汇总,上报总局管理中心。

(二) 注册税务师的权利义务①

注册税务师执业,享有以下权利:(1) 可以向税务机关查询税收法律、法规、规章和其他规范性文件;(2) 可以要求委托人提供相关会计、经营等涉税资料(包括电子数据),以及其他必要的协助;(3) 可以对税收政策存在的问题向税务机关提出意见和修改建议,可以对税务机关和税务人员的违法、违纪行为提出批评或者向上级主管部门反映。

注册税务师执业,应履行下列义务:(1) 注册税务师执业由税务师事务所委派,个人不得擅自承接业务;(2) 注册税务师应当在对外出具的涉税文书上签字盖章,并对其真实性、合法性负责;(3) 注册税务师执业中发现委托人有违规行为并可能影响审核报告的公正、诚信时,应当予以劝阻;劝阻无效的,应当中止执业;(4) 注册税务师应保守委托人的商业秘密;(5) 注册税务师应按规定接受专业技术人员继续教育,不断更新知识,接受注册税务师管理机构组织的专业培训和考核;(6) 注册税务师应当对业务助理人员的工作进行指导与审核,并对其工作结果负责;(7) 注册税务师与委托人有利害关系的,应当回避,委托人有权要求其回避。

二、税务师事务所管理制度

在我国,从事税务代理的注册税务师必须加入一个税务师事务所。税务师事务所是从事税务代理的法定机构。按照法律责任形式的划分,我国法律确认了有限责任税务师事务所和合伙税务师事务所。

有限责任税务师事务所是由国家税务总局审批,发起人出资发起设立的社会中介机构。事务所以其全部资产对其债务承担责任,出资人以其出资额对事务所承担有限责任。有限责任税务师事务所实行所长负责制,所长为法定代表人。

设立有限责任税务师事务所应具备下列条件:(1) 有三名以上符合《有限责任税务师事务所设立及审批暂行办法》第 5 条规定的发起人;(2) 有 10 名以上专职从业人员,其中有三名以上取得注册税务师执业注册证书者;(3) 注册资本 30 万元以上;(4) 有固定的办公场所和必要的设施;(5) 审批机关规定的其他条件。其发起人应当具备下列条件:(1) 取得注册税务师执业注册证书;(2) 具有三年以上在事务所从事税务代理业务的经验和良好的职业道德记录;(3) 为事务所的出资人;(4) 不在其他单位从事获取工资等劳动报酬的工作;(5) 年龄

---

① 参见刘剑文主编:《税法学》,北京大学出版社 2007 年版,第 385 页。

在65周岁以下;(6)审批机关规定的其他条件。其中出资人应具备下列条件:(1)取得注册税务师执业注册证书;(2)在事务所执业,并且不在其他单位从事获取工资等劳动报酬工作;(3)审批机关规定的其他条件。

合伙税务师事务所是由国家税务总局审批,二名以上符合规定条件的合伙人以书面协议形式设立的社会中介机构。该事务所以其全部财产对其债务进行清偿,当税务所的财产不足以清偿其债务时,各合伙人承担无限连带责任。

设立合伙税务师事务所应具备下列条件:(1)有两名以上符合《合伙税务师事务所设立及审批暂行办法》第5条规定条件,并依法承担无限责任的合伙人;(2)有一定数量的专职从业人员,其中至少有三名以上取得注册税务师执业注册证书者;(3)有固定的办公场所和必要的设施;(4)经营资金为10万元以上;(5)审批机关规定的其他条件。其中,申请设立事务所的合伙人应当具备下列条件:(1)具有完全民事行为能力;(2)取得注册税务师执业注册证书;(3)具有三年以上在事务所从事税务代理业务的经验和良好的职业道德记录;(4)不在其他单位从事获取工资等劳动报酬的工作;(5)年龄在65周岁以下;(6)审批机关规定的其他条件。

合并、变更、注销税务师事务所的,应当到省局管理中心办理相关备案手续,省局管理中心应当在办理完备案手续后30日内报总局管理中心备案,之后通报税务师事务所所在地主管税务机关并向社会公告。总局管理中心对税务师事务所进行资质等级评定管理。

第三节 税务代理法律关系

一、税务代理法律关系的确立

税务代理法律关系的确立是指税务代理双方通过签订委托代理协议确认彼此的权利和义务,建立起税务代理法律关系。

注册税务师承办代理业务,由其所在的税务代理机构统一受理,并与被代理人签订委托代理协议书,税务代理人不得私自和委托人签订委托合同。

委托代理协议书应当载明代理人和被代理人名称、代理事项、代理权限、代理期限以及其他应明确的内容(代理费用、付款方式、违约责任以及争议解决方式等),并由税务师及其所在的税务代理机构和被代理人签名盖章。双方均在委托代理协议上签字盖章后,税务代理协议即生效,税务代理法律关系即告确立。

税务代理人应按委托协议书约定的代理内容、代理权限和代理期限进行税务代理。

二、税务代理法律关系的变更

实际情形的复杂多变使得在税务代理的过程中会出现预料不到的情况,税务代理协议的执行可能会超越原有的约定,这就需要对原来的委托代理协议进行变更,即变更双方的税务代理法律关系。

税务代理法律关系的变更是指税务代理法律关系内容和客体的变更,而不包括税务代理法律关系主体的变更。因为注册税务师在注册税务师事务所执业,与当事人签订税务代理合同的是事务所。变更具体的代理业务执行人属于代理协议内容的变更,而不是主体的变更。变更注册税务师事务所则属于签订新的税务代理协议。

三、税务代理法律关系的终止

税务代理法律关系的终止是指因为出现法律规定的或者约定的事由,而终止代理协议从而消灭双方的权利义务关系。

税务代理法律关系的终止分为法定终止和自然终止。

1. 法定情形下的单方终止。法定情形下的单方终止可分为被代理人与代理人的单方终止。

有下列情形之一的,被代理人在代理期限内可单方终止代理行为:(1) 税务代理执行人已死亡;(2) 税务代理人被注销资格;(3) 税务代理人未按委托代理协议书的规定办理代理业务;(4) 税务代理机构已破产、解体或被解散。

有下列情形之一的,税务代理人在委托期限内可单方终止代理行为:(1) 被代理人死亡或解体;(2) 被代理人授意税务代理人实施违反国家法律、行政法规的行为,经劝告仍不停止其违法活动的;(3) 被代理人提供虚假的生产、经营情况和财务会计报表,造成代理错误或被代理人自己实施违反国家法律、行政法规的行为。

被代理人或税务代理人按规定单方终止委托代理关系的,终止方应及时通知另一方,并向当地税务机关报告,同时公布终止决定。

2. 税务代理期限届满,委托协议书届时失效,税务代理关系自然终止。

第四节 税务代理制度评析

一、税务代理制度存在的问题

税务代理在我国的建立,有效地配合了税收征管方式的改革,帮助纳税人准确纳税,提高了征税效率,在维护国家税收效益和纳税人权益方面发挥了积极作

用,但是仍然存在着许多需要改善的方面。当前的问题集中体现在以下几点:

(一) 税务代理的有效需求不足,代理率较低

我国目前委托税务代理的户数还较少,比例较低,与世界上许多国家相比有较大差距。如日本有85%以上的企业委托税理士事务所代办纳税事宜;美国约50%的企业和几乎100%的个人将纳税事宜委托税务代理人代为办理;澳大利亚约有70%以上的纳税人也是通过税务代理人办理涉税事宜的,而我国委托税务代理的纳税人仅占9%。在我国,由于社会、经济以及税务行政管理能力等原因,加上实行以流转税为主体的税制模式,客观上对税务代理制度的需求规模不及西方发达国家那样大。另外,这种有限的、潜在的需求要真正变为现实行为,还受制于税收法制环境。我国税收法制环境不良,纳税人选择通过"人情税"或者税收舞弊来解决纳税问题,进一步限制了对税务代理制度的有效需求。

(二) 行业自律机制不健全

尽管我国已建立起税务代理行业的行政管理机构——注册税务师管理中心,但税务代理行业的自律管理却面临着机构不顺、管理乏力的局面。作为税务代理工作的行业自律组织——中国税务咨询协会成立时间较早,其章程和各项规定中的大部分条款已不能适应当前税务代理工作发展的需要。而且,各地的税务咨询协会在实际工作中并未真正起到自我教育、自我管理、自我服务作用,税务代理的自律也成了一句空话。随着税务代理行业的竞争越来越激烈,纳税人和税务机关对税务代理的期望和执业要求越来越高,行业监管不力必然使得税务代理的执业风险越来越大。[①]

二、税务代理制度的完善

(一) 加大对税务代理业务的宣传

要广泛深入地向社会进行宣传,侧重对税务代理业务的必要性、业务内容以及相应的代理约束法规的宣传,让人们逐步形成正确的认识,提高纳税人自觉寻求税务代理的意识,促使对税务代理的潜在需求转化为现实的需求。

(二) 实施税务代理的规范化管理[②]

1. 尽快组建注册税务师协会,完善其行业自律职能

税务代理行业的自律管理虽然只是行政管理的补充和辅助,但绝不能因为居于补充和辅助的地位而忽视其作用,不能只强调政府的行政管理而弱化行业自律管理。根据国际惯例,中介行业的行业自律往往是非常重要的管理部分。

---

① 参见温海滢:《完善我国税务代理制度的对策研究》,载《辽宁税务高等专科学校学报》2007年第2期。
② 同上。

本书认为,要尽快对行业自律机构的职责予以明确规定,以实现行业协会自我教育、自我管理、自我服务的功能。如行业协会应该对注册税务师及税务代理机构进行监督、指导或劝告,督促他们遵守有关的规章制度,开展税务代理制度、行业发展和技术操作等方面的调查研究,组织理论探讨和经验交流;组织对注册税务师进行职业道德和专业技能的教育培训和考核;对税务代理制度及有关业务活动进行宣传;开展与国内和国际税务代理人员、团体之间的交流;保障注册税务师依法执业,维护其合法权益;调解注册税务师执业活动中的纠纷;等等。

2. 建立税务代理机构的信誉评级机制,加大社会监督力度

税务代理机构的信誉评级是属于管理层监管范畴之外的社会性监督,应由税务代理管理机构组织独立的信誉评级机构实施,而税务代理管理机构不应直接介入。信誉评级作为对税务代理机构服务质量和服务水平的分析评价,应包括如下几方面内容:代理机构的整体规模因素(包括注册资金、专业技术人员的数量和素质、分支机构分布情况等);内部制度因素(包括税务代理风险赔偿保险制度、执业质量控制制度等内部制度的制定和执行情况);历史业绩因素(包括代理业务收入、客户数量及性质、代理责任事故的数量和处理情况);等等。在决定并公布被评代理机构的信誉等级后,还必须进行跟踪评级,适时作出变更或不变更已评定信誉等级的决定。

本 章 小 结

税务代理是税务代理人在法定范围内,接受纳税人、扣缴义务人的委托,以纳税人、扣缴义务人的名义,代为办理税务事宜的一种专门行为。它是民事代理的一种,具有民事代理的特征。我国的税务代理人主要是注册税务师及税务师事务所,注册税务师需通过国家统一考试(或考核),加入税务师事务所方能执业。税务师事务所是从事税务代理的法定机构。税务代理在我国的发展还不长,尚未能引起应有的重视。本章最后分析了我国税务代理制度存在的问题,并就如何完善进行了相应的阐述。

思考题

1. 试述税务代理的特征。
2. 试述对税务代理人的认识。
3. 谈谈你对税务代理的性质有何认识。

税收程序法之二 税收处罚法

绪 论

税收处罚法作为税法体系中的重要组成部分,是整个税法运行的保障机制,也是税收法制不可缺少的环节。确立税收处罚制度,规范完善税收处罚法,可以强化税收征收管理,维护正常的税收征纳秩序,确保国家财政收入及时、足额入库;可以增强税法的威慑力,提高纳税人的法制观念,自觉履行纳税义务,预防和减少各种违反税法行为的发生。在我国,税收处罚法包括税收行政处罚和税收刑事处罚,这两种处罚方法既有区别又有联系,相互连接、相互补充,共同构成了税收处罚的制度体系。

一、税收处罚的概念

所谓税收处罚,是指公民、法人或其他组织因违反税法的行为,而由特定的国家机关按照法律规定对之实施的法律制裁,包括税收行政处罚和税收刑事处罚。它具有以下法律特征:

(一)税收处罚的实施主体是特定的国家机关

通常来说,处罚权都是通过国家法律的授权由特定的国家机关或组织来实施的,其他任何机关、组织和个人都不得行使。在我国,主要包括税务行政机关和司法机关:前者是针对税收法律关系主体的税收行政违法行为实施处罚;后者针对税收法律关系主体的税收刑事违法行为,即税收犯罪实施处罚。

(二)税收处罚的实施以税收违法行为为前提

税收违法行为是指税收法律关系主体违反国家税法的规定,造成国家税收流失,破坏国家税收征管秩序的行为。税收违法行为直接侵犯了国家的征税权和税务管理权,是特定国家机关据以实施税收处罚的前提。根据社会危害程度的不同,税收违法行为分为违反税法应受到行政处罚的税收行政违法行为和应受刑事处罚的税收刑事违法行为,即税收犯罪。

(三)税收处罚实施对象的广泛性

税收处罚的实施对象具有广泛性,凡是违反税法、逃避纳税义务、破坏税收征管秩序的税收法律关系主体及其他主体，自然人、法人或其他组织都可构成税收处罚的对象。在我国主要包括纳税人、扣缴义务人、税务机关及其工作人员等税收法律关系主体以及税务代理人、纳税人开户银行或其他金融机构等其他主体。

（四）税收处罚措施的法定性

税收处罚必须遵循"处罚法定"的原则，严格依照法定的处罚种类和程序进行。我国目前主要是根据《行政处罚法》、《税收征管法》、《刑法》及有关法律、法规的规定，将税收处罚划分为税收行政处罚措施和税收刑事处罚措施两大类。

二、税收行政处罚和税收刑事处罚的关系

税收行政处罚与税收刑事处罚是分别针对不同的税收违法行为所采取的两种性质互异的制裁措施。本节主要就税收行政处罚和税收刑事处罚的关系作进一步深入的阐述。

（一）税收行政处罚与税收刑事处罚的区别

税收行政处罚与税收刑事处罚都是税收违法行为的制裁措施，都具惩治性，但是它们之间存在着很大的差别，主要表现在：

1. 适用主体不同。税收处罚作为国家处罚权的一种，只能由特定税务机关依法作出；而刑事处罚只能由人民法院依法作出。

2. 制裁对象不同。税收行政处罚对象是违反税法、破坏正常税收征管秩序的税务管理相对人，不包括征税机关及其工作人员；而税收刑事处罚的对象既包括纳税主体，也包括征税主体。

3. 法律依据不同。税收行政处罚法律依据是以《税收征管法》及其《实施细则》为主体的税收征收管理法律规范；税收刑事处罚则以《刑法》为法律依据。

4. 遵循的程序不同。税收行政处罚依据《行政处罚法》、《税收征管法》以及其他税收法律、法规、规章所规定的行政程序进行；税收刑事处罚则由人民法院依据《刑事诉讼法》所规定的刑事审判程序进行。

5. 归责原则不同。税收行政处罚采用无过错原则，无论税务管理相对人所实施的税收行政违法行为在主观上是否有过错，都要受到税收行政处罚的制裁；而税收犯罪在主观方面必须具有故意，且只能是直接故意，凡不能证明行为人在主观上有过错的，不能对之实施刑罚。

6. 处罚种类不同。目前适用的税收行政处罚的种类主要包括警告、责令改正、罚款、没收违法所得与非法财物、停止出口退税权等；税收刑事处罚的种类主要包括《刑法》规定的主刑与附加刑两类。

（二）税收行政处罚与税收刑事处罚之间的衔接

税务行政处罚与刑罚虽然性质截然不同，但二者在立法、适用、罚种上有联

系,并且具有衔接性。同时,在实践中,由于税收行政处罚与刑事处罚分别由税务机关和人民法院行使,而税务行政管理和司法实践中执行的标准并不一致,所以就可能发生税收行政处罚与刑事处罚之间冲突以及处罚竞合问题。

对于在这种情况下应该怎样处理两者的相互关系,学界多有争论,通说认为应当针对具体情况区别对待。既触犯刑法又触犯行政法的,如果已给予了刑事处罚,而刑事处罚能够包含应受的行政处罚内容的,就不再适用行政处罚。在刑罚不能涵盖行政处罚内容时,则应并处行政处罚。实践中的做法主要有以下几种:

1. 对于只构成税务行政违法而尚未构成犯罪的税收违法行为,由税务行政主体对其实施税务行政处罚;一旦违法行为构成犯罪,就应当依法追究刑事责任,不能以行政处罚代替刑事处罚。

2. 对于构成税收犯罪的税收违法行为,税务机关已经依法实施了罚款的,"罚款折抵罚金"。

3. 税收违法行为构成犯罪,依法免于刑事处罚的,税务机关依法享有税收行政处罚权。

三、我国税收处罚的法律依据

在我国,有关税收处罚的立法在改革开放以后才慢慢步入正轨。1992年《税收征管法》颁布以前,国务院于1986年6月发布了《违反财政法规处罚的暂行规定》,财政部审计署也于1987年10月发布了《违反财政法规处罚的暂行规定施行细则》,对违反税法的行为规定了较为具体的处罚。进入90年代以后,我国法制建设进入快车道。1992年9月4日七届全国人大第二十七次会议通过《税收征管法》,该法专设"法律责任"一章,统一了对违反税法行为的法律责任。同时,全国人大常委会通过了《关于惩治偷税、抗税犯罪的补充规定》作为对刑法的补充。《税收征管法》和《关于惩治偷税、抗税犯罪的补充规定》的公布,使依据国家税法制裁违反税法的行为,追究其法律责任有了统一的专门的法律,标志着我国税法法制建设进入了一个新的阶段。全国人大常委会于1995年2月28日、2001年4月28日两次修订《税收征管法》,使得有关税收处罚的规定更为科学、规范。

随着社会主义市场经济的进一步发展,面对新的问题、新的情况,包括全国人大及其常委会、国务院、国家税务总局等在内的各级国家机关加紧了新法的制定和旧法的修改工作,颁布了一系列有关税收处罚的法律、法规、规章、命令等。例如,1996年3月17日八届全国人大第四次会议通过《行政处罚法》,1996年9月28日国家税务总局发布了《税务案件调查取证与处罚决定分开制度实施办法(试行)》和《税务行政处罚听证程序实施办法(试行)》,并于1996年10月1

日起施行。这些规章初步建立了在整个执法过程中的各个阶段分别由不同部门分工负责、相互监督制约、相互配合的新型执法模式，税务行政处罚因此得以逐步规范。

1995年10月30日，全国人大常委会通过了《关于惩治虚开、伪造和非法出售增值税专用发票犯罪的决定》。1997年3月14日，八届全国人大对1979年《刑法》进行了全面修订，修订后的《刑法》在第三章"破坏社会主义市场经济秩序罪"第六节中规定了"危害税收征管罪"共12个罪名，丰富了我国《刑法》的罪名体系，反映了我国刑事立法技术的进步，基本确立了我国税收刑事处罚制度的规范体系，为司法机关惩治涉税犯罪提供了有力武器。2009年《刑法修正案七》将偷税罪改为逃避缴纳税款罪，这是税收刑事处罚的重要进步。

可以说，我国目前已经初步形成了以《税收征管法》、《行政处罚法》、《刑法》等为核心，包括法律、法规、规章以及命令等各种不同效力的规范性文件在内的税收处罚的法律体系。这些规范性文件为税收处罚的创设、行使及运作提供了法律依据，有利于国家依法打击各种税收违法行为、保障国家财政收入、维护纳税人合法权益。

第二十六章 税收行政处罚

税收行政处罚是行政处罚的一种,在研究税收行政处罚时,既要了解行政处罚的共性问题,又要把握税收行政处罚的个性问题。

第一节 税收行政处罚概述

一、税收行政处罚的概念和特征

税收行政处罚是指税收行政管理机关依照《行政处罚法》以及涉税法律、法规与规章的规定,对税收行政管理相对人违反税收征管法律规范,但尚未构成犯罪的税收行政违法行为按其应承担的责任所实施的法律制裁。税收行政处罚除具有行政处罚的一般特征外,还具有自己的特征。

(一) 主体的特定性

税务行政处罚主体是国家税务机关和法律法规授权的其他行政管理机关,其他任何机关和组织都无权对违反国家税收行政管理法规的行为进行行政处罚。国家税务机关是指各级税务局、税务分局、税务所[①]和按照国务院规定设立并向社会公告的税务机构,还包括承担部分税收征管职能的财政部门,但税务所只有经过法律特别授权才能成为税收行政处罚主体。

(二) 处罚对象的广泛性

税收行政处罚适用的对象,是指违反税收征收管理法律规范实施违反税收征收管理秩序行为的公民、法人或其他组织,具体包括纳税人、扣缴义务人、税收担保人和其他涉税人,具有广泛性特点。这里需要注意两点:第一,税务机关仅能对税收行政处罚对象的涉税违法行为进行处罚,非涉税违法行为应提交其他有权机关处理。第二,对法人实施税收行政处罚时,直接责任人员、主管负责人员、法人代表等一般不能成为税收行政处罚的对象。但是有例外情况,如《税收

[①] 税务所是基层税务局的派出机构,除法律特别授权外,不具备处罚主体资格,不能以自己的名义实施税收行政处罚。按照国务院规定设立并向社会公告的税务机构是指省以下税务局的稽查局。稽查局专司逃避缴纳税款、逃税、追缴欠税、骗税、抗税案件的查处。

《征管法》第 73 条①就规定了对直接负责的主管人员和其他直接责任人员的罚款。

(三) 适用范围的特定性

税收行政处罚针对的是税收管理相对人所实施的违反税收法律、法规,破坏税收征管秩序,但尚未构成犯罪的行为。税收行政处罚的法律依据是有关税收征收管理方面的法律规范,对违反民事法律规范和刑事法律规范的违法行为,税收行政主体无权实施税收行政处罚。

(四) 无过错原则的归责原则

税收行政处罚实行无过错责任的归责原则,也就是说税收行政处罚的实施不以税收行政管理相对人存在过错为前提,只要当事人有税收违法行为存在,并有法定依据应给予行政处罚的,就要依法给予税收行政处罚。

二、税收行政处罚的种类

税收行政处罚在性质上仍属于行政处罚的范畴,因而,其种类也必然只能在《行政处罚法》规定的处罚种类中加以选择。我国税法实践中,税收行政处罚分为三大类,即申诫罚、财产罚、行为罚。

(一) 申诫罚

申诫罚是税务机关向违法者发出警戒,申明其违法行为,通过对其名誉、荣誉、信誉等施加影响,引起其精神上的警惕,使其不再违法的行政处罚形式。通常来说,申诫罚主要适用于情节轻微、不构成严重社会危害的违法行为。警告是申诫罚的主要形式,是为数不多的行政处罚种类中最轻微的处罚形式。我国目前在税收行政处罚种类中广泛适用的"责令限期改正"可视为一种类似于警告的申诫罚。

(二) 财产罚

财产罚是指税务机关对实施税收行政违法行为的税收管理相对人,强制其在一定期限内缴纳一定数额的货币或实物,或者剥夺其某些财产权的行政处罚。它主要包括罚款、没收违法所得与没收非法财物。

税收行政处罚中的罚款是税收行政处罚中最主要的,应用最为广泛的一种形式。它限制和剥夺了税收管理相对人的财产权,具有经济制裁的含义。罚款权相对集中于县以上的税务局,税务所依法可以实施 2000 元以下的罚款。

---

① 《税收征管法》第 73 条规定:"纳税人、扣缴义务人的开户银行或者其他金融机构拒绝接受税收机关依法检查纳税人、扣缴义务人存款账户,或者拒绝执行税务机关作出的冻结存款或者扣缴税款的决定,或者在接到税务机关书面通知后帮助纳税人、扣缴义务人转移存款,造成税款流失的,由税务机关处十万元以上五十万元以下的罚款,对直接负责的主管人员和其他直接责任人员处一千元以上一万元以下的罚款。"

在税收行政处罚中,没收违法所得和没收非法财物是指税收机关对纳税主体及其他当事人违法所获得的财物或者非法财物强制无偿收归国有的一项行政处罚措施。作为独立的处罚种类,没收违法所得和没收非法财物之间存在着很大的区别。没收违法所得,是指税收机关依法收缴当事人违反税法规定而取得的非法收入,如没收当事人非法印制倒卖普通、专用发票取得的收入等。没收非法财物,是指税务机关依法没收管理相对人实施税收行政违法行为所使用的工具、用具、违禁品等。

(三) 行为罚

行为罚是指限制或剥夺税收行政违法者某些特定行为能力或资格的行政处罚。它是仅次于人身罚的一种较为严厉的行政处罚。限制和剥夺了行为人某一方面的行为能力或资格,也就限制或剥夺了行为人从事某一方面活动的权利,因此,对行为罚的设定和实施必须严格加以限制。根据《行政处罚法》的有关规定,行为罚只能由法律和行政法规设定,地方性法规、部门规章及地方政府规章都不能设定。根据《税收征管法》及其《实施细则》、《发票管理办法》等税收法律法规的规定,在现行税收行政处罚中行为罚的主要形式包括:收缴税收登记证、停止出口退税权、收缴其发票或者停止向其发售发票、取消增值税一般纳税人资格。

三、税收行政处罚与行政处分

税收行政处分是税务行政管理机关根据行政法律法规对其隶属的、在税收征收管理过程中犯有轻微违法和违纪行为的税务机关工作人员所给予的行政法律制裁。税收行政处罚和税收行政处分都属于税收行政法律制裁的范畴,都是由税收管理机关作出的一种单方面的具体行政行为,一经生效即对相对人发生法律上的约束力,二者均为惩戒措施,均是当事人不履行法定义务或实施违法行为所承担的不利的法律后果。但是,二者也存在明显的差别,主要表现在:

1. 制裁的原因不同。税收行政处分制裁的行为是税收机关工作人员在税收征管过程中的违法、渎职或失职行为;而税收行政处罚制裁的是税收管理相对人违反税收征管法律规范,但尚不构成犯罪的行为。

2. 制裁的对象不同。税收行政处分的对象限于税收机关工作人员,而税收行政处罚对象是税收管理相对人。

3. 制裁措施不同。税收行政处分的范围一般只限于与税收机关工作人员法律地位有关的荣誉、资格与职务等,其主要制裁措施或形式有警告、记过、记大过、降级、撤职、开除;而税收行政处罚涉及荣誉、资格、财产,主要形式包括罚款、没收违法所得、停止出口退税权。

4. 法律属性和效力不同。税收行政处分属于内部行政行为,不受司法审查,而且有些行政处分在法定情况下可以由原处分机关撤销或减轻。而税收行政处罚属于外部行政行为,受司法审查,法院在审理行政案件过程中,可以根据受处罚人的申请停止处罚决定的执行。税收行政处分一般由作出行政处分的机关自己执行,而行政处罚的执行机关不一定都有强制执行权,在没有强制执行权的情况下,作出处罚决定的机关只能申请人民法院强制执行。

5. 法律救济不同。税收行政处分没有法定救济手段,相对人只能依据法定隶属关系向内部行政机关提出申诉。税收行政处罚相对人则有两种法律救济手段,即行政复议和行政诉讼。

第二节 税收行政处罚的设定

一、税务行政处罚设定的概念

行政处罚的设定,是指由特定的国家机关依照职权和实际需要,在有关法律、法规或者规章中,创制或设立行政处罚的权限,即哪一级的国家机关拥有分配税务行政处罚机关(税务机关)和行政相对方(纳税人、扣缴义务人)的权利和义务的权限。税务行政处罚的设定实质上是立法行为的一种,是特定的国家机关对税务机关的行政相对方设定义务或者限制权利的行为。

二、税务行政处罚设定的主要内容

税务行政处罚设定的主要内容一般包括以下三个方面:

首先,设定税务行政处罚的权限应该由哪些国家机关来掌握,各个机关之间又是如何分工协作的。各级税务机关是最主要的税务行政处罚主体,同时财政部门也依法享有特定的税务行政处罚权,还有一些经过授权的机关也有行政处罚权。这里,需要注意的就是县级以下"税务分局"的行政处罚权限。

其次,设定税务行政处罚的对象,也就是针对哪些行为设定的,规定行政相对方可以为哪些行为、应该为哪些行为、不可以为哪些行为,违反了哪些行为,就应该给予行政处罚。

再次,规定具体的税务行政处罚措施,包括税务行政处罚的种类、方式等。如责令限期改正(类似于警告)、罚款、没收违法所得、没收非法财物等;税务机关处罚的情节,包括是从轻还是从重、是否并罚等相关情况。

最后,设定税务行政处罚的管辖、程序等其他相关问题。

三、税务行政处罚设定的法律依据及权限

税收行政处罚作为一种典型的行政处罚,它的设定必须遵循《行政处罚

法》，由法律、行政法规、国务院部委的规章设定，其他规范性文件不得设定。

1. 全国人民代表大会及其常务委员会可以通过法律的形式设定各种税收行政处罚。限制人身自由的行政处罚只能由法律设定。

2. 国务院可以通过行政法规的形式设定除限制人身自由以外的行政处罚。法律对税收违法行为已经作出行政处罚规定，行政法规需要作出具体规定的，必须在法律规定的给予税收行政处罚的行为、种类和幅度的范围内规定。

3. 国家税务总局可以通过规章的形式在法律、行政法规规定的给予行政处罚的行为、种类和幅度内作出具体规定。尚未制订法律、行政法规的，国家税务总局可以制订规章，对违反税收征管秩序的行为设定警告或者一定数额的罚款。罚款的限额由国务院规定。

4. 地方性法规和规章及其他规范性文件均不得设定税收行政处罚。

第三节 税收行政处罚的管辖、适用和执行

一、税收行政处罚的管辖

税收行政处罚的管辖是指法律、行政法规规定的有权行使行政处罚权的税务机关之间在受理、处罚税收管理相对人违反税收征收管理秩序的行为时，所作的分工和权限划分，主要有地域管辖、指定管辖、移送管辖和级别管辖。

1. 地域管辖也称属地管辖，是指不同地区的同级税务机关之间在实施行政处罚方面的地域分工，具体可分为一般管辖和特别管辖。

2. 指定管辖，是指在两个或两个以上的税务机关之间对税收处罚管辖权发生争议[①]，无法协商一致的情况下，上级税务机关可以裁定其中一个税务机关管辖。

3. 移送管辖，是指已受理税收违法行为的税务机关发现该行为不属于自己管辖或已构成犯罪时，应当移送有管辖权的机关管辖。移送管辖可分为两种情况：一种情况是税务机关在受理税务违法案件但尚未作出行政处罚决定之前发现该案件不属于自己管辖，应当将案件移送有管辖权的其他税务机关管辖。受移送的税务机关应接受，若该税务机关审查后认为自己也无权管辖的，应当报请共同的上级税务机关指定管辖，不能再行移送。另一种情况指的是"案件移送"，即税务机关受理税务行政违法案件后，发现税务管理相对人的行为已构成

---

① 管辖权发生争议的情况有两种：一是"管辖权不明确"，是指税务行政违法行为究竟该由哪一个税务机关管辖并实施处罚不清楚或没有明确规定；二是"对管辖权发生争议"，是指两个或两个以上的税务机关对同一税收行政违法行为在处罚上互相推诿，或互争处罚权而无法协商一致。不论哪一种情况都应当按照指定管辖的程序办理。

犯罪,则必须将案件移送给有管辖权的司法机关追究行为人的刑事责任。这是"刑事优先原则"在税务行政处罚中的具体体现,对于该移送未移送,"以罚代刑"的,应追究刑事责任。

4. 级别管辖,是指划分上下级税务行政机关之间最初受理税务行政违法案件的分工和权限。一般来说,税务违法案件应由违法行为发生地县级税务机关行使管辖权,进行税务行政处罚。但是,对于在本市范围内有重大影响的税务违法案件,应由市税务行政机关行使管辖权;在全省范围内有重大影响的税务违法案件,应由省级税务行政机关行使管辖权。

二、税收行政处罚的适用

税收行政处罚的适用是指税务机关在认定税收行政违法行为的基础上,依法决定对税收违法者是否给予行政处罚和如何科处行政处罚的活动。它既是一个实体问题也是一个程序问题,适用的过程也就是税收行政处罚实体法律规范与程序法律规范综合运用的过程。

(一) 税收行政处罚适用的原则

为保障税务机关正确、合法、适时地行使行政处罚权,罚当其过,税收行政处罚的适用必须遵循下列原则。

1. 责令当事人改正原则

税务机关实施税收行政处罚时,应本着弥补和减少损失的宗旨,无论准备对违法行为人科以何种处罚,都应首先要求违法当事人及时改正其违法行为,使受到损害的国家利益和税收征管秩序得到补救和恢复。在实践中,该原则仅是形式主义,没有实质意义,同时也增加了税务机关的工作量,其存废有待进一步研究。

2. 一事不二罚原则

一事不二罚原则要求税务机关对税务管理相对人的同一个税务违法行为,不得给予两次以上罚款的税收行政处罚。其基本含义是同一违法行为不受两次以上重复处罚,但不能将其简单地理解为同一违法行为只能处罚一次,它包括以下含义:对当事人的同一个税收违法行为已经给予罚款处罚的,不得以同一事实或理由再给予相同种类的税收行政处罚;对当事人的同一税收违法行为可给予两种以上的行政处罚;如果违法当事人有两个以上税收违法行为,除罚款不得重复外,可以对其给予各种处罚;当事人同一个违法行为违反税收法律规范的同时,又违反其他行政法律规范的,税务机关和其他行政机关可以给予不同种类的行政处罚,但罚款不得重复处罚。

(二) 行政处罚的具体适用

税收行政处罚的具体适用,是指税务机关依法将税收行政处罚具体适用于特定的税收违法案件和违法税收管理相对人的一种执法活动。税务机关在实施税收行政处罚时，必须遵循"处罚法定"原则，根据税收违法行为的性质、情节、社会危害程度的不同，依法从轻、减轻、不予处罚，并遵循法定的时效限制。

此处需要注意的是，税收行政处罚的时效是指追究当事人税收违法行为责任的法律时限，超过一定的时限后就不再处罚。《行政处罚法》第29条规定："违法行为在二年内未被发现的，不再给予行政处罚。法律另有规定的除外。"《税收征管法》第86条规定："违反税收法律、行政法规应当给予行政处罚的行为，在五年内未被发现的，不再给予行政处罚。"这项规定属于"法律另有规定的"情形。因此，税收行政处罚的时效是五年。需要注意的是，如果税务机关已经开始立案，而当事人逃避法律责任的，不受五年时效的限制。此外，不再给予行政处罚并不意味着不追征未缴税款。《税收征管法实施细则》第55条规定："纳税人、扣缴义务人和其他当事人因偷税未缴或者少缴的税款或者骗取的退税款，税务机关可以无限期追征。"

（三）税收行政处罚的适用程序

税收行政处罚程序，是指税务行政处罚主体在对管理相对人的税收违法行为作出处罚决定过程中所要遵循的步骤、方式和期限。根据《行政处罚法》关于行政处罚程序的规定，税收行政处罚程序有多种分类，按照税务行政程序的繁简程度可分为简易程序和一般程序，同时在税务行政程序中包括了一系列的制度。

1. 简易程序

简易程序，也称当场处罚的程序，是指税务机关对于违法事实清楚、证据确凿、情节简单、轻微、社会危害不大的税收违法行为，当场给予法定的较轻的行政处罚时所适用的简单程序。简易程序是普通程序的简化，它包括以下环节：税务人员出示证明表明身份并说明处罚理由；告知税务管理相对人相关权利；制作处罚决定书并交付当事人；报所属税务机关备案。

2. 一般程序

所谓一般程序，又称普通程序，是税务机关对事实比较复杂或者情节比较严重的税务行政违法行为给予法定的较重的行政处罚时所适用的行政处罚程序。一般程序的实施步骤是：立案、调查取证、审查、作出处罚决定、送达。

立案是指税务行政机关对于公民、法人或者其他组织的控告、检举或在例行检查工作中发现的违法情况或重大违法嫌疑情况，认为有调查处理必要的，决定进行查处的活动。

调查取证是指税务行政机关为了正确实施处罚而采取的对公民、法人或其他组织的有关事项的直接或间接的调研、侦讯和检查等手段，以获取行政处罚所需要的证据或事实根据，一般包括询问有关知情人及当事人，让其陈述事实和意见；查阅有关账册、档案；勘查违法行为发生现场等。

送达包括直接送达、留置送达、委托送达、邮寄送达和公告送达。这里需要注意就是税务行政处罚事项告知书的送达时间,为更好地维护当事人的陈述申辩权,应该在初审之后,审理报告签批之前送达最为合适。

3. 听证程序

听证程序,是指税务行政机关为了合理、有效地作出行政处罚决定,公开举行由全部利害关系人参加的听证会,听取当事人的陈述、申辩、质证的程序。其目的在于赋予当事人了解决定所依据的事实、理由并为自己辩护的权利,以促进行政活动的公正性。听证程序是行政处罚一般程序中的一个特殊环节,属于调查取证的范畴。《税收行政处罚听证程序实施办法(试行)》规定:税务机关对公民作出2000元以上罚款或者对法人或其他组织作出1万元以上罚款的行政处罚之前,应当向当事人送达税务行政处罚事项告知书,告知当事人已经查明的违法事实、证据、行政处罚的法律依据和拟将给予的行政处罚,并告知有要求举行听证的权利。当事人要求听证的,税务机关应当组织听证并且承担听证的费用。

听证程序应当按照下列程序进行:

(1) 当事人提出申请。当事人要求听证的,应当在税务行政处罚事项告知书送达后三日内向税务机关书面提出听证申请,逾期不提出的,视为放弃听证权利。

(2) 行政机关应当在收到当事人听证要求后15日内举行听证,并在举行听证的7日前将税务行政处罚听证通知书送达当事人,通知当事人举行听证的时间、地点,听证主持人的姓名及有关事项。

(3) 税务行政处罚听证应当公开进行,但是涉及国家秘密、商业秘密或者个人隐私的除外。

(4) 听证由税务机关负责人指定的非本案调查机构的人员主持,当事人、本案调查人员及其他有关人员参加。当事人认为主持人与本案有直接利害关系的,有权申请回避。

(5) 举行听证。举行听证时,由调查人员提出当事人违法的事实、证据和行政处罚建议;当事人进行申辩和质证。当事人可以亲自参加听证也可以委托一至两人代理。当事人委托代理人参加听证的,应当向其代理人出具代理委托书。

(6) 听证的全部活动应当由记录员写成笔录,经听证主持人审阅并由听证主持人和记录员签名后,封卷上交税务机关负责人审阅。听证笔录应当交当事人或者其代理人、本案调查人员、证人及其他有关人员阅读或向他们宣读,如认为有遗漏或者有差错,可请求补充或改正,如审核无误应当签字或盖章。拒绝签名或盖章的,应记明情况附卷。

听证结束后,听证主持人应当将听证情况和处理意见报告税务机关负责人。对应当进行听证的案件,税务机关不组织听证,行政处罚决定不能成立,当事人放弃听证权利或者被正当取消听证权利的除外。

三、税收行政处罚的执行

税收行政处罚的执行程序是指有关国家机关保证税收行政处罚决定为当事人所确定的义务得以履行的程序。

（一）税收行政处罚程序的原则

1. 自动履行原则

税收行政处罚决定的自动履行是指税收行政处罚决定生效后，当事人在税收行政处罚决定的期限内主动地、自觉地履行税收行政处罚决定所规定的义务。如果当事人确有经济困难，需要延期或者分期缴纳罚款的，经当事人申请和税务机关批准，可以暂缓或者分期缴纳。

2. 不停止执行原则

不停止执行原则是指行政处罚一经作出，无论当事人是否申请行政复议、是否提起行政诉讼，行政处罚不停止执行，除非法律另有规定。法律另有规定的情况主要包括：作出税收行政处罚决定的税务机关认为需要停止执行的；行政复议机关认为需要停止执行的；行政复议机关应申请人的申请裁决停止执行的；人民法院应原告的申请裁定停止执行的等。这些中止执行的规定，主要是考虑到在某些特殊情况下，如果行政处罚决定仍然继续执行可能会给当事人造成难以弥补的损失，同时，行政机关也会承担相应的赔偿责任。

3. 罚缴分离原则

罚缴分离原则，是指作出行政处罚决定的行政机关应当与收缴罚款的机关分离。该制度主要是为了防止税务执法人员在罚款过程中出现的各种腐败问题，保障税务管理相对人的合法权益。

（二）罚款的当场收缴

一般情况下，作出行政处罚的行政机关及其执法人员不得自行收缴罚款，但是在特殊情况下为了保障罚款的顺利执行，执法人员可以当场收缴罚款：第一，依法给予20元以下的罚款的；第二，不当场收缴事后难以执行的；第三，在边远、水上、交通不便地区，当事人向指定的银行缴纳罚款确有困难，经当事人提出，行政机关及其执法人员可以当场收缴罚款。

税务机关及其执法人员当场收缴罚款的，必须向当事人出具法定部门统一制发的罚款收据，不出具统一制发的罚款收据的，当事人有权拒绝缴纳罚款。执法人员当场收缴的罚款，应当自收到罚款之日起二日内交至税务机关；在水上当场收缴的罚款，应当自抵岸之日起二日内交至税务机关，税务机关应当在二日内将罚款缴付指定的银行。

（三）税收行政处罚决定的强制执行

税收行政处罚决定依法作出后，当事人在规定的期限内不自觉履行处罚决定的，行政机关可以采取强制措施或者申请人民法院强制当事人履行处罚决定。

税务行政机关自行采取的强制执行措施主要包括：第一，书面通知违法的纳税人、扣缴义务人的开户银行或者其他金融机构从其存款中扣缴税款。第二，扣押、查封、依法拍卖或者变卖其价值相当于应纳税款的商品、货物或者其他财产，以拍卖或者变卖所得抵缴税款。

当行政机关申请人民法院强制执行时，除依法应当予以销毁的物品外，依法没收的非法财物必须按照国家规定公开拍卖或者按照国家有关规定处理。

第四节 我国税收行政处罚制度评析

根据《税收征管法》及其《实施细则》，目前，我国对税收行政违法行为的处罚主要包括对纳税人、扣缴义务人、税收代理人、纳税人、扣缴义务人的开户银行等金融机构以及其他有关组织或个人的税收行政违法行为的处罚。

一、我国现行法律中的税收行政违法行为

（一）对纳税人、扣缴义务人税收行政违法行为的行政处罚

对纳税人、扣缴义务人税收行政违法行为的行政处罚主要包括：违反税收管理行为的处罚、逃避纳税义务行为的行政处罚、拖欠税款行为的行政处罚、逃避或拒绝纳税行为的行政处罚、纳税人逃避追缴欠款的行政处罚、纳税人骗取出口退税行为的行政处罚、纳税人抗税行为的行政处罚、扣缴义务人应扣未扣和应收未收税款的行政处罚等。

（二）对纳税人和扣缴义务人的开户银行及其他金融机构违反税法行为的行政处罚

纳税人、扣缴义务人的开户银行或其他金融机构拒绝接受税务机关依法检查纳税人、扣缴义务人存款账户，或者拒绝执行税务机关作出的冻结存款或者扣缴税款的决定，或者在接到税务机关的书面通知后帮助纳税人、扣缴义务人转移存款，造成税款流失的，由税务机关处10万元以上50万元以下的罚款，对直接负责的主管人员和其他直接责任人处1000元以上1万元以下的罚款。

银行和其他金融机构未依照《税收征管法》的规定在从事生产、经营的纳税人的账户中登记税务登记证件号码，或者未按照规定在税务登记证件中登录从事生产、经营的纳税人的账户号码的，由税务机关责令其限期改正，处2000元以上2万元以下的罚款；情节严重的，处2万元以上5万元以下的罚款。

(三) 对税务代理人违反税法行为的行政处罚

税务代理人违反税收法律行政法规,造成纳税人未缴或少缴税款的,除由纳税人缴纳或者补缴应纳税款、滞纳金外,对税务代理人处纳税人未缴或者少缴税款 50% 以上 3 倍以下的罚款。

(四) 其他

非法印制、转借、倒卖、变造或者伪造完税凭证的,由税务机关责令改正,处 2000 元以上 1 万元以下的罚款;情节严重的,处 1 万元以上 5 万元以下的罚款,构成犯罪的,依法追究刑事责任。

为纳税人、扣缴义务人非法提供银行账户、发票、证明或者其他方便,导致未缴、少缴税款或者骗取国家出口退税款的,税务机关除没收其违法所得外,可以处未缴、少缴或者骗取的税款一倍以下的罚款。

二、我国税收行政处罚存在的问题与对策

(一) 我国税收行政处罚存在的问题

近年来,在法治社会和以人为本观念的影响下,我国税收行政处罚有了明显的改观,但其中仍存在着一些问题。

1. 行政处罚主体资格不够明确。在机构上不仅有原来就存在的各种地域性的税务局、分局和所,有新《税收征管法》确立的各种专业化的局、分局,还有诸如发票所、纳税大厅、稽查大队等名目繁多的机构。对于到底哪些机构拥有行政执法权和行政处罚权,法律上不是太明确,从而影响了严肃执法。

2. 违反法定程序实施行政处罚。实践中,仍然存在税收行政处罚案件不按法定程序立案、调查、审理;不按法定程序先进行告诫而直接处罚;不按法定程序告知当事人法律救济途径等违反法定程序的问题。

3. 税收行政处罚滥用自由裁量权,处罚不力、以补代罚、以罚代刑的现象严重。基层税务机关执法刚性不强,影响了行政处罚的力度,对一些影响相当大的逃税案件仅给予较轻的处罚;有的经过找熟人、托关系,便只补税,不罚款;也有的因企业停产或半停产、濒临倒闭,使税务机关无法实施处罚;还有的逃税案件已经达到追究刑事责任的标准,但也只是补税罚款,并未移送司法机关追究其刑事责任。

(二) 完善我国税收行政处罚的对策

我国税收行政处罚中出现问题的原因是多方面的,所以,要规范税收行政处罚行为,提高税收行政处罚质量,也需从多方面入手。

1. 完善税收行政处罚方面的立法。完善和修订《税收征管法》、《发票管理办法》等税收法律法规,使其与《行政处罚法》衔接。同时考虑税收行政处罚的特殊性,制定《行政处罚法》的实施细则或法律解释,进一步明确税收行政处罚

的主体、程序等问题,对一些过于笼统、不易理解、不易操作的程序和规定,如"一事不二罚"、行政处罚追溯时效等作出明确具体的解释,细化自由裁量权。对那些与法律不一致的法规和规章尽快修订完善,使执法单位和执法人员实施税收行政处罚时有法可依,真正做到主体合法、程序合法、处罚适当。

2. 严厉打击税收违法行为,切实加强依法治税。依法治税是依法行政的重要组成部分,严格依法进行税收行政处罚是依法治税的具体体现。只有对税收违法行为严格依法进行处罚,才能充分发挥法律的威慑力。

3. 建立健全税收行政执法监督制约机制,加大执法责任追究力度。首先,坚持对涉税违法行为查处的调查、审理和执行相分离的基本原则,保障执法的独立性、公正性。其次,建立岗责体系和执法过错追究制,加以贯彻落实,使行政处罚遵守严格的程序,减少行政处罚的随意性。再次,要加强经常性的税收行政执法检查,发现违反程序、随意处罚、越权处罚等违法执法的行为,要严肃追究直接责任人和有关领导的责任。

4. 加强对执法人员法律知识的培训,提高依法行政意识。税务人员对有关法律知识的了解比过去有所提高,但是程序意识、熟练程度与应用水平,与实施税收行政处罚的要求还有很大的差距,应有针对性地加以培训,使税务执法人员不但要熟练掌握税收法律法规,还必须熟知《行政处罚法》、《行政复议法》、《行政诉讼法》、《国家赔偿法》等行政法律。一方面要加强对执法人员的法律知识培训,提高其法律素养;另一方面要加强对税务人员的思想道德教育,克服特权思想,自觉抵制不正之风,在实施处罚时能够正确使用自由裁量权,做到执法必严、违法必究。

本 章 小 结

税收行政处罚作为保障税收顺利实现的重要手段,包括实体和程序两个方面。对实体方面的学习帮助我们更清晰地了解税收行政处罚与一般行政处罚的特别之处,程序方面有利于保障税收行政处罚的有效实施。本章在实体上,介绍了税收行政处罚的概念、特征,税收行政处罚的原则、种类和设定;在程序上对税收行政处罚的管辖、适用和执行进行了较为详细的论述;最后阐述了我国现行法律中的税收行政违法行为,挖掘其不足之处,并探讨其改进的方法,以期完善我国税收行政处罚制度。

思考题

1. 简述税收行政处罚的概念和特征。
2. 简述我国税收行政处罚的种类。

3. 我国税收行政处罚权的设定有什么特点?
4. 简述税收行政处罚的管辖。
5. 简述税收行政处罚的适用原则。
6. 简述税收行政处罚执行程序应遵守的原则。
7. 简述税收行政处罚的强制执行。
8. 简析我国税收行政处罚制度。

第二十七章 税收刑事处罚

刑事处罚,简称为刑罚,是指为了防止犯罪行为对社会利益的侵犯,由国家审判机关依照《刑法》的规定对犯罪分子所适用的限制或剥夺其某种权益的法律制裁,是一种最严厉的制裁措施。税收刑事处罚是针对税收犯罪而给予犯罪者的刑事处罚。

第一节 税收刑事处罚概述

一、税收刑事处罚概念及其特点

税收刑事处罚是指由国家司法机关根据《刑法》的有关规定,依法定程序针对违反税法、破坏税收征管秩序构成犯罪的税收犯罪行为而给予犯罪者的最为严厉的法律制裁。税收刑事处罚的种类和我国《刑法》上的刑罚种类一样,包括主刑和附加刑。

税收刑事处罚具有如下特点:

首先,法律制裁的严厉性。税收刑事处罚不仅可以剥夺犯罪人的财产权和政治权,还可以限制或者有期、无期地剥夺犯罪人的人身自由,甚至可以剥夺犯罪人的生命。

其次,适用对象的限定性。税收刑事处罚只适用于触犯刑法构成犯罪的公民、法人或其他组织,对其他违法者不得适用刑罚。

再次,适用主体的特定性。税收刑事处罚只能由国家司法机关根据《刑法》与《刑事诉讼法》予以适用。

最后,设定主体的唯一性。税收刑事处罚措施只能由国家最高立法机关确立,即只能由全国人民代表大会及其常委会以法律规定刑种与刑度。

二、税收刑事处罚适用的原则

税收刑事处罚适用的过程也就是司法机关运用刑法同税收犯罪作斗争的过程。税收刑事处罚的适用必须遵守刑法的基本原则,这些基本原则是刑法本身所具有的,贯穿于刑法始终,在刑法的立法、司法等过程中必须得到普遍遵循的具有全局性、根本性的准则。我国《刑法》明文规定了三个基本原则:罪刑法定原则、刑法面前人人平等原则和罪刑相适应原则。

(一) 罪刑法定原则

《刑法》第 3 条对该原则作出了规定,具体要求包括:(1) 规定犯罪及其处罚的法律必须是国家立法机关制定的成文法律即《刑法》,行政法规、规章、习惯法、判例法都不能成为刑法的渊源;(2) 只有法律将某一行为明文规定为犯罪,才能对这种行为定罪判刑,而且必须依照法律的规定定罪判刑;(3) 凡法律对某一种行为没有规定为犯罪的,这种行为就不能定罪判刑,即"法无明文规定不为罪,法无明文规定不处罚"。

(二) 刑法面前人人平等原则

《刑法》第 4 条对该原则作出了规定,即平等适用刑法的原则,是指刑法规范在根据其内容应当得到适用的场合,都予以严格适用。具体体现在:(1) 对刑法所保护公民合法权益予以平等的保护;(2) 对于实施犯罪的任何人,无论其种族、身份、地位、教育程度等,都必须严格按照刑法规定,定罪量刑,不允许任何人享有超越法律的特权。

(三) 罪刑相适应原则

《刑法》第 5 条规定了罪刑相适应原则,也称罪刑相当、罪刑均衡原则,主要有两方面的内容:一是刑罚的轻重与客观的犯罪行为及其危害结果相适应,就是按照犯罪行为对社会造成的现实危害性大小决定刑罚轻重;二是刑罚的轻重与犯罪人主观恶性的深浅、再次犯罪危险性的大小相适应。

在税收刑事处罚适用中贯彻罪刑相适应原则,首先要求正确划分税收行政违法行为与税收犯罪行为的界限,只有违反税收法律法规同时又触犯刑法应受刑罚处罚的,才能给予刑事处罚。其次,对税收犯罪行为,应根据犯罪行为的情节及其危害结果的不同程度,依法给予不同的处罚。

第二节 税收犯罪与税收刑事处罚

税收犯罪或称妨害税收的犯罪,是指违反国家税收法规,侵害国家税收管理制度,妨害国家税收管理活动,情节严重,应受刑事处罚的行为。税收犯罪具有双重违法性,首先是违反了税收法律法规,进而是违反了刑法的规定。

一、税收犯罪的概念

由于时代和社会制度的不同,各国在不同时期对税收犯罪的行为规范和处罚种类均有较大差异,很难用一个统一的概念来概括。在各国和地区的税务犯罪规范中,税务犯罪不仅指规避纳税的行为,更重要的是把税收征管的渎职作为一项重要的犯罪加以规定。如韩国《刑法典》规定有征税渎职罪;法国 1994 年修订的《刑法典》也规定违法加收或减免税款罪;我国台湾地区的"捐税征稽法"

第42条规定了代征人、扣缴义务人舞弊罪,代征人、扣缴义务人侵占罪。而在我国传统刑法中,税收犯罪仅指纳税主体规避纳税义务而被刑法管制的行为,没有设置征税主体渎职的行为规范。但是随着人们对税收犯罪认识的加深,人们逐渐认识到税收征管主体的渎职犯罪或与其他税收犯罪分子的共同犯罪,其社会危害性有时要远比纳税主体的犯罪行为的危害结果更为严重。我国现行《刑法》增加了征管主体渎职犯罪的内容,完善了税收犯罪的立法,使一切涉及税务犯罪的行为都受到了刑法的管制,使我国税收犯罪内容更充实、完善。

总而言之,税收犯罪通常有广义和狭义两种理解。广义的税收犯罪是指行为主体实施的规避税收缴纳义务、非法骗取税款、妨害发票管理以及其他妨害国家税收管理活动和违反职责,在税收征收管理活动中渎职或者贪污贿赂情节严重的行为。狭义的税收犯罪是指纳税主体规避纳税义务,骗取税款的行为以及其他自然人妨害发票管理活动情节严重的行为,即《刑法》规定的危害税收征管罪。本书所谓税收犯罪主要是指狭义的税收犯罪,兼涉及其他涉税犯罪。

二、税收刑事处罚

(一)危害税收征管罪及认定

危害税收征管罪是税收犯罪中的主体部分,它是指违反国家税收法规,侵害国家税收征管制度,妨害国家税收管理活动,情节严重,应受刑罚处罚的一系列犯罪行为的统称。我国1997年《刑法》分则第三章"破坏社会主义市场经济秩序罪"规定了"危害税收征管罪"。

对于危害税收征管罪的认定,主要是从客体、客观方面、主体、主观方面等来认定的。

1. 危害税收征管罪的客体

危害税收征管罪侵害的同类客体是国家正常的税收征收管理制度。税收征管制度是国家为了保证税收的征管与缴纳,通过税收法律法规予以规定并以国家强制力保证其执行的制度,包括诸如税务登记、纳税申报、账簿凭证管理、税款征收、税务检查等内容。危害税收征管罪减少了国家财政收入,造成国库税金的减少,导致经济秩序的紊乱。

2. 危害税收征管罪的客观方面

危害税收征管罪在客观方面表现为违反国家颁布的关于税收方面的法律、法规、条例、规定以及有关税收的刑事立法,进行危害国家税收征管活动,情节严重的行为。其具体内容有:一是违反了国家税收法规。为了维护正常的税收征管活动,国家制定了一系列有关税收征管的法律、法规和规章,如《税收征管法》、《增值税暂行条例》等。构成本罪,行为人的行为必须首先违反了上述国家税收法规。二是进行了危害国家税收征管活动的行为。

值得注意的是,危害税收征管罪是数额犯。不管犯罪对象是税款还是发票,其目的都是非法牟取暴利,因此《刑法》都规定了相应的数额标准。

3. 危害税收征管罪的主体

危害税收征管罪中大多数犯罪主体是一般主体,也有的是特殊主体。如逃避缴纳税款义务罪和逃避追缴税款罪的主体为特殊主体:前罪的主体是纳税人或者扣缴义务人,后罪的主体是纳税人。徇私舞弊发售发票、抵扣税款、出口退税舞弊罪的主体也是特殊主体,只有税务人员方可构成此种犯罪。单位可以成为危害税收征管罪的主体,除了抗税罪只能由自然人构成外,其余危害税收征管的犯罪既可以由自然人构成,也可以由单位构成。

4. 危害税收征管罪的主观方面

危害税收征管罪的主观方面,是指犯罪主体对其实施的危害税收征管行为的危害后果所持的心理状态。危害税收征管罪的主观方面只能是直接故意,而且以谋求非法利益为目的。

也就是说,危害税收征管罪的行为人在实施犯罪行为时,在主观方面明知自己的行为会造成危害社会的结果,而希望并积极追求危害结果发生的心态。

犯罪的动机和目的不是税收征管罪主观方面的必备要件,但是,危害税收征管罪和其他犯罪一样,行为人在主观方面都具有某种动机和目的。在一般情况下,行为人在主观上都具有谋取非法经济利益的目的。但是,是否具有谋取非法经济利益的目的并不影响犯罪的认定。

(二)危害税收征管罪刑罚中的特殊制度

1. 双罚制

所谓双罚制,即单位实施危害税收征管秩序的犯罪行为时,既要追究违法单位的责任,也要追究单位负责人和直接责任人员的责任。《刑法》第 211 条规定:单位犯本节(危害税收征管罪)第 201 条、第 203 条、第 204 条、第 207 条、第 208 条、第 209 条规定之罪的,对单位判处罚金,并对直接负责的主管人员和其他直接责任人员,依照各法条的规定处罚。

2. 执行前先行追缴税款

根据《刑法》,犯逃避缴纳税款罪、抗税罪、逃避追缴欠缴税款罪、虚开发票罪以及骗取出口退税罪,被判处罚金、没收财产的,在执行前,应当由税务机关追缴税款和所骗取的出口退税款。

三、税收犯罪与税收刑事处罚的关系

税收刑事处罚与税收犯罪是对立统一的关系。首先,犯罪是侵犯合法权益的活动,而刑罚是保护合法权益的手段,税收刑事处罚是对付税收犯罪的重要工具。其次,刑罚与犯罪都是阶级社会特有的现象,二者相互依存,没有税收犯罪就没有税收刑事处罚，没有税收刑事处罚也就没有税收犯罪，税收犯罪的存在是适用税收刑事处罚的前提。

第三节 逃避缴纳税款罪

一、逃避缴纳税款罪的概念和特征

(一) 逃避缴纳税款罪的概念

逃避缴纳税款罪是指纳税人、扣缴义务人采取欺骗、隐瞒手段进行虚假纳税申报或者不申报，逃避缴纳税款数额较大并且占应纳税额百分之十以上或五年内因逃避缴纳税款受过刑事处罚或者被税务机关给予二次以上行政处罚的行为。

在《刑法修正案七》出台以前，逃避缴纳税款罪被称为偷税罪。为什么要将偷税罪改为逃避缴纳税款罪？

首先，税收是纳税人承担的向国家缴纳税款的义务，但并不是说税款本身属于国家，纳税人不缴或少缴不能等同于我们平常所说的"偷盗行为"，而只是纳税人没有履行其应该承担的义务而已，因此不能称之为"偷"税，只是逃避缴纳税款义务，该罪名名副其实。

其次，《刑法》对偷税罪的表述是一种叙明罪状，也就是逐一列举了纳税人实施犯罪的具体手段，虽然有利于法律的稳定性，然而在现实中，纳税人的犯罪手段随着社会发展已逐渐增多，叙明罪状可能会放纵很多犯罪分子。简单罪状虽然比较概括，但是两者权衡之下，简单罪状更符合现代社会的发展。

再次，将"数额加比例"的定罪改成了"情节加比例"的定罪，更符合经济社会的发展。以前偷税罪的认定是"数额加比例"，修改后的"逃避缴纳税款罪"的定罪则成为"情节加比例"。因为数额是随着经济发展状况的变化而变化的，而对偷税数额的认定，即罪与非罪的认定数额，是动态的，纳税环境、纳税人的纳税意识、纳税人的数量、纳税人的经营模式、执法机关的执法水平等都会对其产生影响，不利于定罪。

(二) 逃避缴纳税款罪的构成特征

1. 该罪侵犯的客体是国家的税收征收管理制度。这是逃避缴纳税款罪区别于危害税收征管罪以外其他类犯罪的本质特征。

2. 该罪的客观方面表现为纳税人、扣缴义务人违反国家税收法律、法规，采取种种隐瞒、欺骗的手段，逃避缴纳税款的行为。

3. 该罪的主体是纳税人与扣缴义务人。因此，该罪的主体既可以是自然人，也可以是单位。不具有纳税义务和代扣代缴、代收代缴义务的单位和个人不能独立成为本罪的主体,但可以构成本罪的共犯。

4. 该罪的主观方面只能是故意,而且具有逃避应纳税款或者已扣、已收税款以获取非法利益的目的。如果由于纳税人过失行为导致不缴或者少缴税款的,不成立本罪。

二、逃避缴纳税款罪的认定

(一)逃避缴纳税款罪的表现形式

区分逃避缴纳税款罪与非罪的界限,首先应当严格把握逃避缴纳税款罪的四个犯罪构成要件,缺少其中任何一个,逃避缴纳税款罪均不能成立。逃避缴纳税款罪的表现形式主要有以下几种:一是逃避缴纳税款数额较大并且占应纳税额10%以上的;二是五年内因逃避缴纳税款受过刑事处罚或者被税务机关给予二次以上行政处罚的。

(二)逃避缴纳税款罪与漏税的区别

逃避缴纳税款罪是一种故意的行为,表现为行为人明知自己有纳税义务,而采取种种手段逃避缴纳税款。漏税行为则是行为人在无意识情况下发生的漏缴或少缴税款的行为,属于过失行为,主要表现为行为人因不了解、不熟悉税收法规和财务制度,或因工作粗心大意而错用税率,漏报应税项目,未计或少计应税数量、销售金额和经营利润等。可见,纳税人的主观心理状态不同,是逃避缴纳税款行为与漏税行为的本质区别。具体而言,逃避缴纳税款罪与漏税的区别主要有:(1)主观方面不同。前者要求行为人是直接故意,后者则要求是过失。(2)客观方面不同。前者行为人往往采用虚假、欺骗手段,是积极的作为,而后者则表现为不作为的不缴、少缴税款。(3)法律后果不同。前者达到一定的情节要承担刑事责任,而后者是一般违法行为,只需补缴所漏税款并交纳滞纳金,因税务机关的责任造成漏税的,则不得加收滞纳金。

三、逃避缴纳税款罪的刑事处罚

我国《刑法》规定,纳税人逃避缴纳税款数额较大并且占应纳税额10%以上的,处三年以下有期徒刑或者拘役,并处罚金;数额巨大并且占应纳税额30%以上的,处三年以上七年以下有期徒刑,并处罚金。扣缴义务人采取前款所列手段,不缴或者少缴已扣、已收税款,数额较大的,依照前款的规定处罚。

单位犯逃避缴纳税款罪的,对单位判处罚金,并对其直接负责的主管人员和其他责任人员,依照处罚逃避缴纳税款罪的规定处以相应的刑罚。对多次犯有逃税的违法行为,未经处理的,按照累计数额计算。判处罚金的,在执行前,应当先由税务机关追缴税款。

第四节 逃避追缴欠税罪

一、逃避追缴欠税罪的概念和特征

逃避追缴欠税罪是指纳税人违反税收征管活动,欠缴应纳税款,并采用转移或者隐匿财产的手段,致使税务机关无法追缴欠缴的税款,数额较大的行为。

逃避追缴欠税罪具有如下构成特征:

首先,逃避追缴欠税罪侵犯的客体是国家的税收管理制度。

其次,逃避追缴欠税罪在客观方面表现为故意违反税收法规,欠缴应纳税款,并采取转移或者隐匿财产的手段逃避追缴,致使税务机关无法追缴欠缴的税款一万元以上的行为。

再次,逃避追缴欠税罪的主体是纳税人,即负有纳税义务的单位和个人。非纳税义务人不能成为本罪的主体,但在一定情况下可以构成本罪的共犯。如非纳税人明知纳税人欠税仍为其转移或者隐藏财产提供帮助和各种便利条件,致使税务机关无法追缴所欠税款,情节严重的应按本罪的共犯追究刑事责任。

最后,逃避追缴欠税罪的主观方面是直接故意,即行为人明知自己应当有能力按期缴纳税款,却故意转移或隐匿财产,希望税务机关无法追缴欠税款,从而达到逃避缴纳应缴税款而非法获利的目的。行为人转移、隐匿财产的目的,就是逃避税务机关追缴欠缴税款,在其他目的与逃税目的并存的情况下实施本罪行为的,不影响本罪的成立。

二、逃避追缴欠税罪的认定

(一) 逃避追缴欠税罪与非罪的界限

判断逃避追缴欠税罪与非罪的标准有两个:一是以数额为标准划分罪与非罪。根据《刑法》第203条,确定逃避追缴欠税罪与非罪的数额标准是一万元以上。逃避欠缴税款数额不满一万元的,属于一般违法行为,由税务机关依法予以行政处罚。二是以时间标准划分逃避追缴欠税罪与一般逃税行为。根据法律规定超过纳税期限不缴应纳税款的为欠税,为逃避追缴欠税而转移或隐匿财产的构成本罪。在纳税期限内转移或隐匿财产的,不构成本罪,但如有逃税迹象,税务机关可依法采取税收保全措施。

(二) 逃避追缴欠税罪与欠税行为的区别

逃避追缴欠税罪与欠税行为都是明知没有缴纳税款而不予缴纳的行为。区别两者的关键在于逃避追缴欠税罪行为人采取了转移或隐匿财产的手段,致使税务机关无法追缴欠税款;欠税行为人则未采取上述手段使税务机关无法追缴欠税款。两者主观方面也不完全相同，逃避追缴欠税罪具有逃避纳税而非法获利的目的；欠税行为一般只是暂时拖欠税款，而无逃避纳税的故意。

（三）逃避追缴欠税罪与逃避缴纳税款罪的区别

逃避追缴欠税罪与逃避缴纳税款罪在本质上都是不履行纳税义务，侵害国家税收管理制度的行为，但两罪仍存在明显的区别：一是在主观方面，两者犯罪故意产生的阶段和内容不同。前罪的主观故意通常是纳税人在税务机关已经确定其应纳税额和纳税期限后产生，其犯罪故意的内容是阻碍税务机关对其欠缴税款的追缴；而后罪的犯意通常是在纳税人的应税行为发生之后，税务机关确定其纳税义务之前产生，其目的是不缴或少缴应纳税款。二是在犯罪主体上，前罪的主体只能是纳税人，扣缴义务人不能成为该罪的主体；而后罪的主体既包括纳税人也包括扣缴义务人。三是在客观方面，两种犯罪表现形式不同。前罪采取的是转移、隐匿财产的手段；而后罪往往采取利用账簿、记账凭证隐瞒、欺骗等手段达到偷税目的，其行为具有隐蔽性。四是前罪的犯罪数额，通常是在纳税人实施犯罪行为之时或者在此之前，已由税务机关确定下来；而后罪的犯罪数额在纳税人实施犯罪时并不确定，逃税数额的大小是由逃税人本身的行为决定的，税务机关只是对逃税数额进行查证核实。

三、逃避追缴欠税罪的刑事处罚

根据《刑法》第 203 条、第 211 条与第 212 条，构成逃避追缴欠税罪，致使税务机关无法追缴欠缴的税款，数额在一万元以上不满十万元的，处三年以下有期徒刑或者拘役，并处或者单处欠缴税款一倍以上五倍以下罚金；数额在十万元以上的，处三年以上七年以下有期徒刑，并处欠缴税款一倍以上五倍以下罚金。单位犯本罪的，对单位判处罚金，并对直接负责的主管人员和其他直接责任人员，依照上述规定处罚。执行罚金前，应当先由税务机关追缴税款。

第五节　骗取出口退税罪

一、骗取出口退税罪的概念与特征

骗取出口退税罪是指纳税人以假报出口或者其他欺骗手段，骗取国家出口退税款，数额较大的行为。它具有以下构成特征：

1. 骗取出口退税罪侵犯的客体是国家的出口退税管理制度。
2. 骗取出口退税罪在客观方面表现为采取假报出口等欺骗手段，骗取国家出口退税款，数额较大的行为。假报出口主要表现为将不退税商品假报为退税商品，将没有出口的商品假报为出口商品，虚报出口商品的数量或价格。

3. 骗取出口退税罪的主体是一般主体，既包括单位也包括个人；既包括纳税人，也包括非纳税人。这里的单位，不限于具有进出口经营权的单位，包括所有的单位，只要是采取了假报出口或者其他欺骗手段骗取国家出口退税款，数额较大的，都可构成犯罪。

4. 骗取出口退税罪在主观方面表现为故意，并且具有骗取国家出口退税款而将其据为本单位或个人所有的目的。如主观上无故意骗取出口退税款目的，但当商品被确定不能出口时，不愿上缴先期得到的出口退税款的，则不以本罪论处。

二、骗取出口退税罪的认定

（一）骗取出口退税罪与非罪的界限

根据《刑法》第 204 条，"数额较大"是区分本罪与非罪的主要标准。何谓"数额较大"，法律未作具体规定，尚有待司法解释明确。在以往司法实践中，一般是以一万元为认定标准。

（二）骗取出口退税罪与逃避缴纳税款罪的比较

骗取出口退税罪与逃避缴纳税款罪同属危害税收征管罪，但在犯罪主体、侵犯的客体、犯罪方式上等都存在着显著的区别：在犯罪主体方面，逃避缴纳税款罪是特殊主体，通常只能由负有纳税义务的纳税人和扣缴义务人构成；而骗取出口退税罪的主体是一般主体，可以由纳税人构成，也可由非纳税人构成。在侵犯的客体方面，两罪虽然都侵犯了国家税收制度，但是侧重点各有不同。骗取出口退税罪侧重于侵犯国家的出口退税管理制度；逃避缴纳税款罪侵犯的是国家的税收征管制度。在犯罪的客观方面，逃避缴纳税款罪的手段各种各样，可以包括骗取出口退税罪中所采取的假报出口等欺骗手段。在主观方面，虽然两者都是故意犯罪，但犯罪的目的不同。骗取出口退税罪的目的，是在未履行纳税义务的情况下，非法占有国家出口退税款；逃避缴纳税款罪的实际目的，是在有纳税义务的情况下，不缴或者少缴税款，逃避纳税义务。

这里需要注意的一点是，在定罪方面，骗取出口退税罪和逃避缴纳税款罪之间也存在着重要的联系。由于骗取出口退税罪只有在没有缴纳税款的情况下才可能成立，因此，当纳税人缴纳税款后，采取假报出口等欺骗方法，骗取所缴纳的税款，则成立逃避缴纳税款罪。而对于骗取税款超过所交纳的税款部分，应定为骗取出口退税罪，与逃避缴纳税款罪实行并罚。这也是刑法中对于一个行为定两罪的特例。

三、骗取出口退税罪的刑事处罚

根据《刑法》第 204 条、第 211 条与第 212 条，以假报出口或其他欺骗手段，骗取国家出口退税款，数额较大的，处五年以下有期徒刑或者拘役，并处骗取税款一倍以上五倍以下罚金;数额巨大或者有其他严重情节的,处五年以上十年以下有期徒刑,并处骗取税款一倍以上五倍以下罚金或者没收财产。单位犯本罪的,对单位判处罚金,并对其直接负责的主管人员和其他直接责任人员,依照上述规定处罚。在执行罚金前,应当由税务机关追缴骗取的出口退税款。

第六节 抗 税 罪

一、抗税罪的概念和特征

抗税罪是指纳税人、扣缴义务人违反国家税收征收管理法规,以暴力、威胁方法拒不缴纳应缴税款的行为。抗税罪是一种暴力性犯罪,具有双重危害性,既以公开的形式侵犯国家税收征收管理制度,又对税收人员的人身权利造成一定危害,其社会危害性极为显著。

抗税罪具有以下构成特征:

1. 抗税罪侵犯的客体是复杂客体,既侵犯了国家的税收管理制度,又由于采用暴力、威胁方法抗拒缴纳应纳税款,必然同时侵犯依法从事征税活动的税务人员的人身权利。具有这种双重犯罪客体是抗税罪区别于其他涉税犯罪的一个本质特征。

2. 抗税罪的客观方面表现为违反税收法规,以暴力、威胁方法拒不缴纳税款的行为,具有暴力性和公开性。抗税由两部分行为组成:一是对履行税收职责的税务人员使用暴力、威胁的方法,二是违反税收法规,拒不缴纳税款。暴力、威胁是手段行为,目的行为是拒绝缴纳税款。二者必须同时具备才构成抗税罪,缺少其中任何一个方面都不能构成抗税行为。

3. 抗税罪的主体是负有纳税义务或者代扣代缴、代收代缴税款义务的个人。单位不能成为抗税罪的主体。如果单位公开拒绝纳税,其直接责任人员实施暴力、威胁方法阻碍税务人员执行职务的,可依照《税收征管法》的有关规定,责令单位限期改正、限期缴纳或予以行政处罚,而对直接责任人员可以妨害公务罪论处。此外,非纳税人与纳税人共同故意抗税的,应当以抗税罪的共犯论处。

4. 抗税罪的主观方面表现为直接故意,是明知负有纳税义务而使用暴力、威胁手段故意抗缴税款的行为。行为人基于其他目的对税务人员实行暴力或者威胁行为的,不构成抗税罪而构成其他犯罪,如妨害公务罪。

二、抗税罪的认定

(一) 罪与非罪的界限

1. 区分情节轻微的抗税行为与抗税罪的界限

一般抗税行为与抗税罪的界限在于情节是否轻微。情节的认定可以从两个方面把握：一是暴力程度、后果以及威胁的内容，如果是一般的推搡阻拦行为就不能以抗税罪来认定。二是抗税的税款数额和抗税次数。前者是主要的，如果抗税数额较小，但明显使用暴力的，仍应当以抗税罪论处。

2. 抗税罪与纳税争议的界定

所谓纳税争议，是指纳税人、扣缴义务人与征税工作人员因对纳税数额、税率、税目等问题存在着不同认识而发生的争议。随着税收面的不断扩大，发生纳税项目、数额等方面的争议是一种正常现象。纳税争议可分为两种情况：

第一种是由于纳税人的过错而引起的争议。我们不能因为过错在纳税人一方就以行为人的认识错误而认定为抗税罪，因为在认定是否构成抗税罪时，还应该考虑行为人是否存在抗缴税款的故意。如果不具备抗税所要求的故意，即使客观上出现暴力或威胁行为，也不能认定为抗税罪。如果造成征税人员受伤害的后果，可以伤害罪论处。但如果纳税人无理取闹，扩大事态，企图以此拒缴税款，则具备了抗税罪的故意，在客观要件具备的情况下，可认定为抗税罪。

第二种是由征税人的过错而引起的争议。在这种情况下，若是因税务人员坚持征税而引起暴力抗拒的，实践中不宜以犯罪论处。因为这种行为不符合抗税罪的构成特征：一是抗税的对象是应缴税款，错征是指不该征收的税款；二是抗税的目的是获取非法经济利益，拒缴错征税款不具上述目的。对于使用暴力造成税务人员人身伤害或死亡的，应根据具体情节以伤害罪或杀人罪来追究行为人的刑事责任。

3. 区分抗税罪与欠税的界限

抗税罪成立的前提是，必须以暴力、威胁方法拒不缴纳税款。欠税则是纳税人在税务机关依法核定的纳税期限内因故没有缴纳或缴足税款，而导致税款没有入库的行为。抗税罪和欠税虽然都是公开进行而且目的或结果都是不缴或少缴税款，但二者有明显的区别，区分的关键在于是否实施了暴力、威胁的抗拒纳税的方法。另外，抗税行为人主观上具有以暴力、威胁方法抗拒纳税的动机和目的，而欠税在主观上没有抗拒纳税的动机和目的，只属于一种轻微的违反税法的行为。对于欠税行为，应根据《税收征管法》，责令欠税主体承担相应的法律责任或对之采取强制执行措施。

（二）暴力抗税致人伤亡行为的认定

暴力抗税致人轻伤的，以抗税罪从重处罚，这在理论和实践中基本上没有争议。暴力抗税致人重伤、死亡的，因现行《刑法》没有明文规定，争议较大。1992年《关于惩治偷税、抗税犯罪的补充规定》第6条第2款规定："以暴力方法抗税，致人重伤或者死亡的，依照伤害罪、杀人罪从重处罚，并依照前款规定处以罚金。"但该规定中有关刑事处罚部分已于1997年新《刑法》颁布时予以废止而不再适用。目前，司法实践中多主张以伤害罪或杀人罪处理，但对其法理却存在较大的分歧意见。本书认为,暴力致人重伤、死亡的,应当以想象竞合犯从一重罪处罚原则,按伤害罪或杀人罪定罪量刑。理由在于,暴力抗税致人重伤、死亡的,实质上只有一个行为,即伤害、杀人行为。这一行为既触犯抗税罪,又触犯伤害罪、杀人罪,属于一个行为触犯数个罪名,符合想象竞合犯的行为特征。

三、抗税罪的刑事处罚

根据《刑法》第 202 条、第 212 条:犯抗税罪的,处三年以下有期徒刑或拘役,并处拒缴税款一倍以上五倍以下的罚金,情节严重的,处三年以上七年以下有期徒刑,并处拒缴税款一倍以上五倍以下罚金。犯本罪被判处罚金的,在执行前,应当先由税务机关追缴税款。

第七节 虚开增值税专用发票、用于骗取出口退税、抵扣税款发票罪

一、虚开增值税专用发票、用于骗取出口退税、抵扣税款发票罪的概念和特征

虚开增值税专用发票、用于骗取出口退税、抵扣税款发票罪是指单位或个人违反国家税收征管和发票管理制度,为他人虚开、为自己虚开、让他人为自己虚开、介绍他人虚开增值税专用发票,或者用于骗取出口退税、抵扣税款的其他发票的行为。

本罪具有以下构成特征:

1. 本罪侵犯的客体是国家的税收征管及发票管理制度。侵犯的对象是增值税专用发票和用于骗取出口退税、抵扣税款的其他发票。其中的其他发票是指可以申请出口退税、抵扣税款的非增值税专用发票,如运输发票、废旧物品收购发票、农林牧水产品收购发票等。

2. 本罪在客观方面表现为实施了虚开增值税专用发票或者虚开了用于骗取出口退税、抵扣税款的其他发票的行为。具体行为方式主要表现为:为他人虚开、为自己虚开、让他人为自己虚开、介绍他人虚开。

3. 本罪的主体,是一般主体,既包括单位也包括个人。在单位成为本罪主体时,该单位往往是经税务机关依法审核取得一般纳税人资格的单位,因为只有一般纳税人才能依法购买和开具增值税专用发票,而小规模纳税人不能使用增值税专用发票。

4. 本罪在主观方面表现为故意,一般都具有牟利的目的。行为人由于工作失误,不懂财产知识、财务知识而错开,不明真相、受骗上当而虚开的均不构成本罪;如构成其他犯罪,则按其他犯罪处理。

二、虚开增值税专用发票、用于骗取出口退税、抵扣税款发票罪的认定

(一) 本罪与非罪的界限

根据《刑法》第205条,虚开发票的数额不是构成本罪的必备要件,也就是说只要实施了虚开增值税专用发票或用于骗取出口退税、抵扣税款的其他发票的行为,不论虚开数额大小,均可以构成本罪。但根据《刑法》总则的规定,情节显著轻微的,可不认为是犯罪。因此,对虚开增值税专用发票或用于骗取出口退税、抵扣税款的其他发票数额较小,情节轻微,危害不大的,可不认为是犯罪。根据有关司法解释,虚开税款数额1万元以上,或者虚开专用发票致使国家税款被骗5000元以上的,应当依法定罪处刑。

(二) 本罪与逃避缴纳税款罪的界限

虚开增值税专用发票本身是一种犯罪行为,同时又常常被一些不法企业和个人用做逃税罪的手段,二者之间往往存在手段和目的的关系。同时在行为上都有涂改单据、伪造账簿等相同手段。尽管如此,二者之间仍存在不同:一是犯罪主体不同。本罪的主体是一般主体,包括了作为逃避缴纳税款罪犯罪主体的纳税人和扣缴义务人。二是犯罪目的不同。本罪的犯罪目的有两种情况,其一是为他人虚开或介绍他人虚开增值税专用发票或用于骗取出口退税、抵扣税款的其他发票,目的是收取"手续费"、"好处费"或"介绍费"等非法费用;其二是为自己虚开或让他人为自己虚开增值税专用发票或用于骗取出口退税的其他发票,而逃避缴纳税款罪的目的是不缴或少缴税款。三是犯罪的数额方面不同。本罪在理论上只要实施了虚开行为,即使没有抵扣也可构成犯罪;逃避缴纳税款罪是逃避缴纳税款,使国家得不到应有的税款。

如前所述,本罪与逃避缴纳税款罪有比较明确的界限,但当行为人将虚开行为用做逃税罪的手段时,往往会在定性问题上发生混淆,主要表现为以下两种情况:一是行为人在为他人虚开或为自己虚开增值税专用发票的同时,又使用非法取得的进项抵扣凭证抵扣税款的,则既不能以本罪与逃避缴纳税款罪数罪并罚,也不能以牵连行为定逃税罪,而应以刑法吸收犯罪的理论,重行为吸收轻行为,以本罪从重处罚。二是行为人非法将虚开的专用发票用做抵扣税款的凭证偷逃应纳税款。此时分三种情况分别认定:(1)直接让发票领购人为自己虚开专用发票用做进行抵扣税款的凭证偷逃应纳增值税额的,以本罪从重处罚。(2)对从第三者手中非法购得虚开的专用发票并作为凭证抵扣税款而逃避缴纳税款义务的,以逃避缴纳税款罪处罚。(3)对非法购买增值税专用发票或购买伪造的增值税专用发票,自己虚假填写用做抵扣税款而逃税的,应以非法购买增值税专用发票罪或购买伪造的增值税专用发票罪处罚。

三、虚开增值税专用发票、用于骗取出口退税、抵扣税款发票罪的刑事处罚

根据《刑法》第 205 条和第 212 条,虚开增值税专用发票或者虚开用于骗取出口退税、抵扣税款的其他发票的,处三年以下有期徒刑或者拘役,并处 2 万元以上 20 万元以下罚金;虚开的数额较大或者有其他严重情节的,处三年以上十年以下有期徒刑,并处 5 万元以上 50 万元以下罚金;虚开的税款数额巨大或者有其他特别严重情节的,处十年以上有期徒刑或无期徒刑,并处 5 万元以上 50 万元以下罚金或者没收财产。骗取国家税款,数额特别巨大,情节特别严重,给国家利益造成特别重大损失的,处无期徒刑或者死刑,并处没收财产。

单位犯本罪的,对单位判处罚金,并对其直接负责的主管人员和其他直接责任人员,处三年以下有期徒刑或者拘役;虚开的税款数额较大或者有其他严重情节的,处三年以上十年以下有期徒刑;虚开的税款数额巨大或者有其他特别严重情节的,处十年以上有期徒刑或者无期徒刑。

犯本罪被判处罚金或者没收财产的,在执行前,应当先由税务机关追缴税款和所骗取的出口退税款。

第八节 伪造、出售伪造的增值税专用发票罪

一、伪造、出售伪造的增值税专用发票罪的概念和特征

伪造、出售伪造的增值税专用发票罪是指违反国家对增值税专用发票的管理规定,伪造或者出售伪造的增值税专用发票的行为。本罪的构成特征如下:

一是本罪侵犯的客体是国家的税收管理制度和增值税专用发票管理制度,犯罪对象为增值税专用发票,包括增值税专用发票防伪专用品和发票管制章。

二是本罪在客观上表现为违反税收和发票管理法规,伪造增值税专用发票和出售伪造的增值税专用发票的行为。

三是本罪的主体为一般主体,即实施伪造、出售伪造的增值税专用发票行为的任何单位和自然人均能构成犯罪。

四是本罪的主观方面是故意,其意图是通过伪造、出售伪造的增值税专用发票谋取非法利益。

二、伪造、出售伪造的增值税专用发票罪的认定

(一) 本罪与非罪的界限

从理论上讲,伪造、出售伪造的增值税专用发票是行为犯,只要行为人实施了伪造、出售伪造的增值税专用发票的行为,即可构成本罪。但根据有关司法解

释,只有伪造或者出售伪造的增值税专用发票25份以上或者票面额(百元数以多份100元、千元数以多份1000元、万元数以多份1万元计算,依此类推)累计10万元以上的,才以本罪定罪处罚。如发票的份数不满25份并且票面额累计不满10万元的,是一般违法行为。

(二)本罪与虚开增值税专用发票罪的区分

由于虚开增值税专用发票罪中包括在伪造的增值税专用发票上虚开的行为,行为人为他人虚开的,往往又收取一定的手续费,这就与出售伪造的增值税专用发票具有一些相似之处。但二者犯罪对象不同:出售伪造的增值税专用发票罪的犯罪对象不但是假增值税专用发票,而且该假增值税专用发票是空白的,它本身与发票填开的内容无关;虚开增值税专用发票罪的犯罪对象除了增值税专用发票本身是虚假的以外,发票填开的内容也是虚假的。

三、伪造、出售伪造的增值税专用发票罪的刑事处罚

根据《刑法》第206条,伪造或者出售伪造的增值税专用发票的,处三年以下有期徒刑、拘役或者管制,并处2万元以上20万元以下罚金;数额较大或者有其他严重情节的,处三年以上十年以下有期徒刑,并处5万元以上50万元以下罚金;数额巨大或者有其他特别严重情节的,处十年以上有期徒刑或者无期徒刑,并处5万元以上50万元以下罚金或者没收财产。伪造并出售伪造的增值税专用发票,数量特别巨大,情节特别严重,严重破坏经济秩序的,处无期徒刑或者死刑,并处没收财产。

单位犯本罪的,实行双罚制,即对单位判处罚金,并对其直接负责的主管人员和其他直接责任人员,处三年以下有期徒刑、拘役或者管制;数量较大或者有其他严重情节的,处三年以上十年以下有期徒刑;数量巨大或者有其他特别严重情节的,处十年以上有期徒刑或者无期徒刑。

第九节 其他税收犯罪刑事处罚的规定

一、非法出售增值税专用发票罪

非法出售增值税专用发票罪是指违反税收征管法规和增值税专用发票管理办法,出售增值税专用发票的行为。本罪的构成特征如下:

一是本罪侵犯的客体是国家对税收和发票的管理制度。

二是本罪在客观上表现为违反国家有关发票管理法规、实施了非法出售增值税专用发票的行为。出售的增值税专用发票,必须是真发票而不是假发票,否则,构成出售伪造的增值税专用发票罪;出售的增值税专用发票还必须是空白发

票,出售填好了的增值税专用发票应按虚开增值税专用发票罪论处。

三是本罪的主体是持有增值税专用发票的自然人和单位。无论增值税专用发票的来源是否合法,凡实施上述行为的任何单位和个人都可能构成本罪。

四是本罪在主观方面是故意。行为人明知增值税专用发票不允许任意买卖,但为了谋取非法利益而置法律规定于不顾,故意出售增值税专用发票。

根据《刑法》第207、第211条,犯本罪的处三年以下有期徒刑、拘役或者管制,并处2万元以上20万元以下罚金;数量较大的,处三年以上十年以下有期徒刑,并处5万元以上50万元以下罚金;数量巨大的,处十年以上有期徒刑或者无期徒刑,并处5万元以上50万元以下罚金或者没收财产。单位犯本罪的,实行双罚制,即对单位判处罚金,并对其直接负责的主管人员和其他直接责任人员,按照上述规定处罚。

二、非法购买增值税专用发票、购买伪造的增值税专用发票罪

非法购买增值税专用发票、购买伪造的增值税专用发票罪是指违反国家税收征管法和增值税专用发票管理制度,非法购买增值税专用发票或者购买伪造的增值税专用发票的行为。本罪具有如下特征:

一是本罪侵犯的客体是国家的税收征管制度和发票管理制度。

二是本罪在客观方面表现为违反了有关增值税专用发票管理法规,实施了非法购买增值税专用发票、购买伪造的增值税专用发票的行为。

三是本罪的主体是一般主体,包括自然人和单位。

四是本罪在主观方面是直接故意,即有非法购买增值税专用发票或购买伪造的增值税专用发票以从中牟利的目的。

在认定这类案件的性质时要注意,如果行为人非法购买增值税专用发票,或购买伪造的增值税专用发票,或购买伪造的增值税专用发票又虚开或者出售的,则不再定本罪,而应当按照虚开增值税专用发票、用于骗取出口退税、抵扣税款发票罪,伪造、出售伪造的增值税专用发票罪,非法出售增值税专用发票定罪处罚。

根据《刑法》第208条、第211条,犯本罪的,处五年以下有期徒刑或者拘役,并处或单处2万元以上20万元以下罚金。单位犯本罪的,实行双罚制,即对单位判处罚金,并对直接负责的主管人员和其他直接责任人员按照上述规定处罚。

三、非法制造、出售非法制造的用于骗取出口退税、抵扣税款发票罪

非法制造、出售非法制造的用于骗取出口退税、抵扣税款发票罪是指违反国家发票管理制度,伪造、擅自制造或者出售伪造、擅自制造的可以用于骗取出口

退税、抵扣税款的其他发票的行为。

本罪侵犯的客体是国家发票的监督管理制度,侵犯的对象是除增值税专用发票以外的、可以用于骗取出口退税、抵扣税款的其他发票,如农业产品收购发票、运输发票等;在客观方面表现为伪造、擅自制造或者出售非法制造的用于骗取出口退税、抵扣税款的其他发票的行为;犯罪主体是一般主体,既包括自然人,也包括单位;主观方面是故意。

根据《刑法》第209条、第211条,犯本罪的,处三年以下有期徒刑、拘役或者管制,并处2万元以上20万元以下罚金;数量巨大的,处三年以上七年以下有期徒刑,并处5万元以上50万元以下罚金;数额特别巨大的,处七年以上有期徒刑,并处5万元以上50万元以下罚金或者没收财产。单位犯本罪的实行双罚制,即对单位判处罚金,并对其直接负责的主管人员和其他责任人员按照上述规定处罚。

四、非法制造、出售非法制造的发票罪

非法制造、出售非法制造的发票罪是指违反国家发票管理法规,伪造、擅自制造或者出售伪造、擅自制造的用于骗取出口退税、抵扣税款的发票以外的其他发票的行为。

本罪侵犯的客体是发票管理制度和税收制度;客观方面表现为违反国家发票管理法规,伪造、擅自制造或者出售伪造、擅自制造的用于骗取出口退税、抵扣税款的发票以外的其他发票的行为;犯罪主体是一般主体,既包括自然人,也包括单位;主观方面是故意。

根据《刑法》第209条、第211条,犯本罪的,处二年以下有期徒刑、拘役或者管制,并处或者单处1万元以上5万元以下罚金;情节严重的,处二年以上七年以下有期徒刑,并处5万元以上50万元以下罚金。单位犯本罪的,对单位判处罚金,并对其直接负责的主管人员和其他直接责任人员,按照上述规定处罚。

五、非法出售用于骗取出口退税、抵扣税款发票罪

非法出售用于骗取出口退税、抵扣税款发票罪,是指自然人或者单位,违反国家发票管理法规,非法出售除增值税专用发票以外的可以用于骗取出口退税、抵扣税款的其他发票的行为。行为人所出售的必须是真实发票,如果出售伪造、擅自制造的可以用于骗取退税、抵税的发票,则成立出售伪造、擅自制造的可以用于骗取退税、抵税的发票罪。根据《刑法》,犯本罪的,处三年以下有期徒刑、拘役或者管制,并处2万元以上20万元以下罚金;数量巨大的,处三年以上七年以下有期徒刑,并处5万元以上50万元以下罚金;数量特别巨大的,处七年以上有期徒刑,并处5万元以上50万元以下罚金或者没收财产。单位犯本罪的,对

单位判处罚金,并对其直接负责的主管人员和其他直接责任人员,依照上述规定处罚。

六、非法出售普通发票罪

非法出售普通发票罪是指自然人或单位,违反国家发票管理法规,非法出售除增值税专用发票、可以用于骗取出口退税、抵扣税款的发票以外的其他发票的行为。行为人所出售的必须是真实发票,如果出售伪造、擅自制造的普通发票,则成立出售伪造、擅自制造的普通发票罪。根据《刑法》规定,犯本罪的,处二年以下有期徒刑、拘役或者管制,并处或者单处1万元以上5万元以下罚金;情节严重的,处二年以上七年以下有期徒刑,并处5万元以上50万元以下罚金。单位犯本罪的,对单位判处罚金,并对其直接负责的主管人员和直接责任人员,依照上述规定处罚。

随着改革开放的不断深入和社会主义市场经济的不断发展和完善,人们对税收犯罪的观念发生了重大变化,税收犯罪的内涵和外延被全面地、科学地加以规范。从广义上讲,目前的税收犯罪,按其性质可以分为四种类型:一是危害税收征管的犯罪,包括纳税人逃避纳税义务的犯罪、骗取犯罪、妨害发票管理的犯罪等;二是税收征管渎职犯罪,指税务工作人员徇私舞弊方面的犯罪;三是贪污贿赂犯罪,指税务工作人员利用职务之便,侵吞、窃取、骗取或者挪用税款的犯罪,或者利用职权为他人或纳税人谋取利益而收受、索取贿赂的犯罪;四是其他涉税犯罪,指走私普通货物、物品偷逃关税的犯罪,及盗窃、骗取税收专用发票和普通发票的犯罪。

税务人员作为国家工作人员,其贪污、贿赂、渎职等犯罪应按刑法中有关规定追究刑事责任。此外,2001年修订的《税收征管法》也对税务机关及其税务人员违反税法应受刑事处罚的行为作出了相关规定。

第十节 我国税收刑事处罚立法评析

一、我国税收犯罪及其刑事处罚的立法沿革

从我国刑事立法的发展看,税收犯罪及刑事处罚的立法经历了一个从无到有、从学术概念到刑法概念、从初始到逐渐完善的发展和演变过程。它的每一次发展变化,都与我国经济生活的发展变化特别是税收制度的改革息息相关。大致来说,税收犯罪及其刑事处罚的立法发展经历了四个阶段。

(一)行政法规中的刑事责任条款阶段

这一阶段,没有一部关于危害税收征管的犯罪的专门刑法典或单行条例,其

内容散见于税收法规等行政法规中,亦即行政法规附带刑事罚则。如在新中国建立初期制定的《货物税暂行条例》、《工商业税暂行条例》等十余个单行的税收行政法规中,均规定了偷税、漏税、抗税等违法犯罪行为的特征及处罚等内容。轻者追缴滞纳金,重者移交人民法院处理。当时,由于没有完备的刑事法律,生产资料的社会主义改造尚未完成,不法资本家和商人在税收方面的违法犯罪比较严重,司法机关惩处这类犯罪主要是依靠党和政府的刑事政策,实际上是一种政治运动的处理方式。1958年社会主义改造完成,我国建立了单纯的计划经济和高度的公有制,几乎不存在其他经济成分,而公有制企业按照行政命令向国家上缴利润,不再有自己明确的利益要求,所以偷漏税违法犯罪大大减少。这种状况一直持续到我国实行改革开放,长达二十余年。

(二)刑事立法初始阶段

这一阶段,危害税收征管方面的犯罪首次被规定在1979年《刑法》第121条和第124条中。其中,第121条规定了偷税罪和抗税罪两种危害税收征管的犯罪:"违反税收法律,偷税抗税,情节严重的,除按照税收法规补税并且可以罚款外,对直接责任人员,处三年以下有期徒刑或者拘役。"第124条规定了伪造税票罪。上述规定在相当长一段时间内起到了积极的作用。

(三)补充与逐步完善阶段

这一阶段,危害税收征管犯罪的刑事立法主要是全国人大常委会制定的有关决定和补充规定,完善了1979年《刑法》的不足。随着社会经济生活的变化,危害税收征管的犯罪形式渐趋多样,危害增大,刑法典中的有关条款已不能适应客观形式发展的需要。1992年3月16日最高人民法院、最高人民检察院联合制定《关于办理偷税、抗税刑事案件具体应用法律的若干问题的解释》,对偷税、抗税犯罪的行为手段、犯罪主体、犯罪数额、犯罪情节、共同犯罪和处罚方式等都作了详细规定,基本解决了司法实践中遇到的有关偷税、抗税犯罪的问题。

1992年9月4日全国人大常委会通过了《关于惩治偷税、抗税犯罪的补充规定》(以下简称《补充规定》),对1979年《刑法》第121条作出了重大修改,并补充了逃避追缴欠税罪和骗取出口退税罪两个新的罪名,这有利于惩治危害税收征管的新型犯罪。

1995年10月30日全国人大常委会通过了《关于惩治虚开、伪造和非法出售增值税专用发票犯罪的决定》(以下简称《决定》),对原《刑法》和《补充规定》进行了重大补充和修改:增加了虚开增值税专用发票罪,伪造或出售伪造的增值税专用发票罪,非法出售增值税专用发票罪,非法购买增值税专用发票罪,虚开用于骗取出口退税、抵扣税款发票罪,非法制造或者出售非法制造的用于骗取出口退税、抵扣税款发票罪,非法出售发票罪等犯罪的规定。并且规定盗窃增值税专用发票或者其他发票的,依照《刑法》关于盗窃罪的规定处罚;使用欺诈手段骗取增值税专用发票或者其他发票的,依照《刑法》关于诈骗罪的规定处理。

(四)基本定型阶段

这一阶段,以1997年3月14日八届全国人大第五次会议对1979年《刑法》进行修订为标志。修订后的《刑法》在第三章"破坏社会主义市场经济秩序罪"第六节中专门规定了"危害税收征管罪",该节吸收了《补充规定》和《决定》的大部分内容,共12条12个罪名。危害税收征管罪第一次由学术概念上升为刑法中的一个集合性罪名,成为危害社会主义市场经济秩序罪中包括十余个罪名的一节。这种立法方式丰富了我国《刑法》的罪名体系,反映了我国刑事立法技术的进步,进一步适应了危害税收征管罪的犯罪态势。这标志着我国关于危害税收征管罪的立法基本趋于成熟。2009年《刑法修正案七》把偷税罪改为逃避缴纳税款罪,是我国对税收认识的重大进步。

二、我国现行税收刑事立法的缺陷

我国现行《刑法》十分关注税收犯罪方面的立法,并根据税收犯罪的新态势,强化了对税收犯罪的规定,专节规定了税收犯罪方面的惩治条款。然而,现行《刑法》在税收刑事立法上的不足仍然存在。

首先,税收刑事立法粗糙,缺少总体考虑。1997年《刑法》虽为适应税收犯罪的变化,增加了罪名,设置了税收犯罪专节,并具体化了一些税收犯罪的构成条件,但立法仍显粗糙。

其次,税收犯罪的主刑规定总体上偏重。我国《刑法》对税收犯罪的主刑大多规定了无期徒刑,有些则可以适用死刑,与一些国家对税收犯罪的处罚相比较为严厉。从经济分析角度看,要有效地预防犯罪,关键在于增加罪犯的预期刑罚成本,使其预期刑罚成本大于其预期的犯罪"效益"。但在刑罚的确定性偏低的情况下,片面地靠加重法定刑提高刑罚的预期成本,容易造成刑罚效益相对下降,刑罚效益自身贬值,出现有些学者所称的刑罚量增加、犯罪总量也上升的"罪刑矛盾"以及刑罚的"厉而不严"的局面。

再次,绝大多数危害税收征管罪均可由单位构成,但由于我国同单位犯罪作斗争的时间较短,立法经验不足,适用于单位犯罪的刑罚制度尚不够完善。其一,刑种单一,不适应刑罚种类多样化的现实要求。《刑法》分则对单位犯罪的主体——单位本身的刑罚只有一种,即罚金刑。这与世界各国关于单位犯罪立法通例有着明显不同,德、日、法等国新近修订的刑法典对单位犯罪均规定了多种刑罚。相比之下,我国《刑法》的规定显得单薄,其适用效果自然也难以尽如人意。其二,罚金刑地位偏低,罚金数额、限度无统一标准。罚金刑在我国《刑法》中只属于一种附加刑,地位先天不足,导致在实践中应用效率较低。同时,我国《刑法》对单位犯罪多采用无限额罚金制,在实践中难免尺度不一,量刑畸轻畸重的现象经常发生。

三、我国现行税收刑事立法的完善

首先，完善税收刑事立法，加强司法解释，增强确定性。具体表现为提高税收犯罪方面的立法水平，规范法律用语；强化刑法规范的总体设计和考虑，消除法条之间的矛盾，注重罪名之间、法条之间的协调统一；从立法上增强刑法的可操作性，合理控制执法人员的自由裁量权。

其次，适当调整税收犯罪的主刑。我国目前预期刑罚成本降低的主要原因是刑罚确定性差。所以，要提高刑罚的预期成本，应把主要力量放到完善税收立法、加强制度制约、强化税收执法、尽量减少税收犯罪方面。这样，就可以在保证或提高刑罚效益的前提下，减少刑罚投入量，避免因刑罚投入量太多而造成的刑罚膨胀。

再次，适应打击税收犯罪的需要，完善我国单位犯罪的刑罚制度。刑罚的多样性是刑法典完善的标志之一。增加刑罚的种类使刑罚多样化，既是司法实践的需要，也是刑罚科学化的必然要求。只有建立一个刑种多样、轻重有序、功能互补、互相衔接的具有内在合理性、逻辑性的多元单位犯罪刑罚体系，才能有效打击单位犯罪。提升罚金刑的地位，在我国《刑法》中将罚金规定为既是主刑又是附加刑，可以在单位犯罪中应用以罚金刑为主、其他刑罚方法为辅的刑事处罚手段，加大打击力度。此外还应明确规定罚金刑的最高限额及处罚标准，以体现刑罚的严肃性及刑罚的个别性原则。

最后，逐步实现税收刑事立法模式的转变。各国（地区）对税收犯罪采取的立法模式，大致可以分为三种：一是刑法典式，即将税收犯罪规定在统一的刑法典中，如俄罗斯、中国等。二是专门刑法典式，即将税收犯罪规定在相当于刑法典的专门税收处罚法中。如韩国的《税犯处罚法》就可以看做一部专为税收犯罪而设的"小刑法典"：既有总则，规定了适用范围、适用对象、处罚原则等内容；还有分则，规定了各个罪种及刑事责任。三是附属刑法式，即将税收犯罪规定在具体的税法中，如美国、日本、德国及我国台湾地区等。世界各国（地区）的规定形式不尽相同，但从大多数发达国家的情况看，税收犯罪方面的规定多体现在税法体系中，这样更便于实际操作。而我国目前的税收刑事立法主要规定在《刑法》中，一方面致使税收违法行为与税收犯罪行为规定不尽一致，易造成司法实践上的冲突和困难。另一方面，刑法典自身需要保持相对稳定，这与税收犯罪变化快、不断出现新的犯罪形态、需要及时变更刑法规范的特点也不一致。因此，要加强对税收犯罪的打击防范，加快我国对税收附属刑法的整理、编纂步伐，将附属刑法规范与刑法的规定对应起来，实现罪刑统一；并在此基础上，逐步完善和发展，最终形成专门的税收实体法与程序性规定合二为一的涉税犯罪惩治法或税收刑事法。需要指出的是,将税收犯罪规定在税法体系中只是发达国家的成功经验,由于我国税收立法体系不完备,税收立法内容不稳定,匆忙将税收刑事立法移入税法体系势必是弊大于利。所以,税收刑事立法模式的改变应循序渐进。

本章小结

税收刑事处罚是对严重违反税法、破坏税收征管秩序的犯罪行为的严厉制裁,是实现有利的税法环境、保障税法顺利实施的有力工具。税收犯罪不同于一般的税收违法行为,税收犯罪具有刑事违法性、应受刑罚处罚性和更大的社会危害性。本章首先介绍了税收刑事处罚的概念和特点,并以税收犯罪为线索,详细阐述了危害税收征管罪的各类罪型,包括逃避缴纳税款罪、骗取出口退税罪、抗税罪等税收犯罪的构成特征、相关认定及辨析,以及刑事处罚的规定。最后,结合实践,寻找我国现行税收刑事立法中存在的问题,并提出完善的建议。

思考题

1. 简述税收刑事处罚的概念和特点。
2. 简述税收刑事处罚与税收犯罪的关系。
3. 试析税收犯罪与税收违法行为的异同。
4. 简述危害税收征管罪的概念及构成特征。
5. 简述危害税收征管罪的刑罚特征。
6. 简述逃避缴纳税款罪的构成特征和认定。
7. 简述抗税罪的构成特征和认定。
8. 简述逃避追缴欠税罪的构成特征和认定。
9. 简述骗取出口退税罪的构成特征和认定。
10. 简述虚开增值税专用发票、用于骗取出口退税、抵扣税款发票罪的构成特征和认定。

税收程序法之三 税务救济法

绪 论

在税收国家,整个国家体制的运转都是依赖纳税人的付出而得以维持的。在这种情况下,保护纳税人权利尤其是积极救助纳税人权利,不仅是租税国家应尽的义务,也是租税国家正常存在及稳健运作的基础。

一、税务救济之逻辑起点——税务行政争议

（一）税务行政争议的概念

税务行政争议是指在税务行政管理过程中,税务行政主体因行使税务行政职权而与行政相对人之间发生的有关税务行政权利（力）和义务的争执。它具体表现为行政相对人对税务行政主体依据行政职权作出的具体税务行政行为不服或持有异议,在税务行政主体和行政相对人之间呈现一种对抗状态。税务行政争议是引起税务救济的前提,是研究税务救济的逻辑起点。

（二）税务行政争议产生的原因

1. 税务行政主体在行使税务行政职权的过程中作出了违法或不当的具体行政行为

由于复杂的客观环境,税务行政机关实施的税务行政行为难以做到绝对的正确、合法,特别是一些税务工作人员由于法律意识、业务能力和职业道德方面的欠缺和主观认识上的局限,在执行公务过程中出现偏差和失误难以避免。

2. 行政相对人不可能完全服从税务行政主体作出的具体税务行政行为

尽管有时税务行政主体作出的具体税务行政行为是合法和适当的,但由于税务行政机关和行政相对人所处的立场、角度不同,对具体税务行政行为合法性和适当性的认识也不同,因此,也会产生税务行政争议。

3. 税收自身的特点也导致税务争议无法避免

税收实际上是对公民财产权的一种剥夺,具有非直接偿还性和强制性。非直接偿还性意味着个体纳税人所缴纳的税费和他从国家那里得到的公共产品、公共服务的价值并不是绝对相等的,而且公共产品的非独占性和非排他性极易

导致"搭便车"效应。① 税收的强制性也易使纳税人产生抵触,"从某种程度上我们甚至可以说,纳税主体对税收有着一种天然的反对情绪,征纳双方的利益从财富的转移上看,是此消彼长的关系,利益上的相互对抗是争议可能产生的根源。"②

4. 我国税法本身的缺陷也是导致税务争议产生的原因

征纳双方对税法规定的不同理解、我国税法本身的不成熟与不完善、规定不够详尽明确,以及税法极强的技术性特征导致的概念界定、税法适用困难,也是导致税务争议产生的原因。

(三) 税务行政争议种类

税务行政争议有广义、狭义之分,内部、外部之别。广义的税务行政争议既包括内部的税务行政争议,又包括外部的税务行政争议。本书使用狭义的"税务行政争议"概念,即所表述的税务行政争议仅指外部的税务行政争议,即税务主体与行政相对人之间的争议。它主要包括以下各类:

1. 纳税人对征税机关的征税决定不服所引起的争议,如有关是否应纳税、应纳税款数额、是否享有税收优惠等方面的争议;

2. 纳税人对税务机关责令提供纳税担保行为不服所引起的争议;

3. 税务行政相对人对税务机关的处罚决定不服所引起的争议;

4. 税务行政相对人对税务机关作出的税收保全措施和强制执行措施不服而引起的争议;

5. 税务行政相对人对税务机关行政不履行行为不服所引起的争议;

6. 对税务机关其他具体税务行政行为不服所引起的争议。

(四) 税务行政争议的特征

税务行政争议主要有如下几个特征:

1. 税务行政争议首先是一种行政争议,具有行政争议的一切特征。它是与税收法律关系的确认、变更和终止相联系的一种行政争议。

2. 税务行政争议的主体一方是税务行政机关,另一方是税务行政相对人。税务行政机关作为税务争议的一方,具有恒定性。

3. 税务行政争议以税务行政相对人对特定税务行政机关的具体税务行政行为不服为本质特征,争议的焦点在于税务机关在税务行政管理过程中所作的具体行政行为是否合法或合理。

---

① "搭便车"是指得到一种物品的利益但回避为此支付。参见〔美〕曼昆:《经济学原理》,梁小民译,北京大学出版社 2001 年版,第 233 页。

② 刘剑文主编:《税法学》,人民出版社 2002 年版,第 522 页。

二、税务救济概述

(一) 税务救济的概念

税务救济是指国家机关通过解决税务行政争议,制止和纠正违法或不当的税务行政行为,从而补救税务行政相对人受损的合法权益的法律制度。

解决税务争议的途径有很多,可分为非法律途径和法律途径。前者包括权力机关的监督、民间力量的监督(如新闻舆论监督和公民个体的监督)、政党监督及专门机构的监督(如日本的苦情申诉、法国的调解专员、英国的行政监察专员)等;后者一般是指通过税收救济法律制度来解决税务争议,包括税务复议法律制度、税务诉讼法律制度和税务赔偿制度。

非法律途径解决税务争议有覆盖面宽、方式灵活多样、程序简单、效率可能较高等优点,但权力机关的监督一般只限于抽象税务行政行为,较少涉及具体税务行政行为,而民间力量的监督、政党监督和专门机构的监督之公正性和权威性又难以保证。税务救济法律制度则因其程序的规范、司法(含准司法)的介入,更具公正性和权威性。

(二) 税务救济的特征

1. 税务救济以税务行政争议的存在为前提

在税收行政管理过程中,税务行政争议不可避免,其危害性也是显而易见的。这些税务行政争议,正是税务救济制度所要解决的问题。

2. 税务救济的目的是保护行政相对人的合法权益

在税务行政管理过程中,税务行政主体作出的违法或不当的行政行为所造成的消极后果是双重的:它既侵害了税务行政相对人的合法权益,又损害了税务行政主体的行政权威,影响了税务行政效率。税务救济的目的与实质就在于通过矫正违法或不当的具体税务行政行为,补救税务行政相对人受损害的合法权益。

3. 税务救济由有关国家机关实施

税务救济的主体是有关国家机关。① 税务救济的目的是对违法或不当的税务具体行政行为造成的不利后果进行补救。而任何税务具体行政行为都是由税务行政机关代表国家实施的,具有法律效力。对这种行为效力的变更和消灭,同样只能由代表国家行使权力、维护公共利益的国家机关来决定。因此,税务救济只能由有关国家机关来实施,非国家机关的其他社会组织或者个人都无权实施税务救济。税务行政复议由国家行政机关(主要是作出具体税务行政行为的税务行政机关的上级机关)负责审理,税务行政诉讼由国家司法机关负责审理。

---

① 参见刘剑文主编:《财政税收法》,法律出版社 2003 年版,第 393 页。

4. 税务救济的性质是一种法律补救机制、衡平机制

税务救济是一种事后的、被动的法律补救机制。税务救济发生在税务行政侵权之后,税务行政相对人向有关国家机关申请对具体税务行政行为造成的危害后果实施税务救济,必须以全面履行税务处理决定为必要条件,这是其事后性的体现。税务救济侧重保护税务行政相对人的目的决定了税务救济的请求权只归属于税务行政相对人,税务救济只能是应税务行政相对人的申请而实施的,只有税务行政相对人才是税务救济程序的发动者,国家机关对税务争议实行不告不理的原则,不能依职权主动启动税务救济程序。虽然税务机关的上级机关在行政监察过程中,发现下级税务机关的具体行政行为违法或不当的,可以依行政监督程序撤销或变更下级税务机关的原处理决定,但这只是税务机关的内部行政监督,性质上有别于税务救济。

税务救济同时也是一种征纳双方的权力与权利的衡平机制。相对于税务行政机关而言,税务行政相对人处于明显的弱势地位。虽然法律赋予其抗衡不法和不当行政行为的权利,但没有一套完整的税务救济制度为保障,权利面对权力的肆虐将是软弱无力的,税务救济正是一种征纳双方权力与权利的衡平机制。

(三)税务救济案件的标的问题[①]

税务救济案件的标的即复议机关或人民法院审查对象的范围,标的问题存在着"总额主义"与"争点主义"的对立。"总额主义"主张,裁决机关的审查对象为征税决定的整体即征税决定所确定的税额是否恰当,在审查和诉讼过程中允许自由更换理由,审查对象不受征税决定本身理由的约束;"争点主义"主张,审理或审查的对象应当是与征税决定的理由相关的税额是否恰当,原则上不允许更换理由。从严格的程序保障意义上说,"争点主义"较符合法律旨趣;但从扩大纳税人权利救济范围考量,采"总额主义"较能达到目的。

三、税务救济法概述

(一)税务救济法的概念

税务救济法,以税务争议为对象和内容,以解决税务争议为目的,是规定有关国家机关解决税务争议所应遵循的原则、途径、方法和程序等的法律规范的总称。"税务救济法"这一概念的使用,实际反映了税法学界的一种理念转换,即税务行政复议、税务行政诉讼更多地应体现为一种对税务行政相对人权益的保护和救济,而不是对税务行政主体权威的维护。

在早期的税法学理论中,税收程序法(包括税收征管法律制度、税务行政复议法律制度和税务行政诉讼法律制度)的侧重点是对行政权力的维护而不是规

[①] 参见施正文:《税收程序法论》,北京大学出版社2003年版,第257页。

制;是对行政相对人可能的违法行为的预防而不是对其合法权益的救济。现代税收程序法的视角已经转换到对税务行政主体权力的规制和税务行政相对人权利的保护上来,更有税务救济法作为行政权力滥用的抗衡机制。

(二)税务救济法的历史渊源

我国税收救济立法的历史可追溯至民国之前。民国时期的税务救济模式,既有行政机关的复查和诉愿,又有法院的行政诉讼。自1949年之后,这种模式在我国大陆地区完全被废止,只在台湾地区延用,但内容有所调整。新中国成立后,1950年12月15日,政务院通过了《税务复议委员会组织通则》,对税务行政复议的内容和办法作了详细规定,这标志着我国税务行政复议制度的建立。1958年颁布的《工商统一税条例实施细则(草案)》对税务行政复议制度进行了较大的调整。20世纪80年代后,随着改革开放的实行,税收法律、法规不断出台,税务行政复议制度又得以恢复,并逐步确立了税务行政诉讼制度,从而建立了与新的税务行政复议、税务行政诉讼和税务行政赔偿相衔接的税务救济法律制度。

目前,我国解决税务争议主要适用的法律、法规和规章有:1989年通过的《行政诉讼法》,1994年通过并于2010年修订的《国家赔偿法》,1992年颁布并于2001年修订的《税收征管法》,1999年通过的《行政复议法》,2004年公布并于2009年12月重新审议通过的《税务行政复议规则》,2007年国务院通过的《行政复议法实施条例》。上述法律、法规、规章与其他各项单行税收法律、法规关于行政复议和行政诉讼的规定相结合,构成了我国的税务救济法律体系。

(三)税务救济法的理论基础

1. 税务救济法的法理学基础

法治理论是构建税务救济的重要理论基础。英国著名的行政法学家威廉·韦德认为,法治的核心就是依法行政,并具体分析了"法治"的多种含义。他指出,"法治所需要的是,政府不应当在普通法律上享有不必要的特权和豁免权"。[①] 我国也在不断地完善和发展依法治国、依法行政的理论,税务救济正是法治的体现,是依法行政的体现。

救济是保障人权的重要法律制度,人权理论是构建这一制度的重要理论基础。人权理论最早是由资产阶级提出来的,资产阶级不仅有丰富的人权理论,而且也有系统的人权立法,如英国的《自由大宪章》、《权利请愿书》和美国的《独立宣言》,法国的《人权宣言》等。我国以马克思主义人权观为指导,建立了以宪法为核心的人权立法体系,形成了保障人权的有效的法律制度,税务救济制度的建

---

① 转引自刘恒:《行政救济制度研究》,法律出版社1998年版,第10页。

立就是一个重要标志。征税是对公民财产权的一种剥夺,税务行政处罚决定和税务行政强制执行措施也是对公民人身权和财产权的限制,税务救济则是保障人权的体现。

2. 税务救济法的宪法基础

我国《宪法》第 5 条规定:"一切国家机关和武装力量、各政党和社会团体、各企事业组织都必须遵守宪法和法律。一切违反宪法和法律的行为,必须予以追究。""任何组织或者个人都不得有超越宪法和法律的特权。"上述规定为我国建立税务救济制度奠定了基础,为追究违法税务行政行为的法律责任提供了宪法依据。同时,宪法明确规定了公民的行政救济权利,如《宪法》第 41 条。

3. 税务救济法的行政法学基础

依法行政是现代行政管理的一项基本原则。现代行政法的理念正是对日益膨胀的行政权加以限制,以保障和救济行政相对人的合法权益。行政救济法是行政法最为重要的组成部分。我国已经建立了由行政复议救济、行政诉讼救济和行政赔偿救济构成的一套完整的行政救济体制。正是根据行政救济体制,我国构建了税务救济体制。

4. 税务救济法的税法学基础

税收法定原则是各国税法所普遍提倡和遵循的基本原则。它要求税收的确定和征收都必须基于法律的规定,税务机关必须依法行使职权,且税法必须赋予税务行政相对人对税务机关及其工作人员违法进行税务行政的行为进行争议和要求保护的权利,否则,税收法定主义原则将不复存在。因此,制定相应的税务救济法以对税务行政相对人已经或可能受到损害的权益给予必要救济,并强化对税务机关及其工作人员的监督和制约,促进税务机关及其工作人员依法行使职权,是现代各国税收立法的选择。

(四) 税务救济法的特征

1. 税收征纳法律关系平等

在税收征纳法律关系中,税务机关因行使职权的需要而在事实上享有很多特权,较纳税人处于优势地位;因此要在税务救济法律关系中使纳税人处于相对优越的地位,赋予税务机关较多义务,以保证税务机关和纳税人之间实际上的法律平等地位。税务救济法正是对税收征纳法律关系平等理念的接纳。税务救济法建立于税收征纳法律关系平等的基础之上。

2. 保护税务行政相对人的合法权益

一般而言,税收实体法律制度对征税主体税权的保障更为有力,而税收救济法律制度则更侧重于保护纳税主体的税收权益。因为在税收征纳法律关系中,纳税主体处于弱势地位,他们的权利极易为征税主体所侵犯,必须赋予其税收救济权,使他们的合法权益面对征税主体的违法和不当行为侵害时,有权通过各种救济制度获得补救。

3. 税务救济法是程序法

税法包括税收实体法和税收程序法,狭义的税收程序法仅指税收征管法,而广义的税收程序法则包括税收征管法、税务救济法和税收处罚法。税务救济法是广义的税收程序法,应具备程序正义的品质,如独立、及时、选择参与等。选择参与,又称"获得公正裁判机会"原则,指处于争议中的自身权益受到或将要受到侵害的主体应有权选择救济途径,并因此获得参与裁判制作过程的机会。

(五) 税务救济法的模式

我国的税务救济法律制度由税务行政复议制度、税务行政诉讼制度和税务行政赔偿制度三部分构成。税务救济法的模式是指如何平衡配置这三种制度的问题。

1. 税务行政复议和税务行政诉讼

(1) 税务行政复议和税务行政诉讼的联系

第一,两者的目的相同。两者的目的都是正确、及时处理税务行政争议,保护税务行政相对人的合法权益,维护和监督税务机关依法行使职权,维持正常的税收管理秩序。

第二,两者都是依法解决税务争议的制度。两者都是由具体的程序法来规定的;两者在解决税务争议时所依据或适用的实体法是一致的,实体税法是最后处理当事人之间税务争议的法律依据;两者的对象是一致的,即两者都是依法解决税务争议案件。

(2) 税务行政复议和税务行政诉讼的区别

第一,两者性质不同。税务行政复议是税务行政复议机关的一种行政行为,实质是税务行政复议机关对税务具体行政行为所实施的一种内部监督和纠正。税务行政诉讼是由人民法院按行政诉讼程序对税务争议案件进行受理、审理和裁判的一种司法活动,是对税务具体行政行为所实施的一种外部司法监督和制约。

第二,两者受理机关不同。税务行政复议的受理机关原则上是作出税务具体行政行为的税务机关的上一级机关,少数情况是原税务机关(国家税务总局作出的具体税务行政行为引起的税务行政争议案件,可由其自身复议或申请国务院裁决)。而税务行政诉讼案件由人民法院受理。

第三,两者受案范围不同。税务行政复议不仅可以审查违法的税务行政行为,还可以审查不当的税务行政行为;不仅可以审查具体税务行政行为,还可以附带审查抽象行政行为。而税务行政诉讼一般只能就具体税务行政行为的合法性进行审查。

第四,两者适用程序不同。税务行政复议按照《行政复议法》和《税务行政复议规则》,适用准司法程序,虽有一定的司法性质,但本质上仍是一种行政程序,具有行政程序特有的简便、迅速、高效特点。税务行政诉讼按照《行政诉讼法》,适用严格的普通司法程序,更为严格、规范和全面。

第五,两者审查机关的职权不同。税务行政复议机关的职权是一种行政权,在税务行政复议中既有权撤销违法的税务具体行政行为,也有权变更不当的税务具体行政行为。人民法院的职权是一种审判权,原则上只能是对税务具体行政行为的合法性进行审查,一般只能撤销违法的税务具体行政行为或者要求税务机关重新作出处理决定,除税务行政处罚显失公正的之外,不能直接予以变更。

第六,两者审理方式不同。税务行政复议实行一级复议制,原则上实行书面审理的方式,不要求当事人到场,复议机关根据调查的情况和双方当事人提供的证据资料作出复议决定。人民法院审理税务行政案件实行的是两审终审制,而且应当组成合议庭,原则上采取开庭审理的方式,程序更为严格、公开。

第七,两者法律效力不同。除国务院裁决具有终局性外,税务行政复议机关作出的复议决定不具有最终的法律效力,税务行政复议申请人不服复议决定的,可在法定期限内依法向人民法院提起行政诉讼,要求进行司法审查。而税务行政诉讼的终审判决则具有最终的法律效力,当事人必须履行。

(3) 税务行政复议和税务行政诉讼的选择

税务行政复议和税务行政诉讼各有所长,两者不能互相代替,应该让纳税人能够无障碍地运用两种制度得到更为充分的救济。各国大多同时设置税务行政复议和税务行政诉讼两种制度,以更好地发挥两种制度各自不同的优势。如何让两者合理配置,协调运作,以充分发挥税收救济法律制度的作用,是各国普遍关注的重要税法问题。

在税务行政复议和税务行政诉讼两者的选择上,有复议前置主义和自由选择主义两种不同的观点。复议前置主义是指在提起税务行政诉讼之前,必须先经过税务行政复议程序;自由选择主义是指纳税人在认为自身合法权益受到损害时,可自由选择是向行政机关提起复议申请,还是直接诉至法院。

基于税务争议的技术性、专业性、反复性和大量性等特征,多数国家采用税务复议前置主义,如日本、美国、德国、澳大利亚和瑞士等国都采用这种税务救济模式。日本称其为不服申诉前置主义[1],美国行政法以穷尽行政救济为其基本理念,但却另设置有税务法院可以突破前置主义的界限。[2] 英、法等国则采用自由选择主义。我国实行以自由选择为主导,以复议前置为例外。根据我国《税

---

[1] 参见〔日〕金子宏:《日本税法》,战宪斌、郑林根等译,法律出版社2004年版,第540页。
[2] 参见刘剑文主编:《税法学》,人民出版社2002年版,第519页。

务征管法》第88条、《税务行政复议规则》第33条,根据税务行政争议的不同类型区分适用复议前置和自由选择主义。

2. 相对独立的税务行政赔偿

税务行政赔偿是指税务行政主体违法行使职权,侵犯税务行政相对人合法权益造成损害的,税务行政相对人提出国家赔偿请求,由国家承担赔偿责任,并由致害的税务机关代表国家具体履行赔偿义务的一项法律救济制度。税务行政赔偿和税务行政复议、税务行政诉讼一起构成对税务行政相对人的完整救济。税务行政赔偿或者在对具体税务行政行为合法合理性存在争议的税务行政复议程序和税务行政诉讼程序中一并解决,或者通过独立的国家赔偿程序解决。它分散于税务行政复议和税务行政诉讼中,但又相对独立,具有自身独特的品格,与税务行政复议与税务行政诉讼在性质上、受案范围和适用程序等方面都有不同之处。

第二十八章 税务行政复议

税务行政复议制度是税务救济制度的一种,是行政机关内部的自我纠错方式。它有税务行政诉讼所不具备的简便、快捷的特点,也有其本身无法克服的弊病——公正性难以令人信服。本章将阐述现代社会何以将税务行政复议制度公认为是解决税务行政争议的一种有效方法以及其存在的问题。

第一节 税务行政复议概述

一、税务行政复议的概念与特点

(一)税务行政复议的概念

税务行政复议制度是税务行政相对人认为税务行政主体及其工作人员在税收征收管理过程中作出的具体行政行为侵犯了其合法权益,因而向法定税务复议机关提出审查相关税务行政行为的申请,由法定税务复议机关对原具体行政行为的合法性与合理性进行复查和审议,并依法作出裁决的制度的总称。

(二)税务行政复议的特点

1. 税务行政复议是一种税务救济方式

税务行政复议、税务行政诉讼和税务国家行政赔偿共同构建了我国的税务救济制度。作为税务救济方式的一种,税务行政复议具有税务救济的一切特征。

2. 税务行政复议是一种行政救济机制

税务行政复议是由享有法定复议权的行政机关对税务行政相对人的合法权益予以救济,是行政机关内部的活动,是行政机关内部自我纠错的一种监督制度。

3. 税务行政复议是一种准司法行为

准司法行为具有普通司法的性质,但又不完全等同于普通司法。它本质上是一种行政行为,体现行政程序特有的简便、迅速、高效的特点;但它又表现出司法行为的特点,如税务行政复议须遵循较严格的程序,从复议申请的提出到复议申请的受理和审查再到复议决定的作出,都与司法行为相类似,而与一般的行政行为有较明显的区别。

4. 税务行政复议的主体是法定的行政机关

税务行政复议的主体是依法享有税务行政复议权的国家行政机关。税务行政复议主体必须是依法设立的,享有法定复议权限的,并在法定复议权限范围内按法定程序进行税务行政复议活动的国家行政机关。

二、我国税务行政复议制度的历史沿革①

新中国成立后,政务院于 1950 年 12 月 15 日通过了《税务复议委员会组织通则》,第一次在法规中使用了"复议"一词,并对税务行政复议的内容和办法作了详细规定,这标志着我国税务行政复议制度的建立。同时,还相继通过了《印花税暂行条例》等一系列税收条例,在不同程度上规定了税务行政复议的内容,并推动了税务行政复议制度的发展和完善。1958 年颁布了《工商统一税条例实施细则(草案)》,对税务行政复议制度进行了较大的调整。1973 年由于受"非税论"影响,税务行政复议制度一度被停止。

改革开放以后,税务行政复议制度逐步得到恢复和发展。1980 年制定的《中外合资经营企业所得税法》、1981 年制定的《外国企业所得税法》、《个人所得税法》及 1986 年制定的《税收征收管理暂行条例》中都有税务行政复议的相应条款。1989 年 5 月,当时的国家税务局(现国家税务总局)在河南省驻马店地区税务局进行了税务行政复议工作试点,并于当年 10 月推出了《税务行政复议规则(试行)》,先于 1990 年 12 月 24 日由国务院发布的《行政复议条例》。之后,《税务行政复议规则(试行)》又经过多次修订。1999 年 4 月 29 日,第九届全国人民代表大会常务委员会第九次会议审议通过了《行政复议法》,国家税务总局于 2004 年 1 月 17 日发布了新的《税务行政复议规则(暂行)》,之后又于 2009 年 12 月 15 日通过了新的《税务行政复议规则》,这些就是我国税收行政复议制度的主要规范性文件。

三、税务行政复议的基本原则

(一) 全面审查原则

全面审查原则是指税务行政复议机关不仅要对税务具体行政行为的合法性予以审查,也要对其适当性予以审查。由于税务行政机关拥有一定的自由裁量权,客观上存在着职权滥用的条件,极有可能在符合合法性原则的前提下为不当的行政行为,损害税务行政相对人的合法权益,破坏正常的税收法律秩序。复议机关要对所有的事实和证据进行全面的审查,以确定被申请人是否正确使用了自由裁量权。

(二) 合法、及时和便民原则

合法原则是指承担税务行政复议的复议机关必须在法定职权范围内活动,

---

① 参见刘剑文主编:《税法学》,人民出版社 2002 年版,第 532—533 页。

一切行为均须符合法律的要求。它包括如下内容:(1)承担复议职责的主体合法,须是依法成立并且享有法定复议权的行政机关,且拥有合法管辖权。(2)复议机关审理案件的依据合法。(3)复议机关审理案件的程序合法,须严格按照《行政复议法》及其他有关法律法规规定的步骤、顺序、时限、形式进行。

及时原则是指税务行政复议机关应当在法定的期限内,尽可能迅速地完成复议案件的审查,作出复议决定。这是行政效率原则的具体要求,是由行政行为的特点和行政复议的非终局性决定的。及时原则要求:(1)受理申请及时;(2)办理案件及时;(3)作出决定及时;(4)作出处理及时。

便民原则是指税务行政复议机关在复议过程中应尽量方便税务行政相对人,使其不因行政复议活动而增加过多的负担,最大限度地节省其耗费的人、财、物力和时间,确保其复议目的的实现。

(三) 公正、公开原则

公正原则是指复议机关的税务行政复议活动应当在合法性的前提下尽可能合理无偏私。公正原则要求:(1)复议机关行使复议权时应当公正地对待双方当事人,不能偏袒本部门或下级税务机关。(2)复议过程中,应当尽可能保证税务行政复议申请人充分行使其表达意见的权利。(3)复议机关在审理复议案件时应尽可能查明所有与案件有关的事实,并作出准确定性。(4)复议机关在作出复议决定时应当正当、合理地行使复议自由裁量权。

公开原则是指税务行政复议机关在税务行政复议活动中,除涉及国家秘密、个人隐私和商业秘密外,应当将整个复议的过程、资讯和结果向税务行政复议当事人以及社会公开。公开原则要求:(1)税务行政复议过程公开。复议机关应尽可能听取申请人、被申请人和第三人的意见,让他们更多地参与税务行政复议过程,以积极保障各自权利。(2)税务行政资讯公开。要求复议机关在申请人、第三人的请求下,公开与案件有关的一切材料,以确保他们有效地参加税务行政复议程序。(3)税务行政复议结果公开。税务行政复议机关作出的行政复议决定,要制作成行政复议决定书,并送达税务行政复议当事人。

(四) 坚持有错必纠、确保法律法规正确实施原则

坚持有错必纠、确保法律法规正确实施原则是指税务行政复议机关在复议活动过程中,对被申请人违法或不当的税务行政行为(包括具体税务行政行为和抽象税务行政行为),要坚决予以纠正,以确保法律法规的正确实施。

(五) 一事不再理原则

与及时原则相似,一事不再理原则也是行政效率的体现。从税务行政复议内部来看,它是指税务行政复议实行一次、一级复议,除法律规定外,复议终止或终结后,申请人不得再以同一事实、同一理由再次申请复议,或向有管辖权的其他复议机关申请复议,或向原复议机关上级机关请求税务行政救济。从税务行

政复议与税务行政诉讼的关系来看,当事人选择在人民法院以诉讼方式解决税务行政争议后,就不得再申请行政复议。

(六) 不停止执行原则

不停止执行原则是指在税务行政复议期间,除法律规定的情况外,被申请审查的具体行政行为不停止执行。这是由行政行为的效力先定性和税收活动的公益性决定的。

(七) 不利益变更禁止原则和排除调解原则

不利益变更禁止原则是指在变更原征税决定时,在申请人或原告表明不服的范围内,不得作出更不利益之裁决。如果在变更原征税决定时,允许作出更不利益之裁决,税务行政相对人将极可能面临更不利的境地,部分税务行政相对人就会打消申请救济的考虑,这无疑是对税务救济权利的变相剥夺。不利益变更禁止原则的确立给了行政相对人合理的预期,保障其申请救济的权利。

由于税务争议的公益性和税收法定原则,除涉及赔偿的事项外,税务救济程序不适用调解的方法。在税务行政管理过程中,税务机关依法行使其税收管理职权,这既是一种权力,又是法定的义务,不得放弃,行政机关必须认真履行自己的职责,对法定的职权无权进行任意的处分。但国外立法渐有放弃绝对的排除调解原则的趋势。美国1995年提出了税务仲裁程序,美国国内收入局与纳税主体可以就税务争议达成仲裁协议,在仲裁协议中双方或一方皆可作出某种让步,以解决涉税争议。另外,预约定价机制是指征纳双方就跨国企业关联交易转让定价安排在事先协商达成协议,双方皆受协议制约,以减少征纳双方就转让定价问题发生的争议。这些都是对排除调解原则的冲击。

第二节 税务行政复议的范围与管辖

一、税务行政复议的范围

税务行政复议的范围,即税务行政复议的受案范围,是指法律、法规所确定的税务复议机关受理税务行政复议案件的范围。它决定了税务行政相对人可就哪些税务争议申请税务行政复议,复议机关对哪些税务行政行为有复议审查权。从我国《行政复议法》及有关税收法律规范的规定看,税务行政复议的受案范围包括可予复议的税务具体行政行为和可予复议的税务抽象行政行为。

(一) 可予复议的税务具体行政行为

《行政复议法》、《税务行政复议规则》以列举性条款和概括性条款相结合的方式,规定了复议机关受理申请人对下列税务具体行政行为不服时可提出行政复议申请:

1. 税务机关作出的征税行为,包括确认纳税主体、征税对象、征税范围、减税、免税、退税、抵扣税款、适用税率、计税依据、纳税环节、纳税期限、纳税地点和税款征收方式等具体行政行为,征收税款、加收滞纳金,扣缴义务人、受税务机关委托的单位和个人作出的代扣代缴、代收代缴、代征行为等。

2. 税务机关作出的行政许可、行政审批行为。

3. 税务机关作出的发票管理行为,包括发售、收缴、代开发票等。

4. 税务机关作出的税收保全措施、强制执行措施。

5. 税务机关作出的行政处罚行为:(1)罚款;(2)没收财物和违法所得;(3)停止出口退税权。

6. 税务机关不依法履行下列职责的行为:(1)颁发税务登记;(2)开具、出具完税凭证、外出经营活动税收管理证明;(3)行政赔偿;(4)行政奖励;(5)其他不依法履行职责的行为。

7. 税务机关作出的资格认定行为。

8. 税务机关不依法确认纳税担保行为。

9. 政府信息公开工作中税务机关的具体行政行为。

10. 税务机关作出的纳税信用等级评定行为。

11. 税务机关作出的通知出入境管理机关阻止出境行为。

12. 税务机关作出的其他具体行政行为。

(二)可予复议的税务抽象行政行为

税务行政复议有别于税务行政诉讼,不仅可以审查具体税务行政行为,还可以附带审查抽象行政行为。根据《税务行政复议规则》第15条,可予复议的税务抽象行政行为具有以下特点:

1. 可予复议的税务抽象行政行为仅限于部分税务规范性文件

其范围包括:(1)国家税务总局和国务院其他部门的规定;(2)其他各级税务机关的规定;(3)地方各级人民政府的规定;(4)地方人民政府工作部门的规定,但不含规章。

2. 对税务抽象行政行为的复议只能是附带性的

税务行政相对人对税务抽象行政行为的复议申请以其对税务具体行政行为的复议申请为前提条件。只有在税务行政相对人对税务具体行政行为申请复议时,才可以对作为具体税务行政行为依据的抽象税务行政行为一并提出复议申请,不能单独提出,也不能在对具体行政行为的复议过程中提出对非作为其依据的抽象行政行为进行审查。

二、税务行政复议管辖

税务行政复议管辖是指税务行政复议机关在受理税务复议案件上的权限和

分工。

（一）税务行政复议管辖的原则

在分配税务行政复议管辖权的过程中，应当兼顾如下几个原则：

1. 便于税务行政相对人申请复议原则；
2. 便于税务行政复议机关审理复议案件原则；
3. 合理分工原则。

（二）税务行政复议管辖的类型

根据《行政复议法》和《税务行政复议规则》，税务行政复议的管辖可分为如下三大类[①]：

1. 一般管辖

即通常情况下，税务行政复议申请人不服税务机关作出的税务具体行政行为而申请复议的管辖问题。税务行政复议的一般管辖包括三个方面的内容：

（1）对地方税务局作出的税务具体行政行为不服的管辖；

（2）对国家税务局作出的税务具体行政行为不服的管辖；

（3）对国家税务总局作出的税务具体行政行为不服的管辖。

2. 特殊管辖

即除一般管辖之外的特殊情况下的复议管辖问题。税务行政复议的特殊管辖包括下列四个方面的内容：

（1）对派出机构作出的税务具体行政行为不服的管辖；

（2）对共同行政行为不服的管辖；

（3）对被撤销的税务机关在撤销前所作出的具体行政行为不服的管辖；

（4）对作出逾期不缴纳罚款加以罚款的决定不服的管辖。

3. 转送管辖

《行政复议法》、《税务行政复议规则》规定，有上述特殊管辖情形之一的，申请人也可以向具体行政行为发生地的县级地方人民政府提出行政复议申请，接受申请的县级地方人民政府对依法属于其他行政复议机关受理的行政复议申请，应当自接到该行政复议申请之日起七日内，转送有关行政复议机关，并告知申请人。转送管辖是便民原则的要求和体现。

第三节 税务行政复议的程序

一、税务行政复议机关和税务行政复议机构

税务行政复议机关是指依法受理行政复议申请，对具体税务行政行为进行

---

① 参见刘剑文主编：《财政税收法》，法律出版社 2003 年版，第 406—408 页。

审查并作出裁决的机关。我国一般由作出具体税务行政行为的税务机关的上级机关为复议机关,特殊情况例外。

税务行政复议机构是指税务行政复议机关内部设置的,专门负责税务行政复议工作的工作机构。县以上(含县级)税务局(分局)内应设立税务行政复议机构,称为税务行政复议委员会,委员会下设复议办公室。复议机构应配备专职复议工作人员。它不是一级行政机关,不能以自己的名义独立行使行政职权,它只是税务复议机关内部的一个工作机构,以复议机关的名义依法受理纳税人的复议申请,依照法定程序进行审理。

二、税务行政复议的申请

税务行政复议须应申请才能发生,因此,申请是启动税务行政复议的第一阶段。税务行政复议的申请是指公民、法人或者其他组织等税务行政相对人认为税务机关的税务具体行政行为侵犯其合法权益,依法要求有管辖权的复议机关对该行为进行审查和处理的法律行为。

(一) 税务行政复议的申请条件

1. 申请人资格要求。申请人必须是认为具体税务行政行为直接侵犯其合法权益的公民、法人和其他组织。

2. 有明确的被申请人。明确了被申请人,税务行政复议机关才能开展复议活动,否则复议就失去了对象,复议机关无法确定具体税务行政行为由谁作出、是否越权,即使作出了复议决定也无法确定其承受人和执行人。

3. 有具体的复议要求和事实根据。只有明确了复议要求和事实根据,复议机关才能有针对性地进行复议活动,正确审查申请人请求的合法性与适当性。

4. 属于《行政复议法》、《税务行政复议规则》规定的申请复议范围。

5. 属于《行政复议法》、《税务行政复议规则》规定的复议机关管辖。

6. 按《税务行政复议规则》第14条规定申请复议的,在提出复议申请前已经依照税务机关纳税决定确定的税额缴纳或者解缴税款及滞纳金或提供了相应担保。

7. 申请复议是在法定期限内提出的。申请人应在得知税务机关作出具体行政行为之日起60日内提出行政复议申请。因正当理由耽误法定申请期限的,申请期限可自障碍消除之日起继续计算。

8. 法律、法规规定的其他条件。

(二) 税务行政复议的申请方式

税务行政复议申请的方式一般有两种:一是书面形式;二是口头形式。书面形式是指复议申请人向复议机关递交复议申请书的申请方式。口头形式是指复议申请人口头提出申请,由复议机关工作人员笔录的申请方式。

（三）税务行政复议的申请期限

申请税务行政复议的期限,是指认为税务行政复议被申请人的行为侵犯了其合法权益的公民、法人或其他组织提出税务行政复议申请的法定时间限制。《税务行政复议规则》第 32 条规定,申请人可以在知道税务机关作出具体行政行为之日起 60 日内提出行政复议申请。因不可抗力或者被申请人设置障碍等原因耽误法定申请期限的,申请期限的计算应当扣除被耽误时间。

（四）税务行政复议参加人

税务行政复议参加人是指在税务行政复议机关组织下,依法参加行政复议活动的申请人、被申请人、第三人和代理人。其中申请人和被申请人也称当事人。

1. 申请人

税务行政复议的申请人包括公民、法人或其他组织、外国人、无国籍人、外国组织。具体是指纳税义务人、扣缴义务人、纳税担保人和其他税务争议当事人。

2. 被申请人

被申请人是指其作出的具体税务行政行为被税务行政复议申请人指控侵犯其合法权益,并由税务行政复议机关通知参加税务行政复议,接受复议机关对其被指控的具体税务行政行为审查与裁决的税务机关。

3. 第三人

第三人是指同申请税务行政复议的具体行政行为有利害关系,通过申请或行政机关通知而参加税务行政复议的公民、法人或其他组织。

4. 代理人

税务行政复议代理人是指依据法律规定,或税务行政复议机关指定,或复议申请人和第三人委托,以被代理人名义在代理权限范围内进行税务行政复议活动的人。

三、税务行政复议的受理

税务行政复议机关在收到复议申请后,应当予以及时、严格的审查,并在一定期限内决定是否受理。申请人的申请行为与复议机关的受理行为相结合,标志着税务行政复议申请的成立和税务行政复议程序的开始。

（一）受理申请

经审查,对符合规定的行政复议申请,税务行政复议机关必须无条件予以受理。

（二）告知申请人正确的受理机关

税务行政复议机关在收到复议申请后,经审查发现复议申请符合法定申请条件,但不属于本机关管辖的,也不得置之不理,而应告知申请人向有关行政复议机关提出申请,从而更好地保护税务行政相对人的合法权益,方便其申请救济权的行使。

（三）决定不予受理

复议机关对不符合规定的行政复议申请,应以裁定方式决定不予受理,并书面告知申请人。裁定不予受理应当制作裁定书,载明不予受理的理由和当事人应享有的诉权。对于不予受理的裁定不服的,申请人可以依法向人民法院提起行政诉讼,也可以向其上级机关反映,上级机关可以依法责令其受理。对于复议申请书的格式和内容不符合法定要求或没有提交必要的材料和证据的,复议机关应将申请书发还申请人要求限期补正,逾期不补正的再决定不予受理,不得直接决定不予受理。

四、税务行政复议决定

税务行政复议机关在受理复议申请后,应当对税务行政复议案件予以审查,并作出结论性裁决,这是税务行政复议的决定阶段。

（一）税务行政复议的审查

1. 审查前的准备

税务行政复议审查前的准备工作,主要是指复议文书的发送和有关证据材料的收集。在税务行政复议审查前的准备过程中,为保证实质公平的实现,对被申请人的权力进行了某些限制。如在行政复议过程中,被申请人不得自行向申请人和其他有关组织或者个人收集证据。

2. 审查的方式

税务行政复议原则上采用书面审查的办法,但是申请人提出要求或者法制工作机构认为有必要时,应当听取申请人、被申请人和第三人的意见,并可以向有关组织和人员调查了解情况。书面审查,是指复议机关审查复议案件仅就案件的书面材料（包括申请人提出的复议申请书及有关材料、证据和被申请人提出的复议答辩书及有关材料、证据）进行审定,在此基础上依法裁决。

3. 审查的内容

税务行政复议案件的审查内容主要为被复议的具体税务行政行为的合法性与适当性。合法性包括：(1) 作出被复议的具体税务行政行为的主体是否合法；(2) 该主体是否超越职权或滥用职权；(3) 被复议的具体税务行政行为的作出是否有足够的事实根据；(4) 作出被复议的具体税务行政行为是否正确适用了法律；(5) 作出被复议的具体税务行政行为是否遵循了法定程序；(6) 被复议的具体税务行政行为是否采取了合法的形式。适当性主要是指税务机关作出的具体税务行政行为是否符合社会一般的公正、合理的观念,而不是在法定范围内畸轻畸重。

4. 税务行政复议的中止和终止

根据《税务行政复议规则》第 79 条,税务行政复议中止情况如下:(1) 作为申请人的公民死亡,其近亲属尚未确定是否参加行政复议的;(2) 作为申请人的公民丧失参加行政复议的能力,尚未确定法定代理人参加行政复议的;(3) 作为申请人的法人或者其他组织终止,尚未确定权利义务承受人的;(4) 作为申请人的公民下落不明或者被宣告失踪的;(5) 申请人、被申请人因不可抗力,不能参加行政复议的;(6) 行政复议机关因不可抗力原因暂时不能履行工作职责的;(7) 案件涉及法律适用问题,需要有权机关作出解释或者确认的;(8) 案件审理需要以其他案件的审理结果为依据,而其他案件尚未审结的;(9) 其他需要中止行政复议的情形。

根据《税务行政复议规则》第 80 条,税务行政复议终止情况如下:(1) 申请人要求撤回行政复议申请,行政复议机构准予撤回的;(2) 作为申请人的公民死亡,没有近亲属,或者其近亲属放弃行政复议权利的;(3) 作为申请人的法人或者其他组织终止,其权利义务的承受人放弃行政复议权利的;(4) 申请人与被申请人依照本规则第 87 条的规定,经行政复议机构准许达成和解的;(5) 行政复议申请受理以后,发现其他行政复议机关已经先于本机关受理,或者人民法院已经受理的。

(二) 税务行政复议的决定

1. 复议决定的期限

复议机关应当自受理申请之日起 60 日内作出行政复议决定。情况复杂,不能在规定期限内作出行政复议决定的,经复议机关负责人批准,可以适当延长,并告知申请人和被申请人;但延长期限最多不超过 30 日。

2. 复议决定的作出

税务行政复议机关应当对被申请人的具体行政行为所依据的事实证据、法律程序、法律依据和设定的权利义务内容的合法性、适当性进行全面审查,提出意见,经税务行政复议机关负责人同意后,作出税务行政复议决定;对重大、疑难的复议申请,复议机关应集体讨论决定。重大、疑难复议申请的标准,由各复议机关自行确定。

3. 税务行政复议决定书

税务行政复议机关作出复议决定,应当制定复议决定书。复议决定书应当载明下列事项:

(1) 申请人的姓名、性别、年龄、职业、住址(法人或其他组织的名称、地址、法定代表人的姓名);

(2) 被申请人的名称、地址,法定代表人的姓名、职务;

(3) 申请复议的要求和理由;

(4)复议机关认定的事实、理由,适用的法律、法规、规章和具有普遍约束力的决定、命令;

(5)复议结论;

(6)不服复议决定而向人民法院起诉的期限,或者终局的复议决定,当事人的履行期限;

(7)作出复议决定的年、月、日。

税务行政复议决定书由复议机关的法定代表人署名,加盖复议机关的印章。税务行政复议决定书一经送达,当事人在法定期限未提起诉讼或者该复议为终局复议,复议决定即发生法律效力,具有拘束力、确定力和执行力。

4. 复议决定的执行

税务行政复议决定生效后,当事人双方都必须履行。根据《税务行政复议规则》第84条、第85条,被申请人不履行或者无正当理由拖延履行行政复议决定的,复议机关或者有关上级行政机关应当责令其限期履行。申请人逾期不起诉又不履行行政复议决定的,或者不履行最终裁决的行政复议决定的,按照下列规定分别处理:(1)维持具体行政行为的行政复议决定,由作出具体行政行为的行政机关依法强制执行,或者申请人民法院强制执行。(2)变更具体行政行为的行政复议决定,由复议机关依法强制执行,或者申请人民法院强制执行。

五、税务行政复议和解与调解

根据《税务行政复议规则》第86条,按照自愿、合法的原则,申请人和被申请人在行政复议机关作出行政复议决定以前都可以达成和解,行政复议也可以调解,具体包括以下行政复议事项:(1)行使自由裁量权作出的具体行政行为,如行政处罚、核定税额、确定应税所得率等;(2)行政赔偿;(3)行政奖励;(4)存在其他合理性问题的具体行政行为。

申请人和被申请人达成和解的,应当向行政复议机构提交书面和解协议。经行政复议机构准许和解终止行政复议的,申请人不得以同一事实和理由再次申请行政复议。

申请人和被申请人达成调解协议的,行政复议机关应制作行政复议调解书,调解未达成协议,或者行政复议调解书不生效的,行政复议机关应当及时作出行政复议决定。申请人不履行行政复议调解书的,由被申请人依法强制执行,或者申请人民法院强制执行。

第四节 税务行政复议制度评析

税务行政复议制度自20世纪50年代确立至今,其间虽有曲折和反复,但已被公认为是解决税务行政争议的一种有效的办法。它与税务行政诉讼、税务行政赔偿共同构建了我国税务救济法律制度。在解决税务行政争议、保障税务行政相对人合法权益、维持正常的税收秩序方面发挥了巨大作用。与其他税务救济方式相比,税收行政复议有其自身的优势,这正是它为人们所广泛认同的原因。当然,它也有其自身的不足。较之税收立法、税法学理论较为发达的西方国家,我国税务行政复议制度还有许多不完善的地方,需要为之作出不懈的努力。

一、税务行政复议制度的优点

(一) 有利于密切征纳双方的关系

由于税务行政复议是行政救济措施,大部分税务行政复议是税务机关内部的上级对下级的执法监督行为,所以在复议阶段处理好税务行政争议,能极大增强税务行政相对人对税务机关的信任感及依法纳税的责任感,使征纳双方得以相互理解,改善征纳双方的关系。

(二) 有利于及时解决问题

税务行政复议制度具有简便、迅速、高效的特点,且不需费用,能够在较短时间内及时解决税务行政争议,比较符合税务行政相对人的心理预期,方便其解决税务争议。

(三) 有利于节约司法资源

我国的司法资源比较匮乏,将大量的税务行政争议在复议阶段解决,而将行政复议无法解决的税务行政争议留待诉讼解决,是比较理想的模式,有利于节约司法资源。

(四) 有利于上级机关对下级税务机关的工作监督

税务行政复议是上级机关对下级税务机关具体税务行政行为是否合法和合理的审理裁决,所以客观上为上级机关检查监督下级税务机关的工作提供了一条重要的途径。

(五) 有利于税务行政主体的自我约束、自我监督

从整个税务行政系统内部看,它是税务行政主体的一种自我纠错制度。通过复议,税务行政主体能及时发现并改正自身工作中的错误,总结执法经验,提高税务行政效率。

(六) 有利于税务行政相对人权利的保护

首先,税务行政复议在税务行政诉讼之外给税务行政相对人提供了另一种权利救济的选择,多种权利救济途径的存在更有利于对行政相对人的权利保护。另外,税务行政复议的受案范围广于税务行政诉讼,它不仅可以审查违法的税务行政行为,还可以审查不当的税务行政行为;不仅可以审查具体税务行政行为,

还可以附带审查抽象行政行为,为税务行政相对人提供了更充分、更广泛的保护。

（七）符合我国公民的心理

我国公民有较强的厌诉心理,争议的解决往往不愿付诸诉讼,而习惯于找其上级机关"讨个说法"。这种习惯虽不利于我国法治建设,但其存在是客观的,因此,税务救济制度的设计也要考虑此类因素,设计税务行政复议制度以符合公众心理。

二、税务行政复议制度的缺点

（一）对税务行政复议制度公正性的合理怀疑

税务行政复议制度具有税务行政诉讼制度所不具备的优越性,但"对其公正性的合理怀疑"是其劣于税务行政诉讼的致命弱点。现代法治要求任何人都不可为自己的法官,税务复议机关和作出具体税务行政行为的税务机关虽不是同一机关,但却是同一性质、同一系统、有上下级隶属关系的机关,二者之间有着天然的、密切的联系,可能出现税务复议机关偏听、偏信、片面或受各种因素干扰等情况,从而使其作出的某些裁决失之偏颇。而一旦税务复议机关偏袒其下级税务机关,将极大地降低税务行政相对人对行政机关的信任。即使税务行政复议机关作出的裁决是公正的,但它毕竟是上级税务机关或本级人民政府自己处理本系统与相对方当事人之间的争议,因而还是无法消除人们怀疑其不公正的心理。

（二）税务行政复议前置的局限性

根据《税务行政复议规则》第33条,纳税人及其他税务当事人对征税机关作出的征税决定不服的,须先经税务行政复议机关复议,对复议决定不服的,才可以向人民法院起诉,这就加大了纳税人寻求救济的成本,实际上是对纳税人诉权的变相剥夺。

（三）司法是最终的救济方式

我国税务行政复议决定原则上不具有最终的法律效力（国务院的裁决除外）,对税务行政复议决定不服的,在法定期限内还可通过诉讼方式获得最终的救济。这种模式可能会导致当事人不重视复议,从而导致救济资源的浪费,当事人在时间、精力等方面的损失也更大。

（四）税务行政复议程序上具有简便、迅速、高效的特点,但也极易导致疏漏

税务行政复议是税务行政复议机关的一种行政行为,实行一级复议、书面审理的方式,程序上具有简便、迅速、高效的特点,但也极易导致疏漏。其一,书面审理缺乏争议双方的辩论,难以将双方的观点、要求、证据及理由完全地、鲜明地呈现在复议机关面前;其二,对效率的强调也容易导致对公正的疏忽。

三、我国税务行政复议制度存在的问题

(一)《税务行政复议规则》中的某些规定缺乏可操作性

《税务行政复议规则》是对《行政复议法》的细化，应该对如何具体适用法律，作出明确、细致且具可操作性的规定。但《税务行政复议规则》中尚有一些条款具体操作起来存在困难。如该规则第19条第(三)项规定对两个以上税务机关共同作出的具体行政行为不服的，向共同上一级税务机关申请行政复议；对税务机关与其他机关共同作出的具体行政行为不服的，向其共同的上一级行政机关申请复议。按此规定，如对某县国税局和地税局共同作出的具体行政行为不服，须向国家税务总局申请复议，或交由当地县政府法制机构转交国家税务总局受理，其他机关无权受理。这样的规定，操作起来显然不够方便。随着经济、社会的发展，税收在国家财政收入中的地位的增强以及人们维权意识的增长，行政复议案件必将越来越多，这种规定不仅会给税务行政相对人申请复议带来不便，也不够现实。

(二) 税务行政复议机关的独立性问题

负责处理税务行政争议的法定机关应当独立于税务行政争议的双方，税务行政争议的任何一方当事人都不能自己做自己的裁判者。如果裁判机关不独立，即使能够作出正确的裁判结果，也难以让人信服。

目前，许多发达国家都由独立于税务机关的行政机构承担复议职责，如美国由隶属于财政部立法局首席咨询部的上诉部[①]负责涉税争端的行政复议。日本在国税厅设立了相对独立的国税不服审判所。英国有一般所得税委员会、特别所得税委员会、增值税裁判所、租税逃避裁判所等一系列行政救济裁判所。英国行政救济裁判所以"公开、公平、无偏私"为原则，最早的行政裁判所就是关于税收方面的，其在组织上和行政机关相联系，活动上保持独立性。我国香港地区有税务上诉委员会。而我国则由作出具体税务行政行为的上级税务机关(地税局作出的具体行政行为的税务行政复议也可由本级人民政府复议)进行复议。这样，执行机关和裁判机关不分离，难以保证裁决的公正。

(三) 复议中缴纳税款前置主义的问题

根据《税收征收管理法》第88条，当事人同税务机关在纳税上发生争议时，先行依法全面履行纳税义务(包括程序性和实体性的义务)是向上一级税务机关提出复议申请的必要条件之一，当事人未先行依法全面履行纳税义务的复议申请，复议机关不予受理。

[①] 美国上诉部隶属于美国财政部首席咨询部，是一个完全独立于美国国内收入局的行政机构，其复议决定不受美国国内收入局及其他任何行政机关的干涉。

根据以上规定,如果纳税人无力负担税款和滞纳金,申请延期又未得到批准的,缴纳期限一过,税务行政相对人将无法再申请税务行政复议制度的救济。这种规定过分强调国家征税权力的神圣不可侵犯,而忽视了纳税人的申请救济权,与税务救济制度侧重保护税务行政相对人的旨趣是不符的。这不仅不符合行政复议的便民原则,而且有可能因此剥夺纳税人申请法律救济的权利。

(四)值得我国借鉴的税收行政复议制度①

1. 日本在税收行政复议机关的设置上,在国税厅设立了相对独立的国税不服审判所,统一负责有关国内税的审查请求,相比较我国实行的由上级机关复议不服下级征税机关的征税行为而言,使执行机关与裁决机关相分离,较好地体现了复议的公正性。我国台湾地区规定,诉愿审议委员会中社会公正人士、学者、专家人数不得少于1/2,这有利于保护诉愿审议的客观公正。

2. 复议程序的主体范围应当扩大,不仅包括纳税人、扣缴义务人、纳税担保人等纳税主体,而且与申请复议的征税行为有利害关系的其他人均可参加复议程序。例如,我国台湾地区"诉愿法"允许公务机关提起行政诉愿,日本在税收复议中实行普遍的复议代理制度。

3. 在审理程序上,德国、日本等国规定税收复议的申请期限不仅仅从纳税主体收到征税决定的通知时起算,当征税机关未书面提示申请期限或有误时,申请期限最长可延至一年,并且必须向纳税人告知复议机关是谁,而不是由纳税人自己来判断。此外,还应明确规定税收复议的中止情形。

4. 确立当事人的程序权利保障机制,应赋予其阅览卷宗权、程序权和言词辩论权、请求鉴定权、对证据表示意见的权利等。

5. 规定情况判决制度。例如,我国台湾地区"诉愿法"规定,受理诉愿的机关发现原行政处分虽属违法或不当,但其撤销或变更于公益有重大损害,经斟酌诉愿人所受损害、赔偿程序、防止方法及其他一切事情,认为原行政处分之撤销或变更显与公益相违背时,得驳回其诉愿,在决定主文中载明原行政处分违法或不当,并应于决定理由中载明由原行政机关与诉愿人进行协商。

本 章 小 结

本章详细介绍了税务行政复议制度的概念、特征、原则、范围与管辖以及税务行政复议的程序,并对税务行政复议制度进行了深入的评析。指出税务行政复议制度具有有利于密切征纳双方的关系、有利于及时解决问题、有利于节约司法资源、有利于上级对下级税务机关的工作监督以及税务行政主体的自我约束

---

① 参见施正文:《税收程序法论》,北京大学出版社2003年版,第258页。

和自我监督、有利于税务行政相对人权利的保护和符合我国公民的诉讼心理等优点。但税务行政复议制度的公正性值得怀疑,而且作为一种行政机关内部的自我监督机制,税务行政复议也有自身的局限性。同时税务行政复议前置、税务行政复议的行政行为性等局限性也使税务行政复议的优势大打折扣。本章最后对我国税务行政复议制度存在的一些问题进行了介绍。

思考题

1. 如何理解税务行政复议是一种准司法行为?
2. 简要评析税务行政复议的全面审查原则;试列举可予复议的税务具体行政行为;谈谈可予复议的税务抽象行政行为具有哪些特点?
3. 介绍税务行政复议特殊管辖情况。
4. 税务行政复议中,申请人申请复议应当符合哪些条件?
5. 税务行政复议决定的种类有哪些?
6. 简要介绍税务行政复议制度的优点。
7. 什么导致了对税务行政复议制度公正性的合理怀疑?
8. 为什么要求税务行政复议机关独立?你对保证我国税务行政复议机关的独立性有何建议?

第二十九章 税务行政诉讼

行政诉讼是一种公民权益的司法救济程序。税务行政诉讼作为行政诉讼的重要组成部分，其法律规范主要体现在《行政诉讼法》、《税收征管法》、《税收征管法实施细则》等文件中。其中，《行政诉讼法》是行政诉讼的基本规范，税务行政诉讼必须遵循《行政诉讼法》所确立的基本原则和普遍程序；同时，由于税法现象在日常经济生活中的普遍性，税务行政诉讼又不可避免地具有本部门的特点。

第一节 税务行政诉讼概述

一、税务行政诉讼的概念

税务行政诉讼是指公民、法人和其他组织认为税务机关及其工作人员的具体行政行为违法，侵犯了其合法权益，依法向人民法院提起行政诉讼，由人民法院对具体税务行政行为进行审理并作出裁决的司法活动。其目的是保证人民法院及时、正确审理税务行政案件，保护纳税人的合法权益，维护和监督税务机关依法行使职权。[①]

二、税务行政诉讼的特征

税务行政诉讼既有行政诉讼的一般特征，又有自身的特征：

1. 税务行政诉讼是由人民法院进行审理并作出裁决的一种诉讼活动，是一种司法审查制度。这是税务行政诉讼与税务行政复议的根本区别。税务行政争议范围广、数量多、专业性强，大量税务行政争议由税务机关以复议方式解决，只有由人民法院对税务案件进行审理并作出裁决的活动，才是税务行政诉讼。

2. 税务行政诉讼以解决税务行政争议为前提，这是税务行政诉讼与其他行政诉讼的根本区别。具体体现在：第一，被告必须是税务机关，或经法律、法规授权的行使税务行政管理权的组织；第二，税务行政诉讼解决的争议发生在税务行政管理过程中；第三，因税款征纳问题发生的争议，当事人在向人民法院提起行政诉讼前，必须先经过税务行政复议程序。

---

① 参见刘剑文主编：《税收征管法》，武汉大学出版社2003年版，第379页。

3. 税务行政诉讼的对象是税务具体行政行为。税务行政诉讼是由于税务行政相对人不服税务机关的税务具体行政行为而向法院提起的诉讼,它以税务机关的税务具体行政行为为对象,属于税务管理领域的行政诉讼,具有税法的一般特点,不同于其他行政诉讼。[①]

三、税务行政诉讼的原则

税务行政诉讼应当遵循诉讼活动的共有原则,如以事实为根据,以法律为准绳;人民法院独立行使审判权;依法实行合议、回避、公开审判与两审终审;当事人在诉讼中的法律地位一律平等;等等。此外,税务行政诉讼还必须遵循一些特有原则:

1. 人民法院有限管辖原则。人民法院仅对因具体行政行为引起的税务行政争议案件有管辖权。

2. 合法性审查原则。除了审查税务行政处罚是否显失公正外,人民法院只对具体税务行政行为的合法性予以审查,原则上不直接作出变更判决。

3. 不适用调解原则。调解的前提是当事人有处分权,而税务行政管理权是国家的法定权力,税务机关只能依法履行职责,无权进行处分。因此,除涉及赔偿的事项外,人民法院不能对税务行政诉讼的双方当事人进行调解。

4. 起诉不停止执行原则。即当事人不能以起诉为由停止执行税收保全、税收强制执行措施等具体行政行为。例外情形为:一是税务机关认为需要停止执行;二是原告申请停止执行,人民法院认为该税务具体行政行为的执行会造成难以弥补的损失,并且停止执行不损害社会公共利益,可裁定停止执行;三是法律、法规规定停止执行的。

5. 税务机关举证原则。税务行政行为是税务机关单方面依一定事实和法律作出的,税务机关掌握了作出该行为的证据。如果税务机关不举证或不能举证,应承担败诉后果。

第二节 税务行政诉讼的受案范围与管辖

一、税务行政诉讼的受案范围

税务行政诉讼的受案范围是指人民法院可以依法受理的税务行政争议的种类和权限,也就是税务机关作出的可受司法审查的税务行政行为的范围。界定税务行政诉讼的受案范围,便于明确人民法院、税务机关及其他国家机关在解决

[①] 参见刘剑文主编:《税收征管法》,武汉大学出版社2003年版,第412页。

税务行政争议方面的分工和权限,也与纳税人的权益保障密切相关。从我国《行政诉讼法》及有关税收法律规范的规定看,税务行政诉讼的受案范围包括可诉税务行政行为的范围和人民法院不予受理的事项。

(一)可诉税务行政行为的范围

根据《行政诉讼法》第 2 条和第 11 条,税务行政诉讼的范围一般包括:

1. 税务机关作出的征税行为,包括纳税争议、加收滞纳金及扣缴义务人、受税务机关委托的单位作出的代扣代缴、代收代缴行为和代征行为。
2. 税务机关作出的责令纳税人提供纳税保证金或者纳税担保行为。
3. 税务机关作出的税收保全措施。
4. 税务机关作出的税收强制执行措施。
5. 税务机关作出的税务行政处罚,包括罚款、没收非法所得、停止出口退税权与收缴发票和暂停供应发票。
6. 税务机关不予依法办理或答复的行为。
7. 税务机关作出的取消增值税一般纳税人资格的行为。
8. 税务机关作出的通知出境管理机关阻止出境行为。
9. 税务机关侵犯法律规定的经营自主权的行为。
10. 行政机关违法要求相对人履行义务的行为。
11. 税务机关的行政复议行为,包括复议机关改变原具体行政行为与期限届满不予答复的行为。
12. 法律、法规规定可以提起诉讼的其他具体税务行政行为。

对于上述属于人民法院受案范围的税务行政案件,当事人可以先行申请复议,对复议决定不服,再起诉;也可以直接向人民法院起诉。但纳税人、扣缴义务人及其他当事人对税务机关征税行为不服的,必须先行复议,对复议决定不服的,才能向人民法院起诉。

(二)人民法院不予受理的事项

我国《行政诉讼法》第 11 条和最高人民法院《关于执行〈中华人民共和国行政诉讼法〉若干问题的解释》(以下简称《解释》)第 1 条第 2 款规定了人民法院不予受理的事项。具体到税务行政诉讼,主要包括:税务机关制定、发布的规章及有普遍约束力的决定、命令;税务机关的内部行政行为;不具有强制力的税务行政指导行为;驳回当事人对税务行政行为提起申诉的重复处理行为;税务机关对公民、法人或者其他组织权利义务不产生实际影响的行为。[①]

---

① 参见刘剑文主编:《财政税收法》,法律出版社 2003 年版,第 415 页。

二、税务行政诉讼的管辖

税务行政诉讼的管辖，是指人民法院受理第一审税务行政案件的职权分工。依据《行政诉讼法》，税务行政诉讼的管辖可以分为级别管辖、地域管辖和裁定管辖三种。① 各国在确定行政诉讼管辖时，一般以级别管辖和地域管辖为主，以裁定管辖为辅。

（一）级别管辖

级别管辖是指不同级别的人民法院之间受理一审税务行政案件的权限分工。一般原则是，基层人民法院管辖一般的税务行政诉讼案件。中级人民法院管辖国家税务总局作出的具体行政行为及本辖区内重大、复杂的一审税务行政案件。高级人民法院和最高人民法院主要审理二审案件，基本上不受理第一审税务行政案件；但是对本辖区内重大、复杂的税务行政案件和在全国范围内有重大影响或复杂的个别税务行政案件，也可分别由高级人民法院和最高人民法院管辖。

（二）地域管辖

地域管辖是同级人民法院之间受理第一审税务行政案件的权限分工，按照法院的辖区范围和当事人所在地而划分。② 与行政诉讼管辖的一般原则相同，税务行政诉讼由最初作出具体行政行为的税务机关所在地的基层人民法院管辖。经过复议的案件，复议机关改变了原具体税务行政行为的，也可以由复议机关所在地人民法院管辖；如果复议机关与作出原具体税务行政行为的税务机关不属同一法院管辖，原告可以选择其中一个法院提起诉讼。原告向两个以上有管辖权的人民法院提起诉讼的，由最先收到起诉状的人民法院管辖。

（三）裁定管辖

裁定管辖是指以法院裁定的方式确定相关案件的管辖法院，分为移送管辖、指定管辖和管辖权的转移三种类型。移送管辖是指某人民法院受理税务行政案件后，发现自己对该案件没有管辖权，而将案件移送给有管辖权的人民法院受理，通常在同级法院之间进行。指定管辖是指上级人民法院将某一案件以裁定的方式，指定由某一下级人民法院管辖。管辖权的转移，是指由上级人民法院决定，把某一案件的管辖权，由下级人民法院转移给上级人民法院，或由上级人民法院转移给下级人民法院管辖。裁定管辖是对法定管辖的补充和变通，它既可以弥补法定管辖的不足，又可以解决因管辖问题发生的争议，以便适应司法实践中复杂多变的情况。

---

① 参见刘剑文主编：《财政税收法》，法律出版社 2000 年版，第 560 页。
② 参见张正钊、韩大元主编：《比较行政法》，中国人民大学出版社 1999 年版，第 804 页。

第三节　税务行政诉讼的程序

税务行政诉讼的程序指税务行政诉讼应当遵循的基本步骤和主要阶段。通常包括审判程序和执行程序。审判程序包括一审程序、二审程序、再审程序，其中一审程序又分为起诉、受理、审理和判决四个环节。[①]

一、税务行政诉讼的起诉和受理

税务行政诉讼中的起诉是指公民、法人或者其他组织认为自己的合法权益受到税务机关具体行政行为侵害，向人民法院提出诉讼请求，要求人民法院行使审判权，依法保护其合法权益的行为。起诉是法律赋予税务行政管理相对人保护其合法权益的权利和手段。起诉权是单向性的权利，税务机关只有应诉权，只能作为被告，并且不能反诉。

（一）起诉

税务行政诉讼的起诉必须具备如下条件：

1. 原告必须有起诉资格。税务行政诉讼的起诉人必须是认为税务机关的税务具体行政行为侵犯了其合法权益的公民、法人或其他组织。

2. 有明确的被告。

3. 有具体的诉讼请求。

4. 有确实的事实根据。起诉阶段仅要求原告提供可以证明税务行政争议存在的证据，无需原告证明税务具体行政行为违法。

5. 起诉必须符合法定程序。对征税行为提起诉讼，必须先行复议，未经复议或在复议期间起诉的，法院不予受理；对复议决定不服的，方可在接到复议决定书之日起15日内向人民法院起诉。复议机关逾期不作出决定的，当事人可以在复议期满之日起15日内向人民法院起诉。

（二）受理

受理是指人民法院对公民、法人或者其他组织的起诉进行审查后，对符合法定条件的起诉决定立案审理，从而启动诉讼程序的职权行为。一般来说，受理的条件和起诉的条件大致相同，人民法院认为起诉符合法定条件的就应当受理。公民、法人或者其他组织的起诉和人民法院的立案受理相结合，构成税务行政诉讼程序的开始。人民法院接到原告起诉状后，应当对起诉的内容和形式进行审查，并在7日内作出立案受理或者不予受理的裁定。

[①] 参见刘剑文主编：《财政税收法》，法律出版社2006年版，第421页。

二、税务行政诉讼的一审与判决

行政诉讼的审理是法院在受理当事人的起诉后,对案件作实质性审查处理的过程。判决是指法院经过审理,依据法律规定对行政案件实体问题作出的结论。

(一) 审理前的准备

审理前的准备是指人民法院在受理案件后至开庭审理前,为保证庭审工作的顺利进行,由审判人员依法进行的一系列准备工作的总称。包括依法组成合议庭、交换诉状、处理管辖异议、审查诉讼文书和调查收集证据等。人民法院应在立案之日起 5 日内将起诉状副本和应诉通知书发送被告,通知被告应诉。被告应当在收到起诉状副本之日起 10 日内提交答辩状,并提供作出具体行政行为的证据和依据。被告不提交答辩状不影响人民法院的审理,但被告在法定时间内不提交或者没有正当理由逾期提供作出具体行政行为的依据和证据的,应当认为该税务具体行政行为没有依据和证据,判决被告败诉。

(二) 审理的原则和程序

税务行政诉讼第一审程序必须开庭审理,遵循以下原则:一般不适用调解原则;被告负主要举证责任原则;公开审理原则。

第一审税务行政诉讼采用合议制的审理方式,开庭审理的程序依次为:宣布开庭—法庭调查—法庭辩论—合议庭评议—宣告判决。

(三) 审理后的判决

人民法院对一审案件,经开庭审理后,根据行政诉讼判决的性质,分别作出如下判决:

1. 维持判决。人民法院通过审理认定具体税务行政行为证据确凿、适用法律法规正确、符合法定程序的,应判决维持具体行政行为。

2. 撤销判决。人民法院通过审理认定具体税务行政行为的主要证据不足,或者适用法律法规错误,或者违反法定程序,或者超越或滥用职权的,应当判决撤销或者部分撤销,或者判决撤销并责令被告重新作出具体税务行政行为。

3. 履行判决。人民法院通过审理认定被告负有法定职责无正当理由而不履行的,判决其在一定期限内履行。

4. 变更判决。人民法院通过审理认定税务行政处罚显失公正的,可以直接判决变更。

5. 驳回诉讼请求判决。有下列情形之一的,人民法院应当判决驳回原告的诉讼请求:起诉被告不作为理由不能成立的;被诉具体行政行为合法但不合理的;被诉具体行政行为合法,但因法律、政策变化需要变更或者废止的;其他应当判决驳回诉讼请求的情形。

6. 确认判决。被诉具体行政行为合法,但不适宜判决维持或者驳回诉讼请求的,可以作出确认其合法或者有效的判决。有下列情形之一的,人民法院应当作出确认被诉具体行政行为违法或者无效的判决:被告不履行法定职责,但判决责令其履行法定职责已无实际意义;被诉具体行政行为违法,但不具有可撤销内容;被诉具体行政行为依法不成立或者无效;被诉具体行政行为违法,但撤销将给国家利益和公共利益带来重大损失。

此外,还有行政赔偿判决,即法院对当事人一并或单独提出的税务行政赔偿诉讼作出的判决。

三、第二审程序与再审程序

税务行政诉讼的第二审程序,又称上诉审程序,是指税务行政诉讼当事人不服地方各级人民法院未生效的判决、裁定,向上一级法院提起上诉所适用的程序。

税务行政诉讼的再审程序,又称审判监督程序,是指人民法院发现已经发生法律效力的判决、裁定违反法律、法规的规定,依法进行再次审理的程序。当事人对已经发生法律效力的判决、裁定,认为该判决、裁定确实有错误的,可以向上一级人民法院提出申诉。提起再审程序的方式有以下几种:一是人民法院院长对本院已经发生法律效力的判决、裁定,发现违反法律、法规,认为需要再审的,应当提交审判委员会决定是否再审;二是上级人民法院对下级人民法院已经发生法律效力的判决、裁定,发现违反法律、法规规定的,有权提审或者指令下级人民法院再审;三是人民检察院对人民法院已经发生法律效力的判决、裁定,发现违反法律、法规规定的,有权按审判监督程序提出抗诉。

四、执行程序

行政诉讼执行是行政诉讼的最后一环,已经发生法律效力的判决、裁定,当事人必须履行。税务行政强制执行的主体包括人民法院和依法具有行政强制执行权的税务机关。强制执行的依据是已经生效的行政裁判法律文书,包括行政判决书、行政裁定书、行政赔偿判决书和行政赔偿调解书。

被告税务机关拒绝履行判决、裁定的,第一审人民法院或者与第一审人民法院同级的被执行财产所在地人民法院可以采取划拨、罚款、司法建议、追究刑事责任的措施强制其履行。

作为原告的公民、法人或者其他组织对具体税务行政行为在法定期间不提起诉讼又不履行的,税务机关可以申请人民法院强制执行,或者依法强制执行。

第四节 税务行政诉讼制度评析

行政诉讼制度是在资产阶级革命胜利后建立的以"三权分立"和"法治"理论为基础、以民主政治为标志的法律制度,是现代民主和宪政的产物。我国是社会主义国家,不实行"三权分立",行政诉讼的理论基础是"人民主权学说"。人民通过国家权力机关赋予司法机关法律监督权,而人民则通过行政诉讼来监督行政机关的行为。理论基础的不同决定了我国税务行政诉讼制度与西方国家有异。

从本质上讲,行政诉讼是一种保障公民权益的司法救济程序。较之税法学理论较为发达、税收法律体系较为完善的国家,我国税务行政诉讼仍有许多不足,需要在实践中发展。

一、我国税务行政诉讼制度的优点

我国税务行政诉讼制度具有许多优点。首先,它满足了纳税人权益救济方式多样化的要求,完善了纳税人权益救济制度体系。"有权利就有救济",西方国家为了推行依法行政,对因行政权违法或不当行使而遭受侵犯的纳税人提供了有效的救济途径,普遍建立了较完备的救济体系——既有司法救济,又有行政救济;既有事前、事中救济,又有事后救济;既有正式程序救济,又有非正式程序救济。如日本建立了以行政诉讼救济为核心,以行政救济和苦情处理制度等为辅助的救济体系;美、法、德等国广泛运用非诉讼纠纷解决机制(ADR)。我国的税务行政诉讼制度与税务行政复议、税务行政赔偿制度共同组成了纳税人权益救济体系。司法是维护公民权益的最后一道屏障,具有公正性、终局性、权威性等特点,通过司法机关行使审判权对税务机关予以监督,有利于纳税人合法权益的保护。其次,从立法层面上讲,我国在实践中逐渐完善了税务行政诉讼制度。现行《行政诉讼法》比较全面地规范了纳税人权益司法救济制度:从内容上看,我国税务行政诉讼法律制度较为完备地规定了税务行政诉讼的管辖、受案范围、诉讼程序、判决形式等基本要素,为进一步完善税务行政诉讼法律制度提供了制度保障。最后,税务行政诉讼制度的建立有助于税务机关依法行政。法制的发展促使税务机关主动清理法规、规章和其他规范性文件;税务机关普遍建立了法制机构和复议机构;税务机关及其工作人员的依法征税意识得到加强。

二、我国税务行政诉讼制度的不足

税务行政诉讼法律制度是我国审判监督最主要的方式,但从司法实践看,由于我国税务行政诉讼法律制度刚刚建立,仍有众多不足,主要表现在:一是税收立法不完善,人民法院司法审查的法律依据不规范。综观我国税收立法现状,宪法关于税收的规定比较简单,缺乏对税收基本原则的规定。税收法律层级较低,大量税收法规以规章的形式出现,缺乏统一的税收基本法典或"税收基本法通则"。立法者对税收法规应有的特殊性、税法文化考虑不够,构成税法的下位法和上位法之间存在缺位或冲突。二是人民法院缺乏独立性,审判监督缺乏公正性和权威性。由于各级法院的人力、财力、物力受到政府的制约,不少地方法院存在有案不敢立、不敢审、不敢判等现象,司法机关判决的公正性受到质疑;税务机关在税收法律关系中处于管理者的地位,代国家行使征税权力,有些税务机关往往轻视司法监督,影响了法院判决的权威。三是税务行政诉讼制度不完善。表现在:(1)受案范围狭窄。目前税务行政诉讼的受案范围还局限于法律列举的侵犯纳税人人身权、财产权的具体行政行为,司法审查的范围太窄。(2)庭审方式僵化。在税收法律关系中税务机关和纳税人是平等的,在司法审查过程中,二者的地位也应当是平等的,纠问式的庭审方式不仅效率低下、缺乏透明度,而且不利于纳税人合法权益的维护,不利于贯彻税务行政诉讼的平等原则。(3)原告资格要求过严。我国《行政诉讼法》规定享有原告资格的仅限于合法权益受到直接侵害或者影响的公民、法人和其他组织。对税务机关损害公共利益的行为,利益相关人没有诉权,纳税人诉讼制度在我国仍然是空白。

三、我国税务行政诉讼制度的完善

当前,我国已经进入全面推进依法治国阶段,税务机关依法行政是重要一环。为了充分发挥司法监督的作用,更好地维护纳税人权益,规范、监督税务机关的行为,应当对税务行政诉讼制度进行必要的改革。一是适当扩大税务行政诉讼的受案范围,扩大人民法院司法审查的范围。《行政诉讼法》采用概括式加列举排除的方式规定了税务行政诉讼受案范围,对能够列举的事项采用列举式,对无法列举的采用概括式规定。根据我国法治发展的状况,应逐步地将部分抽象税务行政行为纳入司法审查的范围之内。从长远来看,目前我国税收法律体系还不完善,地方没有税收立法权,随着分税制改革的深化,将逐步下放部分地方税收立法权,地方税收立法随之增多,若不将抽象税务行政行为纳入司法审查范围,会大大削弱司法监督的作用。二是扩大原告当事人的范围。在美国,对税务机关损害公众利益的行为,国家赋予环境利益受益人诉权,这对维护公众权益具有重要意义。二战后,日本模仿美国也建立了居民诉讼制度。纳税人是国家财政收入的提供者,也是社会公共利益的维护者,我国也应当赋予纳税人这项权利,逐步建立纳税人诉讼制度。三是改革庭审方式,实行对抗式审判,引入调解、和解等方式快速高效地解决纠纷。四是实现司法独立。应加强司法机关财政建设,斩断司法机关对行政部门的经济依赖关系。随着市场经济的发展,税务纠纷必然增加,而税务案件又具有专业性强、复杂、社会影响大的特点,因此,有必要设立专门的税务法院审理涉税案件。在专门税务法院的设立上,德国的经验可以借鉴。我国近期可以考虑在各级法院设立专门的税务法庭。最后,从税务行政诉讼与税务行政复议的关系上看,应当将税务行政复议纳入税务行政诉讼。由于税务行政诉讼和税务行政复议制度在法律救济和法律监督方面有相同之处,在法定程序上也有很大的共同性,因此,可以将税务行政复议纳入税务行政诉讼,重新构建我国的税务行政诉讼审判制度,建立完善、统一的税务行政诉讼法律救济和监督制度。

本章小结

税务行政诉讼是指公民、法人和其他组织认为税务机关及其工作人员的具体行政行为违法,侵犯了其合法权益,依法向人民法院提起行政诉讼,由人民法院对具体税务行政行为进行审理并作出裁决的司法活动。

税务行政诉讼基本原则对诉讼规则体系的建立具有指导意义。除人民法院独立行使审判权、实行合议、回避、公开、辩论等共有原则外,税务行政诉讼还遵循一些特有原则。

税务行政诉讼的受案范围是指人民法院可以依法受理的税务行政争议的种类和权限,是税务机关作出的可受司法审查的税务行政行为的范围。税务行政诉讼的管辖,是指人民法院系统内部受理第一审税务行政案件的职权分工,分为级别管辖、地域管辖和裁定管辖三种。

税务行政诉讼起诉是指公民、法人或者其他组织认为自己的合法权益受到税务机关具体行政行为的侵害,而向人民法院提出诉讼请求,要求人民法院行使审判权,依法予以保护的诉讼行为。税务行政诉讼包括一审、二审、再审程序与执行程序。

【思考题】

1. 简述税务行政诉讼的概念及特征。
2. 简述税务行政诉讼的特有原则。
3. 简述可诉税务行政行为的具体范围。
4. 简述税务行政诉讼审理时应遵循的原则。
5. 简述税务行政诉讼的审查范围。

第三十章 税务行政赔偿

第一节 税务行政赔偿概述

一、税务行政赔偿的概念

税务行政赔偿,是指税务机关及其工作人员违法行使职权,侵犯公民、法人或其他组织合法权益造成损害,由国家承担赔偿责任,由致害的税务机关代表国家具体履行赔偿义务的一种救济性法律责任。我国没有单独的《税务行政赔偿法》,有关税务行政赔偿的实体规范和程序规范主要有《国家赔偿法》、《行政处罚法》等。

二、税务行政赔偿的构成要件

根据前述税务行政赔偿的概念,税务行政赔偿责任的构成应具备如下要件:
1. 税务机关及其工作人员违法行使职权

(1) 行为主体必须是税务机关及其工作人员,包括受税务机关委托,从事某项税务管理活动的法人和其他组织。税务机关工作人员包括税务机关正式编制内的人员和税务机关临时借用和特别委托的人员。

(2) 必须是税务机关及其工作人员行使职权的行为。即违法行为发生在税务机关及其工作人员履行税收征收管理职责的过程中,如擅自制定税收政策、随意调整税率、根据个人好恶决定罚款数额大小等。职务或职权之外或与之无关的行为,即使违法也不构成税务行政赔偿。

(3) 税务机关及其工作人员行使职权的行为具有违法性。我国税务行政赔偿的归责原则是违法原则,税务机关及其工作人员违法行使职权侵犯公民、法人或者其他组织合法权益造成损害的,国家须负赔偿责任,而不论行使职权的工作人员主观上有无过错。只有违法行使职权的行为才能构成税务行政赔偿,合法行使职权的行为即使造成相对人的损失,国家也不负赔偿责任,仅在特定情形下予以适当补偿。行为的违法性是税务行政赔偿区别于税务行政补偿的重要标志。

2. 存在损害事实

税务行政赔偿的另一构成要件,就是税务行政违法行为造成了一定的损害事实。如果仅有税务行政违法行为,固然要承担其他法律责任,但不足以导致税务行政赔偿。税务行政赔偿的目的是对损害的补救,这里的"损害"有特定的性质和范围:

(1) 损害必须是已经发生的现实损害。对于将来的损害,如果是必然的、不可避免的,也应视为已经发生的现实损害。对于将来可能发生的不确定的损害,不视为现实损害。

(2) 损害的对象只能是受法律所保护的权利或利益,即合法权益。

(3) 损害必须是特定的,即特定的公民、法人或者其他组织所受到的损害。

(4) 国家只对物质性的损害负赔偿责任。

3. 税务机关及其工作人员违法行使职权与损害事实之间具有因果关系

只有当税务行政相对人的损害后果是由税务机关及其工作人员造成的时候,税务行政赔偿责任才能构成。在税务行政赔偿中,税务行政相对人必须证明这种因果关系的存在。

三、税务行政赔偿的范围与方式

(一) 税务行政赔偿的范围

税务行政赔偿的范围是指国家对税务行政机关及其工作人员的哪些侵权行为承担税务行政赔偿责任。《国家赔偿法》对行政赔偿的范围进行了列举。税务行政赔偿的范围包括国家应予赔偿的范围和不予赔偿的情形。国家应予赔偿的范围又包括侵犯人身权的赔偿范围和侵犯财产权的赔偿范围两个方面。

1. 侵犯人身权的赔偿范围

侵犯人身权的赔偿范围包括对人身自由权和生命健康权侵害两类。就税务行政赔偿而言,国家应予赔偿的情形有:(1) 违法采取限制公民人身自由的行政强制措施的;(2) 非法拘禁或者以其他方法非法剥夺公民人身自由的;(3) 以殴打等暴力行为或者唆使他人以殴打等暴力行为造成公民身体伤害或死亡的;(4) 违法使用武器、警械造成公民身体伤害或死亡的;(5) 造成公民身体伤害或死亡的其他违法行为。

2. 侵犯财产权的赔偿范围

税务机关及其工作人员违法行使职权侵犯公民、法人或其他组织财产权造成损害,国家应予赔偿的行为有:(1) 违法征税行为;(2) 违法实施税务行政处罚的行为;(3) 违法责令纳税人提供纳税担保的行为;(4) 违法采取税收保全措施的行为;(5) 违法采取税收强制执行措施或采取税收强制措施不当的行为;(6) 税务机关应当作为而不作为,给管理相对人造成损害的行为,包括不予审批减免税或出口退税、不予抵扣税款、不予退还税款、不予颁发税务登记证或发售发票、不予开具完税凭证和出具票据、不予认定为增值税一般纳税人、不予核准延期申报、批准延期缴纳税款;(7)造成财产损害的其他违法行为。

3. 国家不予赔偿的情形

有下列情形之一的行为,国家不承担税务行政赔偿责任:

(1) 与行使职权无关的税务机关工作人员的个人行为。税务人员的行为可以分为职权行为和与行使行政职权无关的个人行为。对于个人行为,国家不承担责任。在判断税务机关工作人员的行为是否属于职权行为时采用客观说,即观察行为的表征,该行为对行使税收征管职权来说是否必要或有助,并且该行为须在客观上足以认为与行使税收征管职权有关。

(2) 因公民、法人和其他组织自己的行为致损害发生的。如果损害是由于当事人自己的过错所致,而非税务行政侵权行为所致,就不存在构成税收行政赔偿责任所必需的因果关系,国家无需承担赔偿责任。一般包括两种情形:一是受害人所遭受的损害完全是由受害人自己的行为造成的;二是虽然损害是由于税务机关或其工作人员的违法职务行为造成的,但是在损害结果发生后,受害人故意或过失地怠于寻求救济,造成损失扩大的部分,国家不予赔偿。

(3) 法律规定的其他情形。这里的法律仅指全国人大及其常委会制定的规范性文件。

(二) 税务行政赔偿的方式

税务行政赔偿的方式是指对税务行政侵权行为造成的损害采取何种形式予以赔偿。与民事赔偿不同,我国国家赔偿以金钱赔偿为主,以返还财产、恢复原状为辅。

1. 金钱赔偿。金钱赔偿是以货币形式支付赔偿金的赔偿方式。这种赔偿方式简便易行,可以使受害人的赔偿请求迅速得到满足,便于税务机关正常开展工作。

2. 返还财产。常见于税务机关违法采取税收保全措施或强制执行措施的情形。返还财产是将纳税人、扣缴义务人或其他当事人已失去控制的财产重新置于其控制之下。返还财产是就特定物而言,原物在失去控制期间有孳息或可以产生孳息的,除法律另有规定的以外,应当一并返还。返还原物的方式仅在一定条件下适用:一是原物必须存在。如果原物灭失或遭损坏,则应金钱赔偿。二是比支付赔偿金更便捷。如果原财产已经被处理,无法寻找或无法追回,则金钱赔偿更便捷。三是不影响公务。如果原物已经用于公务活动,返还原物会给公务活动产生不良影响的,则应金钱赔偿。

3. 恢复原状。恢复原状是指对已经受到损害的财产进行修复,使之恢复到受损害前的形状或性能。恢复原状也有一定的适用条件:一是受损害的财产尚未灭失,仍有可修复性;二是恢复原状比金钱赔偿更为经济,不会牵涉税务人员过多的精力;三是不影响其他公务的正常进行。

四、税务行政赔偿的请求人与行政赔偿义务机关

税务行政赔偿法律关系中有两类主体：一类是作为权利主体的赔偿请求人；一类则是作为义务主体的行政赔偿义务机关。

（一）税务行政赔偿请求人

税务行政赔偿请求人是指依法有权向赔偿义务机关提出税务行政赔偿请求的人。受到税务机关违法执法侵害的纳税人是税务行政赔偿请求人，可以自己的名义请求税务机关予以赔偿。这里的纳税人包括公民、法人和其他组织。我国《国家赔偿法》规定，公民、法人和其他组织在受到行政机关及其工作人员侵害时，都有行政赔偿请求权。①

（二）税务行政赔偿义务机关

税务行政赔偿义务机关是指代表国家处理税务行政赔偿请求、支付赔偿费用、参与赔偿复议和参加赔偿诉讼的机关。税务行政赔偿责任的责任主体是国家，但国家是一个抽象的政治实体，不可能参与具体的赔偿事务、履行赔偿义务，只能由有关机关代替履行。根据我国《国家赔偿法》第7条，税务行政赔偿义务机关的具体情形包括：

1．单独的赔偿义务机关

税务机关及其工作人员行使职权侵犯了纳税人或其他税务当事人的合法权益造成损失的，该税务机关是赔偿义务机关。《税收征管法》规定的税务机关包括各级税务局、税务分局、税务所，以谁的名义作出的决定，谁就是赔偿义务机关。这是确定赔偿义务机关的一般情形。

2．共同赔偿义务机关

两个以上的税务机关或税务机关与其他行政机关共同行使行政职权时侵犯公民、法人或者其他组织的合法权益造成损害的，为共同赔偿义务机关。

3．委托的税务机关

受税务机关委托行使税收征收管理权的单位，在委托职权范围内行使职权侵害了纳税人的合法权益的，委托的税务机关是赔偿义务机关。但赔偿义务机关有权向有故意或者重大过失的受托组织或者个人追偿。

4．行政机关被撤销时的赔偿义务机关

赔偿义务机关被撤销的，继续行使其职权的税务机关为赔偿义务机关；没有继续行使其职权的机关的，撤销该赔偿义务机关的行政机关为赔偿义务机关。

5．经复议造成侵权的赔偿义务机关

经过税务行政复议的，最初造成侵权行为的税务机关为赔偿义务机关，但复

---

① 参见林准、马原主编：《国家赔偿问题研究》，人民法院出版社1992年版，第226页。

议机关的复议决定加重了当事人的损害的,该税务行政复议机关承担加重部分的赔偿义务。

第二节 税务行政赔偿的程序

税务行政赔偿的程序是指税务行政赔偿请求人提起赔偿请求,有关国家机关处理税务行政赔偿事务所应遵循的步骤、方式、方法的总称。在我国,税务行政赔偿的程序包括税务行政赔偿请求人的请求程序与有关国家机关的处理程序。后者又包括税务行政赔偿先行处理程序、税务行政赔偿复议程序和税务行政赔偿诉讼程序,广义的税务行政赔偿的程序还包括税务行政追偿程序。

一、税务行政赔偿的请求程序

税务行政赔偿程序通常以赔偿请求的提出为开端。根据《行政诉讼法》、《国家赔偿法》和《行政复议法》,税务行政赔偿请求人提出赔偿请求的方式有两种:一种是单独式,即单独就赔偿问题向赔偿义务机关提出请求;另一种是附带式,即在申请税务行政复议或税务行政诉讼时一并提出赔偿请求。税务行政复议机关或人民法院通常先确认税务具体行政行为的合法性,再对税务行政赔偿作出处理。

税务行政赔偿请求权的提出,必须符合法定的期限,超过法定期限,该税务行政赔偿请求权即自然灭失,受害人再提出赔偿请求即不能获得国家赔偿。我国《国家赔偿法》规定,请求人请求国家赔偿的时效为两年,自国家机关及其工作人员行使职权的行为被依法确认违法之日起计算。附带提起赔偿请求的,一般按申请复议或提起诉讼的法定期限确定附带请求赔偿的期限。

二、税务行政赔偿的处理程序[①]

税务行政赔偿的处理程序,是指税务机关处理税务行政赔偿案件时所遵循的程序。根据请求方式的不同,处理程序包括以下三种:

(一) 税务行政赔偿先行处理程序

赔偿请求人单独要求税务行政赔偿,应当先向赔偿义务机关提出,由赔偿义务机关按行政程序先行处理。税务行政赔偿请求人对赔偿义务机关处理不服或赔偿义务机关逾期不予赔偿的,才可以申请复议或者提起诉讼。对未经前置程序而单独提起赔偿请求的,复议机关或者法院不予受理。税务行政赔偿义务机关逾期不予赔偿或者赔偿请求人对赔偿数额有异议的,请求人可以自期间届满

---

① 参见刘剑文主编:《财政税收法》,法律出版社 2003 年版,第 439 页。

之日起三个月内向人民法院提起税务行政赔偿诉讼。

(二)税务行政赔偿复议程序

申请人在申请行政复议时可以一并提出行政赔偿请求,行政复议机关对符合《国家赔偿法》相关规定应当予以赔偿的,在决定撤销、变更具体行政行为或者确认具体行政行为违法时,应当同时决定对被申请人依法予以赔偿。税务行政复议机关逾期不复议的,申请人可向人民法院提起诉讼。

(三)税务行政赔偿诉讼程序

税务行政赔偿诉讼程序是指人民法院审理税务行政赔偿案件所应遵循的程序。关于行政赔偿诉讼程序的性质,我国视其为行政诉讼程序。但税务行政赔偿诉讼程序也有自己的特点。

1. 税务行政赔偿诉讼的起诉条件。根据《行政诉讼法》第41条和第67条和《国家赔偿法》第9条和第13条,税务行政赔偿请求人提起税务行政赔偿诉讼应当具备如下条件:第一,当事人适格。第二,有具体的诉讼请求和事实依据。第三,属于人民法院的受案范围及受案人民法院管辖。第四,原告单独提起税务行政赔偿诉讼的,必须经过赔偿义务机关的先行处理。第五,未超过法定时效。

2. 税务行政赔偿诉讼的审理形式。《行政诉讼法》第67条第3款规定:赔偿诉讼可以适用调解。这是行政赔偿诉讼与行政诉讼在审理方式上的区别。人民法院可以在当事人之间居中调解,促使双方互相谅解,达成赔偿协议。

3. 税务行政赔偿诉讼中举证责任的分配。行政诉讼中被告行政机关负举证责任,但税务行政赔偿诉讼并不完全采取"被告负举证责任"的原则。原告对被诉具体行政行为造成损害的事实提供证据,而被告有权提出不予赔偿或少赔偿的证据。

4. 税务行政赔偿诉讼裁判的执行。我国对赔偿义务机关采取特殊的执行措施,即划拨、罚款、司法建议和追究刑事责任。

三、税务行政赔偿的追偿程序

广义的税务行政赔偿程序还包括税务行政赔偿后的追偿程序,即税务机关向受害人支付国家赔偿费用后,依法责令有故意或重大过失的工作人员或者受委托的组织或者个人承担部分或者全部费用的程序。国家赔偿表现的是国家与受害人之间的赔偿与受偿关系,即外部关系;而追偿表现的是税务赔偿义务机关与税务机关工作人员之间偿还的关系,即内部关系。设立行政赔偿追偿制度的目的在于保护工作人员履行职务的积极性,同时对工作人员在履行职务时的故意或重大过失的违法行为采取一定的惩戒措施,以免违法侵权行为的反复出现。

税务机关行使行政追偿权必须具备以下条件:第一,税务行政赔偿义务机关对赔偿请求人已经履行了赔偿义务。第二,税务机关工作人员或者受委托的组织和个人行使职权时在主观上有故意或者重大过失。

税务行政赔偿的追偿步骤是:查明被追偿人的过错;听取被追偿人的意见和申辩;决定追偿的金额;执行追偿决定。被追偿人不服追偿决定的,可以依法向上级税务机关或者监察、人事机关申诉。

第三节 税务行政赔偿制度评析

一、关于税务行政赔偿立法

我国的税务行政赔偿制度不健全,相关法律法规中涉及税务行政赔偿的内容较少,纳税人遭受侵权损害缺乏法律方面的救济规定。同时,也使税务机关滥用行政权力,对一些没有明确赔偿规定的违法侵权损害行为,堂而皇之地拒绝赔偿。《国家赔偿法》就行政赔偿问题作了规定,但只是一个原则性的规定,税务机关作为一个行政部门有其特殊性,应建立专门的税务行政赔偿制度。①

二、关于税务行政赔偿的归责原则

行政赔偿的归责原则主要有过错责任原则、危险责任原则和违法责任原则三种。我国国家赔偿采用"违法原则"。与其他原则相比,违法原则有许多优点:违法原则是客观归责原则,避免了过错原则在主观认定方面的困难;违法原则只对因违法行为造成的损害承担赔偿责任,排除了因合法行为造成损害给予赔偿。关于违法的标准,我国法律作了严格的规定,一般认为是指违反严格意义上的成文法,包括宪法、法律、行政法规、规章和我国承认或者参加的国际条约等。在司法实践中也基本以此为尺度。本书认为,判断税务机关及其工作人员行为是否合法,不能仅以是否合乎法律规范为标准,应当以追求实质公正为目标,即在判断税务机关的行为是否合法时,不仅看该行为是否违反形式标准,还要看是否违反公正的实质标准。

三、关于税务行政赔偿的范围

我国国家赔偿范围应依"国家行为的性质"而定,我国采用概括、列举在内的形式加以综合规定。这一立法模式一方面对一些具体行政行为加以肯定,另一方面也排除了一些行政行为。税务行政赔偿范围的宽窄是评价一国税务行政赔偿制度的重要标准,反映了国家在纳税人权益受到税务机关侵犯时得到法律保护和救济的程度。我国在制定国家赔偿法时,考虑到财政承受力,对国家承担

---

① 参见张茹:《税务行政赔偿探析》,载《辽宁税务高等专科学校学报》2003年第6期。

行政赔偿的情形作了限制。但随着依法治国方略的推进、人权保障意识的加强，应当适时调整税务行政赔偿的范围。

（一）关于抽象行政行为

我国行政诉讼法规定：行政法规、规章、行政机关制定、发布的具有普遍约束力的决定、命令，不属于行政诉讼受案范围。这与 WTO 规则要求的行政机关所有行政行为都应接受司法审查的要求不符。国家赔偿的目的是补救，有损害就应有救济，税务抽象行政行为造成纳税人损害的理应赔偿。但就目前我国的现实来看，将违法的税收行政法规、规章全部纳入国家赔偿的范围还不具有可行性。对此，可以考虑将规章以下的具有普遍约束力的决定、命令纳入赔偿范围。

（二）关于精神损害赔偿问题

国家赔偿法根据我国实际情况将精神损害排除在行政赔偿范围之外，对公民名誉权、荣誉权遭受的损害只是通过消除影响、恢复名誉、赔礼道歉的方式予以救济。从理论上讲，行政侵权精神损害与民事侵权精神损害在性质上没有本质的区别，理应同等对待。我国应借鉴民事侵权精神损害赔偿的立法经验，逐步完善税务行政精神损害赔偿制度。

本章小结

所谓税务行政赔偿是指税务机关及其工作人员违法行使职权，侵犯公民、法人或其他组织合法权益造成损害的，由国家承担赔偿责任，由致害的税务机关代表国家具体履行赔偿义务的一种救济性法律制度。

国家赔偿范围规定了国家对哪些事项承担赔偿责任，对哪些事项不承担赔偿责任。我国仅对因具体行政行为和行政事实行为造成受害人的特定人身权、财产权的损害承担赔偿责任。

税务行政赔偿请求人是指受到税务机关违法执法行为侵害的，可以自己的名义请求税务机关予以赔偿的人。我国的税务行政赔偿只限于对人身权、财产权的损害赔偿，并且只对物质损害进行赔偿，请求人不能就精神损害提起税务行政赔偿。

税务行政赔偿的程序包括税务行政赔偿请求人的请求程序与有关国家机关的处理程序。后者包括税务行政赔偿先行处理程序、税务行政赔偿复议程序和税务行政赔偿诉讼程序。从广义上讲，税务行政赔偿的程序还包括税务行政追偿程序。

思考题

1. 简述税务行政赔偿的归责原则。
2. 论述税务行政赔偿的构成要件。
3. 简述税务行政赔偿中侵犯财产权的赔偿范围。
4. 简述税务行政赔偿的先行处理程序。
5. 税务行政赔偿诉讼程序的特征是什么?
6. 简述税务行政追偿权的法律特征。

主要参考书目

1. 〔日〕金子宏:《日本税法原理》,刘多田等译,中国财政经济出版社1989年版。
2. 〔日〕金子宏:《日本税法》,战宪斌、郑林根等译,法律出版社2004年版。
3. 〔日〕北野弘久:《日本税法学原论》,郭美松、陈刚译,中国检察院出版社2008年版。
4. 〔美〕阿维-约纳:《国际法视角下的跨国征税》,熊伟译,法律出版社2008年版。
5. 〔美〕埃德加·博登海默:《法理学—法哲学及其方法》,邓正来、姬敬武译,华夏出版社1987年版。
6. 〔美〕罗伊·鲍尔:《中国的财政政策—税制与中央及地方的财政关系》,中国税务出版社2000年版。
7. 〔英〕锡德里克·桑福德:《成功税制改革的经验与问题》(1—4卷),中国人民大学出版社2001年版。
8. 刘剑文、熊伟:《税法基础理论》,北京大学出版社2004年版。
9. 刘剑文主编:《税法学》,北京大学出版社2010年版。
10. 刘剑文、熊伟:《财政税收法》(第5版),法律出版社2009年版。
11. 刘剑文:《财税法专题研究》,北京大学出版社2007年版。
12. 刘剑文:《走向财税法治:信念与追求》,法律出版社2009年版。
13. 刘剑文:《中国税收立法问题研究》(第1卷),法律出版社2000年版。
14. 刘剑文主编:《财税法教程》,法律出版社1995年版。
15. 刘剑文主编:《财税法学》,高等教育出版社2004年版。
16. 刘剑文:《所得税法》,北京大学出版社1999年版。
17. 刘剑文主编:《国际税法学》,北京大学出版社2004年版。
18. 刘剑文:《税法专题研究》,北京大学出版社2002年版。
19. 刘剑文:《重塑半壁财产法:财税法的新思维》,法律出版社2009年版。
20. 刘剑文:《WTO体制下的中国税收法制》,北京大学出版社2004年版。
21. 刘剑文主编:《WTO体制下中国税收政策合法化问题研究》,法律出版社2007年版。
22. 刘剑文主编:《民主视野下的财政法治——税法学研究文库》,北京大学出版社2006年版。
23. 刘剑文主编:《WTO体制下的中国税收法制》,北京大学出版社2004年版。
24. 刘剑文主编:《税收征管法》,武汉大学出版社2003年版。
25. 张守文:《税法原理》,北京大学出版社2009年版。
26. 张守文:《财税法学》,中国人民大学出版社2007年版。
27. 徐孟洲:《税法》,中国人民大学出版社2009年版。
28. 徐孟洲等:《财税法律制度改革与完善》,法律出版社2009年版。
29. 陈少英:《税法基本理论专题研究》,北京大学出版社2009年版。

30. 陈少英主编:《东方财税法研究》,上海交通大学出版社2007年版。
31. 陈少英:《生态税法论》,北京大学出版社2008年版。
32. 朱大旗编著:《税法》,中国人民大学出版社2010年版。
33. 翟继光、刘少军:《税法学》,中国政法大学出版社2008年版。
34. 刘隆亨主编:《财产税法》,北京大学出版社2006年版。
35. 施正文:《税收债法论》,中国政法大学出版社2008年版。
36. 施正文主编:《企业所得税法新旧条文变化与解读》,法律出版社2007年版。
37. 熊伟:《美国联邦税收程序》,北京大学出版社2008年版。
38. 中国注册会计师协会编:《税法》,经济科学出版社2010年版。
39. 国家税务总局编:《增值税转型改革文件汇编(2008—2009)》,中国税务出版社2009年版。
40. 翟继光:《增值税、营业税、消费税新规释解及企业筹划应对》,中国法制出版社2009年版。
41. 刘玉章编著:《流转税改革与纳税操作实务》,清华大学出版社、北京交通大学出版社2010年版。
42. 国家税务总局财产和行为税司编:《房地产税制与评税实务》,中国税务出版社2010年版。
43. 樊勇、孙玉栋编著:《资源税、财产税、行为税制度与操作实务》,清华大学出版社2009年版。
44. 北京大学中国经济研究中心宏观组:《中国物业税研究:理论、政策与可行性》,北京大学出版社2007年版。
45. 张美中:《税收契约理论研究》,中国财政经济出版社2007年版。
46. 黄振钢主编:《税法学》,复旦大学出版社1991年版。
47. 胡微波、袁胜华:《现代税法实用辞典》,法律出版社1993年版。
48. 罗玉珍主编:《税法教程》,法律出版社1993年版。
49. 王征主编:《新税法简明教程》,国际文化出版公司1994年版。
50. 王清云、迟玉收主编:《新编中国税法》,气象出版社1994年版。
51. 孙树明编著:《税法基础》,法律出版社1987年版。
52. 孙树明主编:《税法教程》,法律出版社1995年版。
53. 林新祝编著:《新编税法教程》,中央民族大学出版社1995年版。
54. 金鑫、许毅主编:《新税务大辞海》,九洲图书出版社1995年版。
55. 蔡秀云:《新税法教程》,中国法制出版社1995年版。
56. 蔡秀云、李红霞主编:《财政与税收》,首都经济贸易大学出版社2010年版。
57. 杨晓明主编:《税收实务》,东南大学出版社2010年版。
58. 夏清成、谢应权、孙廷喜主编:《税务行政法概论》,中国税务出版社1996年版。
59. 严振生主编:《税法》,中国政法大学出版社1996年版。
60. 刘华:《税法比较研究》,澳门基金会1997年版。
61. 王叔文主编:《最新香港民商法律——税法卷》,人民法院出版社1997年版。

62. 张松:《税法学教程》,中国税务出版社1998年2月版。
63. 刘继虎、杨美莲编著:《税法实例说》,湖南人民出版社1999年版。
64. 肖汉奇、郑国生主编:《所得税法实用教程》,中国法制出版社1995年版。
65. 吴亚荣主编:《中国税收犯罪通论》,中国税务出版社1994年版。
66. 孙书润、谢忧、彭涌:《税务争讼案件与法理评析》,中国税务出版社2000年版。
67. 杨小强:《税法总论》,湖南人民出版社2002年版。
68. 徐孟洲、谭立:《税法教程》,首都经济贸易大学出版社2002年版。
69. 傅红伟、周怀世主编:《中国的涉外税法》,人民法院出版社1999年版。
70. 杨秀琴、钱晟编著:《中国税制教程》,中国人民大学出版社1999年版。
71. 全国人大常委会预算工委法律室编写组编著:《〈中华人民共和国税收征管法〉实用指南》,中国财政经济出版社2001年版。
72. 王庆雯、毛夏鸾编著:《税法》,中信出版社2000年版。
73. 刘佐:《中国税制概览》,经济科学出版社2000年版。
74. 刘佐:《中国税制五十年(1949—1999)》,中国税务出版社2004年版。
75. 刘佐、刘铁英:《中国涉外税收概览》,中国民主法制出版社2002年版。
76. 刘佐:《遗产税制度研究》,中国财政经济出版社2003年版。
77. 曾国祥、刘佐:《税收学》,中国税务出版社2000年版。
78. 徐康平、刘影编著:《税法》,经济科学出版社2000年版。
79. 熊文钊主编:《税务行政法》,中国人事出版社2000年版。
80. 王庆雯、同丽主编:《税法》,经济科学出版社2002年版。
81. 刘少军主编:《税法案例教程》,知识产权出版社2002年版。
82. 刘亚天主编:《税法理论与实务》,中国政法大学出版社2003年版。
83. 财政部注册会计师考试委员会办公室编著:《税法》,经济科学出版社2003年版。
84. 陈清秀:《税法总论》,翰芦图书出版有限公司2001年版。
85. 高金平:《纳税疑难案例精编》,中国财政经济出版社2003年版。
86. 高金平:《最新税收政策疑难解析》,中国财政经济出版社2009年版。
87. 陆建军主编:《税收实务》,经济管理出版社2010年版。
88. 赵惠敏:《所得课税理论创新与中国所得课税优化设计》,中国财政经济出版社2003年版。
89. 卜小玲主编:《税收征收管理与实务》,清华大学出版社2010年版。
90. 许建国等编著:《中国税法原理》,武汉大学出版社1995年版。
91. 刘隆亨:《流转税法》,北京大学出版社2002年版。
92. 刘隆亨主编:《以法治税简论》,北京大学出版社1989年版。
93. 刘隆亨:《中国税法概论》,北京大学出版社1995年版。
94. 郝如玉、王国华编著:《中国新税制》,经济科学出版社1994年版。
95. 郭崇德主编:《社会保障学概论》,北京大学出版社1992年版。
96. 江亮演:《社会安全制度》,五南图书出版公司1986年版。
97. 严振生编著:《税法理论与实务》,中国政法大学出版社1994年版。

98. 陈少英:《中国税法问题研究》,中国物价出版社 2000 年版。
99. 葛克昌:《税法基本问题(财政宪法篇)》,月旦出版社股份有限公司 1996 年版。
100. 黄茂荣:《税捐法专题研究》,植根法学丛书编辑社 2001 年版。
101. 孙玉霞:《税收遵从:理论与实证》,社会科学文献出版社 2008 年版。
102. 中华人民共和国天津新港海关:《海关实务指南》,中国计划出版社 1993 年版。
103. 国家税务总局:《税与法》,中国检察出版社 1998 年版。
104. 徐觉非:《海关法学》,中国政法大学出版社 1995 年版。
105. 胡中流:《新税法总览总释》,新华出版社 1994 年版。
106. 邓力平:《经济全球化、WTO 与现代税收发展》,中国税务出版社 2000 年版。
107. 李进都:《房地产税收理论与实务》,中国税务出版社 2000 年版。
108. 程海鹰:《知识经济与中国税务问题研究》,武汉大学出版社 2003 年版。
109. 饶立新、曾耀辉:《中国印花税与印花税票》,中国税务出版社 1999 年版。
110. 孙翊刚:《中国财政史》,中国社会科学出版社 2003 年版。
111. 黄墩:《澳门税收制度》,中国税务出版社 1999 年版。
112. 黄仁宇:《十六世纪明代中国财政与税收》,三联出版社 2001 年版。
113. 国家税务总局政策研究处:《各国增值税》,中国财政经济出版社 1987 年版。
114. 靳东升:《税收国际化与税制改革》,中国财政经济出版社 1995 年版。
115. 李友元:《税收经济学》,光明日报出版社 2003 年版。
116. 刘文华:《WTO 与中国税收法律制度的冲突与规避》,中国城市出版社 2001 年版。
117. 王金兰:《新税法理论与实务》,中国法制出版社 1999 年版。
118. 卞耀武:《中华人民共和国海关法释义》,法律出版社 2001 年版。
119. 国家税务总局:《中国税收基本法规汇编(1949 年 10 月—1999 年 9 月)》,中国财政经济出版社 1999 年版。
120. 吴佩江编著:《税法教程》,浙江大学出版社 2003 年版。
121. 财政部税收制度国际比较课题组:《美国税制》,中国财政经济出版社 2002 年版。
122. 财政部税收制度国际比较课题组:《日本国税制》,中国财政经济出版社 2002 年版。
123. 财政部税收制度国际比较课题组:《法国税制》,中国财政经济出版社 2002 年版。
124. 廖晓军主编:《财税改革纵论—财税改革论文及调研文库》(上、下卷),经济科学出版社 1997 年版。
125. 张步洪:《中国行政法学前沿问题报告》,中国检察出版社 2003 年版。
126. 傅思明:《中国依法行政的理论与实践》,中国检察出版社 2002 年版。
127. 甘功仁:《纳税人权利专论》,中国广播电视出版社 2003 年版。
128. 朱少平主编:《新税收征收管理法实用手册》,中国检察出版社 2001 年版。
129. 李建国、曹叠云:《〈中华人民共和国税收征收管理法〉释义及实用指南》,中国民主法制出版社 2001 年版。
130. 中国社会科学院财政与贸易经济研究所:《中国:启动新一轮税制改革:理念转变、政策分析和相关安排》,中国财政经济出版社 2003 年版。
131. 许善达等:《中国税权研究》,中国税务出版社 2003 年版。

132. 于海峰、姚凤民主编:《财政税收理论与政策研究》,中国财政经济出版社 2009 年版。
133. 熊萧编著:《国家税收》,清华大学出版社 2010 年版。
134. 马国强主编:《中国税收》,东北财经大学出版社有限责任公司 2009 年版。
135. 卜小玲主编:《税收征收管理与实务》,清华大学出版社 2010 年版。
136. 施正文:《税收程序法论——监控征税权运行的法理与立法研究》,北京大学出版社 2003 年版。
137. 刘恒:《行政救济制度研究》,法律出版社 1998 年版。
138. 顾海裕:《税务行政与法》,中国税务出版社 2000 年版。
139. 颜庆章:《租税法》,月旦出版股份有限公司 1996 年版。
140. 吴升文:《税务代理实务》,中国税务出版社 2001 年版。
141. 吴炳昌译:《日本地方税法》,经济科学出版社 1990 年版。
142. 宋槿篱主编:《财税法学》,湖南大学出版社 2003 年版。
143. 宋功德:《税务行政处罚》,武汉大学出版社 2002 年版。
144. 郑庆和:《行政处罚法与税务行政处罚》,中国税务出版社 1996 年版。
145. 张明楷主编:《刑法学》,法律出版社 1997 年版。
146. 赵秉志主编:《新刑法教程》,中国人民大学出版社 1997 年版。
147. 莫开勤:《危害税收征管犯罪的定罪与量刑》,人民法院出版社 2000 年版。
148. 魏东:《税收征管犯罪认定与侦察》,群众出版社 2001 年版。
149. 周洪波:《税收犯罪疑难问题与司法对策》,吉林人民出版社 2001 年版。
150. 曹鸿轩主编:《中国税法教程》,中国政法大学出版社 2003 年版。
151. 刘少军:《税法学》,中国政法大学出版社 2002 年版。
152. 朱为群:《税法学》,立信会计出版社 2004 年版。
153. 刘学华:《税法》,立信会计出版社 2004 年版。
154. 刘明、郭喜林等:《税收优惠政策总览》,中国税务出版社 2004 年版。
155. 张正钊、韩大元主编:《比较行政法》,中国人民大学出版社 1999 年版。
156. 谢旭人主编:《税务干部法律知识读本》,中国税务出版社 2004 年版。
157. 谢景开等:《税务行政法制简论》,法律出版社 1998 年版。
158. 林准、马原主编:《国家赔偿问题研究》,人民法院出版社 1992 年版。
159. 杨寅、吴偕林:《中国行政诉讼制度研究》,人民法院出版社 2003 年版。